Adolf Hitler

Harcom
(Mein Kampf)

Omnia Veritas

Adolf Hitler
(1889-1945)

Harcom
(Mein Kampf)
1925

Közzétette
Omnia Veritas Ltd

www.omnia-veritas.com

Tartalomjegyzék

TARTALOMJEGYZÉK 5
FIGYELMEZTETÉS AZ OLVASÓK SZÁMÁRA 7
ELŐSZÓ 11
I-KÖTET. BESZÁMOLÓ 13
    I. A SZÜLŐI HÁZBAN 13
    II. A BÉCSI TANULÓÉVEK 21
    III. POLITIKAI KÉPZÉSEM BÉCSI TARTÓZKODÁSOM ALATT 53
    IV. MÜNCHEN 96
    V. A VILÁGHÁBORÚ 117
    VI. HÁBORÚS PROPAGANDA 128
    VII. A FORRADALOM 134
    VIII. POLITIKAI TEVÉKENYSÉGEM KEZDETE 149
    IX. A NÉMET MUNKÁSPÁRT 155
    X. AZ ÖSSZEOMLÁS OKAI 161
    XI. NÉP ÉS FAJ 201
    XII. A NEMZETI SZOCIALISTA NÉMET MUNKÁSPÁRT FEJLŐDÉSÉNEK KEZDETE 233

II. KÖTET. A NEMZETISZOCIALISTA MOZGALOM 257
    I. VILÁGNÉZET ÉS PÁRT 257
    II. AZ ÁLLAM 259
    III. ÁLLAMI ILLETŐSÉG ÉS ÁLLAMPOLGÁRSÁG 274
    IV. A SZEMÉLYISÉG ÉS A NÉPI ÁLLAMESZME 276
    V. VILÁGNÉZET ÉS SZERVEZET 279
    VI. HARC A MÉREGPROPAGANDA ELLEN. A SZÓNOKLAT JELENTŐSÉGE 283
    VII. HARC A VÖRÖSÖKKEL 290
    VIII. AZ ERŐS ÖNÁLLÓAN A LEGHATALMASABB! 309
    IX. AZ S. A. (ROHAMOSZTAGOK= STURM ABTEILUNG) JELENTŐSÉGÉNEK ÉS SZERVEZETÉNEK ALAPGONDOLATAI 314
    X. A FÖDERALIZMUS MINT ÁLARC 339
    XI. PROPAGANDA ÉS SZERVEZÉS 355
    XII. A SZAKSZERVEZETI KÉRDÉS 368
    XIII. A HÁBORÚ UTÁNI NÉMET SZÖVETSÉGI POLITIKA 375
    XIV. KELETI TÁJÉKOZÓDÁS VAGY KELETI POLITIKA 399
    XV. JOGOS ÖNVÉDELEM 408
ZÁRSZÓ 424

FIGYELMEZTETÉS AZ OLVASÓK SZÁMÁRA

A Mein Kampf jelen kiadása a Nouvelles Éditions Latines (Párizs, 1934) eredeti kiadásának teljes újranyomata, az olvasóknak szóló figyelmeztetés frissítésével, a Párizsi Fellebbviteli Bíróság 1979. július 11-i és 1980. január 30-i ítéletének megfelelően.

A mű terjesztése azonban veszélyt jelenthet, mivel felélénkítheti a faji vagy idegengyűlöletet, és így sértheti az emberi méltóságot.

A diszkriminációra, gyűlöletre vagy erőszakra való buzdítás valós vagy feltételezett származás, etnikai hovatartozás, nemzeti hovatartozás, állítólagos fajhoz vagy meghatározott valláshoz való tartozás vagy nem tartozás alapján; Ezen cselekmények dicsőítése; egy személy vagy személyek csoportja származása vagy egy etnikai csoporthoz, nemzethez, állítólagos fajhoz vagy meghatározott valláshoz való tartozása vagy nem tartozása miatt elkövetett nem nyilvános rágalmazás vagy becsületsértés az 1881. július 29-i sajtószabadságról szóló törvény 23., 24., 32. és 33. cikkei, amelyeket az 1972. július 1-jei törvény módosított.

23. cikk: 200–40 000 frankos pénzbírsággal büntetendők azok a kiadók, nyomdászok vagy utcai árusok, akik nyilvános gyűléseken elhangzott beszédek, plakátok, kiragasztott hirdetmények vagy írások, brosúrák, bármilyen nyomtatványok útján diszkriminációt, gyűlöletet vagy erőszakot szítanak valós vagy feltételezett származás, etnikai hovatartozás, nemzetiség, állítólagos faj vagy vallás alapján.

24. cikk: A 32. cikkben meghatározott büntetésekkel büntetendők azok, akik nyilvános gyűléseken elhangzott beszédek, írások vagy bármilyen nyomtatványok, eladott vagy terjesztett írások vagy nyomtatványok, kihelyezett plakátok vagy poszterek révén diszkriminációt, gyűlöletet vagy erőszakot szítottak valós vagy feltételezett származás, valódi vagy feltételezett származás, nemzetiség, állítólagos faj vagy meghatározott vallás alapján, vagy közhivatalnokot tisztségével vagy megbízatásával, valódi vagy feltételezett származásával, nemzetiségével, állítólagos fajával vagy meghatározott vallásával kapcsolatban ilyen cselekmények elkövetésére ösztönöztek.

32. cikk: Egytől hat hónapig terjedő szabadságvesztéssel és 200–40 000 frank pénzbírsággal büntetendők azok, akik nyilvános gyűléseken elhangzott beszédekben, írásokban, nyomtatványokban vagy ábrákban háborús bűncselekménynek vagy emberiség elleni bűncselekménynek minősülő cselekményeket dicsőítenek, vagy nyilvánosan magasztalják az ilyen cselekmények elkövetőit vagy bűntársait.

33. cikk: 200–40 000 frankos pénzbírsággal büntetendő az, aki nyilvános gyűléseken elhangzott beszédében, írásban vagy nyomtatott formában bármilyen módon diszkriminációra, gyűlöletre vagy erőszakra buzdít egy személy vagy személyek csoportja ellen származásuk, etnikai hovatartozásuk vagy nem hovatartozásuk, egy nemzethez, egy állítólagos fajhoz vagy egy meghatározott valláshoz való tartozásuk vagy nem tartozásuk miatt, vagy egy köztisztviselőt tisztségének vagy megbízatásának gyakorlása miatt.

A büntetés egy hónaptól egy évig terjedő szabadságvesztés és 200 F-tól 300 000 F-ig terjedő pénzbírság. Adolf Hitler 1924-ben írt Mein Kampf című műve elengedhetetlen történelmi dokumentum a korszak megismeréséhez, de nyíltan hirdeti azt a rasszista és idegengyűlölő doktrínát, amely a második világháborúhoz és az emberiség elleni bűnökhöz vezetett.

Ebben a műben Hitler ismerteti faji állam és birodalom tervét, amely a „faji" hierarchián alapul, az „árja" (felsőbbrendű német) fajt a csúcson, amelynek feladata a többi nép uralma. Ez az őrült doktrína az emberiséget „felsőbbrendű" (civilizáló és uralkodó) és „alsóbbrendű" " (például a szlávok) között, és a zsidókat és a szemitákat a civilizáció rosszindulatú rombolóiként ábrázolja. Az antropológusok az UNESCO 1950-es nyilatkozatában tudományosan cáfolták az etnikumok közötti mentális vagy morális hierarchiák létezését.

Az SS von dem Bach-Zelewski tábornok nürnbergi tanúvallomása szerint a szlávok és zsidók alacsonyabb rendűségének hirdetése normalizálta a tömeggyilkosságot, ami közvetlenül Auschwitz és Majdanek gázkamráihoz vezetett.

Hitler doktrínáinak megvalósítása:

- **Lengyelország megszállása** (1939): A szlávok (lengyelek, csehek, oroszok) születési arányának korlátozása; népességáthelyezés a német telepesek számára helyet biztosítandó; a gyermekek külső megjelenésük alapján történő „germanizálhatóságuk" szerint történő válogatása; a szláv kultúra és elit megsemmisítése (milliók megsemmisítése a táborokban vagy a helyszínen); a szlávok rabszolgamunkára való felhasználása.
- **Nyugat-Európa** (pl. Elzász, nürnbergi rendelet 1942): Faji politika, amely előírta a „értékes fajok" Németországba, az „alacsonyabb rendűek" pedig Franciaországba történő áttelepítését.
- **Eutanáziaprogram** (1939-1941): Hitler titkos parancsa a háború kikiáltása után, amely a „nem élni érdemes életeket" (mentálisan beteg vagy gyenge németek) célozta meg; pszichiáterek által gyorsított kivégzés 6 eutanázia-központban szén-monoxiddal álcázott zuhanyzókban (több mint 100 000 áldozat); a családok megtévesztése általános haláleseti értesítésekkel; a program szüneteltetése tiltakozások (egyház és közvélemény) és a krematóriumok füstje és az átszállítások miatti gyanú miatt.
- **A cigányok**: „aszociálisnak" minősítve (1938-as körlevél: közegészségügyi kockázat, örökletes bűnözés, paraziták); kényszersterilizálás és munkatáborok; letartóztatás és Auschwitzba szállítás 1942-ben egy „családi táborba" (kisebb kiváltságok); gázosítási parancs 1944-ben; a Szovjetunióban és Magyarországon a zsidókkal és kommunistákkal együtt lelőtték őket; körülbelül 200 000 áldozat.
- **Az antiszemitizmus**: Azonnali intézkedések 1933 után: a zsidók kizárása a közszolgálatból és az oktatásból; bojkottok; állampolgárság megvonása 1935-ben; a fajok közötti házasságok tilalma; megalázó és kifosztó törvények; 1938-as pogromok (zsinagógák és házak felgyújtása, több ezer ember bebörtönzése). Hitler fenyegetései (1939 előtt): a zsidó összeesküvés háborút okoz, ezért a zsidók kiirtása; idézet a könyvből: 12 000–15 000 zsidó gázkamrába küldése milliók életét mentené meg. Lengyelországban 1939-ben: elszigeteltség,

éhínség; a Szovjetunióban 1941-ben: SS halálosztagok (csalárd „zsidó autonóm terület" elnevezés); tömeges kivégzések (Hermann Graebe nürnbergi tanúvallomása: az áldozatokat levetkőztették, és gödrökben lőtték agyon).

Ezeket a szörnyűségeket feltétlenül emlékezetünkbe kell vésnünk, hogy megakadályozzuk azok megismétlődését. Az emberiség ellen elkövetett legsúlyosabb bűncselekmények, mint például a holokauszt áldozatai nem felejthetők el. Ezt a művet kritikus és pedagógiai szemlélettel kell olvasni, hogy leküzdjük a tudatlanságot és a totalitárius eszméket.

Előszó

1924. április 1-én kezdtem meg várfogságom letöltését a Lech melletti Landsberg várfogdájában a müncheni népbíróság ítélete alapján.

Hosszú évek szüntelen munkássága után itt végre alkalmam nyílt egy olyan mű megírására, amelyre sokan buzdítottak, és amelynek szükségszerűségét a mozgalom érdekében magam is éreztem. Így határoztam el, hogy két kötetben nemcsak mozgalmunk célját fejtem ki, hanem fejlődésének útját is vázolom . Meggyőződésem, hogy egy ilyen műből több tanulság meríthető, mint egy kizárólag elméleti munkából.

Itt kínálkozott alkalom arra is, hogy saját egyéniségem kialakulásáról is képet nyújtsak, hogy ezzel egyrészt művem megértését könnyítsem meg, másrészt pedig eloszlassam azokat a torz mendemondákat, amelyeket elsősorban a zsidó kézben lévő sajtó terjesztett rólam.

Ezzel a munkámmal nem az idegenekhez fordulok, hanem azokhoz a párthíveimhez, akik szívvel lélekkel mozgalmunk alkotórészei, és akik értelme a mozgalom belső részleteinek feltárása iránt érdeklődik.

Tudom, hogy az emberek megnyerésére az élő szó hatásosabb az írottnál. Minden mozgalom nagyarányú kifejlődését elsősorban a nagy szónokoknak köszönheti, nem a nagy íróknak. Mégis szükség van arra, hogy egy tan alapvető gondolatait az egység és egyöntetűség kedvéért mindörökre papírra vessük.

Ezt a két kötetet is közös munkánk építőkövének tekintem.

A Lech melletti Landsbergi vár fogdájában.

A Szerző

Adolf Hitler

1923. november 9-én. déli 12 óra 30 perckor Münchenben a Feldhernhalle előtt és az egykori hadügyminisztérium udvarán a következő férfiak estek el népünk föltámadásába vetett törhetetlen hittel:

Alfarth, Felix kereskedő, szül. 1901. július 5.
Bauriedl, Andreas kalapos, szül. 1879. május 4.
Casella, Theodor banktisztviselő, szül. 1900. augusztus 8.
Ehrlich, Wilhelm banktisztviselő, szül. 1894. augusztus 19.
Faust, Martin banktisztviselő, szül. 1901. január 27.
Hechenberger, Anton lakatos, szül. 1902. szeptember 28.
Körner, Oskar kereskedő, szül. 1875. január 4.
Kuhn, Karl főpincér, szül. 1897. július 26.
Laforce, Karl mérnökhallgató, szül. 1904. október 28.
Neubauer, Kurt szolga, szül. 1899. március 27.
Pape, Claus, von kereskedő, szül. 1904. augusztus 16.
Pfordten, Theodor von der, törvényszéki tanácsos, szül. 1873 május 14.
Rickmers, Johann ny. huszárkapitány, szül. 1881. május 7.
Scheubner Richter, Max Erwin dr. von, okl. mérnök, szül. 1884. január 9.
Lovag Stransky, Lorenz mérnök, szül. 1899. március 14.
Wolf, Wilhelm kereskedő, szül. 1898. október 19.

Az úgynevezett "*nemzeti*" hatóságok nem engedélyeztek közös sírt a halott hősöknek! Emléküknek ajánlom tehát munkám első kötetét. Vértanúságuk legyen örökké ragyogó példa mozgalmunk hívei előtt!

A Lech melletti Landsberg várfogdájában, 1924. október 16-án

                                                              Adolf Hitler

I-KÖTET. BESZÁMOLÓ

I. A szülői házban

Isten kegyelméből Braunauban az Inn mellett születtem. Ez a városka éppen a két német állam határán fekszik, annak a két német államnak a találkozási pontján, amelyeknek egyesítése legalább is előttünk, fiatalok előtt feltétlenül megvalósítandó életcélként lebeg. Német-Ausztriának ismét egyesülnie kell a nagy német anyaországgal, éspedig nem holmi gazdasági ok miatt! Nem! Ennek az egyesülésnek még akkor is be kell következnie, ha az gazdaságilag közömbös vagy akár káros lenne, be kell következnie a vérségi kötelékeknél fogva. A német népnek addig nincs joga gyarmatpolitikai célokat követni, amíg nincs minden fia egy közös államban. Azonos vér egy államba való. Csak ha a Birodalom határai az összes németet körülzárják, és ez a terület nem tudja lakosait élelmezni, akkor fogja a nép ínsége arra megadni az erkölcsi jogot, hogy idegen területeket vegyünk birtokunkba. Akkor az ekéből kard lesz, és a háború könnyei megteremtik az utódoknak a mindennapi kenyeret. Ez a kis határmenti városka nagy feladat jelképévé lett számomra. De egyébként is éppen korunkban hat figyelmeztetően szülővárosom. Több mint száz évvel ezelőtt, hazánk legmélyebb megaláztatásának idején, itt halt vértanúhalált szeretett Németországáért a nacionalista, franciagyűlölő Johannes Palm, nürnbergi könyvkereskedő. Nem volt hajlandó társait és fölötteseit elárulni, és neki is Leo Schlageter sorsa jutott osztályrészül. Palmot is elárulták Franciaországnak. Az uralkodó rendszer egyik képviselőjének, az augsburgi rendőrkapitánynak jutott osztályrészül az a szomorú dicsőség. hogy árulásával az új német hatósági közegek mintaképe legyen Severing úr birodalmában. (Severing Wilhelm Karl többségi szocialista politikus (Mehrheitssozialist). 1920-30. között többször német belügyminiszter.)

Ebben, a német vértanúság dicsfényével övezett, vér szerint bajor, földrajzilag osztrák városkában laktak szüleim a múlt század nyolcvanas éveinek vége felé. Édesapám, aki tizenhárom éves korában a szülői háztól elkerült vándorlegényből, kőművessegédből állami tisztviselővé küzdötte fel

ADOLF HITLER

magát, hivatali kötelességének, anyám pedig főleg háztartásának és mindenekelőtt nekünk, gyermekeinek élt, igaz, szerető gondossággal.

Csak kevés emlékem fűződik e városkához, mert szüleim innen áthelyezés folytán Passauba, majd röviddel azután a vámtisztviselők sorsaként Linzbe kerültek. Édesapám itt ment nyugdíjba 56 éves korában. Édesapám mint szegény házaló gyermeke, 13 éves korában elhagyta a szülői házat. Noha a falu tapasztaltabb emberei erről lebeszélték, Bécsbe ment, hogy ott kézművességet tanuljon. Ez az 1850-es években történt. 3 gulden vagyonnal ment a bizonytalan jövőbe, 13 évesen. 17 évesen letette az iparoslegényi vizsgát, de ez nem elégítette ki. A kézműves sors szegénységéből és függőségéből is ki akart szabadulni és arra vágyott, hogy állami tisztviselő legyen. Ezt a célját is elérte. 24 év után visszatért falujába mint tisztviselő. Ekkor már szinte senki sem emlékezett a szegény fiúra, aki valaha nagy reményekkel indult a nagyvárosba. Innen ment nyugdíjba. Nyugdíjaztatása után a felsőausztriai Lambachban vásárolt magának földet, és mint valaha szülei, ezt művelte haláláig.

Erre az időszakra esnek életem első nagy lelki benyomásai. A szabadban eltöltött sok idő, hosszú utam az iskoláig már kora fiatalságomban elidegenítettek a szobához kötött foglalkozástól. Bár ekkor még nemigen törődtem a pályaválasztás gondolatával, abban bizonyos voltam, hogy életutamon nem követem apám nyomdokait. Azt hiszem, szónoki készségem társaimmal való civakodás közben már itt némi iskolázottságra tett szert. Egyike voltam a kis főkolomposoknak.

Könnyen és ekkor jól is tanultam, de a velem való bánásmód nem volt egyszerű. Szabad időmben énekórára jártam, és a lambachi kolostorban alkalmam volt részt venni a pompás templomi ünnepségeken. Szinte belekábultam ezek nagyszerű-ségébe. Mint egykor apámnak a kisvárosi plébános, számomra az apáti méltóság jelentette törekvéseim legmagasabb pontját.

Később apám könyvtárának böngészése közben katonai dolgokat tartalmazó művekre, többek között az 1870/71-es német-francia háború történetének népszerű kiadására bukkantam, Nem telt bele hosszú idő, és e hősi küzdelem csakhamar belső lelki élményt jelentett számomra. Ettől fogva mindenért rajongtam, ami háborúval vagy katonasággal volt öszszefüggésben.

E mű olvasása közben vetődött fel először bennem annak a gondolata, hogy mi különbség van e dicsőséges háborúban részt vett és a többi német között? Miért nem vett részt Ausztria is e háborúban, miért nem ment apám és a többiek is velük? Hát mi nem vagyunk mind ugyanolyanok, mint a többi németek? Nem tartozunk mindannyian együvé? E nagy kérdés most kezdett először motoszkálni bennem. Belső irigységgel vettem tudomásul, hogy nem minden németnek jutott osztályrészül az a szerencse, hogy Bismarck birodalmához tartozhasson. Számomra ez teljesen érthetetlen volt.

Édesapám helyes érzékkel egész egyéniségemből, de leginkább vérmérsékletemből arra a következtetésre jutott, hogy számomra nem megfelelő a humanisztikus gimnázium. A reáliskolát alkalmasabbnak tartotta, s e feltevésében még inkább megerősítette mar ekkor feltűnő rajztehetségem. Alapjában véve azonban az volt az óhaja, hogy az ő nyomdokaiba lépjek, és belőlem is állami hivatalnokot faragjon. Keserű ifjúsága, az önerejéből felküzdött ember büszkesége késztette arra, hogy fia az ő nyomdokain haladjon, és azon az életpályán lehetőleg többre vigye, mint atyja.

Mindehhez még hozzájárult az a véleménye, hogy saját beosztása révén ezt a pályafutást igen megkönnyítheti számomra.

E tekintetben tanúsított ellenállásom érthetetlen és megfoghatatlan volt számára. Életpályámat illető elhatározása kemény és végleges volt. A létért való küzdelemben megedzett zsarnoki természete kizárta azt, hogy az ez irányú döntést egy tapasztalatlan és felelőtlen gyermekre bízza, már csak fia későbbi jövője érdekében is. Másképp történt!

Ellenzékbe léptem, és konokul ellenszegültem apám elhatározásának. Belőlem nem lesz hivatalnok! mondottam. Sem komoly példálózás, sem rábeszélés nem használt. A hivatalnoki pálya iránt nem lehetett kedvet ébreszteni bennem. Kellemetlen, bántó érzés fogott el arra a gondolatra, hogy majd egy irodában üljek, ne egyek ura saját időmnek, ne legyek szabad ember, hanem egész életem alakiságok közé legyen kényszerítve.

A számomra igen könnyű iskolai tananyag mellett sok szabadidőm maradt. Így bizony többet voltam Isten szabad ege alatt, mint a szoba négy fala között.

Boldog vagyok és hálás az égnek azért, mert most, amikor politikai ellenfeleim szorgos és kedves figyelmességgel kutatják életpályámat kora ifjúságomig visszamenőleg, és megkönnyebbülten megállapítják ennek a "*Hitler*"-nek pajkos voltát Ennek folytán újra és újra visszaemlékezhetem gyermekkorom boldog idejére, amikor erdő ós mező volt a felfelmerülő ellentétek rendezésének hadszíntere. A szabad pályát illető erős elhatározásomon a reáliskola sem változtatott sokat.

Az összeütközés mindaddig elkerülhető volt, míg csupán apám kívánságának egyszerű ellenzésére szorítkozhattam, és titokban tarthattam belső meggyőződésemet. A magam megnyugtatására egyelőre elegendő volt az a szilárd elhatározásom, hogy belőlem nem faragnak hivatalnokot.

Nem volt ilyen egyszerű dolog, amikor apám terveivel ellenkező véleményt nyilvánítottam. Ez pedig már tizenkét éves koromban bekövetkezett. Magam sem tudom, hogyan történt, de egy szép napon egyszerre csak elhatároztam, hogy festőművész leszek. Nem lehetett kétségbe vonni rajzképességemet, ezt apám is tudta, hiszen éppen ez késztette többek között arra, hogy reáliskolába küldjön. Mégis, amikor megkérdezte, hogy tulajdonképpen milyen életpályát választanék magamnak, kimondtam fenti elhatározásomat. Első percben torkán akadt a szó. Kételkedni kezdett épelméjűségemben. Miután pedig megismételtem elhatározásomat, és megérezte ennek komolyságát, esetleges tehetségem figyelmen kívül hagyásával, határozott egyéniségének egész erejével fellépett tervem ellen. "*Festőművész nem lesz belőled, legalább is, míg én élek, addig soha*!" mondotta.

Mindketten következetesek maradtunk: Atyám a "*sohá*"hoz, én pedig a "*csak azért is*"-hez.

Magától értetődően ennek nem lehettek kellemes következményei. Bármennyire is ragaszkodtam apámhoz, kitartottam eredeti álláspontom mellett. Apám kijelentette, hogy festővé való kitaníttatásomhoz nem hajlandó hozzájárulni, én pedig kijelentettem, hogy a reáliskolában nem vagyok hajlandó tovább tanulni. Hallgattam, de fenyegetésemet valóra váltottam abban a reményben, hogyha apám majd látja az iskolában tanúsított gyatra előmenetelemet, kénytelen-kelletlen majd hagyni fog boldog álmaim felé evezni.

Nem tudom, hogy vajon helyes volt-e ez a számításom. Bizonyos azonban, hogy azokkal a tárgyakkal, amelyek örömet szereztek és amelyekre később, mint festőnek legalábbis saját felfogásom szerint szükségem lehetett, nagy buzgalommal foglalkoztam. Azokat viszont, amelyek az én szememben jelentékteleneknek látszottak, elhanyagoltam. Ebből az időből származó bizonyítványaim szélsőségeseknek nevezhetők. Egymás mellett voltak kitűnő, jeles, elégséges, vagy akár elégtelen osztályzatok is. A legszebb eredményt a történelemben és földrajzban értem el. E két kedvenc tantárgyamban kitűntem az osztályban.

Ha most, annyi esztendő után ismét szemügyre veszem ezt az időszakot, mindenekelőtt két feltűnő dolgot kell jelentőségteljesnek tartanom.

Először: nacionalista vált belőlem!

Másodszor: megtanultam belső tartalma és értelme szerint mérlegelni és felfogni a történelmet.

A régi Ausztria több nemzetiségű állam volt. A birodalmi német legalábbis akkoriban aligha tudta felfogni, mit jelent az egyén mindennapi életében egy ilyen nemzetiségi állam polgárának lenni. A német-francia háború hős német hadseregének csodálatos diadalmenete után a birodalmi németek mind jobban elidegenedtek a külföldi németségtől, sőt lassan már figyelemre sem méltatták azt. Az ősi, alapjaiban egészséges ausztriai németséget pedig nagyon gyakran összetévesztették magával a lezüllött Ausztriával. Ennek a népnek a német nyelvért, német iskoláért és német volta megvédéséért folytatott örökös, könyörtelen harcáról nagyon kevés birodalmi németnek volt fogalma. Csak most, amikor hasonló szomorú sorsot sok millió, hajdan birodalmi németre is rákényszerítettek, amikor idegen uralom alatt annyian álmodnak vágyakozva a közös hazáról, és annyian küzdenek azért, hogy legalább az anyanyelvhez való jogukat elismerjék, most végre megérti a többség, mit jelent a nemzetiségi küzdelem.

Most már talán egyesek képesek értékelni az ősi Ostmark németségnek azt a hősi magatartását, amellyel kiállt a birodalom és a német nyelvterület keleti határán, akkor, amikor a birodalmat jobban érdekelték a gyarmatok, mint a kapui előtt küzdő saját vérének és húsának sorsa.

Már kora ifjúságomban én is részt vehettem a régi Ausztria nemzetiségi küzdelmeiben.

A déli határvidék és ennek iskolái számára akkoriban gyűjtéseket rendeztek. Búzavirág és piros—fekete—arany színek segítségével juttatták kifejezésre belső meggyőződésüket azok, akik minden büntetés és figyelmeztetés dacára "*heil*"-lal köszöntötték egymást, és a császári himnusz helyett inkább a "*Deutschland über Alles*"t énekelték. Magától értetődik, hogy én már ebben az időben sem tartoztam a "*langyosak*" közé. Rövid idő alatt "*német nemzeti*" lettem, ami persze nem fedi a mai hasonnevű párt fogalmát.

Ebben az irányban igen gyors fejlődésen mentem keresztül. Már tizenöt esztendős koromban élesen meg tudtam különböztetni a dinasztikus "*hazafiságot*" a népies, faji "*nacionalizmus*"-tól. Már akkor is csak az utóbbit ismertem el!

Aki sohasem vett magának fáradságot a Habsburg monarchia belső viszonyainak tanulmányozására, nemigen tudja megérteni ezt a fejlődést. Pedig már a világtörténelem iskolai tanítása is magában hordozta ennek a fejlődésnek csíráját, hiszen különálló osztrák történelem tulajdonképpen csak igen kis mértékben létezik Az osztrák állam sorsa olyan szerves összefüggésben van az össznémetség fejlődésével, hogy a történelemnek osztrák és német részre való fölosztása szinte elképzelhetetlen. Az egykori

Adolf Hitler

birodalmi nagyság Bécsben őrzött jelvényei pedig, mint az örökös közösség összekötő kapcsai, csodálatos varázserővel hatnak.

A világtörténelem tanítása az ún. középiskolákban még ma is nagy zavarban van. Csak kevés tanár tudja megérteni, hogy a történelem tanulásának célja sohasem a magolásban és a számadatok elhadarásában rejlik. Nem az a fontos, hogy a tanuló tudja, mikor volt ez vagy az az ütközet, mikor született ez vagy az a (mégpedig többnyire jelentéktelen) hadvezér, sőt mi több, az sem fontos, hogy mikor tette fejére valamelyik uralkodó ősei koronáját. Nem! Istenemre, ez igazán nem fontos!

Történelmet "*tanulni*" annyit jelent, mint azokat az erőket keresni és megtalálni, melyek hatása a későbbi történelmi eseményekben jelentkezik. Az olvasás és tanulás művészete itt is a fontos dolgok megtartásában és a kevésbé fontosak elfelejtésében rejlik!

Talán egész későbbi életemre végleges befolyást gyakorolt az a körülmény hogy a szerencse éppen olyan történelemtanárral ajándékozott meg, aki mind a tanítás, mind a vizsgáztatás terén a fentebb vázolt álláspontot juttatta érvényre.

A linzi reáliskola tanárában, dr. Leopold Pötschben ez a követelmény valóban ideálisan testesült meg.

Dr. Pötsch jólelkű, de határozott fellépésű öregúr volt, aki nagyszerű előadásaival nemcsak figyelmünket tudta lekötni, hanem magával ragadott bennünket. Még ma is elérzékenyülök, ha reá gondolok, aki lelkes magyarázataival a jelenből egy elmúlt korszakba varázsolt bennünket, és évezredek ködéből élő valósággá formálta a száraz történelmi eseményeket. Izzó lelkesedéssel figyeltük szavait, néha még könnyekig is elérzékenyültünk. Tanárom értett ahhoz. miként kell a jelenből való következtetésekkel a múltat megvilágítani, és viszont a múltból a jelenre következtetéseket levonni. Így tudta velünk legnagyobb boldogságunkra a jelen problémáit a legjobban megértetni. Ilyen módon felszította nemzeti fanatizmusunkat. Nemzeti büszkeségünkre történt hivatkozással szedte rendbe a mi kamasz társaságunkat, ami más eszközzel bizonyára sokkal kisebb mértékben sikerült volna. Neki köszönhetem, hogy a történelem kedvenc tantárgyammá vált.

Így hát magától értetődően anélkül, hogy tanárom akarta volna már fiatalon [nacionalista] forradalmárrá váltam. Ugyan ki tudott volna ennél a tanárnál történelmet tanulni anélkül, hogy ne váljék annak az államnak az ellenségévé, amely uralkodó dinasztiája révén olyan megbocsáthatatlan módon befolyásolta nemzete sorsát? Ki tudta volna megőrizni hűségét azzal a császári házzal szemben, amelyik mind a jelenben, mind a múltban képes volt a német nép érdekeit saját önző érdekeinek feláldozni?

Mi már mint iskolásfiúk is tudtuk, hogy bennünket, németeket az osztrák állam nem szeret, de nem is szerethetett.

Napjaink tapasztalata csak megerősítette bennünk a Habsburg ház történelmi szerepének felismerését. Északon és délen idegen népiség méregfoga rágódott németségünkön. Bécs pedig napról napra veszített német jellegéből. A "*trónörökös udvara*" ott csehesített, ahol éppen lehetőség adódott erre. Az örök isteni igazságszolgáltatás vasökle volt az, amely Ferenc Ferdinánd főherceget, a németségnek ezt az elkeseredett ellenségét éppen azokkal a golyókkal terítette le, melyeknek öntésénél maga is segédkezett. Ausztriában Ferenc Ferdinánd volt a felülről irányított elszlávosítás fővédnöke!

Óriási terheket raktak a németség vállára; az anyagi és véráldozatok szinte elviselhetetlenek voltak, s csak a vak nem látta, hogy mindez hiábavaló! Nekünk az fájt a legjobban, hogy a Németország és Ausztria közötti szövetségi viszony mintegy szentesítette Németország részéről az ausztriai németség kiirtását eredményező rendszer működését. A Habsburg álszenteskedés eredményeként az volt a látszat, mintha Ausztria még mindig német állam lenne. E kétszínű magatartása viszont a felháborodást a megvetésig fokozta a Habsburg házzal szemben.

Csak magában a [német] birodalomban nem láttak mindebből semmit az ún. "*hivatottak*". Mintha a vakság átkával lettek volna sújtva, egy élőhalott mellé szegődtek, és a rothadás jeleiben még új élet csíráját is felfedezni vélték.

A fiatal birodalomnak a korcs osztrák állammal kötött szövetségében azonban a későbbi világháború és az összeomlás csírája rejlett.

Munkámban még behatóan fogok e problémákkal foglalkozni, éppen azért itt csak annak a megállapítására szorítkozom, hogy már kora ifjúságomban az a felfogás kristályosodott ki bennem amelyhez mindörökre hű maradtam és amely felfogás mindinkább megszilárdult bennem , hogy a németség sorsának biztosítása megkívánta Ausztria megsemmisítését, hogy a dinasztiával egybekötött patriotizmusnak semmi köze sincs a nemzeti érzéshez, s hogy mindenekelőtt a Habsburg ház a németség, illetve a német nemzet kárára van.

A fentiek felismeréséből már ekkor levontam a következtetéseket: amilyen forró szeretet vonzott német-osztrák hazámhoz, ugyanolyan mély gyűlöletet éreztem az osztrák állammal szemben.

A történelmi gondolkodásmódnak az a formája, amelyet én az iskola padjaiban ismertem meg, végigkísér egész életemen. A világtörténelem, a napjainkban lejátszódó történelmi események tehát a politika megértésének kiapadhatatlan forrása maradt számomra. Nem akartam tanulni a történelmet, hanem azt akartam, hogy a történelem tanítson engem!

Kétségtelenül korán lett belőlem politikai forradalmár, de nem kevésbé korán lettem forradalmárrá a művészet terén is.

A linzi színházban 12 éves koromban láttam első ízben Tell Vilmost és pár hónapra rá életem első operáját: Lohengrint. Egy csapásra meghódítottak ezek a művek! Wagner iránti lelkesedésem határtalan volt, és ma különös szerencsének tartom, hogy a szerény vidéki előadás meghagyta számomra a művészi élvezet későbbi fokozásának lehetőségét!

Mindez még inkább megerősítette bennem a pályaválasztással kapcsolatos elhatározásomat. Végleg rájöttem arra, hogy mint hivatalnok, sohasem lehetnék megelégedett! Mióta pedig a reáliskolában rajztehetségem is feltűnt, elhatározásom még keményebbé vált, s ezen sem jó szóval, sem fenyegetéssel változtatni nem lehetett.

Festő akartam lenni, de a világ minden kincséért sem hivatalnok!

Különös, hogy minél idősebb lettem, annál inkább érdekelt az építészet. Az építészetet festői tehetségem természetes kiegészítőjének tekintettem s bensőmben örültem annak, hogy a művészi keret kibővült. Nem sejtettem, hogy egykor másként lesz.

Jövendő hivatásom kérdése azonban hamarabb eldőlt, semmint sejthettem volna.

Tizenhárom éves koromban váratlanul meghalt édesapám. Szívszélhűdés ölte meg, így legalább a legkevesebb szenvedéssel fejezte be földi pályafutását. A fájdalom mindnyájunkat lesújtott. Úgy látszott, hogy legfőbb óhaja: fia jövőjének a biztosítása nem teljesedik be, pedig tudat alatt mégis ő alapozta meg jövőmet!

Külsőleg egyelőre még semmi sem változott meg. Édesanyám kötelességének tartotta, hogy neveltetésemet édesapám óhajához híven folytassa, és engem továbbra is a hivatalnoki pályára akart előkészíteni. Én azonban konokabbul ragaszkodtam elhatározásomhoz, mint valaha. Váratlan segítségként lépett fel betegségem amely döntő jelentőséggel befolyásolta sorsomat. Tekintettel súlyos tüdőbajomra, orvosom édesanyám lelkére kötötte, hogy engem semmi szín alatt se tegyen be valami irodába. Egy esztendőre a reáliskola látogatását is be kellett szüntetnem. Így szinte önmagától teljesedett be legfőbb vágyam, amelyért oly sokáig küzdöttem.

Betegségem hatása alatt édesanyám ezután végleg kivett a reáliskolából, hogy az akadémiára küldjön.

Ezek voltak életem legboldogabb napjai, hogy azután e napok minden gyönyörű álmát halomba döntse édesanyám halála, mely hosszú és fájdalmas betegség befejezője volt.

A könyörtelen valóság és a nyomorúság gyors elhatározásra késztetett. A csekély atyai vagyon ráment anyám betegségére, az árvapénz puszta megélhetésemet sem biztosította, tehát valami úton-módon magamnak kellett megkeresnem a kenyeremet.

Egy csomag ruhával és némi fehérneművel kezemben, de megdönthetetlen akarással nekivágtam Bécsnek! Hittem, hogy ami ötven évvel ezelőtt édesapámnak sikerült, az nekem is sikerülni fog. Én is lenni akartam "*valami*", bár semmi szín alatt sem hivatalnok!

II. A bécsi tanulóévek

Anyám halála részben már el is döntötte jövendő sorsomat. A gyászesetet követő keserű napok vége felé utaztam Bécsbe, hogy letegyem az akadémiai felvételi vizsgát. Nagy rajzcsomaggal és a siker biztos tudatával vágtam neki ennek az útnak, mert hiszen már a reáliskolában feltűnt rajztehetségem azóta igen sokat fejlődött. Egyetlen zavaró körülmény merült fel néha-néha: festői készségemet túlszárnyalta rajztehetségem, és e téren is főleg az építészet érdekelt. Tizenhat éves koromban voltam először Bécsben, és kéthetes bécsi tartózkodásom idején az építészet iránti érdeklődésem még inkább fokozódott. Annak idején az Udvari Múzeum képtárának tanulmányozása céljából utaztam oda, de tulajdonképpen csak a múzeum épülete hatott igazán reám. Egyik látványosságtól a másikhoz siettem, reggeltől estig lótottam-futottam, és ezalatt mindig főképpen az építészet alkotásai tudták lekötni figyelmemet. Az opera és az országházat órákig tudtam csodálni, az egész "*Ring*" az Ezeregyéjszaka varázsával hatott reám.

Most tehát másodszor voltam itt ebben a szép városban, és nagy nyugtalansággal, de büszke önbizalommal vártam felvételi vizsgám eredményét. Annyira meg voltam győződve a sikerről, hogy a visszautasítás villámcsapásként sújtott reám. Kihallgatásra jelentkeztem a rektornál, aki kérésemre készséggel közölte velem visszautasításom okát. Munkámból mondotta minden kétséget kizárólag kitűnik az a körülmény, hogy nem festőnek, hanem inkább építésznek való vagyok, számomra tehát semmi esetre sem az akadémia festészeti, hanem annak építészeti osztálya jöhet tekintetbe. Szinte érthetetlennek látszott előttük az a körülmény, hogy mind ez ideig semmiféle építészeti iskolát sem látogattam, és még magánórákkal sem vettem.

Lesújtva hagytam el Hansen mester gyönyörű alkotását, az akadémia Schiller téri épületét. Fiatal életemben először kerültem összeütközésbe önmagammal. Amit saját képességemről hallottam, fáklyaként világította meg a bennem lakozó kétlakiságot, amely már régen gyötört, anélkül hogy meg tudtam volna magyarázni.

Néhány nap múlva azonban már magam is tudtam, hogy egykor majd építésszé kell lennem.

Az ide vezető út rendkívül nehéz volt, mert amit eddig a reáliskolában elmulasztottam, az most keserűen megbosszulta magát. Az akadémia építészeti szakosztályának látogatása feltételezte az építésztechnikai iskola elvégzését. Ehhez pedig érettségire volt szükség, ami nálam hiányzott. Emberi megítélés szerint ez a körülmény tehát művészi álmaim végét jelen-tette.

Időközben visszanyert nyugalommal és határozottsággal tértem vissza ezúttal harmadszor Bécsbe. Hajdani dacom újra feltámadt, célomat véglegesen kitűztem magam elé. Építőmester akartam lenni, mert hiszen akadályok nem azért vannak, hogy az ember meghátráljon előttük, hanem hogy legyűrje őket. Apám példája lebegett előttem, aki egykor a falu szegényéből és cipészinasból államhivatalnokká küzdötte fel magát, és le akartam gyűrni az akadályokat. Az én helyzetem mégiscsak könnyebb volt apáménál. Ami akkor előttem a sors mostohaságának tűnt fel, azt ma a gondviselés bölcsességének tekintem. A szükség istennője karjaiba vett, és gyakran összeroppanással fenyegetett, de a sors csapásai között akaratom csak erősödött, ellenállásom nagyobb lett, míg végre akaratom került ki győztesen a küzdelemből.

Életem ez időszakának köszönhetem, hogy kemény lettem, és hogy ma is kemény tudok lenni. Hálás vagyok életem e szakáért azért is, mert kiszakított a bárgyú és kényelmes élet lágy karjaiból. Az "*anyás fiút*" odadobta gond asszonyság elé. Nyomorba és szegénységbe jutottam. Megismerhettem azokat, akikért később küzdenem kellett.

Ebben az időben nyílt ki a szemem az általam előbb névleg is alig ismert, a német népre gyakorolt szörnyű jelentősége tekintetében pedig teljesen ismeretlen két veszély meglátására. Ez a két veszély: a marxizmus és a zsidóság.

Bécs, a kellemes, könnyed hangulatú város, a szórakozni vágyók otthona, az én életemben sajnos, csak a legszomorúbb korszak színhelyeként szerepelhet. Ma is vegyes érzelmekkel gondolok erre a városra, amely öt évi nyomorúságot jelentett számomra. Öt küzdelmes esztendőt töltöttem ebben a nimbusszal teli metropoliszban, amely idő alatt előbb mint napszámos, majd mint kis festő, sikerült mindennapi kenyeremet megkeresnem. Azt a keserű kenyeret, amely még a természetes éhség csillapítására sem volt elegendő. A nyomor hű társam maradt ez idő alatt, sohase hagyott cserben, és mindenben testvériesen osztozott velem. Minden egyes könyv vételéből kikérte a maga részét. és egy operai előadás már arra késztette, hogy több napig ismét társamul szegődjék. Állandó harcban állottunk egymással. És mégis, annyit tanultam ez alatt az idő alatt, mint még soha. Az építészeten és a gyomrom rovására élvezett operai előadásokon kívül egyetlen örömömet a könyvekben találtam.

Rengeteget olvastam ebben az időben. Minden szabad időmet alapos tanulmányaimnak szenteltem, és ilyen munkával alig néhány esztendő alatt sikerült tudásom alapját megteremtenem. Ennél is nagyobb jelentősége ennek az időszaknak, hogy ekkor alakult ki mai tevékenységem sziklaszilárdságú alapját képező világnézetem. Szentül hiszek abban, hogy a nagy alkotó gondolatok amennyiben valakinél ilyesmiről egyáltalán szó lehet már a fiatal korban jelentkeznek. Megkülönböztetek korral járó bölcsességet és ifjúkori zsenialitást. Az előbbit a hosszú élettapasztalat eredményezte alaposság és elővigyázatosság jellemzi, az utóbbi viszont kimeríthetetlen új és új gondolatok szolgáltatásában, anélkül azonban, hogy ezeket nagy számuknál fogva képes lenne feldolgozni. Az ifjúkori zsenialitás szolgáltatja a jövő terveit, az anyagot az építéshez, amelyekből viszont a bölcsebb évfolyamok választják ki az építőköveket az épület felépítéséhez, feltéve, hogy az előrehaladott kor úgynevezett bölcsessége nem fojtja el az ifjúi zsenialitást.

Az atyai házban töltött évek semmiben sem különböztek a többiekétől. Gondtalanul vártam a másnapot, és semmiféle különös probléma sem létezett számomra. Ifjúságom környezetét kispolgárok alkották, tehát az a társadalmi réteg, amelynek az igazi kézi munkáshoz vajmi kevés köze volt. Bármilyen furcsának is tűnjék fel az első pillanatban ez a megállapítás, mégis igaz, hogy e között a semmi esetre sem fényes anyagi helyzetben élő réteg és a munkásság között sokkal nagyobb szakadék tátong, mint azt legtöbben hiszik. Ennek oka a félelemben keresendő. A kispolgár attól fél, hogy ismét belekerül abba az annyira kevéssé becsült munkásosztályba, amelyből csak nemrég vergődött ki. Hozzájárul ehhez a kulturális nélkülözésekre való visszaemlékezés is. Ennek a következménye azután az, hogy a magasabb társadalmi osztályokhoz tartozó ember gyakran könnyebben ereszkedik le alacsonyabb sorban levő embertársához, mint az ilyen "*uborkafára fölkapaszkodott*", akiben bizony a létért folytatott küzdelem gyakran megöli a könyörületességet, és megsemmisít benne minden érzést a lemaradottak nyomorával szemben.

Velem szemben könyörületes volt a sors, amikor visszakényszerített a szegénység és bizonytalanság világába; levette szememről a korlátolt kispolgári környezet előidézte hályogot. Csak most kezdtem végre az embereket megismerni, és lassan meg tudtam különböztetni az üres látszatot, vagy brutális külsőt annak belső lényegétől.

Szociális szempontból Bécs már a múlt század végével sem tartozott a kellemes városok közé. Fényűző gazdagság és visszataszító szegénység váltakoztak benne. A város központjában és belső kerületein érezni lehetett egy 52 milliós birodalom szívének lüktetését, a nemzetiségi állam minden gondolkodásra késztető varázsával. Az udvar szemfényvesztő pompájával mágnesként hatott a birodalom többi országának gazdag és intelligens rétegeire. Ehhez járult még a Habsburg háznak amúgy is erős központosító törekvése, mint a kiválni akaró népek összefogásának egyetlen lehetősége. Ennek az központosító törekvésnek volt a következménye a legfőbb hivatalok Bécsben való elhelyezése.

Bécs azonban nemcsak politikai és szellemi, de gazdasági központ is volt. A magas rangú tisztek, állami hivatalnokok, művészek és tudósok sokaságával szemben a munkásság még nagyobb tömege állott. A "*Ring*" épületei előtt ezerszámra őgyelegtek a nyomorúságos munkanélküliek, és a régi Ausztriának ezen a "*via triumphalis*"-án húzódtak meg azok, akiknek nem volt hová hajtani a fejüket.

Talán nincsen német város, amelyben olyan jól lehetett volna tanulmányozni a szociális kérdéseket, mint éppen Bécsben. Ezt a tanulmányt azonban nem lehet felülről lefelé végezni. Aki szociális nyomorral sohasem került közvetlen összeköttetésbe, annak számára sok tekintetben örök rejtély marad ez a kérdés. A felülről lefelé való tanulmányozás eredménye a felületes fecsegés, vagy hamis szentimentalizmus, amelyek mindkettője ártalmas. Nem tudom, mi lehet pusztítóbb, a társadalmi nyomorral szembeni nemtörődömség, amint ezt a szerencse kegyeltjei vagy akár a saját munkájukkal felkapaszkodott emberek többnyire teszik, vagy pedig azok az orrukat magasan hordó, úgynevezett "*néppel érző*" divathölgyek, akik ezt a nagyságos leereszkedést tolakodóan és tapintatlanul végzik. Ez utóbbiak többet ártanak, semmint használnak. Így lesz aztán az általuk megindított szociális felfogásnak az eredménye egyenlő a nullával, sőt gyakran még ennél is kevesebb: felháborodott visszautasítás. Ezt nevezik ők azután a *"nép hálátlanságának"*.

Az ilyen természetű koponyák nehezen és nem szívesen értik meg azt, hogy e tevékenykedésnek semmi köze a szociális ténykedéshez, és így köszönetet sem igényelhet. Ne könyörületet osztogassanak, hanem szociális jogokat állítsanak helyre. A sors engem megkímélt a szociális kérdésnek ilyen módon való megismerésétől. Akkori érzelmeimet és benyomásaimat még csak megközelítőleg sem lehet tökéletesen visszaadni, és így a művem keretében csak a legfontosabb és legmegrázóbb benyomásaimat érzékeltetem néhány, már ebben az időben levont tanulsággal együtt.

Tekintettel arra, hogy nem voltam tanult szakmunkás vagy mesterember, hanem úgynevezett segédmunkás, többékevésbé akadt munka számomra. Napszámosként kerestem kenyeremet. Közben annak az embernek álláspontjára helyezkedtem, aki azzal a sziklaszilárd elhatározással rázta le lábáról Európa porát, hogy az új világban új hazát és új egzisztenciát teremt magának. Az ember lassan megszabadul a bántó, hátráltató, hivatásra, osztályra, környezetre és tradícióra vonatkozó elképzelésektől, minden után kinyújtja kezét, amivel keresni lehet, és rájön arra, hogy a becsületes munka, bármilyen le-gyen is az, sohasem szégyen. Ilyen erős elhatározással vetettem meg lábamat a számomra új világban.

Csakhamar észrevettem, hogy valamilyen munka mindig csak adódik, de persze amilyen könnyen jött, olyan hamar el is veszthette az ember.

Új életem legsötétebb pontját a mindennapi kenyér megszerzésének bizonytalansága képezte.

A tanult munkás sohasem kerülhet olyan könnyen az utcára, mint a tanulatlan, bár az előbbieket is veszélyezteti a munkanélküliség. A napi kereset bizonytalansága pedig az egész gazdaságon megbosszulja magát. A biztos keresethez szokott falusi parasztlegény, akit az állítólagosan vagy talán ténylegesen is könnyebb munka, de még inkább a nagyváros vakító fényessége falujának elhagyására bír, rendszerint duzzadó egészséggel és nagy tettrekészséggel kerül fel a nagyvárosba, hogy azután a napi kereset bizonytalansága, a munkahelyeknek ismételt elvesztése, az ezzel járó nyomor és éhség fizikai szerencsétlenségén kívül idővel lelkileg is megmételyezze. Ezek a viszonyok idővel közömbössé teszik áldozatukat, és az egyébként szorgalmas ember lassan egészen elveszti önbizalmát, laza életfelfogásra tesz szert, és azoknak eszközeivé válik, akik csupán aljas indulatok végett fordulnak hozzá. Olyan gyakran van saját hibáján kívül munka nélkül, hogy tulajdonképpen már közömbössé válik számára, hogy vajon csak gazdasági okok kiharcolásáról van-e szó, vagy pedig állami, társadalmi és kulturális eszközök megsemmisítéséről.

Ezt a lelki átalakulást ezer és ezer esetben nyitott szemmel figyelhettem meg, s minél gyakrabban volt alkalmam mindezt látni, annál inkább megutáltam a milliós várost, amely előbb mohón magához vonzza az embereket csak azért, hogy később megsemmisítse őket. Amikor feljöttek a városba, még népünkhöz tartozónak számítottak, de mire ott maradtak, már elvesztek a nép számára.

Engem is ide-oda dobált a nagyvárosi élet, s így saját magamon próbáltam ki e sorsnak a lelkületre gyakorolt hatását. A változó munka és munkanélküliség közepette a bevételeknek és kiadásoknak bizonytalansága elpusztítja a takarékosság iránti érzéket és a bölcs életbeosztás iránti hajlamot. Az ilyen ember látszólagosan rászokik arra, hogy jó időben jól éljen, rossz időben éhezzék. Az éhezés már eleve megsemmisíti a későbbi bölcs életmód minden lehetőségét; áldozata elé ugyanis állandóan a jó életmód délibábját varázsolja, s ez a beteges vágyakozás minden önfegyelemnek útjába áll, mihelyt ezt a keresetet csak egy pillanatra is megengedi. Ennek a következménye aztán az, hogy röviddel az újra felvett munka után minden beosztás a legkezdetlegesebb módon háttérbe szorul, s emberünk egyik napról a másikra éli világát. Ezzel természetesen együtt jár a kis heti háztartás rendjének teljes felbomlása, mert itt is elmarad az ésszerű beosztás; eleinte egy hét helyett öt napra telik, majd már csak háromra, később alig egyre, hogy végül aztán egy éjszakára rámenjen az egész heti kereset.

Gyakran asszony és gyermekek is vannak odahaza. Előfordul, hogy ezekre is átragad ez az életmód, és pedig főleg akkor, ha a férfi tulajdonképpen jó hozzájuk sőt mi több, szereti is őket a maga módja szerint. Ilyen esetekben közösen fogyasztják el a heti keresetet, kétháromnap alatt, isznak és esznek, amíg telik a pénzből, hogy aztán az utolsó napokat ugyancsak közösen koplalják át. Az asszony ilyenkor apró kölcsönökkel igyekszik pótolni a hiányokat; kisebb adósságokat csinál a szatócsnál, azután igyekszik a hét hátralévő kemény napjait megúszni. Ebédidőben a sovány étel előtt ül együtt a család. Néha még soványra sem telik, és várjak a legközelebbi bért. Beszélgetnek róla, terveznek, és miközben kopog a szemük az éhségtől, ismét a jövő szerencséjéről álmodoznak.

Így ismerik meg a gyermekek már kora ifjúságukban ezt a fájdalmas életet.

Még szerencsétlenebb kimenetele van a dolognak akkor, ha a férj a maga külön útján jár. Ilyenkor az asszony elsősorban a gyermekek kedvéért felszólal ez ellen az életmód ellen, s a viszálykodás és veszekedés napirenden van. Amilyen mértékben elhidegül a férfi az asszonytól, olyan mértékben lesz az ivás rabja. A férfi minden szombaton berúg, az asszony pedig, az önfenntartási ösztönénél fogva, a gyártól a lebujig vezető úton a szó szoros értelmében kiverekszik néhány garast a saját és gyermekei számára. Amikor aztán a férfi szombaton éjjel vagy másnap részegen és egy fillér nélkül hazatér, visszataszító jelenetek játszódnak le.

Száz és száz ilyen eseménynek voltam a szemtanúja. Eleinte undorral és felháborodottan figyeltem, de később annál inkább megértettem tragikumát és mélyebb okát. Rossz viszonyok szerencsétlen áldozatai. A lakásviszonyok még vigasztalanabbak voltak. A bécsi segédmunkás lakásnyomora rettenetes volt, s még ma is elborzadok, ha azokra a nyomorúságos odúkra, menhelyekre és tömegszállásokra, a szennynek és visszataszító piszoknak ezekre a sötét helyeire gondolok.

Mi lesz ennek az eredménye, hová kell ennek majdan fejlődnie, hogyha ezekből a nyomortanyákból szabadjára eresztett rabszolgák hada elárasztja mit sem sejtő embertársait! Mert nemtörődöm ez a másik világ. Ahelyett, hogy ösztönösen megérezné, hogy a sors előbb vagy utóbb megbosszulja magát, a dolgoknak szabad folyást enged; nem igyekszik a sorsot megbékíteni. Hálás vagyok a gondviselésnek, hogy végigjáratta velem ezt az iskolát. Ebben az iskolában már nem tudtam tiltakozni az ellen, ami nem tetszett; neveltetésem gyors és alapos volt.

Ha nem akartam kétségbeesni az akkori környezetem és az akkori emberek miatt, akkor különbséget kellett tennem külső lényük, életmódjuk és fejlődésük oka között. A nyomorból, a szerencsétlenségből, a külső lezüllésből és gazból, nem fejlődhettek ki emberek, hanem csak a szomorú körülmények eredményei. Engem saját küzdelmem megóvott, hogy jajgató szentimentalizmussal behódoljak.

Már akkor láttam, hogy csak kettős út vezethet a viszonyok jobbra fordulásához: mélyen gyökerező szociális felelősségérzet fejlődésünk jobb, egészségesebb alapokra való fektetésére, azzal a megmásíthatatlan elhatározással, hogy minden javíthatatlan kinövést könyörtelenül ki kell irtani.

Miként a természet a legnagyobb figyelmét nem a meglévő fenntartására, hanem az ivadékoknak, mint a faji létfennmaradás biztosítékainak fejlesztésére fordítja, úgy az emberi életben sem lehet a meglévő rossz mesterséges megnemesítéséről komolyan szó, mert ez az

Adolf Hitler

emberiség kilencvenkilenc százalékának adottságánál fogva teljesen lehetetlen. Sokkal célszerűbb a jövendő egészséges fejlődés útját már kezdettől fogva biztosítani.

Már a létért való bécsi küzdelem idején világosan láttam, hogy az igazi szociális tevékenykedés sohasem a nevetséges és öncélú jótékonykodási érzelgősségben találja meg a maga föladatát, hanem sokkal inkább a kulturális és gazdasági életünk szervezete terén mutatkozó s az egyesek egyéniségének és faji sajátosságának megsemmisítéséhez vezető alapvető hiányok megszüntetésében.

A gonosztettekkel szembeni állami fellépés gyöngesége nemegyszer abban a bizonytalanságban rejlik, amellyel az illetékesek az ilyen időszerű jelenség belső okait megítélik. E bizonytalanság magyarázata a züllöttség ilyen tragédiái felett érzett egyéni érzelmekben felfedezhető bűnösségben rejlik. Ez viszont kerékkötője minden komoly és erős elhatározásnak, s még a létfenntartás legszükségesebb rendszabályainak is gyenge, vagy félmegoldását segíti elő.

Csak a saját bűnössége árnyától mentes korszakban lesz meg a belső megnyugvással kapcsolatos külső erő is a vadhajtásoknak és gaznak kérlelhetetlen kiirtásához.

Azért volt feltűnő az osztrák állam gyengesége még a legkomiszabb kinövésekkel szemben is, mert nem ismerte a szo-ciális igazságszolgáltatást és törvényhozást.

Nehezen tudnám megmondani. hogy ebben az időben mi rettentett el inkább: társaim gazdasági nyomora, erkölcsi durvasága, vagy pedig szellemi műveltségük alacsony foka.

Mennyire felháborodik polgárságunk, ha egy nyomorúságos csavargó szájából azt a kijelentést hallja, hogy neki mindegy, német-e vagy sem, mert ő mindenütt egyformán jól érzi magát, csak meglegyen a mindennapi kenyere. Ilyenkor a polgárság megdöbben a "*nemzeti öntudat*" hiánya miatt, és erősen kifejezésre juttatja megvetését az ilyenszerű felfogással szemben.

Hányan kérdezték meg azonban önmaguktól, hogy mi is tulajdonképpen az ő egészségesebb gondolkodásmódjuk oka?

Hányan értették meg, hogy a haza és a nemzet nagyságának tudata, a kulturális és művészeti téren felmutatott eredmé-nyek ismerete, mint különböző összetevők eredője, adta meg nekik azt a jogos önbizalmat, amellyel egy ilyen kiválasztott nép tagjainak vallhatták magukat?

És vajon hányan sejtik, hogy a hazafiúi büszkeség a nemzeti nagyság minden téren való tudatától függ?

Vajon gondol-e arra a mi polgári osztályunk, hogy a hazafiúi büszkeségnek ez az előfeltétele milyen nevetséges alakban és kis mértékben jut a nép tudomására?

Ne igyekezzünk azzal mentegetőzni "*hiszen a többi országokban sincs másként, és a munkás ennek ellenére mégis népével érez*". Mert tegyük fel, hogy a fenti állítás megfelel a valóságnak, ez még mindig nem menti a saját mulasztásunkat. Az, amit Németországban pl. a francia népnél "*soviniszta*" nevelésnek neveznek, tulajdonképpen nem jelent egyebet, mint Franciaország kulturális, vagy amint a francia szokta mondani: a civilizáció minden terén megnyilvánuló jelentőségének túlméretezett méltatását. A fiatal franciát, amint hazájának politikai súlyáról vagy kulturális nagyságáról van szó, túlhajtottan szubjektív érzelmekre nevelik és nem objektivitásra.

Ennek a nevelésnek lényege az, hogy mindig általános megállapításokra szorítkozik, amelyek azután, ha kell, állandó ismétlések útján a nép vérévé válnak.

Nálunk ellenben nemcsak negatív nemtörődömséggel találkozunk, hanem még azt a keveset is kiölik a népből amit nemzeti öntudatként az iskolában magába szedett. A politikai mérget hordozó pockok még ezt a keveset is kilopják a nép széles rétegei szívéből, feltéve, hogy a nélkülözés és nyomor romboló munkája után erre még egyáltalán sor kerülhet. Gondoljunk egy olyan hároméves fiúgyermek lelki fejlődésére, aki egy kéttagú munkáscsalád tagjaként éli le életének ezeket az első, gyakran még a késő aggkorban is jelentkező benyomásokat jelentő éveit egy dohos helyiségekből álló szűk és zsúfolt pincelakásban, amelyben az emberek nem is annyira együtt, hanem egymáson élnek. Hány visszataszító veszekedésnek előidézője már maga a szűk lakás, amely addig, amíg ez csak a gyermekek között fordul elő, nem veszélyes. de annál súlyosabb következményei vannak akkor, ha az a szülőkre is átragad. Á tettlegességig fajuló durvaság különösen az apa ittasága mellett a hatéves gyermek számára olyan jelenetek előidézője, amelyek láttára még az ilyen körülmények között felnőtt is csak iszonyt érezhet. Megfertőzött lélekkel, rosszul táplált testtel, tetves fejecskével lépi át a fiatal "*állampolgár*" az elemi iskola küszöbét, ahol ímmel-ámmal megtanul olvasni, de semmi többet. Otthoni tanulásról szó sem lehet. Ellenkezőleg, ebben a szomorú környezetben ahol az egész emberiségről leszedik a keresztvizet, amely nem kímél egyetlen intézményt sem, ahol a tanítótól fel az államfőig mindenkit leszapulnak, ahol semmi sem szent, legyen az vallás, vagy erkölcs csak az élet trágárságaival és aljasságaival jut közelebbi összeköttetésbe. Milyen helyet foglalhat el egy ilyen, az iskola padjaiból az életbe kilépő

Adolf Hitler

fiatalember? Nehéz lenne megmondani, mi nagyobb: hihetetlen tudatlansága, vagy fellépésének sértő szemtelensége?

Ez a fiatalember csak most kerül az élet felsőbb iskolájába. Összevissza csavarog. Isten tudja, mikor tér haza, hogy aztán maga is megverje azt a megtépázott, szerencsétlen teremtést, akit hajdan édesanyjának nevezett. Káromolja Istent és a világot, míg végre valamilyen bűncselekmény miatt a fiatalkorúak fogházába kerül. Itt kapja meg az *"utolsó simításokat"*.

A kedves polgári világ pedig meglepődik azon, hogy ennél a *"fiatal állampolgárnál"* teljesen hiányzik a *"nemzetért való lelkesedés"*, csodálkozik az ilyen ember alacsony erkölcsi szintjén, és nemzete iránti közömbösségén, de nem veszi észre azt, hogy miként mérgezik meg a népet, sajnos, nemegyszer, mozi, színház, ponyvairodalom és újság segítségével. Hamarosan rájöttem arra, hogy valamely nép *"nacionalizálása"* az egyén nevelési lehetőségének alapjául szolgáló egészséges viszonyok megteremtését követeli. Mert csak az büszke arra, hogy tagja lehet egy népnek, aki a nevelés és iskola által megismeri saját nemzetének kulturális, gazdasági, de mindenekelőtt politikai nagyságát. Harcolni csak azért lehet, amit szeretünk, szeretni pedig csak azt lehet, amit tisztelünk, tisztelni viszont azt, amit legalábbis ismerünk.

Mihelyt felébredt érdeklődésem a szociális kérdések iránt, azonnal hozzáfogtam e kérdések komoly tanulmányozásához. Ismeretien, új világ tárult fel előttem.

Az 1909-10. évben már nem kellett segédmunkásként megkeresnem a kenyeremet, hanem mint kis festő és akvarellista, önállóan dolgoztam. Minden anyagi nehézség mellett ez a foglalkozás előnyös volt tanulmányaimra nézve. Jobban beoszthattam időmet, és esténként nem akadályozott halálos fáradtság tanulmányaim folytatásában. Festéssel kerestem meg kenyeremet, és kedvteléssel tanultam.

A szociális kérdések terén szerzett gyakorlati ismereteim mellett megteremtettem a szükséges elméleti. alapot. Áttanulmányoztam az idevágó irodalmat, de egyébként saját gondolataimba merültem. Környezetem minden bizonnyal különcnek tartott.

Az építészet iránt fokozott lelkesedéssel viseltettem. A zene mellett az építészetet tartottam a művészetek királyának. Késő éjszakai órákig képes voltam olvasni vagy rajzolni, anélkül hogy belefáradtam volna. Ez a foglalkozás boldog pihenést jelentett számomra annál is inkább, mert szentül meg voltam győződve arról, hogy álmom, ha hosszú évek múltán is, valóra válik és majdan mint építész nevet vívok ki magamnak.

Emellett minden érdekelt, ami a politikával volt összefüggésben. Ezt azonban nem tartottam fontosnak. Meggyőződésem volt, hogy minden gondolkodó embernek természetes kötelessége a politika iránti érdeklődés. Aki nem így gondolkodik. megítélésem szerint elveszti a kritika és ellentmondás jogát.

Politikai téren is sokat olvastam és tanultam. Olvasás alatt is mást értettem, mint az úgynevezett intelligencia nagy átlaga. Ismerek embereket, akik végtelenül sokat "*olvasnak*", egyik könyvet a másik után, de mégsem merem őket olvasottaknak nevezni. Kétségtelenül rendelkeznek egy halom tudás felett, agyuk azonban nem képes beosztani és rendszerbe foglalni ezt a felhabzsolt anyagot. Hiányzik belőlük a művészet, amellyel az értéktelent el tudnák választani az értékestől. Az értékes elemet ugyanis mindörökre el kell raktároznunk agyunkban, az értéktelent azonban nem szabad felesleges teherként magunkkal hordoznunk.

Az olvasás nem öncél, hanem csak eszköz, amellyel a velünk született tehetség és képesség kereteit kitöltjük. Az olvasott anyag ne az olvasás sorrendjében, hanem mozaikdarabkákként foglalja el az általános világképben őt megillető helyét, mert ellenkező esetben a felhalmozott dolgok összeviszszasága jön létre, amely éppen annyira értéktelen, mint amennyire önhitté teszi szerencsétlen tulajdonosát. Az illető komolyan azt hiszi önmagáról, hogy művelt és nagy életismerettel rendelkezik, az igazság pedig az, hogy mindinkább eltávolodik a világtól, és a végén nem ritkán szanatóriumba kerül, de jobb esetben "*politikus*"-ként valamelyik parlamentben "*tevékenykedik*".

Az ilyen embernek sohasem sikerül adandó alkalmakkor a fontos dolgok kitermelése, mert szellemi téren nem az élet, hanem az olvasott könyvek sorrendje és tartalma szerint igazodik, Ha az ilyen embert a sors az olvasott anyag gyakorlati felhasználásának szükségességekor a könyv és oldalszám megjelölése mellett figyelmeztetné esetről esetre az olvasottakra, akkor még tudná értékesíteni a felhalmozott anyagot. De ez sajnos, nincs így, és az ilyen hétpróbás olvasottak minden kritikus órában kétségbeesetten keresgélik a sémát, de halálos biztonsággal majdnem kivétel nélkül a hamis receptet veszik elő.

Ha nem így lenne, nem tudnánk megérteni legmagasabb helyen ágáló tanult kormányvitézeink politikai tevékenységét, ha csak nem akarjuk róluk a patologikus adottság helyett az alávaló aljasságot feltételezni.

Aki azonban az olvasás művészetével tisztában van, azt ösztöne minden könyv, folyóirat vagy röpirat tanulmányozása közben figyelmessé teszi arra, amire célszerűségénél vagy értékességénél fogva szüksége van. Az ily módon nyert újabb kép mintegy beleolvad a már meglévő hasonló tárgyú képbe, azt javítja vagy kiegészíti, helyesebbé vagy kifejezőbbé teszi. Ha az élet az így olvasó embert állítja valamely gyakorlati kérdés elé, az illető azonnal a már meglévő adatokat állítja a gyakorlati élet szolgálatába. Csak az ilyen olvasásnak van értelme és célja.

Már kora ifjúságomban arra törekedtem, hogy megfelelő módon olvassak, és e törekvésem emlékezetemben és értelmemben hű támogatóra lelt. E tekintetben a bécsi időszak különösen értékes és gyümölcsöző volt számomra. A mindennapi élet újra meg újra legkülönfélébb problémák tanulmányozására késztetett, s mihelyt erre lehetőség nyílt. a való tényeket teoretikus alapokra tudtam fektetni, másrészt pedig a teóriát kipróbálhattam a valóságban. Ilyen körülmények között nem merülhettem el az elmélet útvesztőjében, de egyúttal megkímélt sorsom a rideg valóság lealacsonyító hatásától is.

Ebben az időszakban a szociális problémán kívül két legfontosabb kérdés marxizmus és zsidóság tekintetében a köznapi életem tapasztalatai voltak reám döntő befolyással, és egyben ezek szolgáltatták elméleti tanulmányomhoz a megfelelő alapot.

Ki tudja, mikor foglalkozhattam volna a marxizmus tanaival és lényegével, hogyha az akkori életkörülményeim nem vittek volna fejjel neki ezeknek a problémáknak.

Amit kora ifjúságom idején a szociáldemokráciáról tudtam, az vajmi kevés és hamis volt.

Örömmel töltött el az a tudat, hogy ők az általános titkos szavazati jogért küzdöttek, mert belső énem azt súgta, hogy ez az előttem oly gyűlöletes Habsburg uralom gyengítésére szolgál. Meggyőződésem volt már akkor, hogy a dunai monarchia csak a németség feláldozásának árán tudja magát egy elszlávosítási folyamat segítségével fenntartani. De még az elszlávosodás sem jelentheti egy valóban életképes birodalom fennmaradásának teljes garanciáját, ha figyelembe vesszük a szláv faj nagyon is kétséges államalkotó képességét. Minden olyan fejlődési irányt örömmel üdvözöltem, amely ennek, a tízmilliónyi németség feláldozását jelentő államnak összeomlását mozdította elő. Minél inkább élősködött a parlament testén a bábeli nyelvzavar, annál inkább közeledett az én német-osztrák népem számára a szabadság pillanata. Csak ilyen úton-módon lehetett remény az anyaországhoz való visszatéréshez.

Így számomra nem volt ellenszenves a szociáldemokrácia működése. Akkori tapasztalatlanságomban még el tudtam hinni, hogy a szociáldemokrácia javítani akar a munkásság helyzetén és életviszonyain, s így ez a körülmény is inkább mellettük, mint ellenük szólott. Ami működésükben azonban viszszataszító volt, az a németség fennmaradásáért vívott élethalálharccal szembeni ellenséges magatartásuk és a szláv *"elvtársak"* kegyéért indított alázatos versengésük volt, hogy aztán a szláv elvtársak e hízelkedés gyakorlati előnyeit kihasználják, de másrészt visszautasítsák azt, s így részesítsék a tolakodó koldusokat méltó jutalomban.

Tizenhét éves koromban még nemigen ismertem a *"marxizmus"* szó jelentőségét, a *"szociáldemokrácia"* és a *"szocializmus"* pedig azonos fogalmakként tűntek fel előttem. E tekintetben is a sors ökölcsapása nyitotta ki szememet. Ez ideig a szociáldemokrata pártot nagy tömegtüntetések alkalmával mint néző ismertem meg, anélkül azonban, hogy csak a legkisebb betekintést is nyertem volna híveik gondolatvilágába, alapvető tanaikba. Most egy csapásra megismertem nevelésük eredményeit és *"világnézetüket"*. Amihez egyébként évtizedekre lett volna szükség, azt én néhány rövid hónap alatt megértettem. Megismertem az erény álarcába rejtőzködő, felebaráti szeretettel övezett pestist, amitől az emberiségnek mielőbb meg kell szabadítania a földet, mert különben a föld szabadul meg az emberiségtől.

Egy építkezési munkánál volt az első összecsapásom a szociáldemokratákkal. Már az első találkozás sem volt kellemes. Még elég rendes ruházatom, kulturáltabb beszédmodorom, tartózkodó egyéniségem elütővé tettek, s emellett annyira el voltam foglalva saját magam sorsával, hogy nemigen jutott idő környezetem megfigyelésére. Csak munkát kerestem, hogy éhen ne haljak, s egyúttal, ha lassan is, de tovább képezhessem magam. Valószínűleg egyáltalán nem is törődtem volna új környezetemmel, ha már harmadik vagy negyedik napon nem kényszerítettek volna határozott állásfoglalásra. Felszólítottak arra, hogy lépjek be a szakszervezetbe.

A szakszervezetekre vonatkozó ismereteim abban az időben a semmivel voltak egyenlők. Nem tudtam volna létezé-süknek sem célszerűségét, sem célszerűtlenségét bizonyítani. Kijelentették, hogy be kell lépnem, tehát nem léptem be. Magatartásomat azzal indokoltam, hogy én a dolgot nem értem, de különben sem hagyom magam semmire se kényszeríteni. Talán indokaim első részének köszönhettem, hogy nem dobtak ki azonnal maguk közül. Kétségtelenül abban a reményben ringatták magukat, hogy pár nap múlva megnyernek, de legalábbis megpuhítanak, Alaposan tévedtek. Két hét múlva már nem bírtam tovább, még ha szerettem volna is maradni. Ez a tizennégy nap azonban elég volt környezetem megismeréséhez,

Adolf Hitler

aminek az volt az eredménye, hogy a világnak semmiféle hatalmassága nem lett volna képes arra, hogy egy ilyen szervezetbe való belépésre kényszerítsen. Az első napokban bosszankodtam.

Az ebédidőben a munkások egy része a közeli vendéglőbe ment, a többiek az építkezés helyén maradtak és ott fogyasztották el igen szegényes ebédjüket. Ez utóbbiak nősek voltak, akiknek felesége hozta el ütött-kopott edényekben a levest. A hét vége felé az ott maradottak száma egyre növekedett, hogy miért, azt csak később értettem meg. Politizálni kezdtek.

Én egy félreeső sarokban fogyasztottam el tejemet egy darab kenyérrel s közben óvatosan tanulmányoztam új környezetemet, vagy pedig nyomorúságos sorsom felett töprengtem. Még így is többet hallottam a kelleténél, s gyakran úgy tűnt nekem, mintha szándékosan fordultak volna felém, hogy egy bizonyos álláspont elfogadására késztessenek. Amit így hallottam, az végsőkig felizgatott. Itt egyszerűen mindent tagadásba vettek: a nemzetet, mint "*kapitalista*" hányszor kellett ezt a szót hallanom osztályok találmányát, a hazát, mint a burzsujok eszközét, amellyel csak a proletariátust használják ki, a törvénytiszteletet, amely szerintük szintén csak a proletárok elnyomását szolgálja, az iskolát, mint a rabszolgaanyag, de egyben a rabszolga tartók továbbfejlesztésére szolgáló intézményt a vallást, mint a kifosztandó nép butításának eszközét, az erkölcsöt, mint a buta birkatürelem jelét és így tovább. Itt aztán semmi sem maradt szárazon. Mindent lerántottak a feneketlen mélység szennyébe.

Eleinte hallgatást erőltettem magamra, mígnem betelt a mérték. Határozott álláspontot foglaltam el; ellenkeztem. Végül is azonban be kellett látnom, hogy ellenzékiségem mindaddig teljesen kilátástalan, amíg nem rendelkezem legalább némi ismeretekkel a vitatott kérdések tekintetében. Elkezdtem kutatni ellenfeleim kétes értékű tudásának forrásait; egyik könyvet a másik után, egyik röpiratot a másik után vettem sorra.

Végül is munkahelyemen ugyancsak forróvá vált a hangulat. Napról napra jobban és jobban meg tudtam védeni álláspontomat. Kiismertem ellenfeleim gyöngéit, tudásbeli fogyatékosságait, úgyhogy végre ők az értelem ellen a legsikeresebb fegyverhez, a terrorhoz folyamodtak, Az ellentábor néhány hangadója egyszerűen kijelentette. hogy vagy elhagyom az építkezést, vagy levernek az állványról. Egyedül voltam. Minden ellenkezés kilátástalan lett volna, és így egy tapaszta-lattal gazdagabban búcsút mondtam munkahelyemnek.

Undorral távoztam. A dolog azonban annyira hatalmába kerített, hogy most már teljesen kizárt volt számomra az. hogy végleg hátat fordítsak az egésznek, Első felháborodásom csillapultával győzött nyakasságom. A történtek ellenére is keményen elhatároztam tehát, hogy ismét építkezésnél keresek munkát magamnak. Elhatározásomat siettette a nyomor, amely kevés, néhány garasnyi megtakarított bérem felélése után szívtelen karjaival szorongatott. Kénytelen-kelletlen rászántam hat magam erre a lépésre. A játék ismét elölről kezdődött és ugyanúgy végződött, mint az első alkalommal. Felvetődött bennem a kérdés: Vajon emberek-e ezek, és méltók-e arra, hogy egy nagy nép fiai legyenek?

Kínos kérdés. Mert ha igennel válaszolunk rá, úgy igazán kár minden harcért, minden áldozatért és minden fáradságért, amit egy nép legjobbjainak ezért az aljanépért hoznia kell. Ha pedig nemmel felelünk rá, akkor népünk táborában nagyon kevesen maradtak már emberek. Tépelődő és kínzó napok során nyugtalan szorongással láttam fenyegető hadsereggé nőni azt a tömeget, melyet már nem számítottam népünkhöz tartozónak.

Mennyire más érzéssel bámultam most a bécsi munkásság végeláthatatlan sorát egy alkalmi tömegtüntetésnél. Csaknem két óra hosszat állottam így, és figyeltem visszafojtott lélegzettel az ördögi hernyóhoz hasonló hatalmas embertömegeket. Nyomasztó szorongással távoztam el a színtérről. Hazafelé bandukoltam. Útközben egy trafikban megpillantottam az "*Arbeiter Zeitung*"-ot, a régi osztrák szociáldemokrácia központi sajtóorgánumát. Egy olcsó külvárosi kávéházban, hová gyakrabban tértem be újságolvasás céljából, többek között ez az újság is a vendégek rendelkezésére állott. Ez ideig két percnél tovább képtelen voltam e lap olvasására, mert hangja felpaprikázott. A tüntetés hatása alatt mintegy belső sugallatra elhatároztam, hogy végre alaposan átolvasom ezt az újságot. Este meg is vettem, és leküzdöttem dührohamomat, amelyet ez a hazugságtömeg váltott ki belőlem.

A szociáldemokrata világszemlélet lényegét sokkal inkább tanulmányozhattam saját sajtójuk naponkénti olvasásával, mint az elméleti irodalomból.

Vajon milyen különbség van az emberiesség és erkölcs mezébe bújtatott, prófétai bizonyossággal írott, látszólag mély bölcsességet sejtető és a szabadság, szépség és méltóság frázisaival dobálódzó teoretikus irodalom és a brutális, semmi aljasságtól vissza nem rettenő, a rágalom minden eszközével és földrengető hazudozással dolgozó napisajtó az új emberiség "*üdvözítő*" tana között! Az előbbit a középosztály és az "*intelligencia*" magasabb rétege tökfilkóinak, az utóbbit pedig a tömegnek szánták.

E tanok és szervezetek irodalmába és sajtójába való belemélyedés megmutatta nekem a népemhez visszavezető utat. Ami előttem addig áthidalhatatlan szakadékként tűnt, most minden eddigit felülmúló szeretetté változott.

Csak egy örült lenne képes e mérgező munka ismeretében az áldozat megtagadására. Minél inkább önállósítottam magam a következő években, annál tisztábban láttam a szociáldemokrácia sikerének belső okait. Most végre egész jelentőségében bontakozott ki előttem a követelmény, hogy csak vörös újságot és vörös könyveket szabad olvasni, csak vörös gyűléseket szabad látogatni stb. Plasztikus világossággal tűnt fel előttem a türelmetlenség e tanának szükségszerű következménye. Nagy tömegek lelkülete nem fogékony a langyos dolgok iránt.

A tömeg hasonló a nőhöz, kinek lelkivilágán nem annyira az elvont értelem, mint inkább a meghatározhatatlan érzelmekre alapított, őt kiegészítő erő iránti vágyódás uralkodik, és aki maga is inkább az erős előtt hajlik meg, semmint a gyengét uralja. Éppen így a tömeg is inkább az uralkodót, mint a kérőt tiszteli, és belsejében inkább kielégíti egy olyan tan, ami nem tűr meg maga mellett mást, mint a liberális szabadság engedékenysége. Többnyire nincs mit kezdenie az eredményekkel, sőt könnyen elhagyottnak érzi magát, ezzel szemben szellemi terrorizálását és emberi szabadságának égbekiáltó korlátozását nem veszi tudomásul, hiszen e tanok belső téveszméjéről ugyancsak kevés fogalma van. Így tehát csupán a kíméletlen erő nyers, céltudatos megnyilvánulását látja, amely előtt mindenkor meghajlik.

Rájöttem arra, hogy ha a szociáldemokráciával szemben egy igazabb, de a kitűzött cél felé ugyanilyen brutális következetességgel haladó tant állítanak, akkor az, ha nehéz küzdelmek árán is győzni fog.

Nem telt bele két év sem, és tökéletesen tisztában voltam a szociáldemokrácia tanával és technikai eszközeivel is. Megértettem azt a szellemi terrort, amelyet elsősorban az ily támadásokra mind erkölcsileg, mind szellemileg felkészületlen polgárságra gyakorol. Adott jelre a hazugságoknak és rágalmaknak egész pergőtüzével árasztja el ezt a számukra legveszélyesebbnek látszó ellenfelet mindaddig, amíg a megtámadottak idegei fel nem mondták a szolgálatot és meghoznak minden áldozatot nyugalmuk érdekében.

Persze ez a nyugalom sohasem következik be. A játszma újra kezdődik, mígnem teljesen megbénítja áldozatát.

A szociáldemokrácia tisztában van az erő értékével, és így elsősorban azokra tör, azok ellen indít rohamot, akiknél ezt a ritka értéket sejti. Ezzel szemben hol óvatosan tapogatózva, máskor viszont hangosabban a megismert vagy sejtett szellemi értékük szerint agyba-főbe dicséri az ellentábor gyönge alakjait, hiszen sokkal inkább fél egy közepes tehetségű vasöklű embertől, mint egy tehetetlen, akarat nélküli lángelmétől. A legmelegebben természetesen a testi és szellemi gyöngeségben szenvedőket ajánlja.

A szociáldemokrácia érti a módját, hogy miként kell olyan látszatot kelteni, mintha a nyugalom csak így volna fenntartható. Eközben számító előrelátással, rendíthetetlenül foglalja el egyik pozíciót a másik után ha kell, a lopás eszközeivel, főleg olyan pillanatokban, amikor a figyelem más dolgokra összpontosul, vagy pedig az egész ügyet kicsinek tartják arra, hogy azért túlságosan nagy feltűnést keltsenek és ismét felingereljék a gonosz ellenfelet. Ez a minden emberi gyöngeséget számításba vevő taktika feltétlenül eredményre kell, hogy vezessen, hacsak nem nyúl az ellenfél is hasonló eszközökhöz, mérges gázok ellen a mérges gázok eszközéhez.

A gyöngékkel meg kell értetni, hogy itt a lét és a nemlét kérdése forog kockán.

Éppen így megértettem az egyénnel és tömeggel szembeni anyagi terrort. A munkahelyen, gyárban és gyűléstermekben kifejtett terror mindig sikerrel jár, mígnem lépnek fel vele szemben hasonló terrorral.

Ebben az esetben természetesen felhördül a szociáldemokrácia. Az általa addig sárba taposott államtekintélyhez folyamodik, hogy azután az általános zűrzavar közepette mint legtöbbnyire, úgy most is elérje célját. Minden bizonnyal talál a magas rangú hivatalnokok körében egy olyan embert, aki a rettegett ellenségnél való önbiztosítása érdekében segédkezet nyújt a világ e járványa ellen küzdők legyőzéséhez.

Azt, hogy egy ilyen siker milyen jelentőségű a követőkre, és az ellenfelekre nézve, csak az érti meg igazán, aki egy nép lelkét nemcsak a könyvekből, hanem az életből is ismeri. Amíg az elért győzelem a párthívek soraiban az általuk hangoztatott igazság diadalának bizonyítékául szolgál, addig a letört ellenfél kételkedni kezd a további ellenállás sikerében.

Minél inkább megismertem a szocialista erőszak módszerét, annál nagyobb megértéssel viseltettem azokkal a százezrekkel szemben, akik ennek áldozatul estek.

Akkori keserves éveimnek köszönhetem, hogy megtaláltam a fajtámhoz vezető utat, hogy megtanultam különbséget tenni áldozatok és csábítók között.

Márpedig a szociáldemokrácia futószalagján sínylődő emberek csak áldozatoknak tekinthetők.

Adolf Hitler

Ha én most azon fáradozom, hogy megvilágítsam a dolgok lényegét a legalacsonyabb rétegek életéből kiragadott példákkal, úgy ez a kép, amit az olvasó elé tárok, nem lenne teljes, ha nem említeném meg, hogy itt a mélységben, viszont ritkaságszámba menő áldozatkészség, leghűbb barátság, rendkívüli egyszerűség és zárkózott szerénység formájában megnyilvánuló fénypontokkal is találkoztam. Ezek az erények elsősorban az akkori idősebb korosztályok erényei voltak. Ha azok a fiatalabb nemzedéknél már csak a nagyváros általános beteges befolyása miatt is mindinkább eltűnnek, mégis akadtak olyanok közöttük, akiknél a makkegészséges vér győzedelmeskedett az élet aljasságán. Ha azután ilyen ízig-vérig derék emberek politikai tevékenységükkel fajtájuk halálos ellenségeinek sorait növelték, annak oka csak az volt, hogy nem értették és nem is érthették meg a szociáldemokrata tanok alantasságát, elsősorban azért, mert senki sem vett magának fáradságot ahhoz, hogy ezt velük megértesse. Senki sem törődött velük. A szociális viszonyok pedig minden akaratnál erősebbek voltak. A nyomor, amelynek valamilyen úton-módon mindannyian áldozatául estek, végül mégiscsak a szociáldemokrácia táborába kényszerítette őket.

Az a körülmény, hogy a polgárság számtalanszor a legügyetlenebb módon szegült ellene a kétségtelenül jogos emberi követelményeknek, gyakran még akkor is, ha ebből igazán semmi haszna sem volt, és egyáltalán semmi előnyt sem várhatott, a legtisztességesebb munkást is belehajszolta szakszervezeti működése teréről a politikai tevékenységbe.

A munkásság milliói kezdetben minden bizonnyal ellenségei voltak a szociáldemokráciának, ellenállásuk azonban hajótörést szenvedett a polgári pártoknak úgyszólván minden szociális követeléssel szemben állást foglaló, csaknem őrületes magatartásán. A munkások viszonyainak megjavítását célzó kísérleteknek, így a gépeknél a védőberendezések alkalmazásának, a gyermeki munka megszorításának, az asszonyok védelmének különösen azokban a hónapokban, amikor népünk fájának egy új hajtását hordják szívük alatt bárgyú ellenzése feltétlenül elősegítette a szociáldemokrácia térhódítását, annál is inkább, mert nagyszerűen értett az ilyen szerencsétlen gondolkodásmód eseteinek a kihasználásához. Soha sem tudja politizáló "*polgárságunk*" jóvátenni mindazt a bűnt, amit a múltban elkövetett, mert mialatt a szociális nyomor csökkentésére irányuló kísérleteket ellenezte, gyűlöletet vetett és látszólag maga igazolta a nép halálos ellenségeinek azt az állítását, hogy csak a szociáldemokrata párt viseli szívén a dolgozók érdekeit. Ilyen módon mindenekelőtt erkölcsi alapot teremtett a szakszervezetek számára, amely a politikai pártnak a felhajtó szerepében már eddig is a legnagyobb szolgálatokat tette.

Bécsi tanulóéveim idején akarva, nem akarva a szakszervezetek kérdésében is állást kellett foglalnom. Minthogy a szakszervezetet a szociáldemokrata párt elválaszthatatlan részének tekintettem, elhatározásom gyors, de egyszersmind téves is volt. Az egész szakszervezettel szemben elutasító álláspontra helyezkedtem. Ebben a végtelenül fontos kérdésben is a sors jött segítségemre. A sors nyújtotta tapasztalataim alapján az első időkben kialakult gyors véleményemet megváltoztattam. Húszesztendős koromban már megtanultam különbséget tenni a szakszervezet, mint a munkásság általános szociális jogainak megvédésére szolgáló szerv és a szakszervezet, mint a párt politikai osztályharcának eszköze között.

A szociáldemokrácia megértette a szakszervezeti mozgalom óriási jelentőségét, és ezzel máris biztosította a maga számára a leghatásosabb eszközt és a sikert; ezzel szemben a polgárság ezt nem értette meg, és ez a körülmény politikai állásába került. Azt remélte, hogy fontoskodó visszautasítással fel tudja tartóztatni a logikus fejlődés útját, a valóságban pedig magatartása által az egész mozgalom hibás vágányra futott.

Ostobaság és nem igaz az az állítás, mintha a szakszervezeti mozgalom már önmagában véve hazaellenes lenne. Inkább az ellenkezője a helyes. Ha valamely szakszervezeti tevékenység egy, a nemzet egyik fő pillérét képező társadalmi osztály helyzetének megjavítását tűzte ki célul, akkor az nem haza vagy államellenes, hanem ellenkezőleg a szó legnemesebb értelmében vett nemzeti tevékenység. Hiszen ezzel előmozdítja azoknak a szociális előfeltételeknek a megteremtését, amelyek nélkül általános nemzeti nevelés el sem képzelhető. A legnagyobb szolgálatot teszi a társadalom szociális rákfenéjének, testi és szellemi betegségek okozójának kiirtásával, és így hozzájárul a nép egészségi állapotának javításához.

A szakszervezetek szükségessége nem képezheti kérdés tárgyát. Mindaddig, amíg a munkaadók között csekély szociális érzékkel rendelkező emberek lesznek, amíg hiányzik belőlük a jogi érzék és méltányosság, addig alkalmazottaiknak nemcsak joguk, hanem egyenesen kötelességük is az egyetemesség érdekeinek megvédése az egyesek kapzsiságával vagy értelmetlenségével szemben. A hűség és hit megőrzése éppen olyan nemzeti érdek, mint a nép egészségének fenntartása.

Mindkettőt veszélyeztetik azok a méltatlan vállalkozók, akik nem tekintik magukat a népközösség tagjainak. Kapzsiságuk és kíméletlenségük a jövőre nézve súlyos károkat okoz. Az ilyen folyamattal megküzdeni a nemzet érdekében teljesített szolgálat és semmi esetre sem az ellenkezője.

Ne mondja senki, hogy mindenkinek szabadságában áll az öt ért állítólagos vagy való igazságtalanság következményeit levonni, és a szolgálatból egyszerűen kilépni. Nem! Ez szemfényvesztés és csupán arra alkalmas, hogy a dolgok lényegéről elterelje a figyelmet. Vagy nemzeti érdek a szociális igazságtalanságok kiirtása, vagy nem. Ha igen, akkor az ilyen eljárással szemben a harcot olyan fegyverekkel kell felvenni, amelyek sikerrel kecsegtetnek. Az egyes munkás azonban soha sincs abban a helyzetben, hogy sikeresen tudjon fellépni a nagyvállalkozóval szemben, mert ebben az esetben nem a felsőbbrendű jog győzelméről van szó hiszen ennek elismerése esetén nem is kerülhetne félreértésre sor, hanem a nagyobb hatalom kérdéséről. Különben a meglévő jogi érzék már eleve becsületes módon eldöntené a kérdést, helyesebben nem is merülhetne fel ilyen és hasonló kérdés.

Ha az emberekkel szemben elkövetett igazságtalanság ellenállásra készteti az érdekelteket, akkor ebben a harcban mindaddig, amíg törvényes bírói hatalmat nem teremtenek, a kérdés eldöntése, csak a nagyobb hatalmi erő tud dönteni. Így magától értetődik, hogy az egyes munkaadó koncentrált erejével szemben csak a munkavállalók tömege léphet fel. Egyébként már kezdettől fogva le kellene mondani a győzelem lehetőségéről.

A szakszervezet a szociális eszme megerősödését, a gyakorlati életben való megvalósítását elősegíteni, s ezzel az állandó elégedetlenség és panasz okát elhárítani lenne hivatott.

Hogy ez nem így van, annak okát nagyrészt azokban kell keresni, akik minden olyan lépést, amely a szociális viszonyok törvényes megjavítását célozza, visszautasítottak, vagy politikai befolyásukkal meghiúsítottak. Amilyen mértékben nem tudta, illetve nem akarta a politikával foglalkozó polgárság a szakszervezetek jelentőségét megérteni és azzal szemben ellenállásra készült, éppen olyan mértékben vette kezébe a szakszervezeti mozgalmat a szociáldemokrácia, és ezzel olyan alapot teremtett magának, amely a legkritikusabb pillanatokban már többször kihúzta a csávából. Természetesen a szakszervezetek tulajdonképpeni célja lassanként teljesen eltűnt, hogy új célkitűzéseknek adjon helyet.

A szociáldemokrácia sohasem gondolt az általa felkarolt szakszervezeti mozgalom tulajdonképpeni céljának megvalósítására.

Nem! Erre semmi esetre sem gondolt. Így azután a szociális emberi jogok védelmére életre hívott szakszervezet a szociáldemokraták szakszerű vezetése mellett néhány évtized alatt a nemzetgazdaság pusztító eszközévé vált. A munkásság érdeke a legkevésbé sem számított ennél az átalakulásnál. Mert a gazdasági nyomás a politikai zsarolást is lehetővé teszi, ha egyrészt a szükséges lelkiismeretlenség, másrészt a buta birkatürelem esete fennforog. Ebben az esetben ez a megállapítás nagyon találó.

A szakszervezeti mozgalom már a századfordulón megszűnt tulajdonképpeni feladatát teljesíteni. Évről évre mindinkább a szociáldemokrata párt befolyása alá került, hogy végül is a szociáldemokrácia politikai harcának nagy tömegeit biztosította. A nemzetgazdaság romba döntését tűzték ki feladatául, hogy az állam gazdasági pilléreinek ledöntése után maga az állam is osztozzék ebben a sorsban. Emellett a munkásság jogos igényeinek kielégítése érdekében végzendő tevékenysége mindinkább háttérbe szorult, míg végül a szociáldemokrata politika céltudatossága már egyáltalán nem látta szükségesnek a tömeg nagy szociális, gazdasági és kulturális nyomorának kiküszöbölését. Rájött arra, hogy a tömeg kívánságainak kielégítése megfosztja a munkásság akarat nélküli rohamcsapatainak segítségétől.

Egy ilyen irányú fejlődés lehetősége annyira megrémítette az osztályharc vezetőit, hogy végre minden áldásos tevékenységet félretettek, sőt mi több, a leghatározottabban állást foglaltak ellene. Érthetetlen magatartásukat mindig meg tudták okolni.

A munkásság követeléseinek mindig magasabbra, szinte kielégíthetetlen végletekig való fokozásával a teljesítés lehetősége mindig kicsinek és jelentéktelennek tűnt fel; könnyen elhitették tehát a tömeggel, hogy itt csak a munkásság legszentebb jogait kijátszó ördögi kísérletről van szó, hogy olcsó módon kisemmizzék őket és gyöngítsék, sőt ha lehetséges, megbénítsák erejüket. Ne csodálkozzunk azon, hogy az önállóan gondolkozni nem tudó munkásságnál sikert értek el. A polgári tábor egyszerűen megbotránkozott az ilyen átlátszóan kétszínű taktika igazságtalanságain, anélkül azonban, hogy ebből a kézenfekvő következtetést saját tevékenységét illetően a legkisebb mértékben is levonta volna. A szociáldemokrácia félt a munkásság kulturális és szociális színvonalának emelésétől, tehát a polgári társadalomnak éppen ez irányban kellett volna a legmegfeszítettebb munkát kifejtenie, hogy így kiragadja a fegyvert az osztályharc képviselőinek kezéből. Ezzel szemben ahelyett, hogy egy csapásra meghódította volna az ellenséges állásokat, ide-oda lökdöste magát, míg végre teljesen elégtelen eszközökhöz folyamodott, amelyek hatás nélkül maradtak, egyrészt mert túl későn alkalmazta azokat, másrészt, mert elég jelentéktelenek voltak ahhoz, hogy vissza lehessen őket utasítani. Így maradt minden a régiben, csak az elégedetlenség lett nagyobb, mint valaha.

Fenyegető viharfelhőként lebegett már akkor az *"önálló szakszervezet"* a politikai horizont és az egyes ember léte felett. Egyike volt a legborzasztóbb terroreszközöknek a nemzetgazdaság, az állam függetlensége és biztonsága, valamint az egyéni szabadság ellen.

De mindenekelőtt neki köszönhető, hogy a demokráciáról táplált fogalom megvetendő, nevetséges frázissá lett. Meggyalázta és halálosan kigúnyolta a szabadságot és testvériséget abban a pillanatban, amikor arra az álláspontra helyezkedett, hogy *"vagy elvtárs leszel, vagy betörjük a fejedet"*.

Annak idején így ismertem meg ezt az *"emberbarát"* intézményt, és az évek folyamán nézetem kibővült, mélyült, de nem változott.

Minél inkább megismertem a szociáldemokráciát külső megnyilvánulásaiban, annál inkább vágytam arra, hogy belső lényegével is megismerkedhessem.

A hivatalos pártirodalom csak kis mértékben jött segítségemre. Ez az irodalom a gazdasági kérdések terén hamis megállapításokat és bizonyítékokat tartalmaz, politikai szempontból pedig egyszerűen hazudik. Ehhez járult még az a belső undor, ami kifejezésbeli körmönfontságukkal szemben eltöltött. Hatalmas, érthetetlen szóhalmazzal telített mondatokat sorakoztatnak egymás mellé, amelyek ugyanolyan szellemtelenek, mint amilyen tartalmatlanok.

Csak a nagyvilági bohém lelkek dekadens része érezhette jól magát az értelemnek ebben az útvesztőjében, és tudott irodalmi dadaizmusból élményt teremteni magának népünk azon részének közmondásszerű szerénységétől támogatva, amely a számára legérthetetlenebb frázisban is mély bölcsességet sejt.

Tiszta képet csak akkor nyertem erről a tanról, amikor annak elméleti alaptalanságát megjelenési módjával állítottam szembe. Ezekben az órákban zavaros előérzet és vad félelem fogott el. Ilyenkor egy olyan tant láttam magam előtt, amelynek önzés és gyűlölet képezi alkatelemeit, és amely a matematika törvényei szerint győzelemre vezethet, de csak az emberiség pusztulása révén. Akkor értettem meg az összefüggést a rombolás, e tan és egy nép lényege között, azt az összefüggést, amely eddig ismeretlen fogalom volt számomra.

Csak a zsidóság ismerete adja meg a kulcsot a szociáldemokrácia belső, valódi célkitűzéseinek megismeréséhez. Aki ezt a népet ismeri, annak e párt célját és értelmét illetően egyszerre lehull szeméről a hályog, és meglátja a szociális frázisok parajából és ködéből nevetve kiemelkedő marxizmus arculatát.

Ma nehezen, talán sehogy sem tudnék számot adni arról, hogy első ízben mikor váltott ki a "*zsidó*" szó különös gondolatokat belőlem. A szülői házban, édesapám életében emlékezetem szerint még csak nem is hallottam ezt a szót. Úgy képzelem, hogy édesapám már e szónak különös hangsúlyozásában is kulturális visszamaradottságot sejtett volna. Élete folyamán többé-kevésbé világpolgári nézetekre tett szert, amelyek nemzeti gondolkodása mellett is nemcsak hogy megmaradtak, hanem még reám is hatást gyakoroltak.

Ezt a magammal hozott nézetet az iskola sem változtatta meg. A reáliskolában megismertem ugyan egy zsidó fiút, akit valamennyien bizonyos elővigyázatossággal kezeltünk, de csak azért, mert hallgatagsága bizalmatlanságot keltett bennünk. Azonban éppen úgy, mint a többieknek nekem sem voltak hátsó gondolataim vele szemben.

14-15 éves koromban találkoztam először a "*zsidó*" szóval gyakorlatban, főleg politikai beszélgetések kapcsán. Bizonyos fokig visszataszítóan hatott reám, és nem tudtam leküzdeni némi kellemetlen érzést, ha vallási villongások folytak le előttem.

Más jelentőségűnek ezt a kérdést abban az időben még nem éreztem. Linzben nagyon kevés zsidó élt. Az évszázadok folyamán külsejük európaivá és emberivé vált, úgy, hogy képes voltam őket németeknek tartani. E felfogásom lehetetlen voltát nem vettem észre, mert annakidején csak a vallásbeli különbséget láttam, azt hittem, hogy vallásukért üldözik őket, ami az ellenük tanúsított szidalmazó kifejezésekkel szembeni ellenszenvemet csaknem undorrá fokozta.

Egy tervszerű zsidóellenes szervezet lehetőségéről abban az időben még csak álmodni sem tudtam volna.

Így kerültem Bécsbe. Az első időben sok új, különösen építészeti benyomás és saját sorsom lesújtó mostohasága folytán nem volt módom az óriási város lakossága belső rétegeződésének áttekintésére. Annak ellenére, hogy a kétmilliós Bécs akkor már kétszázezer zsidót számlált, nem vettem róluk tudomást. Szemem és minden érzékem az első hetekben még képtelen volt minden értékes gondolatot felfogni és megemészteni. Csak amikor ismét visszatért nyugalmam, és a benyomások zavaros képe tisztulni kezdett, akkor néztem körül ebben az új világban. Akkor eszméltem rá a zsidókérdésre. Nem merem állítani, hogy az az út és mód, ahogy a zsidókat megismertem, kellemes lett volna számomra. A zsidókban mindeddig csak a vallást láttam, a vallás üldözését pedig az emberi türelmetlenség szempontjából ítélem meg. Egy nagy kultúrnép hagyományaihoz méltatlannak tartottam a bécsi antiszemita sajtó hangnemét. Nyomasztóan hatottak rám a középkor bizonyos eseményei, és nem szívesen láttam azok ismétlődését. Minthogy pedig a kérdéses újságok általában nem állottak a legkitűnőbb sajtótermékek hírében ennek a körülménynek igazi oka akkoriban előttem teljesen ismeretlen volt , így bennük inkább a gúnyolódó irigység, semmint egy alapvető, ha talán hamis vágányokon is haladó felfogás termékeit láttam.

Ezt a felfogásomat megerősítette a nekem igazán nagynak tetsző sajtó méltóságteljes hangneme, amellyel ezekre a támadásokra válaszolt, és ami nekem még inkább feltűnt, az a körülmény, hogy a támadásokat sokszor egyáltalában meg sem említette, hanem azokat egyszerűen agyonhallgatta.

Nagy buzgalommal olvastam az úgynevezett világsajtó termékeit: a "*Neues Freie Presse*"-t, a "*Wiener Tagblatt*"-ot stb. Bámultam tartalmuknak gazdagságát és tárgyilagosságát, értékeltem előkelő hangnemüket és talán csupán írásuk dagályossága hatott reám néha zavaróan. Ez utóbbi körülményt a nagyváros lendületében is megtalálni véltem. Minthogy pedig én Bécset ilyen világvárosnak tartottam, ezt a körülményt is megbocsáthatónak találtam.

A sajtónak az udvarral szemben tanúsított tömjénező magatartása azonban visszatetsző volt. Nem történhetett semmi a "*Burg*"-ban anélkül, hogy azt ezek a lapok áradozó lelkesedéssel vagy panaszos mesterkéltséggel ne tálalták volna fel olvasóiknak. Különösen akkor csaptak nagy hűhót, ha a minden idők "*legbölcsebb uralkodó*"-járól volt szó. Ilyenkor a dürgő fajdkakashoz hasonlítottak. Nekem az egész ügy nagyon mesterkéltnek tűnt fel. A liberális demokrácia elvesztette előttem szeplőtelenségét. Az udvar kegyeinek ily zabolátlan módon való hajhászása a nemzet méltóságának feláldozását jelenti. Ez volt az első árny, amely a "*nagy bécsi sajtó*"-hoz való viszonyomat megzavarta.

Mint mindig, úgy bécsi tartózkodásom idején is a legnagyobb érdeklődéssel figyeltem a németországi politikai és társadalmi eseményeket. Büszke csodálattal hasonlítottam össze a birodalom emelkedését a sorvadó osztrák állammal. Örömmel töltött el a német birodalmi külpolitika, a kevésbé épületes belpolitika azonban nyomasztóan hatott reám. Nem találkozott helyeslésemmel az a harc, amelyet ebben az időben II. Vilmos ellen folytattak. A császárral szemben alkalmazott beszédtilalom különösen bosszantott, mert annak éppen azok voltak a kezdeményezői, akik erre a legkevésbé érezhették magukat feljogosítva, hiszen a parlament egy-egy ülésszaka alatt sokkal több szamárságot beszéltek össze, mint egy egész császári dinasztia hosszú évszázadok alatt, még ha leggyöngébb perceiket is beleszámítjuk.

Felháborított az a tudat, hogy egy államban, amelyben minden félszű nemcsak a kritika jogát gyakorolhatta, hanem még a Reichstagban "*törvényhozóként*" véleményét a nemzetre is rákényszeríthette, a császári korona viselője ettől az üresfejű fecsegő intézménytől intelemben részesülhetett.

De még inkább felháborított az a körülmény, hogy ugyanaz a bécsi sajtó, amely a legutolsó udvari gebének is hajbókolt és egy farkcsóválásra szinte önkívületbe esett, most látszólag gondterhes ábrázattal juttatta kifejezésre a német császárral szembeni gondjait. Miközben folytonosan azt hangoztatta, hogy távol áll tőle a német birodalom belügyeibe való avatkozás, Isten őrizz, úgymond, ennek még a gondolatától is , hiszen csupán kötelességszerűen mutat rá a szövetséges vérző sebeire, és kéjelegve vájkált ezekben a birodalmi sebekben. Ilyenkor fejembe szállt a vér. Mindenekelőtt ez késztetett engem arra, hogy ezt a "*nagy sajtót*" bizonyos óvatossággal kezeljem. Azt is el kellett ismernem, hogy az antiszemita újságok egyike, a "*Deutsches Volksblatt*" egy-egy ilyen alkalommal tisztességesebben viselkedett.

Ami ezenkívül az idegeimre ment, az ennek a sajtónak utálatos franciaimádata volt. Ha az ember ezeket, a nagy kultúrnemzetről zengő dicshimnuszokat olvassa, egyenesen szégyenkezni kellett német voltáért. Mindig gyakrabban vettem kezembe a "*Volksblatt*" számait, amely újság, ha terjedelemre kisebbnek is, de ezekben a dolgokban igazabbnak tűnt fel előttem. Erőteljes antiszemitizmusával nem értettem egyet, bár nemegyszer olvastam olyan okadatolásokat benne, amelyek meggondolásra késztettek.

Ilyen körülmények ösztönzése folytán mindenesetre megismertem az ez időben Bécs városát irányító dr. Karl Luegert és a kereszténysocialista pártot.

Amikor Bécsbe kerültem, mindkettővel szemben ellenséges érzülettel viseltettem. Ez a férfi is, e mozgalom is reakciós volt a szememben.

Minél inkább megismertem azonban ezt a férfit és művét, igazságérzetem annál inkább megváltoztatta előbbi ítéletemet. Igazságos ítéletem lassanként csodálattá változott, ma pedig ebben az emberben minden idők leghatalmasabb német polgármesterét látom.

Hány beidegzett véleményem változott meg a kereszténysocialista mozgalommal szemben elfoglalt álláspontom megváltoztatásának következtében! A legnehezebb lelki átalakulást mégis az antiszemitizmussal szemben vallott felfogásom változása jelentette.

Adolf Hitler

Ez idézte elő bennem a legnagyobb lelkitusát, és az értelem és érzelem között hosszú hónapokon át folyt a kemény küzdelem, mígnem a győzelem az értelem oldalára pártolt. Két év múltán érzelmem is követte értelmemet, hogy ettől az időtől kezdve ennek leghívebb szolgája és őre legyen.

E keserű belső küzdelem idején a legnagyszerűbb nevelő hatással a bécsi utca szemléltető képe volt reám. Bekövetkezett az az idő, amikor már nem róttam vakon a hatalmas város kövezetét, hanem nyitott szemmel figyeltem az épületek mellett az embereket is. Amikor egy alkalommal éppen a belvárosban barangoltam, hirtelen hosszú, kaftános, fekete hajtincses jelenségre lettem figyelmes. Az első pillanatban azt kérdeztem magamtól: "*Hát ez is egy zsidó?*"

Linzben természetesen nem így néztek ki a zsidók. Lopva, óvatosan figyeltem meg ezt az embert, és minél inkább szemügyre vettem minden arcvonását, annál inkább kezdett átalakulni bennem az első kérdés a második kérdéssé: "*Vajon ez is német?*"

Ezúttal is, mint mindig ilyen esetekben, a könyveket hívtam segítségül. Ekkor vásároltam meg fillérekért életemben először az első antiszemita röpiratot. Sajnos, ezek a röpiratok valamennyien abból az álláspontból indultak ki, hogy az olvasójuk többé-kevésbé ismeri már a zsidókérdést. Hangnemük, túlságosan ellaposodó és tudományos felkészültséget nem mutató bizonyításmódjuk és megállapításaik ismét csak kétséget támasztottak bennem.

Ezek a körülmények hetekre, sőt hónapokra visszavetettek.

A dolog olyan nagy horderejűnek, a vád olyan súlyosnak tűnt, hogy attól való félelmemben, miszerint igazságtalanságot követek el, bizonytalanná lettem.

Abban már magam sem kételkedtem, hogy itt nem másvallású németekről, hanem idegen népről van szó. Amióta e kérdést tanulmányozni kezdtem és figyelmes lettem a zsidóságra, azóta Bécs egyszeriben más megvilágításban tűnt fel előttem. Bárhova mentem, mindenütt csak zsidót láttam, és minél többet láttam belőlük, annál inkább meg tudtam különböztetni őket a többi emberektől. Különösen a belvárosban és a Dunacsatornától északra fekvő kerületekben hemzsegtek e nép tagjai, akik már külsejükben is teljesen elütöttek a németektől.

De ha mégis kételkedtem volna, akkor bizonytalanságomat magának a zsidóság egy részének az állásfoglalása véglegesen eloszlatta.

A zsidóság körében megindított és Bécsben is nagyszámú követővel rendelkező cionizmus erősen síkraszállott ugyanis a zsidóság népi, faji jellegének a kidomborításáért. A felületes szemlélő azt hihette, hogy ezt a mozgalmat a zsidóságnak csak egy töredéke helyesli, a többség azonban elítéli és elveti. Azonban közelebbről szemügyre véve a dolgot, ez a tisztára célszerűségi okokból kezdeményezett magyarázkodás, hogy ne mondjuk hazugság teremtette látszat csakhamar szertefoszlott. Mert az úgynevezett liberális zsidóság csak azért utasította vissza a cionistákat, mert zsidóságukat hangsúlyozó kiállásukat ügyetlennek, sőt veszedelmesnek tartotta. Belső öszszetartozásukon azonban ez mit sem változtatott.

A liberális és cionista zsidóság közötti látszatharc belső undorral töltött el, hiszen ez a harc teljes egészében valótlan, hazug, és így méltatlan volt e népnek állandóan hangoztatott erkölcsi nagyságához és tisztaságához.

E nép erkölcsi és egyéb tisztasága egyebekben is külön fejezetet érdemel. Hogy a víznek nem barátai, azt már a külsejük is elárulja. Erről az ember, sajnos még csukott szemmel is meggyőződhet. Nemegyszer egész rosszul lettem ezeknek a kaftánosoknak bűzétől. Ehhez járult még mocskos ruházatuk és kevésbé vitézi külsejük.

Mindez már önmagában sem valami vonzó, elijed tőlük azonban az ember, hogyha testi tisztátlanságuk mellett e "*választott*" nép lelki szennyfoltjait is felfedezi.

Semmi sem tudott engem rövid idő alatt annyi meggondolásra bírni, mint a zsidóság bizonyos területeken való tevékenykedésének alapos megismerése. Nem létezett semmi gazság vagy becstelenség főleg kulturális téren, amelyben legalább egy zsidó ne lett volna részes. Mihelyt egy ilyen gennyes sebet az ember óvatosan felvágott, mindjárt rábukkant egy zsidócskára, akár a férgekre a rothadó testben.

Különösen súlyosan esett latba nálam a zsidóságnak a sajtó, a művészet, az irodalom és a színház terén kifejtett tevékenysége. Itt hiábavaló volt minden kenetteljes mentegetődzés. Elég volt, ha az ember egykét hirdetőoszlopot szemügyre vett, és azon meglátta a szörnyű színházi és moziműsorok szellemi szerzőinek agyondicsért nevét, hogy az ember szíve hosszú időre megkeményedjék a zsidósággal szemben. Ez a métely és szellemi pestis, amellyel a nép lelkét megfertőzték, rosszabb az egykori fekete himlőnél. S méghozzá milyen óriási mértékben gyártották és terjesztették ezt a mételyt! Természetesen minél alacsonyabb a lelki és szellemi szintje egy ilyen "*művészeti*" nagyiparosnak, annál nagyobb a termékenysége. Emellett nem szabad szem elől téveszteni azt a tényt sem, hogy egy Goethére kb. tízezer ilyen firkászt ad a természet a világnak, akik azután bacilushordozóként mérgezik a lelkeket. Lehetetlenség volt észre nem venni a zsidóság óriási arányszámát azok között, akiket a természet erre a szégyenteljes szerepre szánt. Vagy talán éppen ebben keresendő kiválasztott voltuk? Tüzetesen vizsgálni kezdtem a szennytermékek szerzőinek nevét, és az eredmény az lett, hogy mindig súlyosabban ítéltem el a zsidóságot. Bármennyire ellenkezett is volna az érzelem, az észnek le kellett vonnia a következtetéseket.

Azt a tényt, hogy minden irodalmi szennynek, művészeti giccsnek és színházi képtelenségnek kilenctized része egyetlen nép számlája terhére írandó, amely nép pedig alig egykét századrészét képviseli az ország lakosságának, nem lehetett letagadni. Ez a tény elvitathatatlan!

Az én kedves "*világsajtó*"-mat is ebből a szempontból kezdtem szemügyre venni. Minél alaposabban vettem bonckésem alá, annál inkább összezsugorodott egykori csodálatomnak tárgya. Iránya mindinkább elviselhetetlenné lett, tartalmát belső sekélyessége miatt kellett elvetnem, tárgyilagos ábrázolási módja pedig egyre inkább hazugságnak, semmint becsületes igazságnak tűnt fel előttem; az írói természetesen zsidók voltak!

Apróságok ezrei, amelyeket korábban alig vettem észre, most figyelemre méltó dolgokként tűntek fel előttem. másokat pedig, amelyek már korábban is gondolkodóba ejtettek, megértettem és megismertem.

E sajtó liberális szellemét most már egészen más megvilágításban láttam. Előkelő hangja, amellyel a támadásokra válaszolt, vagy azok elhallgatása ma már okos, de alávaló fogásként bontakozott ki előttem. Magasztaló, dicsőítő színházi kritikájuk mindig a zsidó szerzőknek szólt. ezzel szemben a lecsepülés mindig csak németnek jutott osztályrészül. II. Vilmos császárral szemben folytatott lassú csipkelődésük annak a kitartásnak a bizonyítéka, amellyel módszerüket űzték. Éppen ilyen kitartással voltak szószólói a francia kultúrának és civilizációnak. Az elbeszélések értéktelen tartalmából, nyelvéből idegen népre ismertem. Mindennek pedig olyan káros hatása volt a németségre, hogy az már csak szándékosan történhetett.

De kinek volt ez az érdeke? Vagy mindez csak véletlen műve volt? Lassan ingadozni kezdtem.

De fejlődésemet siettették azok a megfigyelések, melyekre egész sereg más esemény kapcsán tettem szert. Ezek között volt a zsidóság nagy részének nyíltan hangoztatott és gyakorolt általános erkölcsi felfogása.

Ezen a téren megint az utca adott gyakran elrémítő szemléltető példákat. A zsidóságnak a prostitúcióhoz, de még inkább a leánykereskedelemhez való viszonyát Bécsben jobban lehetett tanulmányozni, mint bármely más nyugat-európai városban, talán a dél-franciaországi kikötővárosokat kivéve. A bécsi Lipótvárosban tett esti séták alkalmával az ember akarva, nem akarva olyan eseményeknek volt szemtanúja, amelyek a német nép nagy része előtt ismeretlenek maradtak mindaddig, míg a világháborúban a keleti arcvonalon harcolóknak nem nyílt alkalmuk hasonló dolgok megfigyelésére.

A hideg borzongatott, amikor először ismertem fel a zsidóságban a fővárosi fertőnek jéghideg, arcátlan, kalmárszellemű vámszedőjét. Felnyílt a szemem.

Most már nem kerültem a zsidókérdést, sőt kerestem a vele való találkozást. Miközben a kulturális és művészeti élet különböző megnyilvánulásaiban megtanultam meglátni a zsidót, hirtelen olyan helyen is rábukkantam, ahol a legkevésbé sejtettem őt.

Felismertem a zsidót mint a szociáldemokrácia vezérét, és mintha hályog esett volna le szememről. Egy hosszú lelki tusa ért ezzel véget bennem.

Már a mindennapi érintkezések idején feltűnt munkástársaim csodálatos változóképessége, amellyel ugyanazon kérdésben, sokszor egyik napról a másikra, de nemegyszer egyik óráról a másikra egészen különböző álláspontot foglaltak el. Csak nehezen tudtam megérteni azokat az embereket, akik négyszemközt egészen normális nézeteket vallottak, hogy azt a tömeg lélektanának hatása alatt azonnal elveszítsék. Gyakran órákig tartó rábeszélés után már abban a hiedelemben ringattam magamat, hogy megtört a jég, és állásfoglalásuk tarthatatlanságát sikerült megmagyaráznom. Azonban kétségbeejtő volt számomra, hogy másnap elölről kezdhettem az egészet. Örökösen mozgó ingaként lengett vissza mindig tévelygő nézetük.

Azt megértettem, hogy helyzetükkel elégedetlenek, és átkozzák a balsorsot, amely őket gyakran oly keményen sújtotta. Gyűlölték a vállalkozókat, akikben mostoha sorsuk végrehajtóit látták, szidták a hivatalos közegeket, akik az ő megítélésük szerint érzéketlenek voltak helyzetükkel szemben. Tüntettek az élelmiszerárak ellen és követelésük érdekében az utcára vonultak. Mindezt még meg tudtam érteni, ami azonban rejtély maradt számomra, az a határtalan gyűlölet volt, amellyel saját népükkel szemben viseltettek és amellyel saját fajtájukra törtek, ócsárolták nagyságát, beszennyezték történelmét és sárba tiporták nagy embereiket.

Ez a saját otthon, a fajta és a haza ellen folytatott harc éppen olyan együgyű, mint érthetetlen, sőt természetellenes volt. Ideiglenesen napokra vagy legfeljebb hetekre ki lehetett őket gyógyítani, mire azonban az ember ismét találkozott ezekkel a megtérteknek vélt emberekkel, akkorra már ismét a régiek lettek. A természetellenesség győzedelmeskedett rajtuk.

ADOLF HITLER

Csakhamar rájöttem, hogy a szociáldemokrata sajtó túlnyomó részben zsidó vezetés alatt áll, de nem tulajdonítottam ennek nagyobb jelentősége, mert hiszen a többi újságoknál is ugyanez volt a helyzet. Csak egy volt talán feltűnő, hogy amelyik újságnál zsidó állt alkalmazásban, arról igazán nem lehetett azt állítani, hogy igazán nemzeti irányú lett volna, olyan, amilyennek az én nevelésem és felfogásom elvárta volna.

Erőt vettem magamon, és megkíséreltem e sajtótermékek olvasását. Ellenszenvem az olvasás alkalmával egyre inkább nőtt egészen a végtelenségig. Most már a szemenszedett hazugságoknak a gyártóit kívántam megismerni. A kiadótól kezdve végig valamennyien zsidók voltak. Bármilyen szociáldemokrata füzetet vettem is a kezembe, szerzője zsidó volt. Megjegyeztem majdnem az összes vezetők nevét, és nem volt nehéz megállapítanom, hogy azok legnagyobb részt a "*kiválasztott nép*" tagjai voltak akár az államtanács tagjai, akár a szakszervezetek titkárai, akár a szervezetek elnökei, vagy az utca agitátorai. Mindig ugyanaz az ijesztő kép tárult elém. Austerlitz, Victor Adler, Ellenbergen stb. nevek örökre emlékezetembe vésődtek. Egy körülmény világos lett előttem: az a párt, amelynek kisembereivel én hónapok óta a leghevesebb harcot vívtam, vezetés tekintetében majdnem kizárólag idegen nép kezében volt, mert azzal már legnagyobb örömömre végérvényesen tisztában voltam, hogy a zsidó nem német!

Most ismertem meg azonban végérvényesen népünk félrevezetőit.

Egy esztendei bécsi tartózkodásom meggyőzött arról, hogy a munkás sohasem lehet olyan makacs és együgyű, hogy ne hallgatna a nagyobb tudás és világosabb magyarázat szavaira. Lassanként tökéletesen megismerkedtem tanaikkal, és e tudásomat a saját belső meggyőződésemért folytatott harcomban legerősebb fegyverként használtam fel. A siker majdnem kivétel nélkül az én oldalamon volt.

A nagy tömeg ha kétségtelenül nagy türelem és időbeli áldozat árán is még menthető volt, a zsidót azonban sohasem lehetett más nézetre bírni.

Akkoriban még eléggé tapasztalatlan és naiv voltam ahhoz, hogy megkíséreljem őket az általuk vallott tanok tarthatatlanságáról meggyőzni. Szűk környezetemben rekedtre beszéltem magam és véresre a nyelvem, mert hittem, hogy sikerülni fog a marxista téboly pusztító hatását bebizonyítanom. Éppen az ellenkezőjét értem el.

Úgy tetszett, mintha a szociáldemokrata tanok és gyakorlati keresztülvitelük romboló hatásának a tudata még csak megerősítené eltökéltségüket.

Minél többet vitatkoztam a zsidókkal, annál inkább megismertem beszéd és harcmodorukat. Mindenekelőtt az ellenfél butaságával számoltak, és ha azután minden kötél szakadt, maguk tettették a butaságot. Ha mindez nem használt, akkor egyszerűen nem értettek meg semmit, vagy pedig pillanatok alatt egy másik témára ugrottak át. Magától értetődő dolgokat tárgyaltak, amelyek helyeslését azonban rögtön más jelentős dolgokra vonatkoztatták, hogy azután ismét visszavonuljanak és ne tudjanak semmi bizonyosat. Bárhol fogott is meg az ember egy ilyen "*apostolt*", nyálkás lett a keze, s részletekben siklott ki ujjai közül, hogy azután a következő pillanatban ismét egyesüljön. Ha netalán az ember valakit olyan megsemmisítő módon gázolt le, hogy már csak a környezetre való tekintettel is kénytelen volt helyeselni, és így arra gondolt, hogy legalább egy lépést tett előre, akkor annál nagyobb volt csalódása a következő napon. A zsidó egyszerűen nem vette tudomásul az előző napon történteket, és mintha misem történt volna, tovább mesélte régi, lehetetlen álláspontját, s még felháborodottan csodálkozott azon, hogy kérdőre vonták. Nem emlékezett már semmire, legfeljebb az előző napon tett állításainak helyességére.

Nemegyszer meghűlt bennem a vér. Az ember nem tudta, mit csodáljon inkább: beszélőképességüket vagy hazudozó művészetüket. Lassanként gyűlölni kezdtem őket.

Ennek is volt haszna. Minél inkább megismertem a szociáldemokrácia képviselőit vagy terjesztőit, annál inkább nőtt a néphez való vonzalmam. Vajon ki tudta volna a félrevezetők ördögi ügyességének ismeretében az áldozatokat elátkozni? Nekem magamnak is milyen nehéz volt a faj dialektikus hazudozásai felett úrrá lennem!

És mennyire semmit nem érő volt ez a siker olyan emberekkel szemben, akik az igazságot azonnal elferdítik, akik a kimondott szót szemrebbenés nélkül letagadják, hogy aztán a következő percben a maguk számára kamatoztassák!

Minél inkább megismertem a zsidót, annál inkább meg kellett bocsátanom a munkásnak.

A főbűnösök most már az én szememben nem is ők, hanem azok voltak, akik nem tartották érdemesnek a velük való foglalkozást, s akik nem adták meg a nép fiának azt, ami őt megillette, és nem állították puskacső elé a vezetőket, a megrontókat. A napi élmények hatása alatt magam is kutatni kezdtem a marxista tanok kútforrása után. E tan hatása a legapróbb részletekben is világossá vált előttem. Eredményét figyelő szemmel láthattam nap, mint nap, következményeit pedig némi képzelőtehetséggel magam rajzolhattam meg magamnak. Csupán az volt még kérdéses előttem, hogy az alapítók vajon előre látták-e művük eredményét a maga várható kifejlődésében, vagy pedig maguk is tévedés áldozatai? Nézetem szerint mindkét feltevés lehetséges volt. Az egyik esetben minden gondolkodó embernek kötelessége a lelketlen mozgalommal szemben fellépni, hogy a tant legalább a legvégső kifejlődésben meg lehessen akadályozni, a másik esetben azonban az ördögök lehettek ennek a népbetegségnek az alapítói, mert nem embernek, hanem csak egy szörnyetegnek agyában foganhatott meg egy olyan szervezet megteremtésének terve, amely tevékenységével végeredményben az emberi kultúra összeomlásához és ezzel a világ pusztulásához vezet. Ez esetben csak egyetlen megoldás lehetséges, a harc; az emberi léleknek, értelemnek és akaratnak fegyverekben nem válogatós harca, tekintet nélkül arra, hogy kinek kedvez a szerencse.

Így kezdtem megismerkedni e tan alapítóival, hogy e révén a mozgalom alapvető tételeit tanulmányozhassam. Hogy én ezen a téren hamarabb célhoz jutottam, mint azt magam is reméltem, azt egyedül a zsidókérdés terén szerzett bár ez időben még nem túlságosan alapos ismereteimnek köszönhettem. Ezek az ismeretek, különösen a zsidóság kifejezési módszerének megismerése tették lehetővé számomra a gyakorlati összehasonlítást a valóság és a szociáldemokrácia alapító apostolainak elméleti porhintése között; a zsidó nép beszél és ír, hogy gondolatait elrejtse, vagy legalábbis elfátyolozza. A valódi cél sohasem a sorokban, hanem jól elrejtve a sorok között keresendő.

Ez az idő jelentette számomra a legnagyobb belső átalakulást, amit csak valaha is megértem. A gyönge világpolgárból fanatikus antiszemitává lettem.

Ezután már csak egy ízben utoljára merültek fel bennem félős és nyomasztó gondolatok. Amikor ugyanis az emberi történelem során a zsidó nép tetteit kutattam, egyszerre az a gyáva kérdés vetődött fel bennem, vajon nem a kifürkészhetetlen sors kívánja-e nekünk, gyarló embereknek, ismeretlen okokból, örök megváltoztathatatlan elhatározásból e kis nép végső győzelmét? Talán ennek az örökké földhözragadt népnek jutalmul ígérték oda a földet? Vajon valóban jogunk vane a saját létfenntartásunkért folytatott harcra, vagy pedig ez is csak érzelmi mozzanatokon alapszik?

Mindezekre a kérdésekre a marxizmus tanának tanulmányozása közben mialatt világos elmével figyeltem a zsidó nép hatását maga a sors adott választ. A marxizmus zsidó tanítása elveti a természet arisztokratikus elveit és az erő, és akarat örökös előjogának a helyébe a szám tömegét és holt súlyát helyezi.

Tagadja az emberben a személyiség értékét, vitatja a nép és a faj jelentőségét, és ezzel elvonja az emberiség létének s kultúrájának alapfeltételeit, és miként a világegyetemben, az elismert legnagyobb szervezetben, ilyen rendszer csak káoszt eredményezhetne, úgy a földön, e csillag lakói számára is csak pusztulást hozhat.

Ha a zsidó a marxista hitvallás segítségével győzedelmeskedik e világ népein, győzelmi koronája az emberiség halotti koszorúja lesz, és akkor ez az égitest ismét emberek nélkül fog bolyongani a világűrben, mint sok millió évvel ezelőtt, mert az örök természet kérlelhetetlenül megbosszulja parancsai megszegését. Hiszem, hogy a mindenható Isten akarata szerint cselekszem, amikor a zsidóval szemben védekezem és harcolok az Úr művéért!

III. Politikai képzésem bécsi tartózkodásom alatt

Meggyőződésem az, hogy a férfi egészen különös tehetségtől eltekintve a 30. életéve előtt ne foglalkozzék nyilvánosan politikával. Ne tegye, mert eddig az életkorig csak egy általános világnézet alapját szerzi meg, amelyen az egyes politikai problémákat vizsgálja és saját álláspontját rögzíti. Csak ilyen, világnézetileg kiegyensúlyozott és a napi kérdésekkel szemben megállapodott, tehát lelkében és belsejében érett férfi vehet részt a közügyek politikai irányításában. Ellenkező esetben könnyen annak a veszélynek teszi ki magát, hogy álláspontján alapvető kérdésekben változtatnia kell, vagy pedig jobb meggyőződése ellenére egy általa már régen elvetett nézetet kell vállalnia. Az első eset önmagára nézve kellemetlen, mert nem várhatja el joggal azt, hogy követői oly rendíthetetlen hittel bízzanak állhatatosságában, mint annak előtte, mert hiszen követői táborában egy ilyen változás a vezér tanácstalanságát bizonyítja, ellenfelekkel szemben pedig szégyenérzetet válthat ki. A második esetben bekövetkezik az, amit az ember napjainkban oly gyakran lát: ti. minél kevésbé hiszi a vezér azt, amit mond, védekezése annál üresebb, annál laposabb lesz, ezzel szemben nem válogat az eszközökben. Mialatt ő maga már nem gondol arra, hogy az általa vallott politikai nyilatkozatokért komolyan helyt is álljon (hiszen az ember nem szokott olyasvalamiért meghalni, amiben nem hisz), a követőivel szemben támasztott követelmények éppen olyan arányban nagyobbak és szemtelenebbek lesznek, hogy végre feláldozza a vezér utolsó maradványát is a politikus kedvéért. Ezek azok az emberek, akiknek egyetlen igazi meggyőződésük a szemtelen tolakodással és az arcátlan hazudozás művészetével párosult meggyőződés nélküliségükben rejlik.

Ha aztán ilyen alak a parlamentbe is bekerül, akkor kezdettől fogva tudnivaló, hogy számára a politika lényege csak a húsosfazék közelségét jelenti. Esetleges családi gondjai pedig a mandátumért folytatott harcát csak szívósabbá teszik. Minden más, politikai ösztönnel megáldott emberben személyes ellenségét látja, minden új mozgalomban az ő pályafutása végének a kezdetét és minden nagyobb emberben csak politikai pályafutásának a veszélyeztetőjét nézi.

Az ilyenfajta parlamenti poloskákról még bővebben is fogok beszélni.

Még a harmincévesnek is kell élete folyamán tanulnia, de ez már csak kiegészítése és kitöltése a meglevő keretnek, amelyet világnézete segítségével már megteremtett magának. Továbbképzése semmi esetre sem jelent majd átnyergelést, hanem tudásbeli gyarapodást. Követőiben nem fogja majd azt a nyomasztó érzést kelteni, hogy az általa eddig hirdetett nézet hibás volt, sőt ellenkezőleg, abban világnézetünk helyességének bizonyítékát fogják látni.

Az a vezér, aki kénytelen alapvető világnézeti felfogását megváltoztatni azért, mert azt hamisnak és képtelennek ismerte fel, csak akkor cselekszik tisztességesen, ha hajlandó a felismerésének végső következményeit is levonni. Ebben az esetben a legkevesebb, amit megtehet, hogy visszalép minden nyilvános politikai szerepléstől annál is inkább, mert aki egyszer tévedett, annál fennáll a másodszori tévedés lehetősége is. Semmi esetre sincs azonban joga polgártársai bizalmát igénybe venni, még kevésbé azt követelni. Hogy mennyire nem törődnek a tisztesség e most vázolt követelményeivel, arra nézve legjellemzőbb az az elvetemült banda, amelyik ez idő szerint (1924-25.) hivatottnak érzi magát arra, hogy politikát csináljon. Aligha van közöttük csak egy is, aki erre hivatott lenne.

Egykor minden nyilvános szerepléstől óvakodtam, bár azt hiszem, hogy többet foglalkoztam politikával, mint sokan mások. Csak a legszűkebb körben beszéltem arról, ami belsőleg izgatott és fűtött. Ez a körülmény sok előnnyel járt. Egyrészt megtanultam minél kevesebbet szónokolni, másrészt pedig végtelenül együgyű nézetük és bírálatuk révén megismertem az embereket. Közben minden időt és lehetőséget megragadtam arra, hogy képezzem magam. Egész Németországban nem adódott erre olyan jó alkalom, mint annak idején éppen Bécsben.

Az általános politikai gondolkodásmód a régi dunai monarchiában mindenekelőtt szélesebb körű és átfogóbb volt, mint e korszak

Németországában, Poroszország egyes részeit, Hamburgot és az Északi tenger partvidékeit kivéve.

"*Ausztria*" elnevezése alatt ebben az esetben a Habsburg monarchiának azt a részét értem, amely a maga német népességénél fogva nemcsak egy állam kialakulásának kiindulópontja volt, hanem amely a népében rejlő erővel képes volt ebben a politikailag oly mesterkélt tákolmányban a belső kulturális életet évszázadokra biztosítani.

Hovatovább ennek a magnak megtartásától függött a birodalom léte és jövője.

Ha a régi örökös tartományok a birodalom szívét jelentették, amelyek az állami és kulturális élet vérfelfrissítését szolgálták, akkor Bécs jelentette az agyat és akaratot. Már külsejében is elárulta ez a város azt az erőt, amely őt ennek a népkonglomerátumnak a királynőjévé avatta; szépségének pompája pedig feledtette az összességnek csúnya öregedési jeleit.

A külföld, de különösen Németország szemében Bécs mindig kedves városként szerepelt, amelyen nem tükröződtek vissza a monarchia belsejében dúló nemzetiségi harcok. A későbbi csalódást csak fokozta az a körülmény, hogy Bécs ebben az időben élte legnagyobb, de egyben utolsó felvirágzását. A régi császárváros csodálatosan fiatal életre kelt egy valóban nagy tehetségű polgármester bölcs vezetése alatt. Ez az utolsó nagy német, akit Ausztria németsége, ez a keleti német törzs termelt ki magából, hivatalosan nem számított az államférfiak közé, és mégis ez a dr. Lueger, azáltal, hogy szociális és kulturális téren elért eredményeivel megerősítette az egész birodalom szívét, kerülő úton nagyobb államférfivá nőtte ki magát, mint az akkori idők összes úgynevezett diplomatái.

Az Ausztria néven ismert államképződmény azonban idővel mégis tönkrement.

De ezt nem lehet a régi "*Ostmark*" németsége politikai képességének rovására írni. Legfeljebb azt bizonyítja, hogy tízmillió emberrel lehetetlen egy ötvenmilliós, különböző nemzetiségekből összetákolt birodalmat kormányozni, illetve hosszabb időre megtartani, nincsenek meg ennek az elengedhetetlen előfeltételei.

A német-osztrák gondolkodásmódjában kétségtelenül nagyvonalú volt. Hozzászokott egy nagy birodalom keretein belüli élethez és az ezzel egybekötött nagy feladatokkal szemben sohasem veszítette el érzékét. A német-osztrák általános látóköre is aránylag szélesebb volt. Gazdasági összeköttetései behálózták majdnem az egész birodalmat, majdnem minden nagyobb vállalat a kezükben volt, német-osztrákok tették ki a technikai és hivatalnoki személyzet legnagyobb részét, ők voltak a külkereskedelem legfőbb mozgatói, már amennyiben erre nem a zsidóság tette rá a kezét; politikailag pedig majdnem kizárólag ők tartották össze Ausztriát. Már a katonai szolgálat révén is messze elkerültek hazulról, hiszen a németosztrák újonc nemegyszer ezredével éppen úgy állomásozhatott Hercegovinában, mint Bécsben vagy Galíciában. A tisztikar majdnem kizárólag német volt, a hivatalnoki kar is túlnyomórészt. A németség rányomta a maga bélyegét a művészetre és tudományra is, eltekintve az újabb művészeti irányok torz szüleményeitől, amelyeknek alkotói egy néger nép sorából is kikerülhettek volna. Művészet, építészet, szobrászat és festészet terén Bécs jelentette azt a kimeríthetetlen forrást, amely az egész kettős monarchiát el tudta műveivel árasztani.

Végül kevés magyartól eltekintve a németek adták a közös külpolitika képviselőinek nagy részét is.

Mégis hiábavalónak bizonyult a birodalom megtartását célzó minden kísérlet. Az osztrák nemzetiségi állam megtartására csak egy lehetőség volt: az egyes nemzetiségek centrifugális erőinek a leküzdése. Csakis az egységesen szervezett kormányzati rendszer biztosíthatta volna ezen állam létét, egyébként elveszett.

Néha még a legfelsőbb helyeken is előtérbe került ez az elgondolás, de csak azért, hogy mint nehezen keresztülvihető, rövidesen a feledés homályába merüljön. Nem volt egy erős állami alapsejt, amely köré kikristályosodhatott volna egy erősebb föderatív államforma. Ehhez járultak még az osztrák államnak a bismarcki Németországgal szemben lényegében teljesen elütő adottságai. Németországban mindössze bizonyos politikai hagyományokat kellett leküzdeni, mert hiszen a közös kulturális alap már megvolt, és a Német Birodalom mindenekelőtt apró töredéktől eltekintve egységes népet foglalt magába.

Ausztriában egészen más volt a helyzet.

Itt, az egyes országokban, Magyarország kivételével, a politikai nagyság emléke vagy teljesen hiányzott, vagy pedig a feledés homályába merült. Ezzel szemben a nemzetiségi elv korszakában az egyes országokban olyan népi erők jelentkeztek, amelyeknek leküzdése különösen nehéz volt, mert a Monarchia határán olyan nemzetiségi államok keletkeztek, amelyek államalkotó elemei az osztrák államban élt néptöredékekkel rokonok, sőt teljesen azonosak voltak, s így ezen államok nagyobb vonzóerőt gyakorolhattak az egyes nemzetiségekre, mint a német-osztrákok. Maga Bécs sem tudta sokáig állni ezt a harcot.

Az időközben világvárossá fejlődött Budapest először lett a riválisa, márpedig ennek a városnak nem az egységes Monarchia összetartása, hanem sokkal inkább egy részének az erősítése volt a feladata. Rövid idő múltán követték példáját Prága, Lemberg, Laibach és így tovább. Ezek a városok rövidesen egy-egy önálló kultúrvilágnak lettek központjaivá. Így lelték meg a maguk lelki alapját az egyes faji, politikai irányok, és így kellett azon időnek is eljönnie, amikor az egyes népek fajiságában rejlő eleven erő erősebb lett, mint a közös érdekek összetartó köteléke. Ezzel Ausztria végzete beteljesült.

József halála után egész világosan látható volt ennek a fejlődésnek a menete. Gyorsasága részben a Monarchiában rejlő, részben a birodalom külpolitikai helyzetéből adódó tényezőktől függött.

Ha egyáltalán komolyan gondoltak ennek az államnak összetartására, akkor ez csak kíméletlen központosítással volt keresztülvihető. Ebben az esetben mindenekelőtt egységes államnyelvvel kellett volna a külső összetartozást hangsúlyozni, és éppen így kellett volna aztán az iskola és nevelés módszereivel egységes állami öntudatot kitermelni. Ez természetesen nem tíz-húsz év, hanem évszázadok munkája, és ehhez elsősorban kitartásra lett volna szükség. Természetes, hogy ebben az esetben mind a közigazgatási, mind a politikai vezetés fő irányelvének a legegységesebbnek kellett volna lennie.

Nagyon tanulságos volt számomra annak a megállapítása, hogy mindez miért nem történt meg, helyesebben, hogy ezt miért nem tették meg. A birodalom összeomlásának bűne is azt terheli, aki mindezt elmulasztotta.

A régi Ausztria sokkal inkább függött egy nagyvonalú vezetéstől, mint bármely más állam. Itt hiányzott a nemzeti állam alapja, amely a faji gondolatban biztosítja az összetartozásnak az erejét még akkor is, ha a kormányzás még oly nagy mértékben is felmondja a szolgálatot. Az egységes népi állam gyakran igen hosszú ideig kibírja még a legrosszabb közigazgatást és kormányzást is, anélkül, hogy tönkremenne. Sokszor úgy tetszik, mintha már egy ilyen testben semmiféle élet sem volna, mintha már halott és kihalt lenne, s ím egyszerre a halottnak hitt megelevenedik és elpusztíthatatlan életerejének csodálatos jelét adja.

Ez azonban másként van egy nemzetiségi birodalomban, amelyet nem a vér azonossága, hanem erőszak tart össze. Itt minden kormányzati gyöngeség a téli álom helyett az egyes népelemek ébredését mozdítja elő. Csak évszázados közös nevelés, közös hagyományok, közös érdekek stb. útján lehet ezt a veszélyt elhárítani. Éppen ezért minél fiatalabb egy ilyen képződmény, annál inkább függ sorsa a kormányzás nagyvonalúságától, ellenkező esetben, mint egyes erőszakos egyéniségek, vagy szellemóriások művei, gyakran alapítóikkal együtt szállnak sírba. Még évszázadok múltán sem lehet ezt a veszélyt teljesen kiküszöbölni, mert a faji ösztönök csak szunynyadnak, hogy azután annál gyorsabban ébredjenek fel akkor, ha a közös vezetés gyöngesége, a nevelés és közös hagyományok nem rendelkeznek azzal az erővel, amely az egyes nemzetiségek önerejét túlszárnyalja.

Ennek a fel nem ismerésében rejlik a Habsburg ház talán tragikusnak mondható bűne.

Egyetlenegy akadt közülük, akinek a sors még egyszer kezébe adta a világosság fáklyáját, amelynek fényénél megláthatta birodalmának jövőjét, de ez a fáklya is csakhamar mindörökre kialudt. II. József, a német nép római császára látta meg félő aggodalommal, hogy Háza a birodalom legszélső peremén miként fog egykoron egy bábeli népzavar útvesztőjében eltűnni, ha az utolsó órában nem teszik jóvá az ősök mulasztásait. Emberfeletti erővel fogott hozzá a munkához az "*emberek barátja*", hogy egy évtized alatt évszázados bűnöket tegyen jóvá. Ha csak negyven évet juttatott volna neki végzete, és ha csak két generáció hasonló szellemben folytatta volna művét, akkor talán a csoda valóra vált volna. Amikor azonban alig egy évtizedes uralkodás után testben és lélekben felőrölten meghalt, vele együtt műve is sírba szállott, hogy a kapucinusok sírboltjában többé soha fel ne támadjon. Utódai sem szellemileg, sem akaraterő dolgában nem voltak méltók nagy feladatok megoldására.

Amikor végre Európában fellángoltak a forradalmi megmozdulások jelei, lassanként Ausztria is tüzet fogott, s mikor a tűz fellángolt, akkor már parazsát nem is annyira szociális, társadalmi és politikai okok szították, hanem inkább a faji erők.

Az 1848-as forradalom mindenütt osztályharc lehetett, Ausztriában azonban a fajok küzdelmének a kezdetét jelentette. Azáltal, hogy a németség ezt a körülményt nem ismerte fel, és magát a forradalmi megmozdulás szolgálatába állította, saját sorsát pecsételte meg. A nyugati demokrácia terjedését segítette elő, és ezáltal önmagát létalapjaitól fosztotta meg. A parlamentarizmus megteremtése anélkül, hogy előzetesen egy közös államnyelv megállapítást és megerősítést nyert volna a német hegemónia megdöntését jelentette. E politikai időszaktól kezdve maga az állam is elveszett, s ami ezután következett, az már csak a birodalom életének történelmi befejezése volt.

Ennek a bomlási folyamatnak a megfigyelése éppen olyan megrázó, mint amilyen tanulságos. A történelem ítélő karja ezer és ezer formában sújtott le. Az a körülmény, hogy az emberek nagy része vakon botorkált a bomlás jelei között, csak azt bizonyította, hogy az istenek akarták Ausztria pusztulását.

Nem akarok részletekbe bocsátkozni, mert könyvemnek nem ez a célja. Csak azokat az eseményeket kívánom részletesebben ismertetni, amelyek a népek és államok szétesésének örök érvényű okaiként napjainkban is nagy jelentőségűek és amelyek politikai nézetem alapjait biztosították.

Azok közül az intézmények közül, melyekből még a szűk látókörű és rövidlátó nyárspolgár is tudomást szerezhetett a Monarchia széteséséről, első helyen a parlamentet, vagy mint Ausztriában hívták, a *"Reichsrat"*-ot kell megemlítenem. Angliától, a *"demokrácia"* klasszikus hazájától vették át ezt az intézményt, és minden igyekezetükkel azon voltak, hogy lehetőleg eredetiségben plántálják át Bécsbe.

A képviselőház és a felsőház megalkotásával az angol kétkamarás rendszer ünnepelte a maga újjászületését, csak éppen a *"Házak"* maguk különböztek a mintától. Amikor annak idején Barry a Temze habjaiból kiemelkedő parlamenti palotát építette, belenyúlt a brit birodalom történelmébe, és onnan hozta elő nagyszerű palotája ékességeit. Művészetével így lett a Lordok és a Nép háza a nemzet dicsőségének templomává.

Bécs itt találkozott az első nehézséggel. Amikor a dán Hansen az új népképviselet márványházának utolsó ormait is kiképezte, kénytelen volt az épület díszeit az antik világból kölcsönözni. Római és görög államférfiak és filozófusok díszítik a *"nyugati demokráciának"* ezt a színházpalotáját, és mindennek betetőzéseképpen, mintegy a belső mozgalmak kifejezésre juttatásaként szimbolikus iróniával húznak a négy égtáj irányába a két ház fölé helyezett négyfogatú kocsik.

A *"nemzetiségek"* sértésnek és kihívásnak tekintették és kikérték volna maguknak, hogy a műben az osztrák történelem jusson kifejezésre éppen úgy, mint ahogy Németországban is csak a világháború ágyúdörgése közepette vettek bátorságot maguknak ahhoz, hogy a birodalmi gyűlés palotáját, melyet Wallott készített, egy felirattal *"a német népnek"* szánjak.

A legellentétesebb érzelmek fogtak el akkor, amikor nem egészen húszéves fejjel először léptem át a Franzens Ring mesés palotájának küszöbét, hogy szem és fültanúja legyek egy képviselőházi gyűlésnek.

A parlamentet már kezdettől fogva gyűlöltem, de nem magát az intézményt. Ellenkezőleg, én mint szabadságszerető ember, a kormányzás más lehetőségét el sem tudtam volna képzelni, mert a diktatúrában a Habsburg házzal szembeni álláspontom folytán minden szabadság és ésszerűség ellenségét láttam.

Nem kis mértékben járult felfogásom kialakulásához a sok újságolvasás következményeként az angol parlament iránt belém a fiatal emberbe rögzött csodálat. Az a méltóság, amellyel az alsóház a maga feladatát amint ezt a mi sajtónk oly nagyszerűen tudta kifejezésre juttatni teljesítette, tetszett nekem. Lehetett-e egyáltalán magasztosabb formája a nép önkormányzatának? Éppen azért voltam ellensége az osztrák parlamentnek, mert nem volt méltó mintaképéhez.

Az osztrák állam németségének sorsa parlamenti helyzetétől függött. Az általános titkos választójog behozataláig a parlamentben még volt egy bár jelentéktelen német többség, de már ez az állapot is meggondolásra kellett, hogy késztessen. A szociáldemokrata pártot már akkoriban sem lehetett pártnak tekinteni A kritizáló, a németséget érdeklő kérdések tárgyalásánál tanúsított megbízhatatlan magatartása miatt majdnem kivétel nélkül mindig a német kívánalmakkal szemben lépett fel legtöbbször azért, hogy az egyes idegen népekhez tartozó párthíveit el ne veszítse. Az általános titkos választójog behozatalával még a számszerű német fölény is megszűnt, és most már mi sem állott útjában az állam elnémettelenítésének.

A nemzeti létfenntartás ösztöne már ez okból is meggyűlöltette volna velem az olyan népképviseletet, amelyben a németségnek képviselet helyett mindig csak árulásban volt része. E fogyatékosságokat is mint olyan sok egyéb dolgot nem az intézmény, hanem az osztrák kormány rovására kell írni.

Ilyen belső érzelmekkel léptem be első ízben az éppen olyan szent, mint sokszor becsmérelt helyiségekbe. Mindenesetre a gyönyörű épületet csak nagyszerű szépsége tette szentté előttem. Hellén csodamű német földön.

Rövid idő múlva azonban a szemem előtt lejátszódó színház láttára a felháborodás lett úrrá bennem.

Pár száz népképviselő volt jelen, akiknek éppen egy fontos gazdasági jelentőségű kérdésben kellett állást foglalniuk. Már az első nap is elegendő volt ahhoz, hogy engem hetekre gondolkodóba ejtsen. A tárgyalás szellemi színvonala már amennyiben azt az összevissza fecsegést egyáltalán meg lehetett érteni valóban nyomasztó "*magasságban*" mozgott. Néhányan az urak közül nem németül, hanem szláv anyanyelvükön, helyesebben tájszólásukkal beszéltek. Amit addig csak az újságokban olvastam, most saját fülemmel hallhattam: azt a gesztikuláló, mindenféle hangnemben kiáltozó, vadul hullámzó tömeget. amelyben egy izzadó, ártatlan, ősz öreg bácsi igyekszik hol lázas csengetéssel, hol intő szavával a Ház méltóságát biztosítani. Nevetnem kellett.

Néhány héttel később ismét bent voltam a Házban. A kép teljesen megváltozott; alig tudtam ráismerni. A terem kongott az ürességtől. Aludtak benne. Mindössze néhány népképviselő volt a helyén, akik kölcsönösen egymásra ásítoztak. Az egyik közülük szónokolt. A Ház egyik alelnöke volt jelen, aki látható unalommal meredt bele a terem ürességébe. Kételkedni kezdtem. Most már, hacsak valamiképpen is megengedte időm, újra bementem a Házba és figyelmesen szemléltem az eseményeket. Meghallgattam a beszédeket, már amiket meg lehetett érteni, és tanulmányoztam a különböző népei kiválasztottjainak többé-kevésbé intelligens szavait. Így lassanként kialakult a véleményem.

Egy csendes megfigyeléssel eltöltött esztendő elégséges volt ahhoz, hogy erről az intézményről táplált véleményemet teljes mértékben megváltoztassam. Bensőben már nemcsak az elgondolás ausztriai torzszüleménye ellen foglaltam állást, hanem most már magának a parlamentnek a létjogosultságát sem tudtam elismerni. Az osztrák parlament szerencsétlenségét mindeddig a német többség hiányának tulajdonítottam. Ettől kezdve maga az intézmény tűnt fel végzetesnek előttem. A kérdések egész sora vetődött fel bennem.

Tanulmányozni kezdtem a többség határozatán nyugvó demokratikus elvet, mint ennek az intézménynek az alapját De ugyanilyen figyelmet szenteltem azok szellemi és erkölcsi értékeinek, akik a népek kiválasztottjaiként ezt a célt lettek volna hivatva szolgálni.

Egyszerre ismertem meg az intézményt és annak letéteményeseit. Néhány esztendő leforgása alatt plasztikus világossággal bontakozott ki előttem e korszak legjellegzetesebb típusainak egyike: a parlamenti típus. Benyomásom állandó érvényűnek bizonyult. A gyakorlati tényeknek szemléltető tanítása ezúttal is megkímélt engem attól, hogy elsüllyedjek az elmélet posványába.

A mai nyugati demokrácia a marxizmus előhírnöke, amely nélkül ez utóbbi el sem volna képzelhető. Az készíti elő e világpestis számára a talajt, amelyen aztán ez a fertő terjedhet. Külső megnyilvánulási formája: a parlamentarizmus, a piszok és tűz torzszülöttje, amelyből a tűz pillanatnyilag sajnos kialudtnak látszik.

Nem tudok elég hálás lenni sorsomnak, hogy ezt a kérdést Bécsben tanulmányozhattam. Félek ugyanis, hogy Németországban igen gyors és könnyű elhatározásra jutottam volna. Hogyha ezt a *"parlamentnek"* nevezett nevetséges intézményt először Berlinben ismertem volna meg, akkor talán az ellenkező végletbe esem. Nem minden alap nélkül azoknak az oldalára álltam volna, akik a nép és birodalom üdvét a császári gondolatnak és hatalomnak kizárólagos naggyá tételében látták, így korukkal és az emberekkel szemben mégis idegenül és egyszersmind vakon állottak.

Ausztriában ez teljesen kizárt volt. Itt nem lehetett olyan könnyen egyik hibából a másikba esni. Ha a parlament keveset ért, akkor még sokkal kevesebbet értek a Habsburgok. Itt a parlamentarizmus elvetésével nem nyert minden elintézést, mert még nyitva maradt a kérdés: mi következzék ezután? A "*Reichsrat*" elvetése ugyanis egyedüli kormányzói hatalomként magát a Habsburg házat jelentette volna, ami pedig számomra különösen elviselhetetlen gondolat volt.

Ez a különös eset a probléma alaposabb tanulmányozására késztetett, mint egyébként ilyen fiatal években egyáltalán bekövetkezhetett volna. Mindenekelőtt és leginkább az egyéni felelősség teljes hiánya késztetett gondolkodásra.

Még ha szörnyű következményekkel járó határozatot is hoz a parlament, senki sem vállalja érte a felelősséget, senkinek sem lehet azt a terhére írni, mert ugyan bizony felelősségvállalást jelente, hogyha egy példátlan összeomlás után a kormány lemond? Ha a koalíció összetétele megváltozik? Vagy a parlamentet feloszlatják? Vagy egyáltalán lehet-e az emberek egy állandóan ingadozó többségét kérdőre vonni? Nincsen-e mindennemű felelősség gondolata személyhez kötve?

Vagy lehet-e egy kormány vezetőjét gyakorlatilag felelősségre vonni azokért a tettekért, amelyeknek léte és keresztülvitele kizárólag több ember akaratától és beleegyezésétől függ?

Hiszen lassanként nem is annyira az alkotó és teremtő gondolatok és tervek megvalósításában látják a vezető államférfiak feladatát, hanem sokkal inkább abban a művészetben, amellyel terveik nagyszerűségét a fejbólintó Jánosokkal elhitetik és e réven azok jóakaratú hozzájárulását kikoldulják.

Vajon a rábeszélőképesség éppen úgy az államférfiú kritériuma, mint a nagyvonalú elvek és elhatározások keresztülvitelét biztosító tulajdonságok?

Vajon a vezér alkalmatlanságát bizonyítja, ha nem sikerül a többé-kevésbé tiszta véletlenek segítségével egybegyűjtött hadat egy ideának megnyernie?

És vajon volt-e már egyáltalán olyan eszme, amelyet ez a tömeg megértett volna, mielőtt a siker a kérdéses eszme nagyságát bizonyította?

Vajon minden igazi nagy tett ebben a világban nem egyben a lángész tiltakozása is a tömeg tunyaságával szemben? Mit tegyen hát az az államférfiú, akinek nem sikerül e banda kegyét tervei számára kihízelegni? Vesztegesse talán meg őket? Vagy talán polgártársai butasága miatt létkérdésekként felismert feladatok keresztülvitelétől álljon el, vonuljon vissza, vagy pedig maradjon mégis?

Vajon nem következik-e be ilyen esetekben az igazán gerinces ember számára egy megoldhatatlan összeütközés a dolgok felismerése és a tisztessége, helyesebben a becsületes gondolkodásmódja között?

Hol van itt a határ a közzel szembeni kötelesség és. az egyéni becsület kötelezettsége között?

Vajon nem kell-e minden vérbeli vezérnek kikérnie magának azt, hogy ilyen módon politikai "*síberré*" alacsonyítsák, és viszont megfordítva, nem kell-e minden "*síbernek*" magát politikai pályára hivatottnak éreznie, mert hiszen a végső felelősség sohasem őt, hanem egy megfoghatatlan tömeget terhel?

Nem vezet-e a mi parlamentáris többségi elvünk a vezéri gondolat teljes lerombolásához?

Vagy talán azt hiszik, hogy a világnak minden alkotása a többség agyában és nem egyesek fejében fogamzott meg?

Hiheti-e bárki is, hogy az emberi kultúrának ezeket az előfeltételeit a jövőben nélkülözhetjük? Nincs-e éppen ellenkezőleg; erre ma nagyobb szükségünk van, mint valaha?

Mialatt a parlamentáris többségi elv elveti az egyén tekintélyét és annak helyére a mindenkori tömeg számát teszi, vétkezik a természet arisztokratikus alapgondolata ellen miközben persze semmi esetre sem szükséges az arisztokratizmust a mi felső tízezrünk mai dekadenciájával azonosítani.

Hogy milyen pusztítást végez ez a modern demokratikus parlamenti uralom, azt a zsidó újságok olvasói feltéve, hogy nem tanultak meg önállóan gondolkozni és mérlegelni csak nehezen tudják elképzelni. Mindenekelőtt ez az oka politikai életünk hihetetlen elposványosodásának és napjaink minden értéktelen jelenségének. Az igazi vezér visszavonul az olyan politikai tevékenységtől, amely legnagyobb részt nem áll alkotó munkából, hanem sokkal inkább a többség kegyeiért való versengésből. Ezzel szemben a kis szellemeknek éppen ez a tevékenység felel meg leginkább, ez részükre a legvonzóbb.

Minél törpébb egy ilyen szatócs szelleme és tudással minél inkább belátja a maga bárgyúságát, annál inkább ragaszkodik ehhez a rendszerhez, amely tőle nem az óriások erejét és zsenialitását követeli, hanem annak fölébe helyezi a félművelt ember tudálékosságát, és az ilyenfajta bölcsességet többre becsüli a periklészi mélységeknél. Emellett egy ilyen fajankót sohasem izgat tetteinek felelőssége. Annál kevésbé lehetnek ilyen gondjai, mert tudja, hogy állampolgári baklövéseinek eredményeként egyik napon így is, úgy is, át kell adnia a helyét egy hasonló "*nagy*" szellemnek. Ugyanis az is a bomlás tünete, hogy amilyen mértékben csökken az egyesek értéke, éppen olyan mértékben növekszik az államférfiak száma. A parlamenti többség befolyásának növekedésével egyre nő a függési viszony, és kisebbedik az ember, mert amint a nagy

lelkek visszautasítják, hogy semmittevők és fecsegők poroszlói legyenek, éppen úgy megfordítva, a többség népképviselői sem gyűlölnek semmit jobban, mint a szellemi fölényt.

Mindig vigasztaló körülmény egy ilyen tanácskozó együttes számára, ha olyan vezért tudnak a maguk élén, akinek a bölcsessége az ő szintjüknek felel meg. Mindenkinek alkalom kínálkozik így szellemi képességei megvillogtatására. Ha Pál valamilyen mesterségre tehetett szert, miért ne lehetne Péter is egyszer mester.

A demokrácia főtulajdonságának, a gyávaságnak felel meg leginkább ez a találmány, amely mindig módot ad az ún. vezérek legnagyobb részének arra, hogy minden fontosabb és döntőbb jelentőségű határozathozatal esetén az ún. többség szoknyája mögé bújhassanak.

Érdemes megfigyelni egy ilyen szélhámost, és látni, hogy miként könyörgi ki gondterhes arccal minden intézkedéshez a többség beleegyezését, aminek révén biztosítja a szükséges cinkostársakat és lerázhatja magáról a felelősséget. Ebben leli magyarázatát azután, hogy az ilyenszerű politikai tevékenység minden tisztességesen gondolkodó férfiú számára gyűlöletes, míg minden gyönge jellem olyan, aki gyáva kutyaként kihúzza magát a személyes felelősség alól, és kibúvót keres és kap utána. Hogyha egy nemzet vezetői ilyen gyönge jellemekből állnak, az idővel súlyosan megbosszulja magát. Nem lesz vállalkozó, aki bátor lenne a határozott tettek keresztülvitelére, és mindenkor inkább elviseli a szégyenteljes megvetést, semhogy viselné a felelősséget egyenes, határozott döntésekért.

Egyet ugyanis nem szabad elfelejteni: a többség ebben az esetben sem tudja pótolni a nagyságot. A többség nemcsak a butaság, hanem a gyávaság megtestesítője is, és amint száz üresfejű fráter nem tesz ki egy bölcset, úgy nem lehet száz gyávától sem hősies elhatározást várni.

Minél kisebb aztán az egyes vezér felelőssége, annál inkább meg fog azoknak a száma növekedni, akik bár minden rátermettség nélkül úgy érzik, hogy a nemzet vezéri szolgálatába kell állítaniuk "*halhatatlan*" erejüket. Alig tudják kivárni, hogy sorra kerüljenek: ott állnak hosszú sorokban, fájdalmasan számoljak az előttük állókat, és szinte kínos pontossággal számolják ki, hogy emberi számítás szerint mikor kerülhetnek sorra. Örömmel üdvözölnek minden változást, minden botrányt, amely megritkítja az előttük állók sorait. Ha valaki mégsem akar tágítani a már bevált állásából, azt szinte a kölcsönös szolidaritás megszegőinek tekintik. Gonosz indulattól vezetve nem nyugszanak, amíg ki nem túrják helyéből, és nem bocsátja a köz rendelkezésére állását, hogy aztán az ilyen kimozdított egyhamar vissza se kerülhessen a helyére. Mert az ilyen állásából kitaszított mindjárt ismét megkísérli a vállalkozók soraiba való beférkőzést, hacsak a többiek fokozódó szidalma és ordítása vissza nem rettenti őt.

Ennek az egész állami berendezkedésnek következményeként szinte félelmetes gyorsasággal változnak a legfontosabb állások és tisztségek viselői; olyan következmény, amely gyakran végzetszerű hatással lehet. Mert nemcsak az alkalmatlan és üresfejű esik a változó rendszer áldozatául, hanem még inkább az igazi vezéregyéniség is, akit a sors véletlenül ilyen állásba juttatott. Az ilyen egyéniség ellen ugyanis rögtön egységes frontot képeznek azok, akik nem tartják, nem érzik maguk közül valónak őt, és egész egyszerűen közös ellenségüknek tekintik. Beverik a fejét annak is, aki az emberi nullák közül tehetségével kiválhatnék, és ebben az irányban ösztönük annál erőteljesebb, minél inkább hiányzik ez náluk minden egyéb vonatkozásban.

Ennek a következménye azután a vezető rétegek mind nagyobb arányú szellemi elszegényedése. Mit jelent azonban ez a nemzetre és államra nézve, azt mindenki megállapíthatja, feltéve. hogy nem tartozik ő is a "*vezéreknek*" ehhez a rendjéhez.

A régi Ausztriában immár legjellegzetesebb változatában tenyésztődött ki az ilyen parlamentáris kormányforma.

A miniszterelnököt ugyan a császár nevezte ki, de ez a kinevezés a parlamenti akarat végrehajtását jelentette. Az egyes miniszteri tárcákért folytatott alkudozás azonban mára "*tiszta nyugati demokrácia*" szellemében történt. Az egyes személyiségek olyan gyors egymásutánban váltották fel egymást, hogy ez már szinte hajtóvadászat jellegét öltötte magára. Ennek megfelelően csökkent az értéke ezeknek az "*államférfiaknak*", míg végre csak az a kis parlamenti "*síber*"-típus maradt meg, amelyiknek az értékmérője csupán a koalícióknak, e legkisebb stílű politikai üzletkötéseknek keresztülvitelében mutatkozó tehetségében rejlett.

Ilyen módon a bécsi iskola a legnagyszerűbb tanulmányokat nyújtotta. Érthető érdeklődéssel vontam párhuzamot ezeknek a népképviselőknek a tudása és szellemi képessége, valamint az általuk vállalt feladatok között. Természetesen, foglalkoznom kellett ezeknek a "*kiválasztottak*"-nak a szellemi színvonalával, és vizsgálódásom akarva, nem akarva arra késztetett, hogy nyilvános életünk e nagyszerű példányainak az előéletét is tanulmányozzam. Az a mód, amellyel ezek az urak szolgálatukat a haza javára fordították, tehát tevékenységük technikája is megérdemelte ezt az alapos vizsgálatot.

Minél mélyebbre hatolt az ember a belső viszonyok tanulmányozásában és minél élesebb tárgyilagossággal vizsgált egyeseket és tárgyi alapokat, annál szomorúbb lett a parlamenti élet összképe. Ez a megállapítás nagyon is figyelemre méltó olyan intézménnyel szemben, amelyik minden alkalommal a tárgyilagosságra, mint egyetlen igazi alapra hivatkozik. Ha az ember ezeket az urakat és salamoni ítéletük törvényeit vizsgálja, csodálkozik az eredményen.

Egyetlen elv sincs, amely tárgyilagosan szemlélve annyira helytelen lenne, mint a parlamentáris kormányzás elve.

Eltekintve attól, hogy milyen körülmények között és mily módon történik ezeknek a népképviselő uraknak a megválasztása, és hogyan kerülnek ezek az urak tisztségükbe és új méltóságukba, mindenki előtt világos, hogy csak a legritkább esetekben és csak egy kis töredéknél lehet szó általános óhaj és szükség teljesüléséről. A nagy tömegek politikai iskolázottsága sokkal alacsonyabb színvonalon áll, semhogy maguk tudnák megszabni általános politikai világnézetük irányát, és ki tudnák választani az azok megvalósítására hivatott megfelelő személyeket.

Amit általában "*közvélemény*"-ként szoktunk megjelölni, az csak a legritkább esetben nyugszik egyesek egyéni tapasztalatain és ismeretein, hanem legnagyobbrészt, sajnos, a legerőszakosabb és legkíméletlenebb "*felvilágosítás*" eredményeként jelentkező elgondoláson.

Amint a felekezeti hovatartozás csak nevelés eredménye, és az emberben csak a vallásosság szükséglete jelentkezik élő valóságként, éppen úgy a nagy tömegek politikai gondolkodásmódja is gyakran egészen hihetetlenül kitartó és alapos lelki és szellemi megdolgozás eredménye.

E politikai nevelés oroszlánrésze amelyet ebben az esetben a propaganda szóval fejezhetünk ki legtalálóbban a sajtót illeti. Az gondoskodik elsősorban erről a "*felvilágosító*" munkáról, és ezzel mintegy a felnőttek iskoláját teremti meg. De ez a nevelési eszköz nem az állam kezében, hanem részben igen értéktelen erők hatalmában van. Éppen Bécsben, még mint fiatal embernek nyílt nagyon jó alkalmam ennek a tömegnevelő eszköznek a tulajdonosait és szellemi gyárosait megismerni. Csodálkoznom kellett azon, hogy milyen gyorsan sikerült egy államban ennek a legátkozottabb nagyhatalomnak egy bizonyos gondolkodásmódot teremteni, amelyik pedig a mindenkori valódi kívánságok és nézetek tökéletes meghamisítását jelentette. Rövid idő alatt nevetséges dolgokat nagy jelentőségű állami aktusokká fújtak fel, máskor viszont életbevágóan fontos problémákat a feledés homályába borítottak, helyesebben egyszerűen kiloptak a tömegek emlékezetéből.

Így sikerült néhány hét alatt a semmiből nevet elővarázsolni, e név viselőjének a nagy nyilvánosság reménységét biztosítani, részére olyan népszerűséget teremteni, amilyen igazán nagy jelentőségű férfiaknak egész életükben nem jutott osztályrészül. Míg egyfelől így bukkantak fel soha nem hallott nevek, másfelől a nyilvános és állami élet kipróbált egyéniségei legjobb egészségük mellett egyszerűen meghaltak a világ számára, vagy pedig olyan vádaskodásokkal illették, amelyekkel lehetetlenné tették őket. Behatóan tanulmányozni kell azt a szörnyű zsidó aknamunkát, amellyel tisztességes embereket rántanak a szennybe és a pocsolyába, hogy értékelni tudjuk e sajtókalózok veszedelmes működését.

Nincsen az a piszkos eszköz, amihez az ilyen szellemi rablólovag ne folyamodnék, ha céljai eléréséről van szó. Beférkőzik a legtitkosabb családi rejtekbe, nem nyugszik, amíg csak egyetlen vékonyka esetre nem bukkan, amelynek segítségével meghurcolhatja szerencsétlen áldozatát. Ha pedig sem a nyilvános, sem a családi életben nem talál még nagyítóüveggel sem kivetnivalót, akkor egyszerűen a megrágalmazás módszeréhez folyamodik. Nemcsak azért, mert tudja, hogy az ezerszer visszavont rágalomból is mindig visszamarad valami a meghurcolt hátrányára, de különösen azért, mert a százszoros ismétlés következtében amelyhez mindig talál cinkostársakat, az áldozatnak még védekeznie is szinte lehetlenség.

Mindezt az "*újságírói kötelesség*" fehér tógájában teszik. Ez a banda gyártja legnagyobbrészt azt a "*közvélemény*"-t is, amelyből a parlamentarizmus burjánzik ki. Ennek a fejlődésnek a szemléltetése és hazug valószínűtlenségének a bemutatása köteteket venne igénybe. De hogyha mindettől eltekintünk és csak a tényleges terméket, és tevékenységet figyeljük, akkor már az is elég ahhoz, hogy még a legvakonhívőbb előtt is fellebbentse a fátyolt az intézmény ésszerűtlenségéről. Ezt az ésszerűtlen és egyben veszélyes tévedést legjobban akkor érthetjük meg, hogyha a későbbiekben a demokratikus parlamentarizmust az igazi germán demokráciával hasonlítjuk öszsze.

A demokratikus parlament legfőbb sajátsága abban rejlik, hogy bizonyos számú, mondjuk ötszáz férfiút, vagy az utóbbi időben asszonyt is, válasszanak, akiket azután mindenben döntő szó illet; mert igaz ugyan, hogy van kormány is, amely kifelé az állami tevékenység irányítását végzi, de ez csak látszat. A valóságban a kormány egyetlen lépést sem tehet a képviselő-együttes engedélye nélkül. Éppen ezért nem is lehet semmiért felelőssé tenni, mert a döntés joga a parlament többségét illeti. A kormány így semmi egyéb, mint a többség akaratának a végrehajtója. Politikai képessége pedig tulajdonképpen abban nyilvánul meg, hogy miként tudja magát a többség akaratához idomítani, vagy pedig a többséget a saját akarata szerint befolyásolni. Ez a körülmény a kormányt a tényleges kormányzat magasságából a többség koldusává alacsonyítja. Legfontosabb feladata tulajdonképpen a többség jóakaratának esetről esetre való biztosítása, vagy pedig egy alkalmasabb és inkább befolyásolható többség megteremtése. Ha ez sikerül, akkor meghosszabbította életét; ha nem: mehet. Munkatervének helyessége ebből a szempontból éppenséggel semmi szerepet sem játszik.

Ezáltal megszűnik minden felelőssége is. Hogy mihez vezet ez az út, arra könnyen rájöhetünk, ha meggondoljuk, hogy a megválasztott ötszáz népképviselő összetétele az egyesek hivatása vagy képességei szerint éppen olyan egyenetlen, mint sivár képet mutat. Mert ne higgye senki, hogy a nemzetnek ezek a kiválasztottjai egyben szellemi és értelmi kiválasztottak is! Remélhetőleg nem gondolja senki, hogy ennek a minden egyéb, mint szellemdús választói tömegnek a szavazócédulái nyomán az államférfiak százai nőnek ki. Egyáltalán az ember nem tudja eléggé elítélni azt a balga hiedelmet, hogy az általános választásokból zsenik születnek. Elsősorban is egy-egy nemzet számára csak nagy, szent időkben adódik egy-egy igazi államférfiú, de semmi szín alatt sem száz és még több egyszerre; másodsorban a tömeg szinte ösztönszerűleg idegenkedik a lángelméktől. Előbb megy át a teve a tű fokán, semmint egy választás felfedezzen egy igazi nagy férfit.

Az. aki az általános átlag fölé emelkedik, a világtörténelem folyamán mindig személyesen szokott jelentkezni.

Így azonban több mint ötszáz szerény képességű ember határoz a nemzet legfontosabb kérdéseiben, állít össze kormányokat, amelyeknek azután minden esetben és minden különösebb kérdésben a gyülekezet hozzájárulását kell kikérnie, tehát röviden azt mondhatjuk, hogy valójában ötszáz ember csinálja a politikát. Úgy is néz az ki.

De ha teljesen figyelmen kívül hagyjuk is ezeknek a népképviselőknek a zsenialitását, meg kell gondolnunk, hogy milyen különböző kérdések és ezeknek mennyire különféle területen mozgó megoldása és döntése vár elintézésre, akkor megállapíthatjuk, hogy mennyire méltatlan egy ilyen kormányzati rendszer, amely a döntés jogát emberek sokadalmára bízza. Olyan együttesre, amelyből csak egy csekély töredéknek van tudáson és tapasztalaton alapuló fogalma az éppen szőnyegre kerülő ügyekre vonatkozólag. A legfontosabb gazdasági kérdések olyan fórum elé kerülnek, amelyeknek tagjai csak egy tized részben rendelkeznek gazdasági előképzettséggel. Ez pedig nem jelent egyebet, mint a döntést olyan emberekre bízni, akiknek ehhez minden feltételük teljesen hiányzik.

Így van ez azonban minden más kérdésben is. Mindig a tudatlanok és tehetetlenek többségét illeti a döntés; azt a többséget, amelynek összetétele változatlan marad, mialatt a tárgyalás alá kerülő kérdések az életnek majdnem minden területéről kerülnek szőnyegre, miért is a döntés jogát gyakorló népképviselők állandó változása is szükséges lenne. Teljesen indokolatlan állapot az, hogy a közlekedési kérdésekben ugyanazok határozzanak, akik a magas politika kérdéseit eldöntik. Ezeknek a népképviselőknek egyetemes lángelméknek kellene lenniük. Sajnos, legtöbbször egyáltalán nem nagy koponyákról van szó, hanem korlátolt, beképzelt, pöffeszkedő dilettánsokról, a szellemi világ e legundorítóbb fajtájához tartozókról. Ehhez járul az az érthetetlen könnyelműség is, amellyel ezek az urak olyan dolgokról beszélnek és tárgyalnak, amelyek még a legnagyobb szellemóriásoknak is gondos mérlegelést tennének szükségessé. A nemzet jövőjét érintő nagy fontosságú határozatokat hoznak olyan könnyedén, mintha a tárgyalóasztalon egy kedélyes tarokkparti folynék, és nem pedig egy nemzet léte függne azoktól.

Igazságtalanság lenne azt hinni, hogy az ilyen parlament minden egyes képviselő tagja már önmagában ennyire kevés felelősségérzettel rendelkezne. Nem. Semmi esetre sem.

Mialatt azonban a rendszer az egyest arra kényszeríti, hogy olyan kérdésekben foglaljon állást, amelyekhez egyáltalán nem ért, lassanként megöli a jellemet is. Senkiben nem lesz bátorság annak kijelentésére: *"Uram, én azt hiszem, hogy mi ehhez az ügyhöz nem értünk, én legalábbis semmi esetre sem értek"*. (Egyébként ez is keveset változtatna a dolgon, mert nemcsak hogy nem értenék meg a becsületes nyíltságnak ezt a módját, de nem is engednék egy ilyen becsületes szamár miatt az egész játékot felborítani). Aki azonban az embereket ismeri, az tisztában van azzal, hogy egy ilyen kitűnő társaságban senki nem akar a legbutább lenni, annál kevésbé, mert bizonyos körökben a becsületesség egyet jelent a butasággal.

Így azután, ha egy alapjában véve becsületes képviselő kerül a parlamentbe, idővel kénytelen maga is együtt ordítani a farkasokkal. Már az a meggondolás, hogy egyetlen embernek az ellenkezése az egészen mit sem változtat, megöl minden jóindulatú elhatározást. Lassanként bebeszéli magának, hogy ő személy szerint távolról sem a legrosszabb és hogy az ő együttműködése talán sok rossz megakadályozását jelentheti.

Felvetődhet az ellenvetés: lehet, hogy az egyes képviselő ehhez vagy ahhoz a kérdéshez nem ért, de viszont az ő állásfoglalása a politikáját irányító frakció megbeszélésének a tárgyát képezi, melynek megvannak a maga külön szakosztályai, amelyek szakértőik útján kellőképpen tájékozottak.

Első látszatra ez tényleg így is van. De akkor viszont felmerül a kérdés, miért kell ötszáz embert választani, ha egyébként is csak néhányan rendelkeznek a legfontosabb közérdekű kérdésekben való állásfoglaláshoz szükséges tudással. Itt van a kérdés lényege.

A mai demokratikus parlamentarizmusunknak nem is célja, hogy a bölcsek együttesét teremtse meg, hanem sokkal inkább az, hogy függési viszonyban lévő szellemi senkiket hozzon össze, akiknek bizonyos irányban való vezetése annál könnyebb lesz, minél nagyobb az egyes személyek korlátoltsága. Csak így lehet mai értelemben vett pártpolitikát folytatni, és csak így lehetséges, hogy a tulajdonképpeni főmozgató mindig a háttérben maradjon anélkül, hogy őt valamikor is felelősségre lehessen vonni. Ha a nemzetre bármilyen káros határozatot hoznak is, azt nem egy mindenkitől ismert személy rovására írják, hanem egy egész frakció terhére.

Ez minden gyakorlati felelősség kikapcsolásához vezet, mert a felelősség csak egyes személyek kötelezettségében állhat, nem parlamenti testületben.

Ez a rendszer csak a leghazugabb sötét bujkálónak lehet kedves és értékes, egyenes jellemű, becsületes és egyéni felelősséget vállalni hajlandó egyén csak gyűlölheti azt.

Ezért vált az ilyen demokrácia annak a fajnak az eszközévé, amely a maga belső célkitűzéseit most és a jövőben is mindenkor rejtegetni kénytelen. Csak a zsidó becsülheti azt az intézményt, amely éppen olyan kétszínű és hazug, mint ő maga.

Homlokegyenest ellenkezik ezzel a tevékenységéért és mulasztásaiért teljes felelősséggel tartozó vezér szabad választásának germán demokráciája, amelyben a többséget nem szavaztatják meg egyes kérdésekről, hanem azt csak egyetlen személy választási joga illeti meg, azé a személyé, aki aztán vagyonával és életével felel határozataiért.

Arra az ellenvetésre, hogy ilyen körülmények között nehezen akad valaki, aki ilyen nagy esélyű és felelősségű feladatra vállalkoznék, csak egyet lehet felelni:

Hála Istennek, hiszen éppen ebben rejlik a germán demokrácia hatalmas jelentősége, hogy nem juthat mindjárt a legelső méltatlan, könyöklő és erkölcsi gyáva kerülő utakon a néptársak kormányára, hanem már a felelősség nagysága is visszariaszthatja a tudatlanokat és gyöngéket.

De ha egy ilyen ember mégis a polcra merészkednék, akkor könnyebb őt felelősségre vonni és kímélet nélkül eljárni e gyáva kutya ellen, mondván: hátrább az agarakkal, te bemocskolod a lépcsőket. A történelem panteonjához vezető lépcsőzet nem illeti meg az alattomosokat, hanem csak a hősöket. A bécsi parlament látogatása két év után erre a meggyőződésre juttatott. Azután már nem jártam be.

A parlamenti kormányzás volt legfőbb oka a régi Habsburg állam évről évre való gyengülésének. Minél inkább megtörte működésével a németség előjogait, annál inkább beleesett a nemzetiségek egymás elleni kijátszásának rendszerébe. Magában a birodalmi tanácsban ez mindig a németség és ezzel egyidejűleg a birodalmi egység rovására esett, s az évszázadfordulón már mindenki előtt világossá vált, hogy a Monarchia vonzóereje nem képes megküzdeni az egyes nemzetiségek széthúzó törekvéseivel. Ellenkezőleg!

Minél szerényebbek voltak az eszközök, amelyeket az állam a saját fenntartása érdekében használt, annál nagyobb volt a birodalom egységének semmibe vétele. Nemcsak Magyarországon, hanem az egyes szláv tartományokban is olyan kevés együttérzés volt tapasztalható a közös Monarchiával szemben, hogy annak gyöngeségében semmi esetre sem látták a saját szégyenüket is, inkább örültek a bekövetkező öregség e jelének, és inkább halálát, semmint gyógyulását remélték.

A teljes összeomlást a parlamentben gyalázatos meghunyászkodással és minden zsarolásnak a németség számlájára való kielégítésével, az országban pedig az egyes népeknek egymás elleni kijátszásával egyelőre megakadályozták. Az általános fejlődés iránya határozottan németellenes volt, különösen mióta Ferenc Ferdinánd lett a trónörökös, akitől kezdve a felülről lefelé való csehesítés tervszerűvé vált. A kettős Monarchiának ez a jövendő uralkodója minden elképzelhető eszközzel előmozdította, de legalább is fedezte az elnémettelenítést. Tiszta német helységeket toltak át az állami hivatalnoki kar felhasználásával a vegyes nyelvű veszélyzónába. Magában Alsó-Ausztriában is egyre fokozódó gyorsasággal indult meg ez a folyamat, és Bécs már sok cseh szemében, mint legnagyobb városuk szerepelt.

Ennek a Habsburgnak, akinek családja úgyszólván csak csehül beszélt (felesége, akit mint cseh grófnőt morganatikus házasságkötés útján vett nőül, olyan körből származott, akinek németgyűlölete családi hagyományt képezett), az volt a vezérlő gondolata, hogy Közép-Európában fokozatosan egy szláv államot alakít ki, amely az ortodox Oroszországgal szembeni védekezésképpen szigorúan katolikus alapokon nyugodnék. Ezáltal, amint az a Habsburgoknál nagyon gyakran előfordult, a vallást megint tisztán politikai gondolat szolgálatába állították, éspedig olyan gondolatnak a szolgálatába, amely legalábbis német történelmi szempontból nézve szerencsétlen volt.

Az eredmény sok tekintetben több volt, mint szomorú.

A Habsburg ház trónját, Róma pedig egy nagy államot veszített el.

Mialatt a korona a vallási momentumokat is a maga politikai célkitűzéseinek szolgálatába állította, egy olyan mozgalmat keltett életre, amellyel természetesen maga sem számolt.

A régi Monarchiában élő németség minden eszközzel való visszaszorításának kísérlete mintegy válaszul megteremtette Ausztriában a nagynémet mozgalmat.

A nyolcvanas években a zsidó alapokon nyugvó manchesteri liberalizmus a Monarchiában elérte, talán túl is haladta fejlődésének csúcspontját. Az általa kiváltott ellenhatás, mint általában mindenütt, a régi Ausztriában elsősorban nem szociális, hanem nemzeti szempontból nőtt ki. A létfenntartási ösztön a németséget erősebb önvédelmi harcra késztette. Csak másodsorban kezdtek a gazdasági elgondolások is befolyást gyakorolni. Így bontakozott ki az általános politikai zűrzavarból két pártképződmény, amelyik közül az egyik inkább nemzeti, a másik inkább szociális irányban haladt, de mindkettő nagyon értékes és tanulságos volt a jövőre nézve.

Az 1866-os háború nyomasztó vége a megtorlás gondolatát oltotta a Habsburg házba. Kizárólag Miksa mexikói császár halála, akinek szerencsétlen expedíciójáért a felelősséget elsősorban III. Napóleonra hárították, és akinek a franciák részéről történt cserbenhagyása általános felháborodást keltett akadályozta meg a szorosabb együttműködést Franciaországgal. A Habsburg ház akkoriban mégis lesben állott. Ha az 187071. évi háború nem lett volna olyan szinte egyedülálló diadalmenet, a bécsi udvar minden bizonnyal megkísérelte volna a Sadowáért való bosszú véres játékát. Amikor azonban a harcterekről az első csodálatos, szinte hihetetlen és mégis igaz győzelmi hírek megérkeztek, a *"minden uralkodók legbölcsebbje"* felismerte, hogy erre nem alkalmas a pillanat, és így jó arcot mutatott a rossz játékhoz.

E két évnek hősi küzdelme egy még sokkal hatalmasabb csodát is teremtett; mert a Habsburgok irányváltozása sohasem jelentett belső őszinteséget, hanem a körülmények kényszerítő hatását. Ezzel szemben a régi *Ostmark* német népét a győzelmi mámor magával ragadta és mélységes érzéssel látta apái álmának nagyszerű megvalósulását.

Mert ne ámítsa magát senki! Az igazán német érzelmű osztrák Königgrätzben a birodalom újjáteremtésének éppen olyan tragikus, mint szükséges velejáróját ismerte fel. Az osztrák németség éppen a saját testén tapasztalta legalaposabban, hogy a Habsburg ház történelmi küldetését befejezte, és hogy az új birodalom csak azt koronázhatja császárává, aki a maga hősi egyéniségével méltó a *"Rajna koronájához"*. Különösen hálásak lehetünk a sorsnak azért, hogy erre a dicsőségre éppen olyan uralkodóházat szemelhetett ki, amely a nemzeti elesettség idején Nagy Frigyes személyében már megajándékozta a nemzetet a megújhodás útját jelző lángoszloppal.

A nagy háború után, midőn a Habsburg ház végső elhatározással a szlávosító politika végcéljaként a kettős monarchia veszedelmes németségének (amelynek belső világnézete már nem lehetett kétséges) lassú, de kérlelhetetlen kiirtására határozta el magát, akkor ennek a halálraítélt népnek az ellenállása olyan módon robbant ki, amilyenre az újabbkori német történelemben nem volt még példa. Első ízben lettek rebellissé a nemzeti és hazafias gondolkodású férfiak. Rebellisek voltak. Óh, nem a nemzettel, nem az állammal szemben, hanem a kormányzásnak olyan módjával szemben, amelynek, felfogásuk szerint, népük elsorvasztásához kellett vezetnie.

Az újabb német történelem idején először vált el egymástól a megszokott dinasztikus hazafiasság és a nemzeti alapon álló haza és fajszeretet.

Az 1890-es évek ausztriai nagynémet mozgalmáé az érdem azért az egyenes és nyílt megállapításért, hogy az államhatalom csak akkor igényelhet tiszteletet és védelmet, ha a nép érdekének megfelel, vagy legalábbis nem ártalmas arra.

Az államhatalom nem lehet öncél, mert ha az lehetne, akkor ennek a világnak minden erőszakossága szent és sérthetetlen volna.

Ha az államhatalom segítségével egy népet a tönk szélére juttattak, akkor az ilyen nép fiainak nemcsak joga, de egyenesen kötelessége a forradalom.

Azt a kérdést azonban, hogy mikor jön el ennek az ideje, nem elméleti viták, hanem az erő és az eredmény dönti el.

Minthogy a még rossz és a nép érdekeit ezerszer is eláruló kormányhatalom is igénybe veszi saját érdekében az államtekintélyt, a faji létfenntartás ösztönének a szabadság és függetlenség kivívása érdekében ugyanazokkal a fegyverekkel szabad harcolnia, mint amelyekkel az ellenfél igyekszik önmagát fenntartani. Legális fegyverekkel kell harcolnia mindaddig, amíg a megdöntendő uralom is ezeket használja, de nem szabad visszariadni az illegális fegyverektől sem, ha az elnyomó is ilyenekkel harcol.

Általában azonban nem szabad elfelejteni, hogy az emberi lét legfontosabb célja nem egy államnak, még kevésbé egy kormánynak a fenntartása, hanem a fajfenntartás kell, hogy legyen. Ha tehát ezt fenyegeti veszély, akkor a törvényesség kérdése csak alárendelt szerepet játszik. Ebben az esetben, ha az uralkodó hatalom ezerszer is *"törvényes"* eszközöket használ tevékenységéhez, az elnyomottak létfenntartási ösztöne legteljesebb jogot ad bármilyen fegyver használatára.

Csakis e gondolat felismerésében gyökereznek a birodalom népeinek belső és külső elnyomatása elleni szabadságharcai, azok a küzdelmek, amelyek oly hatalmas szerepet játszottak a történelemben.

Az emberi jogok megtörik az állami jogokat. Ha azonban egy nép az emberi jogokért folytatott harcában elbukik, akkor ez azt jelenti, hogy a sors mérlegén könnyűnek bizonyult e földön való fennmaradásra. Mert aki nem hajlandó vagy nem képes a létért küzdeni, annak a végzete a földön egy igazságos, eleve elhatározás szerint beteljesült.

Ez a világ nem a gyáva népek világa!

Hogy a zsarnokságnak mily könnyű az úgynevezett *"törvényesség"* köpenyét magára ölteni, azt a legtisztábban és legnyomatékosabban éppen Ausztria példája mutatja. A törvényes államhatalom ebben az időben a német többséggel rendelkező parlament németellenes talajában és az éppen annyira németellenes uralkodóházban gyökerezett. Ebben a két tényezőben testesült meg az egész államtekintély (hatalom). Balgaság lett volna e helyről várni a német-osztrák nép sorsának a jobbrafordulását. Az egyetlen lehetséges *"törvényes"* út és az államhatalomnak imádói szerint ezzel minden ellenállás, minthogy ez törvényes eszközökkel keresztülvihető nem volt, elvetendő lett volna. Ez viszont a német népnek szükségszerű és rövid időn belül bekövetkező megsemmisítését jelentette volna. Valójában azonban ettől a sorstól csak ennek az államnak az összeomlása mentette meg a németséget.

A rövidlátó teoretikus természetesen sokkal inkább halna meg saját elméletéért, mint népéért.

Miután az emberek előbb megalkotnak bizonyos törvényeket, úgy képzelik, hogy később ők vannak a törvény kedvéért. E balga felfogással való leszámolás Ausztria akkori nagynémet mozgalmának érdeme. Miközben a Habsburgok minden eszközzel megkísérelték a németség elnyomását, ez a párt kíméletlenül nekirontott a *"felséges uralkodóház"*-nak. Ez a párt volt az, amelyik elsőnek vette bonckés alá ezt az elposhadt államot, és nyitotta ki százezrek szemét. Övék az érdem azért is, hogy a hazaszeretet nagyszerű fogalmát kiszabadították a gyászos emlékű uralkodóház ölelő karjaiból. Fellépésük első idejében rendkívül nagy volt követőik száma, szinte lavinaszerűen mindent elsöpréssel fenyegettek. Sajnos, a siker nem volt tartós. Amikor Bécsbe jöttem, ezt a mozgalmat a közben hatalomra jutott keresztényszocialista párt régen túlszárnyalta és majdnem a jelentéktelenség homályába taszította. A nagynémet mozgalom emelkedésének és hanyatlásának, másrészt a keresztényszocialista párt hatalmas előretörésének egész folyamata klasszikus és mély jelentőségű tanulmány volt számomra.

Bécsbe érkezésemkor minden együttérzésem a nagynémet mozgalomé volt. Az a bátorság, amellyel a parlamentben "*Éljenek a Hohenzollerek!*" kiáltás elhangzott, éppúgy imponált nekem, mint ahogy örültem annak, hogy ők magukat a német birodalom átmenetileg elválasztott alkotórészének tekintették, és egy pillanatig sem feledkeztek meg arról, hogy ezt a körülményt nyilvánosan is kifejezésre juttassák. Népünk megmentéséhez vezető egyetlen útnak tetszett az, hogy a németséget érintő minden kérdésben kímélet nélkül színt vallottak és sohasem alkudoztak; az a körülmény viszont, hogy ez a mozgalom ilyen csodálatos felvirágzás után oly nagyon lehanyatlott, érthetetlen volt előttem. Még kevésbé volt érthető azonban az, hogy a keresztényszocialista párt abban az időben hatalma csúcspontján állott.

Miközben én e két mozgalom összehasonlításához fogtam, itt is a véletlen tette lehetővé számomra szomorú helyzetem következtében igen rövid idő alatt a rejtély megfejtését.

A dolgok mérlegelését annál a két embernél kezdem. akik e két párt vezetői és alapítóiként tekinthetők: Georg Schönerernél és dr. Karl Luegernél.

Emberi szempontból mindkettő messze kimagaslik az ún. parlamenti jelenségek köréből. Az általános politikai korrupció mocsarában mindkettőnek az élete tiszta és érintetlen maradt. Személyes szimpátiám elsősorban mégis a nagynémet Schönerert illette, hogy csak később, lassan forduljon a keresztényszocialista vezér felé is.

Képességüket tekintve az elvi kérdések tekintetében már akkor Schönerert tartottam a jobb és alaposabb gondolkodónak. Tisztábban és világosabban látta, mint bárki más, az osztrák állam kényszerű végét. Hogyha a Habsburg monarchiával szembeni figyelmeztetéseit, különösen a Német Birodalomban, jobban megszívlelték volna, a Németországot egész Európával szembeállító világháború szerencsétlensége sohasem következett volna be.

Amennyire ismerte azonban Schönerer a problémákat belső valóságukban. éppen annyira tévedett az emberekben. Dr. Lueger ereje pedig ezzel szemben éppen emberismeretében rejlett.

Ritka emberismerő volt ez a férfiú, aki különösen attól óvakodott, hogy az embereket jobbaknak lássa, mint amilyenek. Éppen ezért ő inkább az élet gyakorlati jelentőségeivel számolt, míg Schönerernek ehhez kevés érzéke volt. Mindaz, amit ez a nagynémet gondolt, elméletileg helyes volt, de hiányzott az erő és a megértés ahhoz, hogy mindazt az elméleti tudást a nagy tömegek, a nép széles rétegei számára megfelelő formában hozzáférhetővé is tegye. Éppen ezért minden meglátása, bár látnoki bölcsesség volt, sohasem válhatott gyakorlati valósággá.

Az emberismeretnek ez a kétségtelen hiánya hovatovább mind a mozgalom, mind az ősi intézmények megítélésében nagy tévedéshez vezetett.

Schönerer végre belátta, hogy itt világnézeti kérdésekről van szó, azt már azonban nem értette meg, hogy az ilyen, szinte vallási meggyőződések képviseletére csak a nép széles rétegei alkalmasak.

Sajnos, csak igen kis mértékben vette észre az ún. "*polgári*" elemek harci kedvének rendkívüli korlátoltságát is, márpedig ezek a körök gazdasági helyzetük következtében félnek az igen nagy veszteségektől, s így tartózkodóbbak.

Minden világnézetnek csak akkor lehet kilátása a győzelemre, hogyha az új tanok képviseletét és terjesztését széles tömegek vállalják és készek azokért harcolni is.

Az alacsonyabb néprétegek jelentőségének és értékének félreismeréséből fakadt Schönerernek a szociális kérdések terén tanúsított teljesen elégtelen felfogása. Schönerernek mindebben ellentéte volt dr. Lueger.

Alapos emberismerete lehetővé tette számára az erőviszonyok helyes megítélését s ez a körülmény megőrizte a meglévő intézmények túlságos lebecsülésétől is, sőt ezeket részben segítőeszközül használta fel céljai eléréséhez. . Alaposan megértette azt is, hogy a felső polgári rétegek harci ereje a mostani időkben nagyon csekély és elégtelen volt egy nagy mozgalom céljának a kiharcolásához. Éppen ezért politikai tevékenységének fő súlyát azoknak a rétegeknek a megnyerésére fordította, amelyeknek léte forgott veszélyben s amelyeknek harci kedve emiatt inkább fokozódott, semmint csökkent volna. Éppen így igyekezett kihasználni a meglévő hatalmi eszközöket, hatalmas intézményeket, hogy ezekből a régi erőforrásokból minél több lehetőséget biztosítson saját mozgalma számára.

Új pártját tehát elsősorban a létében veszélyeztetett középosztályra alapozta és ezáltal áldozatkész és szívós harci erőt jelentő, kitartó tábort biztosított magának.

A katolikus egyházzal végtelenül okosan kiépített viszonya rövid idő alatt biztosította számára a fiatal papság oly nagymértékű támogatását, hogy a régi klerikális párt kénytelen volt a harci területeket feladni, vagy pedig bölcsen az új párthoz csatlakozni, hogy lassan ismét újabb és újabb pozíciókat nyerjen.

Ha mindezt ennek az embernek ugyancsak jellemző egyéniségével magyarázzuk, nagy igazságtalanság történnék vele. Benne ugyanis az okos taktikus mellett a lángeszű, igazán nagy reformátor tulajdonságai is megvoltak. Ennek természetesen határt szabtak a meglevő lehetőségek és saját egyéni képességei.

Határtalanul nagy gyakorlati cél lebegett ez előtt az ember előtt. Bécset akarta bevenni.

Bécs volt a Monarchia szíve. Ebből a városból lövellt ki az utolsó életsugár a korhadt birodalom beteges és elvénhedt testébe. Minél egészségesebb a szív, annál lüktetőbb újjászületést biztosíthat a test számára. Elvileg helyes gondolat, amely azonban csak meghatározott, korlátolt ideig érvényesülhet.

Amit ez a polgármester Bécs városa érdekében tett, az a szó legteljesebb értelmében halhatatlan; a Monarchiát azonban ezzel már megmenteni nem tudta. Késő volt.

Ellenlábasa, Schönerer ezt világosabban látta. Amibe dr. Lueger gyakorlatilag belefogott, az csodálatos módon sikerült; amit azonban tőle remélt, az elmaradt. Amit viszont Schönerer akart, nem sikerült, amitől félt, az sajnos, borzalmas módon bekövetkezett. E két ember így sem érte el távolabbi célját. Dr. Lueger nem tudta Ausztriát megmenteni, Schönerer pedig nem tudta a német népet a pusztulástól megóvni.

Adolf Hitler

Nagyon tanulságos napjainkban e két párt sikertelenségét tanulmányoznunk. Különösen célszerű ez barátaim számára, mert sok ponton a mai körülmények hasonlítanak az akkoriakhoz. Sok hibától tudjuk megóvni magunkat, olyanoktól, amelyek akkor az egyik mozgalom végét és egy másiknak eredménytelenségét idézték elő.

Az ausztriai nagynémet mozgalom összeomlásának véleményem szerint három oka van.

Először is a szociális kérdések jelentőségének fel nem ismerése egy új és alapjában forradalmi pártban.

Minthogy Schönerer és követői elsősorban a polgárság rétegeit igyekeztek megnyerni, az eredmény csak nagyon gyönge és szerény lehetett.

A német polgárság, különösen magasabb köreiben egyedeiben talán öntudatlanul szinte a formális önmegtagadásig pacifista, hogyha a nemzet vagy az állam belső ügyeiről van szó. Jó időkben, vagyis ebben az esetben jó kormány idején ilyen gondolkodásmód az államra nézve e rétegeknek a részéről rendkívül nagy értéket jelent; rossz uralom idején azonban egyenesen veszélyes. A nagynémet mozgalomnak már csak a valóban komoly harc keresztülvitele érdekében is a tömegek megnyerését kellett volna céljául kitűznie. Az a körülmény, hogy ezt nem tette, eleve megfosztotta attól a kezdő lendülettől, amelyre egy ilyen mozgalomnak szüksége van, ha nem akar idő előtt meggyengülni.

Ha azonban ezt az alaptételt kezdetben elmulasztja, akkor az új párt még a lehetőségét is nélkülözi annak, hogy az elmulasztottat később jóvátegye. Mérsékelt polgári elemek nagy tömegének a felvétele esetén a mozgalom ezekhez fog alkalmazkodni, és így még kilátás sem lehet arra, hogy a nép széles rétegeiből számításra méltó erőkre tegyen szert. A többékevésbé majdnem vallásos és áldozatkészséget feltételező hit elvész, hogy helyet adjon egy "*pozitív*" együttműködésre való törekvésnek, amely nem jelent semmi mást, mint a harc élének letompítását és végül hátrányos békekötést.

Ez lett a sorsa a nagynémet mozgalomnak is azért, mert elejétől fogva nem helyezett súlyt a széles rétegek megnyerésére. Ezért lett "*polgári, előkelő és mérsékelten radikális*". Pusztulásának második oka ebből a hibából fejlődött ki.

Az ausztriai németség helyzete a nagynémet mozgalom megindulásának idején már kétségbeejtő volt. A parlament évről évre mindinkább a német nép lassú megsemmisítésének eszközévé vált. A tizenkettedik órában minden megtett mentési kísérlet csak ennek az intézménynek a megszűntetésén keresztül lehetett volna bármily kis mértékben is eredményes.

E körülmény a mozgalmat egy elvi jelentőségű kérdés elé állította: Vonuljon-e be a parlamentbe azért, hogy mint kifejezni szokás "*belülről aknázza alá*" ezt az intézményt, vagy vezessen támadó harcot kívülről.

Bevonult és vereséggel távozott onnan. Természetesen be kellett vonulnia.

Mert kívülről irányított támadó harchoz sok bátorságra és áldozatkészségre van szükség. Az ilyen harcban a szarvánál fogva kell a bikát megragadni, hogy sok súlyos döfés árán, esetleg tört tagokkal a legnagyobb harcok útján kivívhassuk a győzelmet.

Ehhez a nagy győzelemhez azonban a nép széles rétegeinek fiait kell meggyőznünk.

Egyedül bennük rejlik az az elszántság és kitartás, amely a harc véres megvívásához szükséges. De a nagynémet mozgalom ezeket a széles néprétegeket nem mondhatta magáénak. Így nem is maradhatott más, mint a parlamentbe való bevonulás.

Tévedés lenne azt hinni, hogy ez az elhatározás hosszas tépelődés eredménye volt. Nem. Nem is gondoltak másra. E balga együttesben való részvétel csak a már másnak ismert intézményhez való csatlakozás lehetőségének a felismerésén alapult. Általában az hitték, hogy könnyebb lesz a széles rétegeket felvilágosítani akkor, ha majd az "*egész nemzet színe*" előtt lesz alkalmuk beszélni. Az a meggondolás is szerepet játszott, hogy eredményesebb lehet a támadás magánál a "*baj gyökerénél*", mint kizárólag külső támadás esetén. Emellett azt hitték, hogy a mentelmi jog védelme az élharcosok biztonságát szolgálja, s ezzel erősítik a mozgalmat. A valóságban azonban a dolog egészen másként történt.

Az a fórum, amely előtt a nagynémet képviselők beszéltek, nemcsak, hogy nem nagyobb, de kisebb lett, mert hiszen mindenki csak azok előtt beszélt, akik éppen hallgatni óhajtották, vagy akik a beszédről a sajtó útján vettek tudomást.

A legnagyobb hallgatóságot nem a parlament ülésterme, hanem a nagy, nyilvános népgyűlés biztosítja.

A népgyűléseken az emberek ezrei vesznek részt, akik a szónokot óhajtják hallani, ezzel szemben a képviselőház üléstermében mindössze néhány száz ember van, és azok is inkább a tiszteletdíjak felvétele céljából vannak ott, semmi esetre sem azért, mert égnek a vágytól, hogy egyik-másik "*népképviselő úr*" bölcsességét magukba szívják.

Mindenekelőtt pedig: a parlamentnek mindig ugyanaz a közönsége, amely már nem fog újat tanulni, nemcsak azért, mert hiányzik a tanuláshoz szükséges képessége, hanem elsősorban azért, mert nincs hozzá akarata.

Ezeknek a képviselőknek egyike sem fog meghajolni a nagyobb igazság előtt, de még kevésbé fogja azt szolgálni. A férfiasságnak ezek a díszei legfeljebb mandátumuk megvédése érdekében abban az esetben fogják ezt megtenni, ha úgy érzik, hogy az eljövendő választás eddigi pártjuk vereségét hozza majd magával. Csak ebben az esetben kísérlik meg az átnyergelést az erkölcsi elvhűség legnagyobb dicsőségére. Ilyenkor aztán a parlamenti pockok menekülnek a süllyedő hajóról.

Az átnyergeléshez persze a meggyőződésnek és lelkiismeretnek semmi köze sincs. Ez csak a parlamenti pockoknak azzal a tehetségével van összefüggésben, amely mindig idejekorán biztosítani tudja a jó meleg fészekben való elhelyezkedést.

Az ilyen "*fórum*" előtt beszélni annyit jelent, mint falra borsót hányni. Ennek igazan nincsen semmi értelme! Az eredmény itt csak a nullával lehet egyenlő.

Így is volt. A nagynémet képviselők rekedtre ordíthatták magukat, hogy azután a hatás teljesen elmaradjon.

A sajtó vagy agyonhallgatta, vagy pedig úgy átdolgozta beszédüket, hogy minden összefüggés, sőt néha még az értelem is teljesen elveszett. Ezáltal a közvélemény csak nagyon rossz képet nyert az új mozgalom célkitűzéseiről. Hatás nélkül maradt mindaz, amit az egyes urak beszéltek. Jelentősége csak annak volt, amit az emberek olvashattak, ez viszont csak kivonata volt beszédeiknek, amely a maga széttagoltságában egészen értelmetlenül hatott. Ez is volt a sajtó célja. Emellett az egyetlen fórum, amely előtt valóban beszélhettek, alig ötszáz főnyi parlamenti képviselő volt, és ez éppen eleget mond.

A legrosszabb a dologban azonban az volt, hogy a nagynémet mozgalom csak akkor számíthatott sikerre, ha megérthette volna, hogy itt nem új pártról, hanem új világnézetről van szó. Csak ez tudott volna olyan erőket kitermelni, amelyek alkalmasak ilyen óriási küzdelem megvívásához. Ennek vezérei azonban csak a legjobb és legbátrabb egyéniségek lehetnek. Ha egy világnézetért folytatott harc vezérei nem a legnagyobb áldozatra kész hősök közül kerülnek ki, akkor rövid idő múlva halálra szánt harcosok sem fognak jelentkezni. Aki saját kis pecsenyéjét akarja sütögetni, nem sokat tartogathat a köz számára.

Ahhoz azonban, hogy valaki ennek a feltételnek megfeleljen, tudnia kell, hogy egy új mozgalom az utókor szemében becsületet és dicsőséget biztosíthat, a jelenben azonban nem tud semmit sem nyújtani. Minél több könnyen elérhető állást és pozíciót tud a mozgalom nyújtani, annál nagyobb lesz az értéktelen elemek tülekedése, míg végre ezek a politikai alkalmi munkások úgy kiuzsorázzák az eredményekben gazdag pártot, hogy az egykori becsületes harcos a régi mozgalomra nem fog ráismerni, sőt őt mint alkalmatlan "*idegent, hívatlant*" az új jövevények egyszerűen kiközösítik maguk közül. Ezzel azonban az ilyen mozgalmaknak be is fellegzett.

Abban a pillanatban, amikor a nagynémet mozgalom bevonult a parlamentbe, vezérek és harcosok helyett "*parlamenti képviselők*"-re tett szert. Egyszerű hétköznapi politikai párt szintjére süllyedt, és elvesztette azt az erőt, amely a vértanúsággal dacoló, végzetes sors felé vezető úton szükséges.

A harc helyébe "*beszéd*" és "*tárgyalás*" lépett. Az új parlamenti képviselő rövid idő alatt úgy találta, hogy szebb, mert könnyebb, kockázat nélkülibb kötelesség az új világnézetért a parlamenti rábeszélés során szellemi fegyverekkel verekedni, mint szükség esetén saját életének a feláldozása árán olyan harcot vívni, amelynek a kimenetele bizonytalan volt, de semmi szín alatt sem hozhatott semmit a konyhára.

Ezalatt a mozgalom parlamenten kívül álló hívei csodát vártak és reméltek, amely természetesen nem következett és nem is következhetett be. Ezért rövid idő múlva türelmetlenkedni kezdtek, mert amit a képviselőktől hallottak, semmiképpen sem felelt meg a választók várakozásának. Érthető is, hiszen az ellenséges sajtó félve őrködött azon, hogy a nagynémet képviselők működéséről ne a valóságnak megfelelő képet nyújtson a nép számára.

Minél jobban tetszett az új képviselőknek a parlamentben és tartományi gyűléseken a "*forradalmi harc*"-nak ez a szelídebb módja, annál kevésbé voltak hajlandók visszatérni a széles rétegek felvilágosításának veszélyesebb útjára.

A népgyűlés az egyetlen eredményes és helyes módja a nagy tömegek megnyerésének, ehhez képest minden háttérbe szorul.

Amint a gyűléstermek söröshordóját a parlament szószéke váltotta fel, hogy e fórumon keresztül a beszédeket ne a nép, hanem az ún. "*kiválasztottak*" fejébe töltsék, megszűnt a nagynémet mozgalom népmozgalom lenni. Rövid idő alatt akadémikus megnyilatkozások komolytalan klubjává süllyedt.

Az egyes képviselő urak ennek megfelelően nem kísérelték meg, hogy a gyűléseken személyesen oszlassák el a sajtó teremtette rossz benyomást, így rövid idő alatt a "*nagynémet*" szó egészen rossz hangzást nyert a nép széles rétegei fülében Mert jegyezzék meg maguknak különösen napjaink irodalmi ambíciókat tápláló lovagjai és nyegléi: a világ legnagyobb átalakulásait sohasem lúdtollakkal irányították! Nem! A toll mindig csak az elméleti megalapozás feladatát végezte. Az a hatalom, amely a nagy vallási és politikai természetű történelmi lavinát elindította, mindig csak a kimondott szó varázsa volt. A nép széles rétegei mindig csak a kimondott szó ereje előtt hajolnak meg. Minden nagy mozgalom egyben népmozgalom, s ezek emberi szenvedélyeknek, lelki érzelmeknek vulkanikus kitörései, amelyeket vagy a szükség borzalmas istennője, vagy a tömeg soraiban dolgozó szó fáklyája lobbantott fel, de sohasem esztétikus irodalmároknak és szalonhősöknek erőtlen ömlengése. Népek sorsát csak forró szenvedélyek vihara irányíthatja. Szenvedélyek fölkeltésére azonban csak az képes, aki azt belsejében maga is hordozza. Ezek a szenvedélyek ajándékozzák kiválasztottjaiknak azon szavakat, amelyek hatalmas pörölyként nyitják meg a nép szívének kapuit.

Akiben nincs szenvedély, és akinek szája nem ad hangot, azt az ég nem teremtette akaratának tolmácsolójává.

Éppen ezért minden írnok maradjon a maga tintásüvege mellett, feltéve, hogy ehhez akarata és tudása van; vezérnek azonban sem nem született, sem ki nem választatott.

Nagy célkitűzések mozgalmának féltve kell őrködnie azon, hogy a nép széles rétegeivel az összeköttetést ne veszítse el.

Ebből a szempontból kell minden kérdést megvizsgálnia és elhatározásokra jutnia.

Mindent el kell kerülnie, ami a tömegre gyakorolt hatást kisebbítené vagy csak gyöngítené is. Nem demagógiából, hanem egyszerűen annak a felismerésnek az alapján, hogy a nép tömegeinek hatalmas ereje nélkül egyetlen nagy gondolat sem valósítható meg, bármilyen magasztos és fenséges is.

Csak a rideg valóság határozhatja meg a célhoz vezető utat. Számolni kell az út nehézségével is, mert ha nem akarjuk járni a göröngyös utakat, ez nem egyszer a cél feladását jelenti; el kell tehát döntenünk, hogy akarjuk-e ezt, vagy sem?

A nagynémet mozgalom is azáltal, hogy tevékenységének súlypontját a nép helyett a parlamentbe tette át, elvesztette jövőjét az olcsó sikerek kedvéért.

A könnyebb harcot választotta, de így méltatlanná tette magát a végső győzelemre.

Ezeket a kérdéseket már Bécsben alaposan áttanulmányoztam és fel nem ismerésükben láttam a nagynémet mozgalom összeomlásának fő okát. Pedig véleményem szerint ez a mozgalom lett volna hivatva arra, hogy átvegye a németség vezetését.

A nagynémet mozgalom megtorpanásának első két oka rokon természetű volt. A nagy átalakulások belső mozgató erőinek fel nem ismerése a nép széles tömegei Jelentőségének leértékelését vonta maga után. Ebből származott viszont a szociális kérdésekkel szembeni érdeklődés csekély volta, a nemzet alsóbb rétegei lelkületével szemben tanúsított elégtelen tevékenység, amihez az e felfogásnak kedvező parlamenti szereplés is hozzájárult.

Ha felismerték volna azt a hatalmat, amelyet az összes forradalmi mozgalmakat képviselő tömeg jelent, akkor mind szociális, mind propagandisztikus téren másként dolgoznak. Ebben az esetben a mozgalom súlypontját nem a parlamentbe, hanem a műhelyekbe és az utcára helyezték volna.

A harmadik hiba gyökere ugyancsak a tömegek értékének a félreismerésében rejlett; azoknak a tömegeknek, amelyek, ha egyszer nagy szellemek által bizonyos irányzatot nyernek, a támadás erejének lendítőkerékhez hasonlóan egyenletes állandóságot kölcsönöznek.

Azt a nehéz küzdelmet, amelyet a nagynémet mozgalom a katolikus egyházzal vívott, csak ez a félreismerés magyarázhatja meg, amely a nép lelkülete ellen képes /olt fellépni.

Az új párt Róma elleni heves támadásának az okai a következők voltak:

Abban a pillanatban, amikor a Habsburg ház végleg elhatározta, hogy Ausztriát szláv állammá alakítja át, minden eszközt megragadott, ami e cél eléréséhez sikeresnek látszott. Még vallásos intézményeket is képes volt ez a leglelkiismeretlenebb uralkodóház az új "*államgondolat*" szolgálatába állítani. Cseh plébánosok és lelkészek alkalmazása csak egyike volt azoknak az eszközöknek, amelyeket Ausztria elszlávosítása érdekében felhasználtak.

Tiszta német településekre cseh plébánosokat helyeztek, akik lassanként a cseh nép érdekeit az egyház érdekei fölé helyezték és a némettelenítő folyamat sejtjeiként szerepeltek.

Sajnos, a német lelkészség ezzel a folyamattal szemben teljesen tehetetlennek bizonyult. Nemcsak, hogy alkalmatlan volt ilyen harcra német értelemben véve, de nem rendelkezett elég ellenerővel sem az ilyen támadásokkal szemben. Ilyen módon nyomták el lassan, de biztosan a németséget, egyrészt vallási visszaélésekkel, másrészt a védekezés elégtelenségével. Sajnos, magasabb egyházi körökben sem állt a dolog sokkal jobban. A Habsburgok németellenes kísérletei itt sem ütköztek a magasabb klérus részéről a szükséges ellenállásba; a német érdekek képviselete teljesen háttérbe szorult.

Az általános benyomás nem lehetett más, minthogy itt a katolikus papság által szenvednek súlyos sérelmet a német jogok; mintha az egyház nem érezne együtt a német néppel, hanem igazságtalan módon az ellenség oldalára pártolt volna. Ez a baj mindenekelőtt Schönerer véleménye szerint a katolikus egyház Németországon kívül székelő vezetésében és népünk követeléseivel szemben ezáltal keletkezett ellenséges érzületben gyökerezett.

Az úgynevezett kulturális problémák, mint általában ebben az időben Ausztriában, több más kérdéshez hasonlóan, majdnem egészen háttérbe szorultak, a nagynémet mozgalomnak a katolikus egyházzal szemben elfoglalt álláspontjára sokkal inkább irányadó volt a német jogok képviseletének az elégtelensége, a szláv elbizakodottság és követelőzés támogatása, mint az egyház álláspontja a tudománnyal szemben.

Georg Schönerer nem volt a félmunka embere. Abban a meggyőződésben vette az egyház elleni harcot, hogy csak így lehet a német népet megmenteni. Az "*el Rómától*" mozgalom a leghatalmasabb, de természetesen a legnehezebb támadási folyamatot jelentette. Arra volt hivatva, hogy az ellenség fellegvárát lerombolja. Győzelem esetén a németországi átkos egyházi széthúzás is megoldódik, és egy ilyen győzelem kétségtelenül a birodalom és a német nemzet belső erejének óriási vereségét jelentette volna.

Csakhogy ennek a harcnak mind a kiindulópontja, mind az ebből vont következtetés hibás volt.

Kétségtelen, hogy a német nemzetiségű katolikus papság ellenállása a németséget érdeklő minden kérdésben csekélyebb volt, mint a nem németé, de különösen a cseh lelkésztársaik ereje. Csak a vak nem látta, hogy a német klérus sohasem volt a német érdekek hathatós képviselője. De éppen úgy csak az elvakított nem látta be, hogy ennek oka elsősorban abban rejlett, amiben mi, németek, valamennyien szenvedtünk: hogy népünkkel szemben is épp oly tárgyilagosak igyekeztünk mindig ítélni, mint az élet bármely más kérdésében.

Míg a cseh lelkész szubjektív érzelmekkel viseltetett saját népével és objektíven az egyházzal szemben, addig a német lelkész szubjektív tisztelettel viseltetett az egyházzal szemben és objektív maradt nemzetéhez. Olyan jelenség ez, amelyet szerencsétlenségünkre ezer más esetben is tapasztalhattunk. Ez semmi szín alatt sem a katolicizmus különleges öröksége, de olyan jelenség, amely rövid idő alatt majdnem minden, különösen állami és egyéb intézményt kikezdett.

Figyeljük csak meg például a mi tisztviselő karunk álláspontját egy-egy nemzeti szörnyszüleménnyel szemben, és hasonlítsuk össze azzal az állásfoglalással, amit egy másik nép tisztviselő kara tanúsítana hasonló esetben. Hihetjük-e, hogy akad még egy tisztikar a világon, amelyik az "*államtekintély*" szólama alapján annyira nem törődik a nemzet követelményeivel, mint ahogy ez minálunk már öt év óta történik, sőt különös szolgálati érdemeket jelent? Vagy pl. mindkét felekezet nem foglal-e el a zsidókérdésben ma olyan álláspontot, amely sem a nemzet követelményeinek, sem pedig a vallás szükségleteinek nem felel meg? Hasonlítsuk csak össze a zsidó rabbi álláspontját mindazokban a kérdésekben, amelyeknek csak a legkisebb jelentősége is van a zsidóságra, mint fajra, a mi lelkészeink, de lehetőleg mindkét felekezet lelkészei legnagyobb részének állásfoglalásával.

Ez a jelenség mindig akkor tűnik szemünkbe, amikor egy elvont eszmének a képviseletéről van szó.

"*Államtekintély*", "*demokrácia, pacifizmus, nemzetközi szolidaritás*" stb. nálunk majdnem mindig merev és tisztán elméleti fogalmakká lesznek, úgy, hogy minden nemzeti életszükséglet megítélése csak ezek nézőpontjaiból történhet. Eszerint minden nemzeti felemelkedési kísérlet megakadályozható, ha az a jóllehet rossz és pusztító kormányzat megbuktatásával jár; mert ez az "*államtekintély*" elleni cselekedet. Márpedig az "*államtekintély*" egy ilyen fanatikus szemében nem a célhoz vezető eszközt, hanem sokkal inkább magát a célt jelenti, amely egész sajnálatra méltó életének a kitöltésére alkalmas.

Így például nyakló nélkül ellene szegülnek a diktatúrakísérletnek még akkor is, ha a diktátor szerepét egy Nagy Frigyes töltené be, és a pillanatnyi államvezetők pedig valamennyien a legalacsonyabb rendű egyének lennének, mert a demokrácia törvénye az ilyen élvhajhász szemében szentebb, mint a nép java.

Az ilyen gondolkodásmód egyrészt védelmébe veszi az "*államtekintély*" jegyében a nemzetet tönkretevő legrosszabb zsarnokságot is, másrészt tiltakozni képes a legáldásosabb kormányzat ellen csak azért, mert nem felel meg a demokráciáról vallott álláspontjának.

A mi német pacifistáink a nemzetnek még a legrémesebb katonai erőszakkal történő véres elnyomását is eltűrnék, ha ennek megváltoztatása csak ellenállással, tehát erőszakkal lenne lehetséges, mert ez ellenkeznék béketársaságuk lelkületével. A nemzetközi német szocialistát a külföld szolidáris módon kifoszthatja, ő azt testvéri egyetértéssel nyugtázza, és nem gondol a megtorlásra, vagy legalábbis a tiltakozásra, mert hiszen ő német. Ez mindenesetre szomorú, de ha egy dolgon változtatni akarunk, azt mindenekelőtt el kell ismernünk.

Épp így áll az ügy a német érdekek gyatra képviseletével a klérus egy részénél. Tévedés lenne azt hinni, hogy szándékos rosszakarattal vagy talán ilyen természetű felsőbb utasítással állunk szemben. Nem! Mindez, a nemzeti öntudat szempontjából siralmas helyzet, egyrészt a német ifjúság ez irányú szánalmas nevelésében, másrészt a bálvánnyá vált eszmével szemben tanúsított, maradéktalan alárendeltségben gyökerezik.

A népnek a demokráciára, a nemzetközi jellegű szocializmusra, a pacifizmusra történő nevelése olyan merev és olyan kizárólagos és egyben annyira szubjektív, hogy ez rányomta bélyegét mindenre. Ezzel szemben a németséghez való viszonya csak tárgyilagos alapokon nyugodott. Ezért van, hogy a pacifista (feltéve persze, hogy német az illető) népének legnehezebb óráiban is elsősorban a tárgyilagos igazságot keresi, ahelyett hogy övéi sorába állna, és velük együtt verekedne.

Azt, hogy az egyes felekezetek szempontjából is mennyire így van, a következők igazolják.

A protestantizmus erőteljesebben képviseli a németség érdekeit, mert ez keletkezésénél, múltjánál és hagyományainál fogva is adottsága. Felmondja azonban a szolgálatot, mihelyt a nemzeti érdekek képviselete olyan területén kellene mozognia, amely hiányzik képzeletvilágának és hagyományos fejlődésének általános irányából vagy azzal valamelyes oknál fogva ellenkezik.

Így a protestantizmus kétségtelenül támogatója lesz mindennek, ami német, mindaddig, míg a dolgok belső tisztaságáról, nemzeti elmélyedésről, a német nép védelméről, a német nyelvről vagy német szabadságról van szó. Mindezzel ugyanis egybeforrott. Viszont a leghevesebb módon ellenez minden olyan kísérletet, amely a német népnek a leghalálosabb ellensége, a zsidóság ölelő karjaiból való megszabadítását célozza, mert a zsidósághoz való viszonya többé-kevésbé dogmatikus alapokon nyugszik. Márpedig ennek a kérdésnek gyökeres megoldása nélkül a német újjászületés érdekében minden kísérlet meddő.

Bécsi tartózkodásom idején kénytelen-kelletlen elegendő alkalmam volt arra, hogy ezt a kérdést is elfogulatlanul vizsgáljam, és a napi élet forgatagában felfogásom helyességéről is meggyőződhessem.

A legkülönbözőbb nemzetiségek e gyújtópontjában kiderült, hogy csak a német pacifista igyekszik saját népének követelményeit tárgyilagosan szemlélni. De távolról sem teszi ezt a zsidó. Csak a német szocialista nemzetközi abban az értelemben, amely megtiltja számára, hogy népének igazságát ne csak a nemzetközi elvtársaknál való siránkozással és behízelgéssel igyekezzen védelmezni. De a cseh vagy a lengyel stb. nem ilyen. Hogy rövid legyek: már akkor felismertem, hogy a szerencsétlenség csak részben gyökerezik magukban ezekben a tanokban, hanem részben fajunk szeretete tekintetében elégtelen nevelésünkben, és ennek következményeként a népünkhöz való kisebb mértékű ragaszkodásunkban.

Ezzel megdől a nagynémet mozgalom katolicizmus elleni harcának tisztán elméleti alapja.

Neveljük a német népet kora ifjúságától fogva saját jogai kizárólagos elismerésére, és ne mételyezzük meg már a gyermeki lelket "*tárgyilagosságunk*" átkával. Akkor rövidesen meglátjuk (természetesen egy radikálisan nemzeti kormányzat feltételezése mellett), hogy miként Írországban ír, Lengyelországban lengyel, Franciaországban francia, úgy Németországban is mindig német lesz a katolikus.

Ennek a legnagyszerűbb bizonyítékát az az idő szolgáltatta, amely legutóbb szólította népünket a történelem ítélőszéke elé, létének védelmében, élethalálharcra.

Mindaddig, míg felülről nem hiányzott a vezetés, népünk erején felül teljesítette kötelességét. Protestáns lelkész és katolikus pap vállvetve biztosították népünk ellenálló erejét a frontokon és otthon egyaránt. Ezekben az években, különösen pedig az első fellángolás idején mindkét tábor szeme előtt csak a szent német Haza lebegett és annak megmaradásáért és jövendőjéért fordultak az ég felé. A nagynémet mozgalomnak egyetlen kérdésre kellett volna válaszolnia: lehetséges-e az alsóausztriai németség megtartása a katolikus hit mellett, igen, vagy nem? Ha igen: akkor e politikai pártnak nem lett volna szabad vallási, sőt felekezeti vizekre eveznie, ha pedig nem, akkor vallásújítást és nem politikai pártot kellett volna teremtenie!

Aki azt hiszi, hogy politikai szervezkedés kerülő útján vallási reformációhoz juthat el, annak fogalma sincs a vallási képzeletről, hitéletről. és ezek egyházi hatásairól.

Itt igazán nem lehet két úrnak szolgálni. Emellett sokkal nagyobb jelentőségűnek tartom egy vallás alapítását vagy lerombolását egy államénál, nem is beszélve egy pártról.

Tévedés azt hinni, hogy e téren a támadások csak a túloldali támadások kivédésére szorítkoztak!

Adolf Hitler

Kétségtelenül akadtak lelkiismeretlen alakok, akik nem átallották politikai nézeteik eszközeként a vallást felhasználni (ezeknél a fickóknál mindig csak üzletet jelent a politika), de éppen ennyire helytelen lenne a vallást vagy felekezetet egynéhány ilyen bandita visszaéléséért felelőssé tenni és ellene támadni. Ugyanis semmi sem lehet előnyösebb az ilyen parlamenti semmirekellő számára, mintha alkalmat nyújtanak neki politikai visszaéléseinek az igazolására. Mert abban a pillanatban, amikor az ő egyéni gazságaiért a vallást vagy felekezetet teszik felelőssé, az ilyen hazug alak nagy hanggal a világot hívja tanúnak saját tevékenységének igazolására és annak bizonyítására, hogy csak neki és az ő szónoki képességének köszönhető a vallás és az egyház megmentése. A buta és feledékeny kortársak már nem ismerik fel többé az egész lárma tulajdonképpeni előidézőjét. Így e szélhámos elérte célját.

Az ilyen ravasz róka természetesen maga tudja legjobban, hogy mindennek semmi köze valláshoz, és éppen ezért még inkább nevet a markába, mialatt tisztességes, de ügyetlen ellenfele a játszmát elveszti, hogy aztán az emberiség hűségében csalódottan, hitevesztetten teljesen visszavonuljon.

Más tekintetben is nagy igazságtalanság volna a vallást, vagy magát az egyházat felelőssé tenni az egyesek hibáiért. Ha összehasonlítjuk ugyanis a szemünk előtt álló szervezet nagyságát az emberek átlagos hibáival, rá kell jönnünk arra, hogy a jó és a rossz aránya itt sokkal jobb, mint bárhol másutt. Bizonyára akadnak a papok között is olyanok, akik szent hivatásukat politikai becsvágyuk kielégítésének eszközéül használják fel, és politikai harcaik közepette megfeledkeznek arról, hogy ők tulajdonképpen egy magasabb igazság őrzői, de semmi szín alatt sem a hazugság és rágalom képviselői. Nem szabad azonban elfelejteni azt sem, hogy egy-egy ilyen tévelygőre ezer és ezer hivatásához törhetetlenül hű és odaadó lelkipásztor jut, akik a mi hazug és züllött korunkban az általános sivatagból oázisként emelkednek ki.

Amilyen kevéssé ítélem el és szabad elítélnem az egyházat azért, mert egyik-másik tagja papi ruhában az erkölcs parancsai ellen vét, éppen olyan kevéssé teszem ezt akkor is, ha egy a sok közül népét bemocskolja és elárulja olyan időkben, amikor ez különben is úgyszólván napirenden van. Különösen napjainkban nem szabad megfeledkeznünk arról, hogy egy ilyen Ephialtesre ezer olyan esik, aki vérző szívvel érzi át népének szerencsétlenségét, és mint nemzetünk legjobbjai, repesve várja a pillanatot, amikor ismét ránk mosolyog az ég.

Ha azonban valaki erre azt válaszolja, hogy itt nem mindennapi problémákról, hanem alapvető igazságokról, vagy általában dogmatikus tartalmú kérdésekről van szó, akkor csak azt mondhatom:

Ha az a hited, hogy a sors téged szemelt ki arra, hogy az igazság hirdetője légy, akkor tedd azt, de akkor így legyen meg a kellő bátorságod, és ne akard ezt egy politikai párton keresztül tenni, mert akkor ez is csak visszaélést jelent, hanem a rosszabb körülmények helyére állítsd a te jobb jövődet.

Ha hiányzik ehhez a bátorságod, vagy magad sem vagy teljesen tisztában jobb jövendőddel, akkor ne nyúlj hozzá, semmi esetre se kísérletezz azzal, hogy amit nyílt sisakkal nem mersz megtenni, egy politikai mozgalom kerülő útjával leplezd.

Vallási problémákkal mindaddig, míg azok a saját fajunk szokásait és erkölcseit nem ássák alá politikai pártok ne foglalkozzanak, éppen úgy, mint ahogy a vallás sem arra való, hogy politikai bonyodalmakba keveredjék.

Még ha akadnak is az egyházi méltóságok viselői között olyanok, akik a vallási intézményeket és tanokat fajtájuk rovására használják fel, ezen az úton nem szabad őket követni, nem szabad hasonló fegyverekkel küzdeni.

A politikai vezér számára népének vallási tanai és intézményei mindig érintetleneknek kell lenniük, ellenkező esetben nem szabad politikusnak lennie, hanem feltéve, hogy ehhez a megfelelő adottságokkal rendelkezik legyen reformerré!

Más magatartás különösen Németországban katasztrófához vezetne.

A nagynémet mozgalomnak és Róma elleni harcának tanulmányozása már akkor, de különösen a későbbi évek folyamán a következő meggyőződésre juttatott: a mozgalom csekély érzéke a szociális problémák jelentőségével szemben a tényleges harci erőt jelentő tömegek elvesztését eredményezte; a parlamentbe való bevonulás az erőteljes lendület elvesztésébe került, és megterhelte azt ennek az intézménynek minden hibájával és gyengeségével; a katolikus egyház elleni harca számtalan kis és középosztálybeli körben lehetetlenné tette és elrabolta tőle azt a nagyszámú legjobb elemet, amelyet elsősorban nevezhet a nemzet sajátjának.

Az osztrák kultúrharc gyakorlati eredménye majdnem a semmivel volt egyenlő. Kétségtelenül sikerült ugyan mintegy százezer embert elszakítania az egyháztól, anélkül azonban, hogy ez különösebb kárt jelentett volna az egyház számára. Az elveszített "*báránykákért*" igazán kár lett volna könnyet hullatni, mert csak azokat veszítette el, akik lelkileg már amúgy sem tartoztak hozzá. Éppen ez volt a nagy különbség az új és az egykori reformáció között! Egykor belső meggyőződésből sokan tértek át az egyház legjobbjai közül, míg most kétségtelenül csak a közömbösek hagyták ott, és ezek is politikai természetű indokokból.

Éppen politikai szempontból volt azonban az eredmény ugyanolyan nevetséges, mint szomorú.

Ismét dugába dőlt egy, a német nép megmentését célzó, eredménnyel kecsegtető mozgalom, mert nem irányították a szükséges kérlelhetetlen józansággal. Emiatt olyan utakra tévedt, amely csak felőrlődéséhez vezethetett. Mert bizonyos:

A nagynémet mozgalom sohasem esett volna ebbe a hibába, hogyha több megértéssel viseltetett volna a nagy tömegek lélektanával szemben. Ha vezéreik tisztában lettek volna azzal, hogyha egyáltalán eredményt akarnak elérni már pusztán lélektani meggondolásból sem szabad a tömegnek két vagy több ellenséget mutatni, mert ez a harci erő elaprózódására vezet. Ennek felismerésével csak egy ellenfélnek irányították volna a nagynémet mozgalom átütő erejét. Semmi sem lehet veszedelmesebb a politikai pártra, mintha elhatározásai tekintetében olyan sokat markolók, de keveset fogók vezérlik, akik mindent akarnak, anélkül azonban, hogy csak a legkevesebbet is elérnék.

Ha egyes vallásokban sok kivetnivaló volna is, akkor sem szabad a politikai pártnak soha, egy pillanatra sem szem elől tévesztenie azt a történelmi tényt, hogy az eddigi tapasztalatok szerint még egyszer sem sikerült tisztán politikai pártnak hasonló helyzetben vallási reformációt elérne. Márpedig az ember nem azért tanulmányozza a történelmet, hogy a tanításaira ne emlékezzék, vagy hogy azt gondolja, mintha változott viszonyok mellett a történelem örök igazságai sem alkalmazhatók, hanem éppen azért, hogy abból hasznos következtetésekre jusson a jelent illetőleg. Aki erre nem képes, az ne képzelje magát politikai vezérnek; a valóságban üresfejű, bár legtöbbször beképzelt fajankó, akinek minden jószándéka sem bocsáthatja meg gyakorlati tehetetlenségét.

Általában minden idők népvezérének legfőbb feladata épp az, hogy a nép figyelmét ne aprózza el, hanem egyetlen ellenfélre összpontosítsa. Minél egyöntetűbb a nép harci kedvének az irányítása, annál nagyobb lesz a mozgalom vonzóereje és annál hatalmasabb az átütő ereje. A nagy vezérek zsenialitása éppen abban rejlik, hogy még a különböző ellenfeleket is, mint egy kategóriába tartozókat tüntetik fel, mert különféle ellenfelek felismerése a gyönge és bizonytalan jellemeknél könnyen a saját igazságukban való kétkedéshez vezet.

Abban a percben, amikor az ingadozó tömeg a harcban igen sok ellenféllel találja szemben magát, azonnal a tárgyilagosság álláspontjára helyezkedik, és felveti a kérdést, hogy vajon a többiek mind tévednek, és hogy tényleg csak saját népének és saját mozgalmának van igaza.

Ilyenkor már saját erőnk első megbénulása jelentkezik. Ezért kell több, belsőleg különböző ellenfelet egy kalap alá venni, hogy a tömegek meggyőződése szerint a harcot csak egyetlen ellenféllel szemben folytassák. Ez megerősíti a saját igazukba vetett hitet, és fokozza az ellenféllel szembeni elkeseredést.

A nagynémet mozgalmat e körülmény fel nem ismerése megfosztotta győzelmétől. Céljuk helyes, akaratuk tiszta volt, de az utat rosszul választották meg. E mozgalom hasonlatos volt ahhoz a hegymászóhoz, aki szeme előtt tartja a megmászandó csúcsot, nagy elhatározással és erővel vág neki, de éppen az útra nem fordít semmi figyelmet, hanem mindig csak a célt tartja szem előtt. Nem látja, és nem vizsgálja az út minőségét, és végül tönkremegy.

Éppen ellenkezően állott a dolog a nagy riválisnál, a kereszténységszocialista pártnál.

Az út, amelynek nekivágtak, okos és helyes volt, csak éppen a cél tiszta felismerése hiányzott.

A kereszténységszocialista párt ott, ahol a nagynémet mozgalom hibát hibára halmozott, majdnem minden tekintetben helyesen és okosan járt el.

Megértette a tömegek nagy jelentőségét és annak legalábbis egy részét, a párt szociális jellegének hangsúlyozásával kezdettől fogva a maga számára biztosította. Azáltal, hogy a középosztály alsó rétegeire és a kézműiparosokra támaszkodott, hű, kitartó és áldozatkész tábort biztosított a maga számára. Kerülte a legkisebb összeütközést is a vallási intézményekkel, és ezáltal megnyerte egy hatalmas szervezet, az egyház támogatását. Ennek következtében csak egyetlenegy igazi ellenfele volt. Felismerte a nagyvonalú propaganda értékét, és hatásosan tudott követői tömegének lelkületére hatni.

Kitűzött célját, Ausztria megmentését azonban ő sem tudta valóra váltani, eszközeinek hiányossága és nem eléggé világos célja miatt.

Antiszemitizmusa a faji alap helyett vallási kifogásokon nyugodott. E hibának ugyanaz volt az eredője, ami egyben a második tévedés előidézője lett.

A párt alapítóinak a véleménye szerint: ha a kereszténységszocialista párt Ausztriát akarta megmenteni, akkor nem állhatott a faji elv alapján, mert különben rövid időn belül az állam általános felbomlásának kellett volna bekövetkeznie. A pártvezérek nézete szerint különösen a bécsi helyzet írta elő parancsolólag minden elválasztó elem kikapcsolásával az egyesítő szempontok kiemelését.

Bécs ebben az időben annyira tele volt cseh elemekkel, hogy velük szemben csak a faji problémák tekintetében alkalmazott legnagyobb engedékenységgel lehetett célt érni. Ha Ausztria megmentése volt a cél, akkor nem lehetett őket elejteni. Így kísérelték meg különösen a nagyszámú cseh kisiparosságot a liberális manchesterizmus elleni harcra, az öreg Ausztria különböző népei felett álló, vallási alapokon nyugvó, zsidóellenes mozgalom révén megnyerni.

Kétségtelen, hogy a zsidóság ellen ilyen alapon folytatott harc nem sok gondot okozott magának a zsidóságnak, mert a legrosszabb esetben egy kis keresztvíz megtette a magáét, megmentette az üzletet és a zsidó műhelyt egyaránt.

Az ilyen felületes alapon mozgó elmélettel sohasem lehetett ezt a kérdést komoly, tudományos tárgyalás alá vonni, és ez a körülmény sokakra azok közül, akiknek az antiszemitizmus e módja érthetetlen volt, visszataszítóan hatott. E gondolat toborzó ereje majdnem kizárólag a korlátolt szellemi képességű körökre szorítkozott. Az intelligencia azonban kereken visszautasította. Lassanként az egész dolog olyan színezetet nyert, mintha kizárólag a zsidóság újabb megtérítéséről lenne szó, valamiféle versenyféltékenység hangsúlyozásával. Pedig ezzel egyidejűleg a harc belső, magasabb rendű jellege is elveszett, és sokan, nem is a legrosszabbak erkölcstelennek és elvetendőnek tartották azt. Hiányzott az a meggyőződés, hogy az egyetemes emberiség létérdekéről van szó, melynek megoldásától az összes nép sorsa függ!

Ezzel a félmegoldással a keresztényszocialista párt elvesztette antiszemita jellegét. Ez a látszat-antiszemitizmus rosszabb volt a semminél, mert az embert a biztonság érzetével töltötte el, úgy képzelte, hogy most már a fülén ragadta meg ellenfelét, pedig a valóságban őt vezették az orránál fogva.

Közben a zsidóság úgy megszokta az antiszemitizmusnak ezt a módját, hogy elmaradása egészen biztosan jobban hiányzott volna neki, mint amennyire jelenléte akadályozta.

Már a nemzeti állam gondolata is nagy áldozatot követelt hitvallóitól, még inkább a németség érdekeinek képviselete.

Az ember nem lehetett "*nemzeti*", ha nem akarta Bécsben elveszíteni a talajt lába alól. Úgy képzelték, hogy ennek a kérdésnek a megkerülésével meg lehet megmenteni a Habsburg monarchiát. A mozgalom így elvesztette azt a hatalmas erőforrást is, amely egyedül képes arra, hogy egy politikai pártnak tartós hajtóerőt biztosítson. A keresztényszocialista párt is olyan párt lett, mint a többi. Valamikor mindkét mozgalomnak a legnagyobb figyelmet szenteltem. Az egyiknek, mert szívem szerinti volt, a másiknak azért, mert magával ragadott az a párját ritkító férfiú, akit már akkor az egész ausztriai németség keserű jelképének tekintettem. Én is azok között a százezrek között voltam, akik végignézték azt a hatalmas gyászmenetet, amely a halott polgármestert a városházáról a Ringstrassera kísérte. Valami belső érzés azt súgta nekem ebben a megható pillanatban, hogy ennek az embernek a műve is hiábavalóvá kell válnia a végzet következtében, amely ezt az államot feltartóztathatatlanul a pusztulás felé vezeti. Ha dr. Karl Lueger Németországban él, akkor népünk nagy koponyái között szerepelt volna. Az ő és műve és szerencsétlensége volt, hogy ebben a pusztulásra ítélt államban működött. Halálakor hónapról hónapra egyre mohóbban lobbantak fel a Balkán felől a lángok, de a sors kegye elengedte neki, hogy lássa azt a hanyatlást, amelytől éppen ő akarta megmenteni hazáját!

Megkíséreltem mindkét párt bukásának és eredménytelenségének az okát megtalálni, és arra a biztos meggyőződésre jutottam, hogy eltekintve az államhatalomnak a régi OsztrákMagyar Monarchia keretei között való megerősítésének lehetetlenségétől, a két párt hibái a következők voltak.

A nagynémet mozgalomnak kétségtelenül igaza volt abban, hogy céljául a német megújhodást tűzte ki, de szerencsétlenül választotta meg eszközeit. Nemzeti volt, de szociális tartalma sajnos kevés ahhoz, hogy a tömegeket meghódíthassa. Antiszemitizmusa, nagyon helyesen a faji kérdés jelentőségének felismerésén és nem vallási jellegen alapult. Egy meghatározott hitvallás elleni harca azonban alapjában és taktikai szempontból is kétségtelenül alkalmatlan volt.

A keresztényszocialista pártnak viszont a német újjászületés célja tekintetében volt homályos az elképzelése, ezzel szemben értelmesen és szerencsés kézzel választotta meg a párt működésének útját. Megértette a szociális kérdések jelentőségét, de tévedett a zsidóság elleni harca tekintetében, és halvány fogalma sem volt a nemzeti gondolat jelentőségéről.

Ha a keresztényszocialista párt a nagy tömegek tekintetében vallott helyes álláspontja mellett a fajvédelem jelentőségét úgy megértette volna, mint a nagynémet mozgalom, és maga is nemzetivé vált volna, vagy a nagynémet mozgalom párosította volna a zsidókérdés tekintetében vallott helyes álláspontját és a nemzeti gondolat felismerésében rejlő erőit a keresztényszocializmus irányában akkor ez megteremtette volna azt a mozgalmat, amely már akkori meggyőződésem szerint is eredményesen nyúlt volna bele a német sors alakulásába.

Ez azonban nem sikerült így, aminek oka elsősorban a Habsburg monarchia lényegében rejlett.

Minthogy én egyetlen olyan pártot sem találtam, amely meggyőződésemnek megfelelt volna, nem tudtam magam elhatározni arra, hogy a meglévő szervezetek valamelyikébe belépjek, sőt mi több, hogy azok valamelyikében harcoljak. Általában már akkor képtelennek és lehetetlenségnek tartottam a politikai mozgalmak mindegyikét arra, hogy a német nép nemzeti újjászületését nagyvonalúan és ne csak külsőségekben keresztülvigye.

A Habsburg monarchiával szembeni idegenkedésem ebben az időben napról napra erősödött.

Minél inkább foglalkoztam külpolitikai kérdésekkel is, annál erősebb lett a meggyőződésem, hogy ez az államnak nevezett tákolmány csak szerencsétlenséget hozhat a németségre. Mind világosabban állott előttem, hogy a németség sorsa nem itt, hanem magában a Német Birodalomban dől el. Ez a megállapításom azonban nem csak az általános politikai kérdéseknek szólott, hanem a kultúra minden megnyilvánulására is vonatkozott.

A monarchiabeli Ausztria a legtisztább eredetű kulturális és művészeti kérdések terén is a nemtörődömség, a legjobb esetben is a jelentéktelenség jeleit mutatta a német nemzettel szemben. Leginkább az építészet terén volt ez észrevehető. Az újabb építőművészet már csak azért sem mutathatott fel nagyobb eredményeket Ausztriában, mert a Ring kiépítése után elébe tűzött feladatok, legalábbis Bécsben, a németországiakhoz képest jelentéktelenek voltak.

Így kezdtem én kettős életet élni. Értelem és valóság szerint Ausztriában voltam, és keserű, de áldásos életiskolát látogattam, a szívem azonban valahol másutt volt.

Szorongó elégedetlenség lett úrrá felettem annál inkább, minél jobban felismertem ennek az államnak belső ürességét, megmentésének lehetetlenségét.

Emellett arra a meggyőződésre jutottam, hogy Ausztria minden tekintetben csak a német nép szerencsétlenségét jelentheti.

Biztos tudatában voltam annak, hogy ez az ország minden valóban németnek éppen annyira kerékkötője, mint amennyire istápolója mindannak, ami nem német.

Bosszantó volt számomra az a faji egyveleg, amely e birodalom fővárosát jellemezte, bosszantó volt ez a csehekből, lengyelekből, magyarokból, ruténekből, szerbekből és horvátokból álló népkeveredés, és mindenek felett visszataszító az emberiség örök bomlasztó eleme, a zsidóság és mindig csak a zsidóság.

Ez az óriási város az én szememben mindig a gennygóc megtestesítője volt.

Gyermekkoromban azt a német tájszólást beszéltem, amelyet Alsó-Bajorországban is beszélnek. Hű maradtam hozzá, és nem akartam a bécsi zsargont elsajátítani.

Minél hosszabb időt töltöttem ebben a városban, annál inkább növekedett gyűlöletem azzal a népkeverékkel szemben, amely a régi német kultúrhelyeket megszállta.

Nevetséges volt számomra még csak a gondolata is annak, hogy ez az állam hosszabb időre is fenntartható legyen.

Öreg mozaikképhez hasonlított annak idején Ausztria: az egyes kövecskéket összetartó ragaszték öreg és szétmálló volt: amíg nem nyúlnak hozzá, addig talán még elhúzza ez a tákolmány, mihelyt azonban egy lökést kap, ezer darabra törik szét. Csak az volt a kérdés, hogy mikor jön ez a lökés.

Minthogy szívem az Osztrák-Magyar Monarchiáért sohasem repesett, hanem csak a Német Birodalomért dobogott, az előbbi állam szétesése a német nép megváltásának a kezdetét jelentette számomra. Mindezen okoknál fogva egyre fokozódott bennem a vágy, hogy odamenjek, ahová kora ifjúságom óta vágyva vágytam.

Azt reméltem, hogy egykor Isten adta tehetségem szerint kisebb vagy nagyobb keretek között beszédes építőmesterként fogom szolgálataimat a nemzetnek szentelni.

Végül abba a szerencsés helyzetbe kívántam kerülni, hogy azon a helyen legyek és működjem, ahonnan egykor szívem leghőbb kívánságának: szeretett szűkebb hazám és közös hazánk, a Német Birodalom egyesülésének meg kellett valósulnia. Sokan lesznek olyanok, akik a vágyakozás nagyságával szemben értelmetlenül állanak, én tehát kizárólag azokhoz fordulok, akiknek hazájuktól elszakítva nyelvük kincséért is harcolniuk kell, akiknek hazájuk iránti hűségükért üldöztetés és megpróbáltatás jut osztályrészül, és akik fájdalmas meghatottsággal gondolnak arra az órára, amelyben drága anyjuk keblére siethetnek vissza. Őket hívom tanúságtételre, és tudom, hogy meg fognak engem érteni!

Csak az tudja felmérni az anyaországtól elválasztott gyermekek szívét égető nagy vágyakozást, aki saját magán tapasztalja, mit jelent németnek lenni anélkül, hogy szeretett hazájához tartozhasson az ember. Addig kínozza a hatalmába kerítetteket s fosztja meg őket a megelégedettség és boldogság érzésétől, míg csak ki nem nyílnak az atyai hajlék kapui, és a közös birodalomban a közös vér ismét megbékél és megnyugszik.

Bécs azonban minden idők legnehezebb, de egyben legalaposabb iskolája maradt számomra. Félig gyermekként kerültem ebbe a városba, és mint meglett, komoly ember távoztam onnan. Benne tettem szert világnézetem alapjaira és olyan politikai szemléletre, amelyet később egyes szempontokból ki kellett ugyan egészítenem, de amelyek egyike sem hagyott el engem. Akkori tanulmányi éveim értékét természetesen csak ma tudom kellőképp felmérni.

Éppen azért tárgyaltam ezeket az időket részletesebben, mert azokban a kérdésekben adták meg nekem az első világnézeti alapot, amelyek a párt alaptételeihez tartoznak, és amelyek a legkisebb kezdetből alig öt év leforgása alatt hatalmas tömegmozgalom elindítói lettek. Nem tudom, hogy ma milyen állásponton foglalnék el a zsidósággal, a szociáldemokráciával, helyesebben az egységes marxizmussal és a szociális kérdésekkel szemben, ha a sors mostohasága és saját tanulásom által nem biztosítottam volna magam számára már kora ifjúságom idején egyéni véleményem kialakulását.

Igaz ugyan, hogy a haza szerencsétlensége ezreket és ezreket késztet gondolkodásra az összeomlás belső okairól, de ez korántsem lesz olyan alapos és gyökeres, mint az olyan emberben, aki csak évek hosszú sorának küzdelmei árán lett úrrá a sors felett.

IV. München

1912 tavaszán kerültem végleg Münchenbe.

A város annyira ismerősnek tűnt fel előttem, mintha már évek hosszú sora óta falai között éltem volna. Ennek magyarázata a német művészetnek minduntalan e metropolisra utaló tanulmányozásában rejlett. Tény az, hogy ha az ember Münchent látta, akkor nemcsak Németországot, hanem elsősorban a német művészetet ismeri.

A világháború előtt kétségtelenül ez volt életem legboldogabb és legelégedettebb időszaka. Igaz ugyan, hogy keresetem még mindig nagyon sovány volt, és a festészet csupán létfenntartásom s tanulmányaim folytatásának eszközét jelentette, de meg voltam győződve, hogy a magam elé tűzött célt egykor mégis el fogom érni. Ennek tudata már magában elegendő volt ahhoz, hogy a mindennapi életet egyéb gondjait könnyen és aggodalom nélkül viseljem el. Ehhez járult még az is, hogy itt-tartózkodásom első órájától kezdve olyan vonzalmat éreztem e város iránt, mint egyetlen más hellyel szemben sem. Minden ízében német városra leltem benne. Milyen óriási különbség Bécshez képest! Rossz érzés fogott el mindig, valahányszor csak visszagondoltam arra a faji Bábelre! S örömmel hallottam különösen alsóbajorországiakkal való érintkezésem alkalmával az ifjúságomra emlékeztető tájszólást. Ezer és egy olyan dologra bukkantam, amelyek kedvesek voltak vagy lettek számomra. A legnagyobb vonzóerőt talán mégis az őserőnek a finom művészeti hangulattal való csodálatos párosulása gyakorolta reám, amely egybefonta a Hofbräuhaust az Odeonnal, az Októberi Népünnepélyt a Pinakotékával stb. Az, hogy e városhoz inkább ragaszkodom, mint a földkerekség bármely más pontjához, bizonyára abban leli magyarázatát, hogy ez a város életem kialakulásával elválaszthatatlanul egybeforrt. Azt azonban, hogy már annak idején a belső megelégedettség szerencsés birtokosa voltam, annak a varázsnak köszönhettem, amelyet a Wittelsbachok csodaszép székhelye minden érzelmekkel teli lelkületű emberre gyakorolt.

Hivatás szerinti tanulmányaim mellett itt is elsősorban a politika napi eseményei és ezek között is különösen a külpolitikai események érdekeltek. Ez utóbbiakhoz a német szövetségi politikán keresztüljutottam el, amelyet már ausztriai élményeim alapján teljesen elhibázottnak tartottam. Bécsben még sehogy sem tudtam rájönni ennek az önámításnak a nyitjára. Akkoriban hajlandó voltam azt feltételezni vagy talán csak mentegetőzésként hitettem el magammal, hogy már Berlinben is tisztában vannak a szövetséges társ gyöngeségével, megbízhatatlanságával, és csupán többé-kevésbé titkos okokból védelmezik a Bismarck által kezdeményezett szövetségi politikát. Oka az lehetett, hogy e szövetséggel történő hirtelen szakítás nem lehetett kívánatos egyrészt a lesben álló külföld, másrészt a belföldi nyárspolgárok nyugalma szempontjából.

Legnagyobb meglepetésemre rövid idő alatt rájöttem arra, hogy jóhiszemű feltevésem téves volt. Lépten-nyomon megállapítottam, hogy a Habsburg-monarchia lényegéről még az egyébként jól értesült köröknek is halvány fogalmuk sem volt. Különösen azonban a nép körében estek abba a tévedésbe, hogy a szövetségest komoly hatalomként mérlegeljék, amely akkor, ha ütni fog az óra, derekasan megállja a helyét. A nagy tömegek a Monarchiát még mindig "*német*" államnak tekintették, és erejét készek voltak lakossága számához mérten megállapítani, mint ahogy ezt Németországra vonatkozóan tették. De tökéletesen megfeledkeztek arról, hogy Ausztria már régen megszűnt német állam lenni, és hogy a birodalom belső viszonyai következtében immár mind erősebben mutatja a bomlás jeleit.

Erről a birodalomnak nevezett tákolmányról annak idején helyesebb fogalmaim voltak, mint a hivatalos "*diplomácia*"nak, amely vakon rohant a végzet felé. A nép hangulata mindig azt tükrözi vissza, amit a közvéleménybe felülről csepegtetnek. Felülről pedig a szövetséges társat arany borjúként táncolták körül, valószínűleg abban a reményben, hogy szép szóval pótolhatják az őszinteség hiányát. Emellett minden szót készpénznek vettek.

Már Bécsben mérgelődtem annak a különbségnek a láttán, mely a hivatalos államférfiak beszéde és a bécsi sajtó tartalma között minduntalan mutatkozott. Emellett pedig legalábbis látszatra Bécs mégiscsak német város volt. Mennyivel másként állott a dolog azonban, ha az ember Bécsből, helyesebben Német-Ausztriából a birodalom szláv tartományaiba ment! Elég volt csupán a prágai újságokat kézbe venni, hogy rájöjjünk arra, hogyan vélekednek ott a Hármasszövetség fenséges szemfényvesztéséről. Ott már csak véres gúny és megvetés járt ki ennek az "*államférfiúi mestermű*"-nek. A legnagyobb béke idején midőn a két császár éppen baráti csókkal illette egymást sem csináltak titkot abból, hogy ez a szövetség abban a pillanatban eljátssza becsületét, amikor majd a nibelungi idealizmus ködéből a gyakorlati valóságba kell átvinni.

Mennyire izgultak az emberek néhány év múlva, midőn Itália a nagy pillanatban kivált a Hármasszövetségből és magára hagyta társait, hogy később maga is ellenségükké szegődjék. Mindenki előtt, aki éppen nem szenved diplomáciai vakságban, érthetetlen, hogyan tudtak egy pillanatig is hinni abban a csodában, hogy Itália és Ausztria közösen harcolhasson! De magában Ausztriában sem álltak jobban a dolgok. A szövetségi gondolat hívei Ausztriában csak a Habsburgok és a németek voltak. A Habsburgok számításból s kényszerűségből, a németek jóhiszeműségből és butaságból. Jóhiszeműségből, mert úgy képzelték, hogy a Hármasszövetségen keresztül a Német Birodalomnak segítenek, azt biztosítják és erősítik. Politikai butaságból pedig azért, mert az előbb mondottak nem váltak be, sőt ezáltal maguk is csak a Német Birodalomnak egy hullához való láncolását mozdították elő, amely mindkettőt a mélységbe kellett, hogy rántsa, de elsősorban azért, mert ez a szövetség az elnémettelenítésüket mozdította elő. Mialatt ugyanis a Habsburgok magukat e szövetség által a német beavatkozással szemben biztosították, a német lassú elnyomására irányuló belpolitikájukat lényegesen könnyebben és veszélytelenebbül folytathatták. Tették ezt nemcsak azért, mert a birodalmi kormány részéről semmiféle beavatkozástól nem kellett tartaniuk, hanem azért is, mert a szlávosítás túlságosan gyalázatos módja ellen netán felzúduló németséget is mindjárt el lehetett hallgattatni a szövetségi viszonyra való hivatkozással.

Mit is tehetett volna az ausztriai német, ha maga a birodalmi németség is elismerésben és bizalomban részesítette a Habsburgok uralmát! Talán ellenállást tanúsítson, hogy azután a német nyilvánosság előtt árulóként bélyegezzék meg? Éppen őt, aki évtizedek óta saját fajtájáért hozta a legnagyobb áldozatokat!

Milyen értéket jelenthetett volna ez a szövetség a Habsburg-monarchia németségének kiirtása után? Vajon nem éppen a németség ausztriai hatalmi állásától függött Németország szempontjából a Hármasszövetség értéke? Vagy pedig úgy képzelték, hogy a szövetségi viszonyt egy szláv Habsburg birodalommal is fenntarthatják?

A hivatalos német diplomáciának éppen úgy, mint a közvéleménynek az ausztriai belső nemzetiségi problémákkal szembeni állásfoglalása már nem is buta, hanem egyenesen őrült volt! Miközben erre a szövetségre építettek s egy hetvenmilliós nép jövőjét és biztonságát helyezték belé, tétlenül nézték, miként semmisítik meg a szövetséges társnál tervszerűen és szántszándékkal e szövetség egyetlen alapját. Egy szép napon megmaradt volna a bécsi diplomáciával kötött " *szerződés*", de elveszett volna a szövetségestársi segítség. Itália tekintetében kezdettől fogva ez volt a helyzet.

Ha Németországban behatóbban tanulmányoztak volna a történelmet, és foglalkoztak volna a népek lélektanával, akkor egy pillanatig sem gondolhattak volna arra, hogy a Quirinal és a bécsi Hofburg valaha is közös harci frontot alkotnak. Előbb vált volna Itália tűzhányóvá, semmint a kormány bátorságot vehetett volna arra, hogy az oly engesztelhetetlenül gyűlölt Habsburg-állammal kapcsolatban akár egy olaszt is csatarendbe állítson, ha csak nem ellenségként! Nemegyszer volt alkalmam a Bécsben élő olaszokban a Habsburg-monarchiával szemben felhalmozott szenvedélyes megvetés és feneketlen gyűlölet fellángolását látni. Az évszázadok folyamán a Habsburg ház sokkal többet vétkezett az olasz szabadság és függetlenség ellen, semhogy azt el lehetett volna felejteni, még ha az akarat meg is lett volna hozzá. De még az akarat is hiányzott éspedig a népnél épp úgy, mint a kormánynál. Itália számára mindezek folytán csak egy eset volt lehetséges az Ausztriához való viszony tekintetében: szövetség vagy háború.

A szövetség azonban csak arra volt jó, hogy a háborút nyugodtan elő lehessen készíteni.

Különösen azóta volt ésszerűtlen és veszedelmes a német szövetségi politika, mióta az osztrák-orosz viszony egyre feszültebbé vált, és háborús leszámolással fenyegetett.

A nagyvonalú és helyes gondolkodás teljes hiányának klasszikus esete volt ez. Mert miért kötöttek egyáltalában szövetséget? Azért, hogy a birodalom jövőjét inkább meg lehessen védelmezni, mint ha egyedül állna. Ez a jövő viszont nem volt egyéb, mint a német nép életképtelensége fenntartásának a kérdése.

A kérdés pedig csak úgy hangozhatott: Hogyan alakuljon a német nemzet élete a legközelebbi jövőben, és hogyan lehet ennek a fejlődésnek az általános európai hatalmi viszonyok között a szükséges alapot és a megkívánt biztonságot biztosítani?

A feltételek világos mérlegelésével a német államigazgatás külpolitikai tevékenységének szempontjából csak a következő meggyőződésre lehetett jutni: Németország lakossága évenként 900 000 lélekkel szaporodik. Az új állampolgárok légióinak megélhetési nehézsége évről évre súlyosbodik, és egyszer katasztrófává kell válnia, hacsak meg nem találják idejekorán az éhínség megelőzésének útját és eszközeit.

Erre négy út volt lehetséges.

1. Francia példa nyomán a születések számának mesterséges csökkentésével a túlnépesedés megakadályozása.

Erről maga a természet gondoskodik ott, ahol erre szükség van, éspedig annyira bölcs, mint tapintatos módon. Nem akadályozza meg magát a születést, de az újszülötteket olyan nehéz vizsgának és olyan nagy nélkülözésnek teszi ki, amely minden kevésbé erős és egészséges hajtást visszakényszerít az örök ismeretlenség lába. S mialatt a természet a kiválasztás munkáját így a legalaposabban maga végzi el, és elszólítja az élők sorából azokat, akik nem születtek az élet viharai mára megtartja a fajt és fajiságot, sőt teljesítőképességét a végsőkig fokozza.

Így a számbeli csökkenés az egyén erősödését és végső eredményben a fajta tartósságát eredményezi.

Másképp van azonban, ha az ember maga veszi kezébe a népszaporodás korlátozását. Ő "*humánusan*" intézi ezt a kérdést, és úgy képzeli, hogy jobban ért hozzá, mint a természet, minden bölcsességének e

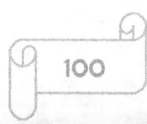

kegyetlen királynője. Nem az életben maradást, hanem magát a világrajövetelt korlátozza. Ez számára, aki sosem a fajt, hanem csak magát látja, emberségesebbnek és igazságosabbnak tetszik. Csak az a kár, hogy ennek az eredménye éppen fordítottja a természetes kiválasztódásnak.

Míg a természet a születéseket nem korlátozza, de az egyest a legnehezebb vizsgának veti alá, és az újszülöttek nagy számából csak a legjobbakat képesíti az életre és fajtájának fenntartására, addig az ember a születések számát korlátozza, és ezután teljes erejével rajta van, hogy az egyszer megszületettet minden áron életben tartsa. Az isteni akaratnak ez a befolyásolása éppen olyan bölcsnek, mint emberségesnek tűnik fel előtte, és boldog, hogy ismét alkalma volt a természet manipulálására. Persze arra nem gondol a Mindenhatónak ez a majmocskája, hogy a születések számának a korlátozása mellett az egyesek értékét is sikerült csökkentenie. Mert mihelyt magát a nemzést és ezen keresztül a születések számát korlátozza, nem érvényesül a természetes kiválasztás egészséges eredménye, amely csak erőseknek kedvez, hanem a meglévő emberanyag lehető megtartása útján korcs utódokat nevel. Minél tovább tart a természet törvényének ez a kigúnyolása, annál inkább aláássa ez a folyamat a nép erejét.

A végső eredmény: az ilyen nép letűnik a világ színpadáról, mert az ember csak ideig-óráig dacolhat a természet örök törvényeivel, de a bűnhődés nem marad el. Az erősebb faj el fogja söpörni a gyöngébbet, mert az életösztön nem ismer mondvacsinált akadályokat. Az egyesek érdekében hangoztatott emberiesség korlátait mindig le fogja dönteni azért, hogy annak helyébe a természet humanitása lépjen, amely pedig megsemmisíti a gyöngét, hogy helyet csináljon az erős számára.

Aki tehát a német nép létét, szaporodását mesterséges korlátozással akarja biztosítani, az elrabolja jövőjét.

2. A másik út a ma is oly sokat hangoztatott belső telepítés lenne.

Ez olyan megoldási lehetőség, amelyre sokan jóhiszeműen gondolnak, de legtöbben rosszul értelmezik, hogy azután a legnagyobb kárt okozzak vele.

Bizonyos mértékig kétségtelenül fokozható a terület termőképessége, de nem a végtelenségig. Az is tény, hogy éhínség veszélye nélkül biztosítani lehet egy ideig a német nép természetes szaporodását földünk hozamának a fokozása útján. Emellett azonban nem szabad megfeledkeznünk arról, hogy az emberek ruházati és élelmezési igényei évről évre nagyobbak lesznek, és így a föld hozamának növelése is csak részben szolgálhat a lakosság szaporodásának biztosítására, a másik része a nagyobb igények kielégítésére kell, hogy szolgáljon. Még az igények legnagyobb fokozása mellett is határt szab maga a föld az e téren elérhető eredményeknek. Az éhínség beköszöntésének ideje legfeljebb kitolódik, de kérlelhetetlenül beköszönt. Eleinte rossz termések idején, később a népesség számának növekedésével mindig gyakrabban, hogy azután idővel egészen társává szegődjék az ilyen népnek. Most akkor ismét a természetnek kell segítségül jönnie a maga egészséges kiválasztásával, vagy pedig maga az ember segít a szaporodás mesterséges korlátozásával. Ámde ennek nem marad el a már ecsetelt káros következménye a faj és fajta szempontjából.

Ezzel szemben azt lehetne felhozni, hogy az egész emberiség így vagy úgy ez előtt a közös sors előtt áll, amely elől egyetlen népnek sem lehet kitérne. Első pillanatra helyesnek látszik. Mégis meg kell gondolnunk a következőket:

Kétségtelenül eljön majd az az idő, amely a föld hozama további fokozásának ellehetetlenülése következtében az emberiséget szaporodása megszüntetésére fogja kényszeríteni, és vagy a természet fog az emberiség segítségére sietni, vagy pedig az emberiség maga fogja a szükséges korlátozást természetesen megfelelőbb eszközökkel keresztülvinni. Ez annak idején az összes népek közös ügye lesz, ma azonban csak azoknak a népeknek a problémája, amelyeknek nincs elég erejük ahhoz, hogy a maguk számára szükséges földet biztosítsák. Ma ugyanis az a . helyzet, hogy még hatalmas területek hevernek parlagon és kihasználatlanul, márpedig a természet azokat nem egyes kiválasztott népek jövő tartalékai számára tartogatja, hanem azon népeket illetik, amelyeknek van erejük e területek birtokbavételére és szorgalmuk a megművelésére.

A természet nem ismer határokat. Odahelyezi az embert e földre, és nézi az erők játékát anélkül, hogy azt befolyásolná. A bátorság és szorgalom biztosítja azután az élet előjogait!

Ha tehát egy nép a belső telepítésre határozza el magát, csak azért, mert más fajok görcsösen ragaszkodnak területeikhez, akkor az ilyen népre nézve rövidesen elérkezik az önkorlátozás ideje, mialatt a többi nép meg állandóan szaporodik. Minthogy pedig elsősorban a legjobb nemzetek, helyesebben az úgynevezett kultúrnépek azok, amelyek a maguk pacifista elvakultságukban nem tartanak igényt újabb területekre, hanem megelégszenek a "*belső*" telepítés nyújtotta lehetőségekkel, míg az alacsonyabb rendű nemzetek óriási területeket foglalnak le a maguk számára ennek eredménye a következő lenne.

A magasabb kultúrfokon álló fajok az alacsonyabb kultúrájú, de erőszakosabb fajokkal szemben háttérbe szorulnának, más szóval a világ egy szép napon az alacsonyabb kultúrájú, de tetterősebb népek birtokába jutna. Tehát ha csak a távolabbi jövőben is két lehetőség lesz: Vagy a modem demokrácia elvei szerint kormányozzák a világot, és akkor a mérleg a számszerinti erősebb fajok javára billen, vagy pedig a természetes erőviszonyok szerinti uralomra kerül a sor. Akkor viszont az erőszakos népek győznek, semmi szín alatt sem azok a nemzetek, amelyek az önkorlátozás elvi álláspontjára helyezkednek.

Senki sem kételkedik abban, hogy egykor ez a föld az emberiség létéért folytatott legerősebb küzdelmeinek lesz a színtere! A győztes mindig a létfenntartás vágya lesz! Ennek tűzében elolvad az úgynevezett humanizmus, a butaságnak, gyávaságnak és a beképzelt több tudásnak ez a keveréke, mint a hó a márciusi nap hevében. Örök harcban lett nagy az emberiség örök békességben megy tönkre!

Ránk, németekre nézve a "*belső telepítés*" már csak azért is szerencsétlen kifejezés, mert könnyen tápot ad annak a gondolatnak a megerősödésére, hogy megtaláltuk azt az eszközt, amelynek segítségével a pacifista lelkületnek megfelelően gyöngéd álomszuszékok módjára fenntarthatjuk létünket. Ez a megoldás viszont nálunk véget vetne minden olyan törekvésnek, amely e földön bennünket megillető helyünk megtartására irányul. Végét jelentené minden valóban hasznos külpolitikai tevékenységnek, s általában a német nép jövőjének elvesztését vonná maga után.

Az előbbiekben vázolt következmények ismeretében nem lehet tehát csodálkozni azon, ha elsősorban mindig a zsidó az, aki ilyen halálosan veszedelmes elgondolással fertőzi népünk lelkét. Sokkal jobban ismeri embereit, áldozatait annál, minthogy ne lenne tisztában vele, hogy ezek a gyermeteg lelkek áldozatul esnek minden olyan mesének, amellyel bebeszéli nekik, hogy megtaláltak azt a módszert, melynek segítségével fittyet hányhatnak a természet törvényeire, fölöslegessé teszik a létért folytatott elkeseredett küzdelmet, és hogy ehelyett munkával, sőt egyszerű semmittevéssel fogják uralmuk alá hajtani bolygónkat.

Nem lehet eléggé hangsúlyozni, hogy minden német belső telepítés elsősorban csak szociális téren mutatkozó hibák meggátlására, mindenekelőtt a földnek az általános spekuláció elől való elvonására szolgálhat, de semmi szín alatt sem arra, hogy a nemzet jövőjét új földterületek nélkül biztosítsa.

Ha másként cselekszünk, akkor azt nemcsak földünk, de erőnk rovására is tesszük.

Végül még le kell szögeznünk a következőket:

A belső telepítésben rejlő területi korlátozás, valamint a természetes szaporodás megszorítása a kérdéses nemzet rendkívül kedvezőtlen katonai helyzetét eredményezi.

Egy nép településének területi kiterjedése már magában véve is jelentős tényezője külbiztonságának. Minél nagyobb az a földterület, amely rendelkezésére áll, annál nagyobb a természet nyújtotta védelme is. Kis területre szorított népek ellen mindig könnyebb a döntő hadi győzelmek kivívása, mint megfordítva, nagykiterjedésű országterülettel rendelkező népekkel szemben. Éppen ezért az állam nagy kiterjedésű volta már magában biztosítéka a szabadság és függetlenség könnyebb fenntartásának. Ezzel szemben az állam területének a kicsinysége szinte előidézője megszállásának.

A növekvő lélekszám és az állandósult területi kiterjedés között mutatkozó, egyre fokozódó aránytalanság kiegyenlítését célzó előbbi két lehetőséget a birodalom nemzeti körei elvetették. Ennek az állásfoglalásnak az okai természetesen mások voltak, mint amelyeket a fentiekben kifejtettem. A születések számának korlátozását erkölcsi okokból, a belső telepítés gondolatát pedig azért vetették el, mert abban egyrészt a nagybirtokok elleni támadást, másrészt pedig általában a magántulajdon elleni harc kezdetét látták.

Így már csak két lehetőség maradt a növekvő lélekszám munkájának és kenyerének biztosítására:

3. Vagy új földterületeket kell szerezni a felesleges millióknak évenkénti földhöz juttatása és a nemzetnek az önellátás alapján való fenntartása céljából.

4. Vagy idegen szükségletek kielégítésére dolgozó ipar és kereskedelem teremtése a cél, hogy azok hozamából fedezzék a növekvő lélekszám szükségletét.

Mind a két utat minden tekintetben vizsgálat tárgyává tették, megvitatták, míg végre is az utóbbi mellett döntöttek.

Az egészségesebb természetesen az első lett volna.

A túlnépesedés levezetése céljából új földterületek szerzése rengeteg előnyt jelent, különösen, ha az ember nem a jelenre, hanem a jövőre gondol. Sohasem lehet eléggé értékelni annak a lehetőségét, hogy az egész nemzet alapját képező egészséges földműves osztály ezáltal tartható fenn. Sok baj származott abból, hogy rossz a viszony a vidék és a város lakossága között. Még mindenkor a legegészségesebb védelem volt a bennünket ma is fojtogató szociális megbetegedés ellen az erős kis és középbirtokos osztály. Egyben az egyetlen megoldás belső gazdasági élet keretein belül a mindennapi kenyér biztosítására. Az iparnak és kereskedelemnek a maga egészségtelen vezető állásából vissza kell vonulnia, és be kell illeszkednie a közszükségleti és kiegyenlítő gazdasági kereteibe. Szerepük minden téren a belső termelés és szükséglet kiegyenlítése. E működésükkel, különös tekintettel a sorsdöntő időkre, az állam szabadságát és a nemzet függetlenségét biztosítják.

E területi politika tekintetében az embereknek hidegen és józanul arra az álláspontra kell helyezkedniük, hogy semmi szín alatt sem lehetett szándékában a Teremtőnek az egyik nép számára ötvenszer annyi terület juttatása ezen a világon, mint a másik számára. Ezért nem szabad az örök jog határait a politikai határok kedvéért elejteni. Ha mindenkinek joga van ezen a földön az élethez, akkor adjak meg nekünk is az élethez szükséges területet.

Természetesen senki nem fogja ezt szívesen tenni. Ebben az esetben azonban csak az ököljog érvényesülhet Ha a mi őseink ugyanolyan pacifista felfogást vallottak volna, mint a mai, késői unokák teszik, akkor alig egyharmada lehetne a mai német birodalomnak német kézen. A létért vívott harcoknak köszönhetjük keleti tartományainkat, amelyek pedig állami létünknek és népünknek legnagyobb erősségei és fennmaradásunk biztosítékai. a határtalan nagy belső erőt, s ebben rejlik egyúttal a legtöbb gyarmatosító európai állam gyengesége.

Anglia példája sem dönti meg ezeket a megállapításokat. Anglia helyzetét már csak az Amerikai Egyesült Államokkal való nyelvi és kulturális közösségre tekintettel is nem lehet az európai államok egyikével sem összehasonlítani.

Egy egészséges területi politika keresztülvitele szempontjából Németország számára igénybe vehető új terület csak Európában jöhet számításba. Ebből a szempontból a gyarmatokat már csak azért sem lehet elsősorban számításba venni, mert alkalmatlanok európaiak letelepítésére. Emellett a gyarmatok megszerzése is súlyos harcokat követelt, márpedig ha ilyen áldozatokról lett volna szó, akkor ezeket célirányosabb lett volna európai területek kedvéért hozni.

Az ilyen elhatározás természetesen teljes odaadást kíván, Ennek felismerése után a birodalom egész politikai vezető rétegének ezt a célt kellett volna szolgálnia. Soha nem lett volna szabad egy lépést sem tennie más megfontolásból, mint ennek i feladatnak és feltételeinek a felismeréséből. Tisztában kell lenni azzal, hogy ez a cél csak harcok árán érhető el, és éppen ezért nyugodtan, határozottan kellett volna azokkal szembenézniük.

Adolf Hitler

Minden szövetséget is kizárólag ebből a szempontból kellett volna felülbírálni és értékelni. Ha Európában óhajtottak új földterületeket biztosítani népünknek, akkor az nagyjában és egészében véve csak Oroszország terhére történhetett volna. Ebben az esetben a birodalomnak az egykori lovagrendek országútján kellett volna elindulnia, hogy a német karddal a német ekének új területeket, a nemzetnek pedig a mindennapi kenyeret biztosítsa.

Az ilyen politika számára egész Európában csak egyetlen szövetségesre lehetett számítani, s az Anglia volt. Csak Anglia lehetett volna hátvédje az ilyen germán vándorlás kezdetének. Ehhez legalább annyi jogunk lett volna, mint volt elődeinknek. Pacifistáink egyike sem utasítja vissza a keleti végek kenyerét, bár az első ekét valamikor "*kardnak*", "*fegyvernek*" hívták.

Angliát bármi áldozattal meg kellett volna nyernünk, akár gyarmataink, tengeri hatalmunk rovására, sőt az ipari verseny megszüntetése árán is.

Ezeket az áldozatokat meg kellett volna hozni a nagy, hatalmas jövő érdekében. Anglia egy időben ilyen alapon hajlandónak is mutatkozott békés megegyezésre azért is, mert tisztában volt vele, hogy Németországnak népe szaporodása következtében kivezető utat kell keresnie, s azt vagy Angliával karöltve Európában fogja megtalálni, vagy nélküle a nagyvilágban.

Ennek a meggondolásnak írható a javára az a közeledés, amelyet a századfordulón Anglia kezdeményezett Németország felé. Annak idején kellemetlenül érintette a birodalmat az a gondolat, hogy esetleg Anglia kedvéért kell a gesztenyét a ízből kikaparni, holott egy szövetségnek mindig csak kölcsönös üzlet az alapja. Ilyen üzletet ebben az időben Angliával nagyon jól lehetett volna kötni, mert a brit diplomácia elég okos volt ahhoz, hogy tudja: ellenszolgáltatás nélkül semminemű szolgáltatásra nem számíthat.

Képzeljük csak el, mi lett volna, ha egy okos német külpolitika 1904-ben Japán szerepét vette volna át. Fel sem tudjuk mérni, hogy ennek milyen beláthatatlan következményei lettek volna Németország számára. Sohasem került volna sor világháborúra.

Egy 1904-es véráldozat az 1914-18-as évek tízszeresét is megtakarította volna. Minő hatalmi állása lenne ma Németországnak a világon! Az Ausztriával kötött szövetség természetesen akkor már esztelenség volt.

Ez az állammúmia nem harcra-háborúra szövetkezett Németországgal, hanem az örök béke fenntartásának az érdekében, amely a Monarchia németségének lassú, de biztos kiirtásához vezetett volna.

Ettől a szövetségestől nem lehetett a német nemzeti érdekek támogatását várni, különösen, ha meggondoljuk, hogy képtelen volt véget vetni még a birodalom tőszomszédságában is a németség elleni irtóhadjáratnak. Ha Németországban nem volt olyan kíméletlen nemzeti öntudat, hogy a tehetetlen Habsburg állam kezéből tízmilliónyi német fajtestvér sorsának az irányítását magához ragadja, akkor hogyan lehetett várni a távolabbi célok szolgálatát? A régi birodalomnak az osztrák kérdés tekintetében vallott álláspontjából következtetni lehetett az egész nemzet élethalálharcában elfoglalt magatartására.

Semmi esetre sem lett volna szabad összetett kezekkel nézni, miként szorítják háttérbe évről évre a németséget, mert az osztrák szövetség értéke kizárólag a német elem védelmében rejlett. Sajnos nem léptek erre az útra.

Semmitől sem féltek jobban, mint a harctól, hogy azután mégis a legkedvezőtlenebb időpontban kényszerítsék azt rájuk. A világbéke megtartására gondoltak, és a világháborúnál kötöttek ki.

Éppen ez volt a legjelentősebb oka annak, hogy a német jövendő megteremtésének ezt a harmadik útját még csak figyelemre sem méltatták. Nyilvánvaló volt, hogy új területeket csak kelet felé lehet szerezni, ez viszont harccal jár, ők pedig mindenáron a békét akarták. Mert a német külpolitikának a jelszava már régen nem a német népnek minden körülmények között való megtartása, hanem sokkal inkább a világbékének minden eszközzel való biztosítása volt. Láttuk, hogy ez menynyire sikerült. Erre különben még külön is visszatérek.

Ilyen körülmények között tehát már csak a negyedik lehetőség volt hátra: iparés világkereskedelem, tengeri hatalom és gyarmatok.

Az ilyen fejlődés kétségtelenül könnyebb és tényleg gyorsabban érhető el. Az új területek és új föld betelepítése lassú folyamat, amely gyakran évszázadokig eltart. Éppen ebben keresendő belső ereje is; abban tudniillik, hogy nem pillanatnyi fellángolásról van szó, hanem általános, alapos és tartós fejlődésről. Ezzel szemben az ipari fejlődés, amely pár év leforgása alatt felfújható, inkább szappanbuborékhoz, semmint megbízható erőhöz hasonlít. Kétségtelen, hogy egy flottát gyorsabban lehet megteremteni, mint parasztbirtokoknak és farmoknak szívós küzdelemmel járó betelepítését. Ezzel szemben azonban az is igaz, hogy az előbbit könnyebb megsemmisíteni, mint az utóbbit.

Ha Németország mégis erre az útra szánta volna rá magát, akkor legalább tisztában kellett volna lennie azzal, hogy ez is harccal fog végződni. Nagyon gyermeteg észjárásra vall az a hit, hogy népek békés versenyében jó magaviselettel és békés magatartással, tehát úgy, hogy az embernek ne kelljen fegyverhez nyúlnia, célt érhetünk.

Adolf Hitler

Nem! ez az út azt jelentette, hogy Anglia egy szép napon ellenségünk lesz. Botorság volt felháborodni amiatt, mert Anglia bátorságot vett magának az erőteljes egoizmus nyereségével beleszólni a mi békés tevékenységünkbe. Mi ezt természetesen sohasem tettük volna.

Amennyire tény az, hogy európai területi politikát csak Anglia szövetségével folytathattunk Oroszország ellen, igaz megfordítva is: gyarmati és világkereskedelmi politika Anglia ellen csak Oroszországgal szövetkezve képzelhető el.

Ebben az esetben azonban kíméletlenül le kellett volna vonnunk a következményeket, és mindenekelőtt Ausztriát kellett volna elejtenünk.

Különben is minden tekintetben már kész őrület volt a századfordulón az Ausztriával való szövetség.

Soha egy pillanatig sem gondoltak arra, hogy Oroszországgal szövetkezzenek Anglia ellen, mint amennyire arra sem, hogy Angliával Oroszország ellen, mert hiszen mindkét eset háborúra vezetett volna. Éppen ennek megakadályozása céljából a kereskedelmi és iparpolitika mellett foglaltak állást. A békés gazdasági honfoglalásra vonatkozólag szinte kész használati utasítás birtokában voltak, és azt hitték, hogy egyszer és mindenkorra véget vethetnek az erőszak politikájának. Ez a meggyőződésük néha mégis megingott, különösen akkor, amikor Anglia felől fenyegető hangok hallatszottak. Ezért flotta építésére is rászántak magukat, természetesen ezt sem azért, hogy Angliát megtámadják, vagy megsemmisítsék, hanem a már oly sokszor említett *"világbéke"* megvédelmezése és a világ *"békés"* meghódítása érdekében. Éppen ezért mindig szerényebb keretek között mozgott ez irányú tevékenységük, nemcsak a hajók száma, hanem a tonnatartalmuk és fegyverzetük tekintetében is, hogy ezáltal is bizonyítsák békés szándékukat.

A világ *"békés"* gazdasági meghódítása a legnagyobb tévedés, amelyet valaha is állampolitika vezérlő gondolatává tettek. Méghozzá képesek voltak mindig Angliára, mint koronatanúra hivatkozni e politikai elv megvalósíthatósága tekintetében. Alig lehet jóvátenni azt, amit ezen a téren történelemtudományunk és annak magyarázata ártott. Mindez csak annak bizonysága, hogy milyen sokan vannak olyanok, akik történelmet *"tanulnak"*, anélkül azonban, hogy megértenék. Anglia példája ugyanis éppen az ellenkezőjét bizonyíthatta volna. Nincs még egy nép, amelyik a maga gazdasági foglalásait nagyobb fegyveres erőszakkal készítette volna elő, és később erélyesebben védelmezte volna meg, mint az angol. Éppen a brit államművészet jellemzője politikai hatalommal gazdasági hódításra törni és minden gazdasági megerősödést rögtön megint politikai hatalommá változtatni. Micsoda balga tévedés azt hinni, hogy Anglia gyáva volna a maga gazdasági politikáját, ha kell, vére hullásával is megvédelmezni. Az, hogy az angol népnek nincs "*néphadserege*", nem bizonyítja az ellenkezőjét. Nem a mindenkori katonai szervezet a döntő, hanem sokkal inkább az akarat és elhatározás a meglevő felhasználására. Anglia mindig olyan felkészültséggel rendelkezett, amilyenre éppen szüksége volt, és olyan fegyverekkel harcolt, amelyekkel célt ért. Zsoldosokkal küzdött, amíg a zsoldosok elegendőnek bizonyultak, de feláldozta nemzetének legdrágább vérét is akkor, hogyha a győzelem ilyen áldozatot követelt. Fő jellemzője mindig a harci készség és a szívós kitartás volt.

Ezalatt Németországban az iskola, a sajtó és a vicclapok a legképtelenebb módon jellemezték az angol embert, úgy, hogy ez a legszörnyűbb önámításhoz vezetett. Ez az eljárás az angol fajnak olyan lebecsülését vonta maga után, aminek a legkeserűbb módon meg kellett bosszulnia magát. A hamisítás olyan nagymérvű volt, hogy az ember meg volt győződve róla: az angol egy minden hájjal megkent, de személy szerint hihetetlenül gyáva üzletember. Persze "*tudósaink*" arra nem gondoltak, hogy az olyan hatalmas világbirodalmat, mint amilyen az angoloké, mégsem lehet összelopni, összecsalni. Minden figyelmeztető szó a pusztába hangzott el. Egész jól emlékszem még arra, hogy bajtársaim milyen csodálkozással néztek körül, amikor Flandriában megjelentek ezek a "*Tomyk*". Mindjárt az első napok után mindenki keserűen győződött meg arról, hogy a skótok nem egészen olyanok, mint amilyeneknek a vicclapok és tudósítások jellemezték őket.

Ekkor tettem első megfigyelésemet a propaganda mikéntjének célszerűségéről. Az ilyen hamisításból a terjesztők hasznot akartak húzni; ezzel akartak bebizonyítani, hogy a világ gazdasági meghódítása lehetséges. Ami az angoloknak sikerült, az nekünk is kell, hogy sikerüljön állítottak, különösen, ha meggondoljuk, hogy ami nagyobb beszélőképességünk és a tipikusan angol kihívó modor hiánya bennünket még alkalmasabbá tesz erre. Azt remélték, hogy a kisebb nemzetek ragaszkodását és a nagyobbak bizalmát könnyebben fogjuk megnyerni.

Arra, hogy a mi beszélőképességünk az idegenek számára belső iszonyt jelentett, annál kevésbé gondoltunk, mert annak hasznosságában magunk is komolyan hittünk. Csak a forradalom nyújtott mélyebb bepillantást abba a határtalan butaságba, amely gondolkodásmódunkat jellemezte.

ADOLF HITLER

A világ "*békés gazdasági eszközökkel való meghódításának*" agyréme egyben magyarázója volt a Hármasszövetség őrületének.

Egyáltalán melyik állammal szövetkezhettek volna? Az Ausztriával való szövetség mellett természetesen nem gondolhattak háborús hódításra, de éppen ez jelentette a szövetség legnagyobb gyengéjét. Bismarck megengedhette magának ezt a szükségmegoldást, de törpe utódai semmi esetre sem és különösen nem olyan időkben, amikor már a bismarcki szövetség alapfeltételei nem voltak meg. Annak idején Bismarck még azt hitte, hogy Ausztria német állam, s mint ilyennel szövetkezett. Az általános választójog fokozatos bevezetésével azonban ez az ország egy német jellegétől megfosztott, parlamenttel kormányzott zűrzavarrá változott.

Az Ausztriával való szövetség a fajvédelem szempontjából is káros volt. Meg kellett tűrni a határ mentén egy új szláv nagyhatalom kialakulását, amely pedig Németországgal szemben később egészen más álláspontra kellett, hogy helyezkedjék, mint például Oroszország. Ez a szövetség évről évre veszített erejéből, éspedig olyan arányban, amilyenben e gondolat szószólói a Monarchiában elvesztették befolyásukat.

Már a századfordulón ez a szövetség is olyan stádiumba került, amilyenbe az osztrák-olasz szövetség.

Itt csak két lehetőség volt: vagy szövetségi viszonyban maradnak a Habsburg-monarchiával, vagy pedig tiltakoznak a németség elnyomása ellen. Az ilyen kezdet azonban rendszerint nyílt háborúsággal végződik.

A Hármasszövetség értéke már lélektanilag is nagyon kicsi volt, ha tekintetbe vesszük, hogy minden szövetség olyan arányban veszít az értékéből, amilyen arányban a meglévő állapot megtartására szorítkozik. Ezzel szemben minden szövetség annál erősebb, minél inkább remélhetik az egyes szövetségestársak a szövetség által bizonyos megfogható célok elérését. E téren is azonban nem a védelemben, hanem a támadásban rejlik az erő.

Már annak idején sokan elismerték ezt, de sajnos nem az úgynevezett "*hivatottak*". Különösen az akkor még ezredesi rangban levő Ludendorff, a nagyvezérkar tisztje mutatott rá egy 1912. évi emlékiratában erre a gyengeségre. Természetesen az "*államférfiak*" az ügyet nem méltatták figyelemre. Úgy látszik a tiszta értelem csak az egyszerű halandóknál jelentkezik, azonban hiányzik, mihelyt "*diplomaták*"-ról van szó.

Németországra nézve szerencse volt, hogy a háború 1914ben Ausztria közbejöttével tört ki. Így a Habsburgoknak részt kellett venniük benne. Ha ez megfordítva történik, akkor Németország magára maradt volna. Ez a

Habsburg állam sohasem mert vagy akart volna részt venni olyan harcban, amely Németországon keresztül tört volna ki. Az, amit később Itáliánál elítéltek, azt mindenekelőtt Ausztria tette volna meg; legalábbis "*semleges*" maradt volna, hogy az államot egy kezdeti forradalomtól megóvja. Az ausztriai szlávság képes lett volna a Monarchiát inkább már 1914-ben szétrobbantani, semhogy Németországnak segítséget nyújtson.

A dunai monarchiával való szövetség veszélyét és nehézségeit akkor még csak kevesen értették.

Ausztriának sokkal több olyan ellensége volt, amely ebből a korhadt államból örökölni remélt, semhogy ne lettek volna annak a Németországnak az ellenségei, amelyben a Monarchia régóta várt és remélt szétesésének megakadályozóját látták. Rájöttek arra, hogy Bécs tulajdonképpen csak Berlinen keresztül érhető el.

Ez a szövetség Németországra a legjobb szövetségi lehetőségek elvesztését jelentette. Oroszországgal és Itáliával szemben mindig nagyobb lett a feszültség. Pedig Rómában a közvélemény éppen annyira németbarát volt, mint osztrákellenes. Ez az érzelem nemegyszer lobbant lángra a legutolsó olasz szívében is.

Minthogy Németország a kereskedelmi és iparpolitikára vette rá magát, Oroszországgal szemben semmi oka sem volt az összeütközésre. Csak e két nemzet ellenségeinek lehetett célja a nemzetek egymás ellen hangolása. Valóban elsősorban a zsidók és a marxisták voltak azok, akik a két nemzetet minden eszközzel háborúra uszították.

Végül azért is jelentett ez a szövetség beláthatatlan veszélyt Németország számára, mert a bismarcki birodalommal szemben kétségtelenül ellenséges érzelemmel viseltető nagyhatalomnak könnyen sikerülhetett az államok egész sorát mozgósítani azáltal, hogy az osztrák szövetséges rovására mindenik részére gazdagodási lehetőséget helyezett kilátásba.

A dunai monarchia ellen ui. mozgósítható volt egész Kelet-Európa, különösen azonban Oroszország és Itália. Az Eduárd király által kezdeményezett világszövetség soha sem jött volna létre, hogyha Ausztriát, mint Németország szövetségesét nem állíthatták volna oda csábító csalétéknek. Csak így volt lehetséges olyan különböző kívánságú és célú államoknak egyetlen támadási arcvonalba való tömörítése. Mindenki azt remélte, hogy egy Németország elleni általános támadás esetén a saját részére is biztosíthat valami nyereséget Ausztria terhére. Törökországnak ehhez a szerencsétlen szövetséghez csendes társként való látszólagos csatlakozása a veszélyt rendkívüli módon megsokszorozta.

Adolf Hitler

A nemzetközi zsidó pénzvilágnak szüksége volt erre a csalétekre, hogy a velük szemben elégedetlenkedő Németország megsemmisítésének tervét megvalósíthassa. Csak ezzel tudta a koalíciót összekovácsolni és azt elég erőssé és bátorrá tenni arra, hogy az erős Siegfriedet leteperhesse.

A Habsburg-monarchiával való szövetség, amely engem már Ausztriában is vegyes érzelmekkel töltött el, most már gondos belső vizsgálódásra késztetett. Ennek a vizsgálódásomnak eredménye csak megerősített eredeti véleményemben. Abban a kis körben, amelyben éltem és mozogtam, már annak idején sem titkoltam azt a meggyőződésemet, hogy az ilyen halálra ítélt állammal való szövetkezés Németországot is a tönk szélére juttathatja, hacsak ideje korán nem tud megszabadulni tőle. Soha egy pillanatra sem ingott meg nézetem. A világháború kitörésekor és utána, amikor úgy látszott, hogy a hideg ésszerűség helyett a lelkesedés még az illetékes tényezőket is elragadja, mindig kifejezésre juttattam abbeli álláspontomat, hogy a német nemzet érdeke a szövetségnek minél sürgősebb felbontása. Ugyanis a Habsburg-monarchiát otthagyni nem jelent áldozatot akkor, ha ezáltal ellenségeink számát csökkentjük. Mert az embermilliók nem egy romlott dinasztia megmaradása érdekében ragadtak fegyvert, hanem a német nemzet megmentése érdekében.

A világháború előtt egykét ízben úgy tetszett, mintha legalább egy bizonyos körben kételkedtek volna a szövetség politikai helyességében. A német konzervatív körökben időről időre történtek bizonyos óvatosságra intő figyelmeztetések, de mint oly sokszor, ezek is csak falra hányt borsót jelentettek. Meg voltak győződve arról, hogy a világ "*meghódításának*" helyes útját járják, amelynek óriási eredményei lesznek és amely ezzel szemben nem követel áldozatot.

A "*nem elhivatottaknak*" ismét az a szomorú szerep jutott, hogy ölbe tett kézzel nézzék, miként vezetik az "*elhivatottak*" népünket pusztulásba és miként vonzzák hameIni patkányfogóként népünket maguk mögé.

Politikai gondolkodásmódunk végzetes betegségében rejlett annak lehetősége, hogy a "*gazdasági hódítás*" őrületét gyakorlati politikai útként, a "*világbéke*" fenntartását pedig politikai célként állíthattak népünk elé.

A német technika és ipar diadalmenete, és a német kereskedelem nagyszerű eredményei lassanként elhomályosították annak a felismerését, hogy mindezek végső eredményének első és legfontosabb feltétele maga az erős állam. Ellenkezőleg, sokan már úgy gondolkodtak, hogy az állam ezeknek a jelenségeknek köszönheti a létét, és hogy maga elsősorban gazdasági intézmény, amelyet a gazdasági követelményeknek megfelelően kell kormányozni, és amelynek léte is a gazdaságtól függ. Végezetül, úgy látták és erősítgették, hogy ez az állapot a legegészségesebb és legtermészetesebb. Ezzel szemben az a valóság, hogy az államnak semmiféle gazdasági irányzathoz és gazdasági fejlődéshez nincs köze.

Az állam nem gazdasági tényezők foglalata gazdasági feladatok teljesítésére egy szigorúan körülhatárolt élettérben, hanem fizikailag és lelkileg azonos lények közösségének szervezete, fajiságuk fenntartásának megkönnyítése és a gondviselés által előírt életcélok elérésére. Ez és semmi egyéb az állam célja és értelme, a közgazdaság csak egyike azoknak a segítőeszközöknek, amelyek szükségesek a cél elérésére. Azonban soha sem oka és célja az állami létnek, feltéve, hogy azt kezdettől fogva nem helyezték téves, mert természetellenes alapokra. Ez természetesen csak azoknak a népeknek az életszükséglete, amelyek néptársaik létét maguktól, a maguk erejéből és létéért folytatott küzdelmükkel akarják biztosítani. Ezzel szemben azok a népek, amelyek az emberiség parazitáiként furakodnak a többi népek közé, hogy azután a legkülönbözőbb módon és ürüggyel azokat dolgoztassak maguk helyett, minden meghatározott terület nélkül is államot képezhetnek. Ez elsősorban a zsidóságra vonatkozik, mint amely népnek parazita volta miatt ma mar az egész tisztességes emberiség szenvedni kényszerül.

A zsidó állam sohasem volt területileg körülhatárolt, hanem területtől független, de szigorúan egy fajra korlátozódott. Éppen ezért képezett mindig államot ez a nép az államban. A legzseniálisabb fogások közé tartozik, amit csak valaha is kitaláltak, hogy ezt az államot *"vallás"*-ként szerepeltették. Ezáltal mindig biztosították a maguk számára a megfelelő jóindulatot. Valójában a mózesi vallás nem egyéb, mint a zsidó faj fenntartásának tudománya. Éppen ezért magába foglalja mindazokat a szociológiai, politikai és gazdasági területeket, amelyek e tekintetben egyáltalán szóba jöhetnek.

Minden emberi közösség első alapja: a fajfenntartás ösztöne. Éppen ezért az állam népi szervezet és nem gazdasági intézmény. Oly különbség ez, amely éppen annyira nagy, mint amennyire, különösen a ma úgynevezett *"államférfia"* számára érthetetlen. Éppen ezért hisznek utóbbiak abban, hogy az államot a gazdaságon keresztül lehet megtartani A valóság pedig az, hogy az állam ama tulajdonságok közreműködésének eredménye, amelyek a faj fenntartásában gyökereznek. Ezek azonban mindig hősi tulajdonságok, de sohasem a szatócsot jellemző önzés, mert a létnek és fajiságnak fenntartása az egyesek áldozatkészségét feltételezi. Ebben rejlik éppen a költő szavainak értelme: *"Ha nem vagytok készek az életeteket feláldozni, sohasem nyeritek el azt"*. Egész egyéni létünket fel kell áldoznunk azért, hogy fajiságunkat fenntarthassuk. De ebben rejlik az állam keletkezésének, fenntartásának az előfeltétele is, amely semmi egyéb, mint hasonló lények azonos fajiságán alapuló összetartozásának érzete, valamint a közért való tettrekészség. Ez a körülmény saját honunkban élő népeknél hősi tettek, az élősdieknél viszont hazug képmutatás és alattomos kegyetlenség szülője. Minden állam keletkezése a tulajdonságok latba vetésének az eredménye, ami mellett a létért folytatott küzdelemben azok a népek fognak alulmaradni, amelyek a legkevesebb hősi tettet tudják felmutatni, vagy pedig nem képesek kivédeni az ellenséges élősdiek ravaszságát. Azonban a csatavesztés még ebben az esetben is majdnem mindig nem az okosság, hanem a határozottság és bátorság hiányának rovására írandó, amely nemegyszer az emberiesség köntösébe burkoltan jelentkezik.

Arra nézve, hogy az államalkotó és államfenntartó tulajdonságok a gazdasággal milyen kevés összefüggésben vannak, a legjellemzőbb az a tény, hogy az egyes államok belső ereje csak a legritkább esetben esik egybe úgynevezett közgazdasági virágzásukkal. A legtöbbször, éppen amint a rengeteg példa mutatja, a gazdasági fellendülés az állam közeledő hanyatlását jelzi. Ha az emberi közösségek képződése gazdasági erőkre és okokra lenne visszavezethető, akkor a legnagyobb gazdasági fellendülés egyúttal az állam még nagyobb erejét is kellene, hogy jelentse és nem megfordítva.

Különösen olyan országokban érthetetlen a közgazdaság államalkotó és fenntartó erejébe vetett hit, amelyeknek történelme minden téren erőteljesen bizonyítja ennek ellenkezőjét. Poroszország példája mutatja leginkább, hogy nem gazdasági tulajdonságok, hanem ideális erények képezik az állam megteremtésének alapját. Ezek védelme alatt majd virágba borulhat a gazdasági élet, míg a hősi erények kiveszésével a gazdasági élet is összeomlik. Ezt a folyamatot éppen most magunkon tapasztalhatjuk a legszomorúbb módon. Az emberek anyagi jóléte a hősi erények árnyékában fokozódik a legjobban, mihelyt azonban a közgazdaság az első helyet kívánja elfoglalni egy nép életében, önmagát fosztja meg létalapjától.

Németország hatalmi állásának emelkedésével mindig együtt járt a közgazdaság felvirágzása. Ellenben, ha a gazdaság képezte népünk életének egyetlen tartalmát, és ennek súlya alatt a hősi erények elpusztultak, összeomlott az állam, és kisvártatva magával rántotta a mélybe a gazdaságot.

Ha most azt kérdezi valaki, hogy melyek az államalkotó és fenntartó erők a valóságban, úgy azokat egyetlen meghatározásba foglalhatjuk össze: az egyed áldozatképessége és áldozatkészsége a közért. Tény, hogy az ember sohasem áldozza fel magát gazdasági célokért, vagyis nem hal meg üzletekért, hanem csak ideális célokért. Semmi sem bizonyítja inkább az angolok fölényét a néplélek felismerése terén, mint az a körülmény, hogy mialatt mi a "*kenyérért*" harcoltunk, ők a " *szabadságért*" küzdöttek, nem is a saját, hanem a kis nemzetek szabadságáért. Nálunk egyszerűen nevettek ezen a szemtelenségen, vagy bosszankodtak rajta. Ezzel is bizonyították, milyen fejetlenül buta volt az úgynevezett "*államművészet*" Németországban. Halvány fogalmuk sem volt már arról az erőről, amely önkéntes halálba küldi a férfiakat.

Amíg a német nép 1914-ben azt hitte, hogy ideálokért harcol, kitartott, mihelyt azonban csak a mindennapi kenyér lett küzdelmének tárgya, feladta a játszmát.

A mi nagy "*államférfiaink*" csodálkoztak ezen az érzelmi változáson. Soha nem jöttek rá arra, hogy az ember abban a pillanatban, amelyben gazdasági érdekért küzd, lehetőleg kerüli a halált, mert hiszen ez a harcnak egyetlen jutalmától fosztja meg.

Ezzel szemben a leggyengébb anya is hőssé lesz gyermeke megmentéséért folytatott küzdelemben. Éppen úgy csak a faj fenntartása és az azt védő házitűzhely vagy a haza védelme készteti minden idők férfiát az ellenség fegyverei elé.

Örök érvényűnek fogadhatjuk el a következő mondatot: államot sohasem alapítottak békés gazdaság útján, hanem mindig csak a fajfenntartás ösztönével, amely vagy hősi tettekben, vagy ravasz alattomosságban nyilvánul meg. Az előbbi árja munka és kultúrállamok alapításához vezet, az utóbbi esetben viszont zsidó élősdi tartomány keletkezik. Tény, hogy mihelyt egy népnél vagy egy államban a gazdasági élet ezeket az ösztönszerű megmozdulásokat elnyomja, maga lesz a leigázottságnak és elnyomásnak okozója.

A háború előtti időszaknak az a balhiedelme, hogy kereskedelmi és gyarmatpolitikával békés úton meg lehet nyitni a német nép számára a világ kapuit, sőt még több, meg lehet hódítani a világot, a legklasszikusabb jele volt a valóban államalkotó és megtartó erény, és az abból folyó akaraterő és tettrekészség elvesztésének. Ezt a természeti törvényszerűséget bizonyította a világháború a maga következményeivel.

A felületes szemlélő számára a német nemzetnek ez a beállítása s ez majdnem általánosnak mondható csak egy megfejthetetlen rejtvény, hiszen éppen Németország a csodálatos példája a tisztán hatalmi politikai alapokra fektetett birodalomnak. Poroszország, a birodalom magva ragyogó hősiesség, és nem pénzügyi műveletek vagy kereskedelmi üzletkötések eredménye. A birodalom maga szintén hatalompolitikai vezetés és katonai erények nagyszerű gyümölcse. Kérdezhetné valaki, hogyan következhetett be éppen a német nép politikai ösztönének ez a súlyos betegsége? Ugyanis nem egyes különálló jelenségekről van szó, hanem lidércfények borzalmas számáról, amelyek a nép testén hol itt, hol ott lángoltak fel, vagy mint a mérges sebek egyszer az egyik helyen, máskor másutt kezdték ki a nemzet testét. Úgy látszott, mintha tartós mérgezési folyamat árasztaná el ennek a hősi testnek egész véredényrendszerét. Mérgező folyamat, amelyet titokzatos hatalom irányít, hogy az egészséges értelem és egyszerű létfenntartási ösztön egyre súlyosabb betegségét idézze elő.

Mialatt ezekkel a kérdésekkel a birodalom szövetségi és gazdaságpolitikájával szemben elfoglalt álláspontomból kifolyólag 1912-14. évben számtalanszor foglalkoztam, a rejtély megoldásaként mindig arra a megállapításra jutottam, hogy ez a titkos hatalom a marxista tanítás és világnézet, valamint ezek megszervezett hatása. Másodízben mélyedtem el életemben a rombolásoknak ebbe a tanába, és ezúttal természetesen már nem a mindennapi környezetem nyújtotta benyomások és hatások alatt, hanem a politikai élet általános megfigyelése útján. Miközben ennek az új világnak elméleti irodalmába mélyedtem, annak hatását megkíséreltem önmagamnak megmagyarázni, összehasonlítottam mindjárt a politikai, kulturális és gazdasági életben jelentkező gyakorlati megnyilvánulásaival és kihatásaival.

Első ízben szenteltem figyelmemet e világjárvány megfékezésére irányuló kísérletekre is. Tanulmányoztam Bismarck kivételes törvényalkotását, célja, harca és eredményei szemszögéből. Meggyőződésemet lassanként olyan sziklaszilárd alapokra fektettem, hogy ebben a kérdésben azóta sem kellett megváltoztatnom nézetemet. Ugyanígy további alapos vizsgálat tárgyává tettem a marxizmus és zsidóság közötti viszonyt.

Annak idején Bécsben Németországra, mint megingathatatlan hatalmasságra tekintettem, s most egyszerre gyakran félő gondok jelentkeztek bensőmben. Titokban és kicsiny társaságom előtt a német külpolitikát hibáztattam, és éppen anynyira hibáztattam azt a könnyelműséget is, amellyel Németország legfontosabb problémáját, a marxizmust kezelték. Valóban nem tudtam felfogni, hogyan képesek ilyen, kihatásaiban mérhetetlen veszedelembe vakon belerohanni. Már annak idején figyelmeztettem környezetemet, mint azt ma is teszem szélesebb mederben, a gyáva korcsok megnyugtató jelszavának: *"nekünk nem árthat senki"* veszedelmére. Hasonló rákfene már aláásott egy hatalmas birodalmat, miért lenne éppen Németország kivétel a többi emberi közösség között. Az 191314-es évben első ízben fejtettem ki különböző körökben amelyek ma részben a nemzetiszocialista mozgalom hűséges letéteményesei azt a meggyőződésemet, hogy a német nemzet jövőjének kérdése a marxizmus megsemmisítésének kérdésével elválaszthatatlanul egybeforrt.

A szerencsétlen német szövetségi politikát a marxizmus bomlasztó munkája következményének tekintettem. A legborzalmasabb az, hogy ez a méreg szinte láthatatlanul rombolja le egy egészséges gazdasági és állampolitikai felfogás alapjait. A megtámadottak gyakran nem is sejtik, hogy minden ténykedésük a különben általuk teljesen kárhoztatott világnézet következménye.

A német nép belső pusztulása akkor már régen megkezdődött, anélkül, hogy az emberek, mint oly sokszor az életben, tisztában lettek volna létük megrontóival. Gyakran tapogatták körül a betegséget, mégis összetévesztették a külső tüneteket a kór okozójával. Minthogy pedig ez utóbbit nem merték, vagy nem akarták megismerni, a marxizmus elleni harc sem volt egyéb, mint közönséges kuruzslás.

V. A világháború

Fiatal kamasz koromban semmi sem tudott inkább lehangolni, mint az a tudat, hogy éppen olyan korszakban születtem, amely láthatólag csak a szatócsoknak és államhivatalnokoknak fog diadalkaput emelni. A történelmi események hullámzása annyira lecsillapodott, hogy úgy látszott, a jövő tényleg "*a békés versengés korszaka*" lesz. E látszat terjesztése nem más, mint a népek kölcsönös méltóságteljes becsapása az erőszakos módszerek kikapcsolása mellett. Az egyes államok mindinkább üzleti vállalatokhoz kezdtek hasonlítani, amelyek igyekszenek egymás alól kirángatni a szőnyeget, a megbízásokat elhalászni egymás orra elől, és mindezt éppen annyira hangos, mint jelentéktelen handabandázás közepette. Úgy látszott, mintha ez a fejlődés nemcsak állandó jellegű, hanem az egész világot egyszerűen áruházzá alakító hatású lett volna, és e nagy áruház előcsarnokában a legrafináltabb pénzcsempészek és közigazgatási hivatalnokok szobrait gyűjtenék egybe a halhatatlanság számára. E nagy áruház kereskedői az angolok, a közigazgatási hivatalnokok pedig a németek lennének, a zsidóknak viszont a tulajdonos szerepére kellene föláldozniuk magukat, hiszen saját bevallásuk szerint úgysem keresnek soha semmit, hanem örökösen csak "*ráfizetnek*" és amellett a legtöbb nyelvet beszélik.

Adolf Hitler

Sokszor kérdeztem magamtól, miért nem születtem száz esztendővel ezelőtt, a szabadságharcok idején, amikor az ember még "*üzlet*" nélkül is ért valamit?!

Így töprengtem késői földi vándorlásom felett, és boszszankodtam a "*nyugalom és béke*" éveinek előttem álló perspektívája miatt, melyet a sors meg nem érdemelt Csapásának tekintettem. Gyermekkoromban sem voltam már távolról sem "*pacifista*", és minden ez irányú kísérlet csak öregbítette felfogásomat.

A búr háború felvillanó fénysávként ötlött szemembe. Naponta lestem az Újságokat és táviratokat, boldog voltam, hogy legalább a távolból tanúja lehetek ennek a hősi küzdelemnek.

Az orosz-japán háborút már sokkal értelmesebben és figyelmesebben szemléltem, és vitáim közepette elsősorban nemzeti okoknál fogva akkor már állást is foglaltam, éspedig a japánok mellett. Az orosz vereségben az ausztriai szlávság vereségét láttam.

Azóta sok év telt el, és amit gyermekkoromban fülledt csöndességnek tekintettem, az most számomra a vihar előtti nyugalmat jelentette. Már bécsi tartózkodásom idején tikkasztó, fülledt hőség lebegett a Balkán felett, olyan, amely a vihart szokta megelőzni. Néha fel-feltűnt egy-egy cikázó fénysugár, hogy azután gyorsan eltűnjék a rideg sötétségbe. Nemsokára bekövetkezett az első balkáni háború és ezzel együtt az első légáramlat az idegessé vált Európában.

A rákövetkező idő izzó trópusi lázként hatott az emberekre úgy, hogy a közeledő katasztrófa érzése s az örökös gond már végül vágyódássá változott, amely türelmetlenül várta annak bekövetkeztét, amelyet elkerülni amúgy sem lehetett. Végre lecsapott az első, hatalmas villám. Kitört a zivatar, s az égzengésbe a világháború ütegeinek bömbölése vegyült.

Amikor Ferenc Ferdinánd trónörökös meggyilkolásának a híre Münchenbe érkezett (éppen odahaza ültem és csak felületesen hallottam a történteket), először az a nyomasztó érzés fogott el, hogy talán német diákok golyói ölték meg a trónörököst, hogy megmentsék a német népet belső ellenségétől és a trónörökös szlávosító törekvéseitől. Hogy mi lett volna ennek a következménye, azt el lehet képzelni: az üldöztetésnek új korszaka, amely most már az egész világ szemében jogos és indokolt lett volna. Amikor közvetlen utána tudomásomra jutott az állítólagos tettesek neve, és hogy szerbek voltak a merénylők, csendes borzalommal gondoltam a kifürkészhetetlen sors bosszújára.

A szlávok legnagyobb barátja szláv fanatikus golyójának esett áldozatul.

Akinek módjában volt állandó figyelemmel kísérő Ausztriának Szerbiához való viszonyát, az egy pillanatig sem kételkedett abban, hogy a lavina megindul, és azt nem lehet majd feltartóztatni.

Igazságtalan az a szemrehányás, amellyel a bécsi kormányt illetik az általa küldött ultimátum tartalma és formája miatt. Hasonló helyzetben a világ egyetlen hatalma sem cselekedett volna másként. Ausztria délkeleti határán könyörtelen és halálos ellenség állott, amely egyre gyakrabban provokálta az Osztrák-Magyar Monarchiát, s mindaddig nem maradt volna nyugton, amíg be nem következik a birodalom megsemmisítésének pillanata.

A bécsi kormánykörökkel szemben igaztalanul jár el, aki azt állítja, hogy kierőszakolták a háborút, amelyet pedig még el lehetett volna kerülni. A háború elkerülhetetlen volt; legfeljebb egykét esztendővel lehetett volna elodázni. Márpedig ez a folytonos elodázás volt mind a német, mind az osztrák diplomáciának az átka. Végül is a legkevésbé megfelelő időpontban kellett belemenni a háborúba. A háború időpontjának további elodázásával minden bizonnyal még kevésbé megfelelő körülmények között kellett volna háborúba bocsátkozni.

Akik ma a háború megkezdése miatt a legtöbbet átkozódnak, és a legbölcsebbek ítélkeznek, éppen azok egyengették a legvégzetesebben a háborúhoz vezető utat.

A szociáldemokrácia évtizedek óta a legádázabb háborús uszítást folytatta Oroszország ellen; a Centrum viszont vallási szempontokból Ausztriát tette a német politika tengelyévé. Ennek a tévedésnek a következményeit természetesen viselni kellett. Ami bekövetkezett, semmi körülmények között nem lehetett elkerülni. A német kormány legnagyobb bűne emellett az volt, hogy a béke fenntartása érdekében a háború kitörésének legkedvezőbb pillanatát mindig elmulasztotta. A világbéke fenntartására irányuló szövetség hínárjába egyre jobban belekeveredett és így egy olyan világkoalíció áldozata lett, amely a világbéke fenntartásának vágyával szemben a világháborút tartotta szükségesnek.

Ha annak idején a bécsi kormány az ultimátumnak szolidabb formát és hangot adott volna, ez a körülmény legfeljebb magát a kormányt tette volna ki a nép elsodró dühének. A tömeg szemében az ultimátum hangja igenis mérsékelt volt, nemhogy túlzottnak vagy brutálisnak tartotta volna azt. Aki ma ezt tagadja, az vagy egészen üresfejű, vagy tudatosan hazug.

Az 1914. évi háborút nem kényszerítették rá a tömegre, hanem az egész nép hőn óhajtott vágya volt.

Adolf Hitler

Az általános bizonytalanságnak egyszer már véget akartak vetni. Csak így lehet megérteni, hogy ezt a legnehezebb harcot több mint kétmillió német férfi és ifjú önként vállalta, és kész volt a zászlót megvédeni utolsó csepp véréig.

Nekem magamnak ezek az órák úgy tűntek, mintha ifjúkorom bántó érzéseitől váltanának meg. Ma sem szégyellem bevallani, hogy túláradó lelkesedéssel borultam térdre, és hálás szívvel köszöntem meg az égnek azt a szerencsét, hogy ebben az időszakban élhetek.

Szabadságharc tört ki, amelynél hatalmasabbat a világ eddig még nem látott. Mihelyt a sors szabad folyást engedett az eseményeknek, világossá vált a nagy tömeg szemében, hogy nem Ausztria sorsáról van szó, hanem a német népéről.

Alig ment át a köztudatba Münchenben a merénylet híre, máris két gondolat cikázott át az agyamon: először az, hogy végre elkerülhetetlen a háború, másodszor, hogy a Habsburg államnak most kénytelen-kelletlen ki kell tartania a szövetség mellett. Hiszen amitől leginkább féltem az volt, hogy Németország egy szép napon talán éppen ebből a szövetségből kifolyóan valamilyen összeütközésbe keveredik anélkül, hogy ehhez Ausztria egyenes okot szolgáltatna, és a Habsburg állam nem lenne képes annyi belső erőt felmutatni, hogy szövetséges társa mellé álljon. Annál is inkább félő volt ez, mert a birodalom szláv többsége azonnal szabotálta volna az ilyen jellegű önálló elhatározást, és inkább darabokra zúzta volna szét a monarchiát, semhogy a szövetségesnek kért segélynyújtáshoz hozzájárult volna. Ez a veszedelem most már nem fenyegetett. A rozoga államnak harcolnia kellett, akár tetszett neki, akár nem.

E konfliktussal szemben elfoglalt álláspontom igen egyszerű és világos volt. Szerintem nem Ausztria veszekedett Szerbiával az elégtételért, hanem Németország küzdött saját létéért. A német nemzet számára a "*lenni vagy nem lenni*" nagy kérdéséről, szabadságáról és jövőjéről volt szó. Bismarck művének most kellett kiállnia a tűzpróbát, hogy újból kiérdemelje azt, amit az atyák Weissenburgtól Sedanig és Párizsig vívtak ki hazájuk számára. Ha ez a háború Németország számára győzelmes kimenetelű lett volna, akkor népünk ismét belépett volna a nagy nemzetek sorába, s csak azután szerezhetett volna magának Németország nagy érdemeket a béke hatalmas bástyájaként anélkül, hogy a drága béke kedvéért kénytelen lett volna fiai szájától a kenyeret megvonni.

Egykor, mint gyermeknek és ifjúnak az volt a hő óhajom, hogy legalább egyszer bebizonyíthassam: nemzetemért való lelkesedésem nemcsak üres frázis. Nemegyszer szinte bűnnek tűnt szememben az "*éljen*" kiáltás anélkül, hogy érzésem szerint ehhez jogosultságom lett volna. Mert kinek állott jogában ezt a szót használni, mielőtt kipróbálta volna valódi értelmét ott, ahol vége minden játéknak, és a sors istennőjének kérlelhetetlen keze népeket és embereket egykedvűen tesz serpenyőjébe, hogy megmérje érzelmük igaz voltát és mibenlétét.

Magam is azok közé a milliók közé tartozom, akiknek büszke boldogságtól dagadozott a keble azért, hogy végre megszabadulhatnak ezektől a gátló érzésektől. Annyiszor énekeltem a "*Deutschland über Alles*"-t és kiáltottam a "*heil*"-t tele torokkal, hogy számomra tényleg kegynek tűnt fel az a körülmény, hogy végre az Örök Bíró isteni ítélőszéke előtt tehetek tanúbizonyságot érzelmeim igazi voltáról és őszinteségéről. Már az első pillanatban megérlelődött bennem az elhatározás, hogy háború esetén, ami szerintem most már elmaradhatatlan volt, minden körülmények között búcsút mondok könyveimnek, mert úgy éreztem, hogy ott kell lennem, ahová a belső hang vezérelt.

Elsősorban politikai okokból mondtam búcsút Ausztriának. Mi sem volt természetesebb, mint az, hogy most, a nagy harc kezdetén ismét mérlegelnem kellett meggyőződésemet. Nem akartam a Habsburg-monarchiáért küzdeni, de kész voltam népemért és az azt megtestesítő birodalomért mindenkor meghalni. Augusztus 3-án kegyelmi kérvényt nyújtottam be III. Lajos király őfelségéhez, amelyben bajor ezredben való beosztásomat kérelmeztem. A kabinetirodának e napokban bizonyosan sok dolga volt. Ezért annál inkább örültem annak, hogy kérésem már másnap elintézést nyert. Remegő kézzel bontottam fel az értesítést, és olvastam kérésem teljesítését azzal a felhívással, hogy egyik bajor ezrednél jelentkezzem. Egész lényemet öröm és hála töltötte el. Pár nap múlva már magamra öltöttem egyenruhámat. hogy azután csak hat év múlva vessem le ismét. Mint valamennyi német számára, úgy az én számomra is megkezdődött földi létem legfeledhetetlenebb és legnagyszerűbb korszaka. E gigászi küzdelem eseményei mellett minden egyéb semmivé zsugorodott össze. Most, ennek az óriási eseménynek tizedik évfordulóján büszke fájdalommal gondolok vissza népünk hősi küzdelmei kezdetének e heteire, amelynek a sors jóvoltából én is részese lehettem.

Mintha csak tegnap lett volna, úgy elevenednek meg előttem az események. Egyenruhában látom magam kedves bajtársaim körében, magam előtt látom az első kivonulást, a gyakorlatokat stb., míg végre elérkezett a harctérre indulás nagy napja.

ADOLF HITLER

Csak egy gondolat bántott engem is, mint annyi sok mást. Vajon nem érkezünk-e későn a frontra? Ez az egy körülmény nyugtalanított. Így azután minden hőstett feletti győzelmi mámorban egy csepp keserűség is maradt számomra, hiszen minden újabb győzelemben elkésésünk veszélyét láttam. Ilyen lelkiállapotban érkezett el a nap, amikor búcsút mondtunk Münchennek, hogy teljesítsük kötelességünket. Első ízben pillantottam meg a Rajnát, amelynek csendes habjai mentén nyugatnak tartottunk, hogy a német folyamot megvédjük a régi ellenség kapzsiságával szemben. Amikor a nap első sugarai a reggeli köd enyhe fátyolán keresztül bearanyozták a Niederwald emlékművét, egyszerre felzengett a hosszú katonavonatunkból a reggeli égre a "*Wacht am Rhein*" dallama, és nekem elszorult a szívem.

Flandriában, nedves, hideg átgyalogolt éjszaka után, midőn a nap első sugarai bontakoztak ki a ködből, acélos köszöntés búgott el fejünk felett, s utána éles csattanással szórta szét soraink között golyózáporát és túrta fel a nedves talajt. Még mielőtt eloszlott volna ez az acélfelhő, kétszáz torokból tört elő az első "*hurrá*!" a halál első hírnökei felé! Most aztán elkezdődött a kattogás, zúgás, zengés, üvöltés. Mindenki előretört, lázas szemekkel, egyre gyorsabban, míg végre a hátrahagyott répaföldeken túl, a sövényeknél megkezdődött a közelharc, embernek ember elleni harca. A távolból dal hangjai törtek elő, amelyek egyre közelebb és közelebb jutottak, századról századra szállottak, éppen akkor, midőn a halál javában szedte sorainkból áldozatait. A dal elérkezett hozzánk, és mi továbbadtuk. "*Deutschland, Deutschland, über alles in der Welt*!" Négy nap múlva visszaindultunk. Még a lépésünk is megváltozott, a 17 éves ifjak férfiakhoz hasonlítottak. A List ezred önkéntesei talán nem tanultak még meg tökéletesen a harcászatot, de meghalni már úgy tudtak, mint az öreg katonák. Ez volt a kezdet.

Így ment ez tovább évről évre, de a csata romantikája helyébe egyre inkább a borzalom lépett. A lelkesedés lassan elcsendesedett, s a kitörő mámort megfojtotta a halálfélelem. Elérkezett az az idő, amikor mindenkiben az önfenntartás ösztöne küzdött a kötelességtudással. Engem sem kímélt meg ez a belső küzdelem. Nálam ez a harc már 1915-16 telén eldőlt. Akaratom teljes győzelmet aratott. Az első napokban ujjongva és nevetve rohamoztam, most csendes és elszánt lettem. Ez az állapot azután állandó maradt. Most már a sors a legnagyobb megpróbáltatásoknak is kitehetett anélkül, hogy idegeim felmondták volna a szolgálatot. Az ifjú önkéntesből öreg katona lett.

Ez a változás azonban az egész hadseregre vonatkozott. A hadsereg öregen, de keményen került ki ebből a küzdelemből, s azt, aki nem tudott ennek az áradatnak ellenállni, magával sodorta.

Évezredek múltán sem lehet majd hősiességről beszélni anélkül, hogy ne gondolnánk a világháború német hadseregére. A múlt ködéből majd kibontakozik a szürke acélsisakok vasfrontja, mint halhatatlanságra intő örök jel, amely nem ingadozik és nem hátrál soha. Míg németek élnek, tudni fogják, hogy ezek egykor nemzetünk fiai voltak.

Annak idején katona voltam, tehát nem akartam politizálni. Nem akartam tudni a politikáról, azonban mégsem cselekedhettem másként, minthogy bizonyos jelenségekkel szembenállást foglaljak, amely jelenségek kétségtelenül az egész nemzetet érintették, de elsősorban bennünket, katonákat érdekeltek.

Két dolog volt, ami engem annak idején bosszantott, és amit károsnak tartottam.

Már az első győzelmi hírek után a sajtó bizonyos része lassan és sokak által talán egyelőre még fel sem ismerhető módon néhány ürömcseppet kezdett vegyíteni az általános lelkesedésbe. Mindez bizonyos jóindulat, jóakarat, sőt bizonyos aggodalom leple alatt történt. Meggondolásaik voltak a győzelem túlzott ünneplésével szemben. Féltek attól, hogy ez nem nagy nemzethez méltó, és nem is megfelelő. Hiszen a német katona bátorsága és hősiessége tulajdonképpen egészen természetes, úgy, hogy ennek következtében nem szabad az embernek magát az örömnek olyan meggondolatlan kitöréseire ragadtatnia, már csak a külföldre való tekintettel sem, mert hiszen az örömnek csendes és méltóságteljes alakja jobban tetszik, mint a féktelen ujjongás stb. Végül pedig nekünk, németeknek most sem kellene elfelednünk, hogy a háborút mi nem akartuk, és így nem kellett volna szégyellnünk annak a nyílt és férfias beismerését, hogy mi mindenkor hajlandók vagyunk a kibékülésre, és ezért a magunk részéről mindent megteszünk. Viszont nem okos dolog a hadsereg tetteinek tisztaságát túl nagy lármával elhomályosítani, mert a világ többi része az ilyen tényekkel szemben csak kevés megértést tanúsít. Az ember semmin sem csodálkozik jobban, mint azon a szerénységen, amellyel a valódi hős tetteit hallgatagon és csendesen elfelejti. Ez volt az egésznek a célja.

Ahelyett, hogy az ember az ilyen alakokat hosszú fülüknél fogva magas oszlophoz vezette, és kötéllel felhúzta volna, tényleg elkezdték a győzelmi öröm e "*helytelen*" módjával szemben az ünneplők figyelmeztetését, nehogy az ünneplő nemzet az ingatag tintanyalók esztétikai érzékenységét megbántsa.

Megfeledkeztek arról, hogyha a lelkesedést egyszer letörik, az nem éleszthető fel újra. A mámort ebben az állapotban kellett tartani. Hogyan lehet a lelkesedés ereje nélkül olyan harcot végigharcolni, amely a legnagyobb követelményekkel lép fel a nemzet lelki tulajdonságaival szemben.

Nagyon jól ismertem a széles rétegek lelkivilágát, és tisztában voltam azzal, hogy "*esztétikai emelkedettség*"-gel nem lehet a tüzet annyira szítani, hogy elegendő legyen a melegen tartásra. Őrültségnek tartottam már azt is, hogy semmit sem tettek a szenvedélyek fokozása érdekében. De hogy a szerencsére meglévő lelkesedést még meg is nyirbálták, azt igazán nem tudtam megérteni.

Ami másodsorban bosszantott, az a mód volt, amellyel a marxizmust kezelték. Mindez csak annak bizonysága volt, hogy halvány sejtelmük sem volt a dögvészről. Egész komolyan hitték, hogy azzal az ígérettel, amely szerint többé nem ismernek pártokat, a marxizmust belátásra és tartózkodásra bírhatják.

Hogy a marxizmus esetében nem pártról, hanem az egész emberiség pusztításához vezető tanról van szó, azt annál kevésbé értették meg, mert mindezt nem tanították az elzsidósodott egyetemeken. Márpedig nagyon sokan, különösen magasabb rangú hivatalnokaink közül a beléjük nevelt ostoba önhittségüknél fogva nem találták érdemesnek, hogy olyan könyvet vegyenek kezükbe, amely nem tartozik iskolájuk tananyagához. Az ilyen egyének felett a legnagyobb átalakulások is nyomtalanul múlnak el. Így azután az állami intézmények többnyire csak az események után kullognak. Istenemre! Ezekre érvényes legalább az a közmondás: "*Amit a paraszt nem ismert, azt nem eszi meg.*" A kevés kivétel itt csak a szabályt erősíti.

Elképesztő esztelenség lett volna 1914 augusztusának napjaiban a német munkást a marxizmussal azonosítani. A német munkás azokban a sorsdöntő órákban kiszabadította magát e mérgező járvány karjaiból, hiszen egyébként soha sem lett volna hajlandó harcba szállni. Elég ostobák voltak azonban azt hinni, hogy a marxizmus talán "*nemzetivé*" lett; ez olyan elképzelés, amely csak arra mutat, hogy hosszú éveken át az állami ügyek hivatalos intézői közül senki sem tartotta érdemesnek e tan lényegével foglalkozni. Ha megtették volna, az ilyen tévedés nehezen következhetett volna be.

A marxizmus, amelynek végcélja az összes nem zsidó nemzeti államok megsemmisítése, 1914. júliusában megrendülve látta, hogy az általa behálózott német munkásság óráról órára egyre gyorsabb ütemben áll a haza szolgálatába. Pár nap leforgása alatt teljesen szertefoszlott ennek a siralmas népbolondításnak a köde. Egyszerre elhagyatva, egyedül állott a zsidó vezetőségi banda, mintha teljesen veszendőbe ment volna a hatvan esztendő alatt a tömegbe csepegtetett sok képtelenség és téveszme. De abban a pillanatban, amelyben a vezetők felismerték a fenyegető veszélyt, gyorsan a fülükre húzták a hazugság varázssapkáját, és szemtelenül színlelték a nemzeti lelkesedést.

Pedig most lett volna itt az ideje a zsidó kútmérgezők csaló szövetségével való leszámolásnak. Röviden le kellett volna számolni velük, minden tekintet nélkül az esetleges lármára és jajveszékelésre. 1914. augusztusában a nemzetközi szolidaritás gondolata egy csapásra elpárolgott a német munkásság fejéből, s ehelyett pár hétre rá amerikai srapnelek kezdték szórni a "*testvériség*" jegyében üdvözletüket a menetelő oszlopok sisakjára. A gondos kormányhatalom kötelessége lett volna akkor, amikor a német munkás ismét megtalálta a népéhez vezető utat, e népelem uszítóit kérlelhetetlenül kiirtani.

Ha a fronton a legjobbak eleshettek, akkor odahaza legalább a gázt lehetett volna kiirtani.

Ehelyett azonban Őfelsége a császár kezét nyújtotta a régi gonosztevőknek, és ezáltal kíméletet és belső nyugalmat biztosított a nemzet álnok orgyilkosainak.

A kígyó tehát tovább dolgozhatott, ha elővigyázatosabban is, mint azelőtt, de annál veszedelmesebben. Mialatt a tisztességesek békességről álmodoztak, azalatt a hitszegők a forradalmat készítették elő.

Ha annak idején e rettenetes félszegségre határozták el magukat, engem lelkem mélyén mind elégedetlenebbé tett. De hogy a vége ilyen borzalmas lesz, akkor még magam sem gondoltam.

Mit kellett volna tehát cselekedni? A mozgalom vezetőit lakat alá helyezni, perbe fogni, és őket a nemzet nyakáról eltávolítani. Az egész katonai hatalmat is igénybe kellett volna venni ennek a pestisnek kiirtásához. Pártjukat fel kellett volna oszlatni, a parlamentet szükség esetén szuronnyal észre térítem, de a legjobb lett volna működését azonnal felfüggeszteni. Miként a köztársaság ma feloszlatja a pártokat, úgy erre még több joga lett volna a császárságnak, hiszen akkor a nép léte vagy nemléte forgott kockán.

Ez esetben felvetődik a kérdés, vajon lehet-e egyáltalán szellemi eszméket fegyverrel kiirtani? Lehet-e durva erőszak alkalmazásával világnézeteket legyőzni?

Ezeket a kérdéseket már abban az időben is nemegyszer feltettem magamnak.

A hasonló és a történelemben különösen vallási alapon mozgó események tanulmányozása a következő alapvető felismeréshez vezetett:

Gondolatok és eszmék, valamint szellemi alappal bíró mozgalmak, legyenek azok akár tévesek, akár helyesek, fennállásuk bizonyos időpontjától számítva, technikai hatalmi eszközökkel már csak akkor törhetők meg, ha a fegyverek egyúttal új gondolatnak, eszmének vagy világnézetnek hordozói.

Puszta erőszak különálló alkalmazása, egy bizonyos szellemi alapgondolat hajtóereje nélkül, sohasem vezethet egy másik eszme és annak elterjedése megsemmisítéséhez, feltéve, hogy nem irtja ki mind egy szálig annak minden képviselőjét, és nem rombolja szét minden hagyományát. Ez azonban leggyakrabban az illető állam hatalmi politikai jelentőségének kikapcsolódását is maga után vonja gyakran hosszú időre, nemegyszer örökre. Tapasztalat szerint egy-egy ilyen véráldozat a nép legjavát érinti. Minden olyan üldözés, amelynek nincsen szellemi megalapozottsága, erkölcstelennek tűnik fel, és éppen a nép legértékesebb elemeit készteti ellenállásra, ami végül az igaztalanul üldözött mozgalom szellemi tartalmának elsajátítására vezet. Sokaknál egyszerűen ellenzéki érzületből, amely fellázad egy eszme erőszakos ledorongolása ellen.

Amilyen mértékben nő az üldöztetés, ugyanolyan mértékben szaporodik a belső párthívek száma. Az új tan végleges megsemmisítése csak nagy, folyton fokozódó irtóhadjárattal volna lehetséges, amely végre az illető nép és állam valóban értékes vérének a lecsapolásához is vezet. Ez azonban megbosszulja magát, mert az ilyen, úgy nevezett "*belső*" tisztogatás ára az általános aléltság lesz. Az ilyen eljárás eleve céltalan akkor, ha a legyőzendő tan már bizonyos kereteket túllépett.

Mint minden élő szervezet, ez is a gyermekkor első idejében van leginkább kitéve a megsemmisülés veszedelmének, míg az évekkel növekedik ellenállóképessége, hogy azután az aggkori gyengeség következtében ismét új gyermekségnek adjon helyet, ha talán más formában és más okból is.

Tény az, hogy majdnem minden olyan kísérlet, amely egy világnézetet és annak szellemi kihatásait minden szellemi alapot nélkülöző puszta erőszak által kíván megsemmisíteni, fiaskóval végződik, sőt nemegyszer az ellenkezőjét éri el mindannak, amit kíván.

Minden olyan erőszak, amely nem biztos szellemi alapon nyugszik, ingadozó és bizonytalan lesz. Hiányzik a megalapozottsága, amely csak fanatikus világnézetben testesülhet meg.

Minden világnézet, legyen az vallásos vagy politikai természetű gyakran nehéz e tekintetben határt vonni elsősorban a saját eszméinek gyakorlati megvalósításáért, semmint az ellentétes világnézet megsemmisítéséért harcol. Ennek következtében a harc nem annyira védekező, mint inkább támadó jellegű. Minden olyan kísérlet, amely bizonyos világnézetnek hatalmi eszközökkel való legyőzését kívánja szolgálni, meghiúsul mindaddig, amíg a harc nem ölti magára az új világnézet támadó alakját. Csak két világnézet harcában mérik össze szívósan és kíméletlenül a brutális erőszak fegyvereit a győzelem kivívása érdekében.

Ennek az igazságnak a fel nem ismerésén szenvedett hajótörést mind ez ideig a marxizmus elleni küzdelem.

Emiatt vallott kudarcot a bismarcki "*kivételes*" törvényalkotás is. Hiányzott az új világnézet, amelyért a harcot meg lehetett volna vívni. Mert azt, hogy az ún. "*államtekintély*" vagy "*nyugalom és rend*" az élethalálharcban egy bizonyos szellemi alapgondolat hajtóereje lehetne, csak az illetékes magasabb rangú tisztségviselőink közmondásos bölcsessége hiheti.

Mivel ennek a harcnak a valódi szellemi alapja hiányzott, Bismarck kénytelen volt a szociális törvényalkotás gyakorlati megvalósítását annak az intézménynek belátására és jóindulatára bízni, amely maga is a marxista gondolkodásmód hajtása volt. Akkor, amikor a "*vaskancellár*" a marxizmus elleni küzdelmet a polgári demokraták jóindulatára bízta, kecskére bízta a káposztát.

Mindez egy alapos, marxizmus ellenes harci kedv által fűtött új világnézet hiányának a következménye volt. Így lett a bismarcki harc eredménye is súlyos kiábrándulás. A világháború alatt vagy annak kezdetén vajon másképp alakult a helyzet? Sajnos nem.

Minél inkább foglalkoztam állami kormányzatunknak a szociáldemokráciával, mint a marxizmus pillanatnyi megtestesítőjével szembeni álláspontja megváltoztatásának gondolatával, annál inkább felismertem e tan pótszerének hiányát. Mit lehetne a tömegnek nyújtani, ha a szociáldemokráciát levernék? Egyetlen mozgalom sem volt, amelytől remélni lehetett, hogy a többé-kevésbé vezető nélkül maradt munkások tömegét zászlaja alá vonzaná. Esztelenség, sőt ostobaság volt azt hinni, hogy az osztálypártból kivált nemzetközi fanatikus máról holnapra polgári pártba, tehát új osztályszervezetbe fog bevonulni. Bármily kellemetlen is legyen, nem lehet letagadni, hogy a polgári pártok legnagyobb része a társadalmi osztályok szerinti tagozódást "*természetesnek*" látja mindaddig, amíg nincsenek ennek kellemetlen politikai hatásai.

Ezt a tényt csak a szemtelen és buta hazudozó tagadhatja le. Általában tartózkodnunk kell attól, hogy a tömegeket butábbnak tartsuk, annál tűnt amilyen. Politikai ügyekben gyakran az érzelem helyesebben dönt, mint az ész. Aki azonban azt hiszi, hogy a tömeg érzelmének helytelenségét nemzetközisége eléggé bizonyítja, gondoljon arra, hogy a pacifista demokrácia sem jár kevésbé esztelen utakon. Pedig annak képviselői csaknem kizárólag a polgári elemek közül kerülnek ki. Mindaddig, amíg a polgárok milliói reggelenként áhítatosan olvassák a zsidó demokrata újságjaikat, addig ezeknek az uraknak egyáltalán nem volna szabad élcelődniük az "*elvtársak*" butaságán. Különösen, ha meggondoljuk, hogy ők is ugyanazt a szemetet habzsolják, ha más feltálalásban is. Mindkét esetben a gyártó: egy és ugyanaz a zsidó.

Az embernek óvakodnia kell attól, hogy meglévő tényeket letagadjon. Az a tény, hogy osztálykérdéseknél nemcsak ideális problémákról van szó mint ahogy azt főleg választások előtt szeretik szívesen hangoztatni, le nem tagadható. Népünk nagy részének osztályönhittsége, valamint mindenekelőtt a kézi munkás megbecsülésének a hiánya olyan jelenség, ami nem valamely holdkóros fantáziájában született meg.

Mindettől eltekintve az úgynevezett intelligenciának igazán csekély gondolkodóképességére vall, ha nem érti meg, hogy egy olyan réteg, amely a marxizmus járványának terjedését nem tudta megakadályozni, ma legkevésbé sem képes az elvesztettek visszaszerzésére.

A magukat polgárinak nevező pártok soha sem fogják többé a proletár tömegeket a saját táborukhoz csatolni, mert itt részben természetes, részben mesterséges úton egymástól elválasztva olyan két világ áll egymással szemben, amelyeknek egymás közötti viszonya csak a harc lehet. A győzelmes fél azonban csak az ifjabb, ez pedig a marxizmus.

1914-ben valóban elképzelhető volt a szociáldemokrácia elleni harc, csak az lett volna kétséges, hogy megfelelő gyakorlati pótlék hiányában meddig lehetett volna a harcot tovább vinni. E téren nagy űr volt. Már jóval a háború előtt ez volt a véleményem, s éppen ezért nem tudtam elhatározni magam a már meglévő pártok valamelyikéhez való csatlakozásra. A világháború folyamán szerzett benyomásaim ezt a véleményemet csak megerősítették, mert világosan felismertem egy olyan mozgalomnak a hiányát, amely több kell, hogy legyen parlamenti pártnál, ha fel akarja venni a szociáldemokrácia ellen a kérlelhetetlen harcot.

Bizalmas barátaim előtt nyíltan beszéltem erről. Egyébként ekkor gondoltam első ízben arra, hogy később politikailag is szerepeljek.

Éppen ez ösztönzött, hogy barátaim kis körében kijelentsem: a háború után hivatásom mellett szónokként óhajtok tevékenykedni. Azt hiszem, hogy erre egészen komolyan gondoltam.

VI. Háborús propaganda

A politikai események figyelmes tanulmányozása közben már régtől fogva; rendkívül érdekelt a propagandatevékenység. A propagandában olyan eszközt láttam, amelyhez különösen a marxista szervezetek értettek mesteri ügyességgel. Már elejétől fogva rájöttem arra, hogy a propaganda helyes alkalmazása valóságos művészet, amely polgári pártjaink előtt majdnem teljesen ismeretlen volt és maradt. Csak a keresztényszocialista mozgalom, különösen Lueger idejében tudott ezen a téren is nagyszerűt művelni, és ennek köszönhette nagy sikerét is.

A propaganda helyes alkalmazásának beláthatatlan eredményeit azonban elsősorban a háború ideje alatt láthattam. Sajnos, ezen a téren is mindent csak az ellenfél oldalán tanulmányozhattam, mert a mieink tevékenysége szerfölött szerény volt. Már önmaga, a német részről tapasztalt általános felvilágosításnak minden katona szemében feltűnő hiánya, arra késztetett, hogy ezzel a kérdéssel még behatóbban foglalkozzam.

Gondolkodási időm több volt a kelleténél, és a gyakorlati útmutatásokat az ellenség adta, sajnos, igen kitűnő módon.

Amit nálunk elmulasztottak, azt az ellenfél határtalan ügyességgel és valóban zseniális számítással használta ki. Az ellenség háborús propagandájából én is nagyon sokat tanultam. Azok fölött, akiknek ezen a téren is a legtöbbet kellett volna tenniük, az idő nyomtalanul haladt el; részben túlságosan okosnak képzelték magukat annál, hogy másoktól is tanulhassanak, másrészt a becsületes akaratuk is hiányzott hozzá.

Kérdem én: volt-e nálunk egyáltalán háborús propaganda?

Sajnos, csak nemmel felelhetek.

Minden, amit ebben az irányban műveltek, kezdettől fogva annyira kevés és annyira hibás volt, hogy legalábbis semmit sem használt, gyakran azonban éppen kárt okozott. A német háborús propaganda alapos vizsgálatának eredményeként csak azt lehet megállapítani, hogy alakjában elégtelen, lényegében pedig lélektanilag hibás volt.

Már az első kérdéssel sem voltak tisztában, tudniillik azzal, hogy a propaganda eszköze vagy cél?

A propaganda eszköz, és éppen ezért a cél szempontjából kell megítélni. Alakja tehát az általa szolgált célhoz kell, hogy alkalmazkodjék. Az is világos, hogy a cél jelentősége az általános szükséglethez képest különféle lehet. Ez a körülmény szabj a meg a propaganda belső értékét is. Az a cél azonban, amelyért a háború folyamán harcoltunk, a legnagyszerűbb és leghatalmasabb volt, amit csak ember elképzelhet: népünk szabadságáért és függetlenségéért, létfenntartásának biztosításáért, a jövendőért és a nemzet becsületéért harcoltunk. Valamiért, amely minden ellentétes véleménnyel szemben, amit ma hallunk, mégiscsak van, sőt lennie kell, mert hiszen becsület, szabadság és függetlenség nélkül a népek előbb-utóbb tönkremennek, mert a magasabb igazság szerint a becstelen és hitvány nemzedékek nem érdemlik meg a szabadságot. Aki azonban gyáva rabszolga akar lenni, annak nem lehet és nem szabad becsületének lennie, mert az általános megvetés úgyis a legrövidebb idő alatt megfosztja attól.

Abban a harcban, amelyben a német nép emberi létéért küzdött, a háborús propaganda célja a harc támogatása, végcélja pedig a győzelem kellett volna, hogy legyen.

Ha bolygónk népei létfenntartásukért küzdenek, és a lét vagy nemlét kérdése nyomul előtérbe, akkor semmivé válnak a humanitásról és az esztétikáról szóló megfontolások. Mindezek a képzetek nem a világegyetemben lebegnek, hanem ezek az ember fantáziájának a szülöttei és az emberhez is vannak kötve. Ha elválasztjuk ettől a világtól ezeket a fogalmakat, akkor ismét semmivé válnak, mert az örök természet nem ismeri őket.

Ami a humanitást illeti, arra nézve már Moltke megállapította, hogy háború esetén a hadviselés lehető gyors befejezésében rejlik a legnagyobb humanitás, tehát a legkíméletlenebb hadviselési mód felel meg a legjobban az emberiesség követelményeinek.

Ha azonban az ember az esztétika stb. szólamával hozakodik elő, akkor erre csak egy választ adhatunk. A nép létküzdelmét jelentő sorsdöntő kérdésekben megszűnik a szépségre való törekvés kötelezettsége. A legkevésbé szép amit az emberi életben ismerhetünk, a rabszolgaság járma. Vagy talán a schwabingi dekadencia "*esztétikusnak*" találja a német nemzet mai sorsát? Ennek a kultúrparfümnek modern feltalálóival, a zsidókkal azonban igazán kár erről tárgyalni. Egész létük nem egyéb, mint az Úr képmásának esztétikája elleni tiltakozás megtestesülése.

Ha azonban a humanizmusról és esztétikáról vallott fenti álláspontok a harcnak nem velejárói, akkor azok a propaganda mérvének és minőségének tekintetében sem jöhetnek számításba.

A propaganda a háborúban a célhoz vezető eszköz. A cél pedig a német nép létéért folytatott küzdelem volt. Éppen ezért a propagandát is csak az erre érvényes alapelvek szerint lehet megítélni. A legrettenetesebb fegyverek is emberségesek, ha azokat a győzelem siettetése teszi szükségessé, és csak azok a módszerek szépek, amelyek a nemzet számára a szabadság dicsőségét biztosíthatják.

A háborús propaganda szempontjából ilyen élethalálharc idején ez az egyetlen helyes állásfoglalás.

Ha ezzel a mértékadó körök is tisztában lettek volna, akkor sohasem bizonytalankodtak volna annyit ennek a fegyvernek az alakját és alkalmazását illetően; mert a propaganda is csak fegyver, igaz ugyan, hogy csak alapos ismerője kezében képez rettenetes harci eszközt.

A második, de ugyanilyen döntő jelentőségű kérdés a következő: Kikhez kell a propagandának szólnia? A művelt intelligenciához, vagy a kevésbé képzett tömegekhez? Mindig csak a tömegek felé kell irányulnia!

A propaganda feladata nem az egyesek tudományos kiképzése, hanem a tömegnek bizonyos tényekre, eseményekre, szükségszerűségekre stb. való figyelmessé tétele úgy, hogy azok jelentősége a tömeg érdeklődésének középpontjába kerüljön.

Minden propagandának népszerűnek kell lennie és szellemi színvonalát a felvilágosítandók legkevésbé képzett rétegének befogadóképességéhez kell szabni.

Minél nagyobb az a tömeg, amelyre hatást kell gyakorolni, annál kevésbé legyen magas a propaganda szellemi színvonala. Ha tehát a propaganda a háborúban való kitartás fokozását célozza, és éppen ezért az egész népre irányul, a túlságosan magas szellemi előfeltételek kerülésére a legnagyobb gondot kell fordítani.

Minél kisebb a tudományos tehertétel és minél inkább a tömeg érzelméhez szól a propaganda, annál átütőbb az eredmény. Ez a propaganda helyességének és helytelenségének legkitűnőbb fokmérője, és semmi szín alatt sem egynéhány tudósnak vagy esztétikai ifjoncnak a kielégítése.

A tömeg befogadóképessége nagyon korlátolt, értelme kicsiny és éppen ezért nagyon feledékeny. Ezekből a tényekből kifolyólag tehát minden hathatós propaganda csak néhány pontra kell, hogy szorítkozzék. Ezt a néhány pontot és néhány tételt addig kell vezérszavakban ismételni, amíg az utolsó is megérti ebből a szóból azt, amit akarunk. Mihelyt az ember ezt az alaptételt feláldozza, és sokoldalú akar lenni, akkor a hatás elaprózódik, mert a tömeg a nyújtott anyagot sem megérteni, sem megemészteni nem tudja. Ezáltal azonban az eredmény is tovább gyengül mígnem végleg elmarad.

Például teljesen hibás volt az ellenséget nevetségessé tenni, mint ahogyan azt az osztrák és német vicclapok művelték. Alapjaiban téves, mert az ellenféllel való találkozás a valóságban mindjárt egészen más meggyőződésre bírta az egyes embert, és ez a körülmény borzalmasan megbosszulta magát. A német katona az ellenfél ellenállásának közvetlen benyomása alatt eddigi felvilágosítói részéről becsapottnak érezte magát, és ahelyett, hogy harci kedve vagy kitartása megerősödött volna, éppen az ellenkezője történt. Az ilyen, félrevezetett ember felmondta a szolgálatot.

Ezzel szemben az angolok és amerikaiak háborús propagandája lélektanilag helyes volt. Ők a németet népük előtt barbárnak és vandálnak tüntették fel, az egyes katonát már előkészítették a háború borzalmaira, és ezzel elejét vették a csalódásnak. Még a legborzalmasabb fegyver is, amit ellenük felhasználtak, csak az eddigi felvilágosítás igazolását jelentette számukra. Éppen ezért csak megerősítette kormányzatuk állításainak valóságában vetett hitüket, amely körülmény viszont dühüket és gyűlöletüket fokozta az elvetemült ellenséggel szemben. Mert az ellenség fegyvereinek legrettenetesebb hatása is csak a barbár ellenség ismert brutalitásának bizonyossága volt, anélkül azonban, hogy csak egy pillanatra is meggondolta volna, hogy saját fegyverei még borzalmasabb hatásúak.

Így nyújtotta a német háborús propaganda túl nem szárnyalható példáját annak, hogy miként érheti el a "*felvilágosító*" munka a kitűzött célnak éppen az ellenkezőjét akkor, ha hiányzik belőle a lélektanilag helyes elgondolás.

Ezzel szemben nagyon sokat lehetett tanulni az ellenségtől annak, aki nyitott szemmel és helyes érzékkel dolgozta fel magában a négy és fél éven át ostromló ellenséges propaganda hullámait.

Legkevésbé értették meg azonban a propagandatevékenység első tételét, nevezetesen azt, hogy minden feldolgozandó kérdésben teljesen szubjektív, egyoldalú állásfoglalásra van szükség. Ezen a téren mindjárt a háború kezdetén nagyot hibáztak, úgy, hogy az embernek joga volt kételkedni: vajon annyi esztelenség tisztán csak a butaság rovására írható?

Mit mondanánk az olyan plakátról, amely egy bizonyos szappan propagálására hivatott, és amelyik egy másik szappant is jónak minősít. Az ember csak a fejét rázná. Éppen így vagyunk a politikai reklámokkal is.

A propaganda feladata például nem a különböző jogok mérlegelése, hanem az általa képviselendő egyetlen jog kizárólagos hangsúlyozása. Pl. alapjában hibás volt a háborús felelősség kérdését abból az álláspontból megítélni, hogy nemcsak Németország tehető felelőssé a katasztrófa bekövetkezéséért. Az lett volna a helyes, hogy ezt a bűnt kizárólag az ellenség rovására írjak még akkor is, hogyha ez nem felelt volna meg úgy a valóságnak, mint ahogy ez valójában volt. Mi volt azonban ennek a félmunkának az eredménye?

A nép nagy tömege nem diplomatákból és államtudósokból, sőt még csak nem is mind értelmes ítélőképességgel megáldott emberekből áll, hanem ingadozó, kétkedésre és bizonytalanságra hajlamos emberekből. Abban a pillanatban, amelyben a saját propaganda csak halvány lehetőséget is nyújt, az ellenfél már alapot is nyert a saját igazunkban való kételkedésre. A tömeg nem képes megkülönböztetni azt, hol ér véget az ellenfél igazságtalansága, és hol kezdődik a saját igazságtalanságunk. Ilyen esetben bizonytalan és hitetlenkedő lesz, különösen akkor, ha az ellenfél nem követi el ezt az esztelenséget, hanem a maga részéről minden bűnt az ellenségre ró. Magától értetődő dolog tehát, hogy végre a saját népünk is inkább hisz az egyöntetű és egységesebb ellenséges propagandának, mint a saját propagandánknak. Különösen olyan népnél lehet erről szó, amely amúgy is minden áron a tárgyilagosságra törekszik. Mert népünknél mindenki csak azon fáradozik, hogy az ellenséget megkímélje az igazságtalanságtól még akkor is, hogyha ez népünket a legsúlyosabb veszélynek teszi ki, még ha létének és államának a vesztét vonja is maga után, Természetesen a tömeg nem jön rá arra, hogy mértékadó helyen ezt nem így gondolják.

A nép a maga nagy többségében annyira nőies gondolkodású, hogy sokkal inkább befolyásolják gondolkodásmódját és ténykedését az érzelmi benyomások, mint a hideg értelem. Ezek a benyomások azonban nem komplikáltak, hanem nagyon egyszerűek és egészségesek. Itt nincs sok latolgatásnak helye, hanem csak végletek pozitívumának vagy negatívumának, szeretetnek vagy gyűlöletnek, jognak vagy jogtalanságnak, igazságnak vagy hazugságnak, de semmi szín alatt sem a félig-meddig, az így vagy úgy, a részben stb.-nek.

Ezt különösen az angol propaganda értette és alkalmazta is valóban zseniális módon. Ott igazán nem volt szó félmegoldásokról, amelyek csak a legkisebb kétséget is támaszthatták volna.

A nagy tömegek érzelmi benyomásainak primitív voltát mi sem jellemzi jobban, mint az a rágalomhadjárat, amellyel a tömeg e tulajdonságának ismeretével nemcsak biztosították a morális kitartást még a legnagyobb nehézségek idején is, hanem amellyel a német népet egyben a háború kitörésének egyedüli felidézőjeként állították be.

E propaganda hatékonyságát legjobban az a tény bizonyította, hogy négy év múltán nemcsak az ellenséget erősítette meg a kitartásban, hanem még saját népünket is kikezdte.

Hogy a mi propagandánknak nem volt ilyen eredménye, azon nem lehet csodálkozni. Már a maga kétértelműségében hordozta a hatástalanság magvát, tartalmánál fogva sem gyakorolhatott a tömegre megfelelő hatást. Csak a mi "*szellemdús*" államférfiaink gondolhatták azt, hogy ezzel a langyos pacifista mosogatólével embereket halálmegvető harcokra lehet bírni. Így ez a propaganda nemcsak céltalan, de káros is volt.

Minden reklám eredményessége mind üzleti, mind politikai téren alkalmazásának tartósságában és állandó egyöntetűségében rejlik.

Az ellenséges háborús propaganda ezen a téren is mintaszerű volt. Kizárólag a tömeget szem előtt tartó néhány vezéreszmére korlátozottan fáradhatatlan szívóssággal űzték. Az egész háború alatt, a legkisebb változtatás nélkül, állandóan az egyszer már bevált alapgondolatokat és kiviteli formákat alkalmazták. Állításainak szemérmetlenségében eleinte kótyagosnak tetszett, később kellemetlenné lett, hogy végre elhigygyék azokat. Négy és fél év múltán kitört Németországban a forradalom, és ennek a forradalomnak a jelszavai azok voltak, amelyek az ellenség háborús propagandájából származtak.

Angliában megértették azt is, hogy ezeknek a szellemi fegyvereknek az eredményessége csak felhasználásuk tömegében rejlik, viszont az eredmény megéri a pénzt.

A propaganda odaát elsőrendű fegyvernek szállított, míg nálunk néhány állás nélküli politikus és egyéb lapuló "*hős*" kenyérkereseti forrását jelentette. Az eredmény végül tényleg a semmivel volt egyenlő.

VII. A forradalom

Nálunk 1915-ben kezdte meg az ellenséges propaganda a működését, 1916 óta egyre erősödött, hogy végül 1918 elején formális áramlattá fejlődjék. Lassanként lépésről lépésre felismerhetők voltak ennek a lelki csapdának a hatásai. A hadsereg mindinkább úgy kezdett gondolkodni, ahogy azt az ellenség akarta. A német ellenhatás azonban teljesen felmondta a szolgálatot. A hadsereg akkori szellemi vezetőiben tényleg megvolt a szándék és elhatározás, hogy az ellenséggel szemben ezen a téren is felvegyék a harcot, csak a szükséges eszköz hiányzott hozzá. Lélektanilag is teljesen helytelen volt ezt a felvilágosító munkát magukon a csapatokon keresztül megindítani. Ha ez a munka eredményességre törekedett, akkor magából a hazából kellett volna kiindulnia. Csak akkor lehetett eredménnyel számolni azoknál az embereknél, akik végeredményben ezért a hazáért vitték véghez idestova négy éven keresztül a hősiességnek és nélkülözésnek legnagyszerűbb tetteit. Ezzel szemben mi indult ki a hazából? Vajon butaság vagy gazemberség okozta-e a honi propaganda csődjét?

1918 nyarának derekán, a Marne déli partjának kiürítésekor a német sajtó már olyan szomorúan, ügyetlenül és a gazemberségig butául viselkedett, hogy egyre komolyabb formában vetődött fel bennem a kérdés, vajon tényleg nincs senki, aki alkalmas lenne arra, hogy a hadsereg hősiességének elpazarlását megállítsa? Mi történt Franciaországban akkor, amikor mi 1914-ben oly hallatlan győzelmi menetben vonultunk be ebbe az országba? Mit tett Itália az Isonzó-front öszszeomlásának idején? Mit tett Franciaország 1918 tavaszán, midőn a német hadosztályok állásaikat kezdték felgöngyölíteni, és a messze hordó nehézütegek már Párizst lőtték?

Hogyan értettek ott ahhoz, hogy a visszaözönlő ezredek arcába vágják a nemzeti szenvedés forróságát? Hogyan dolgozott ott a propaganda és a nagyszerű tömegbefolyásolás, hogy a megtört front tagjainak szívébe verje a végső győzelem tudatát?

Ezzel szemben mi történt nálunk? Semmi! Vagy talán még annál is rosszabb!

Abban az időben harag és lázongás öntött el, valahányszor a legújabb újságokat olvastam annak a lélektani tömeggyilkosságnak a láttán, amelyet ezek elkövettek. Nemegyszer merült fel a gondolat bennem, hogyha engem ezeknek a tehetetlen vagy pedig gazemberségig menő módon tudatlan, vagy akarat nélküli propagandistáknak a helyére állítanának, akkor egészen másként üzennék hadat a sorsnak.

Ezekben a hónapokban éreztem. először a sors szeszélyes játékát, hogy engem a harctéren olyan helyre állított, ahol bármely négernek egyetlen ujjrándítása elpusztíthat, míg más helyen nagyobb szolgálatot tehetnék hazámnak! Már akkor elég merész voltam hinni, hogy ez nekem sikerülne. Azonban és is csak egyike voltam a nyolcmillió névtelennek. Ilyen körülmények között helyesebb volt, ha nem beszéltem, hanem ezen a helyen teljesítettem kötelességemet olyan jól, amennyire lehetett.

1915 nyarán kerültek kezünkbe az első ellenséges röpcédulák.

Azok tartalma, kevés alaki és formai különbséggel az volt, hogy Németországban a szükség és nélkülözés egyre nagyobb; a háború tartama végtelen, míg a győzelmi kilátás egyre jobban semmivé lesz; otthon a nép a békére vágyik, és csak a *"militarizmus"* és a *"császár"* akadályozzák azt; az egész világ, amely ezzel tisztában van éppen ezért a háborút nem a német nép ellen, hanem sokkal inkább kizárólag az egyetlen bűnös, a császár ellen viseli; a harcnak addig nem lesz vége, amíg a békés emberiségnek ezt az ellenségét hidegre nem teszik, és a szabadságszerető demokratikus nemzetek a háború befejezése után a német államot föl fogjak venni az örök világbéke szövetségébe, amelynek létesítése a porosz militarizmus megsemmisítésének órájában már biztosítva van.

Az elhangzottak bizonyságául nem egyszer mellékeltek nyomtatásban "*leveleket a hazából*", amelyeknek tartalma ezeket az állításokat megerősíteni látszott.

Általában nevettek ezeken a kísérleteken. A röpcédulákat elolvasták, azután hátraküldték a magasabb parancsnoksághoz, és legtöbbször ismét elfelejtették mindaddig, amíg a szél felülről újabb küldeményt nem hozott a lövészárokba. Leggyakrabban ugyanis a repülőgépek szórták le ezeket a röpcédulákat. Egy körülmény feltűnhetett ennél a propagandánál, az, hogy azokon az arcvonalszakaszokon, amelyeken a bajorok tartózkodtak, rendkívüli következetességgel mindig Poroszország ellen izgattak azzal az ígérettel, hogy egyrészt Poroszország egyedül bűnös és felelős az egész világháborúért, másrészt, hogy Bajorország ellen a legkisebb ellenségeskedéssel sem viseltetnek; természetesen addig rajtuk sem tudnak segíteni, amíg ők (a bajorok) a porosz militarizmus szolgálatában állnak és annak segítenek a "*gesztenyét a tűzből kikaparni*".

A befolyásolásnak ez a módja, úgy látszik, már 1915-ben bizonyos hatást váltott ki. Egyre erősebb lett a csapatoknál a poroszellenes hangulat, anélkül azonban, hogy felülről csak egyszer is komolyan felléptek volna ellene. Ez már több volt, mint egyszerű nemtörődömség; előbb vagy utóbb a legsúlyosabb módon meg kellett bosszulnia magát, és pedig nemcsak Poroszországgal, hanem az egész német néppel szemben. Márpedig ehhez tartozik, nem utolsósorban, Bajorország is.

Ezen a téren az ellenséges propaganda már 1916-tól kétségtelen eredményeket tudott felmutatni.

Éppen így a hazulról érkezett siránkozó levelek is megtették a magukét. Már nem is volt szükség arra, hogy az ellenség még külön röpcédulák útján stb. közvetítse azokat a frontra. Ezekkel szemben sem tettek a "*kormányzat*" részéről eltekintve néhány botor lélektani "*figyelmeztetéstől*" semmit. A frontot ellepte az a méreg, amelyet meggondolatlan asszonykezek indítottak el hazulról, természetesen anélkül, hogy sejtették volna: az ilyen levelek az ellenség győzelmi kilátásainak az erősítésére, tehát egyúttal a harctéren levő hozzátartozóik szenvedéseinek meghosszabbítására és nehezebbé tételére szolgálnak. Német asszonyok átgondolatlan levelei következményükben több százezrekre menő férfi életébe kerültek.

Már az 1916. év folyamán különféle meggondolandó jelenség mutatkozott. A front már sok mindennel elégedetlen volt, és nemegyszer joggal háborodott fel. Mialatt éhezett, tűrt és szenvedett, hozzátartozói pedig odahaza nélkülöztek, más oldalon bőséget és pazarlást látott. Igen. Még a harctéren sem volt e tekintetben minden rendben.

Így fejlődött ki már akkor valami enyhe válság, mindenesetre akkor még csak "*belső*" ügyek körül. Ugyanaz az ember, aki előzőleg szitkozódott, zsörtölődött, pár perccel később hallgatva tette meg a maga kötelességét, mint hogyha mindezt természetesnek találta volna. Ugyanaz a század, amelyik az imént még békétlenkedett, olyan erőteljesen tartotta a rábízott lövészárokszakaszt, mintha Németország sorsa leginkább is attól a száz méter hosszú agyaggödörtől függött volna. Ez a harctér még a régi, dicsőséges hadsereg frontja volt.

A front és az otthon közötti nagy különbséget egy nagy változással kapcsolatosan ismertem meg.

1916 szeptemberében hadosztályom a somme-i ütközetben vett részt. Ez az ütközet volt a kezdete azoknak a következő sorozatos, borzalommal teli mészárlásoknak, amelyek hatása nehezen vethető papírra. Inkább pokol volt, semmint háború.

Hetekig tartó pergőtüzek viharában kitartott a német arcvonal. Nemegyszer vonult vissza kissé, de sohasem tört meg.

1916. október 7-én megsebesültem. Szerencsésen az arcvonal mögé vittek és egy sebesültszállítmánnyal Németország belsejébe irányítottak.

Két év telt el, amióta hazámat nem láttam, és ez a két év ilyen körülmények között szinte vég nélküli idő. El sem tudtam képzelni, hogyan néznek ki azok a németek, akik nem viselnek egyenruhát. Amikor Hermiesben a sebesült gyűjtőkórházban feküdtem, szinte ijedten rázkódtam össze, mikor egy német asszonynak, az ápolónőnek a hangját hallottam, amint az egyik mellettem fekvőt szólította meg.

Két év után először hallottam ilyen hangot. . Minél közelebb ért bennünket a hazaszállító vonat a határokhoz, annál nyugtalanabb lett mindegyikünk. Elvonultak előttünk azok a városok, amelyeken két évvel ezelőtt, mint fiatal katonák utaztunk keresztül:

Brüsszel, Löwen, Lüttich és egyszerre csak ráismertünk hegyes oromzatáról és szép ablakdíszeiről az első német házra. A haza!

1914 októberében viharzó lelkesedés fogott el a határ átlépésekor, most csend és meghatódottság honolt körünkben. Mindenki szerencsésnek érezte magát, hogy a sors még egyszer látni engedte azt, amit életével oly nehezen védelmezett; szinte mindenki elrejtőzött a másik tekintete elől.

Majdnem elindulásom évfordulóján kerültem a Berlin melletti beelitzi kórházba.

Micsoda változás! A somme-i csata iszapjából a gyönyörű épület fehér ágyába! Az ember szinte nem akart eleinte belefeküdni, csak lassanként tudtunk beleszokni ebbe az új világba.

Sajnos, ez a világ más szempontból is új volt.

A harctéri hadsereg lelke még vendég sem volt már itt. Azt, ami a harctéren még ismeretlen volt, először itt hallottuk: a gyávaság dicséretét. Igaz ugyan, hogy odakint is hallottunk szitkozódást, elégedetlenséget, de sohasem fajult a kötelességszegésre való felbujtásig, a gyávaság dicséretéig. Nem! A gyáva gyáva maradt és egyéb semmi; a lenézés, amely osztályrészül jutott még mindig általános volt éppen úgy, mint az a csodálat, amellyel az igazi hősöket illették. Itt a kórházban már részben majdnem megfordítva állt a helyzet. A lelketlen izgatók vitték a szót, és siralmas rábeszélőképességük minden eszközével megkísérelték, hogy a tisztességes katona fogalmát nevetségesnek, a gyáva jellemtelenségét pedig mintaképnek tüntessék fel. Az egyik azzal dicsekedett, hogy maga sebesítette meg kezét a drótakadályban, hogy így a kórházba kerüljön. Ez a lázító fickó már annyira ment, hogy saját gyávaságát pimasz hangon magasabb bátorság eredményének minősítette, mint a tisztességes katonák hősi halálát. Sokan hallgatták szótlanul, mások elmentek mellette, voltak azonban néhányan, akik helyeseltek.

Nemegyszer hányingerem támadt, a lázítót azonban megtűrték az intézetben. Mit tehetett az ember? Hogy ki és mi ő, azt a vezetőségnek pontosan kellett tudnia és tudta is. Mégsem történt semmi.

Amikor ismét jól tudtam járni, szabadságot kaptam Berlinbe való távozásra. A szükség mindenütt láthatóan nagy volt. A milliós város éhezett. Békétlenség uralkodott. A katonák által látogatott helyeken a hang hasonlított a kórházban használthoz. Az volt az embernek a benyomása, hogy ezek a fickók egyenesen szándékosan keresik fel az ilyen helyiségeket, hogy nézetüket továbbterjesszék. Sokkal kínosabbak voltak azonban az állapotok Münchenben. Amikor engem, felgyógyulásom után a kórházból elbocsátottak és a pótzászlóaljhoz vonultam be, alig ismertem rá e városra. Bosszúság, bizalmatlanság, szitok mindenütt, amerre csak járt az ember. Magánál a zászlóaljnál a hangulat kritikán aluli volt. Közrejátszott ebben a harctaret megjárt katonák kezelésének az a végtelenül ügyetlen módja, amelyben a harctaret egyáltalában még nem járt öreg iktatótisztek részesítették őket. Ezek a harcteret járt katonák bizonyos olyan tulajdonsággal rendelkeztek, amelyek csak a harctéri szolgálat alapján voltak magyarázhatók, míg ezeknek a tartalék csapattesteknek a vezetői számára teljesen érthetetlenek maradtak. Ezzel szemben a harctérről visszajött tisztek legalábbis magyarázatát tudták ennek adni. Az ilyen, harcteret megjárt tisztet azután a legénység egész másként becsülte, mint az előbbi, kiegészítő parancsnokot. Mindettől eltekintve, az általános hangulat nagyon nyomorúságos volt; a lapulás már mintegy magasabb rendű okosság jelének számított, a hű kitartás pedig a belső gyengeség és botorság jele volt. Az irodákat zsidók szállották meg, majdnem minden írnok zsidó volt, és majdnem minden zsidó írnok volt.

Csodálkoztam a kiválasztott nép harcosainak e bőségén, és akarva, akaratlanul észrevettem, milyen kevesen voltak belőlük a harctéren.

Még szomorúbban állottak a dolgok gazdasági téren. Itt a zsidó nép valóban pótolhatatlanná lett. A pók megkezdte vérszívó munkáját. A háborús gazdasági társaságok kerülő útján megtalálta a nemzeti és szabad gazdasági élet tönkretételének módját.

Korlátlan központosítás szükségességét hangoztatták. Így került 1916-17-ben már valóban majdnem az egész termelés a zsidóság ellenőrzése alá.

Ki ellen irányult tehát a nép gyűlölete?

Abban az időben borzalommal láttam a végzet közeledését, amelynek, ha alkalmas időben fel nem tartóztatjuk, az öszszeomláshoz kell vezetnie.

Mialatt a zsidó az egész nemzetet meglopta és saját uralma alá kényszerítette, a "*poroszok*" ellen izgatott. Akárcsak a harctéren, otthon sem történt e mérgezési propaganda ellen semmi. Mintha nem is sejtették volna, hogy Poroszország öszszeomlása még távolról sem jelenti Bajorország felvirágoztatását, sőt ellenkezőleg, bármelyik zuhanása a másikat is magával rántja a mélységbe.

Rettenetesen bántott ez a magatartás. Én ebben csak a zsidóság nagystílű fogását láttam, amellyel magáról a másikra tudta terelni az általános figyelmet. Mialatt a bajorok és poroszok egymással veszekedtek, ő kihúzta alóluk a létfenntartás talaját, mert mialatt Bajorországban Poroszországot szidták, azalatt a zsidó megszervezte a forradalmat, és tönkretette Poroszországot Bajorországgal együtt.

Nem bírtam a német törzseknek ezt a civódását nézni, és örültem, hogy ismét a harctérre kerülhettem, ahová nem sokkal Münchenbe érkezésem után ismét önként jelentkeztem.

1917. márciusának elején újra a harctéren, ezredemnél voltam.

1917. végén úgy látszott, hogy a hadsereg túl volt levertségének mélypontján. Az orosz összeomlás után az egész hadsereg új reménységet és új erőt merített 11 magának. Egyre inkább magával ragadta a csapatokat az a meggyőződés, hogy a nagy harc végeredményben mégis Németország győzelmével kell, hogy végződjék. Ismét énekszót hallottunk, és a baljóslatú hollók megritkultak. Az ember ismét bízott hazája jövőjében.

Különösen az 1917. őszi olasz összeomlás gyakorolt csodálatos hatást. Ebben a győzelemben annak a lehetőségnek a bizonyságát látták, hogy nemcsak az orosz harctéren, hanem másutt is át lehet törni az arcvonalat. Csodálatos hit ömlött milliók szívébe, és a jövőbe vetett hittel indultak neki 1918 tavaszának. Ezzel szemben az ellenség láthatóan levert volt.

Ezen a télen valamivel csendesebb is volt, mint korábban. A vihar előtti nyugalom lett úrrá a harctereken.

Mialatt azonban a harctéren az utolsó előkészületi munkálatok folytak az örökké tartó harc befejezésére. Végeláthatatlan emberi és hadiszerszállítmányok érkeztek a nyugati harctérre. Mialatt a csapatok a nagy támadáshoz szükséges kiképzésben részesültek, Németországban kitört a háború legnagyobb gazsága.

Németországnak nem volt szabad győznie. Az utolsó órában, amikor már úgy látszott, hogy a győzelem a német zászlókat lobogtatja, olyan eszközhöz nyúltak, amely alkalmasnak látszott arra, hogy egy csapásra csírájában fojtsa meg a tavaszi német támadást, és tegye lehetetlenné a győzelmet: megszervezték a lőszeripari sztrájkot.

Ha ez sikerül, akkor a német arcvonalnak össze kell omlania, valóra váltva a "*Vorwärts*" kívánságát, hogy a győzelem ezúttal ne a német zászlókat vigye diadalra. Az arcvonalat lőszer hiánya következtében rövid hetek alatt át kellett, hogy törjék, ezzel megakadályozták a támadást, megmentették az Antantot, a nemzetközi tőke Németország urává lett, és a marxista népcsalás elérte célját.

A nemzeti gazdaság tönkretétele és a nemzetközi tőke uralma olyan eredmény, amelyet az egyik oldal butasága és jóhiszeműsége és a másik oldal végtelen gyávasága tett lehetővé.

A harctéri lőszerhiány előidézésére hivatott sztrájknak azonban nem volt meg a remélt eredménye. Igen korán összeomlott ahhoz, hogy a lőszerhiány, mint olyan amint ezt kitervelték , a hadsereget romlásba döntse. Mennyivel borzalmasabb volt azonban az az erkölcsi kár, amelyet okozott.

Először is: miért harcol a hadsereg, hogyha a győzelmet a haza már nem óhajtotta? Miért a sok áldozat és szenvedés? A katona harcoljon a győzelemért, a haza pedig sztrájkoljon ellene?

Másodszor: milyen hatással volt ez az ellenségre? 1917-18 telén első ízben gyülekeztek sötét felhők a szövetséges hatalmak egén. Immár négy éve, hogy nekirontottak a német hősnek, és nem tudták térdre kényszeríteni, annak ellenére, hogy feléjük tulajdonképpen csak a védekező karját tartotta, míg a kardját keleten, majd délen kellett megforgatnia. Most végre nem kellett félnie a hátbatámadástól. Tenger vér folyt el mindaddig, amíg sikerült az egyik ellenséget végleg legyőzni. Most kerülhetett a sor nyugatra. Ha az ellenségnek eddig nem sikerült a védelmet megtörnie, most ellene irányulhatott a támadás.

Ettől féltek és aggódva gondoltak a győzelemre. Londonban, Párizsban egyik megbeszélés a másikat követte, még az ellenséges propaganda is nehezen mozgott, már nem volt olyan könnyű a német győzelem kilátástalanságáról beszélni.

Ugyanez volt a helyzet a csöndbe burkolódzott harctereken is. A szövetségesek csapatai lassanként letettek szemtelenségükről, lassanként kezdett világosodni az ő agyuk is. Belső álláspontjuk megváltozott a német katonákkal szemben. Eddig a legyőzésre kerülő őrültet látták benne, most egyszerre csak úgy jelent meg előttük, mint az orosz szövetséges megsemmisítője. A keleti támadások szükség parancsolta mérséklése egyszerre zseniális taktikaként tűnt fel előttük. Három éven keresztül támadták ezek a németek Oroszországot, eleinte a győzelem legkisebb látszata nélkül. Szinte nevettek ezen a céltalan kezdeten; úgy látszott, hogy végeredményben mégiscsak az orosz óriásnak kell a maga számbeli fölényével győztesként a porondon maradni. Németország számára csak az elvérzés látszott lehetségesnek. A valóság ezt a reménységet látszólag támogatta is.

1914. szeptembere óta, amikor első alkalommal kezdtek a tannenbergi csata orosz foglyainak végtelen tömegei Németország útjain és vasútjain hömpölyögni, ez a folyamat beláthatatlan méreteket öltött, mert minden megvert és megsemmisített sereg helyén új támadt. Szinte kifogyhatatlanul ontotta a cárok birodalma a katonákat, a háborúnak ezeket az újabb és újabb áldozatait. Joggal kérdezhették, vajon meddig képes bírni Németország ezt a versenyfutást. Vajon nem kellette tartania attól, hogy elérkezik a nap, amikor egy utolsó német győzelem után még mindig újabb orosz seregek állnak csatasorba, és akkor mi történik? Emberi számítás szerint az orosz győzelmet ki lehetett ugyan tolni, de annak jönnie kellett.

Adolf Hitler

És most ezek a remények egyszerre szertefoszlottak: a legnagyobb véráldozatot hozó szövetségestárs kimerült és hajthatatlan támadója lábainál hevert. Félelmes árnyak jelentek meg az addig vakon hívő katonák előtt, és féltek az következő tavasztól, mert ha eddig nem sikerült a németeket megtömi, azt az ellenfelet, amelyik eddig csak fél erővel állott a nyugati fronton, hogyan lehetett volna azután legyőzni, amikor ennek a rettenetes hősi államnak egész támadóerejét a nyugati harctérre összpontosították.

A tiroli hegyek árnyai szállták meg képzeletüket, egészen a flandriai ködökig suhantak Cadorna megvert seregének szomorú szellemei és a győzelmi hit lassanként az következő vereség félelmévé változott.

Ámde, amikor a hűvös éjszakában a felvonuló német hadsereg rohamcsapatainak egyhangú dobbanását vélték már hallani, és gondterhelt aggodalommal néztek az elkövetkezendő leszámolás elé, akkor egyszerre Németországban vakító vörös fény lobbant fel és bevilágította az ellenséges harcvonal legutolsó gránáttölcsérét is. Abban a pillanatban, amikor a német hadosztályok a támadásra vonatkozó utolsó parancsaikat kapták, Németországban kitört az általános sztrájk.

Először nem jutott szóhoz a világ. Azután a fellélegző ellenséges propaganda rávetette magát erre a tizenkettedik órában érkezett segítségre. Egyszerre megtalálták az eszközt a szövetséges hadseregek katonáinak lankadó önbizalmát ismét felemelni: a győzelem valószínűségét már egészen biztos tényként állították elébük és az aggodalmas gondokat önbizalommá változtatták. Most már a német támadástól félő ezredekbe belevihették annak a bizonyosságnak érzetét, hogy a minden idők elkövetkezendő legnagyobb harcában, a háború befejezésénél nem a német roham vakmerősége lesz a döntő, hanem kitartó védekezésük. Győzedelmeskedjenek úgymond a németek, ahogy akarnak. Az ő hazájukban a forradalom áll bevonulás előtt és nem a győzelmes hadsereg.

Ezt a hitet öntötték az angol, francia és amerikai újságok olvasóik szívébe, mialatt a valóban ügyes propaganda a harctér csapataiba öntött új lelket.

"Németország forradalom előtt!" *"A szövetséges hatalmak győzelme feltartóztathatatlan!"* Ez volt a legjobb orvosság a lankadó Tomik talpra állítására. Most ismét tüzelésre lehetett bírni a puskákat, és a páni félelem helyére a reményteljes ellenállás lépett.

Ez volt az eredménye a hadiszersztrájknak. Megerősítette az ellenséges népek győzelmi hitét, és kiemelte a szövetségesek arcvonalát a kétségbeesésből. Következményeiben pedig ezer és ezer német katonának kellett ezt a sztrájkot vére hullásával megfizetnie. Ennek a gaztettnek felbujtói a forradalmi Németország legmagasabb állami pozícióinak várományosai voltak. Igaz ugyan, hogy német részről e sztrájk kihatásai lassanként kiheverhetők voltak, az ellenségre gyakorolt hatása azonban megmaradt. Az ellenállás kilátástalansága már nem kísértett, és helyébe a győzelemért vívott elkeseredett harci kedv lépett.

Emberi számítás szerint ugyanis jönnie kell a győzelemnek abban az esetben, ha a nyugati arcvonal csak hónapokig is ellent tud állni a német támadásnak. Az Antant parlamentjeiben felismerték a jobb lehetőségeket és hatalmas összegeket szavaztak meg a Németország megsemmisítését célzó propaganda számára.

Abban a szerencsében részesültem hogy a két első és utolsó támadásban részt vehettem.

Ezek életem leghatalmasabb benyomásai; hatalmasak azért, mert most az utolsó alkalommal éppen úgy, mint 1914ben, a harc elvesztette a védekező jellegét és támadó jellegűvé vált. Fellélegeztek a német hadsereg lövészárkaiban és aknáiban, amióta végre több mint három évi, az ellenséges pokolban eltöltött állóharc után, elérkezett a leszámolás órája. Még egyszer felhangzott a győzelmes zászlóaljak hangja és győzelmi babérkoszorú övezte a sok harcot látott zászlókat. Még egyszer felzendült a végeláthatatlan menetelő oszlopok ajkán a hazafias ének dallama, felszárnyalt az égig, és az Úr kegyelme utoljára mosolygott hálátlan gyermekeire.

1918. nyarának derekán tikkasztó hangulat uralkodott a harctéren. Otthon veszekedtek. Miért? A harctéri seregek egyes csapatrészeiben sok mindenről beszéltek. A háború most már kilátástalan mondották és már csak az őrültek gondolhatnak győzelemre. A népnek már semmi érdeke sem fűződik a további kitartáshoz, hanem csak a nagytőkének és a császárságnak. Mindez otthonról jött és a harctéren is megbeszélés tárgya volt.

Eleinte alig hederítettek rá. Mit törődtünk mi az általános választójoggal. Vagy talán azért harcoltunk mi négy éven át? Ilyen háborús cél emlegetése a legnagyobb gazság volt, amit a halott hősökkel szemben elkövethettek. Az ifjú ezredek Flandriában nem azzal a kiáltással mentek a halálba, hogy "*Éljen az általános, titkos választójog!*", hanem azzal a jelszóval, hogy "*Németország mindenek felett!*" Azok azonban, akik választójog után kiáltottak, legnagyobbrészt nem voltak ott, ahol azt most ki akarták harcoltatni. A harctér nem ismerte ezt a politizáló bandát. Csak nagyon kis részben látták ezeket a parlamenti férfiakat ott, ahol minden épkézláb németnek lett volna helye.

Ilyen körülmények között a harctér nemigen volt alkalmas Ebert, Scheidemann, Liebknecht stb. urak ez újabb háborús céljának befogadására. (Friedrich Ebert, szociáldemokrata, 1919-1925: a Német Köztársaság első elnöke. Philipp Scheidemann többségi szocialista, 1919-ben német kancellár. Karl Liebknecht kommunista, Spartacus mozgalom vezére.) Nem értették meg, hogy miként van joguk ezeknek a hadseregen keresztül az államhatalom átvételére.

Az én személyes meggyőződésem elejétől fogva sziklaszilárd volt: a végletekig gyűlöltem ezt a hitvány, népcsaló bandát. Már régen tisztában voltam azzal, hogy esetükben nem a nemzet jóléte, hanem saját üres zsebük megtöltése játszotta a főszerepet. Az a körülmény, hogy most képesek voltak az egész népet feláldozni, szükség esetén az egész országot tönkretenni céljuk eléréséért, arról győzött meg, hogy megértek a kötélre. Kívánságuk figyelembe vétele a dolgozó nép érdekeinek feladását, teljesítése pedig Németország pusztulását jelentette.

Így gondolkozott a hadsereg legnagyobb része is. Csak a haza belsejéből érkező utánpótlás volt egyre rosszabb és roszszabb, úgyhogy ezek tulajdonképpen inkább gyöngülést, semmint erősödést jelentettek. Különösképpen állott ez az ifjú korosztálybeli utánpótlásra. Sokszor hihetetlennek tetszett, hogy ezek is annak a népnek a fiai, amely egykor ifjúságát az Ypern körüli harcokba küldte.

1918 augusztusában és szeptemberében a bomlási tünetek egyre jobban jelentkeztek, annak ellenére, hogy az ellenséges támadás nem volt a mi egykori védekező küzdelmünk szörnyűségeihez hasonlítható. A somme-i és flandriai csaták emléke ehhez képest borzalmas volt.

Szeptember végén a hadosztályom harmadízben került arra a helyre, amelyet mint fiatal önkéntesek ostromoltunk.

Micsoda emlékek!

1914 szeptemberében és októberében itt mentünk át a tűzkeresztségen. Hazaszeretettel a szívünkben és nótával az ajkunkon indultunk a csatába, mintha csak táncba mentünk volna. A legdrágább vért örömmel áldoztuk abban a hitben, hogy ezzel a haza függetlenségét és szabadságát biztosítjuk.

1917 júliusában léptünk másodízben erre a mindnyájunk számára megszentelt földre. Itt nyugodtak legjobb bajtársaink, akik egykor majdnem gyermekként, ragyogó szemmel rohantak egyetlen drága hazánkért a halálba.

Mi, öreg harcosok, akik a háború kitörésekor az ezreddel indultunk ki, tiszteletteljes meghatódottsággal állottunk ezen a helyen, amelyet a "*hűséggel és becsülettel mindhalálig*" esküvés szentelt meg.

Azt a földet, amelyet ezredünk három évvel ezelőtt rohamozott, most nehéz állóharcban kellett megvédenünk.

Az angolok háromhetes pergőtűzzel készítették elő a flandriai offenzívát. Mintha a meghaltak szellemei éledtek volna fel; az ezred körmeivel bevájta magát a piszkos agyagba, belekapaszkodott a gránáttölcsérekbe és lyukakba, és mint egykor, most sem tágított erről a helyről. Ezredünk egyre inkább fogyatkozott, míg végre 1917. július 31-én megindult az angolok támadása.

Augusztus első napjaiban leváltottak bennünket.

Az ezred néhány századra fogyott le, és embereink, akik már önmagukban kísértetek voltak, sárosan, iszaposan kerültek hátra. Az angoloknak is csak a halál jutott osztályrészül ezen a hitvány, néhány száz méternyi frontszakaszon,

Most, 1918 őszén, harmadszor álltunk 1914 e rohamának helyén. Egyetlen pihenő városkánk, Comines immár harctérré lett. A harctér nem változott, de az emberek nagyon is. Most már a csapatokon belül is "*politizáltak*". Az otthoni méreg, mint mindenütt, itt is megkezdte romboló munkáját. A fiatal utánpótlás teljesen hasznavehetetlen volt, mert hazulról érkezett.

Október 13-14-re virradó éjjel a déli fronton Ypern előtt klórgáztámadás indult meg. E támadásnál sárgakeresztes gázt használtak, amelynek hatása eddig ismeretlen volt, már ami a saját testünkön való kipróbálást illeti. Magam is megismerkedtem vele ezen az éjszakán. Wervicktől délre egy dombon október 13-ának estjén több órát tartó gázgránátos pergőtűzbe kerültünk, amely azután kisebb-nagyobb hevességgel egész éjszakán át tartott. Bajtársaink közül már éjfél tájban többen elhullottak sorainkból, némelyek közülük örökre. Reggel felé engem is elővett a fájdalom. Negyedóráról negyedórára egyre erőteljesebben, reggel hét órakor pedig már én is meginogtam, égő szemmel mentem hátra s vittem magammal utolsó háborús jelentésemet. Pár órával később szemeim izzó széngolyókká változtak elsötétült körülöttem a világ.

Így kerültem a pomerániai Pasewalk városka kórházába.

Ott kellett a forradalmat megérnem.

Valami bizonytalanság, valami visszataszító hangulat lógott már hosszabb ideje a levegőben. Az emberek arról beszéltek, hogy a legközelebbi hetekben kitör valami, csak azt nem tudtam, hogy mit értenek tulajdonképpen alatta. Először arra gondoltam, hogy a tavaszi sztrájkhoz hasonló sztrájk tör ki. Folytonosan kedvezőtlen hírek jöttek a tengerészettől, ahol állítólag forrongás volt kitörőben. Én mindenesetre ezt inkább egyesek fantasztikus agyszüleményének tekintettem, semmint nagy tömegek művének. Magában a hadikórházban valamenynyien a háborúnak remélhető gyors befejezéséről beszéltek, de az "*azonnali*"-val senki sem számolt. Újságokat nem tudtam olvasni.

Novemberben ez az általános feszültség egyre jobban erősödött.

Egy napon azután egyszerre csak kitört a szerencsétlenség. Tengerészek jöttek, teherautókon, és a forradalomban való részvételre szólítottak fel. Népünknek e "*szabadságáért, szépségéért és méltóságáért*" folytatott harcában néhány zsidó suhanc volt a "*vezér*". Egyetlenegy sem volt közülük a harctéren. A hadtápterület egy úgynevezett "*nemi kórházának*" kerülő útján jutott vissza a hazába ez a három keleti fajzat, hogy azután itt kitűzzék a vörös rongyot.

Az utóbbi időben állapotomban javulás állott be. Szemüregem hasító fájdalma lassanként alábbhagyott, és sikerült környezetemet körvonalaiban újra felismernem. Lassanként reménységem lehetett arra, hogy ismét oly mértékben visszanyerem látási képességemet, amivel később valamilyen hivatást betölthetek. Azt természetesen nem reméltem, hogy ismét rajzolással foglalkozzam. Éppen a javulás útján voltam, amikor a legborzalmasabb események játszódtak le.

Az első időkben még azt reméltem, hogy ez a hazaárulás többé-kevésbé csak helyi jelenség. Ilyen értelemben igyekeztem megerősíteni hitében néhány bajtársamat is. Különösen bajor bajtársaim voltak e tekintetben több mint hozzáférhetők. Hangulatuk minden egyéb volt, csak nem "*forradalmi*". El sem tudtam volna képzelni, hogy ez az őrület Münchenben is bekövetkezzék. A tiszteletre méltó Wittelsbach családhoz való hűségük erősebbnek látszott előttem néhány zsidó akaratánál. Így nem gondolhattam másra, mint hogy csak a tengerészek egy puccsáról van szó, amelyet a legrövidebb időn belül le fognak verni.

A legközelebbi napok életem legborzalmasabb bizonyosságát hozták magukkal. Egyre nyomasztóbbak voltak a hírek. Amit én helyi jellegű dolognak tartottam, az az általános forradalom ismérveit öltötte magára. Ehhez járultak a harctér szégyenteljes hírei. A katonák meg akarták adni magukat. Egyáltalán lehetséges volt ez?

November 10-én egy lelkész jött a kórházba, és kis beszédet intézett hozzánk.

A végsőkig felizgatott állapotban én is jelen voltam ennél a beszédnél. Az öreg tiszteletes úr remegett, amikor közölte velünk, hogy a Hohenzollern ház most már nem viselheti többé a német császári koronát, hogy a haza köztársasággá lett, és hogy imádkoznunk kell a Mindenhatóhoz, hogy e változás alkalmából se tagadja meg áldását népünktől, és ne hagyjon el az elkövetkezendő időkben sem. Valóban, ő nem tehetett másképp. Néhány szóban a királyi házról is kellett beszélnie. Menteni akarta a Ház szolgálatait Pomerániával, Poroszországgal, nem az egész német hazával szemben. Akkor egyszerre csak elkezdett lassan, befelé zokogni. A kis teremben mély levertség lett úrrá mindenki szívében, és én azt hiszem, hogy szem nem maradt szárazon. Amikor azonban az öreg úr tovább akart beszélni és közölni kezdte, hogy nekünk most a háborút be kellett fejeznünk, most a hazának sorsa, minthogy a háborút elvesztettük, a győztesek kegyétől függ és súlyos elnyomatásnak van kitéve, és hogy a fegyverszünetet az eddigi ellenségünk jóindulatába vetett bizalommal kötöttük meg, akkor már nem tudtam tovább türtőztetni magam. Lehetetlenség volt számomra tovább is ott maradni. Szemem előtt ismét elsötétült a világ, és csak tapogatózva tántorogtam vissza a hálóterembe. Ledobtam magam fekhelyemre, és égő fejemet takarómba és párnámba fúrtam.

Azóta a nap óta, amelyen édesanyám sírjánál állottam, nem sírtam többé. Hogyha hozzám kora ifjúságomban a sors kegyetlen volt, csak dacom erősödött. Amikor hosszú háborús évek alatt a halál nemegyszer legjobb bajtársaimat és barátaimat ragadta magával sorainkból, bűnnek tartottam volna ezért siránkozni, hiszen Németországért haltak meg. S amikor végül ennek a rettenetes küzdelemnek utolsó napjaiban az alattomos gáz meglepett és szememet támadta meg, s az örök vakságtól való félelmemben már-már kétségbeestem, egyszer csak lelkiismeretem hangja szólalt meg, mondván: "*Te satnya gyáva teremtés, te sírni akarsz, mialatt ezreknek százszor rosszabb sora van*", és fásultan hordoztam sorsomat. Most azonban már nem tudtam másként tenni. Most láttam csak igazán, mennyire eltörpül minden személyes fájdalom a haza szerencsétlenségével szemben.

Minden hiába történt tehát! Hiába a sok áldozat, szenvedés, hiába a vég nélküli hónapok éhsége és szomjúsága, hiába a halálfélelemmel teljes órák, amelyekben kötelességünket mégis teljesítettük, és hiába kétmillió bajtársunk halála, akik örökre ott maradtak. Szükséges volt megnyílnia százezrek sírjának, akik a hazába vetett hittel indultak küzdelembe, hogy azután sohase térjenek vissza? Meg kellett nyílni e síroknak, hogy a néma, iszappal és vérrel fedett hősöket mint bosszúálló szellemeket küldje a hazába azért, amiért így becsapták őket, akik pedig a legszebb áldozatot hozták hazájukért? Hát ezért haltak meg 1914 augusztusának és szeptemberének katonái? Ezért mentek el ugyanez év önkéntes ezredei az öreg bajtársak után? Ezért estek el Flandria mezőin a tizenhét esztendős gyerekek? Ez hát az értelme annak az áldozatnak, amelyet a német anya hozott hazájáért, amikor legkedvesebb fiait harcba indította, hogy azután sohase lássa őket viszont? Hát mindez ezért történt? Azért, hogy néhány szánalmas gazember hazánkra tehesse a kezét?

Ezért tartott ki tehát a német katona a nap szúró hevében és hóviharban, éhezve és szomjúhozva, fázva, fáradtan és álmatlan éjszakákon át végtelen menetelések idején? Ezért feküdt a pergőtüzek poklában és a gázharcok lázában anélkül, hogy megtántorodott volna, mindig csak a hazával szembeni kötelességére gondolva, arra, hogy megvédje azt az ellenséggel szemben?

Valóban ezek a hősök is megérdemeltek egy emlékművet: *"Vándor, aki Németországba mégy, jelentsd a hazának, hogy itt nyugszunk, híven és engedelmesen teljesítve hazánkkal szemben kötelességünket."*

És a haza?
Minél inkább igyekeztem tisztán látni ebben az órában, annál inkább égette a felháborodás, szégyen és gyalázat homlokomat. Mi volt szemem fajdalma ehhez a szenvedéshez képest?
S ami erre következett, a borzalmas napok és még borzalmasabb éjszakák sorozata volt. Tudtam, hogy minden elveszett. Az ellenség kegyében bízni csak őrültek, hazugok vagy gazemberek tudtak. Ezeken az éjszakákon nőtt meg gyűlöletem e gaztett előidézőivel szemben.
A következő napokban saját sorsommal is tisztában voltam. Nevetnem kellett, ha saját jövőmre gondoltam, arra, amely rövid idővel ezelőtt még oly keserű gondokat okozott nekem. Vajon nem volt-e nevetséges a házépítési akarat egy ilyen földön? Végre világos lett előttem az is, aminek be kellett következnie, amitől oly gyakran féltem, amit csak nem akartam hinni.
II. Vilmos volt az első német császár, aki a marxizmusnak békejobbot nyújtott anélkül, hogy meggondolta volna: ezeknek a bitangoknak nincsen becsületük. Mialatt ők a császári jobbot kezükben tartották, másik kezükben már a tőrt szorongatták.

A zsidókkal nem lehet szövetkezni. Velük csak szigorú számolás lehetséges. Vagy, vagy!

Elhatároztam, hogy politikus leszek.

VIII. Politikai tevékenységem kezdete

1918 novemberének végén kerültem vissza Münchenbe. Ezredem pótzászlóaljához osztottak be, amely abban az időben "*katonatanácsok*" kezében volt. Az egész "*üzem*" számomra annyira ellenszenves volt, hogy elhatároztam, a lehetőség szerint odébbállok. Egyik hű harctéri bajtársammal, Ernst Schmidttel Traunsteinba mentem, és ott maradtam a tábor feloszlatásáig.

1919. márciusában mentünk vissza Münchenbe. A helyzet tarthatatlan volt, és szükségszerűen a forradalom további kifejlődése felé vezetett. Eisner halála siettette a kifejlődést, és végül is az egész forradalom előidézőinek szeme előtt célként lebegő tanácsköztársasághoz, helyesebben az átmeneti zsidó uralomhoz vezetett. (Kurt Eisner radikális szocialista politikus, 1918. novembertől 1919. febr. 21-ig bajor miniszterelnök.)

Ebben az időben rengeteg terv vetődött fel bennem. Naphosszat azon tűnődtem, hogy mit is lehetne tenni. Minden elképzelésemnek a vége azonban annak a józan megállapítása lett, hogy én, mint névtelen, egyáltalán nem rendelkezem azokkal az előfeltételekkel, amelyek a célszerű tevékenységhez szükségesek. Arról még lesz alkalmam beszélni, hogy miért nem csatlakoztam már akkor sem a meglevő pártok egyikéhez sem.

A tanácsköztársaság idején léptem fel először úgy, hogy a központi tanács haragját magamra vontam. 1919. április 27-én, kora reggel le akartak tartóztatni, az a három alak azonban, nekik szegzett karabélyommal szemben, nem rendelkezett a szükséges bátorsággal, s úgy elment, ahogy jött.

Pár nappal München felszabadítása után a második gyalogezrednek a forradalmi események felülvizsgálatát végző bizottságához vezényeltek.

Ez volt az első, többé-kevésbé tisztán politikai tevékenységem.

Pár hétre rá parancsot kaptam, hogy a véderő tagjai részére rendezett tanfolyamon vegyek részt. Ez a tanfolyam azt célozta, hogy a katonák megismerkedjenek az állampolgári gondolkodásmód alapelveivel. Számomra ennek az intézménynek az értéke abban rejlett, hogy lehetőségem nyílt néhány hasonló gondolkodású bajtársam megismerésére, akikkel azután a pillanatnyi helyzetet alaposan megbeszéltem. Valamennyien többé-kevésbé meg voltunk győződve arról, hogy Németországot a novemberi gaztett pártjai: a Centrum

Adolf Hitler

és a szociáldemokrácia a kérlelhetetlenül közeledő összeomlástól nem tudják megmenteni és hogy az úgynevezett *"polgári-nemzeti"* alakulatok sem alkalmasak, a legjobb akarat mellett sem a megtörténtek jóvátételére. Egész sereg feltétel hiányzott ahhoz, hogy a . sikerülhessen. Az idő nekünk adott igazat. / került szóba ami kis körünkben egy új párt alapításának kérdése. A szemünk előtt lebegő alapelvek ugyanazok voltak, amelyek később a *"Német Munkáspárt"* (*Deutsche Arbeiterpartei*) megvalósultak. Az újra alapítandó mozgalomnak máris lehetőséget kellett nyújtani arra, hogy a nagy tömegekhez férkőzhessünk, anélkül a munka céltalan és felesleges lett volna. Így döntöttünk a *Szociálforradalmi Párt* (*Socialrevolutionäre Partei*) név mellett. Tettük ezt azért is, mert új pártunk alapelvei tényleg forradalmiak voltak. Ennek mélyebb értelme azonban a következőkben rejlett. Akármennyire is foglalkoztam már korábban gazdasági problémákkal, e tevékenységem mindig azok között a keretek között maradt, amelyek a szociális elvek tanulmányozásából adódtak. Csak később, a német szövetségi politika tanulmányozása következtében bővültek ki e keretek. Ez a politika nagyrészt a gazdaság téves megítélésén és a német nép jövő létfenntartási alapjainak a folytonosságán alapult. Mindezek a gondolatok azonban abban a véleményből, hogy a tőke minden esetben a munka eredménye és ehhez képest maga is a tényezőktől függ, amelyek az emberi tevékenységet előmozdítják, vagy áthatják. A tőke nemzeti jelentősége pedig éppen abban rejlik, hogy maga is teljes mértékben az állam, tehát a nemzet nagyságától, szabadságától és hatalmától függ. Az összefüggésnek már magában véve is az államnak és nemzetnek a tőke által való támogatásához kellene vezetnie. A tőkének és a független szabadgazdálkodásnak ez az egymásrautaltsága nézetem szerint arra kell kényszerítenie a tőkét, hogy síkraszálljon a nemzet szabadsága, hatalma és ereje érdekében. Ezzel adva volt az államnak a tőkével szemben viszonylag egyszerű és világos föladata: gondoskodnia kellett arról, hogy a tőke az állam szolgája maradjon, ne tekintse magát a nemzet uralkodójának. E felfogásnak megítélésem szerint két feladata volt: életképes nemzeti gazdaság fenntartása, a munkavállalók szociális jogainak a biztosítása. A tiszta tőke, mint a teremtő munka végső eredménye és a maga létét kizárólag spekulációnak köszönő tőke közötti különbséget annak idején nem láttam a maga teljes világosságában. Mert eddig nem találkoztam semmiféle olyan körülménnyel, mely efölött gondolkodásra késztetett volna. Erről gondoskodott most már a legalaposabb módon a már említett tanfolyamok előadója, Gottfried Feder. Életemben első ízben volt alkalmam a nemzetközi és kölcsöntőke alapelveivel megismerkedni. Miután Feder első előadását meghallgattam, mindjárt átvillant agyamon annak gondolata, hogy megtaláltam egy új párt alapításának leglényegesebb tételéhez vezető utat.

Feder azzal tette a legnagyobb szolgálatot számomra, hogy kíméletlen brutalitással állapította meg a tőzsde és kölcsöntőke épp annyira spekulatív, mint gazdasági jellegét, valamint, hogy leleplezte a kamat előítéletekkel teli szerepét.

Az alapvető kérdések tekintetében vallott megállapításai annyira helyesek voltak, hogy azok bírálói már elejétől fogva nem annyira az elv elméleti helyességét, hanem sokkal inkább keresztülvitelének gyakorlati lehetőségét vitatták. Ez a körülmény, amely mások szemében Feder megállapításainak gyöngeségét, számomra éppen erejét bizonyította.

A programalkotók feladata nem a dolgok keresztülviteli lehetősége mérvének a megállapítása, hanem a tények tisztázása. Ez azt jelenti, hogy kevésbé kell az úttal törődniük, inkább csak a céllal. A gondolat elvi helyessége a döntő e téren, és nem a keresztülvihetőség nehézsége. Abban a pillanatban, amelyben a programalkotó a teljes igazság helyébe a "*célszerűséget*" és a "*valóságot*" helyezi, megszűnik a munkája. Megszűnik a késő emberiség sarkcsillagának lenni, hogy ehelyett mindennapi receptté alacsonyodjék. A mozgalom programalkotója annak célját kell, hogy megállapítsa, kivitelezéséről a politikusnak kell gondoskodnia. Ennek megfelelően az előbbinek gondolatait az örök igazság kell, hogy irányítsa, az utóbbinak tevékenységei közepette a mindenkori gyakorlati valóságot kell szem előtt tartania. Míg egyrészt a politikus jelentőségének próbaköve terveinek és tetteinek eredményességében, tehát azok megvalósításában látjuk, addig a programalkotó végső célja sohasem válhat valóra, mert az emberi gondolat alkalmas igazságok megértésére, kristálytiszta célok kitűzésére, de azok maradék nélküli megvalósítása az emberi gyarlóság és végesség mellett nem fog bekövetkezni.

Minél helyesebb és hatalmasabb egy gondolat, annál kevésbé lehetséges annak maradék nélküli megvalósítása mindaddig, amíg az emberektől függ. Éppen ezért a programalkotó jelentőségét nem céljai eléréséből kell megítélnünk, hanem azok helyességéből és abból a befolyásból, amelyet az adott program az emberiség fejlődésére gyakorol. Ha ez nem így volna, akkor a vallások alapítói nem tartoznának a föld legnagyobb emberei közé, mert etikai célkitűzéseiknek a megvalósítása még megközelítőleg sem teljes. Maga a szeretet vallása is csak gyenge visszfénye fennkölt alapítója akaratának: jelentősége abban az irányban rejlik, amelyet az általános emberi kultúra erkölcsi fejlődésének szabott.

Adolf Hitler

A programalkotó és politikus feladatai közötti óriási különbség az oka annak, hogy miért nem egyesült egy személyben szinte sohasem a kettő. Különösen az úgynevezett kicsinyes "*eredményekben gazdag*" politikusokra vonatkozik ez a megállapítás. Azokra, akiknek tevékenysége valóban csak a "*lehetőségek művészete*", amint Bismarck általában a politikát szerényen jellemezte. Minél függetlenebbnek érzi magát az ilyen "*politikus*" a nagy gondolatoktól, annál könnyebbek és láthatóbbak, de mindenesetre gyorsabbak lesznek eredményei. A földi mulandóság a sorsa azután ezeknek az eredményeknek, amelyek gyakran nem élik túl apjuk halálát sem. Az ilyen politikusok műve rendszerint jelentőség nélküli az utókor számára, mert az a jelenben valóban nagy, és a későbbi nemzedékre nézve is nagy jelentőségű, de a döntő kérdések és eszmék mély gyökerei hiányoznak.

Olyanfajta célok, amelyeknek majd csak a távolabbi jövőben lesz jelentőségük, nemigen kamatoznak előharcosainak, és ritkán találnak megértésre a nagy tömegnél, amely sör és tejrendeletek iránt inkább fogékony, mint a messzi jövőbe tekintő tervek iránt, amelyek megvalósítása csak később következhet be, és amelyek hasznát csak az utókor fogja élvezni.

Éppen ezért már csak bizonyos hiúságból is amely mindig rokona a butaságnak a politikusok nagy része távol fogja magát tartani a messzi jövőre szóló tervektől, nehogy a nagy tömeg pillanatnyi rokonszenvét elveszítse. Az ilyen politikus eredményei, és jelentősége kizárólag a jelenre vonatkozik, de semmit sem jelent az utókor számára. A kis koponyák nem is igen zavartatják magukat; meg vannak ezzel elégedve.

Más a helyzet a programalkotó esetében. Jelentősége majdnem kizárólag a jövőben van, mert hiszen nemegyszer ő az, akit e világon kívülállónak szoktunk nevezni. Ha igaz az, hogy a politikus művészete a lehetőségek művészete, akkor a programalkotó azok közé tartozik, akikről azt tartják, hogy csak akkor tetszenek az isteneknek, hogyha lehetetlent követelnek és akarnak. Majdnem mindig le kell mondaniuk a jelen elismeréséről, és jutalmuk feltéve, hogy gondolataik halhatatlanok az utókor elismerése.

Az emberiség nagy időszakaiban egyszeregyszer előfordulhat, hogy a politikus a programalkotóval egy személyben egyesül. Minél teljesebb azonban ez az egybeolvadás, annál nagyobb az ellenállás, amely a politikus működésével szemben megnyilvánul. Ő már nem azokért a követelményekért harcol, amelyek a legelső nyárspolgárnak is szembetűnnek, de amelyeket csak kevesen érnek fel ésszel. Éppen ezért élete a szeretet és gyűlölet kohójában izzik. Az embert meg nem értő jelen tiltakozása harcol az utókor elismerésével, azéval, amelyért szintén dolgozik.

Minél nagyobb az ember művének jelentősége a jövő szempontjából, annál kevésbé képes megérteni a jelent és annál nehezebb a harc és gyérebb az eredmény. Ha azonban évszázadok alatt egynek sikerül, akkor talán öreg napjaiban még őt is elérheti későbbi dicsőségének egy gyönge sugara. Mindenesetre ezek a nagyságok csak a történelem maratoni futói; a jelen babérkoszorúja rendszerint már csak a haldokló hős homlokát díszíti.

Közéjük számítanak a világnak azok a nagy harcosai, akiket a jelen nem ért meg, akik azonban mégis készek célkitűzéseikért a harcot végigharcolni. Ők azok, akiket a nép majdan leginkább szívébe zár; mintha az utókor jóvátenni igyekeznék azt, amit a jelen annak idején e nagyságok ellen vétkezett. Életük és működésük hálás csodálat tárgya lesz, és különösen az elesettség napjaiban fog erőt önteni a megtört szívekbe és kétségbeesett lelkekbe.

Ezek közé tartoznak nemcsak az igazán nagy államférfiak, hanem a többi nagy reformátorok is. Nagy Frigyes mellett ott állnak Luther Márton, valamint Wagner Richárd is.

Amikor Feder Gottfried "*kamatrabszolgaság megtörése*" című első előadását hallottam, mindjárt tisztában voltam azzal, hogy itt oly elméleti igazságról van szó, amelynek a német nép szempontjából óriási a jelentősége. A tőzsdei tőkének a nemzeti gazdaságtól való éles elkülönítése alkalmat nyújtott arra, hogy felléphessünk a német gazdaság nemzetközivé tétele ellen anélkül, hogy a tőke elleni harccal veszélyeztetnénk a független népi önfenntartás alapjait. Németország fejlődése sokkal világosabban állott már szemem előtt, semhogy ne tudtam volna, hogy a legnehezebb harcot nem az ellenséges népek ellen, hanem a nemzetközi tőke ellen kell megvívnunk. Feder előadásában ennek az eljövendő küzdelemnek hatalmas jelszavát láttam.

A későbbi fejlődés e tekintetben is igazolta előérzetünket. Ma már nem nevetnek rajtunk a megbízhatatlan polgári politikusok sem. Ma már ők is belátják feltéve, ha nem állunk tudatos hazudozókkal szemben, hogy a nagy tőzsdetőke nemcsak a legnagyobb háborús uszító volt, hanem még ma, a harc befejezése után sem hagy fel a békét pokollá változtatni akaró tevékenységével. A nemzetközi pénz és kölcsöntőke elleni küzdelem legfontosabb programpontjává lett a német nemzet gazdasági függetlenségéért és szabadságáért vívott küzdelemnek.

Ami a gyakorlati politikusok aggályait illeti, arra csak a következőket felelhetem: Mindazok az aggályok, amelyeket a kamatrabszolgaság megtörésének borzalmas gazdasági eredményeiként hangoztatnak, feleslegesek. Az eddigi gazdasági szabályokkal is nagyon rosszul járt a német nép, a nemzeti létfenntartás kérdéseiben való állásfoglalás pedig igen élénken emlékeztet a korábbi idők hasonló szakértőinek véleményére, többek között a bajor orvosi tanácsnak a vasút bevezetésével kapcsolatban tett szakvéleményére. Ennek a nagy tekintélyű testületnek aggodalmai, mint ismeretes, később sem nyertek igazolást: az "*új gőzparipa*" vonatainak utasai nem szédültek el, azok sem lettek betegek, akik azt látták, és "*feleslegesek voltak a deszkapalánkok is, amelyekkel az új berendezést láthatatlanná akarták tenni. Csak ezeknek az úgynevezett "szakértőknek*" a feje előtt lévő deszkafalak maradtak meg az utókor számára is.

Továbbá meg kell jegyeznünk a következőket. Minden, még a legnagyszerűbb gondolat is veszedelemmé lesz, hogyha öncélként jelentkezik, pedig a valóságban csak annak eszköze. Számomra és minden valódi nemzeti szocialistára nézve pedig csak egy cél létezik: a nép és a haza üdve.

Fajtank és népünk fennállásának és szaporodásának a biztosítása, gyermekeink eltartása, vérünk tisztántartása, a haza szabadsága és függetlensége az, amiért nekünk harcolnunk kell, hogy népünk is teljesíthesse azt a feladatát, amelyre őt a világmindenség teremtője elhívta.

Minden gondolatnak, minden célkitűzésnek, minden tannak és minden tudománynak ezt a célt kell, szolgálnia. Mindent ebből a szempontból kell megvizsgálnunk és célszerűségéhez képest felhasználnunk vagy elvetnünk. Így nem merevedhet egyetlen elmélet sem halálos tanná, mert mindennek az életet kell szolgálnia. Gottfried Feder megállapításai adták meg nekem az ösztönzést arra, hogy ezzel, az általam még kevéssé tanulmányozott kérdéssel is alaposabban foglalkozzam.

Ismét tanulni kezdtem, és csak most jutottam el igazán a zsidó Karl Marx élete tartalmának és akaratának igazi megismeréséhez. "*Das Kapital*"-ját csak most értettem meg, akárcsak a szociáldemokráciának a nemzeti gazdaság elleni harcát, amely valóban csak a nemzetközi pénz és tőzsde számára készíti elő az utat.

Ezek a tanfolyamok még más szempontból is nagy jelentőségűek voltak számomra.

Egy napon szólásra jelentkeztem. Az egyik résztvevő azt hitte, hogy a zsidóság mellett lándzsát kell törnie, és hosszú előadásban kezdte őket védelmébe venni. Ez késztetett szólásra. A tanfolyam résztvevőinek túlnyomó többsége az én álláspontomra helyezkedett. Ennek eredménye az lett, hogy pár nappal később parancsot kaptam bevonulásra, az egyik müncheni ezredhez, úgynevezett "*kiképző tisztként*".

A csapat fegyelme abban az időben meglehetősen gyönge volt. Még magán viselte a katonatanácsok korszakának hatását. Csak lassan és elővigyázatosan lehetett megkísérelni az úgynevezett *"önkéntes"* fegyelem helyébe amint Augiasnak ezt az istállóját Kurt Eisner oly szépen nevezte ismét a katonai fegyelmet s alárendeltséget bevezetni. A csapatokat nemzeti és hazafias érzelemre és gondolkodásmódra kellett nevelni. E két irányban kellett kifejtenem tevékenységemet új beosztásomban.

Nagy kedvvel és szeretettel fogtam a munkához. Első ízben nyílt alkalmam arra, egy nagyobb hallgatóság előtt beszéljek; amit korábban, anélkül, hogy tudtam volna, puszta érzésből feltételeztem magamról, megvalósult; tudtam *"beszélni"*, a hangom is jobb lett, úgy, hogy legalábbis akis legénységi szobákban mindenütt eléggé hallhatóan beszéltem.

Egyetlen feladat sem lett volna kedvesebb számomra, mint ez, mert elbocsátásom előtt még szívemhez igazán közel fekvő és hasznos szolgálatokat tehettem ennek az intézménynek, a hadseregnek.

Eredményről is beszélhettem; bajtársaim százait, sőt ezreit vezettem vissza előadásaimmal népünkhöz, hazánkhoz. *"Nemzetivé"* tettem a csapatot, és ez úton az általános fegyelem erősítéséhez én is hozzájárultam.

Ismét megismertem a hasonló gondolkodású bajtársaimnak egész sorát, akik később az új mozgalom törzsét képezték.

IX. A Német Munkáspárt

Egy napon elöljáró parancsnokságomtól azt a parancsot kaptam, hogy állapítsam meg, mi a helyzet annál a látszat szerint politikai egyesületnél, amely *"Német Munkáspárt"* név alatt a legközelebbi napokban gyűlést szándékozik tartani, és amelyen szintén Gottfried Feder fog beszélni. Oda kell mennem, hogy az egyesületet megnézzem, és jelentést tegyek róla. Érthető volt az az érdeklődés, amely a hadsereget annak idején a pártok irányában eltöltötte. A forradalom a katonáknak is politikai jogokat adott, és ezzel a joggal éppen a legtapasztalatlanabbak éltek leginkább. Csak amikor a Centrum és a szociáldemokrácia első ízben jött rá arra, hogy a katonák együttérzése a forradalmi pártoktól a nemzeti mozgalom és feltámadás felé fordul, csak akkor vonták el a csapatoktól a választói jogot és tiltották meg a katonák számára a politikai tevékenységet.

Kézenfekvő volt, miért szánta rá magát a Centrum és a marxizmus erre. Ugyanis ha nem korlátozta volna az *"állampolgári jogokat"*, amint a katonák polgári egyenjogúságát a forradalom után elnevezték, pár év multával már nem létezett volna forradalmi állam, de nem lett volna nemzeti meghasonlás és gyalázat sem. A katonaság ez időben már a legjobb úton haladt abban az irányban, hogy a nemzet vérszopóinak és az Antant csatlósainak a nyakát szegje. Az a körülmény azonban, hogy még az úgynevezett "*nemzeti*" pártok is lelkesültek a novemberi gonosztevők e rendelkezésén, és ezáltal segítségére siettek, hogy egy nemzeti megújhodás eszközét ártalmatlanná tegyék, ismét csak arra mutatott, hogy hová vezethet ezeknek a jámborok jámborainak dogmatikus felfogása. Az aggkori lelki gyengeségben szenvedő polgárság komolyan hitte, hogy a hadsereg ismét azzá lesz, ami volt: a német honvédelem vára. Ezzel szemben azonban a Centrum és a marxisták csak a veszedelmes nemzeti méregfogat akartak kitűnni. Márpedig enélkül egy hadsereg mindig csak rendőrség marad, de sohasem olyan csapat, amely az ellenséggel kész szembeszállni. E megállapítás igazsága a későbbiek folyamán eléggé beigazolódott.

Vagy talán azt hiszik a mi "*nemzeti politikusaink*", hogy a hadsereg fejlődése más irányú is lehet, mint nemzeti? Ez igazán rájuk vall. Így van az, ha az ember a háborúban ahelyett, hogy katona lenne, ár, vagyis parlamenti képviselő, és így halvány sejtelme sincs arról, hogy mi megy végbe azoknak az embereknek a szívében, akik arra a hatalmas múltra emlékeznek, hogy egykor a világ legelső katonái voltak.

Így határoztam el magamat, hogy elmegyek ennek az ismeretlen pártnak már említett ülésére.

Amikor este az egykori Steinecker söröző számunkra később történelmi jelentőségűvé lett különszobájában megjelentem, ott nagyobbrészt a lakosság alsóbb rétegéből toborzott, mintegy 2030 főnyi jelenlevőt találtam.

Feder előadását már a tanfolyamokból ismertem, és így figyelmemet inkább magára az egyesületre irányítottam.

A benyomásom nem volt se jó, se rossz; egy új alapítás, mint sok más. Az akkori időkben majdnem mindenki, aki a dolgok fejlődésével nem volt megelégedve és nem volt bizalma az eddigi pártok egyikéhez sem, kivétel nélkül hivatva érezte magát arra, hogy új pártot alapítson. Szinte a földből nőttek ki ezek az egyesületek, hogy azután kisvártatva nyomtalanul eltűnjenek. Alapítóiknak nagyrészt fogalmuk sem volt arról, hogy miként kell az egyesületből pártot, sőt mozgalmat teremteni. Így azután ezek az új alapítások maguktól omlottak össze nevetséges nyárspolgárságukban.

Így ítéltem meg egykét megfigyelésem alapján a *Német Munkáspártot* is (*Deutsche Arbeiterpartei*). Amikor végre Feder befejezte előadását, örültem.

Eleget láttam, és menni szándékoztam, de mégis visszatartott a bejelentett hozzászólási szabadság. Úgy látszott, mintha ez is jelentéktelenül folynék le, mígnem hirtelen egy professzor emelkedett szólásra, aki elsősorban aggályát fejezte ki Feder indokainak helyességével szemben. Feder kitűnő válasza után egyszerre csak a "*tények alapjára*" helyezkedett, nem feledkezve meg arról, hogy a fiatal pártnak mint különösen fontos programpontot, Bajorországnak Poroszországtól való "*elszakadását*" ajánlja. Ez az ember egészen szemtelenül állította, hogy abban az esetben Német-Ausztria azonnal Bajorországhoz csatlakozik, és hogy a béke akkor sokkal jobb lesz, és egyéb ostobaságot. Én sem tehettem másként, mint szintén szót kértem, hogy ennek az úrnak megmondjam a magam véleményét. Olyan sikerem volt, hogy ez az előszónok úr, még mielőtt befejeztem mondanivalómat, leforrázott kutyaként hagyta el a helyiséget. Amíg beszéltem, csodálkozó arccal hallgattak és csak amikor az egybegyűlteknek jó éjt kívántam és távozni akartam, akkor ugrott utánam egy férfi, bemutatkozott (nevét nem is értettem meg helyesen) és a markomba nyomott egy kis füzetecskét, látszólag egy politikai elmefuttatást azzal a sürgős kérelemmel, hogy olvassam el.

Nagyon megörültem ennek, mert azt reméltem, hogy így egyszerűbb úton-módon is megismerhetem ezt az unalmas egyesületet, anélkül, hogy az ilyen nagy érdeklődésre számot tartó gyűléseket fel kelljen keresnem. Egyébként ez a munkásnak látszó ember nagyon jó benyomást tett rám. Ezzel el is mentem.

Abban az időben a 2. gyalogezred laktanyájában egy a forradalom jeleit még nagyon világosan magán viselő kis szobácskában laktam. Nappal távol voltam, a leggyakrabban a 41. vadászezrednél vagy valamely más csapattestnél tartottam előadást. Tulajdonképpen csak éjjel tartózkodtam szobámban. Minthogy én majdnem minden reggel öt óra előtt felébredtem, rászoktam arra, hogy a kis szobámban lakozó egérkéknek néhány száraz kenyérmaradékot vagy kenyérhéjat vessek a padlóra, és figyeljem ezeknek a bohókás állatoknak a harcát néhány jó falatért. Annyi nélkülözésen mentem át életemben, hogy ezeknek a kis állatoknak az éhségét és gyönyörűségét nagyon jól el tudtam képzelni.

E gyűlés utáni reggelen is öt óra felé ébren hevertem fekvőhelyemen, és figyeltem a kis állatok hancúrozását. Minthogy nem tudtam újból elaludni, elgondolkodtam az elmúlt estén. Egyszerre eszembe jutott az a kis füzet, amelyet a munkás adott nekem. Olvasni kezdtem. Röpirat volt, amelyben szerzője, éppen ez a munkás, elmondotta, hogy a marxista zűrzavarból és a szakszervezeti frázisok világából hogyan jutott el ismét a nemzeti gondolkodáshoz. Ez adta meg a címet is, amely a következő volt: "*Politikai ébredésem*". Érdeklődéssel olvastam át a füzetecskét; olyan dolgokat írt le benne, amelyekhez hasonlókat tizenkét évvel ezelőtt magam is átéltem. Önkéntelenül is saját fejlődésemet láttam ismét magam előtt. A nap folyamán néhányszor még gondolkodtam a dolgon, végül már teljesen félre akartam tenni, amikor nem is egy hét leforgása után a legnagyobb csodálkozásomra egy levelezőlapot kaptam, hogy felvettek a Német Munkáspártba, nyilatkozzam erről, és menjek el következő szerdán a párt választmányi ülésére.

A párttagok szerzésének ez a módja meglepett, és én nem is tudtam, hogy bosszankodjam-e vagy nevessek rajta. Soha nem gondoltam arra, hogy egy kész pártba lépjek be, hanem a sajátomat akartam megalapítani.

Már éppen írásban akartam válaszolni, amikor kíváncsiságom győzedelmeskedett és elhatároztam, hogy a megállapított napon megjelenek és hogy indokaimat szóban közlöm.

Elérkezett a szerda. A választmány a Herrenstrassei "*Alte Rosenbad*" vendéglőben tartotta ülését. Nagyon szegényes helyiség volt ez, amelybe csak nagy ritkán tévedt valaki. Nem csoda, ha meggondoljuk, hogy ez 1919-ben volt, amikor még a nagyobb vendéglők étlapja is nagyon szerény és kevéssé csábító volt. Ezt a helyiséget eddig nem ismertem.

Keresztülmentem a rosszul világított vendégszobán, beléptem a különszoba ajtaján, és előttem volt az "*ülés*". Egy kivénhedt gázlámpa kétes világa mellett az asztalnál négy fiatalember ült, köztük a kis röplap szerzője, aki engem mint a Német Munkáspárt új tagját örömmel üdvözölt, Meglepetésemben nem tudtam szóhoz jutni. Minthogy közölték velem, hogy a tulajdonképpeni "*országos elnök*" csak később érkezik, várni akartam a nyilatkozatommal. Végre megjelent. Az volt, aki a Steinecker söröző ülésén Feder előadása alkalmával elnökölt.

Közben ismét magával ragadott a kíváncsiság, és figyeltem a dolgok folyását.

Most végre az egyes urak nevét is megismertem. A "*birodalmi szervezet*" elnöke Harrer úr volt, a müncheni pedig Anton Drexler.

Felolvastak és hitelesítették az utolsó ülés jegyzőkönyvét. Ezután a pénztárjelentés következett. Az egyesület vagyona 7 márka 50 pfennig volt, és ezzel kapcsolatosan minden oldalról bizalmukat nyilvánították a pénztárosnak. Ezt is jegyzőkönyvbe foglalták.

Ezután sorban felolvasták az elnök válaszát egy kieli, egy düsseldorfi és egy berlini levélre. Mindnyájan egyetértettek azokkal.

Megállapították, hogy ez a növekvő levélforgalom a legjobb és a legláthatóbb jele a Német Munkáspárt nagymérvű jelentőségének. Ezután megkezdődött a tanácskozás az adandó válaszok tárgyában. Borzalmas, borzalmas! Ez a lehetetlen egyesületesdi. És ebbe a klubba lépjek én be? Ezután az új tag felvételére került a sor. Helyesebben, akkor következett a pártba való befogadásom. Majd én intéztem kérdéseket az üléshez. Néhány vezérszón kívül semmi sem állott rendelkezésükre. Sem program, sem röpirat, sem nyomtatvány, sem tagsági igazolvány, de még csak egy bélyegző sem. Csak hit és jó szándék volt ezekben az emberekben.

A mosolygás eltűnt az ajkamról, mert mi volt mindez, ha nem legjellegzetesebb tünete a teljes tanácstalanságnak és az eddigi pártokkal, azok programjával, célkitűzéseivel és tevékenységével szembeni teljes elcsüggedés. Ami ezt a pár embert összegyűjtötte egy ilyen külsőleg nevetséges tevékenységre, az csak belsejüknek hangja volt, amely talán inkább érzelmileg, mint tudatosan azt mondatta velük, hogy az eddigi pártmozgalmak nem alkalmasak a német nemzet feltámasztására és a belső kórok gyógyítására. Gyorsan átolvastam a gépírásban átadott vezérszavakat és megállapítottam, hogy azok inkább célkeresést, semmint tudást tartalmaznak. Sok minden elmosódott volt abban vagy nem volt világos, más dolgok viszont hiányoztak, de semmi sem volt bennük olyan, amely nem egy vívódó elismerésnek megnyilvánulása lett volna. Amit ezek az emberek megéreztek, azt én is éreztem. A szó eddigi értelmében vett pártnál többet jelentő új mozgalomra való vágyódás volt az.

Amikor ezen az estén laktanyámba mentem, megalkottam magamban véleményemet erről az egyesületről. Életem legnehezebb kérdése állott előttem. Belépjek-e ebbe az egyesületbe, vagy tartsam távol magamat tőlük?

Az értelmem ez utóbbi mellett szólott, az érzelmem azonban nem hagyott nyugtot nekem, és minél gyakrabban rajzolódott ki előttem ennek a klubnak az ésszerűtlensége, annál gyakrabban volt szószólója érzelmem. Az elkövetkező lapokban nem volt nyugtom.

Már régen mérlegeltem a dogokat és elhatároztam, hogy politikai tevékenységbe kezdek. Abban bizonyos voltam, hogy ezt csak egy új mozgalom keretében fogom elkezdeni, még hiányzott azonban az ehhez szükséges lökőerő. Nem tartozom azok közé, akik ma elkezdenek valamit csak azért, hogy holnap abbahagyjak, és lehetőleg új dologra térjenek át. Éppen ez a meggyőződésem volt a fő oka annak, hogy miért tudtam magamat oly nehezen rászánni ilyen új alapításra, amely vagy mindent megold, vagy szükségképpen semmivé lesz.

Tudtam, hogy ez az elhatározás egy életre szól. Számomra a "*vissza*" ismeretlen fogalom. És az elhatározás nem átmeneti szórakozást, hanem véres komolyságot jelentett. Már akkor is ösztönösen idegenkedtem az olyan emberektől, akik mindent elkezdenek anélkül, hogy keresztül is vigyék, amit elkezdtek. Ezeket a mindenütt jelenlevőket már akkor is gyűlöltem, működésüket veszedelmesebbnek tartottam a semmittevésnél.

Úgy tetszett nekem, mintha a sors kezét látnám. Egy már meglévő nagy párthoz sohasem csatlakoztam volna. Ennek is meg fogom adni az okait. Ez a kis nevetséges alakulat pár tagjával számomra éppen azt az előnyt jelentette, hogy még nem merevedett szervezetté, hanem az egyesek személyes tevékenységének szabad utat engedett. Itt az ember még tudott dolgozni és minél kisebb volt ez a mozgalom, annál inkább volt lehetőség az átformálására. Itt még meg lehetett adni a mozgalomnak a tartalmát, célját és az eszközeit, amelyekre meglévő nagy pártoknál már nem lehetett gondolni.

Minél inkább átgondoltam a dolgokat, annál inkább arra a meggyőződésre jutottam, hogy éppen ilyen kis mozgalomból nőhet ki egykor a nemzeti újjászületés, és semmi szín alatt sem a régi elgondolások alapján állókból, még kevésbé azonban az új uralom hasznából részt kérő politikai pártokból.

Amit az ilyen új egyesülésnek jelentenie kellett, az csak új világnézet lehetett, és semmi szín alatt sem választási jelszó.

Mindenesetre nagyon nehéz elhatározás kell ahhoz, hogy ezt a célkitűzést a valóságba is át lehessen ültetni.

Melyek voltak azok az előfeltételek, amelyeket saját magam hoztam ehhez a nagy feladathoz? Az, hogy anyagi eszközök híján voltam, még elviselhetőnek látszott. Ám nehezebb volt az a körülmény, hogy a "*névtelenek*" közé tartoztam, azok közé a milliók közé, akik a véletlen játéka folytán megvannak és eltűnnek anélkül, hogy a világ róluk csak tudomást is szerezne. Ehhez járult még az a nehézség is, amely hiányos iskolai előképzettségem folyománya volt.

Az úgynevezett "*intelligencia*" mindig nagy lenézéssel tekint azokra, akik nem az előírt iskolák útján szerezték meg a szükséges tudást. A kérdés sohasem az, hogy mit tud az ember, hanem, hogy mit tanult. Ezeknek a legüresebb fejű is képzett embernek számít akkor, ha elég bizonyítvány van a birtokában; képzettebbnek, mint a legvilágosabb fejű ifjú, viszont ez utóbbinak hiányoznak ezek az "*értékes*" papirosai. Nagyon jól el tudtam képzelni, hogy a "*tanult*" világ nekem fog rontani, és e tekintetben csak azért tévedtem, mert az embereket mégis jobbaknak tartottam, mint amilyenek legnagyobb részt, sajnos, a valóságban. A kivételek természetesen még inkább kimagaslanak közülük. Mindenesetre én meg tudtam különböztetni az örökösen tanulókat a valóban tudással rendelkezőktől.

Kétnapi szenvedésteljes gondolkodás és a dolgok mérlegelése után elhatároztam, hogy megteszem a döntő lépést. Életem legnagyobb elhatározása volt. Vissza nem tudtam fordulni, és nem is volt szabad visszafordulnom. Jelentkeztem tehát tagként a Nemzeti Munkáspártba, és megkaptam a 7-es számú ideiglenes tagsági igazolványt.

X. Az összeomlás okai

Valamely test esésének mértékét mindig a pillanatnyi és az eredeti helyzet közötti különbség adja meg. Érvényes ez a törvény a népek és államok bukására is. Csak az képes igazán mélyre zuhanni, ami az általános színvonal fölé emelkedik. Az a tény teszi olyan súlyossá és borzasztóvá a birodalom összeomlását minden gondolkodó és érző ember számára, hogy a bukás olyan magasságból következett be, amilyen a jelen megaláztatás nyomorúságában alig képzelhető el.

Már a birodalom megalapítását is egy, az egész nemzetet felemelő tett varázsa aranyozta be. Párját ritkító diadalmenet után, mintegy a halhatatlan hősiesség jutalmaként született meg a fiak és unokák számára a birodalom. Minden németnek az volt az érzése tudatosan vagy tudat alatt, hogy ez a birodalom, amely létét nem a parlamenti frakciók szemfényvesztő mesterkedésének köszönhette, már alapításának magasztos voltával is kimagaslott a többi állam közül. Nem parlamenti szócsaták, hanem a Párizst bekerítő hadmozdulatok ágyúdörgése közepette nyilvánult meg a nemzet akarata. Eszerint a németek, fejedelmek és nép egyaránt, a jövőben egy birodalmat kívánnak alkotni, és a császári koronát ismét közös szimbólummá kívánják tenni.

Nem orgyilkosság teremtette meg, nem szökevények és egyéb alakok voltak Bismarck államának megalkotói, hanem a becsület mezejének az ezredei. Ez a tűzkeresztség már magában véve is a történelmi dicsőség olyan dicsfényével vette körül a német birodalmat, amilyen a legrégibb államoknak is csak ritkán jutott osztályrészül. Hatalmas fellendülés lépett a nyomába. A szabadságnak kifelé való biztosítása befelé a mindennapi kenyeret biztosította. A nemzet számban és földi javakban gyarapodott. Az államnak és vele együtt az egész népnek a becsületét pedig védte az a hadsereg, amely a maga erejével legjobb bizonyítéka volt az egykori német szövetségi rendszer és a császári birodalom közötti különbségnek.

Ma a birodalom és a német nép elesettsége oly nagy, hogy azt hiheti az ember, téboly ragadta magával népünket és fosztotta meg józan ítélőképességétől, hogy ne lássa egykori nagyságát. Mai nyomorúságával szemben álomszerű valótlanságnak tűnik fel hajdani dicsősége. A múlt magasztos volta elvakított bennünket és szinte megfeledkeztünk arról, hogy figyeljük a bekövetkező rettenetes összeomlás előjeleit, amelyek pedig minden bizonnyal már akkor mutatkoztak. Ezek a megállapítások csak azokra vonatkoznak, akik számára Németország többet jelent, mint egyszerű tartózkodási helyet, ahol megkeresik és kiadjak pénzüket. Csak ők tekintik összeomlásnak a mai állapotot, míg a többiek számára ez az összeomlás mindeddig ki nem elégült vágyaik várva várt beteljesülését jelenti.

A bekövetkezett összeomlás előjelei kétségtelenül már annak idején jelentkeztek, de csak kevesen kísérelték meg, hogy levonjak belőle a tanulságot. Manapság erre nagyobb szükség van, mint valaha. Miként a betegség, úgy a politikai kór is csak akkor gyógyítható, ha ismerjük okozóját. Kétségtelenül könnyebb felfedezni és meglátni a betegség külső megnyilvánulását és szembeötlő tüneteit, mint a belső okot. Ez a magyarázata annak, hogy legtöbben nem is hatolnak a dolgok mélyére, hanem csak a külső tünet jelenlétét állapítják meg. Az utóbbit pedig gyakran összetévesztik a betegség tulajdonképpeni okával, és nem egyszer annak létezését is tagadják. Így a legtöbben a német összeomlást is az általános gazdasági ínségben és annak következményeiben látják, mert ezek hatása majdnem mindenkit személyesen érint. A nagy tömeg azonban kevésbé látja a politikai, kulturális és erkölcsi összeomlást. E tekintetben a legtöbb embert elhagyj a helyes érzéke é s józan ítélőképessége.

Még érthető azonban, hogy a nagy tömegeknél így áll a helyzet. De az a körülmény, hogy a német összeomlást az értelmiség körében is gazdasági katasztrófának tekintik és ehhez képest orvoslását a gazdasági helyzet javulásától várjak, szintén egyik oka annak, hogy mind ez ideig nem következett be a várva várt gyógyulás.

Mai nyomorúságunk okát csak akkor értjük meg igazán, ha rájövünk, hogy abban a gazdasági kérdésnek csak másod, sőt harmadrangú szerep jut. Ezzel szemben az erkölcsi és faji tényezőket illeti meg az elsőség. Csak így találhatjuk meg a gyógyulás felé vezető utat és eszközöket.

A német összeomlás okainak kutatása mindenekelőtt annak a politikai mozgalomnak a számára volt döntő jelentőségű, amely az elesettségből kivezető út megkeresését tűzte ki céljául.

Ha azonban ilyen alapon kutatjuk a múltat, okvetlenül ügyelnünk kell arra, hogy a gyakran szembetűnőbb okozatot ne tévesszük össze a kevésbé látható okkal. Lépten-nyomon találkozunk mai nyomorúságunknak azzal a legelterjedtebb megokolásával, hogy ez nem egyéb, mint az elvesztett háború következménye. Tehát más szavakkal: az elvesztett háború a tulajdonképpeni okozója mai fojtogató nyomorúságunknak.

Ezt a tévedést igen sokan tényleg elhiszik, még nagyobb azonban azoknak a száma, akiknek szájában ez a megokolás nem egyéb tudatos hazugságnál. Közéjük sorolhatók a mai kormányérdekeltségekhez tartozók. Mert vajon nem a forradalom dicsőítői voltak elsősorban azok, akik népünk előtt mindig hangsúlyoztak, hogy a nép széles rétegei számára teljesen mindegy, milyen lesz a háború kimenetele? Vajon nem ezek állították: legfeljebb a nagytőke érdeke lehet, hogy ez a titáni küzdelem a mi győzelmünkkel fejeződjék be, de nem a német népé, még kevésbé a német munkásé? Vajon nem állították a világbékének ez apostolai, hogy a német vereség legfeljebb a gyűlölt militarizmus pusztulását vonja maga után, a német nép azonban legdicsőbb újjászületését fogja ünnepelni? Vajon nem dicsérték ezek a körök az Antant jóhiszeműségét, és nem tolták a véres küzdelem egész felelősségét Németországra? Vajon tehették volna ezt anélkül, hogy egyúttal rámutattak volna arra, hogy a hadsereg veresége a nemzet sorsát semmiképpen sem fogja befolyásolni? Vajon nem cicomázták-e fel a forradalmat azzal a frázissal, hogy ha ők meggátolják a német zászló győzelmét, akkor biztosítják a német nép külső és belső szabadságának visszanyerését?

Vajon nem ez volt a taktikátok, ti nyomorult gazok, bitangok?!

Valóban óriási zsidó pimaszság kell ahhoz, hogy az összeomlás bűnét kizárólag a hadsereg veresége rovására írják akkor, amikor a hazaárulók központi szócsöve, a "*Vorwärts*" azt írta, hogy ezúttal nem szabad a német nemzetnek győzelmi zászlók alatt a harctérről hazatérne!

Most mégis ez az oka összeomlásunknak?

Hiábavaló lenne az ilyen feledékeny sihederekkel ezek felett vitatkozni. Szót sem érdemelne az egész, hogyha ezt az őrültséget sok jóhiszemű, de felületesen gondolkozó embertársunk nem venné át és nem terjesztené tovább.

Adolf Hitler

Ezek a fejtegetéseim legyenek segédeszközei népünk felvilágosításáért harcoló bajtársaimnak, hiszen erre manapság nagy szükségünk van, amikor a szónok szájából elhangzó beszédet amúgy is el szokás ferdíteni.

Arra az állításra, hogy a német összeomlásnak az elvesztett háború az okozója, a következőket jegyezhetjük meg.

A háború elvesztése kétségtelenül végzetes befolyást gyakorolt hazánk jövőjére, de nem ez a vereség az oka mindennek, hanem csak következménye a különböző okoknak. Hogy ennek az élethalálharcnak szerencsétlen kimenetele rettenetes következményekkel járt, azt minden belátással bíró és nem rosszakaratú ember kénytelen elismerni. Ezt azonban a döntő pillanatban igen sokan nem látták be, mások pedig jobb meggyőződésük ellenére letagadták. Főleg azok tettek így, akik hő vágyuk beteljesedése után észrevették, hogy milyen rettenetes katasztrófát idéztek elő. Ők az összeomlás okai, nem pedig az elvesztett háború, mint ahogy azt hangsúlyozni szokták. A háború elvesztése az ő tevékenységüknek és nem a rossz vezetésnek a következménye. Meg kell gondolnunk azt, hogy az ellenfél sem állott gyáva emberek összességéből. Ellenfeleink is bátran mentek a halálba, ha kellett; számuk az első naptól kezdve nagyobb volt a mi haderőnk számánál, technikai felszerelés tekintetében pedig rendelkezésükre állott a világ minden arzenálja; nem tagadható tehát, hogy azt a számtalan győzelmet, amelyet négy esztendőn keresztül az egész világgal szemben arattunk, minden hősiesség és szervezettség mellett is, főleg a kiváló hadvezetőségnek köszönhetjük. A német hadsereg vezetősége és szervezettsége olyan hatalmas volt, amilyet a világ addig még sohasem látott. Hiányai az általános emberi hibák határain belül mozogtak.

Nem az az oka mai nyomorúságunknak, hogy ez a hadsereg összeomlott, mert ez az összeomlás más bűnök következménye volt. Kétségtelenül siettette azonban a további, szemmel látható összeomlást.

Ezt az igazságot a következők is bizonyítják.

Vajon a hadsereg vereségének tényleg maga után kellett vonnia a nemzet és az állam végleges bukását, vajon a népek tényleg az elvesztett háború következtében mennek tönkre?

Válaszunk igen rövid. Csak akkor, ha a hadsereg veresége egyben a nép belső romlottságát, gyávaságát és méltatlanságát igazolja. Ha ez nem így áll, akkor a hadsereg veresége inkább a későbbi nagyarányú virágzásnak képezi alapját, és nem lesz a nép létének sírásója.

A történelem számtalan példával igazolja ennek az állításnak helyességét.

Sajnos, a német nép harctéri veresége nem tekinthető meg nem érdemelt katasztrófának, hanem az örök igazságszolgáltatás méltó büntetésének. Ezt a vereséget nagyon is megérdemeltük. Ez csak egyike volt a számtalan bomlási tünetnek, amelyet legtöbben nem láttak, vagy strucc módjára nem akartak látni.

Vegyük csak közelebbről szemügyre a német nép vereségének kísérő tüneteit. Vajon nem örültek-e bizonyos körök szemmel láthatóan a hazánkat ért szerencsétlenségnek? Viselkedhetne-e így valaki, hacsak meg nem érdemelt büntetést? Sőt mi több. Vajon nem dicsekedtek azzal, hogy végre sikerült a harcvonalunkat visszavonulásra kényszeríteni? Nem az ellenség kényszerített erre! Ezzel a gyalázattal németek terhelték meg lelkiismeretüket. Mondhatjuk-e hát, hogy ilyen körülmények között igazságtalanul érte őket a balszerencse? Vajon helyes-e, hogy ráadásul még azt állítsák, mi voltunk a háború okozói, méghozzá jobb meggyőződésük és tapasztalatuk ellenére?!

Nem! Százszor nem! A német népnek a hadi vereséggel kapcsolatos magatartása bizonyítja legjobban, hogy az összeomlás valódi okát egészen másutt kell keresnünk, nem egynéhány állás feladásában vagy egy támadás kudarcában. Ha a hadsereg tényleg csődöt mondott volna, és a balszerencse okozta volna hazánk romlását, akkor a német nép egészen másképp fogadta volna ezt a vereséget. Akkor vagy fogcsikorgatva, vagy fájdalmas levertséggel tűrtük volna a rákövetkező megaláztatást. Akkor gyűlölet és harag töltötte volna el szívünket azzal az ellenséggel szemben, akit ádáz véletlen, vagy pedig a sors játéka juttatott győzelemre; akkor a nemzet, akárcsak hajdan a római szenátus, a vereséget szenvedett csapatok elé járult volna, megköszönte volna a haza nevében az eddig hozott áldozatot, és kérte volna őket, hogy ne essenek kétségbe a birodalom sorsán. A megadást csak kényszer hatása alatt az értelem íratta volna alá, szívünk azonban a haza felszabadításáért dobogott volna.

Így fogadtuk volna a vereséget, ha ezt a balszerencse rótta volna ránk. Akkor nem nevettünk és táncoltunk volna, nem kérkedtünk volna gyávaságunkkal, és nem dicsőítettük volna vereségünket, nem gyaláztuk volna küzdő csapatainkat. Zászlajukat és sapkarózsájukat nem tapostuk volna sárba; akkor nem került volna sor olyan szörnyű jelenségekre, amelyek egy angol katonatisztet, Repington ezredest arra a megvető kijelentésre késztették, hogy "*minden harmadik német hazaáruló*". Ez a dögvész sohasem dagadhatott volna olyan pusztító áradattá, amely öt év alatt kiölte a külvilág velünk szembeni tiszteletének utolsó maradványait is.

Ez bizonyítja legjobban annak az állításnak hazug és tarthatatlan voltát, amely szerint az elvesztett háború okozta a német összeomlást. Nem! A

Adolf Hitler

hadsereg összeomlása maga is csak azoknak a kórtüneteknek egyike, amelyek már béke idején jelentkeztek a népnél. Ez csak az első látható végzetes következménye volt az erkölcsi mételynek, az önfenntartási ösztön csökkenésének, amely már pár évtizede kikezdte a birodalom alapját.

Csak a zsidóság és marxista harci szervezetek feneketlen galádsága volt képes az összeomlás felelősségét éppen arra az emberre hárítani, aki emberfeletti akaratés tetterejével egyedül igyekezett az általa előre látott katasztrófát elhárítani. Azzal, hogy Ludendorffot bélyegezték a háború vesztesének, kiütötték legveszedelmesebb vádlójuk kezéből az erkölcsi jog fegyverét.

Abból az igen helyes elvből indultak ki, hogy minél nagyobb a hazugság, annál könnyebb azt az emberekkel elhitetni, mert a nép széles rétegei szívük mélyén inkább csak romlottak, semmint szándékosan és tudatosan rosszak, és így kezdetleges gondolkodásmódjuk mellett könnyebben esnek áldozatul a nagy gazságoknak, mint a kicsinyeknek. Mert néha ők maguk is szoktak úgy gondolkozni, viszont nagy hazugságokra nem képesek. Ily valótlanság eszükbe sem jut, és éppen ezért a való tények ily nemtelen elferdítését, az ilyen szemtelenséget másokról sem tételezik fel, sőt, ha efelől felvilágosítanák őket, még akkor is sokáig kételkednének és ingadoznának, és egyik-másik indokról azt hinnék, hogy való. Ennek a következménye, hogy még a legpimaszabb rágalomból is átmegy végtére valami a köztudatba.

E világhazugság művészei és szerzői ezt igen jól tudják, és éppen ezért aljas módon ki is használjak.

A zsidók értettek mindig a legjobban ahhoz, hogyan lehet a hazugságot és rágalmat saját maguk javára kihasználni, hiszen egész létük egyetlen nagy hazugságon épült fel. Azt állítják, hogy a közösségük nem egyéb vallási szövetségnél, pedig valójában faji szövetség ez a szó legszorosabb értelmében. Ezt az igazságot az emberiség egyik legmagasabb szelleme szögezte le örök érvényű megállapításával akkor, amikor őket a "*hazugság nagymesterei*"-nek nevezte. Aki ezt nem akarja meglátni és megérteni, az sohasem támogathatja az igazság győzelmét e világon.

Szinte szerencsének nevezhető, hogy a német nép lappangó betegségének idejét az összeomlás rettenetes katasztrófája rövidre szabta, különben a nemzet lassan, de annál biztosabban teljesen tönkrement volna. A betegség krónikussá vált volna, míg az összeomlás akut formájában való megnyilvánulása legalább a nemzet egy részének felnyitotta a szemét. Nem puszta véletlen, hogy az ember könnyebben győzedelmeskedik a pestisen, mint a tüdővészen. Az előbbi borzalmas, az emberiséget megrázó halálhullámmal lepi el a világot, míg a másik lassan, lopva jön; az előbbi rettenetes félelmet, az utóbbi pedig közömbösséget támaszt. Ennek következménye azután az, hogy az ember az egyiket energiájának teljes összpontosításával fogadja, míg a tüdővésznek gyönge eszközökkel igyekszik gátat emelni. Így győzte le a pestist, viszont a tüdővész még ma is szedi áldozatait.

Ugyanígy áll a helyzet akkor, ha az egész nép teste betegedett meg. Ha a betegség nem ölt végzetes alakot, akkor az ember lassan hozzászokik. Éppen ezért szerencsének nevezhető, ha a sors ebbe a lassú bomlási folyamatba beleavatkozik, és a betegség következményeit könyörtelenül tárja a beteg szeme elé. Ilyenkor aztán az életösztön végső erőfeszítése gyakran gyógyulásra vezet. A betegség keletkezésének belső okait azonban ebben az esetben is fontos megismernünk.

Különösen nagy jelentősége van annak, hogy különbséget tegyünk a betegség okozója és annak tünetei között. Minél régebbi keletű a betegség egy nép testében és minél inkább természetesnek látszik jelenléte, annál nehezebb feladat elé állítja az embert. Könnyen előfordulhat, hogy bizonyos idő múlva a méreg káros hatása a nép életéhez tartozó jelenségként tűnik fel, vagy elkerülhetetlen bajként tűrjük, és nem tartjuk szükségesnek a kór okozójának kutatását.

A háború előtti hosszú, békés időszak folyamán különböző kóros tünetek léptek fel, amelyeket felismertünk ugyan, de néhány kivételtől eltekintve nem törődtünk azzal, hogy miből keletkeztek. Kivételt akkor is elsősorban a gazdasági életterén mutatkozó egyes jelenségek képeztek, mint amelyeket az ember más téren felmerülő károknál hamarabb észrevesz. Pedig a számos bomlási tünetnek nagy aggodalmat kellett volna keltenie.

Gazdasági tekintetben a következőket kellene megjegyeznünk. A német nép lélekszáma a háború előtti években hihetetlenül gyarapodott, ami minden politikai és gazdasági gondolkodás és tevékenység homlokterébe a mindennapi kenyérgondokat állította. Sajnos, senki sem tudta elhatározni magát arra, hogy e kérdés egyetlen helyes megoldásához folyamodjék. Azt hitte, hogy kevesebb áldozattal is célhoz jut. A nemzet lemondott arról, hogy új területre, földre tegyen szert, és abban a tévhitben ringatta magát, hogy a világpiac elfoglalása képezi feladatát. Ez a körülmény azután korlátlan és káros iparosításra vezetett, aminek legsúlyosabb következménye a paraszti osztály gyengülése volt. Amilyen mértékben visszafejlődött ez az osztály, olyan

Adolf Hitler

mértékben növekedett a nagyvárosi proletariátus, míg végül teljesen felbomlott az egyensúly.

Ily módon mindinkább előtérbe lépett a szegény és gazdag rétegek közötti különbség. Fényűzés és nyomor oly közel állottak egymáshoz, hogy ennek szükségszerűen igen szomorú következményei kellett, hogy legyenek. Az ínség és a gyakori munkanélküliség megkezdte pusztító játékát, és az emberekbe keserűséget és elégedetlenséget oltott. Ennek folyománya viszont az egyes néposztályok politikai elkülönülése lett. A gazdasági fellendülés dacára mind nagyobb és mélyebb lett az elkeseredés. Végül általánossá vált az a meggyőződés, hogy "*ez így nem mehet tovább*", anélkül azonban, hogy az emberek csak sejtették volna, hogy minek kell bekövetkeznie. Ez volt a mindinkább érvényre jutó nagy elégedetlenség legjellemzőbb tünete.

Még sokkal veszedelmesebbek voltak azonban azok a jelenségek, amelyek a nemzet anyagias gondolkodását vonták maguk után.

Amilyen mértékben mindinkább a közgazdaság kerítette hatalmába az államot, épp oly mértékben fejlődött a pénz istenítése, a pénzé, amelynek mindenki szolgált, és amely előtt mindenki térdet hajtott. Mindinkább háttérbe szorult a túléltnek képzelt mennyei istenség, és helyette Mammon bálványának tömjénezett a nép. Valóban kétségbeejtő elfajulás vette kezdetét éppen abban az időpontban, amikor a nemzetnek minden valószínűség szerint elkövetkező sorsdöntő órában hősi elhatározásokra nagyobb szüksége lett volna, mint valaha. Németországnak el kellett készülnie arra, hogy egy szép napon kardot kell rántania azért, mert mindennapi kenyerét békés eszközökkel igyekezett megkeresni.

A pénz uralmát, sajnos, az az egyéniség is elismerte, akinek a legnagyobb ellenállást kellett volna kifejtenie ellene.

Őfelsége, a császár helytelenül cselekedett különösen akkor, amikor a nemességet is belevonta a nagytőke varázskörébe. Mentségéül szolgáljon azonban az, hogy maga Bismarck sem ismerte fel a fenyegető veszélyt. Ily módon a gyakorlati életben az eszményi erényeknek a pénz értékével szemben, a régi nemességnek pedig az új pénznemességgel szemben háttérbe kellett szorulnia. Pénzügyeket keresztülvinni, lebonyolítani könnyebb, mint csatákat megnyerni. A valódi hős államférfiú számára nem volt kecsegtető jutalom, hogy jöttment zsidó bankárokkal kerüljön egy sorba. A valódi érdemekben gazdag egyént az olcsó kitüntetések többé nem érdekelték, inkább lemondott róluk. Ez a fejlődés azonban tisztán faji szempontból is igen szomorú volt. A nemesség mindinkább elvesztette létjogosultságának faji előfeltételeit, és nagy részére inkább ráillett volna a "*nemtelen*" jelző.

A gazdasági élet súlyos bomlási tünete volt a személyes tulajdon lassú kikapcsolódása és az a tény, hogy az egész közgazdaság (csak a hitelélet és a nagyipar értendő alatta) részvénytársaságok kezébe került. Így vált a munka igazán lelkiismeretlen üzérek spekulációjának tárgyává. A munkaadó és a munkás között az elidegenedés a végsőkig fokozódott. A tőzsde megkezdte diadalútját, és lassan, de biztosan felkészült arra, hogy a nemzet életét felügyelete és ellenőrzése alá helyezze. A német közgazdaság nemzetközivé tételét a nagytőke a részvények kerülő útján már a háború előtt előkészítette. A német ipar egy része természetesen a legnagyobb elszántsággal igyekezett védekezni ezzel szemben, végtére azonban mégis áldozatául esett a nagytőke egységesen megszervezett támadásának. A támadását leghívebb csatlósa, a marxista mozgalom segítségével vitte keresztül.

A német közgazdaság nemzetközivé tételének kezdete a német "*nehézipar*" ellen folytatott szüntelen hadjárat volt, amelyet a marxizmusnak a forradalom útján aratott győzelme tett teljessé. Most, amikor e sorokat írom (1924), a német birodalmi vasutak ellen folytatott támadás is eredménnyel járt, úgyhogy ez a vállalat is a nemzetközi nagytőke birtokába került. Ezzel a "*nemzetközi*" szociáldemokrácia elérte fő céljainak egyikét.

Azt, hogy milyen nagy mértékben sikerült a német nép gondolkodásmódját a "*gazdasági élet*" rabláncára fűzni, a legvilágosabban az a körülmény bizonyítja, hogy a háború után a német iparnak, különösen pedig a kereskedelemnek egyik vezető egyénisége arra a kijelentésre ragadtatta magát, hogy kizárólag a közgazdaság képes Németországot újra talpra állítani. Ezt az őrültséget akkor állította, amikor Franciaország iskoláinak tantervét újra főként humanisztikus alapra helyezte, hogy ezzel elejét vegye annak a tévedésnek, hogy a nemzet és az állam létét a gazdaságnak, nem pedig az eszményi értékeknek köszönhetné. Ezt a kijelentést Stinnes tette, és ezzel hihetetlen bonyodalmat okozott. A közvélemény azonnal felkapta és csodálatos gyorsasággal tették vezérelvükké azok a sarlatánok és kuruzslók, akiket a sors a forradalom óta "*államférfiakként*" Németországra zúdított.

A háború előtti Németországban a legsúlyosabb bomlási tünetek egyike a minden téren egyre jobban érvényre jutó középszerűség volt, amely az ember bizonytalanságának, valamint az ebből és más forrásokból eredő gyávaságnak a következménye. Még a nevelés is fejlesztette ezt a kóros állapotot.

A háború előtti német nevelésnek igen sok gyönge oldala volt Egyoldalú módon kizárólag az ismertekre fektette a súlyt és a "*valódi tudást*" elhanyagolta. Még kevesebb gondot fordított az egyén jellemének és már amennyire ez egyáltalán lehetséges felelősségérzetének és akaraterejének fejlesztésére. Ennek folytán nem akaraterős embereket neveltek, hanem alkalmazkodó mindentudókat. Így ítélt meg azután bennünket, németeket az egész világ. A németet szerették, mert jó hasznát vehették, jellemgyengesége miatt azonban aligha tisztelték. Nem csoda, hogy éppen a német vesztette el legkönnyebben nemzetiségét és hazáját. Mindennél többet mond ez a régi közmondás: "*Levett kalappal be lehet járni az egész világot*".

Szinte végzetessé vált ez az alkalmazkodás akkor, amikor az uralkodóval szembeni fellépés módját is meghatározta. Ez a mód nem tűrt ellentmondást; mindent jóvá kellett hagyni, amit Őfelsége cselekedett. Pedig éppen itt lett volna helyén a szabad férfiúi méltóság megnyilatkozása, különben a monarchisztikus intézménynek magának is egy szép napon tönkre kellett mennie a talpnyalás miatt. Mert talpnyalás volt ez, semmi más! Az uralkodóval való érintkezésnek a formája csak azokhoz a hajbókoló jellemgyenge emberekhez illett, akik mindig jól érezték magukat a trónok közelében, de nem illett a tisztességes és becsületes jellemekhez. Éppen ezek, az urukkal és kenyéradójukkal szemben legalázatosabb alattvalók voltak, minden alázatuk ellenére, embertársaikkal szemben a legpimaszabbak, különösen akkor, ha pimasz képpel a monarchista gondolkodást többi bűnös honfitársaikkal szemben kizárólagos joggal kisajátítottak maguknak. Határtalan szemtelenség ez, amelyre csak az effajta nemesített vagy még inkább nemtelen csúszómászók képesek. Valójában pedig éppen ezek az emberek voltak a monarchia és különösen az egész monarchisztikus eszme sírásói. Másként el sem képzelhető. Az, aki kész magát a legnagyobb cél szolgálatába állítani, sohasem lehet jellemtelen talpnyaló. Az, aki az államrend támogatását tényleg komolyan veszi, szívének utolsó dobbanásáig ragaszkodni is fog hozzá, és nem lesz nyugta, ha látja, hogy ezt káros befolyások veszélyeztetik. Mindenesetre nem fog a nyilvánosság előtt nagy lármát csapni, mint azt oly hazug módon a monarchia "*demokratikus*" barátai tették, hanem megkísérlik óva inteni Őfelségét, magát a korona viselőjét. Nem helyezkedik, és nem helyezkedhetik arra az álláspontra, hogy Őfelségének szabad továbbra is saját belátása szerint cselekednie, ha látja, hogy ez nyilván az állam kárára van, hanem ez esetben kötelessége a monarchiát az uralkodóval szemben is megvédelmezni, bármilyen következményekkel járjon is ez saját magára nézve. Ha ennek az intézménynek az értéke mindig az uralkodó személyétől függne, akkor a monarchia az elképzelhető legrosszabb államforma lenne.

Az uralkodók is csak emberek, és csak ritkán a bölcsesség, értelem és jellem kiválasztottjai. A talpnyalók az ellenkezőjét állítják, míg a jellemszilárd egyéneket az államra nézve mindig ezek a legértékesebbek az ilyen állítások vissza riasztják. Ezek számára a történelem történelem, az igazság igazság marad még akkor is, ha uralkodóról van szó. Az a szerencse, hogy egy nagy uralkodó a nagy embert is egyesíti magában, csak ritkán jut a nép osztályrészéül; meg kell elégednünk azzal, ha a sors legalább a legkeserűbb csalódásoktól óvja meg őket.

Így tehát a monarchisztikus eszme értéke és jelentősége nem az uralkodó személyében rejlik, kivéve, ha a gondviselés oly lángeszű hőssel, mint Nagy Frigyes, vagy bölcs jellemmel, mint I. Vilmos ajándékozza meg a nemzetet. Ez évszázadok folyamán is csak elvétve fordul elő. Különben az eszme túlszárnyalja a személyt, és az intézmény értéke magában az államformában rejlik. Ilyen körülmények között azonban az uralkodó maga is csak szolgája az intézménynek, ő maga is csak egy kerék ebben a műben, és mint ilyennek, megvannak a maga kötelességei. Magát is alá kell rendelnie a nagy célnak, és akkor nem az az igazi monarchista többé, aki engedi, hogy a korona hordozója hatalmával visszaéljen, hanem az, aki ebben meggátolja. Ha az intézmény értéke nem magában az államformában, hanem a "*felkent*" személyben rejlenék, akkor még a tényleg elmebeteg uralkodót sem lehetne trónjáról soha lemondatni.

Fontosnak tartom a fentiek leszögezését már most, mert lassanként újra előbukkannak rejtekhelyükről azok az árnyak, akik nyomorúságos magatartásukkal nem kis mértékben voltak előmozdítói a monarchia összeomlásának.

Ezek az emberek bizonyos balga vakmerőséggel ismét már csak az ő "*királyukról*" beszélnek, akit pedig éppen a legvégzetesebb órában csúfosan cserbenhagytak, és képesek arra, hogy minden olyan embert, aki nem hajlandó dicshimnuszaikat helyeselni, rossz németnek bélyegezzenek. Ezek ugyanazok, akik annak idején 1918-ban minden vörös karszalag elől gyáva nyulak módjára futásnak eredtek, kardjukat sétabottal cserélték fel, semleges nyakkendőt kötöttek, egy ideig békés polgárokként sétáltak, hogy azután nyomtalanul eltűnjenek. Egyszóval ilyen emberek voltak a királyi bajnokok. Csak miután a forradalom szélvihara hála mások tevékenységének lecsendesedett és újra szélnek ereszthették "*éljen a király, éljen*" kiáltásukat, kezdtek a koronának e szolgái és tanácsadói biztos odújukból előbújni.

Most azonban itt vannak valamennyien, és sóvárogva pillantanak a húsosfazekak felé; alig tudják magukat királyhűségüktől visszatartani, hogy azután az öreg monarchiának ezek a harcosai egy szép napon az első vörös zászló láttára, mint egerek a macska elől ismét megfutamodjanak.

Ha az uralkodók maguk nem lennének bűnösök a dolgok ilyen állásáért, akkor az ember szíve mélyéig tudná sajnálni őket, már csak ezen "*védelmezőik*" miatt is. Arról mindenesetre meg kell győződve lenniük, hogy ilyen lovagokkal el lehet veszejteni trónokat, de koronákat visszaszerezni soha!

Mindez nevelésünk hibája volt. Ennek következtében tudták magukat az említett siralmas lények minden udvarnál bebiztosítani, hogy azután a monarchia alapjait kikezdjék. Amikor a monarchia épülete inogni kezdett, nyomtalanul eltűntek. Hiszen az csak természetes, hogy ezek a talpnyalók nem üttették agyon magukat uralkodójukért. Az uralkodók azonban ezt sohasem tudják és szinte következetesen nem is tanulják meg. Ez a körülmény viszont pusztulásukat okozza.

Helytelen nevelés következménye a felelősségtől való irtózás és az ebből eredő gyöngeség, különösen életbevágóan fontos kérdések feletti döntések idején.

E kóros állapot kiindulópontja nagyrészt a parlamentáris berendezésben keresendő, amely a felelőtlenség legtermőbb talaja. Ez a betegség lassan átterjed a közélet minden terére, különösen pedig az állami intézményekre. Mindenki igyekezett a felelősség alól kibújni. A kormány rendeletei félszegek és kétes hatásúak voltak. A személyi felelősség határát minden intézkedésnél a lehető legszűkebb térre szorították.

Vegyük tekintetbe a kormány magatartását a közélet igazán káros tüneteivel szemben. A félszegség és a felelősségtől való gyáva félelem itt észlelhető a legtökéletesebben.

Csak néhány, különösen szembeötlő esetre akarok rámutatni.

Maguk az újságíró körök szeretik leginkább hangoztatni, hogy a sajtó nagyhatalom az államban. jelentősége tényleg roppant nagy, hiszen a sajtó feladata az embereket idősebb korukban nevelni. Emellett a sajtó olvasói közönségét átlag három csoportra oszthatjuk.

Vannak, akik mindent elhisznek, amit olvasnak; varnak olyanok, akik semmit sem hisznek el; és végül vannak olyan emberek, akik bíráló szemmel vizsgálják, mit olvasnak, majd azután alkotják meg véleményüket.

Az első csoport, számát tekintve, a legnagyobb. Ide tartozik a nép nagy tömege, tehát a nemzetnek szellemileg legegyszerűbb rétege.

A néphez tartozókat hivatásuk szerint nem, legfeljebb az általános intelligencia okozatai szerint osztályozhatjuk. Vannak, akik nem rendelkeznek velük született vagy beléjük nevelt önálló gondolkodással, éppen ezért önállóságuk hiánya, vagy tudatlanságuk folytán mindent elhisznek, amit a nyomtatott betű elébük tálal. Ide orozandók azok az elhájasodott agyúak, akik képesek lennének ugyan önálló gondolkodásra, de puszta lustaságból hálásan fogadnak mindent, amit más gondol ki helyettük. Ezeknél az embereknél, akik a nemzet nagy tömegét alkotják, a sajtó látása egészen borzalmas. Nem képesek vagy nem akarják bíráló szemmel vizsgálni, amit a sajtó nekik nyújt. Emiatt állásfoglalásuk a napi kérdésekkel szemben teljesen a mások befolyásának következménye lesz. Előnyös lehet ez akkor, ha megfelelő oldalról világosítják fel őket, végzetesen káros azonban, ha a felvilágosítás munkáját hazug gazemberek végzik.

A második csoporthoz tartozók száma már sokkal kisebb. Részben azokból az emberekből toborzódik, akik eleinte az első csoporthoz tartoztak, de sok keserű csalódás után már semmit sem hisznek, ami nyomtatás formájában kerül elébük. Gyűlölnek minden újságot, és vagy nem olvassák, vagy pedig dühbe gurulnak, valahányszor újság kerül a kezükbe. Abban a hitben vannak ugyanis, hogy az újság csak hazugságot és valótlanságot tartalmaz. Ez az embertípus igen nehezen kezelhető, mert az igazságot is gyanakvással fogadja. Semmiféle pozitív munkára nem használható.

Végül a harmadik csoport a legkisebb. Ez tényleg kiművelt agyú emberekből, akiket természetadta tehetségük és nevelésük önálló gondolkodásra tanított, akik mindenről saját véleményt próbálnak alkotni, és mindent, amit olvasnak, alaposan megvizsgálnak és megemésztenek. Nem vetnek egy pillantást sem az újságba anélkül, hogy agyvelejük ne dolgozzék. Éppen ezért az újságíró helyzete ezekkel szemben nem könnyű. Az újságírók az ilyen embert tehát csak fenntartással kezelik.

A harmadik csoporthoz tartozók számára kevésbé veszedelmes és úgyszólván jelentőség nélküli az a badarság, amit az újságok legnagyobb része összefirkál. Az élet folyamán lassanként megbarátkoznak azzal a gondolattal, hogy minden újságírót eleve gazembernek kell tekinteniük, aki csak ritkán mond igazat. Kár, hogy ezeknek a pompás embereknek a jelentősége inkább értelmességükben, mint számukban rejlik. Manapság, amikor nem a bölcsesség, hanem a számszerűség a mértékadó, nagy veszteség ez. Napjainkban, amikor a tömeg szavazata határoz, a döntő értéket a legnagyobb csoport képviseli, ez pedig az első: az együgyűek és hiszékenyek csoportja.

Életbevágóan fontos érdeke az államnak, hogy ezek az emberek ne kerüljenek rossz, tudatlan, sőt mi több, rosszakaratú nevelők kezébe. Kötelessége tehát az államnak a nevelés ellenőrzése és mindennemű visszaélés meggátlása. Különösen ügyelnie kell a sajtóra. A sajtó befolyása ezekre az emberekre igen nagy, miután hatása nemcsak átmeneti, hanem állandó. Főként e téren nem szabad megfeledkeznie az államnak arról, hogy kötelessége minden eszközt egy cél szolgálatába állítani; nem szabad az úgynevezett "*sajtószabadság*" előtt megtorpannia, ha arról van szó, hogy kötelességét teljesítse. Könyörtelen határozottsággal kell biztosítania céljai számára a népnevelés eme eszközét, amit az állam szolgálatába kell állítania.

Vajon nem az elképzelhető legnagyobb méreg volt, amivel a háború előtti német sajtó olvasóit métélyezte? Vajon nem a legsilányabb pacifizmust oltotta a nép szívébe akkor, amikor az a másik világ [a szociáldemokrácia és a zsidóság] már arra készülődött, hogy Németországot lassan, de biztosan megfojtsa? Vajon nem tanította ez a sajtó a népet már békeidőben arra, hogy az állam jogait kétségbe vonja, és ezzel eleve korlátozza a rendelkezésre álló védelmi eszközöket? Vajon nem a német sajtó volt az, amely a "*nyugati demokrácia*" agyrémét népünknek kívánatos alakban tálalta fel és végre elhitette vele, hogy a jövőjét a Népszövetségre bízhatja? Vajon nem járult hozzá, hogy népünket nyomorult erkölcstelenségre neveljék? Vajon nem tette nevetségessé ez erkölcsöt és nem bélyegezte maradinak és nyárspolgárnak azt, mígnem végre a mi népünk és "*modern*" lett? Vajon állandó támadásaival nem ő ásta alá az állam tekintélyét, annyira, hogy egyetlen lökés elég volt ezt az építményt halomra dönteni? Vajon nem irtott ki minden jó szándékot, amely megadta az államnak, ami az államé? Vajon nem igyekezett nevetségessé tenni a hadsereget? Nem szabotálta az általános hadkötelezettséget? Nem bujtogatta a közvéleményt a hadsereg számára szükséges hitel megtagadására stb. , mindaddig, amíg munkáját siker koronázta?

Az úgynevezett liberális sajtó munkája a sírásók munkája volt, amely a német nép és német birodalom vesztét szolgálta. A marxista szennylapokat ezzel kapcsolatban meg sem kell említenünk. A hazugság számukra éppen olyan életszükséglet, mint a macska számára az egér; feladatuk kizárólag a nép faji és nemzeti öntudatának letörése, hogy éretté tegyék a nemzetközi tőke és annak urai, a zsidók rabszolgajárma számára.

Vajon mit tett az állam a nép e tömegmérgezése ellen? Egyáltalán semmit. Néhány nevetséges rendeletet eresztett szélnek; néhány túlságosan gyalázatosan viselkedő embert megbüntetett; ez volt az egész. Ezzel szemben azt hitte, hogy hízelgéssel "*a sajtó értékének, jelentőségének és népnevelési elhivatottságának*" elismerésével és hasonló badarságokkal megnyeri a maga számára ezt a sajtót. A zsidók azonban mindezt csak ravasz mosollyal fogadták, és köszönettel nyugtázták.

Az állam e gyalázatos csődjének az oka nem a veszély fel nem ismerésében rejlett, hanem inkább egy égbekiáltó gyávaságban és az ebből következően félmegoldást jelentő rendeletekben és intézkedésekben. Mindenkiből hiányzott a bátorság hathatós, radikális eszközök alkalmazására. Mint mindenütt, úgy itt is félszeg receptekkel igyekeztek segíteni. Ahelyett, hogy agyonverték volna, csak piszkálgatták a viperát, úgyhogy végeredményben minden intézkedésük csupán az ellenkezőjét érte el annak, amit célzott. Az ellenséges intézmények hatalma évről évre növekedett.

Az akkori német kormányok védekező magatartása főleg a zsidó népbolondító sajtóval szemben nem volt egységes és határozott, mindenekfelett pedig nem volt elég céltudatos. A titkos tanácsosi elme e téren teljesen felmondta a szolgálatot, nemcsak azért, mert nem ismerte fel a küzdelem jelentőségét, hanem mert nem találta meg a kellő eszközöket és nem volt világosan kidolgozott haditerve.

Céltalanul kísérleteztek. Néha egykét hétre vagy hónapra bezártak egykét harapós sajtóviperát, fészkét azonban ezúttal is békében hagyták.

Mindez természetesen egyrészt a zsidóság végtelenül ravasz taktikájának, másrészt a titkos tanácsosok butaságának és együgyűségének a következménye volt. A zsidó sokkal okosabb volt annál, semhogy az egész sajtót egyszerre egységesen vezette volna támadásra. Nem! Az újságok egy része arra való volt, hogy fedezze a többit. Amíg a marxista újságok a legalajasabb módon üzentek hadat mindennek, ami az emberiségnek szent, a legszemtelenebb módon támadtak az államot és a kormányt és egymás ellen uszították az egyes néposztályokat, addig a polgári demokratikus zsidó lapok kitűnően értettek ahhoz, hogy a *"híres tárgyilagosság"* látszatát keltsék. Kerültek minden durva szót, mert tisztában voltak azzal, hogy az üresfejű emberek a külső után ítélnek és nem képesek a dolgok mélyére hatolni. Emiatt a dolgok értékét csak külsejük után ítélik meg, nem pedig belsejük után. Ezen emberi gyöngeségnek köszönhetik saját fontosságukat is.

Az emberek e csoportja számára természetesen a *"Frankfurter Zeitung"* a tisztaság megtestesülése, amely sohasem használ durva kifejezést, elvet minden nemű tettleges erőszakosságot és mindig a szellemi fegyverekkel való küzdelemre hivatkozik. Ezzel különösen a szellemtelen embereknek imponál. Ez a félműveltség eredménye, amely megfosztja az embert természetes ösztöneitől. Némi ismeretet biztosít számára, anélkül azonban, hogy a valódi tudáshoz elvezetné. Utóbbit puszta jószándékkal és szorgalommal nem lehet elérni, ennek az embernek vele kell születnie. A tulajdonképpeni tudás mindig az okozati összefüggés ösztönszerű megértése, ami azt jelenti, hogy az embernek sohasem szabad abba a tévedésbe esnie, hogy maga lett a természet urává és mesterévé, amit a félművelt önteltsége olyan könnyen elhisz, hanem éreznie kell a természet uralmának szükségszerűségét. Meg kell éreznie, hogy az ő léte is alá van vetve a tökéletesedés felé irányuló örök szenvedés és örök küzdés törvényeinek. Éreznie kell, hogy azon a világon, ahol napok, bolygók és holdak keringenek és róják pályájukat, amelyben mindig csak az erő uralkodik a gyöngeség felett, és azt vagy engedelmes szolgájává teszi, vagy agyontiporja, az ember számára sincsenek külön törvények. Őt is az örök bölcsesség törvényei igazgatják. E törvényeket képes talán felfogni, de sohasem tudja magát alóluk mentesíteni.

A zsidóság éppen a lelki középszerűségnek írja a maga úgynevezett "*intelligens*" sajtóját. Ennek részére írják a "*Frankfurter Zeitung*"-ot és a "*Berliner Tageblatt*"-ot, hozzája alkalmazkodik azok hangja, és reája gyakorolják a legnagyobb hatást. Miközben külsőleg gondosan kerülnek minden durva formát, egyéb téren mégis belecsepegtetik a mérget olvasóik szívébe. Szép hangok és szóvirágok segítségével abba a hitbe ringatják olvasóikat, mintha tevékenységüknek egyedüli mozgató rugója tényleg a tiszta tudományosság, sőt az erkölcs lenne. Valójában pedig ez az újságírás nem egyéb, mint zseniális, de egyben alattomos művészet, amellyel az ellenfél kezéből kiütik a sajtó elleni fegyvert. Mert mialatt egyik részük csöpög a tisztességtől, annál inkább hiszik ezek az ügyefogyottak, hogy a többieknél is legfeljebb jelentéktelen kinövésekről lehet szó, amelyek azonban semmi szín alatt sem lehetnek okai a sajtószabadság megsértésének, ahogy nevezni szokták ennek a büntetlen népbolondításnak és népmérgezésnek őrületét. Ilyen körülmények között ez ellen a banda ellen félnek fellépni, mert hiszen az a veszély fenyeget, hogy ez esetben a "*tisztességes*" sajtó is ellenük támad. Ez is a jól megalapozottság gyümölcse. Mert mihelyt az ember megkísérli, hogy fellépjen az ilyen gyalázatos sajtótermék ellen, azonnal a többiek is pártjára kelnek, nem mintha egyetértenének vele, Isten őrizz; csak azért, hogy a sajtószabadság és a szabad véleménynyilvánítás elvét megvédjék. Egyedül ezt védelmezik. A legerősebb ember is megtántorodik erre az ordítozásra, mert hiszen az úgynevezett "*tisztességes*" lapok részéről éri.

Így nyerhetett szabad utat ez a méreg népünk vérkeringésében anélkül, hogy az államnak ereje lett volna a betegségen úrrá lenni. Azok a nevetséges eszközök, amelyekkel az állam fellépett ez ellen a sajtó ellen, előjelei voltak a birodalmat fenyegető összeomlásnak.

Az olyan intézmény, amely nem képes magát teljes határozottsággal, minden fegyverrel megvédelmezni, önmagát ítéli halálra. Minden félmunka a belső összeomlás látható jele, amelyet előbb vagy utóbb a külső összeomlásnak kell követnie és fogja is követni.

Hiszek abban, hogy a mai nemzedék kellő vezetés mellett könnyebben győzi le ezt a veszélyt. Hiszen annyi mindenen ment keresztül, hogy idegei megszilárdulhattak annak, aki nem vesztette el teljesen a fejét. A zsidóság a jövőben bizonyára roppant lármát fog csapni, ha az állam kedvenc fészkükre, a sajtóra ráteszi a kezét, véget vet a sajtó visszaéléseinek, a népnevelés eme eszközét is a köz szolgálatába állítja, és nem hagyja többé felelőtlen idegen és ellenséges elemek kezében. Meg vagyok győződve arról, hogy ez nekünk nem fog oly nehezünkre esni, mint egykor apáinknak. A harminc centiméteres gránát sokkal nagyobb lármát csapott, mint ezer zsidó újság viperasziszegése, tehát csak hadd sziszegjenek!

A háború előtti Németország vezetésének a nemzet fontos létérdekeiben tanúsított félszegségét és gyengeségét a következő példa is bizonyítja: a nép politikai és erkölcsi megfertőzésével már évek óta együtt jár a néptest egészségének nem kevésbé iszonyatos megmérgezése. Különösen a nagyvárosokban harapódzott el mindinkább a vérbaj, a tüdővész pedig majdnem az egész ország területén szedte áldozatait.

Annak ellenére, hogy a nemzet számára mind a két betegség rettenetes következményekkel járt, mégsem határozta el a kormány, hogy radikális eszközökkel küzdjön ellenük.

A nép és államvezetésnek különösen a szifilisszel szembeni magatartása teljes kapitulációnak nevezhető. Ha komolyan le akarta volna küzdeni ezt a veszélyt, akkor sokkal radikálisabb eszközökre lett volna szüksége. Egy kétes hatású gyógyszer feltalálása, valamint annak ügyes üzleti kihasználása nem sokat segít e járvánnyal szemben. Itt is csak az okok elleni küzdelem jöhetett volna tekintetbe, nem pedig a betegség tüneteinek elhárítása. A fő ok pedig elsősorban a szerelem prostituálásában keresendő. Ez még akkor is borzalmas kárt jelentene a nép számára, ha következménye nem e rettenetes járvány volna, mert már maga az erkölcs feldúlása, mely e fajtalansággal jár, elegendő ahhoz, hogy a népet lassan, de biztosan tönkretegye. Lelki életünk elzsidósodása és nemi ösztönünk pénzre váltása előbb-utóbb tönkreteszi egész fiatalságunkat: a természetes érzéssel bíró, erős gyermekek helyébe az anyagi célszerűség siralmas koraszülöttei lépnek. Ez utóbbi lesz mindinkább a házasságkötés alapja és egyetlen előfeltétele. Ezzel szemben a szerelem máshol tombolja ki magát.

Adolf Hitler

Bizonyos ideig természetesen itt is ki lehet gúnyolni a természetet, de bosszúja nem várat sokáig magára, csak kissé később mutatkozik, vagy jobban mondva: az ember csak később veszi észre.

Hogy milyen pusztító hatással van a házasság természetes előfeltételeinek állandó lenézése, azt legjobban nemességünkön lehet észrevenni. Itt látjuk magunk előtt annak a szaporodásnak az eredményét, amely részben puszta társadalmi kényszeren, részben pedig csupán anyagi szempontokon nyugszik. Az előbbi a faj gyengülését, az utóbbi pedig vérének megmérgezését vonja maga után, mert minden áruházi zsidó nő eléggé alkalmasnak látszik arra, hogy a nemes urak utódait világra hozza. Ezek aztán úgy is néznek ki. Mindkét esetnek tökéletes degeneráció a következménye. Polgárságunk ma ugyanezen az úton halad és ugyanoda fog jutni.

Közömbös sietséggel igyekszünk a kellemetlen igazságok mellett elhaladni, mintha így megváltoztathatnánk a tényeket. Nem tagadható az, hogy a városi lakosságunk mindinkább prostituálja szerelmi életét, és így mind szélesebb körök kerülnek a szifilisz karmai közé. E tömegfertőzés eredményeit egyrészt a tébolydák, másrészt pedig, sajnos, saját gyermekeink bizonyítják. Különösen ők a szomorú roncsai nemi életünk egyre növekvő prostituálódásának; a szülők bűne a gyermekek betegségében nyilvánul meg.

E kellemetlen, sőt borzalmas tényekkel különböző módon számolhatunk le. Sokan egyáltalán észre sem veszik, jobban mondva nem is akarjak észrevenni azokat, ami természetesen a legegyszerűbb és legkényelmesebb "*állásfoglalás*". Mások az éppoly nevetséges, mint hazug álszemérem köntösébe burkolóznak; az egészről, mint mérhetetlen bűnről beszélnek, és minden rajtacsípett bűnössel szemben legmélyebb felháborodásukat nyilvánítják, hogy utána áhítatos iszonnyal újra szemet hunyjanak az istentelen dögvész előtt, és kérjék a jó Istent, hogy lehetőleg haláluk után eme Szodomára és Gomorrára kén és szurokesőt zúdítson, és a szemérmetlen embereket az elrettentő példával térítse jobb útra. A harmadik csoport látja a ugyan e rettenetes ragály borzalmas következményeit, de csak vállát vonogatja, mert az a meggyőződése, hogy amúgy sem tehet semmit e veszély ellen. Legjobb a dolgok menetét meg nem gátolni, hanem "*jöjjön, aminek jönnie kell*".

Ez természetesen nagyon kényelmes és egyszerű álláspont, de nem szabad megfeledkeznünk arról, hogy e kényelemnek majdan az egész nemzet áldozatául esik. Az a kifogás, hogy más népekre is ez a sors vár, természetesen nem változtat bukás tényén, legfeljebb enyhíti egynémely ember fájdalmát. Ugyanakkor azonban annál inkább előtérbe lép a kérdés, hogy melyik nép győzi le mint első és talán egyetlen ezt a pestist, és melyik pusztul el ennek következtében. Mert végül erre kell kilyukadnunk. Ez is csupán próbaköve a faji értéknek; amely faj nem állja ki a próbát, az elpusztul, és helyét átengedi az egészségesebb, vagy legalábbis szívósabb és nagyobb ellenálló képességű fajnak. Tekintettel arra, hogy ez a probléma elsősorban az utódokat sújtja, azért azok közé a problémák közé tartozik, amelyekre áll az a borzasztó igazság, hogy tizedíziglen bűnhődnek a fiak az apák vétkeiért.

A vér és a faj elleni bűn e világ eredendő bűne és a neki behódoló emberiség végzete.

Mily nyomorúságos volt a háború előtti Németország álláspontja e kérdéssel szemben! Vajon tettünk-e valamit az ellen, hogy a nagyvárosi ifjúságunk vérének megfertőzését meggátoljuk? Hogy a nemi élet elfajulását és pénzzé tételét feltartóztassuk, hogy leküzdjük népünknek ebből eredő szifiliszes kórját?

Akkor kapunk e kérdésre választ, ha leírjuk, hogy minek kellett volna történnie.

Mindenekelőtt nem lett volna szabad e kérdést csupán csak félvállról kezelnünk, hanem meg kellett volna értenünk, hogy megoldásától nemzedékek sorsa függ, sőt tőle függhet és tényleg függ is egész népünk jövője. E tudatnak azonban könyörtelen intézkedést és beavatkozást kellett volna kiváltania. E megfontolás után mindenekelőtt az egész nemzet figyelmét e rettenetes veszélyre kellett volna összpontosítani, úgy, hogy mindenki tisztában legyen a küzdelem fontosságával. Valóban radikális és olykor nehezen elviselhető kötelességet és terhet csak akkor lehet az összességre róni, ha az egyént a kényszeren kívül a szükségesség felismerése is vezeti. Ehhez óriási felvilágosító munka szükséges.

Valahányszor látszólag lehetetlen kérdések megoldásáról vagy követelések valóra váltásáról van szó, a nép telj és figyelmét egységesen e kérdésre kell összpontosítani, mintha tőle léte vagy nemléte függne. A nép csak így lesz hajlandó nagy teljesítményekre és erejének megfeszítésére.

Ez az elv egyes ember számára is mérvadó, ha nagy célokat akar elérni. Ő is csak szakaszokban lesz képes céljához közelebb jutni. Teljes erejét egy-egy szakasz pontosan határolt feladatára kell összpontosítania, mindaddig, amíg azt teljesen meg nem oldotta. Ha utunkat nem osztjuk fel ily módon egyes szakaszokra, és nem igyekszünk e szakaszokat teljes erőnkkel egyenként leküzdeni, sohasem fogunk célhoz jutni, mert vagy megakadunk útközben, vagy pedig eltévesztjük az irányt. A cél lassú és céltudatos elérése a legnagyobb erőfeszítést követeli meg.

Adolf Hitler

Így minden propagandisztikus segédeszköz igénybevételével a szifilisz leküzdésének kérdését, mint a nemzet fő feladatát kellett volna beállítani, és nem csak egyik feladataként. A szifilisz okozta károkat, mint a legborzasztóbb szerencsétlenséget minden segédeszköz igénybevételével, teljes nagyságában kellett volna az emberek elé tárni, míg az egész nemzet arra a meggyőződésre jutott volna, hogy e kérdés megoldásától függ jövője vagy pusztulása.

Csak ilyen ha kell, évekig tartó előkészület ébresztheti fel annyira az egész nép figyelmét és ezzel kapcsolatosan elhatározását is, hogy nehéz és nagy áldozatokat követelő intézkedésekhez lehessen folyamodni anélkül, hogy tartani kellene attól: a nép félreérti ezeket vagy cserbenhagyja vezetőit.

E pestis leküzdése nagy áldozatokat és nehéz munkát követel.

A szifilisz elleni harc a prostitúció, az előítéletek, a régi szokások és nem kevésbé bizonyos körök álszemérme elleni harcot teszi szükségessé.

E tünetek elleni küzdelem erkölcsi jogosultságának első előfeltétele a jövő generáció korai házasodásának lehetővé tétele. A késői házasság ma már magában rejti e veszedelem csíráját, márpedig ez, bárhogy csűrjük-csavarjuk is a dolgot, az emberiség szégyene marad. Nemigen illik ama lényhez, amely különben "*szerényen*" Isten képmásának szereti nevezni magát.

A prostitúció az emberiség gyalázata, morális előadásokkal és áhítatos akarással azonban meg nem szüntethető, hanem meggátlása és végleges megszüntetése számtalan ok elhárításától függ. Az első lépés ez úton az emberi természetnek megfelelő korai házasodás lehetővé tétele, különösen a férfiak számára, mert hiszen a nő e tekintetben amúgy is csak passzív fél.

Hogy e tekintetben mennyire tévútra került és meg nem értő az emberiség nagy része, azt bizonyítja, hogy az ún. "*jobb*" társadalombeli anyák azt állítják: hálásak lennének, ha leányuk számára olyan férjet találnának, "*akinek már letörték a szarvait*". Mivel az ilyen férfiakban kevésbé szenvedünk hiányt, mint a másik fajtában, a szegény leányzó szerencsésen talál majd egy ilyen tört szarvú "*Siegfried*"-et, és a gyermekek eme házasság méltó produktumai lesznek. Ha elgondoljuk, hogy ráadásul még a nemzést is a lehető legmesszemenőbb mértékben korlátozzuk és ezzel a természetes kiválasztást is megakadályozzuk mert hiszen minden, bármennyire is nyomorék lényt fenn kell tartanunk, akkor joggal tehetjük fel a kérdést, hogy végtére is mi a célja ennek az intézménynek, és miért is létezik egyáltalán? Vajon nem ugyanaz akkor, mint a prostitúció? Vajon az utódokkal szembeni kötelességérzet játszik még egyáltalán valami szerepet? Vajon tudjuk, hogy milyen átkot zúdítunk a legfőbb természeti törvény és a természettel szembeni legfőbb kötelességünk megszegésével fiainkra és utódainkra?

Ily módon fajulnak el és így mennek lassan tönkre a kultúrnépek.

Maga a házasság sem lehet öncél, kell, hogy magasabb célnak: a törzs és a faj fenntartásának szolgálatában álljon. Kizárólag csak ez lehet értelme és feladata.

E feltételek mellett azonban csak akkor helyénvaló, ha e feladatának meg is felel. Már csak azért is helyes a korai házasodás, mert a fiatal házasokban még megtaláljuk azt az erőt, amely egyedül képes egészséges és ellenálló ivadékot világra hozni. Magától értetődik, hogy a szociális előfeltételek egész sorozata szükséges hozzá, amelyek nélkül a korai házasságra még csak gondolni sem lehet. Azt, hogy ezek mily fontosak, legjobban most kellene megértenünk, amikor az ún. "*szociális*" köztársaság még a lakáskérdést sem képes megoldani és ezzel sok házasságot egyszerűen meggátol. Ezzel a prostitúciót támogatja.

A családra és annak eltartására alig tekintő jövedelemmegosztás lehetetlen volta szintén egyik oka annak, hogy igen sok korai házasság nem jöhet létre.

A prostitúciót tehát csak akkor lehet tényleg leküzdeni, ha a szociális viszonyok alapos változása lehetővé teszi a mostaninál általában korábbi házasodást. Ez a legelső feltétele a kérdés megoldásának.

Másodsorban a nevelésnek és a fiatalság kiképzésének kell kiirtania a hibák egész sorozatát, melyekkel ma szinte egyáltalán nem törődünk. Mindenekelőtt az elméleti tanítás és testedzés között kell bizonyos egyensúlyt teremtenünk. Amit ma gimnáziumnak nevezünk, az voltaképpen csak torzképe a görög ideálnak. Nevelésünknél teljesen megfeledkezünk arról, hogy egészséges lélek csak egészséges testben lakozhat. Különösen akkor bír ez a mondás föltétlen érvénnyel, ha a nép nagy tömegét vesszük szemügyre.

Volt idő, amikor a háború előtt Németországban ezzel egyáltalán nem törődtünk. Vétkeztünk testünk ellen, és a "*szellem*" egyoldalú kiképzésével azt hittük, hogy biztosíthatjuk nemzetünk nagyságát. Ez a tévedés hamarabb megboszszulta magát, semmint hittük volna. Nem véletlen, hogy a bolsevista hullám sehol sem talált jobb talajra, mint ott, ahol az éhség és fogyatékos táplálkozás következtében degenerált néptömeg lakott: Közép-Németországban, Szászországban és a Ruhr-vidéken. Itt még az ún. intelligencia is alig fejtett ki ellenállást e zsidó métellyel szemben, azért, mert testileg az intelligencia maga is nem annyira az éhség, mint inkább az egyoldalú nevelés folytán teljesen elfajult. Magasabb osztályaink kizárólagosan szellemi irányú művelődése ezeket az osztályokat tehetetlenné teszi olyankor, amikor nem a szellem, hanem az ököl hozza meg a döntést, mert arra sem képesek, hogy fenntartsák, még kevésbé pedig, hogy érvényre juttassak önmagukat. A személyes gyávaság fő oka gyakran a testi gyengeségben kereshető.

A serdülőkorban a tisztán szellemi tanítás túlságos hangsúlyozása és a test edzésének elhanyagolása támogatják a szexuális képzetek keletkezését A sport és torna révén megedzett ifjú kevésbé érzi szükségét az érzéki kielégülésnek, mint a szellemi táplálékkal teletömött könyvmoly. A helyes nevelésnek számolnia kell ezzel. Nem szabad megfeledkeznie arról, hogy az egészséges fiatalember mást vár az asszonytól, mint az idő előtt elzüllött kéjenc.

Az egész nevelésnek arra kell tehát irányulnia, hogy az ifjú szabad idejét testének edzésére fordítsa. Nincsen joga e korban a tétlen lézengésre és az utcák és mozgóképszínházak biztonságának veszélyeztetésére, hanem napi munkájának végeztével fiatal testét edzetté és szívóssá kell tennie, nehogy az életben később elpuhultak bizonyuljon. Ez a feladata az ifjúság nevelésének, nem pedig, hogy kizárólagosan az ún. bölcsességet tömje tanítványainak fejébe. Végleg le kell számolnia azzal az elvvel, hogy a test neveléséről mindenkinek magának kell gondoskodnia. Az embernek nincs szabadságában utódai és ezzel egyúttal fajtája rovására vétkezni.

A test nevelésével egyidejűleg fel kell venni a harcot a szellemi mérgek ellen is. Manapság egész életünk tömve van szexuális képzetekkel és ingerekkel. Vegyük csak szemügyre a mozgóképszínházak, varieték és színházak műsorát. Nem tagadhatjuk, hogy mindez semmi esetre sem az ifjúságnak való táplálék. A kirakatok és hirdetések a legocsmányabb eszközökkel igyekeznek magukra vonni a tömeg figyelmét. Aki képes magát az ifjúság lelkületébe beleélni, az tisztában van azzal, hogy ez különösen az ifjúság számára jelent súlyos károkat. E fülledt, érzéki levegő már abban a korban felizgatja az ifjú képzeletét, amikor még semmi szín alatt sem lenne szabad az effajta dolgokhoz értenie. Az ilyen nevelés eredményét nem éppen örvendetes módon tanulmányozhatjuk a mai ifjúságon, amely legtöbbnyire korán érett és ennélfogva korán öregszik. A bíróság tárgyalótermeiből néha olyan esetek kerülnek nyilvánosságra, amelyek borzalmas betekintést engednek a 14-15 éves gyermekek lelki életébe. Vajon csoda-e, ha a szifilisz gyakran már e zsenge korúak soraiból is szedi áldozatait? Vajon nem gyalázat, hogy oly sok testileg gyenge, lelkileg pedig romlott fiatalembert nagyvárosi kéjnő avat be a házasélet titkaiba?

Ha le akarjuk küzdeni a prostitúciót, akkor elsősorban a szellemi előfeltételek megszüntetésén kell fáradoznunk. Nagyvárosi kultúránk erkölcsi fertőzöttségének szennyét kell könyörtelenül kitakarítanunk, anélkül, hogy a nyomában reánk zúduló lárma és ordítás megingatna bennünket. Ha nem ragadjuk ki az ifjúságot mai környezetének fertőjéből, akkor előbb-utóbb meg kell fulladnia benne. Aki mindezt nem akarja látni, az támogatja a prostitúciót, és az ő bűne jövőnk és a serdülő nemzedék veszélyeztetése. Kultúránk e megtisztítása majdnem minden téren szükséges; a színház, a művészet, az irodalom, a mozi, a sajtó, a reklám, a kirakatok mind megtisztítandók korhadó világunk e megnyilvánulásaitól, és egy erkölcsös állam és kultúreszme szolgálatába állítandók. Nyilvános életünket meg kell szabadítani nemcsak a modem erotika fülesztő parfümjétől, hanem a férfihoz nem illő álszeméremtől is. Ebbeli cselekvésünket vezérelje az a tudat, hogy népünk testi és lelki épségének megóvásáról van szó. A személyes szabadság jogának fajfenntartási kötelességünkkel szemben háttérbe kell szorulnia.

Az orvosi tudomány küzdelmének a szifilisz járványa ellen csak akkor lehet kilátása némi sikerre, ha ennek a kötelességünknek minden téren eleget teszünk. Itt nem lehet szó félszeg kísérletezésről, hanem súlyos és életbe vágó intézkedésre van szükség. Tarthatatlan az az állapot, hogy gyógyíthatatlan betegek a többi, egészséges embert lépten-nyomon megfertőzhessék annak a humanitásnak az érve alatt, amely száz más embert tönkretesz, csak azért, mert nem akarja az egyes embert megbántani. Az a követelés, hogy tiltsák meg fertőzött embereknek fertőzött utódok nemzését, a józan emberi ész követelménye és tervszerű kivitele az emberiség leghumánusabb tettét jelentené. Sok millió szerencsétlen embert megóvna a meg nem érdemelt szenvedéstől, és így hozzájárulna az általános egészségügyi színvonal emeléséhez. Az ezirányú határozott fellépés gátat fog vetni a nemi betegségek elterjedésének. A gyógyíthatatlan betegek könyörtelen elkülönítése szükségessé válik, bár ez a betegség szerencsétlen áldozata számára barbár intézkedés, a jelen és jövő emberiség számára azonban áldás. Egy évszázad múló fájdalma évezredeket menthet meg a szenvedéstől.

A szifilisz és terjesztője, a prostitúció elleni küzdelem az emberiség fő feladatai közé tartozik, főleg azért, mert nem egyes kérdések megoldásáról, hanem a káros befolyások egész sorozatának kiküszöböléséről van szó. A testi betegség itt csak következménye az erkölcsi, szociális és faji ösztön megbetegedésének.

Ha ezt a küzdelmet kényelmi szempontból vagy gyávaságból nem vállaljuk, mi lesz akkor a népekből ötszáz év múlva? Csak ritkán találnánk Isten képmására anélkül, hogy az ne lenne kihívás a Mindenható ellen.

Fel kell tennünk a kérdést: hogyan próbálták a régi Németországban ezt a kórt leküzdeni? Ha ezt komoly vizsgálat tárgyává tesszük, úgy igen szomorú eredményre jutunk. A kormánykörök felismerték ugyan a betegség rettenetes pusztítását, noha következményeivel nem voltak teljesen tisztában. Hatásos reformok helyett inkább nyomorúságos segédeszközökhöz folyamodtak. Egyet-mást megpróbáltak ugyan; a betegség leküzdésében azonban teljesen csődöt mondtak. Mivel következményeit nem látták teljesen tisztán, a betegség tulajdonképpeni okával mit sem törődtek. A prostituált nőket orvosi vizsgálat és felügyelet alá helyezték, amennyire ez lehetséges volt, és ha betegséget állapítottak meg náluk, akkor kórházba dugták őket, ahonnan azonban látszólagos gyógyulásuk után újra rászabadítottak őket az emberiségre.

Bevezették ugyan az ún. "*védelmi paragrafust*", amely szerint a nem teljesen egészséges vagy nem teljesen gyógyult egyénnek büntetés terhe alatt kerülnie kell a nemi érintkezést. Ez az intézkedés alapjában véve helyes, gyakorlati keresztülvitelében azonban teljesen csődöt mondott. Először is a nő már nevelésénél fogva sem lesz képes, ha ilyenfajta szerencsétlenség érte, egészségének megrablója elleni pörben gyakran kínos kísérő körülmények között a bírói tárgyalóterembe hurcoltatni magát. Ez neki vajmi keveset használ, mert amúgy is ő a szenvedő fél, mivel környezetének megvetése inkább őt fogja érni, mint a férfit. Képzeljük el a helyzetét, ha betegségét saját férjétől szerezte. Jelentse fel saját férjét, vagy mitévő legyen?

A férfinél még hozzájárul az a tény is, hogy igen gyakran alkohol bőséges élvezete után vetődik e pestis útjába, mivel ebben az állapotban legkevésbé sem képes "*tündérének*" milyenségét megítélni. Az amúgy is beteg nő ezt igen jól tudja, és éppen ezért különös előszeretettel horgászik az ily állapotban lévő férfiakra. Ennek azonban az a vége, hogy a kellemetlenül meglepett egyén még megerőltetéssel sem lesz képes visszaemlékezni kellemetlen meglepetésének okozójára. Ez nem is csoda oly nagy városban, mint pl. Berlin vagy München. Emellett igen gyakran vidéki látogatókról van szó, kik a nagyváros varázsával amúgy is tanácstalanul állnak szemben.

Ki tudja azonban végeredményben, vajon beteg vagy egészségese? Vajon nem fordul elő, hogy egy látszólag egészséges ember újra visszaesik betegségébe, és ez állapotban rengeteg nyomorúság okozója anélkül, hogy sejtelme volna róla?

Ezek szerint tehát a fertőzés elleni törvényes büntetéssel való védekezésnek sincs gyakorlati eredménye. Ugyanígy áll a dolog a prostituáltak ellenőrzésével is. Végül maga a gyógyítási módszer is bizonytalan és kétes hatású még ma is. Tény az, hogy a járvány minden intézkedés ellenére is mindinkább terjed. Ez igazolja legjobban az eddigi módszer hiábavalóságát.

Mindaz, ami ezen kívül történt, éppoly elégtelen, mint nevetséges volt. A nép lelki prostitúcióját nem akadályozták meg, ennek meggátlására egyáltalán semmit sem tettek.

Aki azonban mindezt hajlandó félvállról venni, az tanulmányozza egyszer a pestis elterjedésére vonatkozó statisztikai adatokat. Hasonlítsa össze az utolsó száz év alatti növekedést, képzelje el továbbfejlődését és akkor a szamár együgyűségével kell bírnia, ha nem fut végig hátán a borzadály.

Az a gyöngeség és félszegség, amellyel a régi Németországban e rettenetes jelenséget kezelték, már maga is látható jele a nép hanyatlásának. Ha egy népből hiányzik az erő, hogy saját egészségéért küzdjön, akkor megszűnt létjogosultsága a küzdelem e világában. Ehhez a világhoz csak az erősnek van joga, nem pedig a gyengének.

A régi birodalom látható hanyatlási tüneteinek egyike volt az általános kultúrszint csökkenése. E helyen itt kultúra alatt nem azt értem, amit ma a civilizáció szóval fejezünk ki. Az utóbbi, ellenkezőleg inkább ellensége a lelkek és az élet valódi nagyságának.

Már a múlt század vége felé olyan elem tolakodott művészetünkbe, amely mindaddig teljesen ismeretlen és idegen volt. Azelőtt is voltak ugyan irodalmi eltévelyedések, de ezek inkább művészi kisiklások voltak, amelyeknek az utókor legalább némi történelmi értéket tulajdoníthatott. De aligha találunk művészi terméket, amely többé nem művészinek, hanem szellemtelenségig menő művészi elfajulásnak nevezhető. Utóbbiakban jelentkezett kulturális téren a később egyre világosabban látható politikai összeomlás.

A művészet bolsevizmusa a bolsevizmus egyetlen lehetséges kulturális életformája és szellemi megnyilvánulása.

Aki ezt különösnek találja, annak csak közelebbről meg kell vizsgálnia a "*szerencsésen*" bolsevizált államok művészetét. Rémülettel csodálhatja meg ott az őrült és lezüllött emberek beteges kinövéseit, amelyeket a kubizmus vagy dadaizmus neve alatt évszázadunk eleje óta volt alkalmunk, mint hivatalos állami művészetet megismerni. A rövid életű Bajor Tanácsköztársaság uralmának idején érvényre jutott ez a művészet. Már itt is láthattuk, mennyire magukon viselték a hivatalos plakátok, propagandisztikus rajzok és újságok nemcsak a politikai, hanem kulturális hanyatlás bélyegét.

Amilyen kevéssé lett volna elképzelhető hatvan évvel ezelőtt a jelenlegi méretű politikai összeomlás, éppoly lehetetlennek látszott volna ez kulturális téren abban a mértékben, amilyenben azt 1900 óta a futurista és kubista ábrázolásmódban észlelhetjük. Hatvan évvel ezelőtt az ún. dadaista "*élmények*" kiállítása egyszerűen lehetetlen volt, és a rendezők a bolondok házába kerültek volna. Manapság azonban művészi egyletek elnöki székében ülnek. Ez a ragály akkoriban nem kerekedhetett felül, mert sem a közvélemény, sem az állam nem tűrte volna meg. A kormány dolga meggátolni, hogy a népet a szellemi őrültség karjaiba űzzék. Pedig egy szép napon s lesz a vége ennek a fejlődésnek. Mihelyt ugyanis ez a művészet megfelel az általános felfogásnak, az emberiség súlyos válságon megy keresztül. Ennek folytán kezdetét veszi az emberi agy visszafejlődése, amelynek végét pedig aligha tudjuk elképzelni.

Amikor kultúréletünknek az utolsó huszonöt év folyamán történt fejlődését ebből a szempontból vizsgáljuk, rémülettel állapíthatjuk meg annak rohamos visszafejlődését. Mindenütt csírákra találunk, amelyek kultúránkat előbb-utóbb tönkre kell hogy tegyék. Bennük is ráismerhetünk lassan rothadó világunk hanyatlására. Jaj azoknak a népeknek, amelyek nem képesek többé ezt a betegséget leküzdeni.

Effajta betegségeket Németországban a művészetek majdnem minden terén észlelhetünk. Úgy látszott, mintha a fejlődés túllépte volna már tetőpontját és lassan, s biztosan hanyatlanék. A színház színvonala szemmel láthatólag süllyedt és már-már megszűnt kultúrtényezőként szerepelni, csupán az udvari színházak védekeztek lég a művészet prostituálása ellen. Az utóbbiaktól és még egynéhány kivételtől eltekintve a színpadi műsorok olyanok voltak, hogy a nemzet érdeke szempontjából jobb lett volna azokat elkerülni. A benső hanyatlás szomorú jele volt az, hogy az ifjúságot többé egyáltalán nem lehetett színházba küldeni, és ezt a panoptikumok mintájára szemérmetlen nyíltsággal hirdették a plakátok: "*Az ifjúságnak tilos a belépés*".

Ily elővigyázattal kellett eljárni a színházak terén, amelyek pedig elsősorban az ifjúság művelődésének, nem pedig az öreg és fásult korosztályok szórakozásának eszközeinek kellene lenniük. Vajon mit szóltak volna a múlt nagy drámaírói e tilalomhoz, különösen pedig azokhoz az okokhoz, amelyek e tilalmat szükségessé tették? Mennyire tiltakozott volna Schiller, és mily szörnyűséggel fordult volna el tőle!

Hiszen mit is jelent Schiller, Goethe vagy Shakespeare az újabb kori német költészet "*héroszaival*" szemben! Ők csak elcsépelt, sőt túlhaladott jelenségek. Mert éppen az jellemzi e kort, hogy nemcsak kizárólag ocsmány szennyet termel, hanem ráadásul még bepiszkol mindent, ami a múltban tényleg nagy és magasztos volt. Ezt jelenséget ilyen időkben meg lehet figyelni. Minél ocsmányabbak és nyomorultabbak egy kornak és embereinek szellemi termékei, annál inkább gyűlölik a fennkölt és dicső múltnak tanait A legszívesebben kiirtanák ilyen időkben az emberekből a múlt emlékeit, hogy így kikapcsolják az összehasonlítás lehetőségét, s saját torzszüleményük művészetnek látsszon. Azért minél silányabb és nyomorultabb egy új rendszer, annál inkább igyekszik kitörölni minden múltra emlékeztető nyomot. Ezzel szemben a tényleg értékes új rendszer az előző nemzedékek értékes vívmányainak szívesen hasznát veszi, sőt gyakran az új rendszer az, amely azokat tényleg érvényre is juttatja. Nem kell attól félnie, hogy a múlt elhalványítja fényét, hiszen maga is olyan értékekkel gyarapítja az emberi kultúra kincsesházát, hogy azok teljes méltánylására ébren kell tartania a múlt teljesítményeinek emlékét. Ezáltal éppen az új kultúrteljesítmény kellő értékelését biztosítja. Aki a világot semminemű értékkel nem képes gyarapítani, és csak mutatni igyekszik, mintha Isten tudja, miminden adnivalója volna, csak az fogja gyűlölni a múlt tényleges termékeit, és legszívesebben letagadja, vagy elpusztítja azokat.

Ez nemcsak az általános kultúra terén mutatkozó újdonságokra vonatkozik, hanem a politikára is. Az új mozgalmak forradalmárai annál inkább gyűlölik a régi államrendszereket, minél silányabbak ők maguk. Itt is látható, mennyire szívén fekszik saját értékének emelése, azáltal, hogy vak gyűlölettel kárhoztatja mindazokat a magasabb javakat, amelyeket a múlt alkotott. Ebert pl. csak feltételes csodálatban fog részesülni mindaddig, míg Nagy Frigyes emléke él a népben. Sanssouci hőse kb. éppen úgy viszonylik a volt brémai kocsmároshoz, mint a nap a holdhoz: a hold csak akkor világít, ha a nap megszűnt fényleni. Érthető tehát, hogy miért gyűlölik az emberiség újholdjai az állócsillagokat. A politikai élet törpéi, ha a sors véletlenül kezükre játssza a hatalmat, nemcsak hogy nem szűnnek meg mocskolni a múltat, hanem arra törekszenek, hogy magukat az általános bírálat alól is kivonják. Az új német köztársaságban kirívó példája ennek a köztársaság védelméről szóló törvény. Ha tehát valamely új eszme, tan, új világnézet vagy akár politikai vagy gazdasági mozgalom megpróbálja tagadni a múltat s annak rossz, vagy értéktelen voltát akarja bizonyítani, elég okunk van arra, hogy fölötte bizalmatlanok és óvatosak legyünk. Ennek a gyűlöletnek az oka legtöbbnyire saját silányságunk, sőt mi több, a bennünk élő rosszakarat. Az emberiséget megújító, valóban áldásos mozgalom mindig ott fogja elkezdeni építő munkáját, ahol az utolsó szilárd alapnak vége van. Nem szégyen, ha hasznát veszi a múltban már bevált igazságoknak, hiszen az emberi kultúra és az ember maga is összefüggő hosszú fejlődésnek az eredménye, amelyhez minden egyes nemzedék hozzájárul munkájával. Nem az tehát a forradalom célja és értelme, hogy a múlt egész épületét romba döntse, hanem az, hogy eltávolítsa a laza és otromba köveket, és folytassa az építő munkát ott, ahol az alap egészséges.

Az emberiség haladásáról csak ebben az esetben lehet szó, máskülönben sohasem lábolna ki a világ a káoszból, hiszen minden nemzedéknek jogában állna, hogy megtagadja a múltat és így elpusztítsa saját munkájának előfeltételeit, a múlt alkotásait.

Háború előtti kultúránk állapotát nemcsak a művészi és az általános kultúraalkotó erő teljes tehetetlensége, hanem a nagyobb múlt emlékét beszennyezni és megsemmisíteni igyekvő gyűlölet is szomorúan jellemezte. A művészet, különösen pedig a színház és az irodalom terén a századfordulón legkevésbé sem igyekezett valami újat alkotói, mindenütt inkább csak a régi mesterművek becsmérlése, gyarlóságuk és elvakultságuk bizonyítéka ötlik a szemünkbe. A jövő apostolainak rossz szándékát legjobban az a törekvésük bizonyítja, amellyel a múltat a jelen szeme elől elrejteni igyekeztek. Ebből fel kellett volna ismerni, hogy nem új, hamis vágányokon haladó kultúrfelfogásról, hanem kultúránk alapjainak szétrombolásáról, az egészséges művészi érzék ilyen módon való elferdítéséről és egyben a politikai bolsevizmus előkészítéséről van szó. Ahogyan a Parthenon megtestesítője Periklész korának, éppúgy jellemzője a bolsevista jelennek a kubizmus bármelyik torzalkotása.

Ezzel kapcsolatban újra rá kell mutatnunk népünk ama részének szembeötlő gyávaságára, amelynek műveltségéből és társadalmi állásából kifolyóan elsősorban lett volna kötelessége állást foglalni a kultúrbotránnyal szemben. Annyira féltek a bolsevista művészet apostolaitól, akik mindenkire rátámadtak és maradi nyárspolgárnak bélyegezték azt, aki vonakodott bennük a teremtés komáját látni, hogy lemondtak minden komoly ellenállásról és beletörődtek abba, ami számukra elkerülhetetlennek látszott. Valóságos félelem vett erőt rajtuk, ha arra gondoltak, hogy a félbolond gazemberek meg nem értéssel fogják vádolni őket, mintha bizony szégyen lenne meg nem érteni a szellemileg degenerált bolondok vagy agyafúrt gazemberek alkotásait. A kultúra e famulusainak sikerült badarságukat igen egyszerű módon Isten tudja mily fontos színben feltüntetni; minden érthetetlen és szemlátomást ostoba alkotásukat bámuló embertársaiknak egyszerűen "*lelki élmény*"-ként tüntették fel, és ezzel a legtöbb emberben eleve megfojtottak minden ellenvetést. Az ugyan kétségtelen, hogy "*lelki élményeik*"-et mutogatták, de kérdem én, vajon tűrhető-e, hogy a józan világ elé elmebetegek és gazemberek hallucinációját tálalják? Moritz Schwind és Arnold Böcklin művei szintén "*belső élmények*", a különbség csak az, hogy ezek istenadta tehetséggel megáldott művészek élményei voltak!

E kérdéssel kapcsolatban azután alaposan tanulmányozni lehetett ún. intelligenciánk siralmas gyávaságát. Képtelen volt komoly ellenállást kifejteni az egészséges ösztön eme megmérgezése ellen, és nem törődött azzal, hogy miként emészti meg a nép ezt a sok szemtelen badarságot. A művészet e kigúnyolásába beletörődött, nehogy meg nem értéssel vádolják, úgyhogy végre maga sem volt képes a jó és a rossz között különbséget tenni. Mindezek a tünetek az eljövendő nehéz idők előjelei voltak.

Kedvezőtlen jelek voltak a következők is: Városaink a 19. században mindinkább elveszítették kultúraápoló jellegüket és egyre jobban pusztán lakótelepek színvonalára süllyedtek. Mai nagyvárosi proletariátusunk lakóhelyéhez való csekély mértékű ragaszkodása onnan ered, hogy az tényleg csak véletlen tartózkodási helye az egyes embernek és semmi egyéb. Ez egyrészt a szociális viszonyokból adódó gyakori lakásváltozással függ össze, másrészt oka ennek mai városaink általános kulturális jelentéktelensége és szegénysége.

A német városok száma a felszabadító háborúk idején még csekély, és nagyságuk is igen szerény volt. A kevés valóban nagyváros legtöbbje fejedelmi székhely volt, és mint ilyen, mindig bizonyos fokú kultúrértékkel és határozott művészi jelleggel is rendelkezett. Az a néhány, több mint ötvenezer lakosú város a mai hasonló népességű városokhoz viszonyítva tudományos és művészi kincsekben fölötte gazdag volt tehát. Amikor München hatvanezer lelket számlált, egyike volt a legelső német művészeti központoknak. Ma majdnem mindenik gyárváros elérte, sőt túl is lépte ezt a lélekszámot, anélkül azonban, hogy akár a legcsekélyebb valódi értéket is magáénak tudhatná. Ezek a városok nem egyebek bérkaszárnyák és ipari telepek tömegénél. Nem csoda tehát, hogy ilyen körülmények között nem fejlődhet ki a lakosságban semminemű ragaszkodás lakóhelyéhez. Hogy is ragaszkodhatna valaki olyan városhoz, amely semmi egyebet nem nyújt neki, mint bármely másik város, amelynek nincs egyéni jellege, és amelyben kínosan elkerültek mindent, ami valahogyan művészetre vagy ehhez hasonlóra emlékeztetne.

Valódi nagyvárosaink pedig emellett lélekszámuk gyarapodásával műkincsekben aránylag mind szegényebbek lettek. Mindinkább egyöntetűvé váltak és ugyanazt a képet nyújtják nagyobb méretben ugyan, mint a szegényes kis gyárvárosok. Nagyvárosaink kulturális tartalmának gyarapodása a közelmúltban jelentéktelen. Mindannyian a múlt dicsőségéből és kincseiből élnek. Távolítsuk csak el Münchenből mindazt, amit I. Lajos alkotott, és megdöbbenve állapíthatjuk meg, hogy mily csekély számú művészi alkotással gyarapodott azóta ez a város. Ugyanez mondható Berlinről és a többi nagyvárosról is.

Másképp volt ez az ókorban, amikor minden városnak megvolt a maga büszkeségét jelentő jellegzetes emlékműve. Nem a magánépületek adták meg az ókor városainak jellegét, hanem a nyilvános emlékművek, amelyek nem a pillanatnak, hanem az örökkévalóságnak készültek, amelyek nem az egyes ember gazdagságát, hanem a köz nagyságát és jelentőségét tükrözték. Így keletkeztek azok az emlékművek, amelyek az egyes polgárt számunkra szinte érthetetlen ragaszkodással fűzték városához; nem a magánemberek többé-kevésbé szegény házaira, hanem a díszes középületekre volt büszke.

Ha összehasonlítjuk az ókor középületeinek méreteit a velük egykorú magánépületekkel, akkor könnyen megértjük ama elv hangsúlyozásának magasztosságát, amely szerint a nyilvános emlékműveket illeti meg az elsőség. Amit ma az antik világ romhalmazaiban, a régi oszlopcsoportokban csodálunk, nem hajdani üzleti paloták, hanem templomok és állami épületek maradványai, amelyek a közösség tulajdonát képezték. A késő római kor pompájában sem az egyes polgárok villái és palotái, hanem az állam, tehát az egész római nép sajátját képező cirkuszok, templomok, fürdők, vízvezetékek és bazilikák foglalták el az első helyet.

Sőt a germán középkornak is ugyanez volt a vezérelve, noha egészen más volt művészi felfogása. Az eszme, amely az ókorban az Akropolisban vagy a Pantheonban jutott kifejezésre, itt a gótikus dómok alakját öltötte magára. Ezek a monumentális épületek óriások módjára uralkodtak a középkori város szerény magánházainak tömkelegén, és adták meg a város jellegét. Épp úgy, mint ma is, ezek a jellemzői ezeknek a városoknak, noha mellettük mind magasabbra tornyosulnak már a bérházak. A dóm, a városháza, valamint a bástyatornyok a látható jelei annak a felfogásnak, amely végeredményben szintén az ókoréval azonos.

Mily siralmassá vált azonban ma a köz és magánépületek közötti viszony! Ha Berlint Róma sorsa érné, úgy az utódok a mai idők hatalmas műveiként néhány zsidó áruházat és néhány részvénytársaság szállodáit csodálhatnák meg, mint mai kultúránk jellegzetes emlékeit. Vegyük csak szemügyre egyszer, mily nagy az aránytalanság példának okáért Berlinben az állam és a nagytőke épületei között.

Már a középületekre fordított pénzösszeg is legtöbbnyire valóban nevetségesen csekély. Az állam nem teremt maradandó, hanem csak a pillanatnyi szükségnek megfelelő épületeket, és építkezését nem állítja semmiféle magasabb eszme szolgálatába. A berlini királyi palota, építésének idején jelentősebb műemlék volt, mint az új Államkönyvtár a mai idők keretében. Míg egyetlenegy hadihajó értéke kb. millió, addig a birodalom első középületére: a parlamentre, amelyet maradandó alkotásnak szántak, alig engedélyezték ez összeg felét. Sőt amikor arra került a sor, hogy az épület belső kivitele felett döntsenek, a magas Ház az ellen szavazott, hogy erre a célra márványt használjanak, és megelégedett a gipszburkolattal; ez esetben ételesen tényleg igazuk volt a képviselő uraknak: gipszfejek nem illenek a falak közé.

Így mai városainkban bizony hiányzik a népközösség kimagasló jelképe. Ez a várost kietlenné teszi, és nem csoda, hogy a mai nagyvárosi polgár városának sorsával szemben teljesen közömbös.

Ez szintén kultúránk hanyatlásának és az általános összeomlásnak a jele. Korunk belefulladt a kicsinyes célszerűségbe, jobban mondva a pénz szolgálatába. Nem csoda tehát, hogy egy ilyen istenség égisze alatt hősiességnek semmi keresnivalója sincs. Korunk csak azt aratja, amit a múlt vetett.

Mindezek a hanyatlási tünetek végeredményben csak a határozottan körülírt és általánosan elismert világnézet hiányának következményei, valamint az ebből eredő korunk nagy kérdéseivel szemben a bírálat és állásfoglalás tekintetében mutatkozó bizonytalanságnak és kapkodásnak. Ezért félszeg és ingatag minden már a neveléstől kezdve, mindenki fél a felelősségtől, aminek aztán az a vége, hogy mindenki gyáva módon tűri a felismert károkat is. A bódult humanizmus divattá vált, és milliók jövőjét áldozzák fel azzal, hogy tűrik a saját gyengeségük okozta károkat.

A vallási viszonyok háború előtti állapota mutatja legjobban, hogy mennyire elharapódzott az általános ziláltság. A nép nagy része a vallás terén is már régen elvesztette az egységes és szilárd világnézeten alapuló meggyőződését. E téren az egyháztól hivatalosan elszakadt hívek kisebb szerepet játszanak, mint az éppen közömbös magatartásúak. Miközben a két vallásfelekezet Ázsiában és Afrikában a mohamedán vallás terjedéséhez viszonyítva csak igen szerény eredménnyel járó missziókat tart fenn, hogy tanai számára új híveket toborozzon, addig Európában sok millió igaz hívét veszíti el. Ezeknek a magatartása a vallási élettel szemben vagy teljesen semleges, vagy pedig a maguk útján haladnak. A következmény különösen erkölcsi szempontból nem a legelőnyösebb.

Jellemző az egyházi alaptételek ellen mind ádázabban dúló harc, pedig dogmák nélkül a vallás ezen a világon el sem képzelhető. A nép nagy tömege nem filozófusokból áll; márpedig éppen ezek számára a vallás leggyakrabban az erkölcsi világnézet egyetlen biztos alapja. A legkülönbözőbb pótelméletek egyike sem bizonyult olyan sikeresnek, hogy benne az eddigi vallási meggyőződés hasznos váltóját lehetett volna felismerni. Már pedig, ha a vallásos tan és hit tényleg megfogja a nép széles rétegeit, akkor e hit lényegének föltétlen tekintélye minden méltóság egyetlen alapja. Amit az életben az általános életstílust jelent, amely nélkül bizonyára sok százezer magasabb rendű ember okosan és ésszerűen tudna élni, sok millió azonban nem, ugyanazt jelentik az államban az alaptörvények és a vallás én a dogmák. Ezek határozzák meg és öntik formába az ingatag és a végtelenségig magyarázható, tisztán szellemi eszmét; nélkülük sohasem alakulhatna ki a hit. Az eszme különben sohasem jelentene többet puszta metafizikai nézetnél vagy filozófiai felfogásnál. Éppen ezért a dogmák elleni harc sok tekintetben hasonlít az állam általános alaptörvényei ellen folytatott küzdelemhez. Az utóbbinak teljes állami anarchia a vége, míg az előbbi értéktelen vallási nihilizmussá lesz.

A politikusnak nem szabad a vallást esetleges hibái, hanem sokkal inkább annak a meggondolásnak az alapján értékelnie, vajon talál-e nálánál tényleg jobbat, ami azt helyettesíthetné. Mindaddig, amíg ilyen nincs, őrültség és gazság volna azt kiirtani.

Ezekben a nem nagyon örvendetes vallási viszonyokban főleg azok hibásak, akik a vallási képzeleteket tisztán világi dolgokkal terhelik túl, és így gyakran fölösleges összeütközésbe hozzak azt az ún. egzakt tudománnyal. A győzelmet, ha nehéz harcok árán is, majdnem mindig az utóbbi fogja aratni, a vallás pedig nagy kárt fog szenvedni mindazok szemében, akik nem képesek a tisztán külső formai tudás színvonala fölé emelkedni.

A vallási meggyőződésre mégis az a legkárosabb, ha a vallással politikai célok érdekében visszaélések történnek. A legnagyobb szigorral ostorozni kell azokat a nyomorult törtetőket, akik számára a vallás csak puszta eszköz és csak arra való, hogy politikai, jobban mondva üzleti céljaikat szolgálja. E szemtelen farizeusok rémítő hangon kiabálják a világba hitvallásukat, hadd hallja mindenki, de nem azért, hogy ha kell, meghaljanak érte, hanem csak azért, hogy annál jobban élhessenek. Megfelelő értékű politikai sikerért elkótyavetyélik vallásuk egész idealizmusát; egynéhány parlamenti mandátumért szövetkeznek marxista ellenségeikkel, és nem törődnek azzal, hogy azok milyen felekezethez tartoznak; egy miniszteri székért házasságot kötnének akár magával az ördöggel, ha azt tisztessége nem riasztaná vissza attól, hogy velük szövetkezzék.

Ha a háború előtti Németországban a vallásos élet sokaknál kellemetlen mellékízt kapott, annak egyetlen oka, hogy egy ún. "*keresztény*" párt visszaélt a kereszténységgel, és egy bizonyos politikai párt nem riadt vissza attól a szemérmetlenségtől, hogy magát a katolikus vallással azonosítsa.

E szemfényvesztés végzetes volt, mert néhány senkiházi részére parlamenti mandátumot hozott ugyan, az egyházra azonban szerfelett ártalmas volt.

Következményeit az egész nemzetnek meg kellett szenvednie, mivel a vallási élet ebből kifolyó meglazulása arra az időre esett, amikor amúgy is minden inogni kezdett, és a hagyományos általános erkölcsi alapot az összeomlás veszélye fenyegette.

Népünk sorsába ez is rést vágott, noha mindaddig nem jelentett számunkra veszélyt, amíg nem voltunk kitéve különös megpróbáltatásoknak. De végzetessé vált, amikor a nemzet belső szilárdságát a nagy események vihara tette próbára.

A figyelmes szemlélő politikai téren is oly káros befolyásokra bukkant, amelyek, hacsak belátható időn belül nem történik javulás és változás, a birodalom bekövetkező hanyatlásának előjeleiként kellett hogy számítsanak. Még a vaknak is látnia kellett, hogy mennyire céltalan volt a német belés külpolitika. A kompromisszumok sorozata látszott leginkább megfelelni annak a bismarcki felfogásnak, amely szerint "*a politika a lehetőségek művészete*". Bismarck és a későbbi német kancellárok között volt azonban egy kis különbség, amely az előbbinek megengedte, hogy a politika tartalmáról ily módon ítéljen, ugyanez a felfogás azonban utódainak szájában egészen mást jelentett. Bismarck ezzel a mondásával csupán azt akarta bizonyítani, hogy minden lehetőséggel számolnunk kell, ha arról van szó, hogy egy kitűzött politikai célt elérjünk. Utódai azonban e kijelentésből arra következtettek, hogy többé egyáltalán nincs szükségük politikai gondolatokra vagy éppen célokra. A birodalom akkori vezetőinek politikai céljai tényleg nem is voltak, hiszen hiányzott ehhez határozott világnézetük szükséges szilárd alapja, valamint a politikai élet belső fejlődésének ismerete.

Többen is voltak, akik a birodalmi politikának ezt a terv és ésszerűtlenségét ostorozták, felismerték belső gyengeségét és ürességét. Ők azonban sajnos nem vettek részt az aktív politikában. A hivatalos körök egy Chamberlain Houston Stewart felfogását annak idején éppoly kevéssé tették magukévá, akár csak ma. [1855 1927. Angol származású német író, az árjagermán világnézet lelkes harcosa. Túl buták voltak ők ahhoz, hogy önállóan gondolkozzanak, és túl beképzeltek, hogy másoktól tanuljanak.

Adolf Hitler

Örökérvényű igazság ez, mely Oxenstiernát, Gusztáv Adolf kancellárját a következő felkiáltásra késztette: "*A világot a bölcsességnek csak kis töredéke kormányozza*", amely töredékből egy miniszteri tanácsosra természetesen csak egy atomnyi jut. Mióta Németországból köztársaság lett, ez többé már nem igaz; a köztársaság védelmi törvénye éppen ezért meg is tiltotta, hogy ezt elhiggyük, vagy éppen megállapítsuk. Oxenstiernának szerencséje volt, hogy korábban élt, nem pedig a mi okos köztársaságunkban.

A tehetetlenség legfőbb indítóokát már a háború előtt is sokan abban az intézményben látták, amelyben a birodalom erejének kellett volna megtestesülnie: a parlamentben, a birodalmi gyűlésben. Gyávaság és felelőtlenség párosultak itt a legtökéletesebb módon.

Meggondolatlanság kell egyébként ahhoz az állításhoz, amit pedig manapság igen gyakran lehet hallani, hogy a parlamentarizmus Németországban "*a forradalom óta*" csődöt mondott. Ezzel igen könnyen azt a látszatot kelthetnénk, mintha a forradalom előtt a helyzet más lett volna. Ez az intézmény a valóságban sohasem tud másképpen, mint pusztítva működni és így hatott már akkor is, amikor a legtöbben vakságukban semmit sem láttak, vagy nem akartak látni. Nagyrészt ennek iz intézménynek köszönhető Németország bukása, de nem a parlament érdeme, hogy a katasztrófa nem következett be már jóval előbb. Ez ugyanis annak az ellenállásnak a javára írandó, amely már a háború előtt is a német nemzet és birodalom e sírásója ellen irányult.

A káros pusztítások tömegéből, amelyeknek közvetlenül vagy közvetve ez intézmény az oka, csak egyet akarok megemlíteni, mint amely leginkább megvilágítja minden idők e legfelelősségnélkülibb intézményének belső ürességét: a birodalom politikai vezetésének a parlament tevékenységére viszszavezethető, és mind a bel, mind a külpolitikában észlelhető félszegségét és gyöngeségét, amely ő oka volt a politikai összeomlásnak.

Bárhová is nézünk, tökéletlen volt minden, ami valamiképpen a parlament lefolyásától függött.

Gyönge és félszeg volt a birodalom szövetségi politikája. Azáltal, hogy fenn akarta tartani a békét, mindinkább fokozta a háborús veszélyt.

Tökéletlen volt a lengyel politika. Izgatott, anélkül, hogy komolyan véghezvitt volna valamit. Nem volt következménye sem a németség győzelme, sem a lengyelekkel való kibékülés, hanem Oroszország ellenséges magatartása.

Tökéletlen volt az elzász-lotaringiai kérdés megoldása. Ahelyett, hogy erős ököllel szétzúztak volna a francia hidra fejét és az elzásziaknak egyenjogúságot adtak volna, végeredményben egyiket sem tették. Ez nem is csoda, hiszen a legnagyobb pártok soraiban voltak a legnagyobb hazaárulók. (Így a Centrum párt soraiban Wetterl úr.)

Mindez még nem lett volna oly végzetes, ha az általános gyávaságnak nem esett volna áldozatul a hadsereg, amelynek lététől az egész birodalom jövője függött.

Amit az úgynevezett "*német birodalmi gyűlés*" itt vétett, az elegendő ahhoz, hogy örök időkre a német nép átka sújtsa. Nyomorúságos indokok vezérelték pártjaink galád vezetőit, hogy népünk létének fegyverét, valamint szabadságának és önállóságának egyetlen védelmi eszközét kilopják és kiüssék a kezéből. Ha megnyílnának a flandriai csatamezők sírjai, akkor feltámadnának a véres vádlók: a daliás német ifjak százezrei, akiket ezeknek a parlamenti gazembereknek lelkiismeretlenségéből eredő rossz kiképzésük kergetett a halál karjaiba.

Míg a zsidóság marxista és demokratikus sajtója világszerte szidta a német militarizmust és ily módon igyekezett Németországot befeketíteni, addig a marxista és demokratikus pártok megakadályoztak, hogy a népi erő kellő kiképzésben részesüljön. Pedig tisztában kellett volna lennünk azzal, hogy háború esetén amúgy is az egész népnek fegyvert kell majd ragadnia, tehát az ún. "*népképviseletünk*" eme jómadár reprezentánsainak aljassága folytán sok millió rosszul kiképzett katonát kergetnek majd az ellenség elé. Még ha e parlamenti társaság brutális lelkiismeretlenségének következményeitől el is tekintünk, világos, hogy a kiképzett katonák hiánya háború esetén vereségünk okává válhatott. A világháború ezt rettenetesen be is igazolta.

Az, hogy a német nemzet szabadságáért és függetlenségéért folytatott harcát elvesztette, csak ama félszegségnek és gyengeségnek következménye, amelyet a háború előtt a honvédelem terén tanúsítottunk.

Ha a szárazföldön túlságosan kevés újoncot képeztünk ki, ugyanezt a hibát követtük el a tengeren is, úgyhogy ezzel többé-kevésbé értéktelenné tettük nemzeti önfenntartásunk fegyvereit. Sajnos, tengeri haderőnk vezetőségére is átragadt a félszegség szelleme. Állandóan arra törekedtünk, hogy hadihajóink mindig valamivel kisebbek legyenek, mint a velük egykorú új angol hajók, márpedig ez éppenséggel nem nevezhető éleslátásnak vagy zsenialitásnak.

A régi Németország árnyoldalai sajátos módon csak akkor voltak szembetűnők, ha a nemzet belső szilárdságának kellett miattuk szenvednie. A sajtó ilyenkor valósággal kikürtölte a világba a kellemetlen igazságot, míg a jót szemérmesen elhallgatta, sőt részben egyszerűen letagadta. Így járt el

Adolf Hitler

különösen akkor, ha a kérdés nyilvános megvitatása esetleg a helyzet javulását vonhatta volna maga után. Mindamellett a kormány illetékes köreinek halvány fogalmuk sem volt a nyilvános propaganda fontosságáról és értékéről. Csak a zsidó tudta, hogy kitartó és céltudatos propagandával a közvélemény előtt az eget pokollá és megfordítva, a legnyomorúságosabb tengődést paradicsommá lehet varázsolni. Ezt hathatósan ki is használta. A német népnek, jobban mondva a kormánynak minderről halvány fogalma sem volt.

A legrettenetesebben ez a háborúban bosszulta meg magát.

A háború előtti német közéletnek fent említett számtalan árnyoldalával szemben viszont sok jó oldala is volt. A tárgyilagos szemlélő kénytelen megállapítani, hogy legtöbb hibánk más országokban és más népeknél is megvolt, sőt néhol még sokkal fokozottabb mértékben, míg sok jó tulajdonságunkkal más népek nem rendelkeztek.

Az erények élére többek között azt a tényt állíthatjuk, hogy Európa majdnem összes népei közül még mindig leginkább a mi népünk igyekezett megőrizni a gazdasági élet nemzeti jellegét, és sok árnyoldala ellenére a legkevésbé jutott a nemzetközi nagytőke ellenőrzése alá. Ez az előny nagy veszélyt rejtett magában, és egyik oka volt később a világháborúnak.

Mindezektől eltekintve az egészséges erőforrások sorozatából három eszményt kell kiemelnünk, amelyek a maguk nemében mintaszerűek, sőt részben példásak voltak.

Az első helyen az államformát kell megemlítenünk, és annak a modem Németországban való kialakulását.

Tekintsünk el egyes uralkodók személyétől, akik emberek lévén szintén alá voltak vetve mindazoknak az emberi gyöngeségeknek, amelyek e világ gyermekeit léten-nyomon kísérik. Ha ez irányban nem volnánk elnézőek, akkor jelen viszonyaink felett méltán kétségbe kellene esnünk, mert mostani kormányaink mértékadó képviselői szellemileg és erkölcsileg alig felelnek meg az elképzelhető legszerényebb követelményeknek is. Aki a német forradalom "*értékét*" ama személyiségek értékének és nagyságának mértéke szerint méri, akiket 1918. november óta a forradalom ajándékozott a német népnek, annak méltán szégyenpír lepi el arcát a jövő ítélőszéke előtt, ahol többé nem lehet majd betömni az emberek száját az államtekintélyt védő törvényekkel. Az utókor megállapítja majd azt, amit mi mindnyájan már ma is látunk, hogy ti. új német vezetőink elméje és erényessége fordított arányban áll nagy szájukkal és bűneikkel.

Kétségtelen, hogy igen sokan, főképp pedig a nép széles rétegei elhidegültek a monarchiától. Bátran kimondhatjuk, hogy ennek oka főleg az volt, hogy az uralkodókat nem a legokosabb, különösen pedig nem a legőszintébb lelkű emberek vették örül. Sajnos, inkább kedvelték a hízelgőket, mint az őszinte, egyenes embert, úgyhogy inkább az előbbiek voltak "*tanácsadóik*". Nagy bajt jelentett ez akkor, amikor világ sok régi nézetét lényegesen megváltoztatta, és természetesen nem kímélte meg az udvarok ősi hagyományait sem.

Így pl. a századforduló idején az egyszerű embert nem töltötte el többé lelkes csodálat, ha egy hercegnő egyenruhában végiglovagolt az arcvonal előtt. Úgy látszik, senkinek sem volt fogalma arról, hogy az ilyen díszfelvonulásoknak a nép szemében milyen hatása volt, különben sohasem került volna sor az effajta rosszul sikerült jelenetekre. A magasabb körök nem mindig teljesen őszinte emberbaráti szeretete is inkább ellenszenvet, mint rokonszenvet keltett. Ha pl. X hercegnő a népkonyhában kóstolót kegyeskedett feltálaltatni magának, régebben ez talán tűrhető benyomást keltett volna, de ebben az időben azonban már éppen az ellenkezőjét érte el. Föltételezhető volt: őfelségének halvány sejtelme sem volt arról, hogy látogatására való tekintettel az étel kissé más volt, mint különben de elég volt, hogy az emberek ezt tudták.

Ily módon az esetleges jószándék nevetséges, sőt szinte sértő hatást keltett. Az uralkodó közmondásos mértékletességének ecsetelése, korai felkelése és a késő éjszakába nyúló robotolása igen kétes nyilatkozatokra adott alkalmat. Senki sem volt kíváncsi arra, hogy az uralkodó mit eszik, senki sem irigyelte tőle dús ebédjét, senki sem tagadta volna meg tőle a szükséges éjjeli nyugalmat; a nép meg volt elégedve, ha emberi jellemével elődeinek és a nemzetnek becsületére vált, és eleget tett uralkodói kötelességének. A mesék keveset használtak, de annál többet ártottak.

Mindez alapjában véve nem lett volna olyan fontos. Aggasztóbb volt, hogy a nép nagy része meg volt győződve róla, hogy mivel felülről kormányozzák őt, az egyénnek semmivel sem kell törődnie. Rendjén is volt így a dolog mindaddig, amíg a kormány tényleg jó volt, vagy legalábbis jót akart. Mihelyt azonban a jóakaratú kormány helyébe új, kevésbé megbízható kormány került, az ernyedt alávetettség és a gyerekes hiszékenység nagyobb veszedelemmé vált, semmint gondolhatjuk. Mindeme gyöngeségekkel szemben azonban elvitathatatlan értékek állottak. Mindenekelőtt az állam vezetésének a monarchisztikus államformában gyökerező állandósága és az állami állásoknak a nagyravágyó politikusok spekulációjának köréből való kivonása. Ilyen volt továbbá a monarchisztikus intézmény tekintélye, valamint a hivatalnoki osztálynak, különösen pedig a hadseregnek távoltartása a

Adolf Hitler

pártpolitikától. Ehhez járult még az a körülmény, hogy az államfő az uralkodó személyében a felelősség személyes megtestesítése és mintaképeként szerepelt, amely felelősséget egy uralkodónak komolyabban kell vennie, mint a véletlen folytán összecsődült parlamenti többségnek. A német közigazgatás közmondásos tisztasága elsősorban ennek a körülménynek volt tulajdonítható. Végül ne feledjük el, hogy a monarchia kulturális értéke a német nép számára nagy volt, és ez a körülmény kiegyensúlyozta hátrányait. A német fejedelmi székhelyek mindig menedékhelyei voltak a mai materialista időkben amúgy is kiveszőfélben levő művészi szellemnek. Példátlan volt az, amit a német fejedelmek éppen a 19. század folyamán tettek a művészet és tudomány érdekében. Napjainkat semmi esetre sem lehet ezzel összehasonlítani.

Népünk legértékesebb tényezője a kezdődő és lassan mind tovább harapódzó bomlás idején kétségtelenül a hadsereg volt. Ez képezte a nemzet leghatalmasabb iskoláját, és nem véletlen, hogy ellenségeink gyűlölete főként nemzeti önállóságunk és szabadságunk e fő támasza ellen irányult. E páratlan intézményt legjobban az a tény jellemzi, hogy minden hitvány gazember rágalmazta, gyűlölte, de egyúttal félt is tőle. Az a körülmény, hogy a versaillesi nemzetközi népzsarolók dühe elsősorban a hadsereget érte, eléggé bizonyítja, hogy hivatva volt népünk szabadságát a nemzetközi tőzsde hatalma ellen megvédeni. Anélkül a versaillesi békeszerződés végcélja már régóta beteljesedett volna népünkön. Egy szóban foglalható össze mindaz, amit a nép a hadseregnek köszönhet: mindent.

A hadsereg az embereket feltétlen felelősségérzetre nevelte akkor, amikor ezt a tulajdonságot általában már alig ismerték, és napirenden volt a felelőtlenség. A hadsereg fejlesztette a személyes bátorságot, amikor a gyávaság mind pusztítóbb betegséggé vált és az áldozatkészséget szinte butaságnak tekintették. Egyedül csak az volt az okos, aki önös érdekét legjobban tudta megvédeni és előmozdítani. Ezzel szemben a hadsereg iskolája arra tanította a nemzetet, hogy üdvösségét ne a négerekkel, kínaiakkal, franciákkal és angolokkal való nemzetközi barátság hazug frázisaiban, hanem saját erejében és az összetartásban keresse.

Határozottságra nevelte az embereket, amikor az életben cselekvésüket már habozás és kétkedés irányította. Reá várt a nagyszerű feladat, hogy fenntartsa az elvet, amely szerint a parancs jobb, mint a fejetlenség, akkor, amikor a mindent jobban tudni akarók véleménye volt mértékadó. Ez az elv már magában is bizonyos robusztus egészségre vall, mely régóta kiveszett volna életünkből, ha a hadsereg és nevelőereje nem gondoskodott volna arról, hogy ezt az őserőt megújítsa bennünk. Hiszen csak jelenlegi kormányunk rettenetes határozatlanságát kell néznünk. Nem képes magát elhatározni arra, hogy cselekedjen, kivéve, ha arról van szó, hogy egy újabb, népünk kizsákmányolását szentesítő diktátumot írjon alá. Ilyen esetben természetesen nem vállal semminemű felelősséget és az udvari gyorsírók sebességével aláír mindent, amit elébe kegyeskednek tenni. Ebben az esetben könnyű határoznia, mert diktálják neki.

A hadsereg idealizmusra, a hazával és egykori nagyságával szembeni odaadásra nevelt, mialatt az életben az önzés és az anyagiasság kerekedett felül. Egységesen nevelte a nemzetet és nem ismert osztálykülönbséget; egyetlen hibája talán az egy évi önkéntes szolgálat intézménye volt. Azért volt ez hibás, mert ennek révén kárt szenvedett a feltétlen egyenlőség elve, és a magasabb műveltségű egyént általános környezetének keretéből kiemelte. Ennek éppen az ellenkezője lett volna előnyösebb. Magasabb osztályainknak amúgy is oly nagy alamuszisága a saját népünkkel szembeni elidegenedése ellen a hadsereg jó hatással lehetett volna, ha az ún. intelligencia elkülönülését legalább saját soraiban elkerülte volna. Nagy hiba volt, hogy ezt elmulasztotta. De vajon létezik-e földünkön egyáltalán intézmény, mely mentes lenne minden hibától? A hadsereg előnyei amúgy is annyira túlsúlyban voltak, hogy néhány hibája semmi esetre sem érte el az emberi tökéletlenség átlagát.

A régi birodalom hadseregének legnagyobb érdeme azonban az, hogy a tömeg általános uralkodásának az idején az egyént a tömeg fölé helyezte. A hadsereg fenntartotta az egyéniségbe vetett hitet a puszta szám imádásának zsidó és demokratikus gondolatával szemben. Így nevelte az embereket azokká, akikre az új kornak legnagyobb szüksége volt: férfiakká. Az általános elpuhultság és elnőiesedés fertőjében a hadsereg évenként háromszázötvenezer, erőtől duzzadó fiatalembert nevelt fel, akik kétéves kiképzésük folyamán levetették ifjúi puhaságukat, és testüket szilárddá edzették. A fiatalember ez alatt a két év alatt először megtanult engedelmeskedni, és csak azután tanulta meg a parancsolást. Már járásán rá lehetett ismerni kiszolgált katonára.

Ez volt a német nemzet legfontosabb iskolája. Nem hiába irányult elsősorban azok gyűlölete rá, akik irigységből és kapzsiságból azt kívántak, hogy a birodalom tehetetlen, a polgárság pedig védtelen legyen. Amit sok német ember vakságában vagy készakarva nem akart látni, azt felismerte a külföld: a hadsereg volt a nemzet szabadságának és a polgárok biztonságának leghatalmasabb oszlopa.

Az államformához és a hadsereghez, mint harmadik szövetséges, a régi birodalom hivatalnoki kara járult.

Németország volt a világ legjobban szervezett és igazgatott állama. A német állami hivatalnokra könnyen ráfoghatták, hogy bürokrata, a helyzet azonban más államokban sem volt jobb, sőt gyakran még sokkal rosszabb. A többi államban azonban többé-kevésbé hiányzott a hivatalnoki osztály feltétlen szolidsága és az egyes hivatalnokoknak megvesztegetést nem ismerő becsületessége. Jobb, ha a hivatalnok kissé nehézkes, de becsületes és hű, mintha felvilágosult és modern, de gyönge jellemű, ami ma gyakori, tudatlan és semmittevő. Ha azt állítják manapság, hogy a háború előtti német közigazgatás bürokratikus szempontból ugyan megfelelő, de üzleti szempontból rosszul szervezett volt, erre csak egy választ adhatunk: melyik államnak volt a német államvasutaknál jobban vezetett és üzletileg jobban szervezett üzeme? Csak a forradalom volt képes ezt a mintaüzemet annyira tönkretenni, hogy végre megérett arra, hogy kivegyék a nép kezéből és a köztársaság alapítójának felfogása szerint szocializálják, azaz a német forradalom megbízójának: a nemzetközi nagytőkének szolgálatába állítsák.

A német hivatalnoki osztálynak és a közigazgatási rendszernek megvolt az az előnye, hogy nem függött az egyes kormányoktól. A német hivatalnok pozícióját a kormányok politikai iránya nem befolyásolhatta. A forradalom óta a helyzet sajnos lényegesen megváltozott. A tudás és a képesség helyébe a politikai pártállás lépett, az önálló és független jellem inkább akadályoz, mint előmozdít a pályán.

Az államformán, a hadseregen és a hivatalnoki osztályon nyugodott a régi birodalom csodálatos ereje. Ezek voltak elsősorban a mai államban teljesen hiányzó államtekintélynek a fő támaszai. Az államtekintély ugyanis nem parlamenti és tartománygyűlési szócsatákon, nem is védelmi törvényeken és a támadóit szemérmetlenül büntető bírósági ítéleteken, hanem azon a bizalmon alapul, mellyel a nép az államközösség vezetőit kitünteti. E bizalom viszont ismét csak a rendíthetetlen belső meggyőződés következménye, amely bízik abban, hogy az ország kormánya és közigazgatása becsületes, és hogy a törvények megfelelnek az általános erkölcsi felfogásnak. Nincs ugyanis olyan kormányrendszer, amelyet kényszereszközökkel állandósítani lehetne; erre csak a kormány megbízhatóságába és a nép érdekeinek őszinte képviseletébe vetett hit alkalmas.

Bármennyire is kikezdték bizonyos kóros tünetek a háború előtt a nemzet belső erejét, mégsem szabad megfeledkeznünk arról, hogy más államok még sokkal inkább szenvedtek e beteges tünetek befolyása alatt, mint

Németország, de a veszély kritikus órájában mégsem mentek tönkre. Ha azonban arra gondolunk, hogy a német gyöngeséggel szemben a háború előtt éppen olyan sok erény is állott, akkor az összeomlás végső okának mégis valahol máshol kell rejlenie; és ezt tényleg másutt kell keresnünk.

A régi birodalom pusztulásának gyökere és végső oka az volt, hogy nem voltunk tisztában a faji kérdéssel és eme kérdésnek a népek fejlődési története folyamán észlelhető jelentőségével. Mert egy nép életének eseményei nem a véletlen megnyilvánulásai, hanem az ön és fajfenntartás ösztönének természeti törvényeken alapuló folyamatai, jóllehet az egyes ember cselekvésének tulajdonképpeni okával nincs is tisztában.

XI. Nép és faj

Vannak igazságok, amelyek annyira kézenfekvők, hogy az emberek nagy része talán éppen ezért nem látja, vagy legalábbis nem ismeri fel őket. Az ilyen sarkalatos igazságok mellett néha vak módjára elhalad, észre sem veszi, és nagyon csodálkozik, ha valaki egyszer felhívja reájuk figyelmét. Százezrével hevernek a világon a Kolumbusz-tojások, csak az a baj, hogy kevés a Kolumbusz.

Így sétál majdnem kivétel nélkül minden ember a természet kertjében, és azt hiszi, hogy mindent ismer és mindent tud, és mégis rák módjára halad el a természet egyik legsarkalatosabb alaptörvényének, a föld összes élőlényeinek benső faji zárkózottsága mellett.

Még a legfelületesebb szemlélő előtt is a természetes életösztön sziklaszilárd alaptörvényeként nyilvánul meg a nemzésnek és a szaporodásnak faji jellegzetessége. Minden állat csak saját fajtabelijével párosul. Csak a rendkívüli körülmények, mint pl. a rabság kényszere vagy a párosodásnak a saját faj keretén belüli lehetetlensége változtathatják meg ezt a törvényt. Ilyenkor azonban a természet mindenképpen igyekszik védekezni ellene, ami vagy élénk tiltakozása, vagy a kevert vérűek további nemzőképességének megszűnésében nyilvánul meg. Előfordulhat az, hogy csökkenti az utódok termékenységét. Legtöbbnyire azonban megsemmisíti a kevertvérű egyedek betegségekkel és ellenséges támadásokkal szembeni ellenálló erejét.

Két különböző színvonalon álló lény kereszteződésének eredménye a szülők két szintje között fekszik. Ez azt jelenti, hogy az ivadék ugyan magasabb rendű, mint a szülőpár alacsonyabb rendű fele, de nem olyan magasrendű, mint a másik szülő. Ebből kifolyólag e magasabb rendű faj elleni küzdelmében mindig ő lesz a vesztes. Az effajta párosodás tehát ellenkezik a természet akaratával, mivel a természet az életet mind magasabbra igyekszik fejleszteni. Ez csak akkor lehetséges, ha nem az erősebb egyesül a gyengébbel, hanem, ha az előbbi feltétlen győzedelmeskedik. Az erősebbnek uralkodnia kell a gyengébben és nem szabad a gyengébbel egybeolvadnia, mivel ezzel feláldozza saját nagyságát. Csak a születésénél fogva gyengébb egyén találja ezt kegyetlennek, ami csak gyengeségét és korlátoltságát bizonyítja. Ha ez a törvény nem lenne örök érvényű, akkor a szerves lények felfelé irányuló fejlődése lehetetlen volna.

A fajtisztaság fenntartásának ösztöne a természetben általános érvényű, és ennek következménye nemcsak az egyes fajok tömör egysége, hanem faji egyedek egyöntetűsége is. A róka mindig róka marad, a tigris pedig tigris; a különbség legfeljebb az, hogy az egyedek különböző fokú erővel, értelemmel és szívóssággal stb. rendelkeznek. A róka sohasem lesz elnéző a libával szemben, és a macska sem fog barátságos hajlamot mutatni az egér iránt.

Az egymás elleni küzdelem tehát itt sem annyira egymás elleni ellenszenvből, mint inkább az ösztönszerűségből (éhségből és szerelemből) ered. A természet mind a két esetben csendes és elégedett szemlélő. A mindennapi kenyérért folyó küzdelemben a gyenge, beteges és határozatlan egyed a vesztes, és a hímnek a nőstényért folytatott küzdelme is csak a legegészségesebbnek adja meg a nemzés jogát, vagy legalábbis annak lehetőségét. Ez a küzdelem azonban a faj egészségének és ellenálló képességének fejlődését szolgálja, tehát arra, hogy a fajt nemesítse.

Ha ez a folyamat más irányt venne, akkor megszűnnék minden fejlődés és nemesedés, sőt inkább ennek az ellentéte következnék be. Tekintettel arra, hogy a silányabb egyedek száma mindig nagyobb, mint a magasabb rendű egyedeké, egyező létfenntartási és szaporodási lehetőségek esetén a silányabb oly gyorsan szaporodnék, hogy végeredményben háttérbe szorítaná a magasabb rendűt, a jót. A jó érdekében történő helyreigazítás tehát okvetlenül szükséges. Erről maga a természet gondoskodik, amikor a gyöngébb felet oly nehéz életfeltételek elé állítja, hogy száma már ennél fogva is csökken, és a fennmaradó egyedek szaporodását sem tűri minden további nélkül, hanem ezeket is erejük és egészségük foka szerint selejtezi.

A természet nem tűri a gyöngébb egyedeknek az erősebbekkel való közösülését, és még kevésbé engedi meg, hogy a magasabb rendű faj az alacsonyabb rendű fajjal olvadjon egybe, mert különben egy csapással kárba veszne egész, talán évezredes munkája.

A történelemből leszűrt tapasztalataink számtalanszor igazolják ezt. A történelem ijesztő határozottsággal mutatja, hogy az árja fajoknak nálunk alacsonyabbrendű népekkel való vérkeveredése mindig a kultúrnívó süllyedését jelentette. Az árja kifejezés többféle árnyalatban került használatba: 1. a nyelvészek egy része árjának nevezi az indogermán nyelveket beszélő népeket; 2. sok antropológus a zsidó vértől mentes európai népek, illetve egyének megjelölésére fogadta el az árja elnevezést; 3. van végül még egy egészen szűk értelmezés is, ez csak az európai fajok (alpesi, északi, keletbalti, dinári, mediterrán stb. egyikét, a magas termetű, szőke, kék szemű északi fajt, a németség legtehetségesebbnek, vezetésre legalkalmasabbnak tartott faji elemét fogadja el árjának. Bár a német nemzetiszocialista világszemlélet megalapozói között vannak többen, akik a 3. értelmezésnek hívei, a Harmadik Birodalom Adolf Hitler felfogását követve a 2. értelmezésben fogalmazta meg az "*árjaparagrafust*". Eszerint árjának számít minden olyan európai ember, akiben legalább dédszülőkig bezáróan nincsen zsidó vér. Az árjaparagrafus feltételeinek tehát megfelel a magyar is, ha családjába nem került be zsidó vér. A legnagyobbrészt germán elemekből álló Észak-Amerika lakossága, amely csak kismértékben keveredett más elemekkel, más kultúrával rendelkezik, mint Közép és Délamerika, ahol a főleg román fajtájú népek bevándorlói gyakran erősen keveredtek a bennszülöttekkel. Már ez a példa is eléggé világosan és határozottan szemlélteti a faji keveredés kihatását. Az amerikai kontinens fajilag tiszta germán lakossága e földrész urává emelkedett, és ura maradt mindaddig, míg nem esik a vérfertőzés bűnébe.

Minden faji kereszteződés eredménye röviden összefoglalva tehát a következő:

a) a magasabb rendű faj színvonalának csökkenése;
b) testi és szellemi visszafejlődés, az ezt kísérő, talán lassú, de biztos pusztulás.

Ha elősegítjük az ily irányú fejlődést, bűnt követünk el a Teremtő akarata ellen. Ha a természet logikája ellen lázong az ember, akkor azok ellen az elvek ellen küzd, amelyeknek saját maga emberi létét köszönheti. Természetellenes cselekvéseinek tehát önnön pusztulását kell maguk után vonniuk.

A zsidó szemtelenséggel rendelkező modem pacifista erre természetesen azzal válaszol: "*Az ember győzedelmeskedik a természeten*".

A nagy tömeg gondolkodás nélkül ismételgeti ezt a zsidók által hangoztatott esztelenséget, és végeredményben tényleg elhiszi, hogy az ember győzedelmeskedhetik a természeten.

Az ember még semmiféle tekintetben sem győzedelmeskedett a természeten, hanem legfeljebb az örök rejtélyek és titkok hatalmas és félelmetes fátylát sikerült részben fellebbentenie, úgyhogy a valóságban az ember tulajdonképpen semmit sem talál fel, hanem mindent csak felfedez. Nem uralkodik a természet felett, hanem csak az örök természeti törvények és titkok ismerete révén a többi élőlényen, mivel a többi élőlény e sarkalatos törvényeket nem ismeri. Ettől eltekintve tehát lehetetlen, hogy egy eszme győzedelmeskedhessék az emberi lét előfeltételein, mert hiszen ez az eszme maga is csak az emberi elme szülötte. Ember nélkül nem létezik emberi eszme ezen a világon, tehát az eszme, mint ilyen, az ember lététől és ennélfogva mindazon törvényektől függ, amelyek megteremtették létének előfeltételeit.

Sőt, mi több! Vannak gondolatok, amelyek csak bizonyos emberek elméjében foganhatnak meg. Így van ez főleg azoknál a gondolatoknál, amelyeknek lényegét nem az elvont tudás megdönthetetlen igazságai képezik, hanem amelyek az érzés világából erednek, vagy mint azt manapság oly szépen tudjuk kifejezni, az egyén "*belső élményét*" tükrözik. Ezeknek az eszméknek a rideg logikához semmi közük sincs, hanem csupán az ember érzésvilágának megnyilvánulásai, etikai képzetek stb., amelyek az emberiség létéhez vannak kötve, és az ember képzelet és alkotóvilágának köszönik létüket. Ez eszmék létezésének előfeltételei ennélfogva tehát bizonyos fajok és emberek jelenléte. Aki pl. lelkes híve a pacifista gondolatvilágnak és győzelmét szívből kívánja, annak támogatnia kellene a németeket, hogy sikerüljön elfoglalniuk az egész világot; ellenkező esetben ti. az utolsó némettel a pacifizmus is kiveszne, mert senkit a világon nem szédített meg annyira ez a természetellenes eszme, mint sajnos éppen a német népet. Az emberiség tehát akarata ellenére is kénytelen volna háborút viselni, ha meg akarná valósítani a pacifizmust. Német fantasztáink elképzelése szerint az amerikai világmessiásnak, Wilsonnak is ez volt a végső szándéka a cél elérése érdekében. A pacifista eszmének talán tényleg van létjogosultsága abban az esetben, ha a legmagasabb rendű ember oly mértékben rendelné alá akaratának az egész világot, hogy földünk egyedüli urává legyen. Ezzel ti. a pacifista eszme káros kihatásai, gyakorlati alkalmazásuk csökkenésével és idővel lehetetlenné válásukkal, megszűnnének. Tehát az első lépés a küzdelem, és csak azután jöhet esetleg a pacifizmus. Különben az emberiség túllépte fejlődésének legmagasabb fokát, és annak vége nem valamely etikai eszme uralmát, hanem barbarizmust és ebből kifolyólag káoszt jelentene. Némely olvasó itt mosolyogni fog és nem gondol arra, hogy bolygónk már évezredek hosszú során keresztül lebegett a világűrben anélkül, hogy ember lakta volna, és eljön majd az az idő, amikor az emberiség kihal, ha az emberek megfeledkeznek arról, hogy létüket nem egynéhány bolond ideológus rögeszméjének köszönhetik, hanem annak, hogy ismerik a természet megdönthetetlen törvényeit és azoknak gyakorlati alkalmazását.

Mindaz, amit ma földünkön megcsodálunk a tudomány, a művészet, a technika és vívmányai csak egynéhány népnek, sőt talán csak egy fajnak alkotásai. Tőlük függ ennek a kultúrának a léte. Ha e faj elbukik, úgy vele együtt sírba száll földünk minden szépsége.

Bármennyire is befolyással van pl. az emberre a föld, amelyen él, ennek a befolyásnak az eredménye a különböző fajoknál mégis különböző lesz. A környezet mostohasága bizonyos fajokat a lehető legmagasabb teljesítményekre sarkall, míg más fajoknál szegénységet, fogyatékos tápláltságot és annak következményeit fogja maga után vonni. A külső befolyások hatásának minősége mindig az illető nép belső hajlamaival függ össze. Az egyik népet éhhalál fenyegeti ott, ahol a másik népet a környezet kemény munkára ösztönzi.

A múlt nagy kultúrái mind csak azért mentek tönkre, mert az eredetileg alkotó fajt a vérkeveredés megmérgezte. A pusztulásnak végső oka mindig az volt, hogy az ember megfeledkezett arról: tőle függ az egész kultúra, nem pedig megfordítva. Tehát a kultúra alkotójának, az embernek kell fennmaradnia, ha meg akarjuk óvni a kultúrát a pusztulástól. A kultúra fennmaradása azonban a jobb és erősebb egyed győzelme szükségességének és jogosultságának megdönthetetlen természeti törvényétől függ.

Aki tehát élni akar, küzdjön, és aki az örök küzdelem e világában nem akar küzdeni, az nem érdemli meg az életet.

Bármily kegyetlennek tűnjön is ez a törvény, tény az, hogy megdönthetetlen! A legkegyetlenebbül akkor sújtja a sors az embert, ha azt hiszi, hogy győzedelmeskedhet a természet fölött. Ezzel tulajdonképpen nem tesz mást, mint kigúnyolja a természetet. A természet válasza erre ínség, balsors és betegség!

A szerencséjét eljátssza az ember, ha félreismeri és lebecsüli a faji törvényeket. Meggátolja ezzel a magasabb rendű faj diadalát, és ennélfogva az emberiség tökéletesedésének előfeltételeit is. A tehetetlen állat tengődésének színvonalára süllyed és emberi érzékenysége csak teher számára.

Fölösleges volna azon vitatkozni, hogy mely faj vagy fajok voltak az emberi kultúra első letéteményesei, egyúttal tehát alapítói is mindannak, amit röviden az *"emberiség"* szóban foglalunk össze. Sokkal egyszerűbb, ha ezt a kérdést a jelenre vonatkozólag tesszük fel, mert erre világos és határozott választ kapunk. Majdnem kizárólag az árja faj alkotásának eredménye mindaz, amit ma a művészet, tudomány és technika terén elértünk. Ebből a tényből azt a következtetést vonhatjuk le, hogy ő volt általában a legmagasabb rendű emberiség megalapítója, tehát őstípusa annak, amit ma *"embernek"* nevezünk. Ő az emberiség Prométheusza; akinek homlokából kipattant a lángész isteni szikrája, ő szítja állandóan a megismerés tüzét, hogy fénnyel árassza el a néma titkok éjszakáját, és az embert a föld többi élőlényének urává tegye. Ha az árja fajt kikapcsolnánk, néhány évezred múlva talán újra mély sötétség borulna földünkre, megszűnne az emberi kultúra, és kietlenné válna a világ.

Ha az emberiséget három osztályba soroljuk: kultúraalapítók, kultúrahordozók és kultúrarombolók osztályába, akkor az elsőnek képviselőjeként bizonyára csak az árja faj jöhetne tekintetbe. Az vetette meg az emberi kultúra alapját, az építette fel ennek az épületnek a falait, és csak külső alakja és színe függ az egyes népek különös jellemvonásaitól. Az emberiség neki köszönheti a haladás hatalmas fundamentumát és az egyes fajok az ő tervei alapján építették fel egyéni kultúrájukat. Néhány évtized múlva pl. egész Kelet-Ázsia magáévá teszi ezt a kultúrát, amelynek alapkövét a hellén szellem és a germán technika vetette meg. Csak külső alakja fogja részben magán viselni az ázsiai jelleg bélyegét. Nem igaz, hogy Japán kultúrájával Európa technikáját párosítja, hanem valójában az európai tudomány és technika japán jelleget ölt. A tényleges élet alapja többé nem a jellegzetes japán kultúra, habár ez továbbra is jellemzője marad a mindennapi életnek, mivel nekünk, európaiaknak a fennálló belső különbség külső megnyilvánulása inkább szembetűnik. A tényleges élet alapja mindenütt az árja népeknek hatalmas, tudományos és technikai munkája lesz. Csakis ezek a vívmányok képesítik kelet népeit arra, hogy lépést tartsanak az általános emberi haladással. Ez adja meg a mindennapi kenyérért való küzdelmük alapját, ez teremti meg a küzdelemhez szükséges eszközöket, és az egész csak külsőleg ölt magára japán jelleget.

Ha Európa és Amerika elpusztulna, és így hirtelen megszűnne az árja fajnak Japánra gyakorolt hatása, akkor ennek az volna a következménye, hogy Japán tudományos és technikai haladása rövid időn belül megakadna; néhány rövid év múlva elapadna a forrás, a japán jelleg újra megerősödne, ezzel szemben azonban megmerevedne a mai kultúra, és újra ama mély álomba esne vissza, amelyből őt hét évtizeddel ezelőtt az árja kultúrhullám felébresztette.

Amint a mai japán fejlődés létét árja eredetének köszönheti, éppen úgy keltette életre a japán kultúrát egykor a múlt homályában idegen behatás és idegen szellem. Ezt legjobban az a körülmény bizonyítja, hogy ez a kultúra idővel teljesen megmerevedett. Ilyen állapot egy népnél csak akkor következik be, ha az eredeti, alkotó erővel rendelkező faji mag elvész, vagy pedig a külső, a kulturális fejlődés tápanyagát szolgáltató behatás megszűnik. Azt a népet, amely kultúrájának alapanyagát más fajoktól veszi át és azt csak átdolgozza, mihelyt azonban ez a külső befolyás megszűnik, kultúrájának fejlődése is megmerevedik, "*kultúrahordozó*" fajnak nevezhetjük ugyan, de sohasem "*kultúraalkotónak*".

Ha az egyes népeket ebből a szempontból vizsgáljuk, akkor leszögezhetjük azt a tényt, hogy a legtöbb esetben nem kultúraalapító, hanem többnyire csak kultúrahordozó népekről van szó.

Fejlődésüknek kb. mindig ez a képe:

Maroknyi számú árja törzs leigáz egy idegen népet és az új ország különös életviszonyainak befolyása alatt (termékenység, klimatikus viszonyok stb.), valamint az alacsonyabb rendű emberek munkaerejének segítségével kifejleszti azok szunnyadó szellemi és szervező képességeit, gyakran néhány évezred, sőt talán már évszázad múlva olyan kultúrát teremt, mely eredetileg teljesen magában hordozza lényüknek benső vonásait, külsőleg azonban alkalmazkodik a fent említett külső körülményekhez, valamint a leigázott néphez. A hódítók idővel vétkeznek vérük tisztántartásának eredetileg szigorúan betartott elve ellen, keverednek a leigázott lakossággal és ezzel saját létüket ássák alá; a paradicsomi bűnbeesésnek is az onnan való kiűzés volt a következménye.

A magasabb kultúrák keletkezésének egyik leglényegesebb előfeltétele az alacsonyabb rendű ember, aki a technikai segédeszközök hiányát melyek nélkül magasabb fejlődés elképzelhetetlen pótolni tudja. Az emberiség kezdetleges kultúrája minden bizonnyal nem annyira az idomított állatnak, mint inkább az alacsonyabbrendű emberek segítségével épült fel.

Csak később, a leigázott népek rabsága után érte hasonló sors az állatokat is, nem pedig, mint azt sokan hiszik, megfordítva. Hiszen először a leigázott rabszolga vonta az ekét, és csak később várt ez a feladat a lóra. Csak pacifista bolondok láthatják ebben az emberi hitványság jelét. Ezek nincsenek tisztában azzal, hogy szükség volt erre a fejlődésre, amíg eljutottunk odáig, ahol ma vagyunk, s ahonnan ezek az apostolok fecsegéseiket világgá kürtölhetik.

Az emberiség haladása végtelen létrához hasonlít, amelyen az ember csak úgy képes a magasba jutni, ha annak legalsóbb fokait is megmászta. Az árja fajnak is így kellett haladnia azon az úton, amelyet az adottságok jelöltek ki számára, nem pedig azon, amelyről a modem pacifista álmodozik. A valóság útja azonban nehéz és fárasztó, de végeredményben oda vezet, ahol pacifistáink álma az emberiséget látni szeretné; rögeszméjükkel azonban inkább gátolják ezt, nemhogy segítenék.

Nem véletlen tehát, hogy az első kultúrák is ott keletkeztek, ahol az árják harcban leigázhattak az alacsonyabb fokon álló népeket, és azokat akaratuk szolgáivá tehették. A leigázott népek voltak azután a keletkező kultúra első technikai segédeszközei.

Ez a körülmény világosan előírta az utat, amelyen az árja fajnak haladnia kellett. Hódítóként leigázta az alacsonyabb rendű népeket és gyakorlati tevékenységüket parancsszavával és akaratával irányította. Azáltal, hogy nehéz, de hasznos munkálkodásra kényszerítette őket, nemcsak megóvta alattvalóinak életét, hanem talán még oly sorsot is biztosított számukra, mely jobb volt, mint azelőtti "*szabadságuk*". Mindaddig, amíg könyörtelenül megmaradt uralkodó álláspontja mellett, nemcsak tényleges uruk, hanem kultúrájuk fenntartója és gyarapítója is volt. Ez a kultúra kizárólag az ő képességein épült fel és így az ő fennmaradásától függött. Mihelyt a leigázottak színvonala lassan szintén emelkedni kezdett és valószínűleg nyelvileg is közeledtek hódítójuk színvonalához, összeomlott a választal az úr és a szolga között. Az árja feladta vérének tisztaságát, és ezzel elvesztette a paradicsomban való tartózkodásának a jogát, melyet annak idején ő teremtett meg saját maga számára. A fajkeveredés hullámai mindinkább ellepték, elvesztette kultúraalkotó erejét, míg végül nemcsak szellemileg, hanem testileg is inkább a leigázott őslakossághoz, semmint őseihez hasonlított. Bizonyos ideig még élt a meglévő kultúrkincsekből, de kultúrája mindinkább megmerevedett és végül a feledés homályába merült.

Így pusztulnak el kultúrák és birodalmak, hogy újabbaknak adjanak helyet.

A régi kultúrák pusztulásának egyedüli oka, a vérkeveredés és a faj színvonalának ezzel járó süllyedése; mert nem a vesztett háborúk teszik tönkre az embereket, hanem önmaguk okai pusztulásuknak, ha elvesztik a vér tisztaságában rejlő ellenállóképességüket.

Ami nem tiszta faj ezen földön, az csak annyi, mint a pelyva. A világtörténelem eseményei azonban a fajok önfenntartási ösztönének jó vagy rossz értelemben történő megnyilvánulásai.

Nem az intellektuális tehetségben rejlik csupán az árja faj kultúraalkotó és építő ereje. Ha ezen kívül nem rendelkezne más tulajdonságokkal is, akkor ezzel legfeljebb csak pusztítani volna képes, építeni nem. Ugyanis minden társadalmi szervezetnek legbensőbb lényege az, hogy az egyén lemond személyes véleményéről és érdekeiről és azokat a köz érdekében áldozza fel. Csakhogy ezzel a társadalom keretén belül, kerülő úton juthat maga is jogos illetménye birtokába. Mint az emberi társadalom tagja pl. nem dolgozik többé közvetlenül önmaga számára, hanem tevékenységével belekapcsolódik a közösség keretébe, nemcsak saját haszna, hanem a közösség haszna érdekében is. E lelkület legszebb magyarázatát a "*munka*" szó adja, amely nem a megélhetésért folytatott tevékenységet jelenti, hanem egy olyan tevékenységet, amely a közösség érdekeivel nem áll ellentétben. A más irányú emberi tevékenységet, amely embertársaink javára való tekintet nélkül kizárólag saját létének fenntartását szolgálja, lopásnak, rablásnak és zsarolásnak hívják.

Az önérdeket a közérdek javára háttérbe szorító életfelfogás minden tényleges emberi kultúra legfontosabb előfeltétele. Csak így képes az emberiség nagy műveket alkotni, amelynek az alapítót rendszerint alig jutalmazzák, az utódokra azonban annál gazdagabb áldást hoznak. Csak így magyarázható meg, hogy sokan türelemmel viselik mostoha sorsukat, ami számukra csak szegénységet és lemondást jelent, azonban biztosítja a közösség létének alapját. Minden munkás, paraszt, feltaláló, hivatalnok, aki anélkül dolgozik, hogy valaha is szerencsés jómódban élhetne, megtestesítője ennek a nagy eszmének, noha cselekvése jelentőségének sohasem ébred tudatára.

Mindaz, ami érvényes a munkára, mint az emberi táplálkozás és minden emberi haladás alapjára, még fokozottabb mértékben áll a társadalmi közösség és a kultúra megvédésére. Az egyén életének a közösség érdekében való feláldozása: az áldozatkészség koronája. Csak így gátolható meg, hogy mindazt, amit az emberi kéz alkotott, önmaga ne döntse romba, vagy pedig a természet el ne pusztítsa.

Szókincsünk az ilyen értelemben vett cselekvést igen szépen "*kötelességteljesítésnek*" nevezi, ami annyit jelent, hogy az egyén ne saját célját, hanem a közösség célját szolgálja. E cselekvés mozgató erejét az önzéssel, az egyéni haszon hajhászásával szemben idealizmusnak nevezzük. Ez alatt az egyénnek a közösséggel és embertársaival szembeni áldozatkészségét értjük.

Igen fontos annak az állandó hangsúlyozása, hogy az idealizmus nem fölösleges érzelem-megnyilvánulás csupán, hanem örök időkre alapfeltétele az emberi kultúrának, sőt mi több: az idealizmus az *"ember"* fogalmának a megteremtője. Az árja faj e belső lelki tulajdonságának köszönheti pozícióját a világon, és ennek köszönheti a világ az ember létezését. Az idealizmus formált a puszta szellemből alkotóerőt, amely az ököljognak és az értelemnek sajátos keverékéből viszont az emberi kultúra örökéletű alkotásait teremtette meg.

Ideális lelkület híján a legfényesebb szellemi képesség is csak puszta szellem volna, puszta látszat, minden benső érték nélkül, de sohasem alkotóerő.

Az idealizmus a természet végső akaratának felel meg, minthogy nem egyéb, mint az egyéni élet és érdekek alárendelése a köznek, amely utóbbi viszont minden egységes szervezet kialakulásának előfeltétele. Csak az idealizmus képes az embert arra késztetni, hogy elismerje az erő előjogát, és így ama rend atomjává avatja az embert, amely formálja és alkotja az egész mindenséget.

A tiszta idealizmus egyértelmű a legmélyebb felismeréssel.

Hogy milyen kevés köze van a valódi idealizmusnak a gyerekes képzelődéshez, azt legjobban a romlatlan gyermek és az egészséges ifjú ítélőképessége bizonyítja. Ugyanaz az ifjú, aki az ideális pacifista elmélkedéseit értelmetlenül és tagadólag fogadja, mindenkor kész hazájáért fiatal életét áldozni.

Az árjának merő ellentéte a zsidó.

A föld egyik népénél sem oly erősen fejlett az önfenntartás ösztöne, mint éppen az ún. *"kiválasztott nép"*-nél. Ezt legjobban az a tény bizonyítja, hogy ez a faj még egyáltalán létezik. Nincsen a világon még egy nép, amely az utolsó két évezred folyamán oly keveset változtatott volna jellegzetességén, karakterén, mint éppen a zsidó. Másrészt egy nép sem ment ez idő alatt nagyobb megrázkódtatásokon keresztül, mint a zsidó, és mindennek dacára változatlanul bontakozott ki az emberiség legnagyobb katasztrófáiból. Mily megrendíthetetlen élni akarást és fajfenntartási ösztönt tükröz vissza ez a tény!

A zsidók szellemi tulajdonságai az évezredek folyamán nehéz iskolán mentek keresztül. *"Okosnak"* tartják őket, és bizonyos tekintetben tényleg okosok voltak mindig. Eszességük azonban nem saját fejlődésüknek, hanem az idegen népek szemléltető oktatásának eredménye. Az emberi szellem csak fokozatosan képes felfelé tömi; minden lépését a múltnak kell megalapoznia, éspedig abban az átfogó értelemben, amely csak az általános kultúrában nyilvánul meg. Egész emberi gondolkodásunknak csak igen csekély része épül fel saját tapasztalatainkon, legnagyobb részét az elmúlt idők tapasztalatai alkotják. Az általános kultúrszínvonal az egyént a tudásnak mérhetetlen tömkelegével látja el, anélkül, hogy észrevenné, hogy így felfegyverezve könnyen tehetne további önálló lépéseket. A mai gyermek pl. az utolsó évszázadok technikai vívmányainak oly tömege közepette nőtt fel, hogy sok mindent, ami századokkal ezelőtt a legnagyobb lángész előtt is rejtély volt, természetesnek talál, azt figyelemre sem méltatja, annak ellenére, hogy haladásunk tulajdonképpeni megértése és követelése tekintetében döntő jelentőségű. Ha föltámadna sírjából a múlt évszázad húszas éveinek valamelyik lángeszű nagysága, alig ismerné ki magát a mai szellemi alkotások terén annyira, mint egy közepes tehetségű tizenöt éves gyermek. Hiányozna számára a műveltségnek mindaz a végtelen sok előképzettsége, amelyet az általános kultúra megnyilvánulásai közepette felnövekvő kortársunk öntudatlanul is magába szív.

A zsidónak gyorsan megvilágosodik az elméje, ebből kifolyólag munkálkodásának alapját mindig másoktól vette. Ez együtt jár azzal, hogy sohasem volt saját kultúrája. Szellemét az öt környező kultúrvilág fejlesztette. Sohasem állt elő fordított folyamat.

Habár a zsidó önfenntartási ösztöne nem kisebb, sőt inkább nagyobb, mint más népeké, habár szellemi képességei könnyen azt a benyomást keltik, mintha egyenértékűek volnának a többi faj szellemi képességeivel, mégis hiányzik belőle a kultúrnép előfeltétele, az ideális lelkület.

A zsidó nép áldozatkészsége az egyes ember önfenntartási ösztönét sohasem szárnyalja túl. A látszólag oly nagy összetartás érzése a világ sok más élőlényénél hasonló módon észlelhető és igen primitív csordaösztönön alapszik. Emellett említésre méltó, hogy a csordaösztön csak addig nyilvánul meg az egyedek kölcsönös támogatásában, amíg a közös veszély folytán ez célszerűnek vagy elkerülhetetlennek látszik. Ugyanaz a farkascsorda, amely az imént még közösen támadta meg áldozatát, szétoszlik, mihelyt csillapította éhségét. A ménes ugyancsak együttesen védekezik támadója ellen, de szétszéled, mihelyt elmúlt a veszély.

Hasonlóképpen viselkedik a zsidó is. Áldozatkészsége csak látszólagos. Csak addig uralkodik lényén, míg az egyes egyén létérdeke ezt megköveteli. Mihelyt azonban legyőzte a közös ellenfelet, a fenyegető veszély megszűnt és zsákmányát biztonságba helyezte, megszűnik a zsidó egymás közötti látszólagos összhangja, hogy eredeti hajlamainak újra helyet adjon. A zsidók csak akkor értenek egyet egymással, ha közös veszély kényszeríti őket erre, vagy közös zsákmány reménye kecsegteti őket. Ha ez a két ok hiányzik, akkor helyükbe nyers önzés lép, és az egyetértő nép rövidesen egymás ellen küzdő farkasok hordájává változik.

Ha a zsidók egyedül lennének a világon, akkor épp úgy megfulladnának a piszokban és szennyben, mint ahogy gyűlöletteljes küzdelemben próbálkoznának egymást rászedni és kiirtani, hacsak áldozatkészségüknek gyávaságukban megnyilvánuló teljes hiánya nem csinálna ebből a küzdelemből merő színházat.

Helytelen úton járunk tehát akkor, ha a zsidók összetartásában, jobban mondva embertársaik egyetértő kifosztásában bizonyos ideális áldozatkészséget akarunk látni.

A zsidót itt sem vezérli egyéb, mint az egyén puszta önzése.

Éppen ezért nincs területileg határolt, a faj fenntartásának és szaporodásának élő szervezetét jelentő zsidó állam sem. Az államforma bizonyos területi határoltsága mindig az állam népének idealisztikus lelkületétől, különösen pedig a munka fogalmának helyes felfogásától függ. Ahol ezek a képességek hiányoznak, ott csődöt mond minden államalapító kísérlet, és a legkisebb állam sem képes létét fenntartani. Enélkül viszont hiányzik az alap, melyre kultúrát lehet felépíteni.

A zsidó népnek tehát minden látszólagos értelmi jó tulajdonsága dacára sincsen valódi és semmi esetre sincsen saját kultúrája. Látszólagos kultúrája nem egyéb, mint más népeknek az ő kezei között elromlott szellemi terméke.

Ha a zsidóság helyzetét az emberi kultúrához való viszonyában akarjuk megítélni, akkor mindig szem előtt kell tartanunk, hogy sohasem volt zsidó művészet, és hogy ez ma sem létezik. A művészetnek két fő ága: az építészet és a zene a zsidóságnak semminemű eredeti alkotást nem köszönhet. Mindaz, amit a művészet terén létrehoz, az a valódi művészetnek csak eltorzítása, vagy pedig szellemi lopás.

Hiányoznak nála azok a tulajdonságok, melyek az alkotó, tehát kulturális tehetséggel bíró fajokat jellemzik.

Azt a tényt, hogy a zsidó mennyire csak utánzója, jobban mondva inkább megrontója más kultúráknak, legjobban az bizonyítja, hogy legtöbbnyire ama művészet terén található, amely a legkevésbé alapszik egyéni kezdeményezésen: a színművészet terén. De a valóságban még itt is csak a szemfényvesztő, jobban mondva az utánzó szerepét játssza, mert még itt is hiányzik nála a valódi nagyság végső jellemvonása; még itt sem a zseniális megszemélyesítő, hanem a felületes utánzó és ebbeli képességének ürességét minden ügyessége dacára sem képes elrejteni. Itt azután a zsidó sajtónak kell segítenie rajta. Ez pedig még a közepes tehetségű műkedvelőt is dicshimnuszaival árasztja el, ha az illető zsidó, olyannyira, hogy a közönség végül csak elhiszi, hogy valódi művésszel áll szemben, noha az illető valójában csak sajnálatra méltó komédiás.

Nem, a zsidóban nincsen semmiféle kultúraalkotó erő, mert hiányzott és hiányzik belőle az idealizmus, amely nélkül valódi nemes lelkület el sem képzelhető. Az ő puszta értelme sohasem lesz képes építeni, hanem mindig csak pusztítani s legfeljebb talán lázítani. De ekkor is csak őseredeti megtestesítője lesz annak az erőnek, amely *"mindig a rosszat akarja, de jót hoz létre"*. Az emberiség a kultúra terén nem a zsidóság tevékenységének következtében, hanem annak ellenére halad.

Minthogy a zsidóságnak sohasem volt területileg határozott állama és ennélfogva saját kultúrája sem, általános lett az a felfogás, hogy a nomád népek közé kell sorolni. Ez nemcsak nagy, hanem egyúttal veszedelmes tévedés is. A nomád népeknek igenis megvan biztosan határolt földrajzi helyük, amelyet azonban nem mint letelepült parasztok művelnek meg, hanem állattenyésztéssel foglalkoznak, és állataikkal e terület határain belül vándoréletet folytatnak. Ennek külső oka többnyire a talaj terméketlenségében rejlik, amely az állandó letelepülést egyszerűen lehetetlenné teszi, mélyebb oka azonban a kor, vagy pedig a nép technikai kultúrájának fejletlensége, amely nincs arányban a földrajzi fekvés szegénységével. Vannak vidékek, ahol az árja faj csak az évezredek folyamán kifejlesztett technikájával képes zárt településekben megművelni a földet és belőle életszükségleteit fedezni. Ha a technika eszközeivel nem rendelkeznék, akkor vagy kerülnie kellene az ilyen vidékeket, vagy pedig nomád népek módjára állandóan vándorolva kellene tengetnie életét, feltéve, hogy évezredes nevelése és letelepedettségéhez szokott volta ezt az életmódot nem tenné számára tűrhetetlenné. Emlékezzünk csak vissza arra, hogy az amerikai kontinens felfedezésének idején igen sok árja ember vadászként küzdött megélhetéséért, méghozzá rendszerint családostól, vagy pedig nagyobb csoportokban vándorolt, úgyhogy élete teljesen a nomád népekéhez hasonlított. Mihelyt azonban létszámuk gyarapodása és segédeszközeik tökéletesedése révén a vadon irtása és az őslakókkal szembeni védekezés lehetővé vált, egymás után jöttek létre az állandó települések.

Az árja ember is valószínűleg nomád volt kezdetben és csak az idők folyamán telepedett le, de azért még sohasem volt zsidó! Nem, a zsidó nem nomád, mert bizonyos fokig már a nomádnak is volt fogalma a későbbi fejlődés alapját képező "*munkáról*", ha megvoltak benne az ehhez szükséges szellemi előfeltételek. Az idealizmus alapfogalma kevéssé határozott formában ugyan, de megvan benne is, éppen azért egész lénye az árja népek szemében talán idegenszerű, de nem ellenszenves. Mindennek a zsidóban azonban nyomát sem találjuk; ő sohasem volt nomád, hanem mindig csak más népek testén élősködő parazita. Sohasem hagyta el saját jószántából tartózkodási helyét, hanem azért, mert az őt vendégül látó nép időnként kitessékelte. Terjeszkedése sajátos élősdi tulajdonság, fajtája számára mindig új, szűz talajt keres.

Mindennek semmi köze sincs a nomád élethez, mert a zsidó sohasem gondol arra, hogy településeit kiürítse, hanem ott marad, ahol megtelepedett, és makacs szívóssága oly magas fokú, hogy erőszakkal is alig lehet elűzni. Új országokra csak akkor kezd kiterjeszkedni, ha megvannak ott létének bizonyos előfeltételei, anélkül azonban, hogy a nomádok módjára addigi lakóhelyét megváltoztatná. A zsidó egész életére a tipikus élősdi marad, és kárt okozó bacilus módjára csak akkor terjeszkedik, ha számára alkalmas talajra bukkan. Léte abban is hasonlít az élősdiekéhez, hogy ahol fellép, ott hosszabb vagy rövidebb időn belül kihal a gazdanép.

Így élt a zsidó örökidő óta más népek nyakán, és ezeknek keretén belül megalkotta saját államát, amely mindaddig, amíg a külső körülmények lényének leleplezését meg nem engedték, a "*vallásközösség*" álarca alatt virágzott. Mihelyt azonban elég erősnek érezte magát, fellebbentette a fátylat, és azzá lett, amit oly sokan mások korábban nem akartak látni és sejteni benne: zsidóvá.

A zsidónak, mint más nemzet és állam testében élősködő fajnak életmódjában rejlik az a sajátossága, amely Schopenhauert a már említett mondásra késztette, hogy a zsidó a "*hazugság nagymestere*".

Léte kényszeríti a zsidót arra, hogy hazudjék, éspedig, hogy szakadatlanul hazudjék, ugyanúgy, ahogy az északi népek pl. kénytelenek állandóan meleg ruhát hordani.

Más népek keretében való életét tartósan csak akkor biztosíthatja, ha sikerül neki azt a véleményt kelteni, hogy az ő esetében nem külön népről, hanem csupán külön vallásfelekezetről van szó.

Ez az első nagy hazugság!

Le kell tagadnia belső lényét, ha más népeken élősködni akar. Minél intelligensebb az egyes zsidó, annál jobban fog sikerülni neki ez az ámítás. Oly tökéletesen ért ehhez, hogy a gazdanép nagy része végül komolyan elhiszi, hogy a zsidó tényleg francia vagy angol, német vagy olasz, és hogy csak hitvallása a zsidó. Márpedig a zsidó azért sem képes önálló vallási szervezetet alapítani, mert hiányzik belőle az idealizmus minden formája, így tehát nem ismeri a túlvilág létezésébe vetett hitet sem. Árja felfogás szerint azonban nem képzelhető el vallás, amelyből hiányzik a lélek halhatatlanságába vetett meggyőződés. A Talmud nem is túlvilágra készíti elő a híveket, hanem a gyakorlati és jövedelmező földi életre.

A zsidó vallás tanítása elsősorban a zsidó vér tisztán tartásának, valamint a zsidók egymás közötti és a külvilággal (a nem zsidókkal) való közeledésének tana. Etikai problémákról sehol sincsen benne szó, hanem csak szerfelett kezdetleges gazdasági problémákról. A zsidó vallástan erkölcsi értékéről eléggé részletes tanulmányok jelentek meg az idők folyamán (nem zsidók részéről), amelyek a vallástanítás e fajtáját árja fogalmak szerint szinte visszataszítónak bélyegzik. Ezt a tanítást a legjobban jellemzi terméke: maga a zsidó. Az ő élete csak e világból való és szelleme a valódi kereszténység számára belsőleg éppen olyan idegen, akárcsak ezelőtt kétezer évvel a keresztény tan nagy alapítója számára volt. Jézus Krisztus természetesen nem titkolta a zsidó néppel szembeni érzelmeit, és ha szükség volt, korbácsot ragadott, hogy az Úr templomából kiűzze az emberiségnek ezeket az ellenlábasait, akik már annak idején is, mint mindig, a vallásban csak üzleti tevékenységük egyik eszközét látták. Ezért feszítették meg Krisztust. A mi pártkereszténységünk pedig addig süllyedt, hogy a választásoknál zsidó szavazatokat koldul, később pedig istentagadó zsidó pártokkal létesít megegyezést. Sőt mi több, saját fajtája ellen.

Arra az első, legnagyobb hazugságra, hogy a zsidóság nem faj, hanem csak felekezet, szükségképpen következik a többi hazugság. Ezek közé tartoznak a zsidó nyelvével kapcsolatos hazugságok. A nyelv náluk nem gondolataik kifejezésére, hanem azok eltitkolására szolgáló eszköz, s mialatt a zsidó franciául beszél, héberül gondolkodik, s mialatt német nótákat dalol, saját népiségét éli ki.

Mindaddig, amíg a zsidó nem lesz úrrá a többi népen, kénytelen-kelletlen azok nyelvét beszéli, mihelyt azonban szolgáivá teszi azokat, egy egyetemes nyelvet, pl. az eszperantót kell tanulniuk csak azért, hogy a zsidóság könnyebben tudjon uralkodni rajtuk!

Azt, hogy e népeknek egész léte mennyire a hazugságok sorozatán nyugszik, leginkább a zsidók által annyira gyűlölt "*Cion bölcseinek jegyzőkönyvei*"-ből állapíthatjuk meg. A "*Frankfurter Zeitung*" ismételten világgá kürtölte, hogy azok hamisítványok, de éppen ez a körülmény a legjobb bizonysága annak, hogy valódiak. Amit sok zsidó tudat alatt tesz, az ezekben nyíltan kifejezésre jut. Éppen ez a lényeg. Mert tényleg mindegy, hogy melyik zsidó agyából származtak ezek a leleplezések, a mérvadó az, hogy azok valóban borzongató bizonysággal fedik fel a zsidó nép lényét és tevékenységét, valamint annak végcélját. Legjobb kritikájuk azonban maga a valóság. Aki e jegyzőkönyv szemszögéből vizsgálja az elmúlt száz esztendő történelmi fejlődését, annak számára a zsidó sajtó ordítozása érthető lesz, mert ha egyszer e könyv átmegy az emberek köztudatába, akkor ez a zsidó veszedelem végét fogja jelenteni.

A zsidóság megismerésére elegendő áttanulmányoznunk azt az utat, amelyet idegen népek körében évszázadok folyamán végigjárt. Elég, ha az ember ezt az utat csak egy példán is követi, hogy tisztában legyen a dolgokkal. Hiszen ez az út mindig, minden időben ugyanaz volt, ahogy az általa szipolyozott népek is mindig ugyanazok voltak. Leghelyesebb tehát az ilyen fejlődés megfigyelését időszakokra osztani. Ezeket az időszakokat az egyszerűség kedvéért félkövér betűkkel fogom jelölni.

Az első zsidók Germániába a rómaiak beözönlése idején jöttek be, s mint mindig, kereskedőkként. A népvándorlás viharai idején azonban valószínűleg eltűntek, és így Közép és Észak-Európa újabb, ezáltal már maradandó elzsidósodása kezdetének az első germán államalapítás időpontját tekinthetjük. Ezzel olyan fejlődési folyamat kezdődött, amely mindig ugyanaz vagy hasonló volt mindenütt, ahol a zsidók árja népekre bukkantak.

a) Az első állandó településekkel egyszerre a zsidó is megjelenik. Mint kereskedő jön és eleinte csak kevés súlyt helyez népiségének leplezésére. Még zsidó, részben talán azért, mert külseje is igen nagy fajkülönbséget árul el közte és a vendéglátó nép között, nyelvismerete is csekély, és a gazdanép zárkózottsága is túl nagy ahhoz, semhogy másképp merészelne fellépni, mint idegen kereskedő. Simulékonysága és a gazdanép tapasztalatlansága mellett faji tulajdonságainak a megtartása inkább előnyére, semmint hátrányára válik. Az ember barátságosan viseltetik az idegennel szemben.

b) Lassanként megkezdi a gazdasági életben való tevékenységét, nem termelőként, hanem kizárólag mint közvetítő. Ezeresztendős kereskedelmi jártasságánál fogva messze felülmúlja a tehetetlen, különösen pedig határtalanul tisztességes árja népeket. Rövid idő múlva már az a veszély fenyeget, hogy a kereskedelmet kizárólagos egyeduralma alá hajtja. Megkezdi a pénzkölcsönök folyósítását, ésa pedig mint mindig, uzsorakamatokra. És így tulajdonképpen ő vezeti be a kamatot is.

Ennek az intézménynek a veszedelmét eleinte nem ismerik fel, hanem pillanatnyi előnyeire való tekintettel még üdvözlik is.

c) A zsidó már teljesen letelepedett, vagyis a városok és községek bizonyos negyedeit benépesíti, és egyre inkább államot képez az államban. A kereskedelmet és az összes pénzügyleteket kizárólagos kiváltságaként kezeli és kíméletlenül ki is használja.

d) A pénzüzlet és kereskedelem teljesen monopóliumává vált. Uzsorakamatai végre ellenállást váltanak ki. Különös és egyre növekvő szemtelensége felháborodást, gazdagsága pedig irigységet kelt. A mérték betelik akkor, amikor az ingatlanokat is kereskedelmi tevékenységének körébe vonja, és azokat eladható, helyesebben kereskedelmi árukká alacsonyítja. Minthogy a földbirtokot sohasem műveli, hanem azt csak kiaknázandó javaknak tekinti, amelyen a paraszt megmaradhat, de mindenesetre az új földesura részéről tapasztalt legszánalomraméltóbb zsarolás mellett, az iránta táplált ellenszenv lassan nyílt gyűlöletté fokozódik. Vérszívó zsarnoksága oly nagyra nő, hogy végül is kilengésekre ad alkalmat. Az ember a jövevényt mindig közelebbről figyeli és rajta olyan, egyre visszataszítóbb jellemvonásokat fedez fel, hogy a szakadék áthidalhatatlanná válik.

A legkeserűbb szükség idején végre kirobban a vele szemben felgyülemlett harag, és a kifosztott és tönkretett tömegek az önvédelem eszközéhez nyúlnak, hogy megvédelmezzék magukat ez istencsapással szemben. Évszázadok folyamán megismerték őt és puszta jelenlétét is olyan csapásnak tekintik, mint a pestist.

e) Most a zsidó hozzálát igazi tulajdonságainak elleplezéséhez. Gyűlöletes hízelkedéssel közeledik a mindenkori kormányok felé, kínálja pénzét és ily módon mindig menlevelet kap áldozatai kifosztására. Ha a nép haragja ez örök pióca ellen olykor lángra is lobban, ez a körülmény a legkevésbé sem akadályozza meg abban, hogy rövid pár év leforgása után az alig elhagyott helyeken ismét feltűnjék, és régi életmódját újrakezdje. Nincs az az üldözés, amely őt az emberek kisákmányolásától visszariasztaná, semmi sem tudja őt elűzni, és minden üldözés után rövid idő alatt ismét a régi képében jelenik meg. Az emberek, a legsiralmasabbnak megakadályozása érdekében, megakadályozzák, hogy legalább a földet elvonják az uzsorás keze elől, és egyszerűen törvény erejével lehetetlenné teszik számára annak megszerzését.

ADOLF HITLER

f) Abban a mértékben, amilyenben a fejedelmek hatalma növekedésnek indul, a zsidó is mindig közelebb férkőzik hozzájuk. "*Menleveleket*", "*kiváltságokat*" koldul az állandó pénzzavarokkal küzdő uraktól, és amiket megfelelő fizetség ellenében könnyen meg is kap. Ha ez valamibe bele is kerül, rövid pár év leforgása alatt az így kiadott pénz kamatos kamatokkal megtérül. Valódi pióca, amelyik a szerencsétlen nép testére tapad, és nem is lehet leszedni mindaddig, amíg az uralkodó hercegeknek ismét pénzre nincs szükségük, amikor is azok a kiszívott vért saját magas személyükben lecsapolják. Ez a játszma mindig újra kezdődik, amelyekben az úgynevezett "*német*" fejedelmek szerepe éppen olyan siralmas, mint magáé a zsidóé. Ők valóban kedves népeik istencsapásai voltak, akiknek mását csak a mai idők különböző minisztereiben lehet megtalálni. A német fejedelmeknek köszönhetjük, hogy a német nemzet nem bírt a zsidó veszedelemtől végleg megszabadulni. Sajnos, ez a helyzet később sem változott, úgyhogy a zsidók csak az ezerszeresen megszolgált jutalomban részesítették őket azokért a bűnökért, amelyeket egykor népeikkel szemben elkövettek. Szövetséget kötöttek az ördöggel, és az ördögnél kötöttek ki.

g) Így vezet a fejedelmek behálózása azok pusztulásához. Lassan, de biztosan ugyanabban a mértékben inog meg helyzetük népeikkel szemben, mint amilyenben ők szűnnek meg azok érdekét szolgálni, és egyszerűen csak alattvalóik kihasználóivá válnak. A zsidó tisztában van végzetükkel, és minden alkalmat megragad arra, hogy annak beteljesedését siettesse. Állandó pénzzavart idéz elő, egyre inkább eltávolítja igazi feladatuktól, visszatetsző hízelkedéssel veszi körül, adósságokba kergeti őket, és ezáltal egyre nélkülözhetetlenebbé teszi magát Jártassága, helyesebben a pénzügyek terén tanúsított lelkiismeretlensége alkalmassá teszi arra, hogy egyre újabb áldozatot préseljen a kizsákmányolt alattvalókból. Így minden udvarnak megvan a maga "*udvari zsidaja*", ahogyan ezeket a förtelmes alakokat hívjak, akik a szeretett népet kétségbeesésig kínozzák és a fejedelmeknek örökös gyönyört biztosítanak. Ki csodálkozhat tehát azon, hogyha az emberi nemnek ezeket a díszpéldányait külsőleg is feldíszítik és a nemesség sorába emelik, ezáltal ezt az intézményt is nevetségessé teszik, sőt megmérgezik. Most még inkább igyekszik helyzetét boldogulása szolgálatába állítani.

Végre is csak ki kell keresztelkednie, hogy az államalkotó elem számára biztosított összes jogok és lehetőségek kapui megnyíljanak előtte. Ezt az üzletet is lebonyolítja, hogy ezzel egyszerre szerezzen örömet az egyháznak és

Izraelnek is. Egyiknek a fiú megtérésével, másiknak a sikerült szemfényvesztéssel.

h) A zsidóságban ezzel egy átalakulás indul meg. Eddig zsidók voltak, vagyis nem helyeztek súlyt arra, hogy másnak lássák őket, ami nehezen is ment volna különböző faji ismertetőjeleik miatt. Még Nagy Frigyes idejében sem jutott volna senkinek eszébe, hogy a zsidóban mást lásson, mint "*idegen*" népet, és Goethe még felháborodott annak a gondolatára, hogy a jövőben a keresztények és a zsidók közötti házasságot a törvény nem fogja tiltani. És istenemre, Goethe sohasem volt maradi vagy ájtatos jámbor; ami kitört belőle, az a vér és az értelem szava volt. Így látta meg a nép a zsidóban dacára az udvarok szégyenteljes tevékenységének az idegen testet, és annak megfelelően viselkedett vele szemben.

A zsidó azonban elérkezettnek látta az időt, hogy köpönyeget fordítson. Több mint ezer esztendő leforgása alatt anynyira megtanulta a gazdanép nyelvét, hogy azt hitte, zsidó mivoltát most már kevésbé kell hangoztatnia, és ezzel szemben "*németségét*" kell előtérbe helyeznie. Mert bármennyire nevetségesnek és tréfásnak tűnik első látásra, eléggé szemtelen már ahhoz, hogy magát "*germánnak*", ebben az esetben közvetlenül "*németnek*" tüntesse fel. Minthogy a németséghez legfeljebb az a művészete fűzi, amellyel a német nyelvet méghozzá borzalmas módon kerékbe töri, egyebekben pedig hozzá semmiféle vonatkozásban nem idomul, egész németsége tisztán csak a nyelven alapszik. Márpedig a faj nem nyelvben, hanem a vérben gyökerezik, arra viszont senki sem tud jobban vigyázni, mint a zsidó. Nyelvének megtartására vajmi kevés súlyt helyez, ezzel szemben azonban fontosnak tartja vére

tisztaságát. Az ember minden további nélkül megváltoztathatja nyelvét, vagyis másik nyelven beszélhet, ez nem jelent többet, mint hogy régi gondolatait új nyelven fejezi ki, belseje azonban mit sem változik. Ennek legkézenfekvőbb példáját maga a zsidó nyújtja, aki ezerféle nyelven beszél, és mégis mindig zsidó marad. Egyéni tulajdonságai mindig azok maradnak, annak ellenére, hogy kétezer évvel ezelőtt mint gabonakereskedő Ostiában latinul beszélt, ma pedig mint "*síber*" németül gajdol. Mindig ugyanaz a zsidó marad.

Az ok, ami miatt a zsidó egyszerre arra az elhatározásra jutott, hogy "*német*" lesz, kézenfekvő. Érzi, hogy a fejedelmek hatalma lassanként süllyedőben van, és ezért idejekorán igyekszik lába alá megfelelő talajt biztosítani. Emellett az egész gazdasági életet már annyira uralma alá hajtotta, hogy az öszszes "*állampolgári jogok*" birtoka nélkül ezt az egész hatalmas intézményt nem bírja már tovább kézben tartani, vagy legalábbis befolyását már tovább öregbíteni. Már pedig mindkettőt kívánja, mert minél magasabbra jut, annál csábítóbban tűnik elő a múlt homályából régi igazi célja, és lázas mohóságában már ismét megvalósulva látja világuralmi álmait. Ilyen körülmények között egyetlen törekvését az "*állampolgári jogok*" megszerzésére irányítja. Ez az alapja a gettóból való szabadulási vágyának.

i) Így fejlődik ki az udvari zsidóból lassanként a népi zsidó típusa, ami természetesen azt jelenti, hogy a zsidó ezután is, mint annak előtte, megmarad a nagy urak környezetében, sőt még inkább igyekszik azok soraiba befurakodni, de ugyanakkor fajának egy másik része a nép közelébe igyekszik férkőzni. Ha az ember meggondolja, hogy évszázadok alatt mennyit vétkezett a zsidó a tömegekkel szemben, mily lelketlenül zsarolta és szipolyozta azt, továbbá ha meggondoljuk, hogy mindezért a nép lassanként mennyire gyűlölni kezdte és már puszta jelenlétében is Isten büntetését látta, akkor tisztában lehetünk azzal, hogy a zsidóságnak ez az átalakulása mily nehézségekbe kellet, hogy ütközzék. Igen nehéz és fáradságos munka a lenyúzott áldozatok előtt egyszerre "*az ember barátjaként*" megjelenni.

Ennek megfelelően igyekszik jóvátenni mindazt, amit vele szemben vétkezett. Az emberiség "*jótevőjeként*" jelenik meg. Minthogy ez a tevékenysége gyakorlati célból történik, nem tarthatja szem előtt a bibliai mondást, amely szerint, ne tudja a bal kezed, mit csinál a jobb. Arra törekszik, hogy lehetőleg minél többen tudomást szerezzenek róla, hogy menynyire átérzi a nagy tömegek szenvedéseit, és hogy ő ezek megszüntetése érdekében mily anyagi áldozatokat hoz. Ezzel a vele született "*szerénységével*" kürtöli világgá szolgálatait mindaddig, amíg a világ lassan mindezt el is hiszi. Aki nem akarja elhinni, az szörnyű igazságtalanságot követ el a zsidóval szemben. Ez a tevékenysége lassanként azután olyan fordulatot vesz, amely alkalmas elhitetni, hogy eddig nem ő vétkezett mások ellen, hanem kizárólag vele szemben követtek el igazságtalanságokat. A különösen buta emberek ezt el is hiszik, és így azután sajnálkoznak a "*szerencsétlen*" üldözötteken.

Egyébként meg kell itt jegyezni, hogy a zsidó e nagy "*áldozatkészsége*" ellenére még sohasem szegényedett el. Nagyszerűen be tudta osztani a dolgokat.

Jótéteménye gyakran csak a trágyával hasonlítható össze, amelyet nem a föld iránti szeretet szórat a szántóföldre, hanem a későbbi egyéni jólét biztosítása.

Rövid idő alatt tehát már mindenki tudja, hogy a zsidó az emberiség *"jótevője és barátja"* lett. Mily sajátságos változás!

De még tovább megyek: a zsidó egyszerre liberális lesz és az emberiség szükséges haladásáért kezd lelkesedni. Így lesz belőle lassanként egy korszak szóvivője.

Természetesen mind alaposabban rombolja le egy valóban népi gazdaság alapjait. A részvényen keresztül beférkőzik a nemzeti termelés vérkeringésébe, adásvétel, vagy jobban mondva a szatócskodás tárgyává alacsonyítja le azt, és ezzel elrabolja e nemzeti üzemektől a személyes tulajdonban rejlő alapot. Bekövetkezik a munkaadó és munkavállaló közötti elhidegülés, amely később osztályharchoz vezet.

A gazdasági életre gyakorolt zsidó befolyás a tőzsdén keresztül hihetetlen gyorsasággal növekszik, és a zsidó lassanként a nemzeti munkaerő tulajdonosává és ellenőrévé lesz.

Politikai helyzetének erősítése érdekében megkísérli az őt egyelőre még lépten-nyomon akadályozó faji és állampolgári korlátok ledöntését. E célja érdekében fajtája szívósságával a felekezeti türelmességért harcol, és egyben a teljesen hatalmába kerített szabadkőművességben biztosít a maga részére céljai kiharcolására kitűnő eszközt. A kormánykörök és a polgárság magasabb politikai és gazdasági körei a szabadkőműves szálakon keresztül kerülnek hálójába anélkül, hogy csak sejtenék is ezt.

Csak maga a nép mint olyan, helyesebben az az osztály, amelyik maga is ébredezőfélben saját jogaiért és szabadságáért kezd harcba szállni, áll ellen a maga mélyebb és szélesebb rétegeivel ennek a bekerítésnek. Márpedig erre az osztályra nagyobb szükség van, mint bármely másikra, mert a zsidó érzi, hogy uralkodó szerepét csak akkor biztosítja, ha maga előtt *"úttörőket"* küldhet. Az *"úttörőt"* pedig a polgárságban, a polgárság legszélesebb rétegeiben véli feltalálni. A kesztyűst és a takácsot azonban nem lehet a szabadkőművesség finom hálójába bekeríteni, itt durvább, de nem kevésbé hatásos eszközre van szükség. Így kerül a zsidóság szolgálatába a szabadkőművesség mellé második fegyverként a sajtó! Ezt a legnagyobb szívóssággal és ügyességgel kerítette hatalmába. A sajtón keresztül megkezdi az egész nyilvános élet átkarolását és bekerítését, vezetését és igazgatását, mert hiszen így módjában áll annak a hatalomnak a megalapozása és irányítása, amelyet *"közvélemény"* néven most sokkal inkább ismerünk, mint néhány évtizeddel ezelőtt.

Adolf Hitler

Emellett végtelen tudományszomját hangoztatja, minden haladást dicsér, természetesen elsősorban azokat, amelyek a többiek romlását idézik elő. Mert minden tudományt és minden fejlődést csak a saját népének érdeke szempontjából ítél meg, és ahol az háttérbe szorul, ott a legkérlelhetetlenebb ellensége minden világosságnak és gyűlölője minden igazi kultúrának. Így a mások iskolájában magára szedett tudást fajtája szolgálatába állítja.

Fajiságát jobban védelmezi, mint bármikor annak előtte. Mialatt ő *"felvilágosodásról"*, *"előrehaladásról"*, *"szabadságról"*, *"emberségről"* stb. áradozik, saját fajtáját a legszigorúb-

ban elzárja. Igaz, nem egyszer házasítja össze asszonyait befolyásos keresztényekkel, de a férfitörzset alapjában véve mindig tisztán őrzi.

Mérgezi mások vérét, de vigyáz a sajátjára. A zsidó majdnem sohasem vesz feleségül keresztény nőt, ellenben megfordítva: a keresztény néha zsidó nőt vesz el. Az ivadékok, a félvérek mégis a zsidókra ütnek. A zsidó teljesen tisztában van ezzel, éppen ezért tervszerűen űzi faji ellenfelei *"lefegyverzésének"* ezt a módját. Ez irányú tevékenységének leleplezése és áldozatainak lefegyverzése céljából folyton a fajra és a színre való tekintet nélküli emberi egyenrangúságról beszél. Az ostobák mindezt elhiszik neki.

Minthogy azonban egész lénye még nagyon magán viseli az idegenszerűséget ahhoz, hogy különösen a nép széles rétegei minden további nélkül befogadják soraikba, a zsidó a sajtón keresztül olyan képet igyekszik önmagáról festeni, amely éppen annyira nem felel meg a valóságnak, mint amennyire saját célkitűzéseit hivatott szolgálni. Különösen az élclapok alkalmasak arra, hogy a zsidót teljesen veszélytelen népecskének tüntessék fel, amelynek ugyan megvannak a saját egyéni sajátosságai mint minden más népnek is , ezek azonban talán bizonyos mértékig idegenszerűek, talán kissé komikusak is, azonban egy alapjában véve becsületes és jólelkű lény jellegzetességei. Általában arra törekszenek, hogy a zsidóságot inkább jelentéktelennek, semmint veszedelmesnek mutassák.

Ebben az állapotban végcélja a demokrácia győzelme, vagyis saját értelmezése szerint a parlamentarizmus uralma. Ez felel meg leginkább az ő kívánalmainak, mert kikapcsolja a személyiséget, és annak helyébe a butaság, tehetetlenség és nem utolsósorban a gyávaság többségét teszi.

Végső kifejlődése azután a monarchia bukása, amelynek előbb vagy utóbb be kell következnie.

j) A hatalmas gazdasági fejlődés a nép szociális rétegződésének változásához vezet. Miközben lassanként kihal a kézművesség, és ezáltal a munkás számára az önálló kenyér teremtése egyre kevésbé lesz lehetséges, a munkásosztály elproletárosodik. Megjelenik a történelem színpadán a *"gyári munkás"*, akinek legjellemzőbb sajátossága az, hogy későbbi élete folyamán csak a legritkább esetben teremt magának önálló egzisztenciát. A szó legszorosabb értelmében nincstelen. Öreg napjai a szenvedések sorozatát jelentik, és alig nevezhetők életnek.

Már korábban is kialakult ilyen helyzet, amely kérlelhetetlenül sürgette a megoldást, és azt meg is találta. A parasztság és kézművesség osztályához egy újabb réteg járult, a tisztviselők és alkalmazottak, különösen az állami szolgálatban levők osztálya. Ezek is nincstelenek voltak a szó szoros értelmében. Az állam ebből az egészségtelen állapotból végre úgy találta meg a kivezető utat, hogy az állami alkalmazottakról való gondoskodást, mint akik maguk szintén nem biztosíthatják öreg napjaik zavartalanságát, maga vette kezébe és bevezette a nyugellátást. Lassanként a magánüzemek is egyre többen követték a példát. Ma már ott tartunk, hogy majdnem minden állandó alkalmazásban levő szellemi munkás nyugellátásra jogosult, feltéve, hogy a kérdéses üzem elért egy bizonyos nagyságot.

Az állami hivatalnokok öregségének ez a biztosítása teremtette meg azt az odaadó kötelességteljesítést, amely a háború előtti német tisztviselői kar legkitűnőbb tulajdonsága volt.

Így sikerült egy egész nincstelen osztályt okosan kiragadni a szociális nyomorból és visszaadni népének.

Ez a kérdés újabban és most már sokkal nagyobb mértékben foglalkoztatta az államot és a nemzetet. Egyre újabb, milliókra menő embertömegek mondottak búcsút a parasztközösségnek és lepték el a nagy városokat, hogy gyári munkásokként keressék meg a kenyerüket az újonnan alapított ipar keretein belül. Ennek az új osztálynak munka és életviszonyai rosszabbak voltak a szomorúságnál. A régi kézműves és paraszti munkamódozatok egyszerű átvétele sehogy sem illett bele az új formába. Egyikük tevékenysége sem volt annyira megerőltető, mint a gyári munkásé. Míg a régi kézműveseknél az idő nem játszott nagy szerepet, addig az új munkamódszernél a munkaidőnek formális átvétele az ipari nagyüzemekben egyenesen végzetes hatású volt, mert az azelőtti tényleges munkateljesítmény a mai intenzív munkáltatási módozatok hiányában aránylag kicsiny volt. Ha tehát ezelőtt a munkaidő még elviselhető volt, azt ma, amikor minden percet a végsőkig kihasználnak, semmi szín alatt sem lehet elviselni. Valóban a régi munkaidőnek az új gyári munkára való esztelen átvitele két irányban gyakorolt szerencsétlen hatást: tönkretette a munkások egészségét és egyben egy magasabb igazságba vetett hitét. Ehhez járult végül a munkabérek siralmas volta, és ezzel szemben a munkaadó anyagi helyzetének szembeszökő javulása.

Vidéken addig nem volt szociális kérdés, mert úr és napszámos ugyanazt a munkát végezte, és mindenekelőtt ugyanabból a tálból evett, de most ez is megváltozott.

A munkavállalók és munkaadók elkülönülése az élet minden vonatkozásában bekövetkezett. Azt, hogy népünk elzsidósodása milyen méreteket öltött, legjobban a fizikai munka csekély megbecsülése, sőt a megbecsülés teljes hiánya mutatja. Nem német felfogás, hanem népünknek faji jellegéből való kivetkőzése valójában elzsidósodása az, amely a kézimunkával szembeni tisztelet minden testi munka egy bizonyos fokú lenézésévé változtatja át. Így keletkezett egy új, kevésbé becsült osztály, és egy szép napon fel kell vetődnie a kérdésnek: vajon elég erős-e a nemzet arra, hogy azt saját erejével beszervezze a népközösségbe, vagy pedig az osztálykülönbség osztályharccá fajul?

Egy azonban bizonyos: az új osztály tagjai nem a legtettrekészebbek. Az úgynevezett kultúra túlfinomult hatása itt még nem éreztette a maga romboló hatását. Az új társadalmi osztály a maga nagy tömegeiben nem volt még átitatva a pacifista gyengeségek mérgével, hanem nyers, és ha kellett, erőszakos volt.

Mialatt a polgárságot ez a súlyos kérdés egyáltalán nem érdekelte és egykedvűen nézte a dolgok ilyen folyását, azalatt a zsidó megérezte azt a beláthatatlan lehetőséget, ami itt a jövő számára kínálkozik. Egyrészt az emberiség kizsákmányolására irányuló kapitalista berendezkedéseket a végsőkig megszervezi, másrészt saját lelkületének és tevékenységének áldozataihoz odaférkőzik, és rövid időn belül maga áll a harc élére, "*önmaga*" ellen. Természetesen csak látszólag "*önmaga*" ellen, mert a hazugságok e nagymestere kitűnően ért ahhoz, hogy magát mindig tisztára mossa, és minden hibát másokra toljon. Minthogy elég szemtelen ahhoz, hogy a nagy tömegeket maga vezesse, a tömeg sohasem jön annak gondolatára, hogy ez esetben minden idők legnagyobb becsapásáról van szó.

De mégis ez a valóság. Alig alakult ki a gazdasági élet változásából az új osztály, a zsidó már is tisztán és világosan felismerte abban saját célkitűzéseinek rohamcsapatát. Először a polgári társadalmat használta faltörő kosként a feudális világgal szemben, most a munkásságot a polgári társadalom ellen. Míg korábban a polgárság árnyékában a polgári jogokat vívta ki magának, most azt reméli, hogy a munkásság létért folyó küzdelme a saját uralmához vezető utat fogja egyengetni.

Ettől kezdve a munkás egyetlen feladata, hogy a zsidó nép jövőjéért harcoljon. Öntudatlanul annak a hatalomnak a szolgálatába kerül, amely ellen harcolni szándékozik. Látszólag a kapitalizmus ellen uszítják, hogy azután legkönnyebben éppen ennek a szolgálatába állítsák. Folytonosan a nemzetközi kapitalizmus ellen kiabálnak, de ez alatt a valóságban a nemzeti gazdaságot értik. Ezt kell letörniük, hogy sírja fölött a nemzetközi tőzsde diadalmaskodhasson.

A zsidó közben a következőképpen jár el.

Először is a munkás mellé áll, krokodiluskönnyeket hullat sorsa felett, sőt mi több, felzúdul nyomorúsága és szegénysége ellen, hogy ezúton férkőzzék bizalmába. Tanulmányozni kezdi életének tényleges vagy csak képzelt sanyarúságát, és felkelti a munkásban sorsa megváltoztatásának vágyát. A minden árja emberben valamely formában szunnyadó szociális igazságérzetet mérhetetlen ravaszsággal gyűlöletté fokozza azok ellen, akik szerencsésebbek, és ezáltal a szociális igazságtalanságok megszüntetéséért folytatott harcának bizonyos világnézeti jelleget ad. Megalapítja a marxista tanokat.

Mialatt magát elválaszthatatlanul egybeforrottnak tünteti fel a szociális szempontból igazságos követelményekkel, azok elterjesztését éppúgy elősegíti, mint ahogy kiváltja ugyanakkor a tisztességes emberiség idegenkedését is, ezek ugyanis kezdettől fogva igazságtalanoknak és teljesíthetetlennek látszanak. Tiszta szociális gondolatok köpönyege alatt ördögi nézetek rejlenek, sőt a legszemtelenebb nyíltsággal kerülnek a nyilvánosság előtt is tárgyalásra. Ez a tan az értelem és emberi dőreség elválaszthatatlan keveréke, amelyet csak az őrület óhajt megvalósítani, de sohasem a józanság. A személyiségnek és ezen keresztül a nemzetnek és faji tartalmának elvetésével alapjaiban rombolja szét az emberi kultúrát, amely éppen ezektől a tényezőktől függ. Ez a marxista világnézet igazi magva, ha egyáltalán "*világnézetnek*" nevezhető a bűnös elme e szörnyű szüleménye. A személyiségnek és a fajnak lerombolásával eltűnik az alacsonyabb rendű zsidók uralmának minden igazi akadálya.

Éppen gazdasági és politikai dőreségében rejlik ennek a tannak az értelme. Mert ennek következtében fognak a valóban intelligens elemek tartózkodni attól, hogy szolgálatába álljanak, míg a szellemileg kevésbé és gazdasági szempontból rosszul képzettek lobogó zászlóval fogjak követni. A mozgalom számára az értelmiséget viszont mert ennek a mozgalomnak is szüksége van értelmiségre "*áldozatkészen*" a zsidóság szállítja a saját soraiból.

Így keletkezik egy tisztán kézimunkás mozgalom zsidó vezetőség alatt, látszólag azért, hogy a munkásság helyzetén javítson, valójában azonban azzal a célkitűzéssel, hogy minden nem zsidó népet rabszolgaságba és ezzel a megsemmisülésbe döntsön.

Azt a romboló munkát, amit a szabadkőművesség az intelligencia körében a nemzet önfenntartási ösztönének pacifista alapon való rombolásával végez, a ma kizárólag zsidó kézen levő sajtó közvetíti a nép szélesebb rétegeinek, főleg pedig a polgárságnak. A rombolás e két fegyveréhez járul, mint harmadik, a leggyümölcsözőbb, a durva erőszak megszervezése. A marxizmusnak mint támadó és rohamosztagnak szánták azt a feladatot, hogy befejezze azt a romboló munkát, amit a két első fegyver előkészített és megérlelt.

Mesteri összjáték keletkezik, úgyhogy valóban nem kell csodálkoznunk rajta, ha velük szemben éppen azok az intézmények mondanak csődöt, amelyek oly szívesen vallják magukat az egyre inkább mondaszerűvé váló államtekintély hordozóinak. A mai magas és legmagasabb állami hivatalnoki karunkban találta meg a zsidó minden időben (kevés kivételtől eltekintve) romboló munkája legkészségesebb kiszolgálóit. Hajlongó alázatosság felfelé, és gőgösség lefelé jellemzi ezt az osztályt éppen úgy, mint égig kiáltó együgyűsége, amelyet gyakran csak elképesztő beképzeltsége múl felül. Ezek azonban olyan tulajdonságok, amelyekre a zsidóknak hatóságainknál szükségük van, tehát szeretik is őket.

Az így meginduló gyakorlati harc nagy vonásokban a következőképpen folyik le.

A világnak nemcsak gazdasági meghódítását célzó, hanem politikai leigázását is követelő zsidó harc végcéljának megfelelően a marxista tanok szervezetét két, látszólag önálló, a valóságban azonban elválaszthatatlan egészet képező részre, éspedig politikai és szakszervezeti mozgalomra osztja.

A szakszervezeti mozgalom feladata a toborzás. Ez nyújt a munkásnak létéért folytatott nehéz küzdelmében, amelyet sok vállalkozó kapzsisága és rövidlátása idéz elő segítséget, védelmet, és ezzel a jobb életkörülmények kiharcolásának a lehetőségét. Ha a munkás olyan időben, amikor a szervezett népegyesülés, az állam oly keveset törődik vele, emberi joga követeli képviseletét, és nem akarja magát a részben felelőtlen és gyakran szívtelen emberek önkényének kiszolgáltatni, akkor magának kell kézbe vennie jogai védelmét. Amilyen mértékben az ún. nemzeti polgárság a legnagyobb akadályokat helyezi ennek az élethalálharcnak útjába azáltal, hogy a pénztől való elvakultságában ellenáll az embertelen, hosszú munkaidő megrövidítésének, a gyermekmunka megtiltásának, az asszony védelmének, a műhelyek és lakások egészségügyi viszonyai javításának, sőt gyakran szabotálja azokat, éppen olyan mértékben teszi magáévá az okosabb zsidó az elnyomottak dolgát. Lassanként ő lesz a szakszervezeti mozgalom vezetője, annál könnyebben, mert már nem a szociális bűnök becsületes értelemben vett tényleges megszüntetése képezi fő feladatát, hanem csak a vakon engedelmeskedő gazdasági harci alakulatok kiképzése, amelyek az ő kezében majd a nemzeti gazdaság függetlenségének megtörésére lesznek hivatottak. Míg az egészséges szociálpolitikai vezetés mindig a nép egészséges fenntartásának és a független nemzeti gazdaság biztosításának szempontjai szerint igazodik, a zsidó számára ezek a szempontok nemcsak hogy nem léteznek, hanem azok megdöntése életcélját képezi. A zsidó nem kívánja a független nemzeti gazdaság fenntartását, hanem annak megsemmisítését. Éppen ezért nincsenek lelkiismeretfurdalásai akkor, hogyha mint a szakszervezeti mozgalom vezetője, olyan követeléseket támaszt, amelyek nemcsak túllőnek a célon, hanem amelyek teljesítése gyakorlatilag lehetetlen, vagy pedig a nemzeti gazdaság végromlását jelenti. Ő azonban nem is akar egészséges, törzsökös nemzedéket tudni maga előtt, hanem egy erőtlen és könnyen leigázható nyájat.

Ez az óhaja arra készteti, hogy legjobb tudása szerint gyakorlatilag keresztülvihetetlen, a legszemérmetlenebb követeléseket támassza, amelyek a dolgok lényegén mit sem változtatnak, hanem csak arra valók, hogy a kedélyeket felizgassák. Tevékenységének azonban éppen ez a célja, és nem a szociális helyzet valóságos és becsületes megjavítása.

Ily módon a zsidóság vezető szerepe a szakszervezetek terén mindaddig megdönthetetlen, míg nagyméretű felvilágosító munkával a nagy tömegek szemét fel nem nyitják és rá nem világítanak a soha véget nem érő nyomorúságuk igazi okaira, vagy pedig az állam maga nem vet véget a zsidóság e munkájának. Mert addig, amíg a tömeg oly csekély belátással bír, mint napjainkban, arra fog hallgatni, aki gazdasági téren legelőször és a leghihetetlenebb ígéreteket teszi. Márpedig e téren a zsidó mester. Semmi néven nevezendő erkölcsi megfontolás sem befolyásolja tevékenységét!

Így azután ezen a téren kérlelhetetlen következetességgel kiirtja minden vetélytársát. Egész belső harcmodorának megfelelően a szakszervezeti mozgalmat is a legerőszakosabb önkényesség alapján szervezi, és akinek jobb belátása a zsidó csábításának ellenszegül, annak munkásságát és tiszta látását terrorral töri meg. Az ilyen tevékenység eredménye beláthatatlan.

Az áldásos tevékenység kifejtésére hivatott szakszervezetek segítségével így zúzza tönkre a zsidó a nemzeti gazdaság alapjait.

Párhuzamosan fejlődik ezzel a politikai szervezet, amely a szakszervezeti mozgalommal oly értelemben játszik össze, hogy az utóbbi a tömegeket a politikai szervezkedésre előkészíti, sőt mi több, erőszakosan és kényszerrel belezavarja. A szakszervezet jelenti továbbá azt a kimeríthetetlen forrást, amelyből a politikai szervezet a maga óriási apparátusát táplálja. Ez az ellenőrző szerve az egyén politikai tevékenységének, és egyben ez végzi minden politikai tüntetés számára a felhajtó szolgálatot. Végül egyáltalán nem törődik már a gazdasági követelményekkel, az általános sztrájkon keresztül a munka beszüntetését állítja legfőbb harci eszközként politikai elgondolásai szolgálatába.

Megszervezi sajtóját, amelynek tartalma csak a legkevésbé képzett emberek szellemi színvonalának felel meg. Ezáltal a politikai és szakszervezeti gépezet olyan lázító berendezéshez jut, amely arra hivatott, hogy a nép legalacsonyabb rétegeit a legvégzetesebb tettek elkövetésére bírja. Feladata nem az, hogy az embereket a kezdetleges gondolkodásmód fertőjéből kivezesse és magasabb fokra emelje, hanem az, hogy legalacsonyabb ösztöneit elégítse ki. Szigorúan számító és jövedelmező üzlet a gondolkodásra lusta és gyakran elbizakodott tömeg figyelembevételével.

Mindenekelőtt ez a sajtó az, amely egy szinte fanatikus rágalmazó hadjárattal mindent beletapos a sárga földbe, ami a nemzeti függetlenség, a kulturális magasság és a nemzetgazdasági önállóság támaszaként számításba jöhet.

Legelsősorban azok ellen a jellemek ellen fordul, akik nem hajlandók a zsidóság hatalmi vágya előtt meghajolni, vagy pedig akiknek zseniális képességeiben a zsidók veszedelmet látnak. Mert ahhoz, hogy valakit a zsidók gyűlöljenek, nem szükséges az, hogy ellenük harcoljon, elég annak a gyanúja is, hogy az illető valamikor az ellentámadás gondolatára juthat, vagy pedig az, hogy szellemi nagysága révén a zsidósággal ellenséges viszonyban lévő nép erejét és nagyságát gyarapíthatja.

E téren csalhatatlan ösztönösségével megérzi mindenkiben az ősi lelket, és mindenkivel szemben ellenséges érzülettel viseltetik, aki nem az ő lelkéből való. Minthogy nem a zsidó a megtámadott, hanem ő a támadó fél, nemcsak azt tekinti ellenségének, aki megtámadja, hanem azt is, aki neki ellenszegül. Az íly vakmerő, egyenes lelkületű emberek megtörésére használt eszköze azonban nem a becsületes harc, hanem a hazugság és rágalom.

Semmitől sem riad vissza, és aljasságában oly nagy, hogy senki sem csodálkozhat azon, ha népünk az ördögnek, mint minden rossz jelképezőjének a megszemélyesítésére a zsidót használja.

A nagy tömegeknek a zsidóság belső lényét illető tudatlansága és a felsőbb rétegeknek minden ösztönös megérzést nélkülöző vaksága könnyen a zsidó hadjárat áldozatául dobja oda a népet.

Míg egyrészt felsőbb köreink velük született gyávaságuk következtében fordulnak el az olyan embertől, akit a zsidóság a hazugság és rágalom fegyverével támad, a nagy tömegek butaságuk következtében hisznek el mindent. Az állami hatóságok ilyenkor vagy hallgatásba burkolóznak, vagy pedig azért, hogy a zsidó sajtóhadjáratnak véget vessenek, üldözőbe veszik a megtámadottat, hiszen némely korlátolt hivatalnok szemében ez az államtekintély megóvását, a rend és nyugalom biztosítását jelenti.

Lassanként a zsidóság marxista fegyvereitől való félelem ránehezedik a tisztességes emberek agyára és lelkére. Az ember reszketni kezd félelmében a rettenetes ellenségtől és ezzel véglegesen áldozatává lesz.

k) A zsidóság uralma az államban most már oly biztosítottnak látszik, hogy ismét zsidóként jelenhet meg, sőt faji és politikai gondolkodásmódjának kíméletlenül szabad folyást is engedhet. Fajtájuk egy része egész nyíltan hangoztatja már idegen népi voltát, de amellett folyton hazudozik. Miközben ugyanis a cionizmus a világ számára azt igyekszik bizonyítani, hogy a zsidóság faji célkitűzései egy palesztinai állam alapításában kielégülést találnak, egyszerűen a legravaszabb módon csapják be a buta gójokat. Egyáltalában nem gondolnak arra, hogy azért építsenek ki Palesztinában egy zsidó államot, hogy azt maguk lakják, hanem csak nemzetközi garázdálkodásuknak a saját felségjogaik alatt szervezett és a többi állam beleszólási joga alól kivont központját akarják abban megteremteni; a kiutasított szélhámosok menedékhelyét és egyben a jövő zsiványainak főiskoláját.

Nemcsak növekvő önbizalmuk jele, hanem biztonságérzetüké is, amikor arra képesek, hogy olyan időben, amikor népük egy része magát németnek, franciának vagy angolnak hazudja, másik része nyíltan zsidó fajiságát hangoztassa.

Hogy mennyire biztosak győzelmükben, legjobban bizonyítja az a mód, amellyel ők a többi nép fiait kezelik.

A fekete hajú zsidó kölyök órák hosszat tobzódik örömében, ha a népünktől rabolt gyanútlan leányt vérével fertőzheti. Minden eszközzel azon van, hogy a leigázandó nép faji alapjait tönkretegye. Amint maga gyalázza meg tervszerűen az idegen nép asszonyait és leányait, éppen úgy nem riad vissza attól sem, hogy mások számára nyissa meg idegen népek faji korlátjait. Zsidók voltak azok, akik a négereket a Rajna partjára hozták azzal a határozott célkitűzéssel, hogy az ebből folyó vérfertőzés tönkretegye a gyűlölt fehér fajt, letaszítsa kulturális és politikai magaslatáról, és önmagát tegye e faj urává.

Mert tiszta fajú és vére jelentőségének tudatában levő népet a zsidó sohasem tud leigázni; a zsidó mindig csak a korcs népek ura lesz.

Ezért igyekszik tervszerűen, az egyedek mérgező fertőzésével a faj színvonalát süllyeszteni.

A politikai életben pedig a demokrácia gondolatát a proletariátus diktatúrájával igyekszik felváltani.

A marxizmus szervezett tömegében találta meg azt a fegyvert, amely feleslegessé teszi a demokráciát, és ehelyett lehetővé teszi számára, hogy a népeket diktatórikus alapon, erős ököllel leigázza és kormányozza.

Tervszerűen dolgozik a forradalmasításon, gazdasági és politikai téren is.

Azokat a népeket, amelyek a belső támadásnak igen hevesen ellenállnak, nemzetközi befolyása révén ellenségekkel hálózza be, háborúba zavarja, és szükség esetén a harctereken tűzi ki a forradalom lobogóját Gazdasági megrázkódtatásoknak teszi ki az államokat mindaddig, amíg a veszteségessé váló szociális üzemeket kivonhatja az állami kezelés alól, és saját pénzügyi ellenőrzésének vetheti alá.

Politikailag megvonja az államtól a létfenntartáshoz szükséges eszközöket, tönkreteszi minden nemzeti önállóság és önvédelem alapját, megsemmisíti a vezetésbe vetett hitet, meggyalázza a történelmet, a múltat, és minden igazi nagyságot leránt a sárga földig.

Kulturális téren megfertőzi a művészetet, irodalmat, színházat, megbomlasztja a természetes érzéket, ledönti a szépség, a fenség, a nemesség és jó fogalmát, és ezek helyett az emberiséget saját alacsonyrendűsége varázskörébe vonja.

A vallást nevetségessé teszi. A tisztességet és erkölcsöt túlhaladott álláspontként tünteti fel mindaddig, amíg a népet a létért folytatott küzdelemben a világon az utolsó támaszaitól is megfosztja.

1) Ezzel megkezdődik az utolsó nagy forradalom. Mihelyt elnyerte a politikai hatalmat, levetkőzi eddig viselt utolsó leplét is. A demokratikus népzsidóból vérszomjas zsidó, a népek kényura lesz. Rövid néhány év leforgása alatt megkísérli az értelmiség nemzeti képviselőinek a kiirtását, és mialatt természetes szellemi vezetésüktől fosztja meg a népeket, egyúttal megérleli őket az állandó leigázottság rabszolgaságára.

Legelrettentőbb példája ennek Oroszország, ahol fanatikus vadsága mintegy harmincmilliónyi személyt a legembertelenebb kínzások közepette ölt meg vagy éheztetett halálra, miáltal egy nagy nép fölötti hatalmat néhány zsidó *"irodalmár"* és tőzsdebandita kezére játszotta.

Ez végeredményben azonban nemcsak a zsidók által elnyomott népek szabadságának a végéhez vezet, hanem ezeknek a népélősdieknek a pusztulását is jelenti.

Az áldozat halálába előbb-utóbb belepusztul a vámpír is. Ha mi a német összeomlást beható vizsgálat alá vesszük, akkor annak végső és legnagyobb okát a faji kérdés, különösképpen pedig a zsidó veszedelem fel nem ismerésében találjuk meg.

Az 1918. évi augusztusi harctéri vereségeket játszi könnyedséggel ki lehetett volna heverni. Az a vereség eltörpült a mi győzelmeinkkel szemben. Nem az ellenség győzött le bennünket, hanem az a hatalom, amely ezt a vereséget előkészítette, amikor évtizedeken keresztül tervszerűen megfosztotta népünket politikai és erkölcsi ösztöneitől és azoktól az erőktől, amelyek egyedül képesítik a népeket létük biztosítására.

Amikor a régi birodalom figyelmen kívül hagyta a faji alapok megtartásának kérdését, semmibe vette egyúttal azt az egyetlen jogot is, amely ezen a világon az élet záloga. Azok a népek, amelyek megfertőzésüket tűrik, és azt nem akadályozzák meg, vétkeznek a gondviselés akarata ellen. Ez esetben egy erősebb faj fellépésének következtében bekövetkező pusztulásuk nem igazságtalanság, hanem az örök igazság győzelme. Ha egy nép a vérében gyökerező tulajdonságokat nem akarja többé megbecsülni, elveszti jogát ahhoz, hogy panaszkodjék földi létének elvesztésén.

E világon minden javítható, minden vereség későbbi győzelem szülője, minden vesztett háború később feltámadás alapja lehet, minden szükség, minden nélkülözés az emberi energiák életre hívásának eszközévé válhat, és minden elnyomatásból az erők újjászületése következhet be, mindaddig, amíg a vér tisztasága megmarad.

Adolf Hitler

A vér elvesztett tisztasága azonban örökre szétrombolja az ember lelki boldogságát, örökre és végképp lesújtja öt, és következményei a testből és lélekből soha el nem távolíthatók.

Ha az ember ezzel az egyetlen kérdéssel szemben az élet többi problémáját vizsgálja és összehasonlítja, akkor megérti, hogy mily nevetségesen csekély ehhez képest minden más kérdés. Minden más kérdés időre korlátozott, a vér tisztán tartásának vagy megfertőzésének kérdése azonban mindaddig fennáll, míg csak emberek élnek a földön.

A világháború előtti idő minden jelentősebb bomlási tünete végeredményben faji okokra vezethető vissza.

Akár az általános igazság kérdéseiről van szó, akár a gazdasági élet kinövéseiről vagy a kultúra bomlási tüneteiről, politikai elfajulásról, vagy akár az iskolai nevelés hibáiról, vagy a felnőtteknek a sajtó útján való helytelen befolyásolásáról stb., a végső ok mindig és mindenütt ugyanaz: saját népi, faji követelmények figyelmen kívül hagyása vagy egy idegen faji veszedelem fel nem ismerése.

Éppen ezért volt minden reformkísérlet, minden szociális segítő mozgalom és politikai fáradozás, minden gazdasági fellendülés és minden látszólagos szellemi gyarapodás következményeiben jelentéktelen. A nemzet és a nemzet életét e földi létre képesítő és megtartó szervezet: az állam alapjában véve nem lett egészségesebb, hanem szemlátomást egyre betegebb. A régi birodalom látszólagos felvirágzása nem rejthette el belső gyöngeségét, és a birodalom valóságos megerősítésének minden kísérlete mindig hajótörést szenvedett a leglényegesebb kérdés figyelmen kívül hagyása következtében.

Tévedés lenne azt hinni, hogy a német néptesten kísérletező különböző politikai irányzatok hívei, sőt maguk a vezérek is gonosz vagy rosszakaratú emberek lettek volna. Tevékenységük csak azért volt eredménytelenségre kárhoztatott, mert ők a legjobb esetben is csak általános megbetegedésünk külső tüneteit látták, azokat igyekeztek legyőzni, de kórokozójuk mellett vakon mentek el.

Aki a régi birodalom politikai fejlődésének az irányát tervszerűen szemmel kíséri, annak higgadt megfontolás után arra a megállapításra kell jutnia, hogy még az egyesülés, tehát a német nemzet felvirágzásának idején is már teljes mértékben folyamatban volt a belső bomlás, és minden látszólagos politikai eredmény és minden gazdasági fellendülés ellenére az általános helyzet évről évre rosszabbodott. Már maguk a birodalmi választások is a marxista szavazatok szemmel látható növekedésével rámutattak az elkövetkező belső és külső összeomlásra. Az úgynevezett polgári pártok minden eredménye értéktelen volt, nemcsak azért, mert azok a marxista hullámokat még győzelmeik alkalmával sem tudtak feltartóztatni, hanem, mert már önmagukban is a bomlás csíráit hordták. Magát a polgári világot is megfertőzte már a marxista elmélet hullamérge anélkül, hogy ezt még csak sejtette volna is. Ellenállása gyakran inkább törtető vezéreinek féltékenységéből, semmint a végső harcra szánt ellenfelek elvi álláspontjából fakadt. Egyetlen egy valaki harcolt ezekben az években megingathatatlan következetességgel, és ez a zsidó volt. Dávid csillaga abban a mértékben emelkedett mindig magasabbra, amilyen mértékben népünk létfenntartási akarata csökkent.

1914 augusztusában éppen ezért nem egy támadásra elszánt nép vonult fel a csatamezőkön, hanem nemzetünk önfenntartási ösztöne lobbant fel utoljára a népünk testén elharapódzó pacifista marxista bénultsággal szemben. Minthogy ezekben a sorsdöntő napokban sem ismerték fel a belső ellenséget, hiábavaló volt minden külső győzelem és ellenállás, a gondviselés nem a győzelmes fegyvereket jutalmazta, hanem az örök megtorlás törvénye szerint járt el.

E belső felismerésből alakítjuk ki új mozgalmunk irányelveit és munkatervét azokat, amelyek meggyőződésünk szerint egyedül és kizárólag képesek nemcsak népünk pusztulását feltartóztatni, hanem megteremteni azt a sziklaszilárd alapot is amelyen egykor felépülhet az az állam, amely nem gazdasági követelményeknek és érdekeknek idegen gépezete, hanem népi szervezet lesz: a német nemzet német állama.

XII. A Nemzeti Szocialista Német Munkáspárt fejlődésének kezdete

Ha e kötet végén mozgalmunk fejlődésének első stádiumát ecsetelem és röviden rátérek néhány ezzel összefüggő kérdésre, ez nem azt jelenti, mintha mozgalmunk szellemi céljairól akarnék értekezést írni. Új mozgalmunk szellemi céljai és feladatai oly hatalmasak, hogy azokat külön kötetben kell tárgyalnom. Éppen ezért a második kötetben fogom a mozgalom programjának alapjait részletesen kifejteni és megkísérelni annak vázolását, hogy mit értünk az "*állam*" fogalma alatt. Magunkról beszélek, itt azonban arra a sok százezer emberre gondolok, akiknek alapjában véve ugyanaz a kívánságuk, anélkül azonban, hogy kellőképpen kifejezésre tudnak juttatni azt, ami szemük előtt lebeg. Mindenki, tényleg nagy reformnak az a jellemző vonása, hogy kezdetben gyakran csak egy ember küzd érte, ámbár sok millió a híve. Célja gyakran már évszázadok óta százezrek hő kívánsága, míg végre akad valaki, aki ennek az általános akarásnak szószólójává válik, és mint a régi vágy zászlóvivője, győzelemre juttatja az új eszmét.

Azt, hogy sok millió ember szívét a jelenlegi viszonyok lényeges megváltoztatásának vágya tölti el, legjobban az a nagy elégedetlenség bizonyítja, amely az egész világon uralkodik. Ez az elégedetlenség ezerféle módon jut kifejezésre; egyesek kétségbeesnek és elvesztik a reménységüket, másokon utálat, düh és felháborodás vesz erőt, egyesek közömbösek maradnak, mások pedig fellázadnak. Erről az elégedetlenségről tanúskodnak mindazok, akik a nyilvános választásoktól tartózkodnak, valamint azok is, akik a szélső baloldali pártok fanatikus vét teszik ki.

Fiatal mozgalmunknak ezekre kell támaszkodnia. Mozgalmunknak nem szabad az elégedettek és jóllakottak mozgalmának lennie, hanem a szenvedőket, az elégedetleneket és a szerencsétleneket kell felkarolnia. Nem szabad a néptömeg felszínén mozognia, hanem annak mélyében kell gyökeret vernie.

Politikai szempontból 1918-ban az volt a helyzet, hogy a nép két részre szakadt. Az első, éspedig a kisebbik fele, a nemzeti értelmiség rétegéből állott, és soraiban nem voltak fizikai munkások. Politikai irányzata külsőleg nemzeti jellegű volt, de ez alatt nem értett mást, mint az ún. állami érdekek unalmas és gyenge képviseletét, melyek egyúttal nyilván a dinasztikus érdekekkel voltak azonosak. Eszméit és céljait hiányos és felületes szellemi fegyverekkel igyekezett megvalósítani, ezek azonban megtörtek ellenfelei erőszakosságán. A forradalom egyetlenegy borzasztó csapással leterítette ezt a rövid idővel előbb még uralkodó osztályt, amely gyáva remegéssel tűrte a kegyetlen győztes által reá rótt megaláztatást.

Ezzel szemben állott a másik osztály: a fizikai munkások osztálya. Ez utóbbiak többé-kevésbé radikális marxista mozgalmak köré csoportosultak, és el voltak szánva arra, hogy minden szellemi ellenállást erőszakkal törjenek meg. Ellenségei voltak a nemzeti érdekeknek, és elősegítették az idegen elnyomatást. Ez az osztály szám szerint többszörösen erősebb volt, de mindenekelőtt magában foglalta a nemzet ama elemeit is, melyek nélkül a nemzeti újjászületés elképzelhetetlen és lehetetlen.

Azzal ui. már 1918-ban is tisztában kellett lennünk, hogy a német nép újjászületése csakis külhatalmi pozíciónk visszanyerése révén lehetséges. Ennek azonban nem a fegyver képezi előfeltételét, mint ahogy polgári "*államférfiaink*" hangoztatják, hanem csakis akaraterőnk. A német népnek egykor bőven volt fegyvere, és mégsem volt képes szabadságát megvédeni, mert hiányzott nemzeti önfenntartási ösztönének és akaratának ereje. Bármilyen kitűnő legyen is a fegyver, holt és értéktelen tárgy mindaddig, amíg az emberekből hiányzik az a szellem, amely mindenkor kész és eltökélt arra, hogy a tömeget vezesse. Németország nem azért vált védtelenné, mert nem voltak fegyverei, hanem mert hiányzott belőle az akarat, hogy létének fegyvereit megőrizze.

Ha ma, különösen a baloldali politikusok, arra mernek hivatkozni, hogy fegyvertelenségünk az oka az ő engedékeny és gyönge, valójában azonban hazaáruló külpolitikájuknak, erre csak azt lehet válaszolni: Nem! Ennek éppen az ellenkezője igaz! Nemzetellenes, gaz politikátokkal fegyvereztetek le bennünket akkor, amikor nemzeti érdekeinket elárultátok! Most pedig azt a látszatot akarjátok kelteni, mintha nyomorult tehetetlenségetek oka a fegyverek hiányában volna. Ez a tételetek is hazugság!

A szemrehányás azonban éppen oly mértékben illeti a jobboldali politikusokat is. Csak nyomorult gyávaságuk révén lophatta ki 1918-ban a nemzet kezéből a fegyvert az uralomra került zsidó banda. Éppen ezért nekik nincs joguk és okuk hideg meggondoltságuk (mondd: "*gyávaságuk*") kényszereként fegyvertelenségünkre hivatkozni. Egyedül gyávaságuk az okozója mai védtelenségünknek!

A német hatalom visszanyerése tehát nem a fegyvergyártástól függ, hanem attól, hogy vajon sikerül-e újra felébresztenünk népünkben azt a szellemet, amely őt a fegyverviselésre képesíti. Ha ez a szellem úrrá lesz népünkön, akaratunk száz utat talál arra, hogy újra visszanyerje fegyvereit! A gyáva embert állig felfegyverezhetjük, mégsem képes védekezni, ha megtámadják. Az ő kezében a legjobb fegyver sem ér annyit, mint a bátor ember kezében a furkósbot.

Politikai hatalmunk visszanyerésének kérdése már csak azért is elsősorban nemzeti önfenntartási ösztönünk újjászületésétől függ, mert a külpolitika irányzata, valamint az állam erejébe vetett bizalom, a tapasztalat szerint, kevésbé a fegyverek száma után igazodik, mint inkább egy nemzet akár jelen való, akár csak feltételezett erkölcsi ellenállóképessége után. És hogy vajon lehet-e egy néppel szövetkezni, az nem annyira holt fegyverállományától függ, mint inkább lángoló nemzeti akaratától és hősi, halálmegvető elszántságától. Mert szövetséget nem fegyverekkel, hanem emberekkel szokás kötni. Az angol népet pl. addig fogj a a világ értékes szövetségesnek tekinteni, amíg vezetőitől és népétől elvárható az az erőkifejtés és szívósság, amely kész a felvett harcot az időtől és a hozandó áldozatoktól függetlenül minden áron végigküzdeni és a győzelmet kierőszakolni. Emellett nem szükséges, hogy a pillanatnyi felkészültség a többi állam hadikészültségével arányos legyen.

Ha megértjük végre, hogy a német nemzet újjászületése politikai létfenntartási akaratának visszanyerésétől függ, akkor világos az, hogy nem elég, ha azokat az elemeket nyerjük meg mozgalmunk számára, akik már maguk is hazafias érzelműek, hanem a tudatosan nemzetellenes tömeget is nemzeti érzelművé kell tennünk.

Fiatal mozgalmunknak, amely a szuverén német állam újjáépítését tűzte ki céljául, teljes erejével azért kell küzdenie, hogy megnyerje a nagy tömeget. Bármennyire is siralmas ún. "*nemzeti polgárságunk*", és bármily silánynak is lássék hazafiassága, az ő részéről nem várható komoly ellenállás erőteljes nemzeti bel és külpolitikával szemben. Még ha a német polgárság közismert rövidlátó korlátoltságából kifolyólag akárcsak egykor Bismarckkal szemben, passzív ellenállásra is szánná rá magát, a felszabadulás órájában ekkor sem kell félni attól, hogy közmondásos gyávasága mellett aktív ellenállást fog kifejteni.

Másképp áll a helyzet a nemzetközi felfogást valló honfitársaink tömegénél. Nemcsak azért, mert primitív egyszerűségüknél fogva hajlamosak az erőszakra, hanem azért is, mert zsidó vezetőik brutálisabbak és kegyetlenebbek is. Ők éppen úgy meg fognak fojtani minden nemzeti mozgalmat, mint ahogy annak idején gerincét törték a német hadseregnek. Tekintettel arra, hogy a parlamentáris kormányzatú államban érvényre jutó többségük meg fog gátolni mindennemű nemzeti irányú külpolitikát, az sem fogják tűrni, hogy nemzetünk erejének tudatára ébredjen, lehetetlenné fogják tenni, hogy nemzetünk más népekkel szövetséget köthessen. Nemcsak mi tudjuk, hogy gyöngeségünk fő oka a 15 millió marxista, demokrata, pacifista és centrumpárti tag; hanem a külföld is, mely szövetségkötési képességünket ennek a tehertételnek súlya szerint értékeli. Nem szokás olyan állammal szövetséget kötni, melynek aktív néprétegei legalábbis passzív álláspontot foglalnak el minden határozott irányú külpolitikával szemben.

Ehhez járul még az is, hogy a hazaáruló pártok vezetői már csupán önfenntartási ösztönüknél fogva is ellenséges szemmel fognak kísérni minden nemzeti mozgalmat. Történelmi alapon el sem képzelhető, hogy a német nép még egyszer visszanyerje régi hatalmi állását anélkül, hogy le ne számolna azokkal, akik államunk hallatlan méretű összeomlásának okozói voltak. Mert az utókor ítélőszéke előtt 1918 novembere nem egyszerű árulás, hanem hazaárulás számba fog menni.

Németország önállósága tehát népünk öntudatos belső egységétől függ. De tisztán technikai szempontból tekintve, a német szabadság kifelé mindaddig utópia marad, amíg a nagy tömeg nem lép felszabadulásunk eszméjének szolgálatába Katonailag nézve legelsősorban is minden katonatiszt be fogja látni, hogy a külföld ellen diákcsapatokkal háborút viselni nem lehet, hanem szellemi képességeken kívül erős ökölre is szükségünk van. Nem szabad megfeledkeznünk arról, hogy a honvédelem, amely kizárólag az ún. intelligenciaköreire támaszkodik, a nemzet pótolhatatlan kincsét pazarolja el. Pótolhatatlan hiányát érezzük majd később annak, hogy a fiatal német értelmiség 1914 őszén a flandriai síkságon elpusztult. Ő volt a nemzet legértékesebb kincse, és a háború folyamán ezt a veszteséget nem lehetett pótolni. Másrészt a munkásság tömegei nélkül nemcsak hogy nem készülhetünk fel a háborúra, hanem még a technikai előkészületek sem vihetők keresztül mindaddig, amíg az egész nép akaratának egyöntetűsége hiányzik. Népünk, amelynek fegyvertelenségét a versaillesi béke árgus szemei ellenőrzik, csak akkor tehet előkészületeket szabadságának és függetlenségének visszanyerésére, ha megsemmisítjük a hazaárulókat. Ne maradjanak meg azok, akiknek velük született jellemtelensége megengedi, hogy a közmondásos harminc ezüstpénzért bárkit is eláruljanak. Ezekkel, ha kell, hamarosan leszámolunk, viszont legyőzhetetlennek látszik ama milliók serege, akik politikai meggyőződésből ellenségei a nemzeti újjászületésnek, de csak addig, amíg ellenséges magatartásuk okozóját, a nemzetközi marxista világnézetet, szívéből és agyából kiirtjuk.

Ha tehát hazánk jövőjének kedvező alakulása attól függ, vajon sikerül-e megnyernünk népünk széles rétegeit, akkor mozgalmunknak ezt kell legfőbb és legfontosabb feladatának tekintenie. Pillanatnyi sikerekkel nem szabad megelégednünk, hanem cselekvésünket mindig jövőnkre való befolyása szempontjából kell irányítanunk.

Már 1919-ben tisztában voltunk azzal, hogy mozgalmunk legfőbb célja a nagy tömeg hazafias lelkületének felébresztésében kell látnunk.

Taktikailag a következő követelményeknek kell megfelelnünk.

1. Nem szabad visszariadnunk a legmesszebbmenő szociális áldozattól sem, ha meg akarjuk nyerni a nagy tömeget hazánk újjászületésének eszméje számára.

Adolf Hitler

Bármily messzemenő gazdasági engedményeket is adunk ma a munkavállalóknak, ezek semmiképpen sem hasonlíthatók az egész nemzetnek ahhoz a nyereségéhez, amelyet a nép széles rétegeinek hazánk számára való megnyerése jelent. Csak a vállalkozóink körében sajnos igen gyakran észlelhető rövidlátó esztelenség nem képes felismerni, hogy tartós gazdasági fellendülés és ebből kifolyólag gazdasági haszon mindaddig elgondolhatatlan, míg népünk hazafias szolidaritása újra helyre nem áll.

Sohasem veszíthettük volna el a háborút, ha a német szakszervezetek a háború folyamán a munkásság érdekeit a végsőkig képviselték volna, ha a jutalék sóvár vállalkozókat akár sztrájk révén is kényszerítették volna arra, hogy teljesítsék az általuk képviselt munkásság követeléseit, ezzel egyidejűleg pedig a honvédelem érdekei tekintetében is éppen olyan fanatikusan nyilatkoztak volna meg német voltuk mellett, és fenntartás nélkül megadták volna hazájuknak azt, ami azt megilleti. A háború megnyerésének óriási jelentőségével szemben még a legmesszebbmenő gazdasági engedmények is nevetségesek lettek volna.

Mozgalmunknak, amely újra vissza akarja vezetni a német munkást a német nép táborába, tisztában kell lennie azzal, hogy a gazdasági áldozatok e kérdés tekintetében mindaddig nem játszanak szerepet, amíg hazánk gazdasági létét és függetlenségét nem veszélyeztetik.

2. Csakis a szociális életszínvonal emelésével lehetséges a tömegek hazafias nevelése, csak így teremthetők meg azok az előfeltételek, amelyek az egyes embert arra képesítik, hogy kivegye részét a nemzet kulturális javaiból.

3. Tökéletlen eszközökkel, az ún. tárgyilagos álláspont félszeg hangsúlyozásával sohasem vihető keresztül a nagy tömeg nacionalizálása. Erre csak a kíméletlen és egyoldalú fanatizmus, a végcélra irányított határozottság képes.

4. A nép lelkét csak akkor sikerül megnyernünk, ha saját célunkért folyó pozitív küzdelmünkön kívül egyúttal tönkretesszük céljaink ellenségeit is. A nép az ellenfél könyörtelen megtámadásában a küzdelem jogos voltának bizonyítékát, míg az ellenféllel való megalkuvásban a bizonytalanság jelét látja.

A nagy tömeg csak alkotó része a természetnek, és nem képes megérteni azt, ha olyan emberek fognak kezet egymással, akiknek nézetei merőben ellentétesek. A természet ui. azt kívánja, hogy az erősebb győzedelmeskedjék, és a gyengébb elpusztuljon, vagy pedig feltétel nélkül adja meg magát.

A nagy tömeg nacionalizálása csak akkor sikerülhet, ha népünk lelkiségéért folytatott pozitív harcunk mellett népünk nemzetközi megrontóit kiirtjuk.

5. Ha meg akarjuk szabadítani a német népet felfogásával eredetileg meg nem egyező mai tulajdonságaitól és rossz oldalaitól, akkor meg kell szabadítanunk őt e tulajdonságok okozóitól is.

A faji probléma és ezzel kapcsolatosan a zsidókérdés világos felismerése nélkül a német nép többé sohasem lesz képes naggyá lenni.

A faji kérdés a világtörténelemnek és az emberi kultúrának is kulcsa.

Azok a népek, amelyek nem képesek többé fajuk tisztaságát fenntartani, minden cselekvésükben elvesztik lelki egységüket.

6. A jelenleg nemzetközi táborban álló népünk nem jelenti a jogos érdekek képviseletéről való lemondást. Egyes rendek és hivatások egymással ellentétes érdekei még nem jelentenek osztályharcot; ezek csak gazdasági életünk természetes folyományai. A hivatás szerinti tagozódás semmiképpen sem áll ellentétben a népközösséggel, mert az utóbbi a nép egységét biztosítja mindazokban a kérdésekben, amelyek az egész népre vonatkoznak.

Az osztállyá tömörült rendeknek a népközösségbe vagy az államalakulatba való bekapcsolása nem jelenti a magasabb osztályok lefokozását, hanem az alacsonyabb osztályok színvonalának emelését.

Olyan mozgalomnak, amely a német munkást becsületes módon vissza akarja adni nemzetének, és ki akarja szakítani a nemzetközi őrületből, annak a legélesebben kell szembefordulnia különösen a vállalkozó körökben uralkodó ama felfogással, amely a népközösség alatt a munkavállalónak a munkaadóval szembeni ellenállást nem tűrő gazdasági kiszolgáltatását érti, és amely a legjogosabb gazdasági létérdek biztosításának kísérletében sem lát egyebet, mint a munkavállaló támadását a népközösség ellen. Ennek a felfogásnak a képviselete semmi egyéb, mint tudatos hazugság hangoztatása; a népközösség elve nemcsak az egyik oldal felé, hanem a másik felé is kötelességeket ró az érdekeltekre.

Adolf Hitler

Amennyire a munkás vétkezik a valódi népközösség gondolata ellen, ha tekintet nélkül a nemzetgazdaság egyetemes érdekeire és fennállásának szükségességére, pusztán saját hatalmára támaszkodva zsaroló követelményeket támaszt, éppen annyira vétkezik a vállalkozó is a közösség ellen, ha a nemzeti munkaerőt embertelen és kizsákmányoló módon folytatott üzemvezetéssel kihasználja, csak azért, hogy a munkások verejtékéből milliókat harácsoljon magának össze. Az ilyen munkaadónak nincs joga ahhoz, hogy magát nemzetinek nevezze, nincs joga ahhoz, hogy népközösségről beszéljen. Az ilyen munkaadó önző senkiházi, aki a szociális elégedetlenség megteremtésével későbbi harcokat idéz elő, amely harcok viszont mindig csak ártanak a nemzetnek.

Az a tartalék, amelyből a mi fiatal mozgalmunknak híveit kell toboroznia, elsősorban tehát a munkásság nagy tömege lesz. Ezt kell mindenekelőtt a nemzetköziség béklyóitól megszabadítani, szociális bajaitól megmenteni, kulturális elesettségéből felemelni, hogy azután, mint zárt, értékes nemzeti érzésű és nemzeti szándékú tényezőt vissza lehessen adni a népközösségnek.

Azokat, akik a nemzeti érzésű értelmiség körében szívük egész melegével viseltetnek népünk és annak jövője iránt, azokat, akik felismerik e tömegek lelkének megnyeréséért folytatott harcunk jelentőségét, mozgalmunk soraiban, mint annak értékes szellemi gerincét, a legszívesebben fogadjuk.

Szándékunk azonban nem az, hogy az amúgy is hazafias érzelmű osztályok táborát átalakítsuk, hanem hogy megnyerjük a nemzetellenes elemeket.

Ez a szempont mértékadó a mozgalom taktikájára nézve is.

7. Ennek az egyirányú, de éppen ezért világos állásfoglalásnak a mozgalom propagandájában is kifejezésre kell jutnia. Ha kellő hatást akarunk elérni, propagandánkat is kizárólag egy irányba kell folytatnunk, mert máskülönben a két tábor szellemi előképzettségének különböző volta folytán vagy nem érti meg az egyik, vagy pedig annyira természetesnek és ennélfogva unalmasnak találja a másik oldal, hogy egyszerűen elveti.

A szociáldemokrácia és az egész marxista mozgalom hódító ereje nagyrészt hallgató közönségének egységében és egyoldalúságában rejlett. Minél korlátoltabb és bárgyúbb volt látszólag gondolatmenete, annál könnyebben fogta fel és emésztette meg az a tömeg, mivel az előadott dolgok megfeleltek szellemi színvonalának.

Új mozgalmunk propagandatevékenysége éppen ezért igen egyszerű és világos: tartalma és formája szerint a tömeg ízlésének megfelelően kell beállítani, helyes voltának egyetlen zsinórmértéke pedig a hatásos siker. Fiatal mozgalmunk gyakorlati munkájában azok a gondolatok szolgáltak mintaképül, amelyeket már a háborús propagandával kapcsolatban előzőleg megemlítettem.

Azt, hogy ez mennyire helyes volt, legjobban sikerünk bizonyítja.

8. A politikai reformmozgalmak sohasem érhetik el céljukat valamely uralkodó hatalom befolyása és felvilágosító munkája révén, hanem kizárólag a hatalom megszerzése által.

Minden világrengető eszmének nemcsak joga, hanem kötelessége is, hogy biztosítsa önmaga számára azt az eszközt, mely célkitűzéseinek keresztülvitelét lehetővé teszi. Az ilyen vállalkozás jogos vagy jogtalan voltának egyetlen földi bírája a siker. Siker alatt azonban nem a politikai hatalom puszta megszerzését értjük, ahogy az 1918-ban történt, hanem annak áldásos hatását is a nép életére. Az államcsíny tehát még nem tekinthető sikerültnek akkor, mint azt felületes államügyészek gondolják, ha a forradalmárok az államhatalmat kezükbe kerítették, hanem csak akkor, ha a forradalmi tevékenység alapját képező szándék megvalósítása a nemzet javát inkább szolgálja, mint az őt megelőző kormányforma. Amit a *"német forradalom"*-nak nevezett 1918. évi lázadásról nem lehet elmondani.

Ha a gyakorlati reformok keresztülvitele vezérli a politikai hatalomért küzdő mozgalmat, akkor annak elejétől fogva érezni kell, hogy a nagy tömeg érdekéért küzd, tehát nem irodalmi kaszinó, sem pedig nyárspolgárok kocsmai asztaltársasága.

9. Az új mozgalom lényegéből és belső szervezetéből kifolyólag ellensége a parlamentnek. Elveti tehát a vezért mások véleményének végrehajtójává lealacsonyító többségi döntés jogának elvét általában éppen úgy, mint saját benső szervezetében. A mozgalom az egész vonalon a vezér feltétlen tekintélyének elvét követi, amely ennélfogva a legnagyobb felelősséggel is jár.

Ennek az elvnek gyakorlati következménye a mozgalomra nézve a következő.

A szervezet helyi csoportjának elnökét a közvetlenül felette álló vezér nevezi ki, és ő a csoport felelős vezetője. Minden bizottság az ő véleményező szerve, alárendeltje, nem pedig megfordítva. Szavazóbizottságok nincsenek, hanem csak bizonyos munkakörrel bíró bizottságok, úgyhogy az ő vállán nyugszik az egész felelősség. Ugyanez az elv érvényesül a magasabb szervezeti egységekben, így a járási, körzeti és kerületi egységekben is. A vezető mindig kinevezés útján nyeri megbízatását, csak az egész párt vezérét választja az egyesülési jogszabályokra való tekintettel a közgyűlés. Ő azután kizárólagos, felelős irányítója az egész mozgalomnak. A mozgalom tagjainak jogában áll őt az új választás fóruma előtt felelősségre vonni és hivatalától megfosztani, ha vétett a mozgalom alapelvei ellen, vagy pedig annak érdekeit rosszul képviselte. Az ő helyébe lép az új, tehetségesebb vezér, akinek ugyanolyan nagy a tekintélye és felelőssége.

A mozgalomnak egyik legfőbb feladata, hogy ezt az elvet nemcsak keretein belül, hanem az egész államban vezérelvvé tegye.

Aki vezér akar lenni, annak a legnagyobb és feltétlen tekintély mellett a végső és legsúlyosabb felelősséget is vállalnia kell. Ha erre nem képes vagy túl gyáva ahhoz, hogy cselekvésének következményeit viselje, akkor nem való vezérnek.

Az emberiség haladása és kultúrája nem a többség szavazati jogának terméke, hanem kizárólag az egyéniség zsenialitásán és tetterején alapszik.

10. A mozgalom politikai munkájának keretén kívülálló vagy alapvető jelentősége folytán ránézve érdektelen kérdésekkel nem foglalkozik. Nem feladata a vallási reformáció, hanem népünk politikai újjászervezése. A két fő vallásfelekezetben népünk létének egyenlő értékű támaszát látja. Ezért küzd ama pártok ellen, amelyek népünk vallásos és erkölcsi alapját pártcélok eszközévé alacsonyítják le.

Mozgalmunk végcélját nem abban látja, hogy megdőlt államformát újra helyreállítson, vagy pedig egy másik államforma ellen küzdjön, hanem hogy megteremtse azt az alapot, amely nélkül nem maradhat fenn sem köztársaság, sem pedig monarchia. Nem az a hivatása, hogy helyreállítsa a monarchiát, sem pedig az, hogy megszilárdítsa a köztársaságot, hanem az, hogy megteremtse az új német államot.

11. Mozgalmunk belső szervezetét a célszerűség, nem pedig alapelvek határozzák meg.

Nem az a legjobb szervezet, amely a mozgalom vezetősége és egyes tagjai közé a legnagyobb, hanem a lehető legkisebb közvetítő apparátust iktatja. Mert a szervezet feladata az, hogy közvetítse az emberek sokasága számára az egyéniség agyában megfogalmazott eszmét és ellenőrizze annak valóra váltását.

A szervezet maga tehát nem egyéb, mint elkerülhetetlen eszköz. A legjobb esetben egy cél elérésének eszköze, legroszszabb esetben pedig öncél.

Minthogy a világon a gépies természetű emberek száma nagyobb, mint a nagy eszméket szülő embereké, azért könnyebben alakulnak ki a szervezetek, mint az eszmék.

A megvalósulásra törekvő és rendesen újító jelleggel bíró eszme útja nagy vonásokban a következő.

Valamely zseniális gondolat egy ember agyában megszületik, aki viszont hivatva érzi magát arra, hogy gondolatait az emberiség közkincsévé tegye. Szóban hirdeti nézetét, és lassanként szert tesz egy szűkebb körű hallgatóságra. Az egyéni elgondolásoknak a környezetre irányzott ilyen közvetlen és személyes átültetése az eszme terjesztésének legideálisabb és legtermészetesebb eszköze. Minthogy azonban az új tan híveinek száma állandóan gyarapszik, lassan lehetetlenné válik, hogy az eszme hordozója továbbra is személyesen hasson híveinek nagy tömegére, és egyedül vezesse őket. Ezzel az ideális állapot megszűnik, és helyébe a szervezkedés szükségszerűsége lép. Lassanként kisebb helyi csoportok keletkeznek és ezek a politikai mozgalom keretén belül a későbbi szervezet csírasejtjeit alkotják.

Az első szervezeti sejtek alapításánál mindig tekintettel kell lennünk arra, hogy az eszme eredeti kiindulópontjának jelentőségét ne csak megőrizzük, hanem azt lényegesen fokozzuk is. A mozgalom kiindulópontjának eszményi, erkölcsi és tényleges nagyságát annál inkább kell fokoznunk, minél inkább szükségessé válik a mozgalom egyre több sejtjének szervezeti egységekbe csoportosítása.

E megfontolásokból mozgalmunk benső felépítésére a következő elvek adódtak.

a) Egész munkánk egyelőre egyetlenegy helyen összpontosult, Münchenben. Ahhoz, hogy mozgalmunk és vezetői közismertté válhassanak, mindenekelőtt egyetlen helységben kellett megrendítenünk a marxista tan legyőzhetetlenségébe vetett hitet, és be kellett bizonyítanunk a vele merőben ellentétes mozgalom létjogosultságát.

b) Helyi csoportok alapítása csak akkor történhet, amikor a müncheni központ vezetőségének tekintélye már általános és feltétlen elismerésnek örvend.

c) Kerületi, járási és országos szövetségek csak akkor alapítandók, ha a központ tekintélyének feltétlen elismerése biztosnak látszik. Szervezetek alapítása még attól is függ, hogy vajon van-e vezető szerepre alkalmas egyéniség.

E kérdésben kétféle úton haladhatunk.

a) Ha a mozgalomnak megvannak a vezetőségre hivatott egyének kiképzéséhez szükséges anyagi eszközei, az ily módon nyert egyéneket tervszerűen, a taktikai és egyéb célszerűségi szempontok szerint szolgálatba állítjuk.

Ez a könnyebb és gyorsabb út, ehhez azonban nagy pénzösszegre van szükség, mivel csak fizetett vezetők tudnak a mozgalom érdekében teljes odaadással dolgozni.

b) A mozgalom pénz híján nem képes hivatalos vezetőket alkalmazni, hanem egyelőre tiszteletbeli vezetőkkel kénytelen beérni. Ez az út lassúbb és nehezebb út.

Így esetleg jelentékeny területek parlagon hevernek mindaddig, míg híveinek sorából ki nem válik az az egyéniség, aki képes személyét a vezetőség rendelkezésére bocsátani, az említett területeken a mozgalmat megszervezni és vezetői.

Közben előfordulhat, hogy egyes vidékeken senki sem akad, míg másutt két, sőt három egyenlő képességű vezető is adódik. A fejlődésnek ez a nehézsége igen nagy, és csak évek múlva győzhető le.

A szervezeti alakulatok alapításának előfeltétele azonban mindig az, vajon van-e megfelelő vezető egyéniség.

A politikai szervezet vezetők nélkül éppen olyan értéktelen, mint a hadsereg szervezett alakulatai tisztek nélkül.

12. A mozgalom jövője híveinek a türelmetlenségig fokozott, az eszme kizárólagos helyességét hirdető és a hasonló mozgalmakkal szemben érvényre jutó fanatizmusától függ.

Téves az a hit, hogy a mozgalom megerősödik, ha más hasonló célú mozgalommal egyesül. Az ilyen növekedés természetesen növeli látszólagos nagyságát, és a felületes szemlélő szemében hatalmát is, ezzel azonban valójában csak a később mindinkább érvényre jutó gyengeségének magvát veti el.

Bármennyire is hangoztatják, tényleg azonban kizárt dolog, hogy két mozgalom teljesen hasonló legyen, különben nem léteznék két mozgalom, csak egy. Bármily jelentéktelennek is látszódjon a különbség, tény az, hogy megvan, még akkor is, ha csak a vezetők különböző képességében rejlik is ez az eltérés. A természetes fejlődésnek azonban nem az a törvénye, hogy két különböző alakulat egyesüljön, hanem hogy az erősebb győzzön és erejét e küzdelem folytán fokozza.

Két hasonnemű politikai pártszervezet egyesülése pillanatnyi előnnyel járhat ugyan, az ilyen módon nyert előny azonban később belső gyengeségének lehet okozója.

A mozgalom nagyságát kizárólag belső erejének szabad fejlődése és az összes versenytársain aratott győzelméig állandóan fokozódó ereje biztosítja. Sőt joggal állíthatjuk azt, hogy ereje és ebből eredő létjogosultsága csak addig nő, míg léte előfeltételeinek a küzdelem elveit tekinti. Abban a pillanatban túllépte erejének legnagyobb fokát, amelyben a végső győzelem az ő oldalára szegődik.

Egy minden nagy eszmét megtestesítő hatalmas szervezet nagysága az egész világon abban a vallásos fanatizmusban rejlik, amely jogos voltának tudatában másokkal szemben türelmet nem ismerő módon jut érvényre. Ha maga az eszme helyes, és ennek tudatában küzd létjogosultságáért, akkor legyőzhetetlen, és az üldözés csak erősíteni fogja.

A kereszténység nagysága sem abban állott, hogy az antik világ hasonnemű bölcseleti irányzatával egyezkedni törekedett, hanem saját tanának fanatikus hirdetésében és érvényesítésében.

13. A mozgalomnak eleve úgy kell nevelnie híveit, hogy a küzdelmet ne vegyék félvállról, hanem azt mozgalmuk vívmányának tekintsék. Ellenfeleiktől nem szabad félniük, tudniuk kell azt, hogy feltétlen szükségük van ezekre az ellenfelekre.

Nem tisztességes német és nem igaz nemzetiszocialista az, akit a zsidó újságok nem szidnak, és nem átkoznak.

A mozgalom híveinek és tágabb értelemben az egész népnek figyelmét fel kell hívnunk arra, hogy a zsidó újságok mindig hazudnak, és hogyha véletlenül igazat is mondanak, azt csak azért teszik, hogy azzal valami nagyobbfajta hazugságot leplezzenek.

Az a legjobb barátunk, akit leginkább ócsárolnak, és az áll hozzánk legközelebb, akit halálos gyűlöletükkel sújtanak.

Ha ezek az elvek híveink húsává és vérévé válnak, mozgalmunk megrendíthetetlenné és legyőzhetetlenné válik.

14. Mozgalmunknak mindenképpen támogatnia kell az egyéni kultuszt; sohasem szabad elfelejteni, hogy minden emberi érték a személyi értékben rejlik.

Az egyéniség pótolhatatlan, különösen akkor, ha nem a gépies, hanem a kultúraalkotó elemet képviseli. Amily kevéssé pótolható a hírneves művész, és félbehagyott munkáját más ember be nem fejezheti, éppen olyan kevéssé lehet pótolni a nagy költőt és filozófust, a nagy államférfiút vagy hadvezért.

A világ legnagyobb forradalmai és vívmányai, legkiválóbb kulturális teljesítményei, halhatatlan alkotásai az államművészet stb. terén örökre elválaszthatatlanul egy-egy nagy ember nevéhez fűződnek. Ha nem hódolunk a nagy egyéniségek szellemének, akkor kivész belőlünk ama roppant nagy erő, amely a nagy emberekből árad.

Ezzel a zsidó van legjobban tisztában. Ő gondoskodik leginkább arról, hogy fajtájának kimagasló egyéniségeit, akiknek nagysága rendszerint az emberiségnek és a kultúrának feldúlásában rejlik, istenítsék.

Csak más népek nagy szellemeinek tiszteletét igyekszik emberhez nem méltó "*személyi kultusznak*" bélyegezni.

Mozgalmunk keletkezésének első idejében semmi sem volt hátrányosabb ránk nézve, mint az a körülmény, hogy nevünk teljesen ismeretlen volt; már ez is kétségessé tette sikerünket. Igen nehéz volt eleinte, amikor csak 6, 7 és 8 ember hallgatta a szónok beszédét e kis körben felébreszteni, és ébren tartani a mozgalmunk jövőjébe vetett hitet.

Képzeljük el a helyzetet, hogy hathét férfiú, csupa névtelen, szegény ördög, azzal a szándékkal szövetkezik, hogy megindítsa azt a mozgalmat, amely majdan a Német Birodalom hatalmának és dicsőségének helyreállítására lesz hivatott. Akkoriban boldogok lettünk volna, ha ránk támadt vagy legalábbis kinevetett volna valaki. Nyomasztó volt különösen az én számomra, hogy mozgalmunkat kívülünk a világon senki sem ismerte.

Amikor e férfiak körébe léptem, még szó sem lehetett arról, hogy valaha párt vagy mozgalom fog körünkből kialakulni. Első találkozásunk alkalmával nyert benyomásomról már másutt megemlékeztem. A rákövetkező hetek folyamán alkalmam volt az egyelőre lehetetlennek látszó ún. "*pártot*" közelebbről tanulmányom tárgyává tenni. Az ily módon nyert kép, tudja isten, valahogy nagyon is nyomasztóan hatott. A szó legszorosabb értelmében egyáltalán semmivel sem rendelkeztünk a párt nevén kívül. A párt bizottsága jelentette egyúttal tagjaink összességét is, ez pedig egyelőre nem volt egyéb, mint ami ellen tulajdonképpen küzdeni akartunk: miniatűr parlament. Nálunk is a szavazati többség elve uralkodott. Míg a nagy parlamentek legalább nagy problémák felett kiabálták rekedtre torkukat, addig e kis körben véget nem érő vita tárgyát képezte már az is, ha válaszolnunk kellett egy véletlenül hozzánk tévedt levélre.

A nyilvánosság természetesen minderről egyáltalán semmit sem tudott. Münchenben néhány tagnak és ismerőseiknek kivételével még a párt nevét sem ismerték.

Szerdánként egy müncheni kávéházban tartottuk bizottsági üléseinket, és hetenként egyszer vitaestet rendeztünk. Mivel a mozgalom tagjainak létszámát egyelőre a bizottság képviselte, a jelenlevők mindig ugyanazok voltak. Körünket tehát ki kellett tágítanunk és új híveket kellett toboroznunk, mindenekelőtt azonban arra kellett törekednünk, hogy mozgalmunk nevét bármi módon ismertté tegyük.

Eljárásunk a következő volt.

Havonta, később hetenként igyekeztünk "*gyűlést*" egybehívni. Meghívóinkat írógéppel, részben pedig kézzel írtuk, és eleinte személyesen osztottuk szét azokat. Mindegyikünk ismerőseihez fordult, hogy egyiket-másikat rábírja, vegyen részt gyűléseinken. Fáradozásunk eredménye lesújtó volt.

Emlékszem arra, hogy egyszer jómagam is majdnem 80 ilyen meghívót osztottam szét. Feszültséggel vártuk a tömeget, amelynek jönnie kellett volna. Egyórai késéssel végre meg kellett nyitnia az "*elnök*"-nek a "*gyűlést*". Újra csak heten voltunk, a hét régi harcos.

A meghívókat idővel egy müncheni papírkereskedésben géppel írattuk és sokszorosíttattuk. Ennek az lett az eredménye, hogy a rákövetkező gyűléseken néhány hallgatóval több jelent meg. Létszámunk 11-ről 13-ra, majd 17-re, 23-ra és 34re emelkedett.

Adolf Hitler

Körünkben gyűjtött apró pénzösszegek révén magunk hoztuk össze az összeget, melyre szükségünk volt, hogy végre az akkori független "*Münchener Beobachter*"-ben nyilvános gyűlést hívjunk össze. Az eredmény ez alkalommal tényleg bámulatos volt. Gyűlésünk színhelye a müncheni Hofbräuhaus pincéje volt (össze ne tévesszük a Hofbräuhaus dísztermével), egy kis terem, mely kb. 130 személynek nyújtott helyet. Nekem úgy rémlett, mintha ez a helyiség óriási terem volna, és mindnyájan aggódtunk, vajon sikerül-e a nevezetes estén ezt a "*hatalmas*" helyiséget emberekkel betölteni. Hét órakor 111 személy volt jelen, és erre megnyitottuk a gyűlést.

Egy müncheni tanár volt a főelőadó, és nekem kellett utána először életemben nyilvános beszédet tartanom. A különben bizonyára tisztes úrnak az volt a meggyőződése, hogy én ugyan sok mindenhez értek, de a szónoklásról fogalmam sincs. E véleményét később sem változtatta meg.

Hála Istennek, nem volt teljesen igaza. Ezen az úgyszólván első nyilvános gyűlésünkön húszpercnyi beszédidőm volt.

Fél óra hosszat beszéltem, és ezalatt bebizonyosodott az, amit azelőtt öntudatlan éreztem is: tudtam beszélni! Egy fél óra alatt felvillanyoztam a kis terem hallgatóságát, amelynek lelkesedése abban nyilvánult meg, hogy a jelenlévők áldozatkészségére irányított felhívásom eredményeként 300 márkát gyűjtöttem össze. Ez nagy gondtól szabadított meg bennünket. Anyagi ínségünk ez időben oly nagy volt, hogy még arra sem voltunk képesek, hogy nyomtatásban jelentessük meg a mozgalom irányelveit, még kevésbé pedig, hogy röpiratokat nyomtassunk. Most legalább volt anyagi alapunk, amelyből a legfontosabb és legszükségesebb kiadásokat fedezhettük.

Más tekintetben is fontos volt első gyűlésünk sikere.

Ez alkalommal vettem fel néhány fiatal, új munkaerőt a bizottságba. Katonakoromban sok hű bajtárssal ismerkedtem meg, és ezeket most rábeszéltem, hogy csatlakozzanak mozgalmunkhoz. Csupa tetterős fiatalemberről volt szó, akik hozzászoktak az engedelmességhez, és a szolgálati évek folyamán szerzett tapasztalataikból tudták, hogy semmi sem lehetetlen, és hogy mindent el lehet érni, csak erősen akarni kell!

Hogy mily szükségünk volt fiatal erőkre, azt már rövid néhány hét múlva alkalmam volt megállapítani.

A párt akkori elnöke, Harrer, tulajdonképpen újságíró volt, és mint ilyen, széleskörű ismeretséggel rendelkezett. Mint pártvezetőnek, sok hátránya származott abból, hogy nem volt tömegszónok. Bármily pontos és lelkiismeretes is volt munkája, hiányzott belőle talán éppen szónoki tehetségének hiánya folytán a kellő lendület. Drexler, a müncheni helyi csoport elnöke, egyszerű munkás volt, és ugyancsak közepes szónoki tehetséggel rendelkezett. Nem szolgált a hadseregben, a háború alatt sem volt katona, úgyhogy amúgy is gyönge és bizonytalan természetének az ilyen iskolázottsága is hiányzott. Márpedig egyedül ez képes bizonytalan és puha természetű emberekből férfiakat faragni. Így tehát egyikük sem volt olyan fából faragva, hogy képes lett volna szívében hordozni a mozgalom győzelmének fanatikus hitét, és ha kell, könyörtelenül elhárítani minden akadályt, mely az új eszme diadalának útjában állott. Ehhez csak olyan természetű emberek voltak alkalmasak, akik testestül-lelkestül magukévá tették ama katonai erényeket, melyek legjobban az agár gyorsaságával, a cserzett bőr szívósságával és az acél keménységével jellemezhetők.

Jómagam akkor még katona voltam. Külsőm és belsőm a hat esztendő alatt keményre csiszolódott, úgyhogy ebbe a körbe egyelőre semmiképp sem illettem. Ismeretlen volt előttem a szólásmód, hogy "*ez lehetetlen, az nem megy, ez igen veszélyes, amazt meg nem merem megtenni...*"

Helyzetünk pedig igen veszélyes volt. 1920 táján Németországban majdnem mindenütt merő lehetetlenség volt olyan nemzeti irányú gyűlés tartása, amely a tömeghez fordult és nyilvános meghíváshoz folyamodott. Az ilyen gyűlés résztvevőit véres fejjel kergették szét a munkások. Hiszen mi sem volt ennél könnyebb. A legnagyobb ún. "*polgári*" tömeggyűlés is kereket oldott egynéhány kommunista elől, akárcsak a nyúl a kutya elől. Amily kevéssé vettek tudomást a vörösök az effajta polgári kaszinókról, amelyeknek belső ártatlanságáról ők még inkább meg voltak győződve, mint azok tagjai, annál inkább el voltak tökélve arra, hogy feltétlenül tönkretegyék ama mozgalmat, amely számukra veszélyesnek látott. Erre leghatásosabb eszközük mindig a terror és az önkény volt.

A legsúlyosabban azt a mozgalmat kellett gyűlöletüknek sújtani, amely céljául eddig kizárólag nemzetközi marxista zsidó pártok szolgálatában álló nagy tömegek megnyerését tűzte ki. Már maga a név: "*Német Munkáspárt*" is izgatta azt. Így tehát tisztában voltunk azzal, hogy mihelyt arra alkalom nyílik, megkezdődik a leszámolás a győzelemtől ittas marxista felhajtókkal.

Mozgalmunk szerény köre bizonyos fokig tényleg félt is ettől a küzdelemtől. Lehetőleg kerülni akarta a nyilvános szereplést, mert félt az esetleges vereségtől.

Lelki szemeivel előre látta, hogy az első nagygyűlést ellenfeleink szétzavarják, és a mozgalom ezzel talán örökre véget ér. Igen nehéz volt álláspontom érvényre juttatása, ti. , hogy e küzdelem elől nem szabad kitérnünk, hanem ellenkezőleg, siettetnünk kell azt. Éppen ezért szükségünk van ama fegyverekre, amelyek bennünket az önkény ellen megvédeni képesek. A terror nem törhető meg szellemi fegyverekkel, hanem csakis terrorral. Első gyűlésünk eredménye megszilárdította helyzetemet. Megjött a bátorságunk ahhoz, hogy egy második, még valamivel nagyobb gyűlést hívjunk össze.

Kb. 1919. októberében tartottuk második nagygyűlésünket az "*Eberlbräu*" pincéjében. Témánk "*Breszt-Litovszk és Versailles*" volt. Jómagam majdnem egy egész óráig beszéltem, és sikerem még nagyobb volt, mint az első alkalommal. A jelenlevők száma 130-nál több volt. Egy megzavarási kísérletet bajtársaim csírájában azonnal elfojtottak. A nyugtalankodók véres fejjel repültek le a lépcsőkön.

Két hét múlva ugyanabban a teremben gyűléseztünk. A látogatók száma 170-re emelkedett, úgyhogy a terem majdnem megtelt. Újra én tartottam a beszédet, és sikerem még nagyobb volt.

Ezek után nagyobb termet követeltem. Végre találtunk egyet a város másik végén, a Dachauer Strassei "*Deutsches Reich*"-ban. Az új helyiségben tartott első gyűlésünkön kevesebb volt a látogató, mint az előző gyűlésen: mindössze 140. A bizottság újra reményét kezdte veszteni, és az örökös kételkedők azt hitték, hogy a látogatók számának csökkenését gyűlésünk gyakori ismétlése okozza. Az efölötti heves vita folyamán az volt az álláspontom, hogy a 700000 lakosú városnak nem egy gyűlést kell elbírnia kéthetenként, hanem hetenként tízet, hogy a jelenlegi utunk a helyes út, és hogy kellő kitartás mellett biztos a siker. 1919-20 telén általában csak azért küzdöttünk, hogy megerősítsük a fiatal mozgalom erejébe vetett hitet, és hogy azt ama fanatizmusig fokozzuk, amely ha kell, hegyeket képes megmozgatni.

Az új teremben tartott második gyűlésünk bebizonyította, hogy igazam volt. 200-nál több volt a jelenlévők száma; erkölcsi és anyagi sikerünk pedig fölülmúlt minden várakozást.

Azonnal egy újabb gyűlés összehívását siettettem. Két hét múlva 270 főnyi hallgatóságunk volt. Újabb két hét múlva, hetedszer hívtuk össze a fiatal mozgalom híveit és barátait, és a teremben alig volt helye a 400 főnyi embertömegnek.

Ez idő tájt építettük ki belsőleg a fiatal mozgalmat. Ezzel kapcsolatban gyakran heves vita támadt kis körünkben. Sokan mint még ma is helytelennek találtak azt, hogy a mozgalmat pártnak nevezzük. E felfogás számomra csak az illetők gyakorlati érzéke hiányának és kishitűségének bizonyítéka volt. Mindig akadtak és még ma is akadnak emberek, akik nem tudják megkülönböztetni a külsőséget a lényegtől, és akik egy mozgalmat annál inkább becsülnek, minél fantasztikusabb annak neve, miközben legszívesebben ősapáink szókincsét veszik igénybe.

Akkoriban nehéz volt megértetni az emberekkel, hogy a mozgalomnak mindaddig pártnak kell maradnia, amíg eszméit nem juttatja győzelemre, tehát nem érte el célját, tekintet nélkül arra, hogy milyen nevet visel.

Aki egy merész eszmét embertársai érdekében valóra akar váltani, annak mindenekelőtt a szándékát támogatni hajlandó híveket kell toboroznia. E nézet képviselőinek és e szándék hirdetőinek pártot kell alapítaniuk, még akkor is, ha csak az a cél, hogy tönkretegyék a meglevő pártokat, és ezzel megszüntessék a nemzet erejének szétforgácsolódását mindaddig, míg el nem érik céljukat. Szavakkal játszik, szélmalomharcot folytat és vajmi csekély tényleges sikert ér el az a nehézkes elméleti szakember, aki azt hiszi, hogy egy fiatal pártmozgalom nevének megváltoztatásával annak pártjellegét is megváltoztatja. Ellenkezőleg!

Az ősgermán kifejezésekkel történő dobálózásnak semmi köze sincs a népi felfogáshoz, már csupán azért sem, mert egyrészt nem illik korunkhoz, másrészt pedig nincsen konkrét értelme, hanem csak arra vezethet, hogy a mozgalom jelentőségét egyesek külső szókincsében fogják keresni.

Általában már annak idején és később is intettem mindenkit, hogy óvakodjék ama népi vándordiákoktól, akiknek a pozitív munkáról fogalmuk sincs, ezzel szemben azonban annál beképzeltebbek. Fiatal mozgalmunknak ügyelnie kellett és még ma is ügyelnie kell arra, hogy távol tartsa magától mindazokat, akik azzal az ajánlólevéllel jönnek, hogy már harminc, sőt negyven éve küzdenek egy ún. eszméért anélkül, hogy bármi eredményt is elértek volna, sőt még arra sem voltak képesek, hogy az ellentétes felfogás győzelmét megakadályozzák. Ezek a negyvenéves tevékenység folyamán eléggé bebizonyították tehetetlenségüket.

Egyébként pedig ezek az emberek csak a legritkább esetben csatlakoznak az új mozgalomhoz azért, hogy az eszmét, az új tant szolgálják. Ehelyett a legtöbbször azért, hogy annak védőszárnyai alatt ismét szerencsétlenné tegyék az emberiséget saját eszméik által.

Jellemző ezekre az alakokra, hogy folytonosan ősgermán hősiességről, ősidőkről, kőtáblákról, dárdáról és pajzsról áradoznak, a valóságban pedig az elképzelhető leggyávább emberek. Mert ugyanazok, akik ősnémet utánzatú bádogkardokkal hadonásznak, és bikaszarvú, kikészített medvebőrt öltenek szakállas fejükre, a jelenben csak szellemi fegyverekkel hajlandók harcolni, és

Adolf Hitler

minden gumibotos kommunista elől megfutamodnak. Saját "*hősiességük*" nemigen fogja az utókort új hősköltemény megírására serkenteni.

Nagyon jól megismertem ezeket az embereket. A nagy tömegre nevetségesen hatnak, és a zsidóságnak minden oka megvan arra, hogy kímélje, sőt az eljövendő német állam előharcosainak tüntesse fel ezeket a népi komédiásokat. Emellett hihetetlenül beképzeltek ezek az emberek tehetetlenségük kétségtelen bizonyítékai dacára, mindenhez jobban értenek, s a legnagyobb gyötrelmet jelentik az egyenes, becsületes harcosok számára, akik nemcsak a múlt hősiességét tisztelik, hanem maguk is hasonló hősiességgel akarják az utókor megbecsülését kiérdemelni.

Nehéz annak megállapítása is, hogy ezek közül az emberek közül kik cselekszenek egyéni butaságból és tehetségtelenségből, és kik bizonyos meghatározott céllal. Különösen az ősgermán alapokon működő ún. vallási reformátorokkal szemben volt mindig az az érzésem, hogy talán bizony azok a hatalmasságok küldték nyakunkra őket, akik nem óhajtják népünk feltámadását. Hiszen működésük azt eredményezi, hogy a népet eltereli a közös ellenség, a zsidó elleni közös harctól, hogy ehelyett a népi erőket esztelen és áldatlan vallási villongások közepette forgácsolják szét. Éppen ezért is szükséges a mozgalom számára a feltétlen tekintélyen alapuló erős központi hatalom. Csak az biztosíthatja az ilyen elemek káros működésének a megakadályozását. Természetesen e felfogás eredményeként a most jellemzett népi Ahasvérusok (a bibliai perzsa király, Ahasvérus követői) közül nem egy lett ádáz ellensége az egységesen, fegyelmezetten irányított és vezetett mozgalmunknak. Gyűlölik mozgalmunkban azt a hatalmat, amely esztelenségüknek korlátot emel.

Gyalázat az, hogy manapság oly sokan választják a "*népi*" szót cégérüknek, és hogy e fogalomról mindenkinek megvan a maga önálló nézete.

Egy ismert bajorországi professzor, szellemi fegyverekkel hadakozó és a Berlin elleni eszmei hadjáratáról híres harcos pl. a népi és monarchista fogalmak azonosságát hirdeti. A nagy tudós természetesen eddig adós maradt azzal, hogy a mi egykori német monarchiánk és a mai népi felfogásunk azonosságát közelebbről megvilágítsa. Félek, hogy ez ennek az úrnak nehezen is sikerülne, mert alig lehetne népellenesebbet elképzelni, mint a legtöbb német monarchisztikus államalakulatot. Ha nem így lenne, akkor nem tűntek volna el, mint a tavaszi hó, sőt az ő eltűnésük egyben a népi gondolat tarthatatlanságának lenne a legjobb bizonyítéka.

1920 elején siettettem az első nagy tömeggyűlés összehívását. Véleményemet a legtöbben nem osztották. Néhány vezető párttag a dolgot elhamarkodottnak és ennélfogva végzetes hatásúnak tartotta. A vörös sajtó kezdett velünk foglalkozni, és mi örültünk annak, hogy sikerült magunkra vonni haragjukat. Mind gyakrabban szerepeltünk mint szónokok más gyűléseken is. Ilyenkor természetesen azonnal lehurrogtak bennünket, de legalább azt az egyet elértük, hogy megismertek. Minél ismertebbé váltunk, annál inkább növeltük ellenszenvüket, rettegésüket és gyűlöletüket. Így végre remélhettük azt, hogy első nagy tömeggyűlésünkön szerencsénk lesz tömegesen üdvözölni a vörös táborba tartozó barátainkat.

Tisztában voltam vele, hogy valószínűleg szét fogják robbantani gyűlésünket. Ezt a harcot azonban előbb-utóbb amúgy is meg kellett vívnunk, ha nem most, úgy néhány hónappal később. Rajtunk múlott, hogy vajon képesek vagyunk-e mozgalmunk jövőjét biztosítani azáltal, hogy az első naptól kezdve rendíthetetlenül megálljuk helyünket. Jól ismerem a baloldal híveinek gondolkodásmódját, és tudtam, hogy a végsőkig tartó ellenállás nemcsak jó benyomást fog tenni, hanem egyúttal gyarapítani fogja híveink számát is. Arról volt tehát szó, hogy erre az ellenállásra határozzuk el magunkat.

A pártnak akkori elnöke, Harrer úr, nem osztotta az időpontot illetőleg véleményemet, és ezért tisztességes és becsületes férfiúként lemondott az elnökségről. Helyébe Anton Drexler úr lépett. Én a propaganda szervezését vállaltam magamra, és ez irányú szándékaimat könyörtelenül valóra is váltottam.

Az eddig még ismeretlen mozgalmunk első nagy tömeggyűlésének időpontját 1920. február 24-ére tűztük ki.

Személyesen vezettem az előkészületeket, és rövidesen elkészültem. Úgy rendeztem be mindent, hogy képesek voltunk villámgyors határozatokat hozni. A napi kérdésekben tömeggyűléseinknek huszonnégy órán belül állást kellett foglalnia. Gyűléseinket röpcédulák és plakátok útján kellett összehívnunk. Ezeket ama szempontok szerint fogalmaztuk meg, amelyeket nagy vonásokban már propagandánk ismertetésénél ecseteltem: a nép széles rétegeire irányított hatás, néhány fontos pontra való összpontosítás, egy és ugyanazon tények folytonos ismétlése, a szövegnek cél és öntudatos fogalmazása ellentmondást nem tűrő állítás formájában. A röpcédulákat rendíthetetlen kitartással terjesztettük, és hatásukra türelmesen vártunk.

A vörös színt készakarva választottuk plakátjaink számára, mert a tömeget ez villanyozza fel, ellenfeleinket pedig ez izgatja és bőszíti fel leginkább. Így a legközvetlenebbül vesznek tudomást rólunk.

Adolf Hitler

Annak idején Bajorországban is főleg az mutatta legjobban a marxizmus és a Centrum közötti testvéri egyetértést, hogy az itt uralkodó Bajor Néppárt plakátjainak a vörös munkástömegekre gyakorolt hatását lehetőleg tompítani, később pedig meggátolni igyekezett. Ha a rendőrség nem talált módot arra, hogy ellenünk fellépjen, akkor a városi forgalom zavarására hivatkozott, míg végre az ún. Német Nemzeti Néppárt segítségével vörös szövetségeseik kedvéért eltiltották plakátjainkat, amelyek az elcsábított és félrevezetett munkások százezreit a német nép számára hódították vissza. Ezek a legjobb bizonyítékai ama roppant küzdelemnek, amelyet fiatal mozgalmunk annak idején folytatott. Érzületünk és akarásunk őszinteségéről fognak tanúskodni egykor, és bizonyítani fogjak az ún. *"nemzeti"* hatóságok önkényét, mellyel meg akarták gátolni a nép nagy tömegeinek számukra kényelmetlen nemzeti nevelését és a nemzet céljai számára való visszanyerését.

A kormányok maguk megtettek minden lehetőt, hogy ennek az újjáélesztő folyamatnak gátat vessenek.

Mielőtt első tömeggyűlésünket összehívtuk volna, nemcsak a szükséges propagandaanyagot kellett előkészítenünk, hanem nyomtatásban is le kellett fektetnünk programunk irányelveit.

A második kötetben részletesen ki fogom fejteni programunk felállításánál szem előtt tartott irányelveinket. Egyelőre csak azt akarom megállapítani, hogy nemcsak azért volt rá szükségünk, hogy mozgalmunknak alapot és tartalmat adjunk, hanem hogy a nép széles tömegével megértessük céljainkat.

Az ún. intelligencia körében tréfát és gúnyt űztek velünk, és bírálgattak bennünket. Akkori álláspontunk helyességét azonban programunk hatása bizonyítja.

Tucatszámra születtek akkoriban szemem előtt új mozgalmak, és mindannyian nyomtalanul tűntek el és merültek a feledés homályába. Csak egy maradt meg közülük: a Nemzeti Szocialista Német Munkáspárt. Ma annál mélyebben gyökeret vert bennem a meggyőződés, hogy csak hadd küzdjenek ellenünk, hadd próbáljanak bennünket megbénítani, hadd tagadják meg tőlünk kis pártminiszterek a szólásszabadság jogát, hiszen amúgy sem képesek meggátolni eszméink győzelmét!

A nemzeti szocialista program egykor a jövő állam alapját fogja képezni akkor, amikor a mai államfelfogásnak és képviselőinek már a neve is feledésbe merült.

Az 1920-as év januárja előtti négy hónapos gyűlésezési tevékenységünk révén takarítottuk meg azt a csekély összeget, amelyre első röpiratunk, első plakátunk és programunk nyomtatásban való megjelenéséhez szükségünk volt.

E kötet befejezéséül azért választottam első tömeggyűlésünket, mert ez alkalommal feszítette szét pártunk kis egyleti jellegének kereteit, és először volt befolyással korunk legfontosabb tényezőjére, a közvéleményre.

Engem akkor csak az a gondolat bántott: Vajon megtelike a terem, vagy pedig kongó üresség fogadja majd beszédünket? Szentül meg voltam győződve róla, hogy ez a nap fiatal mozgalmunk számára sikert fog jelenteni akkor, ha gyűlésünkre tényleg sokan jönnek. Aggódva vártam tehát a nevezetes estét.

Fél nyolckor kellett volna a gyűlést megnyitnunk. Negyed nyolckor léptem a müncheni Hofbräuhaus dísztermébe, és szívem repesett az örömtől. A hatalmas terem, mert akkor még annak tűnt fel előttem, tömve volt emberekkel; egymás hegyén-hátán tolongott a szinte kétezer főnyi sokaság. Főleg azok jöttek el, akikhez elsősorban akartunk fordulni. A teremnek több mint a fele kommunistákkal és független szocialistákkal volt tele. Első nyilvános fellépésünknek rövidesen véget akartak vetni.

De másképp történt. Amikor az első szónok befejezte beszédét, én jutottam szóhoz. Néhány perc múlva a közbeszólások áradata zúdult felém, a teremben heves összeütközésekre került sor, hű harctéri bajtársaim maroknyi csapata és híveim rátámadtak a zavargókra, és csak lassan sikerült helyreállítaniuk a rendet. Újra folytathattam beszédemet. Egy fél óra múlva a taps mindinkább túlharsogta a lármát és ordítozást. Erre programunkkal jöttem elő, és ez alkalommal kezdtem azt, többször pontról pontra, megmagyarázni.

A közbeszólók lassan elnémultak, mindinkább háttérbe szorította őket a tömeg helyeslése. Mire a tömegnek huszonöt tételemet pontról pontra elmagyaráztam, és felszólítottam a jelenlevőket, hogy ítélkezzenek felettünk, mindinkább növekvő lelkesedéssel egymás után fogadták el azokat. Mikor utolsó tételem is megtalálta az utat a tömeg szívéhez, az egész termet áthatotta az új meggyőződés, az új hit és az új akarás.

Amikor csaknem négy óra múlva a terem ürülni kezdett, és a tömeg lassan a kijárat felé áramlott, tudtam, hogy mozgalmunk elvei végre megtaláltak a német néphez vezető utat, és hogy nem fognak feledésbe merülni.

ADOLF HITLER

Fellobbant a tűz, amelynek parazsa egykor acéllá edzi azt a kardot, amely vissza fogja nyerni a germán férfiú szabadságát, és új életre ébreszti a német népet.

Éreztem, hogy mozgalmunkat a bosszú könyörtelen istennője fogja majd kísérni, hogy megbüntesse 1918. november 9ének hazaárulóit. A terem lassan kiürült.

És feltartóztathatatlan lendülettel indult útjára mozgalmunk!

II. Kötet. A nemzetiszocialista mozgalom

I. Világnézet és párt

1920. február 24-én tartotta ifjú mozgalmunk első nagy tömeggyűlését. A müncheni Hofbräuhaus dísztermében hozta az új párt a majd kétezer főnyi embertömeg tudomására programjának huszonöt tételét, és a tömeg lelkes helyesléssel fogadta annak minden egyes pontját.

Ezzel kiadtuk annak a küzdelemnek első vezér és irányelveit, amelyek arra hivatottak, hogy az elferdült fogalmak és nézetek sokaságával, a homályos, sőt káros irányzatokkal leszámoljanak. A rest és gyáva polgári világ, valamint a marxista győzelmi mámor helyébe új hatalomnak kellett lépnie, hogy a balsors szekerét az utolsó pillanatban megállítsa.

Természetesen az új mozgalom csak akkor remélhette, hogy szert tesz e titáni küzdelemhez szükséges jelentőségre és erőre, ha az első naptól kezdve sikerül híveinek szívében felébreszteni ama szent meggyőződést, hogy nem új jelszavakkal akarja gazdagítani a politikai életet, hanem új világnézetet akar teremteni.

Már az első kötetben foglalkoztam a "*népi*" (*völkisch*) szóval, s egyben le kellett szögeznem, hogy ez a meghatározás fogalmilag nem annyira körülírt, hogy egy zárt harci egyesülés megjelölését szolgálhassa. Minden lehető, lényeges alapelvek tekintetében egymással homlokegyenest ellenkező csoportosulás működését ezzel a "*népi*" szóval fedezi. Éppen azért, mielőtt én a Nemzeti Szocialista Német Munkáspárt feladatainak és céljainak ismertetésébe fognék, tisztázni óhajtom a "*népi*" fogalmat és annak a pártmozgalomhoz való viszonyát.

A "*népi*" (*völkisch*) fogalom éppen annyira nélkülözi a határozottságot, az egységes magyarázatot, másrészt épp oly kevéssé korlátozott a gyakorlati életben való alkalmazása tekintetében, akárcsak a "*vallásos*" kifejezés. Igen nehéz erről a fogalomról is mind gyakorlati, mind elméleti értelemben határozott képet alkotni. A "*vallásos*" szó csak akkor érthető megfogható módon, ha hatásának konkrét eredményével hozzuk összeköttetésbe. Igen

ADOLF HITLER

szép, de egyúttal nagyon felületes állítás, ha valakiről azt mondjuk, hogy "*őszintén vallásos*". Bizonyára akad néhány ember, akit ez az általános kifejezés kielégít, sőt talán e lelkiállapotnak éles képét támasztja fel a képzeletében. Minthogy azonban a tömeg nem áll sem filozófusokból, sem szentekből, ez az általános vallási eszme az egyes ember számára nem fog mást jelenteni, mint egyéni gondolkodásának és cselekvésének feladatát, amelyet a vallás utáni belső vágy ama pillanatban kelt, amikor a határokat nem ismerő elvont metafizikai gondolatvilágból konkrétan határolt vallás alakul ki. A vallás ez esetben sem maga a cél, hanem csak eszköze a célnak, amelyre okvetlenül szükség van azért, hogy a célt elérjük. Ez a cél azonban nemcsak ideális, hanem végeredményben fontos gyakorlati jelentőséggel bír. Tisztában kell lennünk azzal, hogy a legfennköltebb ideálok egyszersmind mély szükségszerűségek is. A fennkölt szépség nemessége is végeredményben csak logikus célszerűségében rejlik.

A hit, amely az embert az állati tengődés színvonala fölé emeli, egyúttal létét is biztosítja. Ha megfosztjuk a mai emberiséget a nevelés útján beléoltott vallásos hitbéli, gyakorlati jelentőségében valláserkölcsi alapelveitől anélkül, hogy ezek helyébe velük egyenértékűt helyeznénk, akkor ennek hatása az emberi lét alapjának súlyos megrázkódtatása lesz. Tény az tehát, hogy nemcsak azért él az ember, hogy magasabb eszméket szolgáljon, hanem megfordítva a dolgot: csak e magasabb ideálok teremtik meg az ember létének előfeltételeit!

A határozott dogmákban lefektetett hit nélkül a vallásosság egyéni sokfélesége folytán nemcsak hogy értéktelen volna az emberiség számára, hanem valószínűleg csak fokozná annak ziláltságát.

Ebben is vannak már egyes alapvető felismerések. Ezek azonban, bár rendkívüli jelentőségűek, alakjukat tekintve anynyira határozatlanok, hogy csak akkor emelkednek egy többé vagy kevésbé elismerésre méltó szemlélet értékéig, ha egy politikai párt keretén belül határozott alakot öltenek.

Bármily hasznos és helyes is legyen a világnézet, a nép életére csak akkor van tényleges befolyással, ha alapelvei egy érte küzdő mozgalom zászlajára vannak írva. E mozgalomnak viszont pártszervezeten alapulónak kell lennie mindaddig, míg eszméit nem juttatja győzelemre és dogmái nem váltak a népközösség alaptörvényeivé.

Ha megkíséreljük a "*népi*" szó legmélyebb értelmét, magvát kihámozni, akkor a következő megfontolásokra jutunk.

Általános politikai világnézetünk manapság ama elgondoláson alapszik, hogy az államban rejlik ugyan alkotó, kultúrateremtő erő, a faji előfeltételekhez azonban semmi köze sincs, hanem inkább csak gazdasági szükségszerűség eredménye, legjobb esetben pedig a politikai hatalomvágynak természetes következménye. Ezen alapnézet logikus és következetes továbbfejlesztése nemcsak a faji őserők félreismerésére, hanem az egyén jelentőségének elhanyagolására is vezet. A marxista tan a mai általános érvénnyel bíró világnézet rövid elméleti kivonata. Már csak azért is hiábavaló, sőt szinte nevetséges az ún. *"polgári"* világunknak ellene folytatott küzdelme, mert a polgári világot is lényegesen áthatotta ez a méreg, és olyan világnézetnek hódol, amely általában csak fokában és a személyeiben különbözik a marxizmustól. A polgári világ marxista, hisz azonban egy bizonyos embercsoport (a polgárság) uralmának lehetőségében, míg a marxizmus a világot tervszerűen a zsidóság kezére igyekszik játszani.

Ezzel szemben a *"népi"* világnézet elismeri az emberiségnek faji őselemeiben rejlő jelentőségét. Szemében az állam csak a célt szolgáló eszköz, célja pedig az emberiség faji létének fenntartása. Ennélfogva nem hisz abban, hogy a fajok egyenértékűek, hanem elismeri a fennálló különbségeket és ezzel a magasabb vagy alacsonyabbrendűségüket. E megismerés alapján kötelesnek érzi magát arra, hogy a világegyetemen uralkodó örök akaratnak megfelelően a jobbnak és erősebbnek a győzelmét segítse elő, és a silányabbnak, gyöngébbnek alárendeltségét követelje. Azt tanítja, hogy nemcsak a fajok, hanem az egyes emberek is különböző értékűek. Hisz abban, hogy az emberiségben az idealizmust ápolni kell, mert ebben látja az emberiség létének előfeltételét. Nem hajlandó azonban elismerni az olyan etikai eszme létjogosultságát, amely egy magasabbrendű eszmét megtestesítő faj élete számára veszélyt jelent, mert egy elnégeresedett, elkorcsosult világban a szépség és magasztosság fogalma, valamint az emberiségnek az ideálisabb jövőbe vetett hite örökre elvész.

II. Az állam

A polgári világ már 1920-21-ben szemére vetette mozgalmunknak, hogy elveti a mai államot. Ezért a különböző irányzatok pártpolitikai rablólovagjai jogosultnak érezték magukat arra, hogy ahol csak tehették, elnyomják az új világnézetnek e fiatal, kényelmetlen hirdetőjét. Közben természetesen szándékosan elfelejtik azt, hogy a mai polgári világ az állam fogalma alatt semmi egységeset sem képes elképzelni, hogy erre egységes meghatározás nem létezik és nem is létezhetik. Hiszen állami főiskoláinkon az államjognak rendszerint olyan tanárai tanítanak, akiknek legfőbb feladatuk az, hogy a mindenkori kenyéradójuknak többé-kevésbé szerencsés léte számára magyarázatokat találjanak. Minél lehetetlenebb az államforma, annál homályosabb, mesterkéltebb és érthetetlenebb létcéljának meghatározása. Mit írhatott volna pl. azelőtt egy császári és királyi egyetemi tanár az állam értelméről és céljáról abban az országban, mely államalakulat a 20. század legnagyobb torzszülöttje volt? Nehéz a feladata az államjog tanárának manapság is, ha elgondoljuk, hogy nem annyira az igazsághoz kell ragaszkodnia, mint inkább bizonyos célt kell szolgálnia. Ez a cél azonban: a szóban forgó, államnak nevezett emberi mechanizmus monstrumának minden körülmények közötti fenntartása. Nem csoda tehát, ha ezzel a problémával kapcsolatosan a gyakorlati szempontokat lehetőleg elkerüli, és ehelyett "*etikai*", "*erkölcsi*" és egyéb eszményi értékek, feladatok és célok zagyvalékában merül el.

E tekintetben általában három felfogást különböztetünk meg.

a) Azoknak a csoportját, akik az államban egyszerűen az embereknek egy kormányhatalom alatti többé vagy kevésbé önkéntes egyesülését látják.

b) A második csoport szám szerint csekélyebb, mivel azok tartoznak hozzá, akik az állam létezéséhez legalább egy feltételt kötnek; ők ugyanis nemcsak azt követelik, hogy a közigazgatás, hanem az államnyelv is csupán közigazgatástechnikai szempontból tekintve ugyan lehetőleg egyöntetű legyen.

c) A harmadik csoport szám szerint a legkisebb; ez a csoport az államban az egyöntetű és egységes nyelvű nép legtöbbnyire igen homályos hatalompolitikai törekvéseinek megvalósulását látja. Az egységes államnyelv utáni törekvés nemcsak abban a reményben nyilvánul meg, hogy az állam ily módon a külső hatalmának növeléséhez szükséges alapra tehet szert, de nem kevésbé abban az alapjában véve hamis felfogásban is, hogy ezzel egy bizonyos irányú nacionalizálás vihető keresztül.

Sajnálattal kellett megállapítanunk, hogy az elmúlt száz esztendő folyamán ezek a körök legtöbbnyire jóhiszemű együgyűségükben hogyan játszottak a "*germanizáció*" szóval. Pángermán körökben pl. az a vélemény uralkodott, hogy az osztrák németségnek sikerülhet elnémetesíteni a kormány támogatásával a szláv lakosságot, közben azonban halvány fogalmuk sem volt arról, hogy a föld esetleg germanizálható ugyan, a lakosság azonban soha. Németesítés alatt ők a német nyelvnek kényszer útján való bevezetését értették. Merő tévedés, ha azt hisszük, hogy a négerből vagy kínaiból németet lehet faragni, ha megtanulja a német nyelvet, és hajlandó németül beszélni, vagy pedig német politikai párt javára leadni szavazatát. A nemzet polgári körei nem voltak tisztában azzal, hogy az effajta germanizáció a valóságban németellenes hatású. Mert ha pillanatnyilag látszólag át is hidaljuk és elsimítjuk az egyes népek között fennálló különbséget azáltal, hogy egy közös nyelvet kényszerítünk rajuk, ezzel csak bizonyos fokú korcsosodás veszi kezdetét, amely ebben az esetben tehát nem germanizálást, hanem a germán elem elpusztulását jelenti. A történelemben sajnos igen gyakran előfordul, hogy a hódító népnek külső erőszak révén sikerül ugyan rákényszerítenie anyanyelvét a legyőzött népekre, ezer év múlva azonban egészen más nép beszéli ezt a nyelvet. Így a győző maga a tulajdonképpeni legyőzött.

j) Szerencsének tekinthető, hogy Ausztriában annak idején abbamaradt a II. József császár kezdeményezte *"germani-záció"*. Ennek eredménye valószínűleg az osztrák állam fennmaradása lett volna, vele egyidejűleg azonban a német nép faji jellegének a nyelvazonosságból eredő süllyedése is bekövetkezett volna. Évszázadok folyamán esetleg kialakult volna egy bizonyos csordaösztön, a csorda értéke azonban feltétlenül süllyedt volna. Így lehet, hogy *"államnép"* születik, de ugyanakkor egy kultúrnép megy veszendőbe.

A történelem folyamán hasznos értelemben vett németesítésnek csak ama földnek német parasztokkal való betelepítése tekinthető, amelynek őseink fegyverrel jutottak birtokába. Népünk idegen vérrel való keveredése azonban csak elősegítette lényünk ama szerencsétlen szétforgácsolódását, amely sajnos, az olyan gyakran dicsőített német *"Überindividualizmus"*-ban (egyéniség túlértékelésében) jut kifejezésre.

Ezért a népi világnézet alapján álló mozgalomnak első kötelessége gondoskodni arról, hogy az állam lényege és célja tekintetében vallott közfelfogás egyöntetű és világos legyen.

Az alapvető felismerés tehát, hogy az állam maga nem cél, csak eszköz.

Nem az állam képezi előfeltételét a magasabb színvonalú emberiség kifejlődésének, hanem az a faj, amely a szükséges képességekkel rendelkezik.

Az állam célja a fizikailag és szellemileg egyöntetű közösség fenntartása és támogatása. Ez a fenntartás elsősorban a faji állományra szorítkozik, és lehetővé teszi a fajban szunnyadó erők szabad fejlődését. Ennek egy része elsősorban mindig a fizikai élet fenntartására szolgál, és csak másik része lesz arra hivatott, hogy a szellemi fejlődést támogassa, tényleg azonban mindig az egyik teremti meg a másik előfeltételét.

Adolf Hitler

Azok az államok, amelyek nem ezt a célt szolgálják, torzszülemények. Az állam értékét nem kulturális színvonala vagy hatalmi állása, hanem kizárólag az adja meg, hogy berendezése menynyire szolgálja a kérdéses nép javát.

A német birodalomnak, mint államnak az a feladata, hogy a benne egyesített egész német nép legértékesebb elemeit és faji őserőit ne csak összegyűjtse és megtartsa, hanem hogy lassan és biztosan vezető réteggé emelje.

Ezzel aztán az alapjában véve merev állapot helyébe a harc időszaka lép. De mint mindig, és mindenre, erre is érvényes az a mondás: "*aki vár, az berozsdásodik*" és hogy a győzelem titka mindig a támadásban rejlik. Minél nagyobb emellett a harc célja és minél kisebb pillanatnyilag azzal szemben a tömeg megértése, annál nagyobb a világtörténelem tanulsága szerint az eredmény és annak jelentősége, ha helyes a cél, és ha a harcot rettenthetetlen szívóssággal harcoljuk végig.

Ha egy nép bizonyos rétege megfeszített energiáját és tetterejét egyetlen célra összpontosítja és ezzel végleg megszabadul a tömeg lomha közönyétől, akkor ez a réteg az egész nép urává lesz. A történelmet csak akkor csinálják a kisebbségek, ha bennük testesül meg a legnagyobb akarat és a legtöbb elhatározó képesség.

Amit tehát ma sokan tehertételnek tekintenek, az a valóságban győzelmünk feltétele. Feladatunk nagysága és nehézségei teszik valószínűvé, hogy erre a küzdelemre csak a legkitűnőbb harcosok vállalkoznak.

A földi élőlények faji tisztaságának kérdésében általában már maga a természet végez bizonyos javításokat. A kevertvérűeket nemigen szereti. Különösen az ily kereszteződések ivadékai szenvednek keservesen. Hiányzik belőlük nemcsak a keresztezés eredetileg legfőbb alkatelemének a jelentősége, hanem a hiányos véregység következtében hiányzik általában az élethez szükséges akaraterő és elhatározó képesség. Pl. a nagy jelentőségű pillanatokban az egységes fajú egyed helyesen és határozottan dönt, a kevert fajú tétovázik, tökéletlenül intézkedik. Mindez a kevert fajúnak nemcsak bizonyos alsóbbrendűségét jelenti az egységes fajúval szemben, hanem a valóságban egy gyorsabb pusztulás magvát hordja magában. Számtalan esetben, ahol a fajilag tiszta lény megállja a helyét, a kevertvérű összeroppan. Ez mutatja a természetjavító erejét. A természet azonban még tovább megy; korlátozza a kevertvérűek szaporodásának lehetőségét. Ezzel végleg meggátolja a további kereszteződéseket, és a kevertvérűek kihalnak.

Minden vérkeveredés kérlelhetetlen következetességgel előbb-utóbb a kevertvérű pusztulásához vezet addig, amíg a kereszteződés felsőbbrendű eleme még fajilag részben tiszta egységet képez. A kevertvérűt fenyegető veszély csak az utolsó felsőbbrendű fajtiszta lény fajkeveredésének pillanatában szűnik meg.

Ez az alapja a lassú, de természetes tisztulási folyamatnak. A faji fertőzések fokozatosan kiküszöbölődnek mindaddig, amíg a fajtiszta elemek alaptörzse jelen van, és további fajkeveredés nem történik.

Erős faji ösztönnel rendelkező egyedeknél ez a folyamat önként beáll. Ezek csak különös körülmények vagy kényszerhelyzet következtében térnek le a természetes, fajtiszta szaporodás útjáról, s mihelyt ez a kényszerhelyzet megszűnik, a még tiszta elem rögtön ismét arra törekszik, hogy saját faján belül keresse párját, és ezzel meggátolja a további keveredést. A kevertvérűek tehát ismét háttérbe szorulnak, feltéve, ha nem oly aránytalanul erősek, hogy a még megmaradt fajtiszta elemek komoly ellenállást már nem fejthetnek ki.

A természetadta kötelezettséget félreismerő, ösztönét vesztett embernek mindaddig nem szabad a természet helyreigazításában reménykednie, amíg elvesztett ösztönét belátással nem pótolja. E belátásnak, megismerésnek kell lennie és a jóvátétel munkáját megkezdenie. Nagy veszélyt jelent az, ha a már egyszer elvakult ember mindinkább túllépi a faji korlátozásokat, és végül jobbik énjének végső maradványát is elveszti. Így azután tényleg csak egyöntetű keverék létesül, amely napjaink hírhedt világjavítóinak eszményképe. Ily módon rövid időn belül kipusztulna minden ideál. Nagy csorda képződnék és ennek tagjaként a csordalény. Ember, kultúrlény, helyesebben kultúraalapító és alkotó sohasem keletkeznék ilyen keveredésből. Az emberiség küldetése ezzel befejezettnek lenne tekinthető. Napjaink notórius nyápicainak generációja ez ellen természetesen azonnal feljajdul, és a legszentebb emberi jogokba való beavatkozásról siránkozik és panaszkodik. Nem így van! Csak egyetlen legszentebb emberi jog van, és ez egyben a legszentebb kötelesség is: arról gondoskodni, hogy a vér tiszta maradjon. Ezáltal az emberiség legjobbjait megóvjuk és számukra a nemesebb fejlődés lehetőségét biztosítjuk. A népi állam kötelessége elsősorban a házasság intézményét az állandó fajgyalázástól mentesíteni, szentesíteni rendeltetését, hogy az Úr hasonmásait, ne pedig az ember és majom közötti torzszülötteket hozza a világra.

A nyugalom és rend mai államában a derék nemzeti polgári világ reprezentánsai szemében a szifiliszesek, tüdővészesek, terheltek, nyomorékok és gyengeelméjűek nemzőképességének megakadályozása gaztett, ellenben a

ADOLF HITLER

legjobbak millióinál nem tekintik véteknek a nemzőképesség gyakorlásának megakadályozását; ez nem ütközik ennek az álszenteskedő társadalomnak jó erkölcseibe, sőt hasznára van a rövidlátó és renyhe gondolkodásnak. Máskülönben azon kellene törnie a fejét, miképpen teremtse elő ama egyedek élelmezésének és létfenntartásának alapfeltételeit, akiknek, mint népünk egészséges képviselőinek a jövő nemzedékkel szemben ugyanez lesz a kötelessége.

Amit ezen a téren ma mindenütt elmulasztanak, azt a nép államának pótolnia kell! Tegye a faji kérdést az egyetemes élet legfőbb kérdésévé, gondolkodjon a faj tisztántartásáról, nyilvánítsa a gyermeket a nép legértékesebb kincsének. Gondoskodjon arról, hogy csak egészséges embernek szabadjon gyermekeket nemzeni, hogy szégyen: betegség és fogyatékosság ellenére gyermeknek életet adni, de becsületes dolog: erről lemondani! Viszont megvetést érdemel az, aki egészséges gyermekektől fosztja meg nemzetét. Az állam legyen egy ezeréves jövendő védelmezője, amely előtt az egyéni óhajnak és önzésnek meg kell hajolnia. Állítsa ennek az elvnek a szolgálatába a modem orvosi segédeszközöket is. Nyilvánítsa nemzésre képtelenekké a nyilvánvalóan betegeket és terhelteket, s ezt valósítsa meg a gyakorlatban, viszont gondoskodjon arról is, hogy a kormányrendszer könnyelmű pénzügyi gazdálkodása amely a szülőknél a gyermekáldást átokká változtatja az egészséges asszony termékenységét semmiképpen ne korlátozza. Vessen véget annak a lusta, sőt átkos közömbösségnek, amellyel ma a soktagú család szociális létfeltételeit kezelik, és legyen a nép e legfőbb kincsének legnagyobb oltalmazója. Gondoskodjon inkább a gyermekről, mint a felnőttről.

A testileg és szellemileg beteg embernek nem szabad szenvedését gyermekébe átültetnie. A népi államnak e tekintetben óriási nevelőmunkát kell végezni. Egykor majd nagyobb vívmánynak tekintik ezt, mint polgári korszakunk leggyőzedelmesebb háborúit. Neveléssel fel kell világosítani az egyént arról, hogy betegnek és gyöngének lenni nem szégyen, csak sajnálatos szerencsétlenség; gaztett és szégyen azonban ezt a szerencsétlenséget megbecsteleníteni azzal, hogy ártatlan utódokra is rákényszerítjük. Milyen csodálatos és nemes lelkületre vall, ha az önhibáján kívül beteg ember lemond a gyermekről, és szeretetét, gyöngédségét népe egyik szegény, fiatal magzatjára fordítja, akinek egészsége biztosít bennünket arról, hogy egykor erőteljes nemzedék erőteljes tagja lesz. Az állam e nevelő munkáját gyakorlati tevékenysége mellett szellemi téren is valósítsa meg tekintet nélkül arra, hogy megértik-e, helyeslik-e vagy rosszallják-e azt.

Ha testileg degenerált, szellemileg beteg embereknek nemzőképességét csak hatszáz évig akadályoznánk meg, ezzel nemcsak mérhetetlen szerencsétlenségtől szabadítanánk meg az emberiséget, hanem olyan regeneráló folyamatnak vetnénk meg az alapját, amelynek hatását ma el sem tudjuk képzelni.

A népi világnézetnek a népi államban meg kell valósítania azt a nemes korszakot, amelyben az emberek nem kutyák, lovak, macskák nemesítésében találják örömüket, hanem az emberi faj felemelésében és nemesítésében. Ebben a korszakban az egyik néma belátással lemond, a másik pedig örömmel hoz áldozatot, és örömmel adakozik.

Napjaink nyárspolgárainak jajveszékelő serege ezt sohasem fogja megérteni. Nevetni fog, ferde vállát vonogatja és örökös kifogásait sóhajtozza: *"Ez bizony szép volna, de sajnos kivihetetlen."*

Ezeknek azt üzenjük: Veletek ezt már nem lehet elérni, a ti világotok erre már nem alkalmas. Ti csak egy gondot ismertek, önző életeteket és egy istent: a pénzt. De mi nem is hozzátok fordulunk, hanem azok nagy táborához, akik túl szegények, semhogy saját önös életük a világ legnagyobb örömét jelentse számukra. Azokhoz, akik életcéljukat nem az aranyban látják, hanem más istenekben hisznek. Elsősorban német ifjúságunk hatalmas seregéhez fordulunk! Ők egy új korszak küszöbét lépik át; amit apáink lomhasága és közönye elmulasztott, az őket majd küzdelemre ösztönzi. A német ifjúság egykor vagy építője lesz az új népi államnak, vagy utolsó tanúja a polgári világ teljes pusztulásának.

Mostani polgárságunk képtelen az emberiség magasztos feladatait elvégezni. Ennek az oka egyszerű: gerinctelen és romlott. Nem készakarva rossz, inkább hihetetlen nemtörődömsége és annak következménye folytán.

Ha mi az állam legfőbb feladatául a nép szolgálatában és javára a legjobb faji egyedek megtartását, gondozását és kifejlesztését tekintjük, akkor az ez irányú gondoskodásnak nemcsak az ifjú nép és fajtárs születéséig kell terjednie, hanem kötelessége, hogy a fiatal hajtásból a későbbi szaporodás értékes tagját nevelje fel.

A népi állam nevelő munkásságát ne csak az abszolút tudás besulykolására fordítsa, hanem elsősorban az egészséges testi nevelésre. Csak másodsorban következzék a szellemi képességek fejlesztése; e téren is a jellemképzés, különösen az akaraterő, elhatározó képesség és a felelősségérzet kifejlesztése a legfontosabb, és csak utoljára a tudományos kiképzés.

A népi állam e kérdésnél induljon ki abból az igazságból, hogy a tudományosan kevésbé képzett, de testileg egészséges, erősjellemű ember, telítve határozottsággal, akaraterővel sokkal értékesebb a népközösség számára, mint a szellemes nyápic.

A rothadt testet a szellem semmiképpen sem teszi esztétikusabbá. A legmagasabb szellemi képzettség mit sem érne, ha viselői testileg romlott és elsatnyult, jellemükben akaratgyönge, ingadozó, gyáva személyek volnának. Ami a görög szépségideált halhatatlanná teszi, az a leggyönyörűbb testi szépség, a ragyogó szellem és legnemesebb lélek csodálatos összhangja.

Az iskolának a népi államban több időt kell fordítania a testnevelésre. Hisz hiábavaló a fiatal agyvelőt oly ballaszttal megterhelni, amelynek amúgy is csak egy részét tartja meg, és amelyhez sok felesleges értéktelenség tapad.

A középiskolák mai tantervében a tornának csak rövid két órát szentelnek hetenként, az azon való részvételt is a tanuló döntésére bízzák. Ez a tisztán szellemi kiképzés a szükségesség durva félreismerése. Egyetlenegy napnak sem szabad elmúlnia anélkül, hogy a fiatalember legalább délelőtt és este egykét órás testgyakorlásban ne részesüljön, éspedig a sport és torna minden ágában.

Ha az értelmiség felső rétegei nemcsak előkelő illemtant, hanem alapos ökölvívást is tanultak volna, akkor az apacsok, katonaszökevények és hasonló kétes elemek "*német*" forradalma sohasem lett volna lehetséges.

Német népünk ma megtörve fetreng, kiszolgáltatva idegen népek rúgásainak. Éppen neki van szüksége arra a szuggesztív erőre, amely az önbizalomban rejlik. Már gyermekkorában bele kell nevelni a fiatal néptársba ezt az önbizalmat. Egész nevelését oly irányba kell terelnünk, hogy tudatában legyen másokkal szemben való feltétlen fölényének. Testi erejében és ügyességében bízva kell népe legyőzhetetlenségébe vetett hitét visszanyernie.

A német hadsereget egykor az egyén önbizalma és az öszszességének a vezetőkbe vetett bizalma vitte győzelemre.

A német népet talpra állítani csak a szabadság visszanyerésébe vetett szent hite tudja. Ennek a meggyőződésnek azonban milliók szívében kell gyökeret vernie!

A népi államban a hadsereg az egyént ne csak állni és járni tanítsa, hanem jelentse egyben a hazafias nevelés utolsó és legfőbb iskoláját is. A fiatal újoncot a hadseregben ne csak a szükséges fegyveres kiképzésben részesítsék, hanem neveljék a későbbi életére is. A katonai nevelés vezérelve az legyen, amit már a régi hadseregnél is a legnagyobb érdemnek minősítettek, hogy ebben az iskolában az ifjúból férfit kell kialakítani, nemcsak engedelmességet kell tanulnia, hanem a későbbi parancsolás előfeltételeit is el kell sajátítania. Tanulja meg, hogy ne csak akkor hallgasson, ha jogosan feddik, hanem a szükséghez képest az igazságtalanságot is némán viselje el.

A katonai szolgálat befejezése után két okmány állítandó ki részére: 1. az állampolgársági okmány, ez jogi okmány, amely nyilvános szereplésre jogosítja és 2. egészségi bizonyítvány, amely testi épségét igazolja és feljogosítja a házasságkötésre.

A fiúk neveléséhez hasonló elvek szerint kell nevelnie a népi államnak a leányokat is. Itt is a testnevelésre kell a legnagyobb súlyt helyezni, csak ezután következzék a lelki és utolsó sorban a szellemi értékek kifejlesztése. A női nevelés határozott céljának az anyai hivatásra való nevelésnek kell lennie.

Igen nagy jelentőségű az akaraterő, az elhatározó képesség fejlesztése, valamint a felelősségérzet ápolása.

Gyakran panaszkodunk, hogy 1918 novemberében és decemberében minden fórum kivétel nélkül felmondta a szolgálatot, hogy az uralkodótól lefelé, az utolsó hadosztályparancsnokig senki sem tudta többé erejét önálló elhatározásra összpontosítani.

Ez a rettenetes valóság nevelésünk eredménye volt. Ebben a hatalmas katasztrófában óriási mértékben jelentkezett az a lelkiállapot, amely már kicsiben általában minden emberen uralkodott.

Nem a fegyverek hiánya, az akarathiány tesz bennünket ma is minden komoly ellenállásra képtelenné. Ez a hiány ma áthatja egész népünket, megakadályoz minden kockázatos elhatározást, mintha a test nagysága nem éppen a merészségben gyökereznék. Egy német tábornoknak önkéntelenül is sikerült erre a jajveszékelő akaratnélküliségre klasszikus meghatározást találnia: "*Én csak akkor cselekszem, ha győzelmünk 51%os lehetőségével számíthatok.*" Ebben az 51%-ban rejlik a német összeomlás tragédiája. Aki a sorstól az eredmény kezességét követeli, az eggyel már eleve nem számolt: a hősi tett jelentőségével.

Ide sorolható a napjainkban tomboló gyávaság is, amely minden felelősségtől irtózik. A hiba itt is az ifjúság nevelésében rejlik. Áthatja egész nyilvános életünket, a parlamenti kormányrendszerben pedig hallatlan tökéletességre tesz szert.

Sajnos, már az iskolában többre becsülik a kis bűnös "*töredelmességét, fogadalmát*", mint a bátor, nyílt színvallást.

ADOLF HITLER

Miként a népi államnak majdan a legnagyobb gondot kell fordítania az akarat és határozóképesség fejlesztésére, éppen úgy kell a felelősségvállalás készségét és a nyílt őszinteséget is bele nevelni az ifjúságba.

A tudományos iskolai kiképzést, amely ma még az egész állami nevelőmunkásság lényege, a népi állam kisebb változtatásokkal átveheti. E változtatások három csoportra oszlanak.

Mindenekelőtt a fiatal agyat általában ne terheljük olyan anyaggal, amelynek 95%-ára amúgy sincs szüksége, és ezért megint elfelejti.

Változtassuk meg különösen a történelem eddigi tanítási módszerét. Aligha tanul más nép annyi történelmet, mint a német, de alig is van olyan nép, amely ennek kevésbé vehetné hasznát, mint a miénk. Ha a politika a keletkező történelem, akkor történelmi nevelésünk felett politikai magatartásunk ítélkezik. Nem helyénvaló politikai teljesítményeink siralmas eredményeinek bírálgatása mindaddig, amíg nem gondoskodunk jobb politikai nevelésről.

A történelemtanítás eredménye száz közül kilencvenkilenc esetben siralmas. Néhány adat, születési szám, név még megmarad emlékezetünkben, de teljesen hiányzik a határozott, nagy koncepciójú irányvonal. Ami lényeges, azt nem tanítják. Az egyes tanulók többé-kevésbé zseniális hajlamára bízzák, hogy az adatok áradatában és az események forgatagában rátaláljanak a belső indítóokra.

Éppen a történelem tanításánál kell az anyagot rövidre szabni. A fő érték a nagy fejlődési vonalak megismerésében rejlik. Minél jobban alkalmazkodunk ehhez a tanításnál, annál inkább remélhetjük, hogy az egyén tudása később előnyére is válik és a köz javát is szolgálj a. Nem azért tanulunk történelmet, hogy megtörtént tényeket megismerjünk, hanem azért, hogy benne a jövő és saját népünk létének tanítómesterére találjunk. Ez a célunk. A történelemtanítás csak eszköz.

A népi államnak kell arról is gondoskodnia, hogy végre olyan történelmet írjanak, amelyben a faji kérdés uralkodó helyet foglal el.

A népi állam tudományos tantervének második változtatása a következő legyen.

Anyagias időnk jellemzője, hogy tudományos kiképzésünk mindinkább a reális tantárgyak, így a számtan, vegytan stb. felé irányul. Bármily fontosak ezek ma, amikor a technika és vegyészet játsszák a vezető szerepet, mégis veszélyes a nemzet általános művelődését csak ezekre a tudományokra összpontosítani. A képzésnek inkább ideálisnak kell lennie. Helyezzük a fő súlyt a humanisztikus tárgyakra, a későbbi szakképzésnek csak az alapját vessük meg, mert különben olyan erőkről mondunk le, amelyek a nemzeti létfenntartás szempontjából még mindig fontosabbak minden technikai tudásnál. Különösen a történelem tanításánál nem szabad az ókor tanulmányozását elhanyagolni. A római történelem fő vonásokban helyes megvilágításban még ma is a legjobb tanítómestereink. A páratlan szépségű hellén kultúrideált is ápolnunk kell. Egyes néptörzsek között fennálló különbözőségek miatt nem szabad a nagyobb faji közösség eszméjének szenvednie.

Az általános képzettség és a különleges szakképzettség között éles ellentétnek kell fennállania. Minthogy az utóbbi éppen manapság mindinkább a pénz szolgájává alacsonyodik le, legalább az ideális szemléletű általános műveltségnek kell ellensúlyként fennmaradnia. Állandóan hangsúlyozni kell az elvet, hogy a nagyipar és a technika, a kereskedelem és a kisipar virágzása mindig csak ideálisan gondolkodó népközösség keretén belül lehetséges. Ennek előfeltételeit azonban nem az anyagias önzés, hanem csak a sorsközösségben rejlő áldozatkészség biztosítja.

A tudományos nevelés terén harmadik körülményként a következőre kell figyelemmel lenni.

A népi államnak a tudományban is a nemzeti önérzet nevelésének egyik segítőeszközét kell látnia. Nemcsak a világtörténelmet, hanem az egyetemes kultúrtörténetet is ilyen szempontok szerint kell tanítani. A feltaláló ne csak feltalálóként legyen nagy, hanem még sokkal nagyobbnak kell feltűnnie néptársi mivoltában. Minden nagy tett csodálatát nemzeti büszkeséggé kell változtatnunk. A német történelem nagy jelentőségű neveinek a tömegéből ki kell választani a legnagyobbakat, és olyan módon kell bemutatnunk ifjúságunknak, hogy azok a nemzeti érzés megdönthetetlen pillérei legyenek.

Azért, hogy ez a nemzeti érzés kezdettől fogva valóságos és ne csak látszólagos legyen, már kora ifjúsága idején bele kell nevelni a nép gyermekébe azt a sziklaszilárd alapelvet, hogy:

Aki szereti népét, szeretetét csupán az érte hozott áldozatok árán mutathatja ki. Olyan nemzeti érzés nincs, amely nyerészkedésen alapszik. Éppúgy nem nacionalizmus az sem, amely csak egyes osztályokat karol fel. Az éljenzés nem jelent semmit, nem tesz bennünket jó hazafiakká, ha nem a népünk iránti gondoskodó szeretet vezérel bennünket. Népünkre csak akkor lehetünk büszkék, ha egyetlenegy osztálya miatt sem kell többé szégyenkeznünk. Senki sem lehet büszke népére, ha annak egy része ínségben él, gondterhelt, esetleg züllött. Csak testileg-lelkileg egészséges nép keltheti fel bennünk annak az öröm érzetét, hogy ehhez a néphez tartozunk, és csak az ilyen nép lehet nemzeti büszkeség tárgya. Ezt a legnagyobb büszkeséget viszont csakis az érezheti, aki ismeri népe nagyságát.

A nacionalizmus és szociális igazságérzet összhangba hozatalát már a fiatal szívekben meg kell valósítanunk. Ilyen módon egykor a közös szeretet és közös büszkeség egymáshoz fűzi az állampolgárokat. Ezáltal népünk örök időkig megrendíthetetlenné válik.

Korunknak a sovinizmustól való félelme: a tehetetlenségének jele. Minthogy nem rendelkezik túltengő erővel, sőt ezt még kellemetlennek is találja, a sors sem szemelte ki nagy tettek keresztülvitelére. Hiszen ezen a földön el sem volnának képzelhetők a nagy átalakulások, ha azok hajtóerejét a fanatikus, sőt hisztérikus szenvedélyek helyett a nyugalom és a rend polgári erényei szolgáltatták volna.

Tény az, hogy a világ nagy átalakulás előtt áll. A kérdés csak az, vajon ez az átalakulás az árja világ javára, vagy pedig az örök zsidó hasznára valósul meg.

A népi államok célja, hogy az ifjúság megfelelő nevelése révén gondoskodjanak arról, hogy egykor földünkön a végső és döntő küzdelem érett nemzedékre találjon.

Az a nép fog győzni, amely először lép erre az útra!

A népi állam kiképző és nevelő munkájának végcélja az legyen, hogy a faji öntudatot és érzést ösztönileg és értelmileg a reá bízott ifjúság szívébe és agyába vésse. Egyetlenegy ifjú vagy leány se hagyhassa el addig az iskolát, amíg tisztában nincs vele, mi a vér tisztaságának lényege és szükségessége.

Ez fogja megteremteni népünk fennmaradásának fajszerű alapjait, amelyek viszont a további kulturális fejlődés feltételeit biztosítják.

Amilyen nagy jelentősége lesz egy népi államban a testi és szellemi nevelésnek, éppen olyan fontos lesz magának az embernek az állam szempontjából való megfelelő kiválasztása. Ezt a kérdést ma nagyon könnyen kezelik. Általában a felsőbb rétegek, módosabb szülők gyermekeit magasabb kiképzésre méltatják. A tehetség kérdésének teljesen alárendelt szerep jut. Alkotó munka pedig csak úgy lehetséges, ha a tudás tehetséggel párosul.

A népi államnak nem az a feladata, hogy valamely fennálló társadalmi osztály fölényét védje, hanem az, hogy a néptársak egyeteméből a legtehetségesebbeket kiszemelje, s őket hivatalokba, méltóságokba juttassa. Nemcsak az a kötelessége, hogy az átlagos képességű gyermeket az iskolában bizonyos fokú nevelésben részesítse, hanem az is, hogy a tehetséget a neki megfelelő pályára nevelje. De legfőbb feladata, hogy tekintet nélkül származására, a nép minden tehetséges tagja előtt megnyissa az állami felsőbb oktató intézetek kapuit.

A háborús politikai készültség és a technikai felszerelés nem azért volt elégtelen, mert népünket kevésbé képzett fők kormányozták volna, inkább az volt a baj, hogy a kormányon lévők túl műveltek voltak, teletömve tudással és szellemmel, hiányzott azonban belőlük az egészséges ösztön, az energia és a merészség.

Az volt a végzetünk, hogy a létért folytatott harcunkat gyönge, bölcselkedő kancellár vezetése alatt kellett megvívnunk. Az egyszerű baka vére nem folyt volna hiába, ha Bethmann-Hollweg helyett a nép egy erőteljesebb, nyersebb fia lett volna a vezetőnk. Követendő példát szolgáltat e tekintetben a katolikus egyház. Szerzeteseinek megtiltja a házasságot, és így a lelkészség utánpótlását nem saját soraiból, hanem a nép köréből kénytelen biztosítani. A cölibátus jelentőségét a legtöbben nem ismerik fel. Pedig ez a magyarázata annak a hihetetlen mozgékony erőnek, amely ezt az intézményt jellemzi. Azáltal, hogy ez a hatalmas szervezet az egyházi méltóságok viselőit szakadatlanul a népek legalsóbb rétegéből egészíti ki, nemcsak ösztönös összeköttetését biztosítja a nép érzelmi világával, hanem hatalmas erőforrást és tetterőt is merít a maga számára, mert ezek ilyen alakban mindig csak a nép széles rétegeiben vannak meg. Ez az alapja az óriási szervezet csodálatos fiatalságának, lelki simulékonyságának és acélos akaraterejének.

A népi állam feladata lesz, hogy közoktatása útján gondoskodjék a meglévő szellemi vezető rétegnek az alulról jövő vérfrissítés útján történő állandó megújhodásáról.

Az államnak kötelessége az, hogy a néptársak tömegéből a legnagyobb gondossággal és pontossággal kiválassza és a köz szolgálatába állítsa a természet által láthatólag legnagyobb tehetséggel megáldott emberanyagot. Az állam és az állami hivatalok nem azért vannak, hogy egyes osztályok elhelyezkedést találjanak bennük, hanem hogy a rájuk bízott feladatoknak megfeleljenek. Ez azonban csak akkor lesz lehetséges, hogyha a hivatali tisztségek viselői elvileg mindig csak a rátermett és akaraterős személyiségek sorából kerülnek ki. Mindez nemcsak a tisztviselői állásokra vonatkozik, hanem általában a nemzet egész szellemi vezetésére. Egy nép nagyságának az is egyik fontos feltétele, hogy sikerül-e legrátermettebb embereket a megfelelő munkakörbe kiképezni és a köz szolgálatába állítani.

Ha két nép verseng egymással, és mindkettő egyforma értékkel rendelkezik, akkor az kerül ki ebből a versenyből győztesen, amelyik az egyetemes szellemi vezetés tekintetében a legjobb tehetségnek biztosítja a szerepet, és az marad veszteskétnt a porondon, amelyiknek vezetősége csak bizonyos érdekeltségeknek és osztályoknak nagy, közös húsosfazekát jelenti, tekintet nélkül az egyes vezetők veleszületett képességeire.

Természetesen ez a mai világunkban első látásra lehetetlenségnek látszik. Rögtön ellenvetnék, hogy pl. egy magasabb állami hivatalnoknak a fiacskája mégsem lehet kézműves csak azért, mert esetleg egy másik, akinek a szülei történetesen iparos emberek, tehetségesebb. Ez a fizikai munka mai lebecsülésének idején találó ellenvetés. Éppen ezért a népi állam első és legfontosabb feladata az, hogy más álláspontot foglaljon el a munka fogalmával szemben. Ennek a népi államnak, ha kell, évszázados nevelés útján le kell számolnia azzal az őrülettel, amely a testi munkát lebecsüli. A népi állam az egyes embert nem a munka mineműsége, hanem a kifejtett tevékenység minősége és hasznossága szerint értékeli.

Pedig ez idő szerint a szellemtelen tömegírnokot többre értékelik, mint a legintelligensebb műszerészt, csak azért, mert tollal dolgozik. E felfogás egyenesen rettenetes. A hamis értékelés azonban, mint már jeleztem, nem a dolgok természetéből folyik, hanem mesterséges nevelés eredménye, és korábban ismeretlen volt. A mai természetellenes állapot éppen anyagias korunk általános betegségi tüneteinek egyike.

Alapjában véve minden munkának az értéke kettős: a tisztán anyagi és az ideális értelemben vett érték. Az anyagi érték a munkának az összesség életére gyakorolt jelentőségén éspedig anyagi jelentőségén nyugszik. Minél több néptársnak jelent hasznot egy bizonyos tevékenység, éspedig akár közvetve, akár közvetlenül, annál nagyobbra becsülendő a munka anyagi értéke. Ezt a megbecsülést az az anyagi ellenérték fejezi ki, amelyet az egyén munkájáért kap. A tisztán anyagi értékkel szemben áll az eszmei érték. Ez nem a végzett munka anyagiasan mérlegelt jelentőségében gyökerezik, hanem szükségszerűségében. Kétségtelen, hogy egy találmánynak az anyagi haszna nagyobb lehet, mint egy szürke napszámos munkájának értéke, mégis bizonyos, hogy az összesség erre a legkisebb szolgálatra éppen úgy rászorul, mint arra a nagyobbra. Anyagilag lehet különbség az egyes munkák hasznának összessége tekintetében jelentkező értékelésében, és ez a különbség a mindenkori ellenszolgáltatás tekintetében is jelentkezhetik. Azonban eszmei szempontból azonos értékűnek kell lennie minden munkának abban a pillanatban, amikor az egyes ember arra törekszik, hogy saját munkakörében, bármilyen is legyen, a legjobbat nyújtsa.

Minthogy az ésszerűen berendezett államban arra kell törekedni, hogy minden egyes embert tehetségének megfelelő pozícióba juttassanak, vagyis másként kifejezve, hogy az embereket a tehetségüknek megfelelő munkára képezzék ki, azt kell szem előtt tartanunk, hogy tehetséget nem lehet elsajátítani, hanem azzal születni kell, mert az a természet ajándéka, és nem az embernek a megszolgált jutalma. Így azután az általános megbecsülést nem befolyásolhatja az egyes részére juttatott munka. Ez a munka ugyanis a veleszületett tehetségének és az ahhoz igazodó kiképeztetésnek számlájára írandó, amelyet viszont az összesség nyújt számára. Az embert aszerint kell megbecsülni, hogy miként felel meg az egyetemesség részéről neki szánt feladatnak. Az egyes ember létének célját nem tevékenysége képezi, hanem az csak eszköze annak. Mint embernek tovább kell képeznie magát, tovább kell nemesednie, ami csak kultúrközösségben történhetik, amelynek viszont mindig egy állam alapján kell nyugodnia. Ennek az alapnak a megtartásához neki is hozzá kell járulnia. Hozzájárulása módját a természet határozza meg; az egyes embernek az a feladata, hogy szorgalommal és becsületességgel visszaadja a népközösségnek azt, amit tőle kapott. Aki ezt megteszi, az méltó a legnagyobb megbecsülésre és tiszteletre.

Az anyagi jutalom az egyént tevékenységének a népközösség számára biztosított haszna szerint illetheti kisebbnagyobb mértékben; az erkölcsi jutalom viszont a munka értékének tudatában rejlik, aki természetadta képességét népe szolgálatába állítja. Így tehát nem lesz többé szégyen, ha valaki rendes iparos ember, de szégyen marad, ha mint alamuszi hivatalnok a jó Isten napját és népe kenyerét lopja. Magától értetődőnek tartjuk majd, hogy hozzá nem értő emberre nem bízunk számára megoldhatatlan feladatokat. Napjainkban, amikor egész embercsoportok egymást csak fizetési osztályok szerint értékelik, ezekkel az elgondolásokkal szemben nincs kellő megértés. Ez azonban nem képezheti alapját annak, hogy eszméink hirdetésétől elálljunk. Ellenkezőleg! Aki ezt a korszakot, amely belsőleg beteg és rothadt, meg akarja újítani, annak legyen bátorsága ahhoz, hogy rámutasson ez állapot okaira. A nemzeti szocialista mozgalomnak az a feladata, hogy tekintet nélkül a nyárspolgáriasságra, gyűjtse össze és szervezze népünkből azokat az erőket, melyek alkalmasak arra, hogy az új világnézetnek az előharcosai legyenek.

Nem vagyunk együgyűek, nem hisszük, hogy sikerül valaha hibátlan korszakot teremtenünk. De ez a tudat nem ment fel bennünket kötelességünk alól. A felismert hibák ellen harcolnunk kell, a gyöngeségeket le kell küzdenünk, és legalább meg kell közelítenünk az ideált. A rideg valóság sok akadályt gördít utunkba, de annál inkább kell törekednünk végső célunk felé. A tévedések ne tántorítsanak el célunktól, mint ahogy az igazságszolgáltatást sem vethetjük el azért, mert téved; nem utasíthatjuk vissza az orvosságot sem, mert mindig lesznek betegségek.

Az ideális eszme erejét nem szabad lebecsülnünk. A katonaviselt kishitűnek emlékezetébe idézem azt az időt, amikor hősiessége az ideális motívumok leghatalmasabb bizonysága volt. Az emberek nem a mindennapi kenyerükért haltak meg, életüket a hazaszeretet, a haza nagyságába vetett hit, a nemzet becsülete érdekében áldozták fel. Csak amikor német népünk eltávolodott az ideáloktól, és a forradalom reális ígéreteit követte, amikor fegyverét batyuval cserélte fel, csak akkor a földi mennyország helyett a közmegvetés és az általános nyomor tisztítótűzébe.

Azért kell a jelenlegi reális szemléletű köztársaság számító mestereivel szemben idealizmuson nyugvó birodalomba vetett hitet állítanunk.

III. Állami illetőség és állampolgárság

Az a képződmény, amelyet ma tévesen államnak neveznek, általában kétféle embert ismer: hazai és külföldi állampolgárt. Hazai állampolgár mindenki, aki születése vagy későbbi honosítása révén állampolgársági jogot szerez, külföldi pedig az, aki ugyanezt a jogot más államban élvezi. Ezeken kívül vannak még igen ritka személyek, az ún. hontalanok. Ezek sehol sem élveznek állampolgársági jogokat, tehát abban a megtiszteltetésben részesülnek, hogy a mai államok egyikéhez sem tartoznak.

Az állampolgári jogot ma mint már említettük elsősorban az államon belüli születés adja meg. Fajhoz, néphez való tartozás itt nem játszik szerepet. A néger, aki azelőtt a német gyarmatokon élt, és akinek lakhelye most Németországban van, gyermekét eszerint "*német állampolgárként*" hozza világra. Éppen így lehet a zsidó, akár Afrika vagy Ázsia gyermeke, minden további nélkül német állampolgár.

A hazai állampolgár a külfölditől csak abban különbözik, hogy a közhivatali pálya nyitva áll számára, eleget tehet a katonai szolgálat kötelezettségének, és a választásokon aktív vagy passzív módon részt vehet. Nagyjában ez az egész. A személyes jog és szabadság védelmét a külföldi vele egyaránt élvezi, ha nem többet.

Ezzel szemben a népi állam lakosait három osztályba osztja:

1. állampolgárok;
2. állami illetőségűek;

3. a külföldiek osztályába.

A születés révén elvileg csak az állami illetőség szerezhető meg. Ez még nem jogosít közhivatalok viselésére, aktív vagy passzív választójogra, sem politikai tevékenységre. Minden állami illetőségű egyénnek előre meg kell állapítani faji és nemzetiségi hovatartozását. Az állami illetőségű egyén mindenkor szabadon határozhat afelől, hogy lemond állami illetőségéről és annak az államnak polgára lesz, amelynek nemzetisége az övének megfelel. A külföldi csak annyiban különbözik az állami illetőségű egyéntől, hogy más államhoz tartozik.

A fiatal, német nemzetiségű állami illetőséggel bíró egyén köteles magát a minden német részére előírt iskolai kiképzésnek alávetni. Ezzel olyan nevelésnek veti magát alá, amely faji és nemzeti öntudattal bíró néptársat formál belőle. Később az előírt további testgyakorlásnak tartozik eleget tenni, majd belép a hadseregbe. A hadseregben való kiképzés általános, minden német férfire kiterjed, és az egyént testi és szellemi képességeinek megfelelő beosztásban katonai szolgálatra neveli.

A tisztességes és egészséges fiatalembert hadkötelessége végeztével ünnepélyes formában állampolgárrá kell avatni. Az állampolgársági bizonyítvány földi életének legértékesebb okmánya, amelynek révén megkaphatja az állampolgár összes jogait, és élvezi annak minden előnyét. Az államnak ugyanis határozott különbséget kell tennie azok között, akik létének és nagyságának alapját képezik, annak pillérei, és azok között, akik éppen csak az államban tartózkodnak.

Az állampolgári okmány adományozását egybe kell kötni a népközösséggel és az állammal szemben való ünnepélyes esküvétellel. Ennek az okiratnak minden szakadékot áthidaló, mindnyájunkat átkaroló köteléknek kell lennie! Az utcaseprő legyen büszke arra, hogy polgára ennek az államnak, ezt nagyobb kitüntetésnek tartsa, mintha egy másik országban királlyá választanák.

Az állampolgárnak előjogai vannak a külföldivel szemben. Ő a birodalom ura. Ez a magas méltóság azonban kötelezettségekkel is jár. A becstelentől, jellemtelentől, közönséges gonosztevőtől vagy hazaárulótól ez a megtiszteltetés bármikor visszavonható. Ekkor az illető ismét csupán állami illetőségű lesz.

A német leány szintén állami illetőségű, és csak férjhezmenetele után válik állampolgárrá. A polgárjog azonban olyan német állami illetőségű nőknek is adományozható, akiknek önálló hivatásuk van.

IV. A személyiség és a népi állameszme

Ha a nemzeti szocialista népi állam fő feladatát abban látja, hogy az államalkotó elemet nevelje és fenntartsa, akkor nem elegendő egyedül a faji elemeket fejleszteni, nevelni és az egyént a gyakorlati életre kiképezni, hanem saját szervezetét is összhangba kell hoznia ezzel a feladattal.

Annak a világnézetnek, amely a demokratikus tömegeszmét elveti és arra törekszik, hogy ezt a földet a legjobb népek, tehát a legmagasabb rendű emberek kezébe adja, természetesen ugyancsak e szerint az arisztokratikus alapelv szerint kell eljárnia a nép keretén belül is. A nép vezetését és a legfelsőbb irányítást a legjobb fejű egyénre kell bíznia. Ezzel tehát nem a többség, hanem a személyiség elvére épít.

Aki ma azt hiszi, hogy a népi, nemzeti szocialista állam tisztán csak külsőleg, gazdasági életének jobb szerkezetében, a gazdagság és szegénység jobb kiegyensúlyozásában vagy a nép széles tömegének a gazdasági életbe való beleavatkozási jogában, a munkabérnek túlságos bérkülönbségek megszüntetése révén elérhető igazságos elosztásában különbözik más államoktól, annak a külsőségeken kívül halvány sejtelme sincs arról, amit mi e világnézet alatt értünk.

A most felsorolt tények önmagukban az állandó fennmaradás legkisebb biztosítékát sem nyújtják, és nem jogosítanak fel arra, hogy a nagyságra igényt tartsunk. Az a nép, amely csak ezeknél a reformoknál marad, még nem biztosíthatja győzelmét a népek egyetemes küzdelmében.

Az a mozgalom, amely csak ilyen általános kiegyensúlyozó és valóban jogos fejlődésben látja saját küldetését, a valóságban nem lesz sem hatalmas, sem igazi mozgalom és nem fog mélyen gyökerező reformokat megvalósítani a meglévő állapotokkal szemben, mert egész tevékenysége végeredményben megreked a külsőségeken, anélkül, hogy a nép számára azt a felkészültséget biztosítaná, amely mondhatni kényszerű bizonyossággal végleg le tudna számolni a mai gyöngeségekkel, amelyek alatt nyögünk.

Hogy ezt jobban megérthessük, talán helyes egy pillantást vetni az emberi kultúra fejlődésének valódi eredetére és okaira.

Az első lépés, amely az embert az állattól külsőleg megkülönböztette, a találékonyság volt.

Az ember bölcs találékonysága először az állatokkal folytatott küzdelemben tűnt ki; valószínűleg valamely különös képességű egyed volt a találékonyság értelmi szerzője. Tehát ekkor is már az egyéniség jutott döntő szerephez. Az egyéniség alkotó erejének és tevékenységének eredménye volt azután a további most már felfedezői és feltalálói tevékenység. Ezeknek a személyeknek a kiválasztását elsősorban maga a létért folytatott küzdelem végezte.

A marxizmus viszont a létért való küzdelem természetes törvényeivel ellentétben, mint a zsidóság kitenyésztett úttörője, az emberi élet minden vonalán a személyiségnek a tömeggel való helyettesítésére törekszik. Ennek a törekvésnek felel meg a politikai életben a parlamenti kormányzati forma, amelynek romboló hatását a közösségek legkisebb szervezetétől egészen a birodalom legfelsőbb vezetőségéig észlelhetjük, a gazdasági életben pedig a szakszervezeti mozgalom jelenlegi rendszere, amely nem a munkavállalók valódi érdekeit, hanem kizárólag a nemzetközi zsidóság romboló törekvéseit szolgálja. A gazdasági élet ugyanabban a mértékben, amelyben a személyiség elvének hatása alól kivonják és ehelyett a tömeg befolyásának, és irányításának vetik alá, el kell, hogy veszítse az összességek érdekében kifejtett teljesítőképességét, és lassanként a biztos visszafejlődés útjára kerül. Minden olyan üzemi tanácsszervezet, amely ahelyett, hogy az alkalmazottak érdekeit szolgálná, magára a termelésre kíván befolyást gyakorolni, ugyancsak ezt a romboló munkát végzi. Ártanak az össztermelésnek, de ezáltal a valóságban az egyénnek is. Mert ne felejtsük el, hogy a néptest tagjainak a kielégítése az idők folyamán nem kizárólag elméleti kiszólások által történik, hanem sokkal inkább a népi élet egyedeire eső javak és az így támadt ama meggyőződés által, hogy a népközösség a maga összteljesítményével egyesek érdekeit szolgálja.

E tekintetben egyáltalán semmi szerepet sem játszik az a körülmény, hogy a marxizmus a maga tömegelméletével esetleg alkalmas a ma meglévő gazdasági élet átvételére és folytatására. Ez elmélet helyességének vagy helytelenségének kérdését nem az a körülmény dönti el, hogy alkalmas-e már a meglévőt a jövőben tovább igazgatni, hanem kizárólag az, hogy képese ilyen kultúrát maga is teremteni. A marxizmus ezerszer is átvehetné a mai gazdaságot és azt saját vezetése alatt működésben tarthatná, ez a tevékenység mégsem bizonyítana semmit azzal a ténnyel szemben, hogy saját elveinek az alkalmazásával nem volna képes megteremteni azt, amit ma készen átvesz.

A marxizmus ezt a gyakorlatban bebizonyította. Nem tudott kultúrát, de még csak gazdasági életet sem teremteni és megalapozni, sőt a meglévőket sem tudta a saját elvei alapján tovább folytatni. Kénytelen volt a legrövidebb idő múltán fokozatos engedmények útján a személyiség elvéhez visszatérni, éppen úgy, mint ahogy saját szervezeteiben sem képes ezzel az alapelvvel szembeszállni.

A népi világnézet és a marxista világnézet között az a lényeges különbség, hogy az előbbi nemcsak a faj értékét, hanem egyben a személy jelentőségét is felismeri és az egész állami élet alappillérévé teszi. Világnézetének ezek a hordozó tényezői.

Ha a nemzeti szocialista mozgalom ennek az alapvető felismerésnek a jelentőségét nem értené meg, hanem ehelyett a mai államot próbálná külsőleg foltozgatni, sőt mi több, a tömegelméletet magáénak tekinteni, akkor ez sem volna egyéb, mint a marxizmus egyik konkurens pártja; nem volna joga ahhoz, hogy egy világnézet képviselőjének tekintse magát. Ha a mozgalom szociális programja csak abban állna, hogy a személyiséget elnyomja és helyébe a tömeget állítsa, akkor a marxizmus mérge megölné a nemzeti szocializmust is, mint ahogy lehetetlenné tette mai polgári pártjainkat is.

A népi államnak polgári jólétet kell biztosítania, s ehhez képest minden tekintetben elismeri a személy értékének jelentőségét, és minden téren bevezeti az egyének érvényesülésének legnagyobb mértékét biztosító alkotó munkát.

Ennek okszerű következménye annak a felismerése, hogy a legjobb alkotmány és államforma az, amelyik a legtermészetesebb biztonsággal juttatja vezető pozícióba a népközösség legtehetségesebb fiait.

A népi államban nem lesz többé többségi döntés, csak felelős személyek lesznek és a "*tanács*" szó újra visszanyeri eredeti jelentőségét. Minden államférfinak tanácsadók állnak rendelkezésére, a döntés azonban egy személyt illet.

Az alapelv, amely annak idején a porosz hadsereget a német nép legcsodálatraméltóbb hatalmi eszközévé tette, átvitt értelemben egykor a mi egész államfelfogásunk alapelve lesz. Minden vezetőnek lefelé tekintéllyel, fölfelé felelősséggel kell rendelkeznie, illetve tartoznia.

A parlamentre szükség van azért, mert mindenekelőtt ott nyílik lehetőség arra, hogy lassanként kiemelkedjenek azok a személyek, akikre később felelősségteljes feladatokat lehet róni.

Ebből adódik a következő kép: a népi államnak a községtől a birodalom vezetéséig nincs olyan képviselőtestülete, amely a többség útján hozna határozatot; csak tanácsadó testületei vannak, amelyek az időnként választott vezetőnek segítségére állnak, tőle kapják munkabeosztásukat, hogy szükség esetén a feltétlen felelősséget bizonyos téren ők is vállalhassák, akárcsak az illető testület vezetője, elnöke.

A népi állam még elvileg sem tűri, hogy különös, pl. gazdasági természetű fontos kérdésekben oly emberek tanácsát kérjék ki, akik a a dologhoz nevelésük, ténykedésük folytán semmit sem érthetnek. Képviselőtestületeit már eleve politikai és érdekképviseleti kamarákra tagolja. Ezek fölött külön szenátus áll, amely a két kamara hasznos együttműködését garantálja. Sem a kamarában, sem a szenátusban nem szavaznak. Ezek a munka testületei, és nem szavazógépek. Az egyes tagoknak nincs határozati joguk, csak tanácsadó szerepük. A határozat joga a felelős elnököt illeti meg.

A teljes felelősség és a teljes tekintély feltétlen kapcsolatának ez az alapelve fokozatosan oly kiváló vezető osztályt nevel, amelyet ma a felelőtlen parlamentarizmus korában el sem képzelhetünk.

Ily módon a nemzet alkotmánya azzal a törvénnyel kerül összhangba, amelynek kulturális és gazdasági téren már jelenlegi nagyságát is köszönheti.

Ami már most ezeknek a felismeréseknek a gyakorlati megvalósítását illeti, ne feledjük el, hogy a demokratikus többségi elv semmi szín alatt sem uralkodott az emberiségen időtlen idők óta, hanem ellenkezőleg, a történelemnek csak egészen kicsiny időszakaiban található meg; ezek viszont mindig a népek és államok pusztulásának a korszakát jelentették.

Semmi esetre se gondolja bárki, hogy egy ilyen átalakulást tisztán elméleti rendeletek útján felülről lefelé meg lehetne valósítani, mert hiszen logikus módon annak nem egyszer az állam alkotmánya előtt sem szabad megtorpannia, hanem keresztül kell gázolnia az egész törvényhozáson, sőt be kell nyomulnia az általános polgári életbe.

Az ilyen átalakulást csak olyan mozgalom képes és fogja megvalósítani, amely maga is ebben a gondolatvilágban szervezkedett, és így már az eljövendő állam csíráját hordozza magában.

V. Világnézet és szervezet

Az általam nagy vonásokban vázolt népi állam nem valósul meg azzal, ha megállapítjuk, hogy mire van szüksége. Nem elég csak azt tudnunk, hogy milyennek kell lennie a népi államnak, ennél még sokkal fontosabb keletkezésének problémája. Nem bízhatunk abban, hogy a mai pártok a mostani állam haszonélvezői önmaguk változtassanak magatartásukon. Ez már csak azért sem lehetséges, mert tényleges vezetőik kivétel nélkül zsidók. Ha ez így megy tovább, egy szép napon beteljesedik a nagy zsidó jóslat: "*A zsidó felfalja a föld népeit és azok urává lesz.*" Céltudatos következetességgel és kitartással törtet előre a német burzsoák és proletárok milliói sorában, akik nagyobbrészt gyávasággal párosult nemtörődömségük és butaságuk következtében rohannak romlásukba. A zsidók által vezetett párt csak zsidó érdekeket ismer, ezek pedig semmiképpen sem fedik az árja népek érdekeit.

Ha tehát a gyakorlatban a népiállam eszményi képét akarjuk megvalósítani, akkor a közélet eddigi hatalmaival szakítanunk kell, új erő után kell kutatnunk, amely az új eszméért hajlandó és képes is megvívni a harcot.

Nagy küzdelemről van szó. Ennek első feladata nem a népi államfelfogás valóra váltása, hanem a meglévő zsidó felfogás kiirtása. A történelem ismételten megmutatta, hogy nehezebb megalapozni, mint kiépíteni egy újabb állapotot. Az előfeltételek és érdekek zárt egységbe tömörülnek, s az őket fenyegető eszme kénytelen elsősorban a küzdelem negatív részét megvívni az eszme pozitív célkitűzéseinek hangsúlyozása mellett. Ez a jelenlegi állapot megszüntetése. A fiatal tan első fegyvere bármennyire kellemetlen is ez az egyén számára a könyörtelen kritika kell, hogy legyen!

A kereszténység nem elégedett meg oltárépítéssel, hanem elpusztította a pogány oltárokat. Csakis ebből a fanatikus türelmetlenségből fakadhatott a megdönthetetlen hit. Ez a türelmetlenség a hit előfeltétele.

Könnyen mondhatnánk, hogy a történelem folyamán az ilyen jelenségeknél túlteng a sajátságos zsidó gondolkodásmód, s hogy a türelmetlenség és fanatizmus is zsidó jellemvonások. Bármennyire igaz és sajnálatra méltó, és az emberiség történelmében joggal idegen elemnek tekinthető is ez, azon, hogy e jelenség még ma itt van, puszta megállapítással nem változtathatunk.

Azoknak a férfiaknak, akik népünket jelenlegi helyzetéből meg akarják váltani, nem az a kötelességük, hogy azon törjék fejüket: milyen szép is lenne, ha ez vagy amaz nem volna, hanem az, hogy megkíséreljék megállapítani az adott helyzet megváltoztatásának lehetőségét. Pokoli türelmetlenséggel telített világnézetet azonban csak hasonló szellemű és hasonlóan erős akaratú, amellett azonban önmagában véve tiszta és mindenek fölött való új világnézet dönthet meg.

Politikai pártok köthetnek kompromisszumokat, világnézetek sohasem. A politikai pártok maguk is számolnak ellenzékkel, a világnézetek azonban csalhatatlanságukat nyilvánítják ki.

Minthogy egyik világnézet sohasem akar a másikkal osztozkodni, tehát arra sem vállalkozhat, hogy az olyan rendszerrel, amelyet elítél, együttműködjék. Azt tartja kötelességének, hogy a rendszert és az egész ellentétes szellemi világot minden eszközzel legyőzze, más szavakkal, hogy annak összeomlását előkészítse.

Míg a kizárólag csak politikai párt programja nem egyéb a legközelebbi választás eredményét célzó receptnél, addig egy világnézet programja hadüzenet a fennálló rendszerrel, a meglévő uralommal, röviden az uralkodó világfelfogással szemben. Emellett nem szükséges, hogy e világnézetért küzdő minden embernek teljes betekintése legyen a mozgalom vezetőinek eszméibe és gondolatmenetébe. Sokkal inkább szükséges, hogy néhány egészen nagyvonalú szemponttal tisztában legyenek, és hogy az alapvető elvek vérükké váljanak úgy, hogy mozgalmuk és tanaik győzelmének szükségességéről kétségtelenül meg legyenek győződve. A szervezkedés természetében rejlik, hogy csak akkor eredményes, ha a legfelsőbb szellemi irányításnak nagy, azonos érzelmű tömeg veti magát alá.

Ebből a tényből vonta le a szociáldemokrácia a maga számára egykor a legnagyobb tanulságot. Átvette a katonai szolgálatból elbocsátottakat, és ezeket, az ott már fegyelmezettségre nevelt embereket, népünk széles rétegének az egyedeit saját, éppen olyan szigorú pártfegyelmének vetette alá. Az ő szervezete is egy tisztekből és katonákból álló hadsereget jelentett; a hadsereg kötelékéből elbocsátott német munkás volt a katona, a zsidó intellektuel pedig a tiszt. Emellett a német szakszervezeti tisztségviselőket az altiszti karnak lehetett tekinteni. Az a tény, ami miatt egykori polgárságunk a fejét csóválta, hogy ti. a marxizmus kötelékébe az úgynevezett kevésbé képzett tömegek tartoztak, a valóságban az eredmény előfeltétele volt. Mialatt a polgári pártok a maguk egyoldalú szellemében alkalmatlan, fegyelmezetlen bandát jelentettek, addig a marxizmus a maga szellemiekben talán kevésbé képzett emberanyagával egy párt kötelékéhez tartozó hadsereget jelentett, amely hadsereg zsidó parancsnokainak éppen olyan vakon engedelmeskedett, mint egykor német tisztjeinek. A német polgárság, amely sohasem foglalkozott lélektani problémákkal, mert magát azok felett állónak képzelte, nem tartotta szükségesnek ez esetben sem meggondolni, hogy mi ennek a körülménynek mélyebb értelme, és hogy mily veszélyt rejt magában. Ellenkezőleg, azt hitte, hogy az olyan politikai mozgalom, amely csak az értelmiség köreiből toborzódik, már ennél a körülménynél fogva is értékesebb, és több joga van, sőt mi több, több lehetősége arra, hogy kormányra jusson, mint a szellemileg kevésbé képzett tömegnek. Nem értették meg soha, hogy egy politikai párt ereje semmiképpen sem a tagok minél magasabb szellemi színvonalában, hanem sokkal inkább azok fegyelmezettségében és a vezetőség parancsainak szem előtt tartásában rejlik. A döntő körülmény maga a vezetés.

Ha a népi eszme mai homályos törekvéséből világos eredményre akar jutni, akkor széles körű gondolatvilágából határozott vezérszavakat kell kiemelnie. Ezek lényegének és tartalmának kell megnyernie a nép jelentős rétegét, azt a réteget, amely egyedül képes ez eszme világnézeti küzdelmét megvívni. Ez a réteg pedig a fizikai munkásság.

Az új mozgalom programját éppen ezért sűrítettük 25 vezérszóba. Rendeltetésük a nép fiai előtt nagy vonalakban a mozgalom célkitűzéseinek a megismertetése. Ezek valósággal politikai hitvallást képeznek, amelyek egyrészt híveket toboroznak mozgalmunk számára, másrészt egymáshoz fűzik híveinket a közösen átérzett kötelességteljesítésben.

Aki tehát a népi világnézet győzelmét valóban komolyan óhajtja, annak nem elég elismernie, hogy az eredményt csak harcképes mozgalom érheti el, hanem hinnie kell azt is, hogy ez a mozgalom csak rendíthetetlen és szilárd program birtokában állhatja meg helyét. Kora szellemével szemben nem szabad engedékenynek lennie, az egyszer kedvezőnek talált formát mindenkor meg kell őriznie, legalábbis addig, míg győzelmet aratott.

A fiatal nemzeti szocialista mozgalomnak be kellett látnia e fontos elv értékét. A Nemzeti Szocialista Német Munkáspárt 25 tételes programjában olyan alapra tett szert, amelynek rendíthetetlennek kellett lennie.

Fiatal mozgalmunk nevét egykor ezeknek a felismeréseknek köszönhette, ezek alapján fogalmazta meg programját, és ez a magva terjeszkedési lehetőségének. A népi eszme győzelmének kedvéért néppártot kellett teremtenie, amely nemcsak értelmiségi elemekből áll, hanem fizikai munkásokból is.

Minden olyan kísérlet, amely a népi gondolkodásmód megvalósítását az ilyen tetterős szervezet nélkül akarja keresztülvinni, ma éppen úgy, mint a múltban és a jövőben is, eredménytelen marad.

Éppen ezért mozgalmunknak nemcsak joga, de kötelessége is érezni, hogy előharcosa és képviselője ennek a gondolatnak. Amennyire népi az alapgondolata a nemzetiszocialista mozgalomnak, éppen annyira nemzetiszocialista gondolatok egyszersmind a népi eszmék is.

Ha a nemzetiszocializmus győzni akar, akkor feltétlenül és kizárólagosan ennek a megállapításnak az alapjaira kell helyezkednie. Hasonlóképpen nemcsak joga, de kötelessége annak a ténynek hangsúlyozása is, hogy a népi eszmék képviseletével kísérletezni a Nemzeti Szocialista Német

Munkáspárt keretein kívül lehetetlen, de legtöbbször egyenesen becsapáson alapul.

Ha valaki szemére veti mozgalmunknak, hogy úgy teszünk, mintha a népi eszmét kizárólagos joggal "*kisajátítottuk*" volna, annak csak azt felelhetjük:

Nemcsak kisajátítottuk, hanem mi ültettük át azt a gyakorlati életbe! Mert azok, akik eddig ezzel a fogalommal kérkedtek, népünk sorsán nem javítottak, mert hiányzott az eszmekör világos, egységes fogalmazása. Legtöbbnyire csak öszszefüggéstelen, egykét többé-kevésbé helyes megállapításról volt szó, amelyek sokszor egymásnak ellentmondtak, és nem volt közöttük belső kapcsolat, és még ha ez meg is lett volna, gyöngesége miatt nem lett volna képes a mozgalom megindítására és kiépítésére.

Egyedül a nemzetiszocialista mozgalom volt erre képes! Ha most azt látjuk, hogy az egyesületek és egyesületecskék, csoportok és csoportocskák, vagy felőlem akár ún. "*nagy pártok*" is saját céljaikra használják fel a "*népi*" kifejezést, akkor ez is csak a nemzetiszocialista mozgalom hatásának a következménye. E mozgalom munkája nélkül ezeknek a szervezeteknek még csak eszébe sem juthatott volna soha a "*népi*" szó hangoztatása. Ez alatt a szó alatt egyáltalán semmit sem értettek volna, és különösen a szellemi vezetők lettek volna legkevésbé összhangba hozhatók ezzel a fogalommal.

Amint azok a pártok eddig is mindent csak a maguk kicsinyes spekulációjának a szolgálatába állítottak, éppen úgy a népi fogalom ma is csak egészen felületes és üres frázis maradt számukra, amellyel a nemzetiszocialista mozgalom propagandaerejét igyekeznek saját tagjaik körében ellensúlyozni. Mert csak saját állományuk megtartása iránti kétségbeesett erőlködésük és a mi, általuk is ismert, veszélyes kizárólagosságot jelentő, új világnézetet képviselő mozgalmunk erősödésével szembeni félelmük adta szájukba azokat a szavakat, amelyeket nyolc évvel ezelőtt még nem ismertek, hét évvel ezelőtt kigúnyoltak, hat évvel ezelőtt őrültségnek nyilvánítottak, öttel ezelőtt letörni igyekeztek, néggyel ezelőtt gyűlöltek, hárommal ezelőtt üldöztek, hogy aztán végül is két évvel ezelőtt már maguk részére sajátítsák ki és a maguk egyéb szókincsével együtt a harcban csatakiáltásként alkalmazzák.

VI. Harc a méregpropaganda ellen. A szónoklat jelentősége

Adolf Hitler

Az 1920. évi február 24-én a Hofbräuhaus (Udvari Sörfőzde) dísztermében Münchenben megtartott első nagygyűlésünk még élénken foglalkoztatott bennünket, amikor már az elkövetkező gyűlésünk előkészületeit tettük meg.

Olyan városban, mint München, mindeddig meggondolandó volt havonként, esetleg tizennégy naponként egy-egy kis gyűlést tartani, most mégis minden héten egy tömeggyűlés tartásának a szükségszerűsége merült fel. Nem tudom eléggé hangoztatni, hogy bennünket mindig csak az az aggodalom gyötört: vajon eljönnek-e az emberek, és meghallgatnak-e minket, bár magam személy szerint már akkor tántoríthatatlan meggyőződéssel vallottam, hogyha egyszer eljönnek, akkor ott is maradnak és meg fognak engem hallgatni.

Abban az időben nyerte a müncheni Hofbräuhaus díszterme számunkra szinte kegyeletes jelentőségét. Hetenként egy gyűlés és majdnem mindig ugyanabban a teremben, amelyet minden egyes alkalommal egyre jobban megtöltött az egyre áhítatosabb emberek tömege. A "*háborús felelősség*" kérdésén kezdve amellyel akkoriban senki sem törődött az ún. "*békeszerződések*"-en keresztül majdnem mindent megtárgyaltunk, ami agitációs szempontból szükséges volt.

Különösen a békeszerződésre fektettünk nagy súlyt. Milyen látnoki érzékkel jövendölt az ifjú mozgalom a nagy embertömegeknek, és hogy teljesedett be majdnem minden azóta! Abban az időben azonban az olyan nyilvános népgyűléseken, amelyen nem nyárspolgárok, hanem felbőszített proletárok voltak együtt, a "*versaillesi békeszerződés*" témája támadást jelentett a köztársaság ellen, és reakciós, sőt egyenesen monarchista gondolkodás megnyilvánulásának tekintették.

Már a Versailles felett gyakorolt kritika első mondatánál hallhatók voltak a megszokott közbeszólások: *"és BresztLitovszk!" "Breszt-Litovszk!"* így ordított a tömeg újra meg újra mindaddig, amíg rekedtre kiabálta magát, vagy pedig az előadó hagyott fel a tömeg meggyőzésére irányuló kísérletével. A tömeg nem akarta hallani és nem akarta megérteni, hogy Versailles népünk gyalázatát és szégyenét, sőt mi több, hallatlan kirablását jelenti.

A marxista romboló munka és az egyöntetű mérgező propaganda megvadította ezeket az embereket. Emellett még csak panaszkodni sem lehetett. Mert mérhetetlen hibákat követett el a túloldal is! Mit tett a polgárság azért, hogy ennek a rettenetes rombolásnak véget vessen, szembeszállhasson vele, és jobb, alaposabb felvilágosító munkával az igazság útját egyengesse? Semmit! S újra semmit! Abban az időben nem láttam őket sehol, senkit a mai "*népi*" apostolok közül. Talán beszélhettek apró köröcskékben, teaasztalok mellett, vagy pedig hasonló gondolkodásúak társaságában, de oda, ahol a helyük lett volná, a farkasok közé, nem merészkedtek.

Már akkor tudatában voltam annak, hogy az akkori mozgalmunkat képező kis törzs előtt a háborús felelősség kérdése tisztázandó, mégpedig a történelmi igazság szellemében. A békeszerződések anyagának a legszélesebb körben történő ismertetése mozgalmunk jövő eredményének előfeltétele volt.

Már abban az időben amellett foglaltam állást, hogy fontos, elvi jelentőségű kérdésekben, amelyek tekintetében a közvélemény teljesen téves felfogást tanúsít tekintet nélkül a népszerűségre, a gyűlöletre vagy harcra, állást kell foglalnunk.

Az N. S. D. A. P. (*Nationalsozialistische Deutsche Arbeiter Partei = Nemzetiszocialista Német Munkáspárt*) nem lehetett a közvélemény kiszolgálója, hanem irányítója. Ne szolgálója, hanem ura legyen a tömegnek!

Természetesen minden, különösen gyenge lábon álló mozgalom azzal a kísértéssel találja magát szembe, hogy olyan pillanatokban, amikor egy hatalmas ellenfélnek sikerül a népet a saját félrevezető művészetével őrült elhatározások vagy magatartásra bírni, maga is orditozzék az ordítókkal, különösen, ha olyan magyarázatra lel, amely látszólag az ifjú mozgalom szempontjából is mellette szól. Márpedig az emberi gyávaság oly szívóssággal kutat magyarázatul szolgáló körülmények után, hogy majdnem mindig talál is valami olyat, amely a saját szempontjuk szem előtt tartása mellett is feljogosítja az embereket az ilyen gazemberségekben való részvételre.

Magam is megértem jó néhány esetet, amikor csak a legnagyobb erőfeszítéssel sikerült megóvni a mozgalom hajóját a mesterségesen felidézett hullámok sodrásától.

Legutoljára akkor került erre sor, amikor a mai pokoli sajtónak, amelynek szemében a német nép létérdeke semmi szerepet sem játszik sikerült a Dél-Tiroli kérdést a német népre végzetes jelentőségűvé felfújni, anélkül, hogy meggondolták volna, kinek tesznek ezzel szolgálatot. Sokan az ún. nemzeti érzésű férfiak és pártok maguk is csatlakoztak az általános felzúduláshoz, és esztelenül segítségére siettek egy olyan rendszer elleni harcnak, amelyet pedig nekünk, németeknek éppen a mai esetettségünkben, egyetlen fényforrásként kellett volna üdvözölnünk. Mialatt bennünket a nemzetközi zsidóság lassan fojtogat, a mi ún. hazafiaink olyan férfiú és olyan rendszer ellen kiabálnak, aki és amely a földnek legalább egy pontján kihúzta

Adolf Hitler

a talajt a zsidó szabadkőművesség fojtogató hatalma alól, és ezzel a nemzetközi világmérgezéssel szemben nemzeti ellenállást szervezett. Gyönge jellemek számára azonban csábító volt az az egyszerű megoldás, hogy a vitorlát nekiszegezzék a kedvező szélnek, maguk pedig meghunyászkodjanak a közvélemény hangossága előtt.

Vasökölre volt szükség annak idején ahhoz, hogy a mozgalmat ettől a pusztulásba vezető iránytól vissza lehessen tartani. Nem népszerű dolog az ilyen állásfoglalás olyan pillanatokban, amikor a közvélemény minden erejével csak egy irányba okádja a tűzet. Sokszor a kezdeményezőre halálos veszedelmet rejt magában. Gondoljunk azonban arra hogy, minden ilyen nehéz óra után a megváltásnak is jönnie kell, és az olyan mozgalomnak, amely a világot akarja átformálni, nem a pillanatnyi jelent, hanem a jövőt kell szolgálnia.

Ezzel számolnia kell egy mozgalomnak, nem pedig a jelen tetszésnyilvánításával. Ilyen órákban nemegyszer vesz erőt kishitűség az egyes emberen. Ne felejtsék el azonban, hogy akiket pillanatnyi cselekvésük miatt megköveztek, mint a történelem is tanítja, az utókor később hálát rebegett minden munkájukért.

Mi mindezt mindjárt nyilvános szereplésünk első napjaiban tapasztalhattuk. Nem a tömeg kegyeiért hajbókoltunk, hanem a nép butaságával szemben szálltunk síkra mindenütt. Majdnem mindig úgy volt, hogy ezekben az esztendőkben olyan emberek gyülekezete előtt állottam, akik éppen az ellenkezőjében hittek annak, amit én hittem. Két óra feladata volt ilyenkor kétháromezer embernek eddigi meggyőződéséből való kiragadása, eddigi álláspontjuk alapjainak lerombolása, hogy azután őket a mi meggyőződésünk és a mi világnézetünk útjára vezessük.

Már előzőleg kifejtettem, hogy a hatalmas, világalakító események mozgatója nem az írott betű, hanem mindig az élőszó volt. A sajtó egy része ezt kemény vita tárgyává tette. Elsősorban természetesen bölcs polgári sajtónk foglalt állást nagy élénken állításommal szemben. Ennek az állásfoglalásnak az indító oka megcáfolhat minden ellenérvet. A polgári értelmiség csak azért tiltakozik e felfogás ellen, mert nélkülözi az élőszó befolyásoló erejét, mert mindinkább a tisztán írói tevékenységre vetette magát, és nem ismerte fel a szó agitatív erejét. Jellemző mai polgárságunkra, hogy elvesztette lélektani érzékét a tömeghatás és a tömegbefolyás tekintetében.

Míg a szónokot az őt hallgató tömeg állandóan korrigálja, mert hallgatói arckifejezéséből állandóan megítélheti, hogy mennyire követik fejtegetéseit, megállapíthatja, hogy szava elérje a kívánt hatást, addig az író egyáltalán nem ismeri olvasóit. Fejtegetéseit ezért általánosítja. Ezzel veszít bizonyos fokig pszichológiai finomságából, simulékonyságából. Ezért fog a kitűnő szónok mindig jobban írni, mint a kiváló író szónokolni.

Ehhez járul még az a körülmény, hogy az emberek legnagyobb része lusta, maradi és magától csak immel-ámmal nyúl olyan írott műhöz, amely nem felel meg felfogásának, és nem azt nyújtja, amit az ember vár tőle. Éppen ezért a határozott tendenciával írt munkát leginkább csak azok az emberek olvassák, akik maguk is hasonlóképpen gondolkodnak. Legfeljebb egy-egy röpirat vagy plakát számolhat rövidségénél fogva azzal, hogy az ellenvéleményen lévők figyelmét is lekösse néhány pillanatra. Nagyobb kilátása van az eredményre e tekintetben a képnek, éspedig minden alakjában, egészen a filmig.

Emellett nemegyszer az emberek előítéletének leküzdéséről is szó van, olyan előítéletekről, amelyek nem az értelemben gyökereznek, hanem legtöbbször a tudat alatti érzelemben lelik magyarázatukat. Márpedig a téves fogalmakat és tudatlanságot a tanítás fegyvereivel legyőzhetjük, az érzelmi ellenállást azonban soha. Kizárólag ezekre a titokzatos erőkre való hivatkozás hathat, ezt pedig csak ritkán képes az író elérni. Ez a feladat majdnem kizárólag a szónok feladata.

A marxizmusnak a nép nagy tömegeit irányító, bámulatra méltó hatalmát semmi esetre sem a zsidó szellem formális, írásban lefektetett műve adta meg, hanem az az óriási szónoki propagandahullám, amely hosszú évek folyamán a tömeget elborította. Százezer német munkásból átlag száz sem ismeri Marx műveit. Ezeket inkább értelmiségiek és még inkább zsidók tanulmányozták, míg a mozgalom igazi rajongói nem ismerik. Marx a műveit nem is a nagy tömegek számára írta, hanem inkább a zsidó világhódító henger vezető értelmisége számára. A nagy tömeget egész különleges anyaggal fűtötték, a sajtóval. A marxista sajtó abban különbözik a polgári sajtónktól, hogy azt agitátorok írják, míg emezt írói agitálásra szeretnék felhasználni.

A marxizmus részére a munkások millióit nem annyira a marxista próféták írásmódja nyerte meg, hanem inkább az az óriási propagandamunka, amelyet a fáradhatatlan agitátorok tízezrei végeztek, az izgató apostoloktól kezdve egészen a munkásszervezetek kishivatalnokáig, a bizalmi emberig és a hivatásos szónokig. Kiegészítette ezt az a nagyon sok népgyűlés, amelyen a népszónokok füstös kocsmaszobákban asztalra állva gyúrták a tömeget, és olyan emberismeretet szereztek, amely a közvélemény várának az ostromához a legjobb fegyvereket szolgáltatta. A hatalmas tömegtüntetések, a százezres felvonulások a szegény emberkében azt a meggyőződést keltették, hogy kis

Adolf Hitler

féreg létére mégis hatalmas sárkány porcikája, amelynek izzó leheletétől a gyűlölt világ lángra lobban, és majdan a proletárdiktatúra végső győzelmét ünnepelheti!

Az ilyen propaganda készítette elő az embereket a szociáldemokrata sajtó olvasására. Ezt a sajtót nem írják, hanem beszélik. Míg a polgári harcvonalon a tanárok, tudósok, teoretikusok és írók néha a beszédet is megkísérlik, a marxista szónokok néha írni is próbálnak. Éppen a zsidó az, aki e tekintetben különösen számításba jöhet, hazug, alkalmazkodóképességénél és simulékonyságánál fogva inkább agitáló szónok, semmint író.

Minden igazán nagy történelmi átalakulást nem az írott szó hívott életre, hanem annak legfeljebb kísérője volt.

Ne mondja senki, hogy a francia forradalom bölcseleti elméletek alapján valaha is kitört volna, hogyha a nagyvonalú demagógok, izgatók hadserege nem korbácsolta volna fel az elgyötört nép kedélyét, míg végre is bekövetkezett az a vulkánkitörés, amely egész Európát megreszkettette. Éppen így a legújabb idők legnagyobb forradalmi átalakulása, az oroszországi bolsevista forradalom sem Lenin írott műveinek, hanem a nagyobb és kisebb izgatók szónoki tevékenységének az eredménye.

Az analfabéta orosz nép kétségtelenül nem Karl Marx írásainak olvasása következtében rajongott a kommunista forradalomért, hanem azoknak az ezrekre rúgó agitátoroknak a hatása következtében, akik mindenesetre egy eszme szolgálatában még a csillagos eget is odaígérték volna a népnek.

Mozgalmunk, amely pedig néhány évvel ezelőtt semmiből keletkezett, ennek a felismerésnek köszönheti bámulatra méltó fejlődését. Ma már érdemesnek tartják arra, hogy népünk minden belső és külső ellensége üldözze.

Bármennyire fontos is tehát mozgalmunk szempontjából az írásbeli tevékenység, ma ennek inkább csak mozgalmunk magasabb és alacsonyabb rangú vezetőinek egységes nevelése szempontjából lesz nagyobb jelentősége, semmint az ellentétes felfogású rétegek megnyerése szempontjából. A meggyőződéses szociáldemokrata vagy fanatikus kommunista csak a legritkább esetben szánja el magát arra, hogy megvegyen egy nemzetiszocialista füzetet, sőt mi több, könyvet, hogy világfelfogásunkról tájékozódjék vagy a saját felfogásának kritikáját tanulmányozza. Még újságot is csak nagy ritkán olvasnak, ha ez nem viseli magán pártjuk bélyegét. Ez amúgy is keveset használna, mert egyetlenegy újság keltette benyomás annyira széteső, hatásában olyan szétforgácsolt, hogy egyszerű olvasásától nem várható komoly eredmény. Akinél pár fillér szerepet játszik, az a tárgyilagos felvilágosodás kedvéért nem fog ellenzéki lapra előfizetni. Ezt tízezrek közül talán egy sem teszi meg. Csak az olvassa a párt lapját állandóan, akit már megnyertek a párt számára, ő pedig saját mozgalma állandó híradójának fogja tekinteni azt.

Más a "*szónoki röpirat*" hatása. Ezt már egyik-másik szívesen veszi kezébe, különösen, ha ingyen jut hozzá, és ha a röpirat időszerű témáját már maga a cím eléggé kidomborítja. Az ilyen röpirat már a felületes olvasó figyelmét is új szempontokra, új felfogásra, sőt talán új mozgalomra hívja fel. A legtöbb esetben azonban ez is csak arra való, hogy felkeltse érdeklődését, ellenben sohasem fogja öt befejezett tények elé állítani. A röpirat csak serkent, felhívja valamire az olvasó figyelmét, de csak akkor éri el hatását, ha közvetlen utána az olvasót szóbelileg felvilágosítják. Erre pedig kizárólag a tömeggyűlés alkalmas.

A tömeggyűlés már csak azért is fontos, mert az egyén, aki mint a mozgalom jövendő tagja egyelőre magára hagyatott, egyedül érzi magát, és így könnyen félelem szállhatja meg, először e tömeggyűléseken ébred annak tudatára, hogy egy nagyobb közösség tagja. Ez a legtöbb emberre serkentőleg és bátorítólag hat. Ugyanaz a férfi egy zászlóalj vagy század keretén belül bajtársai társaságában szívesebben veszi fel a harcot, mint ha azt érzi, hogy egyedül van. A nyáj keretén belül biztonságban érzi magát még akkor is, ha ezerféle indok ellent is mondana ennek.

A tömeggyűlés levegője nemcsak fokozza az egyes ember erejét, hanem egyúttal bajtársi szellemet is teremt. Az új tan első híve munkahelyén súlyos támadásoknak van kitéve, tehát okvetlenül szüksége van arra, hogy önbizalmát és meggyőződését növeljék azzal, hogy nagy és széleskörű alakulat tagja és harcosa. Ezt az érzést először a közös tömeggyűlés kelti fel benne. Ha kis műhelyéből vagy a nagyüzemből, ahol amúgy is oly elenyészően kicsinek érzi magát, először megy el a tömeggyűlésre, és ott vele egyetértő emberek ezrei veszik körül, akkor három vagy négyezer ember lelkesedése, ellenállhatatlan mámora magával ragadja őt, és ezrek helyeslő tapsvihara igazolja előtte az új tan helyességét. Itt ébred fel benne először eddigi politikai meggyőződése feletti kételyének érzése, és ama varázsszerű befolyásnak hatalmába kerül, amelyet tömegszuggessziónak nevezünk. Ezrek akarása, vágya s ereje halmozódik fel benne. A kétkedő férfiú, aki tétovázva jött el a gyűlésre, azt belül megerősödve hagyja el, érzi, hogy egy nagy közösség tagjává vált.

A nemzetiszocialista mozgalomnak sohasem szabad erről megfeledkeznie. Sohase hallgasson azokra a polgári politikusokra, akik mindenhez jobban értenek, és mégis kisiklott kezükből egy hatalmas állam és saját létük, osztályuk uralmával együtt tönkrement. Hiszen ők roppant okosak, mindent tudnak és mindenhez értenek, csupán annak a megakadályozásához nem értettek, hogy a német nép a marxizmus karjába hulljon. Szánalmas, siralmas kudarcot vallottak, beképzeltségük tehát csupán önhittség, büszkeségük pedig a butasággal egy és ugyanazon fán terem.

Ha tehát ezek az emberek ma az élőszónak semmiféle jelentőséget sem tulajdonítanak, annak csupán az az oka, hogy saját fecsegésük hatástalanságáról Istennek hála! már maguk is eléggé meggyőződtek.

VII. Harc a vörösökkel

1919, 20. és 21-ben magam is több polgári gyűlésen vettem részt. Ezek mindig ugyanazt a hatást tették rám, mint gyermekkoromban a parancsra szedett csukamájolaj. Az ember vegye be, mondják, az nagyon jó, de gyalázatos íze van. Ha az ember a német népet összekötözné, és erőszakkal ezekre a polgári gyűlésekre hajtaná, és az előadás végéig az összes ajtókat zárva tartaná, senkit sem engedne ki, talán egynéhány évszázad leforgása alatt így is eredményt lehetne elérni. Az bizonyos azonban, hogy ilyen körülmények között nem örülnék az életnek, és akkor inkább nem lennék német. Mivel azonban ezt Istennek hála nem lehet megtenni, ne csodálkozzék tehát az ember azon, hogy az egészséges, 11 romlatlan nép úgy irtózik ezektől a "*polgári nagygyűlések*"-től, mint ördög a tömjénfüsttől. Jómagam megismertem a polgári világnézetnek ezeket a prófétáit, és igazán nem.

Csodálkozom azon, hogyha a kimondott szónak semmi néven nevezendő jelentőséget sem tulajdonítanak. Megjelentem annak idején a Demokraták, a Német Nemzetiek, a Német Néppártiak és a Bajor Néppártiak (Bajor Centrum) gyűlésein. Ami ezeken a gyűléseken azonnal feltűnt, az a hallgatóság egyöntetű zártkörűsége volt. Majdnem kizárólag párttagok voltak jelen. Az egész úgy, ahogy volt, fegyelmezetlenül, inkább egy kártyaklubhoz, semmint olyan népnek a gyűléséhez hasonlított, amelyik a legnagyobb forradalmát élte át. Az előadók a programjukra való tekintettel mindent elkövettek, hogy a békés hangulatot minél jobban megőrizzék. Beszéltek, helyesebben felolvasták beszédjüket egy tartalmas újságcikk vagy egy tudományos előadás formájában. Kerültek minden erőteljes kifejezést, egy-

egy gyöngéd viccet engedtek meg maguknak, amelyet a tekintélyes elnöki asztal kötelességszerűen nevetéssel honorált, ha nem is hangosan, ha nem is kihívó módon, hanem előkelően, halkan és mérsékelten.

Valójában hogyan nézett ki ez az elnöki emelvény? Egy alkalommal a müncheni sonnenstrassei Wagner-teremben voltam szem és fültanúja egy ilyen gyűlésnek. A lipcsei népek csatája évfordulóját ünnepelték. A beszédet egy tekintélyes öreg úr, valamelyik egyetem professzora tartotta, helyesebben olvasta. Az emelvényen az elnökség ült. Balra egy monoklis, jobbra egy monoklis és közöttük egy monokli nélküli, valamennyien császárkabátban, úgyhogy az emberre egy halálos ítéletet hozó törvényszék, vagy pedig ünnepélyes keresztelő, tehát inkább vallásos ténykedés benyomását keltette. Az úgynevezett beszéd, amely nyomtatásban talán egész jó lett volna, hatásában kifejezetten borzalmas volt.

Háromnegyed óra múltán az egész gyülekezet az átszellemülés állapotába esett, melyet csak egyes embereknek és nőcskéknek kivonulása, a pincérnők sürgése-forgása és a nagyszámú hallgatóság ásítozása zavart meg. Három munkás mögé ültem Ezek, akiket a kíváncsiság hozott ide, vagy pedig megbízásból jelentek időről időre rosszul titkolt arcfintorgatással néztek egymásra, végül pedig egymást oldalba lökték, és erre, mint adott jelre csöndben elhagyták a termet. Az ember látta rajtuk, hogy semmi szín alatt sem akarnak zavart kelteni. Ennél a társaságnál igazán nem is volt rá szükség.

Végre a gyűlés vége felé közeledett. Miután a professzor, akinek hangja egyre halkabb lett, előadását befejezte, a két monoklis között ülő gyűlésvezető felemelkedett helyéről, lecsapott a jelenlévő német testvérekre, és kifejezésre juttatta háláját és köszönetét azért az egyedülálló, nagyszerű előadásért, amelyet X. Y. professzor úr oly élvezetes, alapos és mélyenszántó módon tartott, és amely a szó nemesebb értelmében vett belső élmény, igen, egy nagy tényleges "*cselekedet*" Ennek az áldozatos órának a megszentségtelenítését jelentené úgymond , azután az előadás után hozzászólások következnének, úgyhogy az összes jelenlévő óhajához híven eláll a zárszó jogától, és ehelyett kiáltsák: "*Mi testvériségben egységes nép vagyunk stb.*" Végül felszólította a jelenlévőket, hogy énekeljék el a német himnuszt. Erre énekelni kezdtek, és nekem úgy tetszett, mint hogyha már a második versszaknál kevesebb hangot hallanék, és csak a refrénnél hangoznék ismét teljesebben az ének. De mit számít ez akkor, hogyha egy ilyen ének teljes méltósággal száll a német nemzet lelkéből az ég felé. Ezzel vége volt a gyűlésnek, is mindenki sietett, hogy mielőbb kijusson a teremből, az egyik a sörözőbe, a másik a kávéházba, ismét mások a szabad levegőre. Igen! Ki a szabad levegőre! Ez volt az én érzésem is. Ez legyen tehát a dicsőítése százezernyi porosz és német hős küzdelmének? Gyalázat! És ismét gyalázat!

Ez valóban tetszhetik a kormánynak. Ez valóban "*békés*" gyülekezés. A miniszternek nem kell aggodalmaskodnia békéért és rendért. Nem kell félnie attól, a lelkesedés hullámai átcsapnak a polgári tisztesség korlátain, hogy az emberek a lelkesedés mámorában kivonulnak a teremből, de nem azért, hogy a kávéházba, a vendéglőbe siessenek, hanem hogy négyes sorokban együtt, egyszerre lépve a "*Deutschland hoch in Ehren*" hangjával ajkukon a város utcáira vonuljanak, és békére vágyó rendőrségnek kellemetlenségeket okozzanak. Nem! Ilyen állampolgárokkal meg lehetnek elégedve.

Ezzel szemben a nemzeti szocialista gyűlések kétségtelenül nem voltak "*békés*" gyülekezetek. Itt igenis összecsaptak két világnézet hullámai egymással, és azok árultak egy-egy hazafias ének gépies ledarálásával, hanem a népi és nemzeti kedélyek fanatikus kitöréseivel.

Mindjárt kezdettől fogva fontos volt, hogy a mi gyűléseinken a fegyelmet és a s vezetőségének tekintélyét feltétlenül biztosítsuk. Amit mi beszéltünk, az nem polgári "*előadó*" erőtlen fecsegése volt, hanem hangjánál és tartalmánál fogva alkalmas arra, hogy az ellenfelet kihívja. Márpedig ellenfelek voltak a mi gyűléseinken! Milyen gyakran jöttek be tömött sorokban, köztük egyes lázítókkal, arcukon a belső meggyőződéssel: "*Ma végzünk veletek*!" Óh igen! Milyen gyakran jöttek be a szó szoros értelmében oszlopokban vörös barátaink azzal a beléjük vert feladattal, hogy leszámoljanak velünk. Mily gyakran állították élére a kérdést, hogy azután csak a mi gyűlésvezetőségünk és teremőrségünk kérlelhetetlen ereje mentse meg a kínos helyzetet. Minden oka meg volt ellenfeleinknek arra, hogy fellépjenek velünk szemben. Már falragaszaink vörös színe is csábította őket gyűléseinkre. A ; békés polgárság felháborodott azon, hogy mi is a bolsevisták vörös színéhez nyúltunk, és abban nagyon kétértelmű dolgot láttak. A nemzeti lelkek csöndben már azt a vádat suttogták egymás között, hogy alapjában véve mi is a marxizmusnak hajtásai vagy csak álruhába öltözött marxisták, helyesebben szocialisták vagyunk. Mert ezek a koponyák a mai napig sem érik fel ésszel a szocializmus és a marxizmus közötti különbséget. Különösen igazoltnak látták álláspontjukat akkor, amikor arra a felfedezésre jutottak, hogy mi a gyűléseinken nem "*hölgyeket*" és "*urakat*", hanem néptársakat és néptársnőket üdvözöltünk, és egymás között csak párttagokról beszéltünk. Milyen gyakran felkacagtunk, ha ezekre a beijedt polgári nyulakra gondoltunk, akik nem tudják megfejteni keletkezésünk, célkitűzéseink és céljaink rejtélyét.

Falragaszaink vörös színét gondos és alapos mérlegelés után választottuk, hogy ezáltal is magunkra hívjuk a baloldal figyelmét, felháborodást keltsünk benne és rábírjuk gyűléseink látogatására már csak azért is, hogy ezekkel az emberekkel összeköttetésbe kerülhessünk.

Érdekes volt ezekben az években ellenfeleink tanácstalanságának és tehetetlenségének megfigyelése a folyton változó harci módjukon keresztül. Először arra szólították fel követőiket, hogy ne is vegyenek tudomást rólunk, és tartsák magukat távol gyűléseinktől. Ezt általában követték is. Minthogy azonban az idők folyamán mégis eljöttek, és a megjelentek száma lassan, de folytonosan emelkedett, és tanaink hatása látható volt, a vezérek lassanként idegesek lettek. Nyugtalanul arra a meggyőződésre jutottak, hogy nem szabad tétlenül nézniük a fejleményeket, hanem erőszakkal kell végét vetni mozgalmunknak. Felszólították az *"osztályöntudatos proletariátus"*-t, hogy gyűléseinkre tömegesen menjenek el és a proletariátus vasöklével sújtsanak le a *"monarchista reakciós"* izgatókra.

Ebben az időben gyűléseink már háromnegyed órával a kezdetük előtt tömve voltak munkásokkal. Gyűléseink egy-egy puskaporos hordóhoz hasonlítottak, amely minden pillanatban levegőbe repülhetett, és amely mellett már ott égett a 1 kanóc. Mégis mindig másként történt. Az emberek ellenségeinkként jöttek be, és ha nem is mint követőink távoztak el, de mégis mint olyanok, akik már bírálat tárgyává teszik saját tanaikat. Lassanként azonban mégis úgy volt, hogy háromórás előadásaink után tagjaink és ellenfeleink egy egységes, lelkes tömeget képeztek.

Most volt igazán okuk a vezetőknek az aggodalomra, és most ismét azokhoz fordultak, akik már régen kikeltek harcmodorunk ellen, és akik most, igazuk tudatában arra az álláspontra helyezkedtek, amely szerint az egyedüli helyes út a munkásoknak gyűléseinkről való kitiltása. A munkások tehát nem jöttek többé, vagy ha mégis, akkor kevesebben jöttek. Ez az állapot csak rövid ideig tartott. Azután a játék ismét elölről kezdődött.

A tilalmat nem tartották be az elvtársak, ismét egyre többen látogatták gyűléseinket, és végre újra a radikális harcmodor hívei kerekedtek felül. A jelszó ismét erőszakos elnémításunk lett.

Ha azután kétháromm, gyakran nyolctíz gyűlés után rájöttek arra, hogy robbantásunkról könnyebb beszélni, mint azt végre is hajtani, és hogy minden gyűlésünk a vörös harci csapatok visszavonulását jelentette, akkor lassanként kiadták a másik jelszót: *"Proletár elvtársak és elvtársnők! Kerüljétek a nemzetiszocialista izgatók gyűléseit!"* Ugyanezt a harcmodort lehetett a vörös sajtóban is észlelni. Egyszer azt kísérelték meg, hogy agyonhallgassanak,

Adolf Hitler

máskor viszont amikor meggyőződtek ennek a kísérletnek a céltalanságáról ismét az ellenkező végletbe csaptak át. Naponta "*megemlékeztek*" rólunk valamilyen formában. Leggyakrabban oly módon, hogy egész valónk nevetséges voltát bizonyították a munkások előtt. Egy idő után azonban ezeknek az uraknak érezniük kellett, hogy nem tudtak ártani nekünk, hanem ellenkezőleg, használtak. , mert hiszen sokan kérdezhették, hogy miért pazarolnak olyan sok puskaport egy ilyen "*nevetséges*" jelenségre. Az emberek kíváncsiak lettek. Egyik cikk a másik után hangoztatta a mi gazságunkat, amelyet ismételten újra meg újra be akartak bizonyítani. Botrányok sorozatával igyekeztek lehetetlenné tenni bennünket. Nem izgatta őket, hogy kijelentéseik elejétől végig valótlanságok voltak. Rövid idő alatt rájöttek, hogy ezek a támadások is csak felkeltették, és mozgalmunkra irányították az általános figyelmet.

Annak idején az volt az álláspontom, hogy tökéletesen mindegy, hogy ellenfeleink nevetnek rajtunk vagy rágalmaznak bennünket, paprikajancsinak vagy gazembernek neveznek, a fontos, hogy megemlékezzenek rólunk, ismételten foglalkozzanak velünk, úgy, hogy lassanként a munkások szemében olyan hatalomként tűnjünk fel, amellyel egyedül kell majd leszámolniuk. Egy szép napon úgyis meg fogjuk mutatni a zsidó sajtóbanditáknak, hogy mi valójában mit akarunk és a valóságban kik vagyunk.

Gyűléseink közvetlen felrobbantása mégsem következett be, aminek valószínű oka ellenfeleink vezetőinek hihetetlen gyávasága volt. Minden kritikus esetben kis senkiket küldtek előre, és maguk legfeljebb a termeken kívül várták a robbantás eredményét.

Az uraknak a terveiről majdnem mindig pontos értesülést szereztünk. Ezt nemcsak úgy értük el, hogy célszerűségi szempontokból sok párttagunkat bedugdostuk a vörös alakulatokba, hanem mert maguk a vörös irányítók is ebben az esetben nagyon hasznosan fecsegtek. Nem tudtak hallgatni akkor, ha valamit kiagyaltak, sőt már akkor elkezdtek kotkodácsolni, amikor a tojást még le sem rakták! Így a legkimerítőbb híreket kaptuk már akkor, amikor a vörös robbantó alakulatoknak még halvány fogalmuk sem volt arról, hogy milyen parancs vár rájuk.

Ezek az idők arra késztettek bennünket, hogy gyűléseink biztonságát magunk vettük a kezünkbe. A hatósági védelemre sohasem lehet számítani. Ellenkezőleg. Ez közbelépésével rendszerint csak a rendzavarók segítségére siet. Valójában a hatósági beavatkozás egyetlen eredménye a gyűlés feloszlatása, tehát bezárása. Márpedig ez volt az ellenfél részéről kiküldött rendzavaró elemek egyetlen célja.

Általában e tekintetben a rendőrség olyan gyakorlatot honosított meg, amely a legborzalmasabb jogtalanság. Ha ugyanis bizonyos fenyegetések következtében a hatóság tudomására jut, hogy egy gyűlés megzavarásának a veszélye fenyeget, akkor ez a hatóság nem a zavargókat tartóztatja le, hanem egyszerűen megtiltja a többi ártatlannak a gyűlés megtartását. Erre a bölcsességre az ilyenfajta rendőri lelkek még büszkék is. Ők ezt "*törvénytelenség megakadályozására szolgáló*" elővigyázatossági intézkedésként kezelik.

A mindenre kész bandita tehát mindenkor képes tisztességes emberek politikai tevékenységének és mozgalmának a lehetetlenné tételére. A nyugalom és rend nevében az államtekintély meghajlik a banditák előtt, és az ellentábort kérleli, hogy lehetőleg ne provokálja amazokat. Ha tehát a nemzetiszocialisták akartak bizonyos helyeken gyűléseket tartani, és erre a szakszervezetek kijelentették, hogy ez tagjaik részéről ellenállást fog kiváltani, akkor a rendőrség nem ezeket a zsaroló alakokat csukta le, hanem a mi gyűléseinket tiltotta be. Igen! A törvénynek ezek a szervei képesek voltak velünk mindezt nemegyszer írásban közölni.

Ha az ember ilyen eshetőségekkel szemben meg akarta magát védeni, gondoskodnunk kellett arról, hogy a zavargás megkísérlését már önmagában lehetetlenné tegyük.

Meg kell gondolnunk még azt is, hogy minden olyan gyűlés, amelynek védelmét kizárólag a rendőrség biztosítja, lejáratja rendezőit a nagy tömegek szemében.

Az olyan gyűlések, amelyek csak nagy rendőri készenlét mellett tarthatók meg, nem gyakorolnak eredményes hatást, mert a nép alacsonyabb rétegeit csak akkor lehet megnyerni, ha a mozgalom erejét is látja.

Miként a bátor férfi könnyebben hódítja meg az asszonyszíveket, mint a gyáva alak, éppen úgy előbb férkőzik a hősi mozgalom a nép szívéhez, mint az olyan gyáva megmozdulás, amely létét csak rendőrségi védelemnek köszönheti.

Különösen ez utóbbi körülményre való tekintettel kellett fiatal pártunknak arra ügyelnie, hogy fennmaradásáról maga gondoskodjék, önmagát védje és az ellenfél terrorját maga törje le.

A gyűléseink védelme két pilléren nyugodott:

1. erélyes és lélektanilag helyes gyűlésvezetésen;
2. szervezett rendezői gárdán.

ADOLF HITLER

Ha mi, nemzeti szocialisták annak idején gyűlést tartottunk, akkor annak mi voltunk az urai és nem mások. Ezt a jogunkat szüntelenül, minden percben a legélesebben hangsúlyoztuk. Ellenfeleink teljesen tisztában voltak vele, hogy az, aki kihívó magatartást tanúsít, kérlelhetetlenül kiröpül még akkor is, ha mi csak tizenketten állottunk volna félezer emberrel szemben. Akkori gyűléseinken, különösen a Münchenen kívül tartott gyűléseken, tizenöt-tizenhat nemzetiszocialistára öt-hat-hét, sőt nyolcszáz ellenfél esett. Ennek ellenére sem tűrtünk semmi kihívást, és gyűléseink látogatói nagyon jól tudták, hogy mi inkább agyonveretjük magunkat, semhogy meghajoljunk az erőszak előtt. Nemegyszer történt meg, hogy párttagjaink maroknyi csoportja verekedett hősiesen az ordítozó, öklöző vörös túlerővel.

Bizonyos, hogy ilyen esetekben azt a tizenöt-húsz embert végeredményben a túlerő leverte volna, de az ellenfél tudta, hogy ez előtt legalább kétszer vagy háromszor annyiuknak jut fejbeverés osztályrészül, és ezt nem szívesen kockáztatta.

Mi e tekintetben a marxista és polgári gyűléstechnika tanulmányozásából igyekeztünk tanulni és tanultunk is.

A marxisták kezdettől fogva vak fegyelmezettséget tanúsítottak, úgyhogy a marxista gyűlés megzavarásának gondolata, legalábbis polgári részről, fel sem merülhetett. Annál inkább foglalkoztak ezzel a vörösök. Ők ezen a téren lassanként nemcsak bizonyos művészetre tettek szert, hanem olyan messze mentek, hogy a birodalom nagy területein egy nem marxista gyűlést is már a proletariátus kihívásának nyilvánítottak. Különösen fennállott azokra az esetekre, ha a drótok rángatói attól tartottak, hogy egy ilyen gyűlésen saját bűnlajstromukat sorolják fel és leleplezik népnek hazudó és népcsaló tevékenységük aljasságát. Mihelyt egy ilyen gyűlést meghirdettek, az egész vörös sajtó nagy ordítozásban tört ki, és emellett ezek a hivatásos törvénytiprók nemegyszer elsőként fordultak a hatóságokhoz azzal a gyors és fenyegető kéréssel, hogy a *"proletariátusnak ezt a kihívását"*, *"súlyosabb következmények elkerülésének lehetősége végett"*, azonnal tiltsák be.

A hatósági tisztségviselő rangja szerint választották meg kérésük hangját, és célt értek. Ha azután az ilyen pozícióba kivételesen valóban német hivatalnok és nem egy hatósági jogkörrel felruházott báb ült, és ezt a szemtelen hangot leintette, akkor került sor az ismert felhívásra úgymond *"ne tűrjék a proletariátus kihívását, hanem tömegesen jelenjenek meg a gyűléseken, hogy a proletariátus kérges öklével akadályozzák meg a polgári elemek gyalázatos kihívását"*.

Érdemes egy ilyen polgári gyűlést látni, a szerencsétlen gyűlés vezetőségét megfigyelni és félelmüket átélni. Nem egy alkalommal egyszerűen lemondották ilyen fenyegetések hatása alatt a gyűlést. Félelmük mindig oly nagy volt, hogy 8 óra helyett háromnegyed kilenckor vagy kilenckor nyitották meg. Az elnök akkor a vég nélküli bókolások után azon fáradozott, hogy bebizonyítsa az ellenzék urainak s férfiak látogatása feletti örömüket (tiszta hazugság!), akik azért nincsenek velük egy véleményen, mert csak kölcsönös eszmecsere útján (amelyet akkor mindjárt elöljáróban megengedett) lehet közelebb hozni a felfogásokat, felébreszteni az ellenfél megértését és az ellentétek áthidalását lehetővé tenni. Emellett még biztosította, hogy ennek a gyűlésnek semmi szín alatt sem az a célja, hogy az embereket eddigi felfogásuk megváltoztatására bírja, éppenséggel nem! Csak legyen boldog *"mindenki a saját felfogásában, de engedje meg, hogy a másik is boldog legyen és éppen ezért kéri, hogy az előadót, aki amúgy sem lesz "túlságosan hosszú"*, hallgassák meg és ne kürtöljék világgá e gyűlés útján is a szégyenteljes testvérháborút.

Persze a baloldali testvérek eziránt kevés megértést tanúsítottak. Így azután mielőtt az előadó belekezdett volna mondókájába, már kénytelen volt nemegyszer a legvadabb gúnyolódás közepette összepakolni, és az embernek szinte az volt a benyomása, hogy örül, és hálás a sorsnak azért, hogy ezt a vértanúságos vesszőfutást megrövidítette. Hihetetlen zenebona közepette hagyták el az ilyen polgári gyűlés bajnokai az arénát, feltéve, hogy nem gurultak bevert fejjel a lépcsőn lefelé. Erre éppen elég példa volt.

Így a marxisták számára mindig valami újat jelentenek a mi gyűléseink és különösen azok lefolyásának módja. Annak biztos tudatában jöttek be ezekre is, hogy az általuk gyakran megjátszott játékot természetesen nálunk is megismételhetik. "*Ma végzünk velük!*" Milyen gyakran kiáltotta egyik-másik oda ezt a mondatot lágy hangon gyűléseinkre való bevonulásuk alkalmával, hogy azután még mielőtt másodszor is kitáthatta volna a száját, villámgyorsan a terem bejárata előtt szedje össze magát.

Mindenekelőtt a gyűlés vezetésének a módja volt nálunk más. Nem koldultunk azért, hogy előadásunkat engedélyezzék. Nem is biztosítottuk mindenki számára már bevezetőül a vég nélküli hozzászólás jogát, hanem röviden megállapítottuk, hogy mi vagyunk a gyűlés urai, a házigazda joga ennek következtében bennünket illet, és aki közbe mer szólni, kérlelhetetlenül kirepül oda, ahonnan jött. Kijelentettük, hogy ilyen rendzavarókért semmi néven nevezendő felelősséget nem vállalunk. Ha időnk engedi és helyesnek tartjuk, akkor megengedjük a vitát, ha nem, akkor nem lesz vita és most pedig az előadó urat, X. Y. párttagtársunkat illeti a szó, Már ezen csodálkoztak.

Emellett szigorúan szervezett teremőrséggel rendelkeztünk. A polgári pártoknál az ilyen teremvédelem vagy jobban mondva rendezői szolgálat rendszerint olyan urak feladata volt, akik azt képzelték magukról, hogy koruk tekintélyt és tiszteletet parancsol velük szemben. Minthogy pedig a marxista alapon lázított tömeg a korral, tekintéllyel és tisztelettel a legkisebb mértékben sem törődött, a polgári teremőrségnek gyakorlati jelentősége a semmivel volt egyenlő.

Mindjárt nagygyűlési tevékenységünk kezdetén megvetettem a teremőrség szervezetének, mint rendező gárdának az alapjait; ez a teremőrség valóban csupa fiatal emberből állott. Részben harctéri bajtársaim voltak, mások viszont a párt fiatal tagjainak köréből kerültek ki, akiket mindjárt kezdettől fogva arra neveltünk, hogy terrort csak terror által lehet megtörni, és hogy ezen a földön a bátor és határozott fellépés mindig eredménnyel jár. Tudatukba véstük, hogy mi olyan hatalmas, nagy és felemelő eszméért harcolunk, amelyet érdemes a legutolsó csepp vérünkkel is megvédelmezni. Arra neveltük őket, hogyha egyszer az értelem hallgatásra kényszerül, akkor az erőszaké a végső döntés joga, és hogy a védelem legjobb fegyvere a támadás.

Megértettük, hogy a mi rendfenntartó gárdánknak az kell, hogy legyen a híre, hogy nem vitatkozó klub, hanem a legvégsőkre kész harci együttes. Mennyire vágyott ez az ifjúság ilyen feladatra. Mennyire kiábrándult ez a háborús nemzedék, tele undorral és megvetéssel a polgári gyámoltalanságból!

Mindenki előtt világossá vált, hogy a forradalom csak a nép polgári vezetésének gyöngesége miatt volt lehetséges. A német nép védelmére szükséges öklök meglettek volna, csak a fej hiányzott, amely ezeket igénybe vegye. Milyen ragyogó szemmel néztek rám ezek az ifjak, amikor küldetésük szükségességéről beszéltem nekik. Újra meg újra bebizonyítottam, hogy e föld minden bölcsessége eredménytelen marad, ha az erő nem teljesíti a maga kötelességét, hogy a béke nyájas istennője csak a hadisten oldalán járhat, és hogy a béke minden nagy tettének szüksége van az erő védelmére és segítségére. Mennyivel élénkebb formában Jelentkezett előttünk a védkötelezettség nagy gondolata! Nem mint az öreg, megcsontosodott hivatalnoklelkek elmeszesedett szellemében egy halott ország halott tekintélyének a szolgálata, hanem saját népünk létéért mindig, minden körülmények között és mindenütt életét áldozni kész kötelesség élő felismerése.

És hogy sorakoztak a zászló alá ezek az ifjak! Darázsrajként rontottak a gyűléseink zavaróira, tekintet nélkül azok túlerejére és a véres áldozatra. Egy nagy gondolat vezérelte őket: az, hogy szent hivatásuk szabad utat biztosítson mozgalmunk részére.

1920 nyarának derekán rendezőgárdánk szervezetei már lassan határozott alakot öltöttek, hogy 1921 tavaszán már századokra tagozódjanak, amelyek azután csoportokra oszlottak. Erre sürgős szükség volt, mert közben a gyűléseken kifejtett tevékenységünk állandóan növekedett. Még gyakran jöttünk össze a müncheni Hofbräu dísztermében, de már gyakrabban a város nagyobb termeiben. A Bürgerbräu díszterme és a Münchner Kindl pincéje volt színhelye 192021 őszén és telén az egyre hatalmasabb tömeggyűléseinknek, amelyeknek képe mindig ugyanaz volt. Az N. S. D. A. P. gyűléseit mindig jóval kezdetük előtt túlzsúfoltság miatt rendőrileg kellett lezárni.

Rendezőgárdánk szervezése igen fontos kérdés megoldásához vezetett. Mozgalmunknak eddig sem pártjelvénye, sem pártzászlaja nem volt. Ilyen jelvények hiánya pedig nemcsak pillanatnyi hátrányt jelentett, hanem elviselhetetlen volt a jövőre nézve is. Ez a hátrány különösen abban rejlett, hogy a párt tagjai nélkülözték összetartozásuk minden jelét. A jövőre nézve nélkülözhetetlen volt egy olyan jelvény megalkotása, amelyet a mozgalom jelképeként a nemzetköziségnek neki lehet szegezni.

Ifjúságom idején gyakran volt alkalmam felismerni és megérteni, hogy az ilyen jelvénynek lélektanilag óriási a jelentősége.

A háború után Berlinben éltem át a szocialistáknak a királyi palota előtt és a Lustgartenben tartott tömegfelvonulásait. A vörös zászlótenger, vörös karszalagok és vörös virágok ennek a tüntetésnek, amelyen hozzávetőleges becslésem szerint mintegy 120000 ember vett részt, külsőleg is hatalmas tekintélyt kölcsönöztek. Magam is éreztem és megértettem, hogy milyen könnyen behódol az ilyen látványos, lenyűgöző hatású színházi varázsnak a nép gyermeke.

A polgárságnak, amely pártpolitikailag semmi néven nevezendő világnézetet nem jelent és nem képvisel, nem volt saját zászlaja. A polgárság "*hazafiak*"-ból állott és a birodalom zászlaja alatt szaladgált.

Ha ezek a színek világnézetet jelképeztek volna, akkor meg lehetett volna érteni, hogy az államhatalom birtokosai e színeket egyben saját világnézetük jelképének látták, mert a világnézetük jelképe saját tevékenységük következtében lett állami és birodalmi lobogóvá.

A dolog azonban nem így állott.

A birodalmat nem a német polgárság közreműködésével tákolták össze, és a zászló a háború öléből pottyant ki. Ezzel azután valóban csak állami lobogó lett és világnézet szempontjából semmiféle jelentősége nem volt. Csak a német nyelvterületek egy pontján, Német-Ausztriában volt polgári pártzászló jellege e színeknek. Az ottani nemzeti érzelmű polgárság egy része ugyanis az 1848-as év fekete—piros—arany színeit saját pártzászlajává avatta, és ezzel olyan szimbólumra tett szert, amely világnézeti szempontból ugyan minden jelentőség nélküli, állampolitikai tekintetben mégis forradalmi jellegű volt. Ennek a fekete—piros—arany zászlónak annak idején a legelkeseredettebb ellenségei és ezt ne felejtsük el soha a szociáldemokraták és keresztényszocialisták, illetve klerikálisak voltak. Ok voltak azok, akik ezeket a színeket gyalázták, bemocskolták és bepiszkították éppen úgy, mint ahogy később, 1918-ban a fekete—ezüst—pirossal tették. Mindenesetre a fekete—piros—arany az öreg Ausztria német pártjainak 1848-as színe volt, tehát olyan időszaké, amely bár fantasztikus lehetett, egyénenként a legtisztességesebb német lelkeket is uralmába kerítette, jóllehet a háttérben láthatatlanul mégis a zsidó volt a mozgatója ezeknek az eseményeknek. Kétségtelen, hogy csak az 1918-as hazaárulás és a német javak szemérmetlen elherdálása után lettek e színek a marxizmus és a centrum számára oly rokonszenvesek, hogy azokat mint legnagyobb szentségüket tiszteljék, és az egykor általuk úgy gyűlölt zászló védelmére külön osztagokat szervezzenek.

Így 1920-ig a marxizmussal szemben semmiféle zászló nem állott, amely a világnézetileg ellenséges sarkot testesítette volna meg. Mert igaz ugyan, hogy a német polgárság jobbérzésű pártjai 1918 után nem voltak kaphatók arra, hogy a most egyszerre felfedezett fekete—piros—arany birodalmi zászlót saját jelképüknek tekintsék, az újabb fejlődéssel sem tudtak a jövőt illetőleg semmi egyéni programot szembeállítani, a legjobb esetben is csak a múlt birodalom újjáteremtésének gondolatát.

Ennek a gondolatnak köszönheti a régi birodalom fekete—ezüst—piros zászlaja újjászületését, az úgynevezett polgári pártok zászlajaként.

Kézenfekvő, hogy az olyan rendszernek a jelképe, amelyet a marxizmus nem éppen hősies körülmények és kísérő jelenségek közepette győzött le, csak nehezen képzelhető el olyan jelvényként, amely alatt a marxizmus legyőzhető. Amennyire szentek és drágák kell, hogy legyenek a régi, páratlanul szép színek a maguk harcos és áldozatos múltjával és fiatalosan friss összetételével minden tisztességes német számára, éppen annyira kevéssé alkalmas ez a zászló a jövő harcának jelvényéül. Én a polgári politikusokkal szemben a mi mozgalmunkban mindig azt az álláspontot képviseltem, hogy német nemzetünknek egyenesen szerencséje, hogy régi színeinket elvesztítettük. Az mindegy lehetett nekünk, hogy a köztársaság a maga zászlaja alatt mit művel. Mélységes hálával kell azonban megköszönnünk a sorsnak, hogy kegyes volt hozzánk és minden idők legdicsőségesebb hadi zászlaját megóvta attól, hogy gyalázatos prostitúció lepedőjéül szolgáljon. A mai birodalom, amely polgárait eladja, nem méltó a fekete— ezüst—piros lobogóra.

Ameddig a novemberi gyalázat tart, addig viselje csak a saját maszkját és ne lopja meg e tekintetben is a beszélő múltat. A mi polgári politikusaink gondoljanak arra, hogy aki ez állam számára a fekete—ezüst—piros zászlót kívánja, az a múlttal szemben lopást követ el. Ez az egykori zászló csak az egykori birodalomhoz illett, éppen úgy, mint Istennek hála, a köztársaság is a hozzá méltót választotta.

Ez volt az alapja annak, amiért mi nemzetiszocialisták saját tevékenységünk kifejező jelképének nem tudtuk a régi zászlót tekinteni. Mi nem akarjuk a saját híveinek hibái következtében tönkrement régi birodalmat feltámasztani, hanem újat akarunk alapítani.

Annak a mozgalomnak, amelyik ma ebben a szellemben küzd a marxizmus ellen, zászlajában is az új állam jelképét kell viselnie.

Az új zászló kérdése, annak kinézete ekkoriban élénken foglalkoztatott minket. Minden oldalról kaptuk a javaslatokat; ezek nagy részében természetesen inkább volt meg a jószándék, mint az alkalmazhatóság. Az új zászlónak éppen annyira saját harcunk jelvényének kellett lennie, mint amennyire plakátszerűen hatást kellett kiváltania. Aki a tömeggel maga is foglalkozott, az ezekben a látszólagos csekélységekben is fontos körülményeket ismer fel. Egy hatásos jelvény az esetek százezrének megadhatja az első lökést a mozgalom iránti érdeklődésre.

Éppen ez alapon kellett visszautasítanunk azokat az ajánlatokat, amelyek mozgalmunkat fehér színű zászló útján a régi állammal vagy helyesebben, azokkal a gyönge pártokkal azonosították, amelyeknek egyetlen politikai célja az elmúlt állapotok visszaállítása. Emellett a fehér szín nem ragad magával; alkalmas lehet szűzi hajadonegyesületek, de nem forradalmi idők világrengető mozgalma számára.

A fekete szín is felvetődött, ami alkalmas lett volna a mai időkben, de nem volt elég kifejező mozgalmunk céljára. Ez a szín sem ragadja magával a szemlélőt.

A fehér-kék színt szintén elvetettük, dacára esztétikailag csodálatos hatásának, minthogy ez egy német szövetségi államnak és amellett nem egészen a legjobb hírnévnek örvendő, szakadár vizeken evező politikai irányzatnak a színe. Egyébként pedig ezt is nehezen lehetett volna mozgalmunkkal szorosabb összefüggésbe hozni. Ugyanez állott a fekete-fehér színre is.

Fekete—piros—arany színekről természetesen szó sem lehetett. A fekete—ezüst—pirosról sem lehetett szó a már jelzett okoknál fogva legalábbis nem jelenlegi alakjában.

Hatásában ez a színösszetétel messze felülmúlja a többieket. Az elképzelhető legragyogóbb akkord!

Jómagam mindig a régi színek megtartásáért szállottam síkra nemcsak azért, mert nekem, mint katonának a legszentebbek, hanem mert esztétikai hatásukban is leginkább megfelelnek érzelmeimnek.

Mégis el kellett vetnem azt a számtalan tervet, amelyet fiatal mozgalmunk köréből nyújtottak be és amelyek legnagyobb részt a régi zászlóba rajzolták bele a horogkeresztet. Magam mint vezér nem akartam saját tervemmel a nyilvánosság elé lépni, hiszen lehetséges, hogy más valaki éppen olyan jó vagy talán még jobb tervet hoz.

Valóban egy starnbergi fogorvos egészen jó tervet adott, amely az enyémet nagyon megközelítette. Volt azonban egy hibája: hajlott kampójú horogkeresztet festettek be egy fehér mezőbe.

Magam hosszú kísérletezés után leszögeztem a végleges alakot Ez vörös alapú zászló volt, benne fehér kör alakú mezővel, a közepén fekete horogkereszttel. Hosszas tanulmányozás után megtaláltam a helyes arányt is a zászló, a korong, valamint a horogkereszt alakja, vastagsága és nagysága között. Emellett maradtunk.

Ugyanilyen karszalagot rendeltünk rendezőgárdánk számára, éspedig vörös karszalagot ugyancsak fekete horogkeresztes fehér koronggal.

Hasonló elvek szem előtt tartásával terveztük meg a pártjelvényt is. Piros mezőben középen fekete horogkereszt, fehér koronggal. Füss müncheni aranyműves adta be az első használható tervet, amelyet véglegesítettünk.

1920 nyarának derekán jelent meg először az új zászló a nyilvánosság előtt. Kiválóan illett ifjú mozgalmunkhoz. Ez is ifjú és új volt. Senki emberfia nem látta annak előtte, és úgy hatott, mint egy világító fáklya. Valamennyiünket gyerekes örömmel töltött el, amikor a tervet egy hű párttagtársunk első alkalommal kivitelezte és átadta. Néhány hónappal ezután már Münchenben hat darab zászlónk volt, és az egyre inkább szaporodó rendezőgárdánk nagyban hozzájárult mozgalmunk új jelképének elterjesztéséhez.

Ez igazi jelkép! Nemcsak azért, mert az általunk forrón szeretett, páratlan és a német népnek oly sok becsületet szerzett színek a múlttal szembeni tiszteletünket juttatták kifejezésre, hanem mert mozgalmunk célját és akaratát is legjobban fejezte ki. Mi, nemzetiszocialisták zászlónkban programunkat láttuk. A piros színben mozgalmunk szociális gondolatát, a fehérben a nemzeti eszmét, a horogkeresztben pedig az árja ember győzelméért folytatott harci küldetését és egyben az alkotó munka gondolatának a győzelmét, amely pedig mindig antiszemita volt és antiszemita lesz.

Két évre rá, amikor a rendezőgárdából már régen több ezer tagot számláló rohamosztag lett, szükségessé vált, hogy az ifjú világnézet e védelmi szervezetének külön győzelmi jelvényt, a "*standart*"-ot adjuk.

Ezt is én terveztem, és kivitelezésre egyik öreg, hű párttagunknak, Cahr aranyműves mesternek adtam át. Azóta a "*standart*" a nemzetiszocialista küzdelem harci jelvénye lett.

Gyűlési tevékenységünk, amely 1920-ban egyre inkább fokozódott, végre arra késztetett, hogy hetenként két gyűlést is tartsak. Ekkor már csodálkozó emberek sokasága olvasta plakátjainkat, a város legnagyobb termei zsúfolásig megteltek, a félrevezetett marxista szocialisták tízezrei ismét megtalálták a népközösséghez visszavezető utat, hogy az eljövendő szabad német birodalomnak harcosai legyenek. München nyilvánossága megismert bennünket. Beszéltek rólunk, a "*nemzetiszocialista*" szó megszokottá vált és programot jelentett. A hívek, sőt a tagok száma is egyre növekedett, úgyhogy 1920-21 telén Münchenben már mint erős párt léphettünk fel.

1921. januárjának végén Németország egén ismét nehéz gondok felhői gyülekeztek. A párizsi megállapodást, amely Németországot százmilliárd őrültséggel határos összegnek fizetésére kötelezte, a londoni diktátum alakjában életbe akarták léptetni. Az úgynevezett népi egyesületek Münchenben már hosszabb idő óta fennálló munkaközössége ez alkalomból egy nagyobb, közös tiltakozó gyűlést akart egybehívni. Az idő sürgetett és magam ideges voltam a hozott határozatok keresztülvitelével kapcsolatos huzavona miatt. Először a Königsplatzon tartandó gyűlésről beszéltek, de arról utóbb lemondtak. Attól féltek, hogy a vörösök szétverik azt. Majd a Feldherrnhalle elé tervezték a tiltakozó gyűlést, ámde ezt is lefújtak, hogy végül is a Münchner Kindl pince mellett döntsenek. Egyik nap a másik után telt el, a nagy pártok azonban tudomást sem vettek a rettenetes eseményről, és a munkaközösség nem volt képes megállapodni a közös nagygyűlés időpontjában. 1921. február elsején, egy keddi napon azonnali és végleges határozatot sürgettem. Szerdára ígérték a választ. Szerdán azután ismét feltétlen határozott felvilágosítást követeltem a gyűlés időpontjára vonatkozólag. A válasz ismét határozatlan és kitérő volt.

ADOLF HITLER

Türelmemnek ekkor vége szakadt, és elhatároztam, hogy egyedül fogom megrendezni a tiltakozó gyűlést. Szerdán délben tíz perc alatt gépbe diktáltam a plakát szövegét és a következő napra, csütörtökre, február 3-ra kibéreltem a Krone cirkuszt. Ehhez abban az időben nagy merészség kellett. Nemcsak azért, mert kérdéses lehetett, hogy a nagy helyiség megtölthető-e, hanem azért is, mert a gyűlés felrobbantásának a veszélye is fenyegetett. Rendezőgárdánk ilyen óriási helyiségre még korántsem volt elegendő. Magam sem voltam tisztában egy ilyen robbantási kísérlet lefolyásával. Annak megakadályozását nehezebbnek tartottam egy cirkuszban, mint egy zárt teremben. Tévedtem. Ilyen óriási helyiségben valóban könynyebben lehetett úrrá lenni a robbantást megkísérlő csoporton, mint egy másik, szűkre szabott teremben.

Az bizonyos volt, hogy a kudarc hosszú időre visszavetett volna bennünket. Egyetlen eredményes robbantás híre nevünket egy csapásra összetörhette volna, és az ellenséget felbátoríthatta arra, hogy az egyszer sikerültet újra megkísérelje. Ez egész további tevékenységünkre olyan súlyos kihatással lett volna, hogy csak hosszú hónapok nehéz küzdelmével lehetett volna a csorbát kiköszörülni.

Csak egy napunk volt a plakátragasztásra, éspedig maga a csütörtöki nap. Sajnos már kora reggel esni kezdett, és így az aggodalom alaposnak látszott, hogy ilyen körülmények között az emberek szívesebben otthon maradnak, semhogy esőben, hóban olyan gyűlésre siessenek, ahol méghozzá véres verekedésre is volt kilátás.

Csütörtökön délben egyszerre engem is elfogott az aggodalom, hogy vajon megtelik-e a helyiség. Arra gondoltam, ha a helyiség részben üresen marad, az egyúttal engem is lejárat a munkaközösség előtt. Ez aggodalom hatása alatt sürgősen néhány röpiratot diktáltam és nyomtattam ki, hogy azokat a délután folyamán szétosztogathassuk. Ezekben természetesen a gyűlésre való részvételre szólítottam fel a lakosságot. Két bérelt teherautót a lehetőséghez képest sok "*vörössel*" feldíszítettem, kitűztem rájuk néhány zászlónkat, mindegyikre ráültettem 1520 párttagunkat, és megparancsoltam nekik, hogy szorgalmasan járják a város utcáit, szórják a röpcédulákat, egyszóval csináljanak hathatós propagandát az esti gyűlés számára. Első ízben történt, hogy felzászlózott teherautók jelentek meg a város utcáin anélkül, hogy azokban szocialisták ültek volna. A lakosság csodálkozó tekintettel figyelte a horogkeresztes zászlókkal díszített autókat. A város külső negyedeiben pedig ökölbe szorult kezek emelkedtek a levegőbe a "*proletariátus kihívása*" miatt. Ők úgy képzelték, hogy a gyűlések tartására csak a szocialistáknak van joguk, éppen úgy, mint ahogy teherautóval a város utcáit járni is csak nekik van joguk.

Hét órakor a cirkuszban még csak kevesen voltak. Tízpercenként kaptam telefonértesítést, kissé nyugtalan voltam, hiszen az eddigi termek hét órára, negyed nyolcra már legnagyobbrészt félig, sőt egészen is megteltek. Ennek megvolt a magyarázata. Nem vettem számításba ennek az óriási helyiségnek a kiterjedését és azt, hogy míg ezer ember a Hofbräuhaus termét már egészen megtöltötte, addig a Krone ezer személyt egyszerűen elnyelt. Alig látta az ember őket. Kisvártatva azonban már kedvező jelentések futottak be. Háromnegyed nyolcra a terem háromnegyed részben megtelt, és egyidejűleg jelentették, hogy a pénztárt még nagy tömeg ostromolja. Ekkor azután a gyűlés színhelyére hajtattam, ahová nyolc óra előtt két perccel érkeztem. Még mindig nagy embertömeg állott a cirkusz bejáratánál, részben kíváncsiak, sokan ellenfelek, akik az eseményeket kívülről akarták szemlélni. Amikor a hatalmas csarnokba léptem, ugyanolyan nagy volt az örömöm, mint egy évvel ezelőtt a müncheni Hofbräuhaus dísztermében. Tulajdonképpen csak a szónoki emelvényről bontakozott ki az eredmény a maga igazi nagyságában. Óriási kagylóként tűnt fel előttem a terem, és benne az emberek ezrei; még a porond is feketéllett az érdeklődőktől. Ötezerhatszáznál több jegyet adtak ki a pénztárak, és ha hozzászámítjuk a munkanélküliek, a szegény diákok nagy számát és rendezőgárdánkat, akkor mintegy hat és fél ezerre tehető a jelenvoltak száma.

"*Jövendő vagy pusztulás*" volt beszédem tárgya, és szívem örömtől repesett, amikor arra gondoltam, hogy a jövendő ott van a szemem előtt. Beszélni kezdtem és beszéltem mintegy két és fél óra hosszat. Már az első félóra után az volt az érzésem, hogy a gyűlés hatalmas eredményt jelent. Megtaláltam az összeköttetést a résztvevők szívéhez. Az első óra alatt többször félbeszakította beszédemet a jelenlévők helyeslése, hogy azután elcsendesülve azzal a néma áhítattal hallgassak szavaimat, amelynek e helyiségben később oly gyakran voltam részese, és amely minden egyes résztvevő számára felejthetetlen maradt. Csak a lélegzetét lehetett hallani ennek a nagy tömegnek, és csak miután beszédemet befejeztem, robbant ki hatalmas erővel a lelkesedés, hogy aztán a *Deutschland* dal szinte áhítatig fokozott éneklése közben üljön el megint. Helyemen maradtam és a szónoki emelvényről figyeltem az óriási tömegnek csaknem húsz percig tartó kivonulását. Csak azután hagytam el boldogsággal telt szívvel a helyiséget.

A Kroneban megtartott ez első gyűlésünkről felvételeket is készítettek. Mindennél jobban beszéltek ezek a képek, amelyek a néző elé tárták a tüntetés nagyságát. A polgári lapok fényképeket és közleményeket hoztak, de csak "*nemzeti naggyűlés*"-ről írtak, és természetesen diplomatikusan elhallgatták, hogy ki is volt a rendezője.

Ezzel a gyűléssel léptünk ki első ízben a mindennapi párt megszokott keretéből. Annak igazolására, hogy gyűlésünk tartós eredményű, nem csupán tiszavirág-életű jelenség, a rákövetkező héten egy másik nagygyűlést is tartottunk a cirkuszban. Az eredmény ugyanaz volt. Az óriási csarnokot ismét zsúfolásig megtöltötték az emberek, úgyhogy elhatároztam: az elkövetkező héten harmadszor is megkísérlem a gyűlés összehívását. E harmadik gyűlésen talán még zsúfoltabb volt a cirkusz.

Az 1921. év ilyen bevezetése után müncheni gyűléstevékenységünket még jobban fokoztam. Hetenként már nem csak egy, hanem két tömeggyűlést is tartottunk, sőt a nyár folyamán és késő ősszel nemegyszer hármat is. Mindig a cirkuszban gyűléseztünk, és megelégedéssel állapíthattuk meg, hogy az eredmény mindig ugyanaz volt.

Ezek a sikereink természetesen nem hagytak nyugtot ellenfeleinknek. Miután ők először a terror, majd az agyonhallgatás eszközéhez folyamodtak, saját beismerésük szerint is, sem egyikkel, sem másikkal nem tudták mozgalmunk kifejlődését megakadályozni. Éppen ezért döntő terrorcselekményekre határozták el magukat, hogy egyszer és mindenkorra véget vessenek minden gyülekezési tevékenységünknek.

Indoklásul az Auer Erhardt nevű országgyűlési képviselő elleni, rendkívül titokzatos merényletet használtak fel. Erre az Auer Erhardtra egyik este valaki állítólag rálőtt. Helyesebben: lövés nem dördült el, de valaki megkísérelte, hogy rálőjön. Ennek a szociáldemokrata pártvezetőnek a "*csodálatos lélekjelenléte és közmondásos bátorsága*" azonban állítólag nemcsak megakadályozta volna ezt a bűnös merényletet, hanem magukat a merénylőket is gyáva megfutamodásra késztette. Olyan gyorsan és oly nyomtalanul tűntek el, hogy a rendőrség még később sem jutott a nyomukra.

Ezt a titokzatos eseményt a szociáldemokrata párt müncheni szócsöve arra használta fel, hogy mértéktelen módon izgasson mozgalmunk ellen, és egyben régi szokás szerint jelezze, hogy minek is kell következnie. Gondoskodás történik úgymond, hogy a fák ne nőjenek az égig, és hogy a proletariátus ökle idejekorán lesújtson mozgalmunkra. Pár nappal ezután elérkezett a támadás napja. A müncheni Hofbräuhaus dísztermében tartott gyűlésünket melynek szónoka én voltam választották ki a végső leszámolás céljára. 1921. november 4én délután 67 óra között kaptam az első biztos hírt arról, hogy az e napra hirdetett gyűlésünket feltétlenül szétverik és hogy e célra néhány vörös üzemből hatalmas munkástömegeket küldenek a gyűlésre. Szerencsétlen véletlen okozta, hogy ezt az értesítést nem kaptuk meg korábban. Ugyanezen a napon hagytuk ott a Steinecker utcai öreg, kegyeletes emlékű helyiségünket, és költöztünk át új helyiségünkbe, ami röviden azt jelentette, hogy a régiből már kiköltöztünk, de az újba még nem tudtunk behurcolkodni, mert ebben még dolgoztak. Minthogy a telefonunk is szerelés alatt állott, ezen a napon hiába igyekeztek velünk ezúton érintkezésbe lépni és idejekorán közölni a készülő robbantási kísérletet.

Ennek következtében a gyűlést magát csak nagyon gyenge rendezőgárda védte. Egy szám szerint kevésbé erős, mintegy negyvennegyvenhat főnyi századunk volt jelen, riadószervezetünk pedig még nem volt annyira kiépítve, hogy a rendelkezésünkre álló egy óra alatt megfelelő erősítésről gondoskodhattunk volna. Ehhez járult még, hogy ilyen vak hírek nemegyszer érkeztek hozzánk, anélkül, hogy bármi különleges dolog történt volna. Így nem tehettünk annyi óvintézkedést, amennyire egynapi idő esetén felkészülhettünk volna, hogy a legerőteljesebben léphessünk fel a támadási kísérlettel szemben.

A müncheni Hofbräuhaus dísztermét támadó kísérlet számára különben is alkalmatlannak tartottuk. Sokkal inkább féltünk ilyen kísérlettől a nagyobb termekben, különösen pedig a cirkuszban. E tekintetben értékes tanulságot szereztünk e napon. Ezeket a kérdéseket később mondhatnám tudományos módszerrel tanulmányoztuk. Az így nyert hihetetlenül értékes eredményeket későbbi szervezeti és harcászati vezetőségünk a rohamosztagoknál értékesítette is.

Amint háromnegyed nyolc órakor a Hofbräuhaus előcsarnokába léptem, nem lehetett kétség afelől, hogy mit terveznek. A terem zsúfolásig megtelt, és éppen ezért a rendőrség lezárta. Az ellenfelek korán jöttek a gyűlésre, a teremben foglaltak helyet, míg a mi híveink legnagyobb része kiszorult. A rohamosztagok maroknyi csapata engem az előcsarnokban várt. Lecsukattam a nagyterembe vezető ajtókat, és felsorakoztattam 4046 emberemet. Megmagyaráztam ezeknek a fiatal embereknek, hogy a mai napon valószínűleg először kerül sor feltétlen hűségük bebizonyítására, és annak igazolására, hogy bennünket a teremből csak holtan vihetnek ki. Megmondtam azt is, hogy magam is bent maradok a teremben, és hiszem, hogy egy sem akad közülük, aki engem elhagyna. Ha mégis, egy is akadna, aki gyávaságot mutat, akkor annak karszalagját saját kezűleg fogom letépni. Végül felszólítottam őket arra, hogy a legkisebb rendbontó kísérlet esetén azonnal lépjenek közbe, és hangsúlyoztam egyben, hogy a leghatásosabb védelmet a támadás jelenti. Háromszoros "*heil*" kiáltás volt erre a válasz, ami ez alkalommal még a szokottnál is erőteljesebben és zordabban hangzott.

Ezek után beléptem a terembe, és most már saját szememmel láttam a helyzetet. Ellenfeleink szorosan egymás mellett ültek és már tekintetükkel fel akartak nyársalni. Számtalan arc gyűlölettel fordult felém, mások pokoli arcfintorgatással kiáltoztak: ma leszámolnak velünk, vigyázzunk a belünkre, ma betömik a pofánkat.

Ezekhez hasonló szép kifejezések röpködtek a levegőben.

Túlerejük tudatában biztonságban érezték magukat.

A gyűlést mégis meg lehetett nyitni és én beszélni kezdtem. A Hofbräuhaus dísztermének egyik hosszanti oldalán elhelyezett sörözőasztal volt a dobogóm. Így tulajdonképpen közvetlenül az emberek között álltam. Talán ez volt az a körülmény, amely mindig olyan hangulatot teremtett, mint amilyent máshol sohasem tapasztaltam.

Előttem, különösen pedig tőlem balra, kizárólag ellenfeleim ültek. Hatalmas, válogatott férfiak és fiatalemberek, nagyrészt a Maffei mozdonygyárból, a Kusterman és Isaria számológépüzemből stb. A terem bal oldalának a hosszán egészen az asztalomig nyomultak elő. Elkezdték a söröskancsókat gyűjteni, sőt egyre újabb korsókat rendeltek és az üreseket az asztal alá rejtették. Egész ütegek keletkeztek. Magam hittem a legkevésbé, hogy ez a nap még jól is végződhet.

Körülbelül másfél óra alatt dacára a folytonos közbekiabálásnak mégis tudtam annyit beszélni, hogy úgy tetszett, mintha a helyzet ura lennék. Ezt a szétverésre rendelt csapatok vezetői is érezni kezdték, egyre nyugtalanabbak lettek, egyre gyakrabban kimentek, ismét visszatértek és látható idegességgel magyaráztak embereiknek. Egy közbekiáltással kapcsolatban lélektani hibát követtem el, amelyet magam is azonnal észrevettem, mihelyt kicsúszott a számon. De már késő volt. Ez megindította a támadást. Néhány közbekiáltás, egy férfi székre ugrott és belebömbölte a terembe: "*Szabadság*". Erre azután a "*szabadságharcosok*" megkezdték munkájukat. Másodpercek alatt a termet vadul ordítozó embertömeg lepte el, amely felett ágyúgolyókhoz hasonlóan röpködtek a söröskancsók. Ebbe a pokoli zenebonába belevegyült a törött széklábak ropogása, a söröskancsók csattanása, a talán már nem is fokozható üvöltés, ordítás. Borzalmas látvány volt.

Helyemen maradtam és onnan figyeltem, hogy miként álljak meg helyüket az én fiaim. (Polgári gyűlést kellett volna hasonló körülmények között látni!) A tánc még meg sem kezdődött, amikor az én rohamosztagosaim, mert így hívták őket e naptól kezdve támadtak. Mint a farkasok tízes, tizenkettes csoportokban rohantak ellenfeleinkre és kezdték azokat kifelé szorítani a teremből. Öt perc múlva talán egy sem volt közöttük olyan, akit nem öntött volna el a vér.

Sokat közülük ezen az estén ismertem meg igazán, köztük az én derék Mauricemat, Hesst, a mai személyi titkáromat és sok mást, akik már súlyos sebekkel borítva újra és újra támadásba mentek át, amíg csak állni tudtak a lábukon. Húsz percig tartott ez a pokoli lárma, de akkor már a hétnyolcszáz embert számláló ellenfeleink sokaságát az én nem is egészen ötven emberem kiverte a teremből és lefelé hajigálta a lépcsőkön. Csak a bal oldali teremsarokban tanúsított egy nagyobb csoport elkeseredett ellenállást. Közben a dobogóm felé eldördült két revolverlövés, mire eszeveszett lövöldözés is kezdődött.

Szinte repesett az ember lelke örömében a háborús emlékek ilyen nagyszerű felelevenedésén. Hogy ki lőtt, nem lehetett megállapítani, csak azt, hogy e pillanattól kezdve vérző fiaimnak dühe még jobban fokozódott, és végre az utolsó zavargókat is kihajigálták a teremből.

Közel huszonöt perc telt el. A terem úgy nézett ki, mintha gránát csapott volna belé. Híveim közül sokat be kellett kötözni, másokat el kellett szállítani. De mi maradtunk a helyzet urai. Esser Hermann, aki ezen az estén a gyűlést vezette, kijelentette: "A *gyűlést folytatjuk, az előadót illeti a szó.*" És én tovább beszéltem.

Mikor azután már a gyűlést bezártuk, egyszerre csak egy izgatott rendőr hadnagy rontott be, és kezével hadonászva ordította a terembe: "*A gyűlést feloszlatom*!"

Akaratlanul is mosolyognom kellett ennek a késő Jánosnak láttán. Jellegzetes rendőrségi fontoskodás. Minél kisebbek, annál nagyobbnak igyekeznek látszani.

Ezen az estén tényleg sokat tanultunk. De ellenfeleink sem felejtették el azt, amit kaptak.

1923 őszéig a "*Münchener Post*" sem fenyegetőzött többé a proletariátus öklével.

VIII. Az erős önállóan a leghatalmasabb!

Az előbbiek során a német népi egyesülések munkaközösségéről tettem említést. E helyen egészen röviden foglalkozni kívánok ezeknek a munkaközösségeknek a kérdésével.

Munkaközösség alatt általában azoknak az egyesületeknek a csoportját érti amelyek a munka megkönnyítése céljából bizonyos kölcsönös viszonyba lépni. Kisebb vagy nagyobb mérvű közös vezetésben állapodnak meg és közös akciók hajtanak végre. Már ebből is kétségtelenül kitűnik, hogy csak olyan egyesületek szövetségekről és pártokról lehet szó, amelyeknek céljai és útjai nem nagy különbözők. Azt állítják, hogy ez mindig így van. Az átlag polgárra éppen annyira örvendetesen, mint megnyugtatóan hat annak tudata, hogy az ilyen egyesületek miközben ilyen munkaközösségben egyesülnek egymásban, végre felfedeztél közös összekötő kapcsokat, és lerombolták a válaszfalakat. Emellett általában az a meggyőződés is uralkodik, hogy egy-egy ilyen szövetkezés óriási erősödést jelent és hogy az egyébként gyenge kis csoportok ezáltal hatalommá válnak. Ez természetesen legtöbbször nagy tévedés! Érdekesnek és nézetem szerint e kérdés megítélése szempontjából fontosnak tartom, hogy világosságot derítsünk arra, miként alakulnak az ilyen egyesülete szövetségek és hozzájuk hasonlók, amelyek valamennyien azt állítják, hogy egy cél felé törekszenek.

Az ésszerű az lenne, ha egy célért csak egy egyesület harcolna, és hogy az azon cél felé ne több egyesület egyengesse az utat. Két okra vezethető vissza, hogy még sincs így. Az egyik okot majdnem tragikusnak nevezhetem, míg a másikat, emberi gyöngeségből eredő gyarlóságnak.

Hogy nemcsak egy egyesület küzd egy bizonyos feladat megoldásáért, annak tragikus oka a következő: minden nagyvonalú tett a földön általában az emberek millióiban már régen szunnyadó kívánságnak, sokak vágyódásának a kielégülését jelenti. Igen! Gyakran megtörténhetik, hogy évszázadok telnek el pusztán forró vágyakozásban, mert a népek csak sóhajtani tudnak a meglevő állapotok elviselhetetlensége felett, anélkül azonban, hogy a vágyuk beteljesednék. Népek, amelyek ilyen szükségben nem találják meg a kivezető utat, tehetetlenek. Ezzel szemben egy nép életerejét és életrevalóságát az bizonyítja legjobban, ha a sors e nagy kényszerből való megszabadulás, a keserű szükség megszüntetése, vagy a bizonytalanná vált nyugtalan lelkek megnyugtatása céljából olyan embert ajándékoz neki, aki meghozza a megoldást. Az úgynevezett korszakalkotó kérdések lényegében rejlik, hogy sokan érzik magukat elhivatottnak. A sors maga is nyújt bizonyos választékot, hogy azután az erők szabad játékaként végeredményben az erősebbnek, a tehetségesebbnek biztosítja a győzelmet, és arra bízza a kérdés megoldását.

Ha tehát különböző csoportok különböző utakon azonos cél felé törnek, akkor ezek mihelyt tudomást szereznek hasonló törekvésekről, útjuk mineműségét alaposabb vizsgálat tárgyává teszik, azt lehetőség szerint megrövidítik és a legnagyobb erőfeszítések árán is megkísérlik, hogy gyorsabban érjék el kitűzött céljukat.

Az ilyen versengésből az egyes harcosok kiválasztódása áll elő, és az emberiség sikereit nemegyszer azoknak a tanulságoknak köszönheti, amelyeket korábbi, kudarcba fulladt kísérletekből vont le.

Az első pillantásra így tragikusnak tetsző szétforgácsolódásban felismerhetjük azt az eszközt, amely végül a legcélravezetőbb.

A történelem is, ha évszázados harcok árán, de mindig a legjobbat helyezi az élre. A német hegemónia két ellenlábasa, Ausztria és Poroszország közül végül, ha súlyos testvérharc árán is Poroszország került ki győztesként, mert a német császári koronát nem a Párizs előtti harcokban, hanem Königgrätz csatamezején szerezték meg a birodalom számára.

Ne panaszkodjunk tehát, ha különböző emberek törnek azonos célok felé. Így ismerik fel az erősebbet és gyorsabbat, így lesz győztes a valóban elhivatott.

De másik oka is van annak, hogy a népek életében gyakran azonos szellemű mozgalmak látszólag azonos cél felé,

különböző utakon haladnak. Ez az ok azonban nemcsak hogy nem tragikus, hanem egyenesen szánalmas. Az irigység, a féltékenység, a nagyravágyás és tolvaj jellem szomorú keverékében gyökerezik, amelyet az emberiség egyes egyedeiben sajnos oly gyakran tapasztalhatunk.

Mihelyt olyan ember tűnik fel ugyanis, aki népe szükségét felismeri, fényt derít a betegség lényegére, és komolyan megkísérli a gyógyítást, célt tűz maga elé és megválasztja e cél felé vezető utat, akkor egyszerre a kisebb és legkisebb szellemek felfigyelnek és nagy buzgalommal kísérik az embernek a nyilvánosság figyelmét magára irányító tevékenységét. Úgy járnak ezek az emberek, miként a verebek látszólag teljesen érdektelenül, a valóságban azonban teljesen felcsigázva, lesik a darab kenyeret találó szerencsésebb társukat, hogy egy óvatlan pillanatban azt tőle elraboljak. Elég, hogy valaki új útra lépjen ahhoz, hogy a lézengők sokadalma konokul szaglásszon az út végén esetleg elérhető falat után. Mihelyt megállapítják, hogy merre érhető el a húsosfazék, rögtön felkerekednek, hogy lehetőleg a rövidebb úton hamarább juthassanak el a célhoz.

Ha azután az új mozgalmat megalapítják, és ez kidolgozta programját, akkor előkerülnek az ilyenfajta emberek, és azt állítják, hogy ők ugyanazért a célért harcolnak. Arra nem kaphatók, hogy egy ilyen mozgalom soraiba álljanak és elismerjék annak elsőbbségét, hanem egyszerűen ellopják kész programját, és annak alapján új pártot alapítanak. Emellett elég szemtelenek ahhoz, hogy a gondolkodásra lusta kortársaikkal elhitessék: ők már jóval korábban ugyanazt akarták, mint az a másik mozgalom. Nem ritkán sikerül is nekik magukat jobb színben feltüntetni, ahelyett, hogy közmegvetésben volna részük. Vagy talán nem nagy arcátlanság kell ahhoz, hogy olyan feladatot, amelyet más valaki írt zászlajára, kisajátítson és azután külön úton járjon? Különösen akkor mutatják ki ezek az alakok foguk fehér, amikor ők, akik a szétforgácsolódást új alapításukkal előidézték, a leghangosabban beszélnek az egyesülés és egység szükségességéről, ha arról győződnek meg, hogy az ellenfél indulási előnye már behozhatatlan számukra.

Ilyen előzmények rovására írható az úgynevezett "*népi*" erők szétforgácsolódása.

Természetesen a népinek nevezhető csoportok, pártok stb. képződése 1918-19-ben a dolgok természetes következménye volt anélkül, hogy ezért a vezető csak a legkisebb mértékben is okolhatnánk. Ezek közül az N. S. D. A. P. került győztesen. Az egyes alapítók nyílt becsületessége a legragyogóbb módon akkor nyert beigazolást, amikor csodálatra méltó elhatározással úgy döntöttek, hogy erősebb mozgalom érdekében, saját kevésbé sikeres egyesületüket feloszlatják feltétel nélkül csatlakoznak ahhoz.

Különös mértékben vonatkozik ez a megállapításom az akkor Nürnbergben székelő Német Szocialista Párt vezetőjére, Georg Streicher tanítóra. A mozgalom ez idejéből alig jegyezhető fel valami szétforgácsolódás. Az akkori becsületes emberek becsületes szándéka éppen olyan nyílt, egyenes, mint őszinte munkát eredményezett. Az, amit ma népi "*szétforgácsolódás*"-nak nevezünk, létét az itt említett okoknak köszönheti. Nagyratörő férfiak, emberek, akiknek soha sincs elgondolásuk, még kevésbé önálló célkitűzésük nem volt, egyszerre "*elhivatottságot*" éreztek magukban abban a pillanatban, amikor a Nemzeti Szocialista Német Munkáspárt sikere feltartóztathatatlanul bekövetkezett.

Egyszerre programok nőttek ki a földből, amelyeket maradék nélkül a mieinkből írtak ki, tőlünk kölcsönzött eszmékért harcoltak, célokat tűztek ki, amelyekért már évek hosszú sora óta harcoltunk, és olyan útra léptek, amelyen a Nemzeti Szocialista Német Munkáspárt már régen kitűzött célja felé haladt. Mindenféle eszközzel megkísérelték annak megindokolását, hogy az N. S. D. A. P. régi fennállása dacára miért kellett új pártot alapítaniuk, de minél nemesebb okokra hivatkoztak, annál valószínűtlenebbül hatottak ezek a frázisok.

Valójában egyszerűen indoka volt ezeknek az új alapításoknak: alapítóik személyes nagyravágyása, amely arra késztette őket, hogy olyan szerepet játsszanak, amelyhez törpe egyéniségük semmi egyébbel nem járult hozzá, mint az a hidegvérrel, amellyel szemrebbenés nélkül tudták mások eszméit kisajátít ; anélkül, hogy meggondolták volna, hogy ezt a polgári életben lopásnak minősít Az úgynevezett munkaközösségekbe való tömörülést mindig a célszerűség szempontjából kell megítélnünk. Emellett sohasem szabad szem elől tévesztenünk egy alapvető igazságot.

Munkaközösségek alapításával gyönge egyesületek nem lesznek erősekké, nemegyszer bekövetkezhetik az erősebb egyesület gyöngülése. Téves az a felfogás hogy gyönge csoportok egyesítéséből erőtényező keletkezik. Mert a tapasztalat mutatja, hogy a többség minden alakja minden körülmények között a butaság és gyávaság melegágya lesz, és hogy az egyesületek sokaságát, mihelyt egynél több vezetőség irányítja azt, a gyávaságnak és gyöngeségnek szolgáltatják ki. Emellett ilyen szövetkezésnél az erők játékát lehetetlenné teszik, a legjobb kiválasztódást eredményező harcot megszüntetik, és ezzel megakadályozzák az egészségesebb erősebb végső győzelmét. Ilyen szövetkezések tehát a természetes fejlődés ellenségei. Többnyire akadályozzák, semmint előbbre viszik annak a kérdésnek a megoldását, amelyért harcolnak.

Megvan a lehetősége annak, hogy tisztán célszerűségi okokból egy mozgalom, amely a jövőt tartja szem előtt, egészen rövid időre szövetkezzék és esetleg talán közös lépéseket is tegyen. Ennek azonban semmi szín alatt sem szabad állandósulnia, hacsak nem akar a mozgalom megváltó küldetéséről lemondani. Mert, ha végérvényesen rászánja magát ilyen szövetkezésre, elveszti a lehetőségét és jogát arra, hogy a természetes fejlődés szellemében saját erejét kifejlessze, a vetélytársakat legyőzze, és győzőként biztosítsa a cél elérését.

Ne felejtsük el soha, hogy ezen a világon minden valóban nagy dolog nem koalíciók harcának, hanem mindig egyetlen győzőnek az eredménye. A koalíciós eredmények már eredetüknél fogva magukban hordják a jövendő szétforgácsolódás csíráját, és nemegyszer a már elért eredmény elvesztéséhez vezetnek. Nagy, valóban világrengető szellemi forradalmak mindig csak önálló alakulatok titáni küzdelmeként képzelhetők el, sohasem mint koalíciók vállalkozásának eredménye.

Így mindenekelőtt a népi államot soha nem fogja megteremteni egy népi munkaközösség megegyezéses akarása, hanem csak egyetlen mozgalom mindeneken keresztültörő sziklaszilárd elhatározása.

IX. Az S. A. (rohamosztagok= Sturm Abteilung) jelentőségének és szervezetének alapgondolatai

A régi birodalom ereje három pilléren nyugodott: a monarchikus államformán, a közigazgatási testületen és a hadseregen. Az 1918. évi forradalom az addigi államformát megszüntette, a hadsereget szétzüllesztette, a közigazgatást pedig pártkorrupciónak szolgáltatta ki. Ezzel azután az úgynevezett állami tekintély legfőbb tartóoszlopait zúzta össze.

Az állami tekintély csaknem mindig három összetevő együttese, amely összetevők tulajdonképpen minden tekintélynek is alapját képezik.

A tekintély megteremtésének első kelléke a népszerűség. Az olyan tekintély azonban, amely egyedül a népszerűségen alapul, rendesen nagyon gyenge, bizonytalan és ingadozó. Az ilyen tekintély birtokosának arra kell törekednie, hogy tekintélye alapját a hatalom megszervezésével megerősítse és biztosítsa. A hatalom és erő tehát a második összetevő. Ez jóval állandóbb, biztosabb, és mindig erősebb, mint az első. Feltéve, hogy a népszerűség és hatalom találkoznak és bizonyos ideig együtt maradnak, a tekintélynek egy szilárdabb alapja keletkezik, a hagyomány, Ha végül a népszerűség, erő és hagyomány összpontosulnak, akkor e három összetevő eredményeként jelentkező tekintély megingathatatlan.

A forradalom a tekintély összetevőinek e szerencsés együttesét megszüntette, sőt lassan már a hagyományon alapuló tekintély is megszűnt. A régi birodalom összeomlása, a régi államforma megszüntetése, valamint az egykori felségjogok és birodalmi jelvények megsemmisítése következtében a hagyományok is gyorsan háttérbe szorultak. Ennek következménye az államtekintély súlyos megrázkódtatása volt.

Az államtekintély második oszlopa, a hatalom is a múlté lett. Ahhoz, hogy a ; forradalom egyáltalán győzedelmeskedhessék, nemcsak a szervezett államerőt és ; annak megtestesítőjét, a hadsereget kellett szétrombolni, hanem annak szétroncsolt részeit a forradalmi harci eszközök sorába kellett iktatni. Bár a fronthadseregek nem estek egyenlő mértékben a rombolási folyamat áldozatául, mégis a négy és fél éves hősi küzdőterüktől való eltávolításukkal, a leszerelési szervek működésével és a bomlasztás mérgező hatása alatt a katonatanácsok zűrzavaros, úgynevezett önkéntes fegyelmi körébe kerültek.

A tekintély ezekre a lázadó, a katonai szolgálatot is a nyolc órai munkaidő szellemében értelmező katonai csoportokra tovább már nem támaszkodhatott. Ledőlt tehát a tekintély második oszlopa is, és így a forradalom már kizárólag a népszerűségre támaszkodhatott. De éppen ez az alap volt a legbizonytalanabb.

Minden nemzet három nagy csoportra osztható. Egyik oldalon a legjobb emberek szélső csoportjára, azokéra, akik minden erényt magukénak vallhatnak, és akik különösen kitűnnek jószívűségükkel és áldozatkészségükkel. Ezzel szemben a másik oldalon a leggonoszabb emberek csoportja áll, akik viszont az összes rossz tulajdonság hibáiban leledzenek. E két szélsőség között van a harmadik, a legnagyobb, a középső csoport, amely tündöklő hősöket nem tud ugyan felmutatni, de amelyben közönséges gonosztevőket sem találunk.

Egy nép csak a legjobbak kizárólagos vezetése mellett emelkedhetik és tűnhetik ki. Egyenletes, átlagos fejlődést vagy tartós állapotot csak a középső csoport uralkodása képes teremteni, amely esetben a két szélső csoport a mérleg serpenyőjében egymást kiegyensúlyozza. Egy nép összeomlását viszont a gonosz emberek csoportjának felülkerekedése idézi elő.

Figyelemre méltó az a körülmény, hogy a széles népréteg, tehát a középső csoport, csak akkor lép előtérbe, amikor a két szélsőséges elem küzd és leköti egymást, de ha az egyik fél győz, akkor mindig készségesen aláveti magát a győztesnek. A legjobbak csoportjának uralkodása esetén a nagy tömeg követni fogja azt, ezzel szemben a legrosszabbak felülkerekedésével szemben legalábbis nem fog kellő ellenállást kifejteni, mert ez a középső, nagy tömeget magába foglaló csoport küzdeni sohasem fog.

A négy és fél évig tartó véres háború annyiban zavarta meg e három osztály egyensúlyát, hogy a középső csoport ugyancsak nagy áldozata mellett a legjobb emberek csoportja majdnem teljesen elvérzett. Ami a hősi vérből e négy és fél év alatt kiömlött, az valóban pótolhatatlan.

Gondoljunk csak a százezrekre menő esetekre: önkéntes jelentkezőkre, önkéntes járőrökre, önkéntes hírszerzőkre, önkéntes telefoncsapatokra, önkéntes jelentkezőkre a hídveréshez, önkéntesekre a búvárhajókon, önkéntes repülőkre, önkéntes jelentkezőkre a rohamszázadokba stb. Az ember mindig csak a megszokott képet látja, mindig csak ő jelentkezett: a pelyhes állú ifjú vagy érett férfi, akit a hazaszeretet, személyes bátorság vagy az erős kötelességérzet tüze fűt. Lassanként az emberek e fajtája teljesen kivész. Akik nem estek el, vagy nem rokkantak meg, azok lassanként szétmorzsolódtak csekély számuknál fogva. Meg kell gondolnunk, hogy 1914-ben egész hadtesteket állítottak fel önkéntesekből, akik parlamentünk hitvány, bűnös és lelkiismeretlen tagjainak hibája következtében nem részesültek békebeli katonai kiképzésben. Így azután védtelen ágyútöltelékként lettek az ellenség áldozatai. Az a négyszázezer ember, aki annak idején a flandriai harcokban elesett vagy megrokkant, többé nem volt pótolható. Elvesztésük több volt közönséges számbeli veszteségnél. Haláluk a mérleg jobbik oldalának könnyűvé válását jelentette, és a gonoszok csoportja, nagyobb súllyal esett a latba.

Ehhez járult még az, hogy a négy és fél évi világégés alatt nemcsak a legjobbak csoportja szenvedett óriási vérveszteséget, hanem a gonoszoké csodálatos módon konzerválódott. Bizonyára minden egyes önként jelentkező hősre egy-egy meglapuló gyáva fickó esett, aki mialatt a másik feláldozta magát a haza oltárán, és a hősök csarnokának lépcsőjén haladt fölfelé hátat fordított a halálnak, hogy azután otthon fejtsen ki káros tevékenységet.

A háború vége ilyen körülmények között a következő képet mutatta: a nemzet középső széles rétege meghozta a kötelességszerű véráldozatot, a legjobbak csoportja hősiességében csaknem teljesen feláldozta magát, míg a gonoszok csoportja egyrészt a legképtelenebb törvények támogatása mellett, másrészt a hadi cikkelyek alkalmazásának elmulasztása miatt csaknem teljes épségben megmaradt.

Népünk e jól konzervált iszapja rendezte meg a forradalmat, amely csak azért sikerülhetett, mert legjobbjaink elhullottak, és nem volt, aki ellenálljon.

Ezért volt a német forradalom már kezdettől fogva is csak feltételesen népszerű. Nem a német nép követte el ezt a káini tettet, hanem a szökevények és kitartóik világosságtól irtózó csőcselékhada.

A harcterek embere csak a véres küzdelem végét üdvözölte, boldog volt, hogy ismét visszatérhetett otthonába és viszontláthatta feleségét és gyermekét. Neki a forradalomhoz belsőleg semmi köze sem volt, nem szerette azt és még kevésbé annak megrendezőit és szervezőit. A négy és fél éves harcokban elfeledte a párthiénákat és civódásuk idegen lett számára. A német népnek csak egy egészen kis töredéke előtt volt valóban népszerű a forradalom, azok előtt, akik az új állam díszpolgárainak ismertető jeléül a batyut választották. Ők a forradalmat, mint sokan még ma is hiszik nem annak céljáért, hanem következményeiért szerették.

Ezeknek a szocialista martalócoknak a népszerűségére azonban egyetlen tekintély sem lenne képes tartósan támaszkodni. Márpedig a fiatal köztársaságnak elsősorban tekintélyre volt szüksége, ha nem akarta, hogy rövid zavar után a nép jobbik oldalának megmaradt elemeiből összeverődő megtorló hatalom elsöpörje.

Az összeomlás képviselői nem féltek semmitől sem jobban, mint attól, hogy amint ez ilyen időkben gyakran történni szokott a nép soraiból kiemelkedő vasököl lesújt rajuk, és öszszetöri őket. A köztársaságnak minden áron meg kellett erősödnie. Szükség volt tehát arra, hogy gyönge népszerűségének ingadozó oszlopát a hatalom megszervezésével megerősítse és azon erősebb tekintélyt teremtsen magának.

Amint a forradalom bajnokai 1918-19. december, január és februárjában érezték, hogy ingadozni kezd alattuk a talaj, új emberek után néztek, akik hajlandók lennének gyenge pozíciójukat a fegyver hatalmával megerősíteni. Az antimilitarista köztársaságnak katonákra volt szüksége.

Minthogy azonban állami tekintélyük első és egyedüli támasza kizárólag a kitartottak, tolvajok, betörők, szökevények és gyávák társaságából adódott, tehát a népnek abban a részében, amelyet mi a "*gonosztevők osztálya*" jelzővel vagyunk kénytelenek megjelölni, hiábavaló volt minden erőlködésük; e társaságban nem akadtak olyanok, akik hajlandók lettek volna saját életüket feláldozni az új eszmékért. A forradalmi eszme hordozóinak és a forradalom csatlósainak a társasága sem nem képes, sem nem hajlandó katonáskodni. Nem pedig azért, mert ennek a rétegnek egyáltalán nem volt szándékában köztársasági államforma szervezése, hanem csak a meglévő rend szétrombolása, hogy azután annál inkább kielégíthessék ösztöneiket. Jelszavuk nem a rend és a német köztársaság kiépítése, hanem inkább annak kifosztása volt.

A népbiztosok segélykiáltásai süket fülekre találtak. Bármennyit is lármáztak, felhívásukra híveik sorából senki sem jött segítségükre, sőt válaszul még "*árulóknak*" nevezték őket, jellemzéséül azok felfogásának, akikben a forradalom és vezetőinek népszerűsége gyökerezett. Abban az időben akadtak először német ifjak, akik amint azt szentül hitték a "*nyugalom és rend*" fenntartása érdekében hajlandók voltak a katonai szolgálatra. Hajlandók voltak karabélyt és puskát vállukra venni, hogy rohamsisakkal szálljanak szembe a haza rombolóival. Önkéntes katonákként szabad csapatokba tömörültek, és bár ádázul gyűlölték a forradalmat, mégis védték és gyakorlatilag megerősítették. Mindezt a legjobb meggyőződésből tették.

A forradalom értelmi szerzője és valódi szervezője, a nemzetközi zsidó, helyesen ítélte meg az akkori helyzetet. A német nép még nem ért meg arra, hogy bolsevista vérposványba gyűrhessék, amint az Oroszországban sikerült. Ennek oka nagyrészt az, hogy a német faj értelmisége és fizikai munkásai között nagyobb az egység, továbbá abban, hogy a nép legszélesebb rétegeit is áthatják a műveltség elemei, míg Oroszországban ez hiányzott.

Oroszországban az értelmiség legnagyobb része nem volt orosz nemzetiségű, vagy legalábbis nem szláv jellegű. Az akkori Oroszország felsőbb társadalmi rétegei könnyen félreállíthatók voltak, miután teljesen nélkülözték a nép nagy tömegével való vérségi kapcsolatot. A nép szellemi és erkölcsi színvonala ott általánosságban igen alacsony fokon állott.

Abban a pillanatban, amelyben Oroszországban sikerült az írni és olvasni nem tudó műveletlen tömegek széles rétegeit a velük semmiféle kapcsolatban nem álló felsőbb rétegek ellen forradalmasítani, az ország sorsa már el is dőlt. A forradalom sikerült. Ezzel a nép nagy tömege rabszolgájává lett zsidó diktátorainak, akik természetesen elég okosak voltak ahhoz, hogy ezt a diktatúrát "*népdiktatúrá*"-nak nevezzék.

Németországra vonatkozólag még a következőkben kell a fenti képet kiegészítenünk. Amennyiben igaz az, hogy a forradalom csak a hadsereg fokozatos szétzüllesztésével sikerülhetett, annyira bizonyos az is, hogy a forradalom tulajdonképpeni szervezője és a hadsereg szétzüllesztője nem a fronton lévő katonák közül került ki, hanem többé-kevésbé a napfénytől irtózó csőcselékből, amely hazai helyőrségekben lézengett vagy "*nélkülözhetetlen*"-ként a gazdasági életben teljesített szolgálatot. Ehhez járultak a szökevények tízezrei, akik minden különösebb kockázat nélkül hátat fordítottak a harcvonalnak. Az igazán gyáva semmitől sem fél jobban, mint a haláltól, márpedig ez a harcvonalban nap mint nap ezerféle alakban leselkedik az emberre. Ha tehát az ember gyönge jellemű, ingadozó vagy éppen gyáva fickókat akar harctéri kötelességük teljesítésére szorítani, akkor arra ősidőktől fogva csak egy mód van: a szökevénynek tudnia kell, hogy szökése éppen azt eredményezi, ami elől szökni akar. A harctéren meghalhat az ember, de mint szökevénynek meg kell halnia! Csak ily drákói fenyítéssel lehet nemcsak az egyesek, hanem az összesség részére is elrettentő példát mutatni a zászló hűtlen elhagyásának akárcsak a kísérletére is.

Ez volt a harci cikkelyek célja és értelme. Szép gondolat volna a létért folyó nagy harcot egyedül a szükség felismeréséből származó önkéntes kötelesség alapján végigharcolni. Az önkéntes kötelesség teljesítése azonban mindig csak a legjobbak és nem a nagy átlag erénye.

Ezért van szükség oly törvényekre, mint pl. a lopást sújtóra, amelyet nem a valóban tisztességes, hanem a gyenge, ingatag jelleműekért alkottak. Az ily törvényeknek a rossz elem elriasztásával kell elejét venniük egy olyan állapot kifejlődésének, amelyben végül a tisztesség az ostobaság látszatát kelti és hovatovább arra a meggyőződésre juttatja a tisztességeseket is: célszerűbb részt venniük a tolvajlásokban, semmint üres kézzel nézniük azt, sőt mi több, ha önmagukat is meglopásnak teszik ki.

Tévedés volt tehát azt hinni, hogy olyan küzdelemben, amely minden emberi számítás szerint előreláthatóan évekig tombolhatott, nélkülözni lehetett volna azokat a segédeszközöket, amelyekkel sok évszázados, sőt évezredes tapasztalat alapján a gyönge jellemű és ingatag egyéneket a legsúlyosabb megpróbáltatások idején is kötelességük teljesítésére lehetett szorítani.

Nem a hadi önkéntesekkel, hanem az önző gyáva fickókkal szemben volt szükségünk a hadi törvényekre, akiknek népünk szenvedéseinek idejében is drágább volt hitvány életük az összesség érdekeinél. Az ilyen jellemtelen, gyönge embereket csak a legszigorúbb büntetés alkalmazásával tarthatjuk vissza attól, hogy né engedjenek gyávaságuknak. Amikor férfiak állandóan a halál torkában vannak heteken keresztül pihenés nélkül, és iszapos gránáttölcsérekben nemegyszer a legrosszabb élelmezés mellett kell kitartaniuk, akkor az ingadozó jelleműek kizárólag a halálbüntetés kíméletlen alkalmazásával tarthatók a csatasorban. Hiszen az ilyen ember a börtönt ezekben az időkben egyszerre jobb helynek tartja a harctereknél, mert ott legalább nyomorult életét nem fenyegeti veszély. A háborúban a halálbüntetés gyakorlati kikapcsolása és a hadicikkelyek valóságos hatályon kívül helyezése rettenetesen megbosszulta magát. Különösen 1918-ban tapasztalhattuk ezt, amikor a szökevények egész áradata lepte el a hadtápterületeket és a hazai földet, hogy közreműködjenek annak a nagy gonosz szervezetnek a létesítésén, amely aztán 1918. november 7-én a forradalom fő mozgatója volt.

Magában a harcvonalban küzdőknek ehhez tulajdonképpen semmi közük sem volt, de természetes, hogy ők is vágytak a békére. Éppen ez jelentett rendkívül nagy veszélyt a forradalomra. Amint a fegyverszünet megkötése után a német hadseregek hazafelé indultak, a forradalmároknak az okozta a legnagyobb gondot, hogy mit fognak a hazatérő csapatok tenni? Fogják-e tűrni ezt a harcterek fiai?

Ezekben a hetekben a forradalomnak legalább külsőleg mérsékletet kellett tanúsítania, ha nem akarta magát annak a veszélynek kitenni, hogy néhány német hadosztály letiporja. Ha annak idején csak egyetlenegy hadosztályparancsnok is elhatározta volna magát arra, hogy hozzá hű hadosztályával a vörös zászlókat letépje, a különböző tanácsokat a falhoz állítsa, és az esetleges ellenállást aknavetők, és kézigránátok segítségével letörje, akkor ez a hadosztály nem egészen négy hét alatt egy hatvan hadosztályból álló hadsereggé nőtte volna ki magát. Ettől pedig jobban rettegtek a zsidó vezetők, mint bármi mástól. Ezért kellett a forradalmat bizonyos mértékig fékezni, nem volt szabad azt bolsevizmussá fejleszteni, hanem rendet és nyugalmat kellett színlelni.

Ezért volt a sok nagy engedmény, ezért a régi hivatalnoki testületekre és a régi hadsereg vezetőire való hivatkozás. Ezekre legalább egy ideig még szükség volt és csak azután merték őket kirúgni, a köztársaságot a régi államtisztviselők kezéből kivenni, és azt a forradalmi keselyűk karmainak kiszolgáltatni, amikor azok már megtették kötelességüket. Hogy ez mennyire sikerült, azt a gyakorlat megmutatta.

A forradalom azonban nem a rend és nyugalom képviselőinek, hanem inkább a lázadók, tolvajok és fosztogatók műve volt. Ezek akaratának a forradalom fejlődése egyrészt nem felelt meg, másrészt annak lefolyását sem lehetett nekik megmagyarázni és ízlésük szerint megváltoztatni.

A szociáldemokrácia számbeli növekedése következtében lassanként elvesztette durva forradalmi párt jellegét. Ami e pártból végül megmaradt, az már csak a szándék és a cél keresztülvitelére alkalmas tömeg volt. Egy tízmilliós pártban már nem lehetett többé forradalmat csinálni. Ilyen mozgalomban már nem a szélsőséges elemek, hanem a középső csoport nagy tömegei, a tehetetlenek vannak előtérben.

E körülmény felismerése vezetett már a háború tartama alatt a szociáldemokrata pártnak a zsidók által előidézett híres szakadásához. Miközben a szociáldemokrata párt tömegei tehetetlenségüknek megfelelően ólomsúlyként nehezedtek a nemzeti védelemre, kivontak belőlük a tettre kész, radikális elemeket, és azokat új, különösen ütőképes, támadó csoportokká alakították. A független párt és a "*Spartakus*" szövetség voltak a forradalmi marxizmus rohamzászlóaljai. Az ő feladatuk volt azokat a befejezett tényeket megteremteni, amelyekre, mint előkészített talajra léphettek aztán a szociáldemokraták évtizedeken keresztül előkészített tömegei. A gyáva polgári osztályt a marxisták helyesen értékelték, és egyszerűen csak mint csőcseléket kezelték. Egyáltalán nem vették figyelembe, mert tudtak, hogy a régi kiszolgált nemzedék alázatos politikai szervezetei komoly ellenállásra sohasem lesznek képesek.

Mikor azután a forradalom győzedelmeskedett és a régi állam fő tartóoszlopait leromboltak, és amikor a visszaözönlő harctéri csapatok kiismerhetetlenekként tűntek fel, a régi forradalmi tevékenységet fékezni kellett, a szociáldemokrata hadsereg megszállta az elfoglalt állásokat, a független és Spartacus rohamzászlóaljakat pedig félretették az útból. Ez persze nem ment küzdelem nélkül.

Nemcsak azért, mert a legtevékenyebb támadó alakulatai, amelyek kielégítésük híján becsapottaknak érezték magukat, önszántukból tovább akartak küzdeni, de azért is, mert zabolátlan rendzavarásuk a forradalom fő mozgatóinak csak kívánatos volt. Látszólag máris két táborra oszlottak, a rend és nyugalom, és a véres rémuralom pártjaira. Mi sem természetesebb, mint, hogy a mi polgárságunk azonnal lobogó zászlókkal vonult be a *"rend és nyugalom"* táborába, és ezáltal ennek a legsajnálatraméltóbb politikai szervezetnek újra módot adtak a további tevékenységre. A polgárság ismét talajt érezhetett a lába alatt és bizonyos összeköttetésbe juthatott a hatalommal, amelyet ugyan gyűlölt, de amelytől talán még jobban rettegett. Emellett a német politizáló polgárságot még az a kitüntetés is érte, hogy a bolsevisták leküzdése céljából egy asztalhoz ülhetett a sokszorosan elátkozott szociáldemokrata vezetőkkel.

Így alakult ki 1918. decemberében és 1919. januárjában az alanti helyzet.

A legrosszabb elemekből toborzott kisebbség forradalmat csinál, és ezek mögé azonnal a szociáldemokrata párt lép. A forradalom látszólag mérsékelt irányú; ez a körülmény viszont a fanatikus szélsőségek haragját vonja maga után. Ezek az elemek aztán kézigránátokkal és géppuskákkal kezdenek lövöldözni, középületeket szállnak meg, egyszóval megkezdik a mérsékelt forradalom elleni harcot. További ilyen irányú fejlődés borzalmainak megakadályozása céljából fegyverszünetet kötnek az új rend és a régi rendszer képviselői, hogy együttesen vegyék fel a harcot a szélsőséges elemek ellen. Ennek eredménye viszont az, hogy a köztársaság ellenfelei a köztársaság elleni harcot feladják, sőt karöltve közreműködnek azoknak az elemeknek a leverésében, akik bár egészen más alapon szintén ennek a köztársaságnak az ellenfelei. További eredménye végül, hogy ezáltal a régi rendszer hívei harcának az új rendszer elleni veszedelme levezetődött.

Ezt a tényt az ember nem tudja elég gyakran hangoztatni! Csak aki ezt tudja, az érti meg, miként volt lehetséges, hogy egy népre, amely kilenctized részben nem vett részt a forradalom előkészítésében, amelynek héttized része elutasította azt, hattized része pedig egyenesen gyűlölte, arra az egytized részt jelentő kisebbség a forradalmat mégis rákényszeríthette.

Lassanként elvéreztek egyik oldalon a Spartakusz barikádharcosok, másik oldalon pedig a nemzeti idealisták és fanatikusok, hogy ugyanolyan mértékben, amilyenben ez a két szélsőséges elem egymást felőrölte, a középen állók tömege győzzön. A polgárság és a szociáldemokraták kész helyzet előtt állottak, és a köztársaság kezdett *"konszolidálódni"*. Ez a körülmény azonban a

Adolf Hitler

polgári pártokat különösen a választások előtt nem akadályozta meg abban, hogy egy ideig még monarchista eszméket hangoztassanak csak azért, hogy az elmúlt idők szellemében kislelkű párthíveiket befolyásolják és a maguk részére újólag megnyerjék.

Ez nem volt tisztességes eljárás. Ők belsőleg valamennyien már szakítottak a monarchiával, és az új helyzet szennye megkezdte csábító hatását már a polgári pártok tömegében is. A közönséges polgári politikus ma már jobban érzi magát a köztársaság korrupció posványában, mint abban a szigorú tisztaságban, amely a régi államból még emlékezetében maradt.

Mint már említettem, a forradalom a régi hadsereg helyébe, állam tekintélyének erősítése céljából, kénytelen volt új hatalmi tényezőt állítani. Ezt azonban csak a vele ellenkező nézeten levők felhasználásával tudta biztosítani. Lassanként új hadsereg kezdett kialakulni, amely külsőleg a békeszerződés korlátai között mozgott, érzelmi tekintetben pedig az idők folyamán az új államrendszer eszközévé kellett átalakulnia.

Ha az ember felveti a kérdést, hogy a forradalom mint olyan, hogyan sikerülhetett eltekintve a régi rendszer minden tényleges hibájától, amely az összeomlás tulajdonképpeni okozója volt, az alábbi megállapításra jut:

1. A kötelességteljesítés és a fegyelem fogalmának kiveszése folytán.
2. Az úgynevezett államfenntartó pártok gyáva tétlensége következtében.

Még a következőket is meg kell jegyeznem.

A kötelességteljesítés és engedelmesség kiveszése teljesen nemzetietlen és tisztán állami szempontokat szem előtt tartó nevelésünk eredménye. Ennek következménye az eszköz és a cél félreismerése is. A kötelességérzet, kötelességteljesítés és engedelmesség magukban véve nem célok, mint ahogy nem cél maga az állam sem, hanem csak eszköz a testileg és lelkileg rokon elemek együttélésének biztosítása céljából. Abban a pillanatban, amint egy nemzet néhány gazember eljárása következtében összeomlik és a legsúlyosabb elnyomásnak teszik ki, ezekkel szemben az engedelmesség és kötelességteljesítés csak elméleti alakiságot, sőt egyenesen esztelenséget jelent, különösen akkor, ha az engedelmesség és kötelességteljesítés megtagadásával egy nemzet a végromlástól menthető meg.

Mai nyárspolgári felfogás szerint az a hadosztályparancsnok, aki annak idején kapott parancs folytán nem lövetett, helyesen járt el, mert a polgári elem szemében az ellenkezés nélküli engedelmesség becsesebb még saját népének életénél is. Nemzetiszocialista felfogás szerint azonban nem a gyönge elöljáróval szembeni feltétlen engedelmesség, hanem a nép összességével szembeni kötelesség a mérvadó.

Ilyen sorsdöntő órában az egész nemzettel szembeni felelősségérzetnek és kötelességérzetnek kell döntenie.

Népünkből, helyesebben korábbi kormányainkból ezek a fogalmak kivesztek, helyet adtak a teljesen elméleti felfogásnak, és ezzel lehetővé tették a forradalom győzelmét.

A második ponthoz még a következőket kell hozzáfűznöm.

Az "*államfenntartó*" pártok gyávaságának mélyebben fekvő oka mindenekelőtt az, hogy népünk jóérzésű és legtettrekészebb elemei hiányoztak soraikból, mert a harctéren elestek. Ettől eltekintve ami polgári pártjaink, amelyek a régi államrendszer alapján állottak, meg voltak győződve arról, hogy elveiket kizárólag csak szellemi fegyverekkel szabad érvényesíteniük, mert az erőszakos eszközök alkalmazásának joga kizárólag az államhatalmat illeti. Ez a felfogás nemcsak az egyre jobban mutatkozó gyöngeség jele, de esztelenség is volt olyan időben, amikor a politikai ellenfél rég letért erről az álláspontról, és teljes nyíltsággal hangsúlyozta, hogy céljait, ha módjában lesz, még erőszakkal is megvalósítja. Abban a pillanatban, amikor a polgári demokrácia világában, mint azt követő jelenség, a marxizmus feltűnt, annak hangoztatása, hogy a harcot szellemi fegyverekkel kell megvívni, esztelenség volt, és ennek rettenetesen meg kellett bosszulnia magát. A marxizmus kezdettől fogva hangoztatta, hogy az eszközök megválasztása célszerűségi szempontok szerint történik, és azok jogosultsága mindig a sikertől függ.

Ennek a felfogásnak a helyességét az 1918. év november havának 11-ig terjedő napjai igazolták leginkább. Törődött is a marxizmus a parlamentarizmussal és demokráciával. Ellenkezőleg! Mindkettőnek az ordítozó és lövöldöző forradalmárok tömege által adta meg a halálos döfést. Csak természetes, hogy a fecsegő polgári szervezetek abban a pillanatban védtelenek voltak.

A forradalom után, amikor a polgári pártok ha megváltoztatott célfelirattal is hirtelen ismét felbukkantak és vitéz vezetőik a sötét pincék, szellős csűrök és egyéb rejtekekből előbújtak, mint minden ilyen régi alakulat képviselői, ott folytattak, ahol abbahagyták. Politikai célkitűzésük már amennyiben az új rendszerrel belsőleg ki nem békültek a múltban gyökerezett, törekvésük azonban az volt, hogyha csak lehetséges, az új rendszerben is részt vegyenek, és ámde fegyverük, mint azelőtt, továbbra is csak a szó maradt.

Adolf Hitler

A polgári pártok a forradalom után is mindenkor szánalmas módon hódoltak be az utcának. Amikor a köztársaság védelméről szóló törvény feletti határozathozatalra került a sor, az ahhoz szükséges parlamenti többség nem volt meg. A kétszázezer főnyi tüntető marxista láttára azonban a polgári "*államférfiak*"-at olyan félelem szállotta meg, hogy legjobb meggyőződésük ellenére is elfogadták e törvényt csak azért, nehogy magukat a parlament elhagyása után véres elpáholásnak tegyék ki. Ettől azután a törvény megszavazása árán, sajnos, meg is menekültek. Az új állam további fejlődése a továbbiakban már úgy folytatódott, mintha nemzeti ellenzék nem is volna.

Az egyedüli szervezetek, amelyeknek ez időben bátorságuk és erejük is lett volna a marxizmussal és a felizgatott tömeggel szembeszállni: az önkéntes csapatok, később az önvédelmi alakulatok, a lakosság védőcsapatai stb. és végül a hagyományokhoz ragaszkodó egyesületek voltak.

Létük, fennállásuk a német történelemben mégsem hagyott látható nyomokat. Ez a körülmény a következőkben leli magyarázatát.

Amint egyrészről az úgynevezett nemzeti pártok megfelelő karhatalom híján nem tudtak az utcára semmi néven nevezendő befolyást gyakorolni, úgy viszont a politikai eszme és mindenekelőtt valódi politikai célkitűzés nélkül álló, úgynevezett védőszövetségek sem tudtak semmiféle befolyásra szert tenni.

Ami egykor a marxizmus számára az eredményt biztosította, az a politikai akarat és durva tettlegesség teljes összjátéka volt, viszont ami a nemzeti Németországot a gyakorlati német politika minden fejlődéséből kikapcsolta, az az erőszakos hatalom és a zseniális politika együttműködésének hiánya volt.

Bármilyen természetű is volt a "*nemzeti*" pártok szándéka, azok keresztülvitelére a legcsekélyebb hatalommal sem rendelkeztek, különösen az utcán nem. A védőszövetségeseké volt minden hatalom, ők voltak az állam és az utca urai, ők viszont nem rendelkeztek semmi néven nevezendő politikai eszmével és céllal, amelyért hatalmukat a nemzeti Németország javára fordíthatták volna.

Mindkét esetben a zsidók ravaszsága volt az, amely okos rábeszéléssel előidézője volt ennek a visszás helyzetnek.

A zsidó nagyon is jól értett ahhoz, hogy sajtója útján a védőrségi alakulatok "*politikamentességének*" eszméjét hangoztassa, a politikai életben viszont éppen olyan ravaszul mindig a harc tiszta szellemét dicsérte és követelte. Az ostoba németek milliói pedig tovább szajkózták ezt a valótlanságot anélkül, hogy csak halvány sejtelmük is lett volna róla, hogy ezáltal önmagukat fegyverezik le és szolgáltatják ki védtelenül a zsidóknak.

Ennek is megvan a maga természetes magyarázata. Egy nagy és átalakító eszmének a hiánya mindenkor a harci készség korlátozottságát jelenti. A legdurvább fegyverek alkalmazása jogosultságának érzetét is csak az a fanatikus hit adhatja meg, hogy rajuk szükség van a világot átalakító, új rendszer győzelmének kivívása érdekében. Olyan mozgalom, amely nem a legmagasabb célokért és eszmékért küzd, sohasem fog fegyvert ragadni.

A francia forradalom sikerének titka egy új és nagy eszme felvetésében rejlett. Az eszmének köszönheti az orosz forradalom is győzelmét, és a fasizmus is az eszméből merített erőt ahhoz, hogy a népet egy mindent átfogó átalakulásnak áldásos módon alávesse.

A polgári pártok erre nem alkalmasak.

De nemcsak a polgári pártok látták politikai céljukat a múlt visszaállításában, hanem amennyiben egyáltalán foglalkoztak politikai célkitűzéssel a védőszövetségek is. Régi hadastyán és *"Kyffhäuser"*-irányzatok elevenedtek meg bennük, és hozzájárultak ahhoz, hogy az akkori nemzeti Németország legélesebb fegyverét politikailag letompítsak és zsoldosokként hagyják a köztársaság szolgálatában elsatnyulni. Mit sem változtatott a szerencsétlen eljárás esztelenségén az a körülmény, hogy ők a legjobb hiszemben cselekedtek.

A marxizmus a lassanként megszilárduló birodalmi védőrségben biztosította a tekintélye alátámasztásához szükséges hatalmat, és ezután megkezdte a veszélyesnek látszó nemzeti védőszövetségek, mint most már felesleges szervezetek, következetes feloszlatását. Egyes, különösen vakmerő vezéreket bíróság elé állítottak és bezártak.

Az N. S. D. A. P. alapításával keletkezett először olyan mozgalom, amely a régi pártoktól eltérően nem a múlt visszaállítását, hanem a mai képtelen állami szervezet helyébe organikus népi állam megteremtését tűzte ki céljául.

Az új mozgalom mindjárt az első naptól kezdve arra az álláspontra helyezkedett, hogy eszméit ugyan szellemileg terjeszti, de azokat szükség esetén erőszakos eszközökkel is meg kell védelmeznie. Az új tan rendkívüli fontosságáról való meggyőződés természetessé tette azt, hogy a cél eléréséért semmi áldozattól sem szabad visszariadni.

Rámutattam már azokra a mozzanatokra, amelyek egy mozgalmat, amennyiben a nép szívéhez akar férkőzni, arra köteleznek, hogy az ellenség erőszakos kísérleteivel szemben maga vegye fel a harcot. A világtörténelem bizonysága annak, hogy egy világnézet által képviselt erőszak sohasem törhető le az államhatalom által, hanem csak új, hasonló merészséggel és elhatározással képviselt világnézet erejével. A hivatalos államvédelmi szerveknek ez a tény mindig kellemetlen, anélkül azonban, hogy ezáltal magát a tényt meg tudná dönteni. Az államhatalom csak akkor biztosíthatja a rendet és nyugalmat, ha az állam intézményeiben megegyezik a mindenkor uralkodó világnézettel. Mindennek következtében az erőszakoskodó elemek csak egyes bűnözőkként tűnnek fel, és nem tekinthetők a rendszerrel szemben homlokegyenest ellenkező gondolat képviselőinek. Ellenkező esetben az állam, még ha évszázadokon keresztül a legerőszakosabb eszközökkel is harcol az őt veszélyeztető terrorral szemben végeredményben semmit sem fog elérni, és elveszti a harcot.

A német államot a marxisták hevesen ostromolták. Hetven évi küzdelem után sem volt képes ennek a világnézetnek győzelmét megakadályozni, dacára a marxista világnézet harcosaival szemben számtalan esetben alkalmazott, összesen több ezer évre terjedő fogház és börtönbüntetésnek, és a legvéresebb rendszabályoknak.

1918. november 9-én a marxisták előtt feltétlenül megalázkodott állam nem fog holnap egyszerre a marxizmus legyőzőjeként feltámadni, sőt ellenkezőleg, a miniszteri bársonyszékekben ülő gyönge elméjű polgárok ma már azon az állásponton vannak, hogy nem célszerű a munkások ellen kormányozni. Persze a "*munkásság*" fogalma alatt előttük tulajdonképpen a marxizmus lebeg. Amikor azonban ők a német munkásságot a marxizmussal azonosítják, nemcsak az igazságot hamisítják meg gyáva és hazug módon, hanem megkísérlik indokolásukkal a marxista eszmék és szervezetek előtt való behódolásuk leplezését is.

Tekintettel arra, hogy a mai állam ma már maradék nélkül alávetette magát a marxizmusnak, a nemzetiszocialista mozgalomnak sokszorosan kötelességévé vált eszméje győzelmének szellemi előkészítése mellett, annak a győzelemittas nemzetköziség terrorja elleni megvédése is.

Már ecseteltem, hogy miként alakult ki a gyakorlati élet követelményeinek megfelelően ifjú mozgalmunkban egy gyülekezést védő alakulat, miként vett fel bizonyos rendezőgárda jelleget és miként törekedett szervezetté válni. Bármennyire is hasonlított külsőleg ez az alakulóban lévő csoport az úgynevezett védőszervezetekhez, belsőleg azzal legkevésbé sem volt összehasonlítható.

Amint már jeleztem, a német védőszervezeteknek nem volt semmi határozott politikai elgondolásuk. Azok tényleg csak önvédelmi alakulatok voltak, több-kevesebb célszerű kiképzéssel és szervezettel. Tulajdonképpen törvénytelen kiegészítői voltak az állam mindenkori törvényes hatalmi eszközeinek. Szabadcsapat jellegüket csak alakításuk módja és az akkori közállapotok adták meg, de semmi szín alatt sem illette meg őket ez a cím abban az értelemben, mintha saját meggyőződésükből szabad harci alakulatai lettek volna. Egyes vezetőknek, sőt egész szövetségeknek a köztársasággal szemben tanúsított ellenzéki magatartása ellenére sem jelentettek ellenzéket. Nem elegendő ugyanis egy meglévő állapot kevésbé értékes voltáról alkotott meggyőződésünk, ha e szó valódi értelméről akarunk beszélni. Az igazi meggyőződés ugyanis csak olyan helyzet ismeretében gyökerezik, amelynek elérését az ember szükségesnek tartja, és amelynek megvalósítását fő életcéljának tekinti.

Éppen az különbözteti meg a nemzetiszocialista mozgalom rendcsináló szervezetét az összes védőalakulatoktól, hogy legkevésbé sem szolgálta vagy akarta szolgálni a forradalom teremtette rendszert, hanem kizárólag egy új Németországért küzdött. Ez a rendezőcsapat eleinte csak teremőrség jellegével bírt. Első feladata szűk korlátok között mozgott és csak abban állt, hogy lehetővé tegye az ellenfél által egyébként egyszerűen megakadályozott összejövetelek megtartását. Már annak idején arra képezték ki őket, hogy habozás nélkül támadjanak, nem azért ahogy azt buta kispolgári körökben összevissza hangoztatták, mintha a gumibotot legfőbb eszmeként tisztelték volna, hanem azért, mert tudatában voltak annak, hogy még a legnagyobb gondolatok is elvesznek, ha annak képviselőit gumibottal verik agyon. Ezt a történelem nem egy eseménye bizonyítja. Vagy talán nem elég gyakran fordult elő, hogy nagyszerű egyéniségek múltak ki rabszolgák ütlegelése alatt? Ez a rendezőcsapat nem azért erőszakoskodott, hogy erőszakoskodjék, hanem tisztán azért, hogy megvédelmezze a szellemi célkitűzések hirdetőit az erőszakos elnyomással szemben. Tudatában volt annak, hogy nem kötelessége olyan állam védelmét biztosítani, amely a nemzetet elveszti, hanem ellenkezőleg, a nemzetet tartozik megvédeni azokkal szemben, akik a népet megsemmisítéssel fenyegetik.

A müncheni "*Hofbräuhaus*"-ban lezajlott összecsapás után, az akkori kisszámú csapat hősies támadásának az emlékéül kapta meg a rendezőgárda a "*rohamcsapat*" elnevezést. Amint maga a neve mutatja, ez csak a mozgalom egy csoportját jelenti. Egyéb csoportok a hírverő, a sajtó és egyebek, amelyek szintén szervei a pártnak.

A rohamcsapatok kiépítésének szükségességét nemcsak ezen az emlékezetes összejövetelen láthattuk, hanem különösen akkor győződhettünk meg róla, amikor mozgalmunkat Münchenből lassanként Németország többi részeire is kezdtük kiterjeszteni. Mihelyt veszélyesnek tűntünk fel a marxizmusra nézve, a nemzetiszocialisták minden gyülekezési kísérletét már csírájában igyekeztek elfojtani. Az természetes volt, hogy a marxista pártszervezetek minden árnyalata magáévá tette ezt az eljárást. De mit szólhatott az ember a polgári pártokhoz, amelyek a marxizmus által levert voltukban sok helyen még csak meg sem kísérelték szónokaik nyilvános szerepeltetését. E pártok mindezek ellenére ostoba megnyugvással kísérték a marxizmussal szemben váltakozó szerencsével folytatott küzdelmünket. Szinte örültek annak, hogy azt, amit nekik sem sikerült legyőzni, sőt amely őket győzte le, mi sem tudjuk letörni. Mit mondjon az ember az olyan állami hivatalnokokról, rendőrhatóságokról, sőt miniszterekről, akik kifelé "*nemzeti*" férfiakként igyekeznek magukat feltüntetni, ezzel szemben minden vitánál, minden, a nemzetiszocialisták és marxisták között felmerült összecsapásnál a legaljasabb szolgai munkára vállalkoztak? Mit mondjon az ember az olyanokról, akik saját énjük lealacsonyításával oly messzire mentek, hogy a zsidó lapok nyomorult dicséretéért képesek voltak üldözőbe venni azokat az embereket, akik hősies magatartásukkal az ő életüket is megmentették, és akiknek köszönhették, hogy a vörös összeesküvők nem húzták őket is lámpavasra?

Oly szomorú jelenségek ezek, hogy a feddhetetlen emlékű Pöhner elnököt, aki a maga gerincességével úgy gyűlölte a gerincteleneket, a következő kifakadásra ragadtatták:

"*Én egész életemben elsősorban német voltam, és csak másodsorban óhajtottam hivatalnok lenni. Sohasem szeretném, ha olyan egyénnel tévesztenének öszsze, aki mint tisztviselő, cédaként mindenkinek odadobja magát, aki pillanatnyilag uralmon van!*" (Pöhner: München rendőrfőnöke a forradalom után.)

Ezekben a dolgokban az volt a legszomorúbb, hogy az effajta egyének lassanként a német közhivatalnokok legtisztességesebb és legderekabb részének tízezreit nemcsak hatalmukba kerítették, hanem meg is fertőzték őket, a becsületeseket viszont ádáz gyűlölettel üldözték és emelték ki állásaikból. Emellett képmutató hazugsággal képesek voltak magukat jó hazafiaknak feltüntetni.

Az ilyen emberektől támogatást nem várhattunk és csak a legritkább esetben kaptunk. Csak az önvédelmi szerv kiépítése tudta mozgalmunk tevékenységét biztosítani és egyben részére azt a közérdeklődést és általános bizalmat kivívni, amellyel a tömeg csak annak adózik, aki támadás esetén meg tudja magát védeni.

A rohamosztagok belső kiképzésénél a testi erő fejlesztése mellett a nemzetiszocialista eszme tántoríthatatlan képviselőivé történő nevelés és a fegyelem legnagyobb mértékű megteremtése volt a fő cél. Törekvésünk az volt, hogy a rohamosztagokban ne legyen semmi a polgári felfogású védőszövetségekből, de ne legyenek titkos szervezetek sem.

Annak a magyarázata, hogy miért voltam én már abban az időben legélesebben ellene, hogy az N. S. D. A. P. rohamosztagát úgynevezett védőszövetséggé képezzük ki, a következőkben rejlik.

Egy nép véderejének magánszervezeteken keresztül való kiképzése lehetetlen, kivéve azt az esetet, ha ezt a legmeszszebbmenő módon az állam anyagilag támogatja. Minden más elgondolás az ember saját erejének túlbecsülésén alapszik. Teljesen kizárt dolog, hogy egy úgynevezett önkéntes fegyelem olyan szervezeteket tudjon létesíteni, amelyek katonai értéket képviselnek. Ezeknél hiányzik a rendelkezési hatalom legfőbb támasza, a büntető hatalom. Igaz ugyan, hogy 1918 őszén, még inkább 1919 tavaszán lehetséges volt úgynevezett "*szabadcsapatok*" felállítása, de ennek magyarázata mindenekelőtt az volt, hogy azok tagjai nagyrészt a régi hadsereg iskolájából kikerült arcvonalbeli harcosok voltak, másrészt az a körülmény, hogy a tagjaira rótt kötelesség módja legalább bizonyos időre feltétlen katonai fegyelemnek vetette alá őket.

A mai önkéntes védőszervezeteknél ez a fegyelem teljesen hiányzik. Minél nagyobbak lesznek a kötelékek, annál gyengébb lesz a fegyelem, annál kisebb követelményekkel lehet fellépni az egyes tagokkal szemben. Így lassanként egyre inkább a régi, politikamentes hadastyán egyesületekhez fognak hasonlítani.

Önkéntes hadiszolgálatra nagyobb tömegeket csak feltétlen parancsnoki hatalom biztosítása mellett lehet nevelni. Csak kevesen lesznek olyanok, akik hajlandók magukat szabad elhatározásukból, a hadseregnél magától értetődő és természetes feltétlen engedelmességnek alávetni.

Alapos kiképzést, nevetségesen csekély anyagi eszközökkel, mint amilyen e célra az úgynevezett védőszövetségeknek áll rendelkezésre nem lehet elérni. Márpedig az ily intézmények legfőbb feladata a legjobb és legmegbízhatóbb kiképzés kell, hogy legyen. A háború óta már nyolc év telt el, és azóta a német ifjúság egyetlen évfolyama sem nyert tervszerű kiképzést. A védőszövetségek feladata pedig mégsem lehet az, hogy az egykor kiképzett évfolyamokat vonja be tagjai sorába, mert lassanként nem lesz utánpótlása. A védőszövetségeknek nem lehet célja, hogy egyre jobban a régi hadastyán egyesületek jellegét vegyék fel, hanem amint már neve is mutatja, a védelem gyakorlati megvalósítása, vagyis egy védelemre képes testület megteremtése. Ez a feladat azonban feltétlenül megkívánja az eddig még katonai kiképzésben nem részesült egyének begyakorlását, ami viszont kivihetetlen. Heti egykét órai kiképzéssel nem lehet katonát nevelni. A mai, roppantul felfokozott követelmények mellett egykét éves szolgálati idő csak éppen hogy elég ahhoz, hogy a ki nem képzett fiatalembert tanult katonává nevelj e. A harctéren mindannyiunk szeme előtt játszódtak le azok a borzalmas következmények, amelyek az ütközetekben mutatkoztak a ki nem képzett katonáknál. Önkéntes alakulatoknak, amelyek szilárd elhatározással és határtalan odaadással gyakoroltak 1520 héten keresztül, a fronton csak az ágyútöltelék szerepe jutott. Csak öreg, tapasztalt katonák közé beosztottan tudtak ezek a fiatal, 46 hónapos kiképzéssel bíró újoncok az ezred hasznos tagjává lenni, és csak az "*öregek*" vezetése mellett emelkedtek lassan a helyzet magaslatára. Kilátástalan, meddő kísérlet heti egykét óra úgynevezett kiképzéssel csapatokat nevelni. Ezzel talán lehetséges a régi katonákat újra felfrissíteni, de sohasem lehet fiatal emberekből katonákat faragni. Közömbös és teljesen értéktelen lenne egy ilyen rendszer, különösen, ha meggondoljuk, hogy míg egyfelől az önkéntes védőszövetségek néhány ezer, magában véve jóindulatú embert védőszellemben kiképeznek, vagy legalábbis megkísérelnek kiképezni, ugyanakkor maga az állam pacifistademokrata nevelési módjával millió és millió fiatal embert foszt meg természetes ösztönének kifejlődésétől, megmérgezi azok ésszerű, hazafias gondolkozásmódját, és lassacskán minden önkénnyel szemben türelmes birkanyájjá változtatja őket.

Az úgynevezett harcképes katonai alakulatok szövetségi alapon történő felállításával szemben elfoglalt álláspontom még fontosabb magyarázata a következő.

Ha az előbbiekben jelzett nehézségek, dacára egy védőszövetségnek, mégis sikerülne bizonyos számú német ifjút fegyverforgató férfiúvá kiképezni, éspedig mind szellemileg, mind testi ügyesség és fegyverrel való bánásmód tekintetében, az eredmény mégis a semmivel lenne egyenlő egy olyan államban, amely célzatosan tiltakozik a fegyverkezés ellen, sőt egyenesen gyűlöli azt, mert vezetőinek az állam tönkretevőinek céljával a fegyverkezés tökéletesen ellenkezik.

Ma mégis így van. Vagy nem nevetséges egy ezred részére néhány ezer embert esthajnali szürkület idején jól-rosszul katonailag kiképezni akkor, amikor az állam néhány évvel ezelőtt nyolc és fél millió kitűnően kiképzett katonát gyalázatosan megtagadott, sőt hervadhatatlan érdemeiért köszönetül általános becsmérlésnek tett ki. Tehát katonákat akarnak kiképezni az állami hadsereg részére akkor, amikor az egykori, dicsőséges hadsereg tagjait beszennyezték, leköpködték, mellükről a kitüntetéseket leszaggattak, teljesítményeiket ócsárolták. Vajon tette ez a mai hadsereg valamikor is egy lépést azért, hogy a régi hadsereg becsületét visszaállítsa, és annak szétzüllesztőit és meggyalázóit kérdőre vonja? Semmit sem! Sőt ellenkezőleg. Azok, akik ezt tették, ma a legmagasabb állami hivatalokban trónolnak. Hogy is mondják Lipcsében? "*Azé a jog, akié a hatalom!*" Miután azonban köztársaságunkban a hatalom ugyanazok kezében van, akik egykor a forradalmat szították, azt a forradalmat, amely a német történelem legaljasabb hazaárulását, legnyomorultabb gazságát jelenti és így tényleg semmi okát sem lehet adni annak, hogy éppen ezeknek az árulóknak a hatalma növekedjék egy új, fiatal hadsereg megteremtése által. A józan ész minden érve ez ellen szól!

Egész világosan és határozottan kitűnik ennek az államnak az 1918. évi forradalom utáni időben keletkezett önvédelmi alakulatokkal szemben tanúsított állásfoglalása abból, hogy milyen nagy súlyt helyezett pozíciójának katonai megerősítésére mindaddig, amíg ezeknek az alakulatoknak a forradalom gyáva intézményeit kellett megvédelmezniük. Mihelyt azonban ez a veszély népünk fokozatos lezüllésével már megszűntnek volt tekinthető, és az önvédelmi alakulatok további fennállása már csak nemzetpolitikai erősödést jelenthetett volna feleslegessé váltak. A köztársaság mindent elkövetett lefegyverzésükre, sőt feloszlatásukra.

A történelem azt tanítja, hogy fejedelmek hálájára csak ritka esetben lehet számítani, de hálára számítani a forradalom gyilkosai és fosztogatói részéről, erre csak újdonsült "*hazafi*" képes. Ha a mai állam valaha is igénybe venné az ily módon kiképzett hadsereget, akkor ez sohasem azért történnék, hogy azzal kifelé a nemzet érdekeit védelmezze, hanem csak abból a célból, hogy a nemzet leigázóit oltalmazza meg a megcsalt, elárult, eladott nép egy napon talán mégis fellángoló dühével szemben.

Az N. S. D. A. P. S. A.-jainak (rohamosztagainak) már a fentebb mondottaknál fogva sem volt szabad katonai szervezetté lennie. Az S. A. a nemzetiszocialista mozgalom védőés nevelő eszköze és feladata egészen más, mint az úgynevezett védőszövetségéké.

De ne legyen titkos szervezet sem. A titkos szervezetek célja csak törvényellenes lehet. A titkos szervezetek önmaguk korlátozzák önmagukat. Tekintettel a német nép szószátyár voltára, amúgy is teljesen lehetetlen nagyobb szervezetet a titkosság alapján megszervezni vagy annak csak céljait is leplezni. Minden ilyen szándék ezerszeresen meghiúsul nemcsak azért, mert rendőrségünknek egész sereg kitartott és egyéb csőcselék áll rendelkezésére, hanem azért is, mert maguk a párthívek sem lennének képesek arra, hogy hallgassanak. Csak hosszú éveken keresztül összekovácsolt kis csoportok vehetik fel a valódi titkos társaság jellegét. Egy ilyen alakulat szükségszerűen csekély volta azonban máris értéktelenné teszi azt a nemzetiszocialista mozgalom számára. Nekünk nem egy vagy kétszáz vakmerő összeesküvőre, hanem világnézetünk száz és százezer fanatikus harcosára van szükségünk! Nem titkos öszszejöveteleken kell dolgoznunk, hanem hatalmas tömegfelvonulásokon, nem tőr, méreg vagy pisztoly mozgalmunk úttörője, hanem az utca meghódítása! Meg kell mutatnunk a szociáldemokratáknak, hogy az utca jövendő urai a nemzetiszocialisták éppen úgy, mint egykor urai lesznek magának az államnak is.

A titkos szervezetek veszedelmessége ma még abban is rejlik, hogy tagjai gyakran teljesen félreismerik feladatuk nagyságát, és azt hiszik, hogy egy-egy gyilkossággal a nemzet sorsa pillanatok alatt kedvezőre fordítható. Az ilyen véleménynek meg lehet a történelmi jogosultsága akkor, ha a nép egy zseniális elnyomó zsarnoksága alatt senyved, akiről az ember tudja, hogy csak az ő személye biztosítja az elnyomás állandóságát és rettenetességét. Ily esetben előállhat egy áldozatkész ember, hogy a gyilkos tört a gyűlölt egyén szívébe döfje. Csak a forradalom bűnös kis bitangjai fogják az ilyen tetteket a legmegvetendőbbnek tekinteni. Ezzel szemben népünk szabadságának legnagyobb lantosa "*Tell Vilmos*"-ában dicsőítette az ilyen önfeláldozó tettet.

1919 és 1920-ban kézenfekvő volt annak a veszélye, hogy titkos szervezetek tagjai a világtörténelem tanulságai alapján megkísérlik a haza határtalan szerencsétlenségét a haza megrontóin megbosszulni abban a hiszemben, hogy ezáltal véget vetek nyomorúságunknak. Minden ilyen kísérlet szörnyű ballépés lett volna, mert a szociáldemokrácia nem egy egyén kimagasló nagyszerűsége vagy személyes jelentősége, hanem inkább a polgári elem határtalan nyomorúsága és gyáva meghunyászkodása folytán győzött. Közéletünk legszomorúbb kritikája éppen az, bár a forradalom egyetlen igazán nagy egyéniséget sem tudott felmutatni, mégis győzedelmeskedett. Az még érthető, hogy egy Robespierre, Danton vagy Marat előtt behódolt a nép, de hogy a szikár Scheidemann, a kihízott Erzberger, egy Friedrich Ebert és a számtalan többi politikai törpe előtt fejet tudott hajtani egy nép, az igazán lesújtó. Tényleg nem volt egyetlen kimagasló egyéniség sem, akiben a forradalom lángeszű vezérét, egyben a haza szerencsétlenségének okozóját lehetett volna látni! Itt csak forradalmi poloskák és batyus Spartakuszok tevékenykedtek nagyban és kicsiben. Bármelyikük eltávolítása legfeljebb azt jelentette volna, hogy helyét egy másik, éppen olyan vérszomjas alak foglalja el.

Az úgynevezett hazaárulók megrendszabályozásának kérdésénél is hasonló elgondolásból kell kiindulni.

Nevetséges következetlenség lenne egy fickót halállal sújtani azért, mert egy ágyút elárult akkor, amikor a legmagasabb állásokban olyan gazemberek ülnek, akik egy egész birodalmat árultak el, és akiknek lelkét kétmillió ember vérének hiábavaló kiontása nyomja, akik felelősek több millió nyomorékért, és akik ennek ellenére nyugodt lelkiismerettel végzik köztársasági üzelmeiket. Kis hazaárulókat lehetetlenné tenni esztelenség olyan államban, amelynek kormánya ilyen hazaárulókat minden büntetéstől mentesített. Mert így könnyen megeshetnék, hogy azt a becsületes idealistát, aki egy ilyen gazember kis hazaárulót eltávolít, éppen egy ilyen nagy hazaáruló vonna felelősségre.

Különben az én álláspontom ebben a kérdésben az, hogy ne akasszunk fel kis tolvajokat, hogy aztán a nagyok elfuthassanak, hanem egykor egy német nemzeti törvényszék vonja felelősségre a novemberi árulás felelős tetteseit, és ítélje el, mert az elrettentő példát fog szolgáltatni a kis árulók részére is!

Ezek a megfontolások indítottak engem arra, hogy ismételten megtiltsam tagjaink titkos szervezetekben való részvételét, és hogy magát az S. A. t is megóvjam az ilyen szervezeti jellegtől. Én ezekben az években visszatartottam a nemzetiszocialista mozgalmat az olyan kísérletektől, amelyeknek végrehajtói leginkább csodálatra méltó idealista, fiatal németek voltak, akik csak önmagukat áldoztak fel anélkül, hogy a haza sorsán bármit is javítottak volna.

Abból a körülményből, hogy az S. A. nem katonai alakulat, sem pedig titkos szövetség nem lehetett, a következők adódtak.

1. Kiképzésének nem katonai, hanem pártcélszerűségi szempontok figyelembevételével kellett történnie.

Mivel ez utóbbinál a testi ügyesség fejlesztendő, a fő súlyt nem a katonai gyakorlatokra, hanem inkább a sportszerű kiképzésre kellett fektetnünk. A bokszolást és a dzsúdót mindig fontosabbnak tartottam silány, részleges lövészeti kiképzésnél. Adjon az S. A. a német nemzetnek hatmillió, sportszerűen kifogástalanul begyakorolt, fanatikus hazaszeretettől izzó és határozott támadási szellemben nevelt embert, és ha majd szükség lesz rá, egy nemzeti állam azok felhasználásával nem egészen két év alatt hadsereget teremthet magának!

A testi erő fejlesztése beleoltja az egyedekbe felsőbbrendűségük érzetét, önerejük tudatában rejlő biztonságot kölcsönöz nekik, és azonfelül sportbeli ügyességekre tanítja. Mindez fegyvert jelent számukra.

2. Abból a célból, hogy már kezdettől fogva elejét vegyük az S. A. titkos jellegének, egyenruhájuktól eltekintve, már állományának nagysága is megmutatja az utat, amelyen járnia kell, és amelyet a nagy nyilvánosság is ismer. Az S. A.-nak nem szabad sötétben bujkálni, hanem szabad ég alatt kell táboroznia, hogy a titkos szervezkedésről szóló mendemondát végleg megcáfolja!

Kezdettől fogva be kell avatni az S. A. minden egyes tagját a mozgalom eszméjének a nagyságába, és reá kell nevelni arra, hogy ezt az eszmét képviselje már csak azért is, hogy tettrekészségét ne kisszerű összeesküvésekkel elégítse ki, hogy hivatását ne kisebb vagy nagyobb gazemberek eltüntetésében vélje feltalálni, hanem hogy feladatát, egy új nemzetiszocialista népi állam megteremtésében lássa.

Ezzel a harc a jelenlegi államrendszer ellen kisszerű öszszeesküvések légköréből kiszabadul és a marxista világnézet, valamint annak intézményei elleni megsemmisítő nagy harccá növi ki magát.

3. Az S. A. szervezeti beosztása, valamint ruházata és felszerelése sem a régi hadsereg mintájára, hanem ésszerűen, a hivatásának megfelelő célszerűségi szempontok szerint készült.

Azok a világnézeti elvek, amelyek munkámat már 1920 és 21-ben irányítottak, és amelyeket lassanként a fiatal szervezetekbe is beoltottam, azt eredményezték, hogy 1922 derekán már tekintélyes számú század felett rendelkeztünk. 1922 késő őszén fokozatosan megkapták egyenruhájukat is.

Az S. A. további kialakulására három eseménynek volt különös jelentősége.

1. Az összes hazafias egyesületek 1922 nyár végén a müncheni Königsplatzon megtartott általános nagy tüntetése a köztársaságot védő törvény ellen.

München hazafias egyesületei annak idején kiáltványban hívták fel a lakosságot egy Münchenben megtartandó óriási méretű tiltakozó gyűlésen való részvételre. Azon a nemzetiszocialista mozgalom is részt vett. A párt zárt menetét hat müncheni század vezette be, amelyeket a politikai párt szakosztályai követtek. A felvonulásban, amely mintegy tizenöt zászló alatt történt, két zenekar is részt vett. A nemzetiszocialisták megjelenése a félig megtöltött, de zászló nélküli térségen határtalan lelkesedést keltett. Az egyik kijelölt szónokként nekem is szerencsém volt ez alkalommal mintegy hatvanezer embert számláló tömeg előtt beszélni.

A nagygyűlés eredménye óriási volt, különösen azért, mert minden vörös fenyegetés ellenére beigazolódott, hogy a nemzeti érzelmű München is kivonulhatott az utcára. Azokat a vörös köztársasági csapatokat, amelyek a felvonuló osztagok ellen erőszakosságot kíséreltek meg, az S. A. századai szétzavarták, és azok percek alatt véres fejjel szaladtak széjjel. A nemzetiszocialista mozgalom ez alkalommal mutatta meg először elhatározottságát, amellyel kiragadta az utca egyeduralmát a nemzetközi hazaárulók kezéből.

E nap eredménye kétségtelenül beigazolta az S. A. kiépítésével kapcsolatosan lélektani és szervezési felfogásunk helyességét.

2.   Az 1922 októberében rendezett koburgi felvonulás.

A népi egyesületek elhatároztak, hogy Koburgban egy úgynevezett "*német napot*" tartanak. Magam is kaptam meghívót azzal a megjegyzéssel, hogy kíséretet is vigyek magammal. E meghívás kapóra jött. Délelőtt 11 órakor vettem kézhez, és már egy óra múltán kimentek a rendelkezések a "*német napon*" való részvételre vonatkozólag. Kíséretül az S. A. tizennégy századba osztott nyolcszáz emberét jelöltem ki, akik különvonaton indultak Münchenből a bajorrá változott kis városkába. Ezzel kapcsolatosan az időközben másutt is megalakult nemzetiszocialista S. A. csoportoknak megfelelő parancsokat adtam.

Először történt meg, hogy Németországban ilyen különvonatot indítottak. Mindenütt, ahol az S. A. tagjai beszálltak, a vonatunk, zászlóink, amelyeket sokan még nem ismertek, óriási feltűnést keltettek. Koburgba érkezésünkkor a "*német nap*" rendezőségének küldöttsége fogadott, amely az ottani szakszervezetekkel, illetve független szocialista és kommunista párttal történt megegyezésüket közölte, amely szerint tilos a városba kibontott zászlókkal, zenekarral (mi egy negyvenkét tagból álló saját zenekart hoztunk magunkkal) zárt sorokban bevonulni. E megalázó feltételeket gondolkodás nélkül visszautasítottam, és egyben a rendezőség küldöttsége előtt legnagyobb megütközésemet juttattam kifejezésre azért, hogy az előbb említett szakszervezetekkel, illetve független szocialistákkal és kommunistákkal egyáltalán tárgyalásba bocsátkozott és velük megállapodást létesített. Kijelentettem, hogy az S. A. azonnal századokba sorakozik és lobogó zászlók alatt, zenekarral fog a városba bevonulni.

Így is történt.

Már a pályaudvar előtti térségen sok ezer főnyi vadul üvöltő és ordító tömeg fogadott bennünket. *"Gyilkosok"*, *"banditák"*, *"rablók"*, *"gonosztevők"* voltak azok a *"becéző"* nevek, amelyekkel a német köztársaság e *"hősei"* elárasztottak bennünket. A fiatal S. A. mintaszerű fegyelmezettséget tanúsított. A századok a pályaudvar előtti téren felsorakoztak, és nem vettek tudomást a csúfondároskodókról. Aggódó rendőri közegek bevonuló csapatainkat nem a város szélén fekvő lövészcsarnokban kijelölt szállásunkra, hanem a város középpontjában fekvő Hofbräuhaus pincéjébe vezették. A menetünket kísérő tömeg tombolása egyre jobban erősödött és alighogy az utolsó századunk is bekanyarodott a pince udvarára, a nagy tömeg fülsiketítő kiabálás mellett megkísérelte a benyomulást. A rendőrség lezárta a pincét. Minthogy azonban ez az állapot tarthatatlan volt, az S. A.-t ismét felsorakoztattam és rövid figyelmeztetés után a rendőrségtől a kapuk azonnali felnyitását követeltem. Ez hosszas alkudozás után meg is történt.

Mi azután kivonultunk és ugyanazon az úton, amelyen jöttünk, eredetileg kijelölt szállásunk felé meneteltünk. A kiabálás és sértő kifejezések századainkat nem hozták ki sodrukból, így tehát *"a valódi szocializmus, az egyenlőség és testvériség képviselői"* kövekhez nyúltak. Most már a mi türelmünknek is vége szakadt, és mintegy tíz percen keresztül sújtottak az ütlegek jobbra és balra, mindent megsemmisítve, de ezzel szemben negyedóra múltán már nem lehetett látni vöröst az utcán.

Az éj folyamán súlyos összecsapásokra került még sor. S. A. őrjáratok rettenetes állapotban találtak rá egy-egy nemzetiszocialistára, akiket egyenként támadtak meg. Erre azután az ellenséggel magunk is elbántunk. A következő reggelen a vörös rémuralom alatt szenvedő Koburg városban valósággal legázoltuk a vörösöket.

Valódi marxista zsidó hazugsággal megkísérelték ugyan röpcédulák osztogatása útján a *"nemzetközi prol*etariátus" férfi és nőtagjait még egyszer az utcára szólítani. Azt állították, hogy a mi *"gyilkos bandánk"* Koburgban megkezdte a békés munkásság elleni irtó hadjáratot. Fél kettőre kellett volna a nagy "*néptüntetésnek*" megkezdődnie, és erre a környékbeli munkásság tízezreit várták. Szilárdan eltökéltem magam arra, hogy a vörös terrorral végleg le fogok számolni. Tizenkét órakor sorakoztattam az időközben közel másfél ezer emberre felszaporodott S. A. csapatokat, és azokkal felvonultam a koburgi ünnepélyre. Felvonulásom azon a nagy téren vezetett keresztül, amelyen a vörös tüntetésnek kellett volna lezajlania. Amikor a térre érkeztünk, a jelzett tízezer ember helyett csak néhány százan voltak jelen, és közeledésünkre azok is csendesen viselkedtek. Csak elvétve kísérelték meg belénk kötni oly vidéki vörös csapatok, akik még nem ismertek bennünket. Rövidesen ezeknek is kedvét szegtük. Egyszerre látni lehetett, miként tért magához e város megfélemlített lakossága, miként nyerte vissza bátorságát és kezdett hangosan üdvözölni bennünket. Elvonulásunk alkalmával ez az üdvözlés sok helyen rögtönzött ünneplést eredményezett.

Az állomáson a vasúti személyzet azzal fogadott, hogy nem továbbítja vonatunkat. Erre néhány irányítóval közöltem, hogy összefogdostatom a kezem ügyébe eső vörös vezetőket, és azután magunk fogunk indulni. Mindenesetre a mozdonyon, szerkocsin és kocsikon magunkkal viszünk a "*nemzetközi szolidaritás*" testvérei közül néhány tucatot. Figyelmeztettem ezeket az urakat arra, hogy az utazás a mi saját embereink igénybevételével természetesen nagyon kockázatos vállalkozás és nincs kizárva, hogy mindnyájan nyakunkat törjük, de másrészt örülnénk, hogy legalább nem egyedül, hanem az egyenlőség és testvériség egyében a vörös uraságokkal együtt kerülnénk a másvilágra.

Mondanom sem kell, hogy a vonat percnyi pontossággal indult, és mi másnap ép bőrrel érkeztünk Münchenbe.

Ezzel a fellépésünkkel Koburgban 1914 óta először biztosítottuk a polgárok törvény előtti egyenjogúságát. Az akkori időkre semmi szín alatt sem lehetett volna azt mondani, hogy az állam védelmezi a polgárait, mert a polgároknak abban az időben a mai állam képviselőivel szemben kellett magukat megvédelmezniük.

Ennek a napnak jelentősége teljesen fel sem fogható. A győztes S. A. önbizalma megerősödött és vezetése helyességébe vetett hite fokozódott, de emellett környezetünk is behatóbban kezdett velünk foglalkozni. Sokan csak most ismerték fel a nemzetiszocialista mozgalomban azt az intézményt, amely egykor minden valószínűség szerint arra lesz hivatott, hogy a marxista uralomnak véget vessen. Csak a "*demokrácia*" sóhajtozott, hibáztatta, hogy nem engedtük fejünket békés úton beveretni, és hogy egy demokratikus köztársaságban bátorságot vettünk magunknak arra, hogy a durva támadással szemben könyörgő hangok helyett mi is az ököljogra támaszkodjunk.

A polgári sajtó nagy általánosságban, mint mindig, úgy ez alkalommal is részben siralmas, részben aljas volt, és csak kevés őszinte újság üdvözölte a szocialista útonállókkal szembeni fellépésünket.

Magában Koburgban is ráeszmélt a marxista munkásság egy része amelyet különben is félrevezetettnek kellett tekintenünk arra, hogy a nemzetiszocialista munkásság is eszméiért küzd. A tapasztalat ugyanis azt mutatta, hogy az ember csak azért verekszik, amit ismer és szeret.

Az eseményeknek mindenesetre legtöbbet maga az S. A. köszönhetett. Ettől kezdve gyors iramban gyarapodott, úgy, hogy az 1923. január 27-i pártnapon már közel hatezer ember vett részt a zászlószentelésen, és emellett az első századok már teljesen beöltöztek új egyenruhájukba.

Éppen a koburgi tapasztalatok mutatták meg az egyenruha bevezetésének szükségességét nemcsak a testületi eszme erősítése céljából, hanem azért is, hogy elejét vegyük az összetévesztésnek és felismerhessék egymást. Eddig csak karszalagot viseltek, ezután bevezettük a viharkabátot és az ismert sapkát.

A Koburgban nyert tapasztalatok alapján most már hozzáfogtunk a gyülekezési szabadság helyreállításához mindenütt, ahol a vörös terror a más nézeten lévők gyűlését sok éven keresztül meggátolta. Ez időtől kezdve Bajorországban lassanként egyik vörös fellegvár a másik után esett a nemzetiszocialista propagandának áldozatul. Az S. A. mindinkább beleélte magát hivatásába, és egyre jobban eltávolodott az életre nézve kevésbé fontos védelmi mozgalomtól és a megteremtendő új Németország élő harci szervévé lépett elő.

Ez a logikus fejlődés 1923. márciusáig tartott. Ekkor olyan esemény következett be, amely arra kényszerített, hogy a mozgalmat eddigi útjáról letérítsem és átszervezzem.

3. A Ruhrvidéknek 1923. első napjaiban történt francia megszállása a rákövetkező időkben az S. A. fejlődésére nézve nagy fontosságú volt.

Erről ma sem lehetséges és főleg nemzeti érdekből nem is célszerű teljes nyíltsággal beszélni vagy írni. Én is csak annyiban nyilatkozhatom, amennyiben ezt a kérdést nyílt tárgyalásokon már érintették és ezáltal nyilvánosságra került.

A meglepetésszerűen bekövetkezett Ruhrvidéki megszállás azt az alapos reményt támasztotta, hogy most már végleg szakítani fognak a gyáva meghunyászkodás politikájával, és így a védőszövetségekre határozott feladat hárul. Az S. A.-t, amely akkor sok ezer fiatal tagot számlált, ettől a nemzeti szolgálattól nem volt szabad elvonni. 1923. tavaszán és nyarán megtörtént tehát katonai és harci szervezetté való átalakítása. Az 1923. évnek mozgalmunkat érintő fejlődése nagyrészt ennek tulajdonítható.

Miután az 1923. évi fejlődést más helyen nagy vonásokban tárgyaltam, itt csak azt akarom megállapítani, hogy az akkori S. A.-nak átalakítása minthogy az indítóokát képező, Franciaországgal szembeni tényleges ellenállás gondolata nem felelt meg a valóságnak a mozgalom szempontjából káros volt.

Az 1923. év mérlege bármennyire borzasztónak is tűnjék fel az első pillanatra magasabb szempontokból tekintve az eseményeket, szinte előnyösnek nevezhető, mert a birodalmi kormány magatartása az S. A. káros átszervezésének egy csapásra véget vetett, és ezzel lehetőséget nyújtott arra, hogy egy napon szervezkedését abban az irányban folytassa, amelyről le kellett térne.

Az 1925-ben újjáalakított N. S. D. A. P. a régi alapokon kell, hogy felállítsa, kiképezze és szervezze az S. A-. t. Vissza kell térne az eredeti célkitűzésekhez, és legfőbb feladata, hogy az S. A. a mozgalom világnézetének védelmi és hatalmi szerve legyen!

Nem szabad tűrnie, hogy az S. A. akár védő, akár titkos szervezetté alakuljon át, sokkal inkább azon kell fáradoznia, hogy benne a nemzetiszocialista és ezen keresztül a fajvédelmi világnézet százezres gárdáját teremtse meg.

X. A föderalizmus mint álarc

1919. telén, de még inkább 1920. tavaszán és nyarán fiatal pártunknak olyan kérdésben kellett állást foglalnia, amely már a háború alatt is rendkívüli fontosságra tett szert. Már az első kötetemben érintettem azokat a jelenségeket, amelyek Németországot összeomlással fenyegették, és rámutattam az északi és déli német államok között tátongó régi szakadékok kimélyítésére irányuló, az angolok és a franciák által is támogatott propaganda különös voltára. 1915 tavaszán jelentek meg az első uszító lapok, amelyek Poroszország, mint a háború egyedüli okozója ellen irányultak. 1916-ban ez a rendszeres támadás ügyesen és alávaló módon teljesen kialakult. A délnémeteknek az észak-németek elleni uszítása rövidesen meghozta a maga gyümölcsét. Szemrehányással kellene illetnünk az akkori mérvadó köröket, éspedig mind a kormányt, mind a hadvezetőséget, helyesebben a bajor parancsnokságokat, mert nem teljesítették kötelességüket, és nem léptek fel ez ellen a szükséges határozottsággal. Semmit sem tettek ez ellen a propaganda ellen, sőt ellenkezőleg; különböző helyeken talán még szívesen is látták. Elég korlátoltak voltak ahhoz, hogy elhiggyék: ezáltal nemcsak a német nép egységes irányú fejlődését akadályozzák meg, hanem ennek következtében a föderatív erők megerősödésének is be kell következnie. Alig van példa a világtörténelemben arra, hogy rosszakaratú mulasztás annyira megbosszulja magát, mint ebben az esetben. A Poroszországnak szánt gyengítés egész Németországot érte. Következménye az összeomlás siettetése lett, amely azonban már nemcsak a német birodalmat, hanem elsősorban az egyes tagállamokat zúzta szét. Éppen abban a városban tört ki először a forradalom az ősi királyi ház ellen, amelyben a Poroszország elleni mesterségesen szított gyűlölet a leginkább tombolt.

    Mindenesetre téves lenne azt hinni, hogy ez a poroszellenes hangulat csupán az ellenséges háborús propagandagyártók munkájának következménye volt, és hogy a félrevezetett nép számára ne lennének mentő körülmények.

    Hadi gazdálkodásunk hihetetlen módja volt az egyik fő oka a poroszellenes hangulatnak, mert túlhajtott központosításával az egész birodalmat gyámsága alá helyezte és kizsákmányolta.

    A közönséges kisemberek szemében a haditársaságok, amelyeknek központja Berlinben volt, egyek voltak Berlinnel, és viszont Berlin Poroszországgal. Alig jutott valakinek eszébe, hogy a haditársaságoknak nevezett rabló intézmények szervezői sem berliniek, sem pedig poroszok, sőt még csak németek sem voltak. A kispolgár, aki a birodalmi főváros e gyűlölt intézményeinek csak durva hibáit és állandó túlkapásait látta, gyűlöletét átvitte a birodalom fővárosára és egyben Poroszországra is, annál is inkább, mert bizonyos oldalról ez ellen nemcsak, hogy nem tettek semmit, hanem suba alatt még szívesen is látták azt.

    A zsidó elég okos volt ahhoz, hogy már akkor felismerje a veszélyt, amely a haditársaságok cégére alatt a német nép ellen szervezett kizsákmányoló folyamattal szemben előbb-utóbb kirobbanásra kerülő felgyülemlett népharagban rejlett. E népharag levezetésére keresve sem lehetett volna jobb módot találni, mint hogy a nép bosszúját másokon töltse ki és ezáltal lecsendesítsék. Bajorország és Poroszország ádáz harca a zsidóság részére a legbiztosabb békét jelentette. Eközben az általános figyelem a népek e nemzetközi parazitáiról teljesen elterelődött, mintegy elfelejtették azokat. Mihelyt tehát ez az elkeseredett harc a józan belátás következtében elcsendesedett, a zsidó azonnal gondoskodott Berlinben rendezendő újabb kihívásról. Észak és Dél harcának e "*vámszedői*" minden ilyen felmerülő esetre rávetették magukat, és addig szították a felháborodás parazsát, amíg az újra lángra lobbant.

Ügyes és ravasz játék volt az egyes német tartományok állandó foglalkoztatására és félrevezetésére, hogy azalatt a zsidók annál alaposabban kifoszthassák őket.

Jött a forradalom. Ha 1918-ig, jobban mondva ez év novemberéig az átlagember, de kiváltképp a kevésbé képzett nyárspolgár és munkás a német tartományok egymás közti civódásának valódi eredetét és annak elmaradhatatlan következményét teljesen nem ismerhette fel, azt legalább a magát "*nemzetinek*" valló társadalmi rétegnek kellett volna felismernie a forradalom kitörésének napján. Alighogy sikerült a forradalmi akció Bajorországban, a forradalom vezetője és szervezője rögtön a bajor érdekek képviselőjévé tornázta fel magát. A nemzetközi zsidó Kurt Eisner Bajorországot kezdte Poroszország ellen kijátszani. Kurt Eisner a bajor forradalomnak a német birodalom többi része elleni céltudatos kiélezését legkevésbé a bajor érdekek védelmében tette. Ő a zsidóság megbízottja volt. Egyszerűen kihasználta a bajor nép ösztönét és ellenszenvét arra, hogy annak segítségével könnyebben öszszetörhesse Németországot. Az összetört Németország azután könnyebben zsákmánya lehetett volna a bolsevizmusnak. Harcmodorát halála után is folytatták. A marxizmus, amely éppen Németország egyes államait és uralkodó hercegeit illette mindig a legmaróbb gúnnyal, mint "*független párt*" egyszerre azokra az érzelmekre és ösztönökre hivatkozott, amelyek éppen az egyes államokban és uralkodóházakban gyökereztek.

A tanácsköztársaságnak az előnyomuló felszabadító csapatokkal való harcát a bajor munkásság harcaként tüntették fel a porosz militarizmussal szemben. Így lehet aztán megérteni, hogy a tanácsköztársaság leveretése nem szolgálta a tömegek öntudatra ébredését, sőt még növelte a Poroszország elleni gyűlöletet és ellenszenvet.

A bolsevista ügynökök munkája, amellyel a tanácsköztársaság eltávolítását a porosz militarizmus győzelmeként tüntették fel a bajor nép előtt, meghozta gyümölcsét. Amíg Kurt Eisner a bajor képviselőházi választások alkalmával Münchenben alig 10 000 választót volt képes összehozni, a kommunista párt pedig háromezren is alul maradt, addig a tanácsköztársaság összeomlása után a két párt választóinak száma elérte a százezret.

Már ebben az időben megkezdtem személyes küzdelmemet a német tartományok egymásra uszítása ellen. Azt hiszem nem vállalkoztam életemben népszerűtlenebb feladatra, mint amikor szembeszálltam a poroszellenes uszításokkal. Münchenben már a tanácsköztársaság ideje alatt megtartott népgyűléseken is a gyűlöletet főleg Poroszország ellen szították a végletekig, úgyhogy azokon már nyíltan hangos kifakadások hangzottak el. "*El Poroszországtól, le Poroszországgal! Háború Poroszország ellen!*" jelszavakkal dobálóztak, és mindezt a német birodalmi gyűlés egy bajor képviselőtagja "*Inkább bajorként meghalni, mint poroszul tönkremenni!*" csatakiáltásban foglalta össze.

Csak az tudja megérteni, hogy mit jelentett a téboly elleni állásfoglalásom a Löwenbräu pincéjében megtartott gyűléseken, aki személyesen részt vett azokon. Háborús bajtársaim voltak azok, akik mellém szegődtek. El kell képzelni, hogy mit éreztünk akkor, amikor egy eszeveszett tömeg, amely azalatt, míg mi a hazát védtük, legnagyobbrészt szökevényként a hadtápvonalban vagy odahaza lődörgött felém ordítozott és leütéssel fenyegetett. Ez a jelenet megpecsételte barátságunkat, és még jobban hozzám láncolta, életre-halálra hozzám kötötte bajtársaimat.

E küzdelmek, amelyek folytonosan megismétlődtek, 1920 tavaszán mintha még megerősödtek volna. Voltak ülések és most különösen a müncheni Sommerstrassei Wagnerteremben tartott ülésekre gondolok, amelyeken az időközben felszaporodott híveimnek a legsúlyosabb harcokat kellett megvívniuk. Közülük nem egyet ütöttek le, tapostak lábbal, hogy azután félholtan dobálják ki a teremből. Ezt a küzdelmet később mozgalmunk szent feladatként folytatta.

Még ma is büszke vagyok arra, hogy akkor csaknem kizárólag bajor híveink segítségével lassan, de biztosan mégis legyőztük az ostobaság és árulás keverékét. Hangsúlyozom, ostobaság és árulás volt mozgató rugója ez őrületnek. Ha a nagy tömegek jóindulatú butaságáról meg is győződhettem, a vezetők és felbujtók ilyen együgyűségre nem hivatkozhatnak; én ma is, mint mindig, Franciaország fizetett kémeinek tartom őket. Egy esetben, Dorien (szeparatista) esetében a történelem már ítélt is. Különösen veszélyessé tette az az ügyesség, amellyel tulajdonképpeni célját leplezni tudta, és amikor tevékenységük indító okaként mindig a föderalizmusra hivatkoztak. A poroszok elleni gyűlölet szításának pedig semmi köze sincs a föderalizmushoz. Sajátságos is lenne az olyan föderalista ténykedés, amely egy másik szövetséges állam ellen tör. Tisztességes föderalistának, aki a bismarcki eszmét nem frázisként hangoztatja, nem lenne szabad egy szuszra a Bismarck által teremtett, vagy legalábbis kifejlesztett porosz állam egyes részei ellen tömi, vagy az ilyen irányú törekvéseket nyíltan támogatni. Milyen lármát csaptak volna Münchenben, ha valamelyik porosz párt a Frankföldnek Bajorországtól való elcsatolását pártolta, vagy még inkább nyilvános üléseken követelte és támogatta volna. Sajnálni valóban csak a jóindulatú föderalista érzelműeket lehetett, akiket szintén becsaptak. A szövetségi eszme olyan megterheléssel indult, amelyben már benne rejlett bukása is. Nem lehet birodalmi szövetség kialakulását hirdetni akkor, amikor az új államalakulat egyik legjelentősebb tagját, Poroszországot lekicsinylik, szidják és bemocskolják, hogy ezáltal, mint szövetséges államot, lehetetlenné tegyék. Ez annál hihetetlenebb volt, mert éppen az ellen a Poroszország ellen irányult, amelyet legkevésbé sem lehet a novemberi demokráciával kapcsolatba hozni. A föderalisták harca nem a weimari alkotmány túlnyomó részben délnémetekből álló megteremtői, hanem a régi konzervatív poroszok képviselői, a weimari alkotmány ellenlábasai ellen irányult. Azon pedig nem szabad csodálkoznunk, hogy a támadások közepette óvakodtak a zsidók megbántásától.

Miként a forradalom előtt a zsidó a maga haditársaságairól, jobban mondva a maga üzelmeiről elterelte a figyelmet és képes volt a tömeget, főleg a bajor népet a poroszok ellen izgatni, éppen úgy a forradalom után is védelmeznie kellett új és még sokkal nagyobb jelentőségű rablóhadjáratát. Sikerült is neki Németország úgynevezett "*nemzeti elemeit*" egymás ellen, elsősorban pedig a konzervatív szellemű bajorokat az éppen olyan konzervatív gondolkodású poroszok ellen uszítani. A zsidóság durva, tapintatlan túlkapásai segítségével az érdekeltek vérét újra meg újra felkorbácsolta, de sohasem a zsidó, hanem mindig csak a német testvér ellen. A bajor nem a négymilliós, szorgalmasan dolgozó, termelő, sokoldalú Berlint látta, hanem a legromlottabb nyugatnak rothadt, oszlásnak induló Berlinjét. Gyűlölete mégsem e nyugat, hanem a "*porosz város*" ellen irányult.

Valóban, igen sokszor kétségbeejtő volt a helyzet.

A zsidó ügyességet, amellyel a nyilvánosság figyelmét magáról eltereli, és azt másként köti le, ma ismét tanulmányozhatjuk.

1918-ban tervszerű antiszemitizmusról még egyáltalán szó sem lehetett. Élénken emlékszem még azokra a nehézségekre, amelyekbe az ember beleütközött, ha csak az ajkára vette a zsidó szót. Vagy buta bámulat tárgya volt, vagy pedig heves ellenállásra bukkant. Első kísérleteink, amelyekkel a nyilvánosság előtt rá akartunk mutatni az igazi ellenségre, egészen kilátástalanoknak látszottak, és csak nagyon lassan kezdtek a dolgok e téren javulni. Az úgynevezett véd és daczszövetség (Schutz und Trutzbund) minden szervezeti hibája mellett nagy szolgálatokat tett a zsidókérdés felvetésével. 1918-19. telén valami antiszemitizmusféle mindenesetre már kezdett gyökeret verni. Később a zsidókérdést a nemzetiszocialista mozgalom mindenesetre egész más irányba terelte. Elérte azt, hogy ez a kérdés a felsőbb és kispolgári rétegek szűkre szabott köréből kikerült, és egy nagy népmozgalom alapvető motívumává lett. Mihelyt sikerült ennek a kérdésnek nagy és egységesítő harci gondolatot biztosítani, a zsidó már megtette a védekezéshez szükséges lépéseket. A régi eszközhöz nyúlt. Hihetetlen gyorsasággal éket vert a népi mozgalomba. A pápa párti kérdés felvetésében és a katolicizmus és protestantizmus között kifejlődő ellenségeskedésben rejlett az akkori helyzet szerint egyetlen lehetősége annak, hogy a zsidóságról elterelje az összpontosított támadást. Azt a bűnt, amit e kérdés felvetésével egyesek elkövettek, sohasem lehet jóvátenni. A zsidó mindenesetre elérte célját. Mialatt a katolikusok és protestánsok vígan harcolnak egymás ellen, azalatt az árja emberiségnek és az egész kereszténységnek legnagyobb ellensége a markába nevet. Mint ahogy éveken keresztül a föderalizmus és egységesség harcával tudták a közvéleményt foglalkoztatni, éppen úgy sikerült most is nekik a két német vallásfelekezetet egymás ellen uszítani, és ezzel mindkettőt létalapjaiban megrendíteni.

Gondoljunk arra a rombolásra, amelyet a zsidó vérkeveredés jelent népünk számára, arra, hogy mint tiporja sárba és semmisíti meg népünk utolsó árja értékét, mérlegeljük azt a körülményt, hogy kultúrnemzeti erőnk egyre jobban hanyatlik, és azt a veszélyt, amely tapasztalatlan, fiatal szőke leányainkat veszélyezteti a paraziták részéről a tervszerűen fűzött meggyalázások révén. Mindkét keresztény felekezet közömbösen nézi az Isten kegyelméből e földnek adott és egyedülálló nemes életösztön megszentségtelenítését és elpusztítását. Márpedig a világ jövőjére nézve nem az a fontos, hogy a katolikusok győzik-e le a protestánsokat, vagy a protestánsok a katolikusokat, hanem az, hogy fennmarad-e az árja faj, vagy kihal. E két vallásfelekezet mégsem a faj pusztítója ellen küzd, hanem sokkal inkább kölcsönösen egymást igyekszik tönkretenni. Éppen a népben gyökerező egyházaknak lenne kötelességük, hogy mindenik a maga felekezete körében gondoskodjék arról, hogy ne csak mindig hangoztassuk Isten akaratát, hanem tényleg teljesítsük is, és ne engedjük Isten művét meggyalázni. Isten teremtette egykor az embert, ő adta meg alakját, lényegét és tehetségét, aki tehát az ő művét támadja, hadat üzen a teremtés urának, az Isten akaratának is. Tevékenykedjék tehát mindenki a saját hite szerint és tartsa mindenkori első és legszentebb kötelességének az azok elleni állásfoglalást, akik tevékenységükkel saját felekezetük keretéből kilépnek, és megkísérlik a másokéba való beleavatkozást. Németországban a vallás lényeges sajátosságai elleni harc a mai németországi felekezeti tagozódás mellett megsemmisítő belső háborúra vezetne. A mai viszonyaink nem hasonlíthatók a franciaországi, spanyolországi, vagy éppenséggel az olaszországi viszonyokhoz. Ezekben az országokban lehet pl. harcot hirdetni a klerikalizmus vagy a pápai hatalom ellen anélkül, hogy ez a francia, spanyol vagy olasz népre magára veszélyt jelentene. Nem lehet azonban Németországban megtenni, mert itt az ilyen kezdeményezésben bizonyára protestánsok is résztvennének, és így az ellenállás, amelyet másutt kizárólag katolikusok fejtenének ki saját főpapjaik túlkapásai ellen, az nálunk olyan színezetet öltene, mintha protestánsok támadnák a katolicizmust. Amit a saját vallásfelekezetűek részéről, még ha talán igaztalan is elvisel az ember, azt már eleve is elutasítja akkor, ha annak szószólói más felekezetűek, Annyira megy e tétel igazsága, hogy még olyan egyének is, akik minden további nélkül hajlandók lennének saját vallásfelekezetük körében mutatkozó visszás állapotok megszüntetésére, mindjárt elállnak attól és ellenállást fejtenek ki, mihelyt azt nem saját felekezetükhöz tartozók ajánljak vagy éppen követelik. Ezt pontosan annyira jogtalan, minthogy meg nem engedett, tisztességtelen kísérletnek és oly dologba való beleavatkozásnak tartják, amelyhez az illetőknek tulajdonképpen semmi közük sincs. Ilyen kísérleteket még akkor sem bocsátanának meg, ha azokat magasabb egyetemes nemzeti érdekek indokolják, mert a vallási érzések ma még mélyebben gyökereznek, mint a nemzeti és politikai érdekek. Ez nem lesz másként akkor sem, ha a két vallásfelekezetet elkeseredett harcba kergetjük. E téren csak akkor érhető el változás, ha kölcsönös megértéssel biztosítjuk a nemzet jövőjét, mert a nemzet nagysága e tekintetben is meg tudja hozni a kiengesztelődést.

Nem habozok annak a kijelentésével, hogy azokat, akik e válságos időkben a népmozgalomba még vallási vitát is kevernek, népünk nagyobb ellenségének tartom, mint a nemzetközi kommunistákat. Ez utóbbiakat a nemzetiszocialista mozgalom hivatott megtéríteni, aki azonban e mozgalom tagjait eltávolítja hivatásától, az a legmegvetendőbb módon cselekszik. Az illető tudatosan vagy tudat alatt a zsidó érdekek harcosa. Zsidó érdek ma a népi mozgalmat vallási harcok közepette elvéreztetni. Hangsúlyozom az *"elvéreztetni"* szót, mert csak a történelemben teljesen járatlan ember képzelheti el azt, hogy ez a mozgalom megoldhat egy olyan kérdést, amelyen hosszú évszázadok és nagy államférfiak őrlődtek fel.

Különben is a tények beszélnek. Azok az urak, akik 1914ben a népi mozgalom legfőbb hivatását a pápapártiság elleni küzdelemben vélték felfedezni, nem a pápapártiságot, hanem a népi mozgalmat tették tönkre.

A nemzetiszocialista mozgalom vezetőinek legfőbb kötelessége mindig az lesz, hogy a legélesebben visszautasítsanak minden olyan kísérletet, amely mozgalmunkat ilyen harcok szolgálatába akarja állítani. Mindez 1923 őszéig teljes mértékben sikerült is. Mozgalmunk soraiban a leghithűbb protestáns a leghithűbb katolikus mellett ülhetett anélkül, hogy akár a legcsekélyebb lelkiismereti összeütközésbe is jutott volna vallási meggyőződésével. Ellenkezőleg. Az árja faj e pusztításai ellen indított közös harc egymás kölcsönös tiszteletére és megbecsülésére tanította őket. pedig éppen ezekben az években vívta meg mozgalmunk legádázabb harcát a centrummal szemben, természetesen sohasem vallási, hanem kizárólag faji és gazdaságpolitikai okokból. Az eredmény annak idején épp annyira mellettünk szólt, mint amennyire most a mindezt *"jobban tudók"* ellen. Az utóbbi években egyes népi körök felekezeti ügyeik fejtegetésénél teljes elvakultságukban még akkor nem ismerték fel tetteik őrületes voltát, amikor istentagadó marxista újságok csaptak föl vallási ügyeik védőivé, csak azért, hogy a tűzet a végsőkig szítsák. Amíg a népi mozgalom azt latolgatja, hogy melyik veszedelem nagyobb, a pápapártiság vagy a zsidó, addig a zsidó szétrombolja fajiságunk létalapjait, és örökre megsemmisíti lépünket. Ami a népi harcok e fajtáját illeti, én mind a nemzetiszocialista mozgalomnak, mind a német népnek őszinte szívből csak azt kívánom: Isten óvja meg őket az ilyen barátoktól, az ellenségeivel majd maga is el fog bánni.

A zsidóság által 1919., 20. és 21-ben, sőt később is oly ravasz módon propagált föderalizmus és egységesség közötti harc, annak határozott elutasítása ellenére is arra kényszerítette a nemzetiszocialistákat, hogy állást foglaljanak e harc fontosabb kérdései tekintetében. Németország szövetségi vagy egységes állam legyen-e, mit értsen gyakorlatilag mindkettő alatt? Nekem a második kérdés fontosabbnak tűnik, mert az nemcsak az egész kérdés megértéséhez szükséges, hanem, mert tisztító és engesztelő jellege is van.

Szövetségi állam alatt szuverén államok oly egyesülését értjük, amelyben a kérdéses államok szabad akaratukból egyesülnek, az egyesülés sikere és biztosítása érdekében lemondanak az összesség javára felségjogaik egy részéről.

Ez az elméleti elgondolás azonban a gyakorlatban egyetlen fennálló államszövetségben sem található meg teljes mértékben. Legkevésbé az Amerikai Egyesült Államoknál, ahol az egyes államok túlnyomó részénél bizonyos ősi szuverenitásról beszélni egyáltalán nem is lehet. Tulajdonképpen nem is az államok teremtették meg az Uniót, hanem inkább az Unió teremtette meg az államok legnagyobb részét.

Így az ember az Amerikai Egyesült Államok szövetségénél nem beszélhet az egyes államok szuverenitásáról, hanem csak alkotmány szerint megállapított és biztosított jogairól, jobban mondva jogosultságairól. De Németországra sem találó teljesen a fenti elméleti meghatározás, jóllehet, Németországban minden kétséget kizáróan elsősorban az egyes államok mint különálló országok álltak fenn, és azokból alakult a birodalom. A birodalom alapítása azonban nem az egyes államok szabad akaratából vagy azok hozzájárulásával, hanem közülük egy állam, Poroszország hegemóniájának hatása következtében történt. Már az egyes német államok nagy területi különbsége miatt sem hasonlítható össze a német birodalom az Amerikai Egyesült Államok kialakulásával. Az egykori szövetséges német államok különböző nagysága adja az okát a szolgáltatások egyenlőtlenségének és birodalomnak, mint szövetségi államnak alapításában való részvételük aránytalanságának. Ez államok legtöbbjénél tényleges szuverenitásról beszélni nem is igen lehetett, kivéve, ha az állami szuverenitás szó nem volt egyéb hivatalos frázisnál. A valóságban nemcsak a múlt, hanem a jelen is nem egy ilyen szuverén államot tüntetett el, és ezzel a legvilágosabban beigazolja e szuverén képződmények gyönge voltát.

E helyütt nem kívánok az egyes államok történelmi kialakulásával foglalkozni.

Tény azonban, hogy azok határa majdnem egyetlen esetben sem fedi az adott etnikumok néprajzi határait. Tisztán politikai jelenségek, és gyökereik legtöbbször a német birodalom aléltságának legszomorúbb idejébe nyúlik vissza. Alapításuk német hazánk szétforgácsolásához vezetett.

A régi német birodalom alkotmánya számolt ezzel a körülménnyel és a birodalmi tanácsban nem biztosított az egyes államok részére egyenlő képviseletet, hanem azok alakításánál teljesített szolgálata szerint fokozatokat létesített.

A birodalom megalakításakor Bismarck nem abból a szempontból indult ki, hogy mindent a birodalomnak adjanak, amit csak el lehetett az egyes államoktól venni, hanem inkább abból, hogy csak azt igényeljék az egyes államoktól, amire a birodalomnak feltétlenül szüksége volt. Éppen oly mérsékelt, mint bölcs alapelv, amely egyik oldalon a szokással és hagyománnyal szemben a legnagyobb kíméletet tanúsította, a másik oldalon viszont már eleve szeretett és örömteli közreműködést biztosított a birodalom részére. Alapjában véve azonban tévedés lenne azt hinni, hogy Bismarcknak ez az elhatározása egyben fedte volna az ő meggyőződését is, mely szerint a birodalom annak idején már elegendő felségjoghoz jutott; ő csak a jövendőre akarta bízni azt, ami pillanatnyilag nehezen lett volna keresztülvihető és elviselhető. Jobban bízott az idő kiegyenlítő hatásában, mint egy olyan kísérletben, amely az egyes államok pillanatnyi ellenállását lett volna hivatva megtörni. A valóságban a birodalom szuverenitása az egyes államok szuverenitásának rovására állandóan emelkedett. Az idő valóra váltotta azt a reményt, amit Bismarck hozzáfűzött.

A német összeomlás és a monarchista államforma megsemmisítése ezt a folyamatot szükségszerűen csak siettette, főképpen azért, mert az egyes német államok létüket nem anynyira az etnikai alapoknak, mint inkább tisztán politikai okoknak köszönhették. Így a monarchikus államforma bukásával és a dinasztia kikapcsolásával az egyes államok jelentősége omlott össze és semmisült meg. E kis államocskák egész serege vesztette el ezáltal belső támaszát, úgy, hogy önként lemondottak további fennállásukról, és tisztán célszerűségi okokból vagy másokkal egyesültek, vagy önként beolvadtak a nagyobb államba, csattanós bizonyságául annak, hogy ezek a kis alakulatok tényleges szuverenitása a valóságban nagyon gyenge lábon állott és még saját polgárai előtt is csekély megbecsülésnek örvendett.

A monarchista államforma megszüntetése után a birodalom államszövetségi jellegében okozott megrázkódtatást csak fokozta a békeszerződésből folyó kötelezettségek átvállalása.

Az egyes államok pénzügyi felségjogának a birodalom javára történt elvesztése abban a pillanatban természetes és magától értetődő volt, amint a birodalomra az elvesztett háború következményeként olyan pénzügyi kötelezettség hárult, amelyre az egyes államok hozzájárulásai sohasem nyújtottak volna fedezetet. Ennek következtében a birodalom elsősorban a posta és vasutak átvételét vitte keresztül. Majd kénytelen volt a birodalom újabb értékeit bekebelezni a saját javára csak azért, hogy a győzők további zsarolásainak eleget tehessen. Amennyire kétségesek voltak sokszor a formák, amelyek mellett a birodalomnak ez a gazdagodása történt, éppen olyan logikus és magától értetődő volt maga a folyamat. Benne azok a pártok és emberek voltak vétkesek, akik annak idején nem tettek meg mindent a háború győztes befejezése érdekében. Különösképpen azonban a bajor pártok voltak bűnösök, mert önző célokból a háború alatt a birodalmi eszmétől megvonták azt amit a háború után többszörösen kellett pótolniuk. A történelem bosszúja volt ez. Az egek ostora ritkán szokott oly gyorsan ütni, mint ebben az esetben. Azoknak a pártoknak, amelyek pár év előtt saját államuk érdekét különösen Bajorországban a birodalom érdeke fölé helyezték, meg kellett érniük az egyes államok létalapjainak a birodalom érdekében bekövetkező megrendítését. Mindez az események kényszerítő hatása alatt, de saját hibájukból is történt.

Példátlan képmutatás a választó tömeggel szemben a mai pártok agitációja a felségjogok elvesztése miatt akkor, amikor éppen ezek a pártok licitálták túl egymást az erélytelen teljesítés politikájában, amely végső következményeiben természetesen igen súlyos változásokra vezetett Németország belső életében. A bismarcki birodalom kifelé szabad és független volt. Sohasem voltak olyan súlyos és amellett teljesen meddő pénzügyi kötelezettségei e birodalomnak, mint a mai Dawes féle Németországnak. Belügyi téren hatásköre csak a legszükségesebb dolgokra szorítkozott, és így a birodalom könnyen nélkülözhette saját pénzügyi felségjogát, és élhetett az egyes államok hozzájárulásából. Magától értetődik, hogy egyrészt saját felségjogának megőrzése, másrészt a birodalom részére aránylag csekély pénzügyi hozzájárulás kedvezően befolyásolta az egyes államoknak a birodalommal szembeni érzelmeit. Mindamellett helytelen, sőt őszinteség híján volt az az álláspont, hogy a birodalomhoz való ragaszkodás mai hiánya kizárólag az egyes államoknak a birodalommal szemben fennálló pénzügyi függő helyzetének rovására írandó. Ez nincs így! A birodalmi eszme népszerűségének csökkenése nem függ össze az egyes államok felségjogának elvesztésével, hanem sokkal inkább annak a szégyenteljes képviseletnek az eredménye, amelyben a birodalom a német népet részesíti.

Minden birodalmi lobogó és alkotmányünnep dacára a mai birodalom nem tudja megnyerni a nép szívét. A köztársaságot védő törvények visszariasztják ugyan a köztársasági intézmények megsértésétől, de egyetlen német ragaszkodását sem tudják biztosítani. Az a túlságosan nagy aggodalom, amellyel a köztársaságot a paragrafusok és börtön segítségével igyekeznek megvéderi saját polgáraival szemben, legmegsemmisítőbb kritikája az egész rendszernek.

De mindenféleképpen hazug az egyes pártok részéről hangoztatott állítás, hogy a birodalomhoz való ragaszkodás csökkenésének oka a birodalomnak az egyes államok felségjogaival szembeni túlkapásában keresendő. Ne gondolja senki, hogy a birodalmi hatáskör kiterjesztésének elmaradása még akkor is nagyobb ragaszkodást biztosítana a birodalom iránt, ha emellett a hozzájárulásoknak ugyanolyan magasaknak kellene maradniuk, mint most. Ellenkezőleg, ha az egyes tartományok összességének ma ugyanazt a kötelezettséget kellene teljesíteni, amelyet ma a birodalom teljesít, a birodalomellenes hangulat csak még nagyobb volna, mert az egyes államok hozzájárulásai nemcsak a legnagyobb nehézségek árán, hanem éppenséggel csak kényszervégrehajtás útján lennének behajthatók. A köztársaság a békeszerződések alapján áll, és sem szándéka, sem bátorsága nincs azok megdöntésére. Számolnia kell a reá háramló kötelezettségekkel is. Ebben ismét azok a pártok hibásak, amelyek a türelmes választó tömegek előtt szakadatlanul az egyes országok önállóságának szükségességéről beszélnek, emellett azonban olyan birodalmi politikát támogatnak, amely kénytelen-kelletlen maga után vonja a legutolsó úgynevezett felségjog megszüntetését is.

"*Kénytelen-kelletlen*", hangoztatom, mert a mai birodalom számára nem marad más lehetőség, mint megbirkózás az átkozott bel és külpolitika által reá rakott terhekkel. Minden újabb, azaz további adósságot, amelyet a birodalom a német érdekek gonosz és bűnös képviselete útján magára vállal, még erősebb belső nyomás segítségével kell kiegyenlítenie. Mindez viszont feltételezi az egyes államok összes felségjogának megszüntetését, nehogy az ellenállásnak még csak a csírája is megmaradjon bennük.

A mai és a régi birodalmi politika között a legjellegzetesebb eltérés az, hogy míg a régi birodalom befelé szabadságot biztosított, kifelé pedig erőt mutatott, addig a köztársaság kifelé a gyengeség, saját polgáraival szemben pedig az erőszak politikáját űzi.

Ez mindkét esetben logikus. Az erőteljes nemzeti állam szeretete és ragaszkodása folytán befelé kevesebb törvényes intézkedéssel is célt ér, míg a nemzetközi rabszolga állam csak erőszakkal tudja alattvalóit robotmunkára kényszeríteni. A legarcátlanabb szemtelenség kell ahhoz, hogy a mai uralom idején "*szabad polgár*"-ról beszéljenek. Szabad polgárai csak a régi Németországnak voltak. A köztársaságnak, a külföld e rabszolgatelepének nincsenek polgárai, legfeljebb csak alattvalói vannak. Ezért nincs is nemzeti zászlaja, hanem csak egy hatósági rendelkezés és határozat alapján bevezetett és körözött "*mintavédjegye*".

Ez a jelvény, a német demokrácia Gessler-kalapként ismert jelvénye, mindig idegen lesz népünk számára. A köztársaság, amely annak idején a hagyományok iránti érzéketlenségével sárba tiporta a múlt nagyságának jelképeit, egyszer csodálkozni fog azon, hogy milyen kevéssé becsülik alattvalói saját szimbólumukat. A német történelem e szomorú lapja számára a köztársaság biztosította az anyagot.

Ez az állam a saját létfenntartása érdekében kénytelen az egyes országok felségjogait egyre jobban megnyirbálni, ha nem akarja, hogy zsaroló pénzügyi politikája révén utolsó csepp vérükig kiszipolyozott polgárai egy szép napon nyílt lázadásban törjenek ki ellene.

Mi, nemzetiszocialisták ebből a következő alapvető szabályt vonhatjuk le: Az erőteljes nemzeti állam, amely polgárai érdekét kifelé a legteljesebb mértékben szem előtt tartja és oltalmazza, befelé a legnagyobb szabadságot biztosíthatja anélkül, hogy az állam biztonságáért aggódnia kellene. Másrészt azonban az erőteljes nemzeti alkotmány mind az egyesek, mind az egyes országok szabadságát is korlátozhatja a birodalmi eszme károsodása nélkül, ha az ilyen intézkedésekben az egyes polgár népe nagyságának eszközét ismeri fel.

A világ összes államai az egységesítés útján haladnak. Németország sem lehet kivétel. Képtelenség az egyes országok állami szuverenitásáról beszélni akkor, amikor azt mi sem indokolja. Az egyes államok jelentősége úgy forgalmi, mint közigazgatási téren egyre szűkül. A modern közlekedés és a technika a távolságot egyre csökkenti. A régi, önálló állam ma már csak tartományt jelent, ezzel szemben a mai államok régente egy földrésszel értek fel. A mai technikai adottságok mellett ma nem nehezebb Németországot kormányozni, mint százhúsz év előtt, pl. Brandenburgot. A München Berlin közti távolság ma aránylag rövidebb, mint száz év előtt München és Starnberg között. (Starnberg Münchentől kb. 20 km-re fekszik). A mai közlekedési szemszögből nézve az egész birodalom kisebb, mint a napóleoni háborúk alatt egy kisebb, középnagyságú német szövetségi állam volt. A tényeket megmásítani nem lehet. Emberek, akik ezt igyekeznek tenni, vannak, mindig voltak és a jövőben is lesznek, de aligha tudják a történelem kerekét teljesen megakasztani, megállítani pedig sohasem!

Mi, nemzetiszocialisták ezek mellett az igazságok mellett nem mehetünk el vakon és nem szabad magunkat az úgynevezett "*nemzeti polgári*" pártok frázisai által befolyásoltatnunk. Szándékosan használom a "*frázis*" kifejezést, mert szándékunk keresztülvitelének lehetőségében ezek a pártok maguk sem hisznek, de azért is, mert ők is nagymértékben hibásak a mostani fejleményekért. Különösen Bajorországra nézve igaz, hogy a központosítás elleni tiltakozás tényleg csak kortesfogás volt számára. Abban a pillanatban, amikor e pártoknak frázisaikért helyt kellett volna állniuk, mind csütörtököt mondottak. A Bajorországot ért "*felségjog rablás*" a lármás handabandázástól eltekintve gyakorlatilag minden ellenállás nélkül történt. Ha valaki e rendszer ellen komolyan fellépett, akkor, mint *"nem a mai állam alapján álló"*, e pártok részéről elítéltetésnek és üldöztetésnek tette ki magát mindaddig, amíg vagy börtön, vagy a szólásjog törvénytelen megvonása végleg elhallgattatta. E tényekből győződhetnek meg híveink az úgynevezett szövetségi rendszer köreinek hazug voltáról. A szövetségi államforma eszméje is, éppen úgy, mint a vallás, csak eszköz a gyakran piszkos pártérdekek kezében.

Amennyire természetes különösen forgalmi téren bizonyos egységesítés, éppen annyira kötelességünk nekünk, nemzetiszocialistáknak a mai állam újszerű fejlődésével szembeni állásfoglalás akkor, ha ezek az intézkedések egy végzetes külpolitika fedezését és lehetővé tételét célozzák.

Éppen azért, mert a mai birodalom a vasutak, a posta, a pénzügyek stb. egységesítését nem magasabb nemzetpolitikai szempontokból vitte keresztül, hanem csak azért, hogy a vég nélküli teljesítési politika számára szükséges eszközöket és zálogokat biztosítsa, mi, nemzetiszocialisták kötelesek vagyunk minden eszközzel az ilyen politika megvalósítását megakadályozni. Ezért ellenzi ezeket a központosító kísérleteket a nemzetiszocialista mozgalom.

A központosítás elleni fellépésünknek másik oka, hogy mi ezáltal megakadályozzuk a mai kormányrendszer hatalmának belső megerősödését, azét, amely minden tevékenységével a legszörnyűbb szerencsétlenséget hozta a német nemzetre. A mai zsidó demokrata birodalom, amely a német nemzet átkaként nehezedik reánk, az ettől az eszmétől még tökéletesen át nem itatott államokat igyekszik hatástalanná tenni azok jelentéktelenné tételével.

Nekünk, nemzetiszocialistáknak minden okunk megvan arra, hogy ezen államok ellenzékének ne csak alapot adjunk egy eredményes állami ellenállás kifejtésére, hanem hogy e harcoknak magasabb nemzeti, általános német érdek jellegét kölcsönözzük.

Amíg tehát a bajor néppárt kicsinyes, részleges szempontokból igyekszik a bajor állam részére különleges jogokat biztosítani, addig mi ezt a külön álláspontot valló felfogásunkat a mai novemberi demokrácia ellen irányuló magasabb nemzeti érdek szolgálatába állítjuk.

A harmadik oka a központosító törekvések elleni állásfoglalásunknak abban rejlik, hogy az ún. birodalmasítás a valóságban nem az egységesítést, még kevésbé pedig az egyszerűsítést célozza, hanem a felségjogok kisajátításával sokkal inkább arra törekszik, hogy az egyes államok kapuit megnyissa a forradalmi pártok előtt.

A jelenlegi kegyencgazdálkodáshoz fogható példa még nem fordult elő a német történelemben. A mai központosítási őrület legnagyobb része azoknak a pártoknak rovására írandó, amelyek annak idején azt ígérték, hogy az állásokba a rátermetteket fogják ültetni. Valójában azonban a hivatalok és állások betöltésénél kizárólag a pártbeli hovatartozást tartották szem előtt. A köztársaság fennállása óta különösen a zsidók árasztották el a birodalom által összeharácsolt gazdasági üzemeket és közigazgatási hivatalokat, úgy, hogy azok ma a zsidó tevékenység melegágyai.

Mindenekelőtt ez a harmadik ok kötelez bennünket arra, hogy a központosítás terén minden egyes intézkedést a legélesebb bírálatunk tárgyává tegyük, és szükség esetén a leghatározottabban állást foglaljunk ellene. Álláspontunk azonban mindig magasabb nemzetpolitikai és sohasem kicsinyes partikuláris alapokon kell hogy nyugodjék.

Azért szükséges ezt hangsúlyoznom, nehogy valaki híveink közül arra gondoljon, hogy mi, nemzetiszocialisták nem ismerjük el a birodalomnak az egyes államokkal szembeni magasabb szuverenitását. Minthogy számunkra az állam csak forma, a lényeg mindig a tartalom, a nemzet, a nép, nyilvánvaló, hogy ezek szuverén érdekeinek mindent alárendelünk, és semmi szín alatt sem biztosíthatunk a nemzeten belül, illetve az ezt megtestesítő birodalmon belül egyetlen tagállam számára sem hatalmi politikai szuverenitást és állami felségjogot. Az egyes államok úgynevezett képviseletei külföldön és egymás között is meg kell, hogy szűnjenek. Amíg ezek fennállnak, addig nem csodálkozhatunk azon, ha a külföldi kételkedik birodalmi egységünkben. Annál nagyobb őrület ez, minél inkább meggondoljuk azt, hogy csak kárt okoznak, és semmi hasznot sem jelentenek. Ha egy német érdekeit a birodalom követségei nem tudják külföldön megvédeni, sokkal kevésbé lesznek képesek erre a mai világrendszerben nevetségesként ható államocskák képviselői. Ezekben a kis szövetségi államocskákban az ember mindig csak támadási felületet láthat, különösen olyan állammal szemben, amelynek földarabolása kedves témája a birodalmon belül, illetve kívül állóknak. Mi, nemzetiszocialisták nem érthetünk azzal sem egyet, hogy kiöregedett nemesi famíliák számára biztosítsunk e képviseletek útján könnyű megélhetést. A képviseleteink már a régi birodalom idejében is olyan gyöngék voltak, hogy e téren szerzett tapasztalataink öregbítésére igazán nincs szükségünk.

Az egyes államok jelentősége a jövőben feltétlenül inkább csak kultúrpolitikai térre szorul. Az az uralkodó, aki Bajorország nagysága érdekében a legtöbbet tette, nem makacs, németellenes partikularista, hanem nagynémet érzelmeiről ismert, művészlelkű I. Lajos volt. Az állam erejét elsősorban Bajorország kulturális helyzetének kiépítésére és nem politikai hatalmának növelésére használta fel, és ezáltal jobbat és maradandóbbat alkotott, mint ahogy ez másként egyáltalán lehetséges lett volna. Münchent, az akkor még kevésbé jelentős vidéki székvárost nagy német művészeti metropolissá tette, és oly szellemi központot teremtett belőle, amely a lényegileg különálló frankokat is képes volt ez államhoz fűzni. Ha München az maradt volna ami egykor volt, Bajorországban is megismétlődött volna az, ami Szászországban, de azzal a különbséggel, hogy a bajor Lipcse, Nürnberg nem bajor, hanem frank várossá lett volna. Nem a "*le Poroszországgal*" kiáltozók tették naggyá Münchent, hanem az a király adott neki jelentőséget, aki belőle a német nemzetnek művészeti kincset teremtett. E tényből a jövőre nézve azt a tanulságot vonhatjuk le, hogy az egyes államok jelentősége a jövőben nem állam és hatalompolitikai területen keresendő. Azt én etnikai vagy kultúrpolitikai téren látom. Az idő itt is kiegyenlítően fog hatni. A modem forgalom könnyebbsége az embereket összekeveri, a törzshatárok lassan és egyre jobban elmosódnak, s így aztán a nép is lassan egybeolvad.

A hadsereg mentesítendő az egyes államok befolyása alól. Az eljövendő nemzetiszocialista állam ne essék abba a régi hibába, hogy a hadseregre olyan feladatokat ró, amelyek nem tartoznak rá. A német hadsereg nem azért van, hogy az etnikai sajátosságok fenntartásának, hanem sokkal inkább azért, hogy az egyetemes német nép kölcsönös megértésének és egybeforrásának iskolája legyen. Az, ami a nemzet életében elválasztóan hat, a hadsereg által összeható erővé változtatandó. Kötelessége a hadseregnek, hogy tagjait kiemelje az egyes államok szűk látókörébőI, és beállítsa őket az egyetemes német nemzet tagjai sorába. Nem szülőföldjének, hanem hazájának határait kell megismernie, azokat a határokat, amelyeket egykor meg is kell védelmeznie. Esztelenség a fiatal katonát szűkebb hazájában hagyni, ellenkezőleg, katonai szolgálati ideje alatt Németországot kell vele megismertetni. Minél kevésbé megy a fiatal német ma vándorolni, annál nagyobb szükség van erre, hogy ezáltal is tágítsa látókörét. Vajon nem esztelensége a fiatal bajort ha majd erre ismét sor kerülhet Münchenben hagyni, a frankot Nürnbergben, a badenit Karlsruhéban, a württembergit Stuttgartban? Nem okosabb-e a fiatal bajornak egyszer a Rajnát, másszor az Északi-tengert, a hamburginak az Alpokat, a kelet-porosznak a német középhegységet és így tovább megmutatni?

A honfitársi jelleget adja meg maga a csapat, de ne maga az állomáshely. Minden központosítással szembeszállunk, a hadseregével azonban sohasem! Ellenkezőleg, ha semmiféle ilyen kísérletet nem tudnánk üdvözölni, ennek az egynek örülnünk kellene. Eltekintve attól, hogy a birodalmi hadsereg mai nagysága mellett az egyes államok különálló csapattesteinek fenntartása képtelenség, a birodalmi hadsereg egyesítésében olyan lépést látunk, amelyet mi a jövőben a néphadsereg újbóli felállítása esetén sem fogunk többé feladni. A győzelmes ifjú eszmének minden olyan béklyót le kell ráznia magáról, amely bénítóan hathat gondolatai megvalósítására. A nemzetiszocializmusnak jogot kell formálnia ahhoz, hogy elveit az egész német nemzetre reákényszerítse, és azt eszméje és gondolatvilága szerint nevelje, tekintet nélkül a szövetséges államok eddigi határaira. Amint az egyházat, ugyanúgy a nemzetiszocialista eszmét sem kötheti és korlátozhatja senki hazánk egyes államainak területére.

A nemzetiszocializmus nem az egyes szövetséges államok politikai érdekeinek szolgája, hanem az egész nemzetnek ura kell, hogy legyen. Neki kell a nép életmódját megállapítani és újjáalakítani, s jogot kell biztosítani magának arra, hogy túltegye magát azokon a határokon, amelyeket az általunk elvetett fejlődés vont.

Minél teljesebb lesz az eszme győzelme, annál nagyobb lesz a szabadság, amelyet az egyes esetében az állam saját keretén belül nyújt.

XI. Propaganda és szervezés

Az 1921. év reánk és a mozgalomra nézve több szempontból különös jelentőséget nyert. A *Deutsche Arbeiter Partei*-ba (*Német Munkáspárt*) történt belépésem után azonnal kézbe vettem a propaganda vezetését. Ezt tartottam pillanatnyilag a legfontosabbnak. Egyelőre az embernek kevésbé kellett törnie a fejét szervezeti kérdéseken, sokkal fontosabb volt magának az eszmének minél szélesebb körben való terjesztése. A propagandának jóval meg kellett előznie a szervezést és az utóbbi részére először a megfelelő emberanyagot kellett biztosítania. Ellensége is vagyok a túl gyors és pontos szervezésnek. Emellett ugyanis legtöbbször csak a holt szerkezet jön létre, és csak ritkán erős szervezet. A szervezés olyasvalami, amely létét a szerves életnek, a szerves fejlődésnek köszönheti. Eszmék, amelyek az emberek egy bizonyos számát magukkal ragadjak, mindig bizonyos rendezettség felé törekszenek, és e belső kialakulásnak igen nagy az értéke. Itt is számolni kell azonban az emberi gyöngeséggel, amely az egyest legalábbis kezdetben arra készteti, hogy védekezzék a nála tehetségtelenebbel szemben. Félő, hogy a felülről lefelé gépiesen irányított szervezkedés annak a veszélynek lesz az előidézője, hogy az egyszer elhelyezkedett, de teljesen még nem ismert és talán kevésbé alkalmas egyén puszta féltékenységből megkísérli a mozgalom kebelében az alkalmasabb egyén érvényesülésének megakadályozását. Különösen egy fiatal mozgalomnál lehet végzetes az így keletkezett kár.

Ez okból eleinte célirányosabb az eszmét egy központból propagálva terjeszteni, és csak a lassan felgyülemlő emberanyag gondos átnézése és vizsgálása után kiválasztani a vezetésre alkalmas egyéneket. Ily módon sokszor jelentéktelennek látszó emberek bizonyulnak született vezetőknek. Már most meg kell jegyeznem, hogy teljesen téves úton járunk, ha egy emberben csak azért, mert elméletileg nagyon képzett, vezetői képességeket vélünk felfedezni. Igen gyakran éppen az ellenkezője igaz.

A nagy elméleti képzettségű emberek csak a legritkább esetben nagy szervezők is, mert míg az elméleti és programalkotó egyén nagysága elsősorban az elvont törvények helyes felismerésében és lerögzítésében rejlik, addig a szervezőnek elsősorban lélekbúvárnak kell lennie. Az embert úgy kell vennie, amint van; meg kell őt ismernie, és éppen annyira nem szabad őt túlbecsülnie, e mint tömegeiben kevésre értékelnie. Ellenkezőleg! Meg kell kísérelnie minden tényező figyelembevételével oly alakulat létrehozását, amely élő szervezetként alkalmas az eszme képviseletére és a sikerhez vezető út szabaddá tételére.

Még ritkább esetben szokott a nagy elméleti felkészültségű személy vezérségre alkalmas lenni. Sokkal inkább lesz ilyen az agitátor, amit sokan, akik a kérdéssel csak tudományosan foglalkoznak, nem szívesen hallanak. Az agitátornak, aki képes egy eszmét a széles tömegekkel megértetni, mindig pszichológusnak is kell lennie. Mindig alkalmasabb lesz vezéri szerepre, még ha demagóg is, mint az emberismerettel nem bíró és a világtól elvonatkoztatott teoretikus. A vezetés nagy tömegek mozgatását jelenti. Eszmék megteremtése semmi öszszefüggésben sincs a vezéri képességgel. Teljesen hiábavaló és meddő az afeletti vitatkozás, hogy mi nagyobb jelentőségű: az emberi ideálok tételszerű felállítása vagy azok megvalósítása? Ezzel is úgy vagyunk, mint az életben oly sokszor: az egyik teljesen ésszerűtlen lenne a másik nélkül. A legszebb elméleti elgondolás is céltalan és értéktelen marad, ha a vezér nem mozgatja meg annak érdekében a tömegeket és megfordítva: ugyan mit érne minden vezéri lendület és tehetség, ha a teoretikus nem jelölné meg az emberi küzdelem célját? Az elméleti, vezéri és szervezői tehetség egy személyben azonban a lehető legritkább esetben egyesül. E három tulajdonság egyesülése teremti a nagy embereket.

A mozgalomban való ténykedésem első idejében amint már jeleztem a propagandának szenteltem magam. A propaganda feladata az volt, hogy az emberek egy kis számát telítse az új eszmékkel, hogy aztán rendelkezésre álljon az az emberanyag, amely a későbbi szervezésnek első egyedeit adhatta. Emellett a propaganda célja legtöbbször túlhaladta a szervezést.

Ha egy mozgalom célja a meglevő világ lerombolása és helyébe egy új világ építése, akkor a mozgalom vezetőinek a következő alaptételekkel feltétlen tisztában kell lenniük.

Minden mozgalomnak az általa megnyert embereket két csoportba kell osztania, a hívek és a tagok csoportjára.

A propaganda feladata a hívek toborzása, a szervezés célja pedig a tagok gyűjtése.

A mozgalom híve az, aki annak céljával egyetért. Tagja pedig az, aki harcol a célért. A mozgalom a propaganda útján nyeri híveit. A tagot a szervezés készteti arra, hogy maga is új párthíveket szerezzen, akiknek soraiból viszont ismét új tagok nyerhetők.

Miután egy mozgalom párthívétől csak az eszme passzív elismerését várjuk el, a tagtól ellenben az eszme cselekvő képviseletét és védelmezését is, a mozgalom minden tíz hívére alig fog egy-két tag esni. A hívő jelleg csak meggyőződésében, a tagság a meggyőződéssé vált eszme képviseletével és terjesztésével járó bátorságban gyökerezik. A meggyőződés a maga passzív formájában nagyon jól illik az emberiség jobbára rest és gyáva többségéhez. A tagság ellenben, amely cselekvő lelkületet követel meg, már csak az emberiség kisebbségének felel meg.

A propaganda ennek megfelelően fáradhatatlanul tartozik gondoskodni arról, hogy az eszmének hívei legyenek, miközben a szervezetnek a legerőteljesebben azon kell rajta lennie, hogy a párthívek közül csak a legértékesebbeket minősítse tagokká.

A propagandának nem szükséges a fejét törnie minden egyes, általa kioktatott egyén jelentősége, tudása, tehetsége, értelme vagy jelleme felől. Ezzel szemben a szervezésnek a leggondosabban össze kell gyűjtenie az egyedek tömegéből azokat, akik a mozgalom győzelmét valóban lehetővé teszik.

A propaganda megkísérli, hogy az eszmét az egész népre rákényszerítse; a szervezés ezzel szemben csak azokat veszi be keretei közé, akik előreláthatólag nem lesznek lélektani okokból az eszme terjedésének kerékkötői.

A propaganda a nép egyetemét igyekszik az eszmének megnyerni, és egyben megérlelni az eszme győzelmének idejére. Ezzel szemben a szervezés a győzelmet azzal harcolja ki, hogy azokat a híveket, akik alkalmasak és hajlandók kitartani a győzelemig, szervesen összekapcsolja.

Adolf Hitler

Az eszme győzelme annál könnyebb lesz, minél nagyobb mérvű az embereket összességükben felvilágosító propaganda, és minél szorosabb és erősebb a szervezet, amely a harcot tényleg megvívja. Ebből következik aztán, hogy a hívek száma sohasem lehet elég nagy, míg a tagok túl nagy száma veszélyeztetheti a szervezet értékét.

Ha a propaganda az egész népet átitatta már az eszmével, akkor a szervezet egy maroknyi haddal levonhatja annak következményeit. A propaganda és a szervezet, tehát a hívek és a tagok, fordított arányban állanak egymással. Minél jobban dolgozott a propaganda, annál szerényebb lehet a szervezet, és minél nagyobb a hívek száma, annál kevesebb lehet a tagoké és megfordítva: minél rosszabb a propaganda, annál nagyobbnak kell lennie a szervezetnek, és minél kisebb marad egy mozgalom híveinek a serege, annál nagyobb számúnak kell lennie a tagok csoportjának, ha egyáltalán számít a győzelemre.

A propaganda első feladata az emberek megszerzése a későbbi szervezet számára, viszont a szervezés első feladata az emberek megnyerése a propaganda továbbvitelére. A propaganda második feladata a fennálló állapot szétrombolása, az új tan elterjesztése, a szervezet második feladata pedig a harc a hatalomért, hogy annak birtokában az eszme végleges sikerét biztosíthassa.

Világnézeti forradalomnak akkor lesz a legátütőbb sikere, ha az új világnézet lehetőleg minden embert megismertet az új tan lényegével, sőt szükség esetén ezt rájuk kényszeríti. Ezen eszme szervezete, vagyis a mozgalom csak annyi embert kapcsoljon be a munkába, amennyire a kérdéses állam ütőerének megszállásához szüksége van.

Más szóval ez azt jelenti, hogy minden, valóban világrengető mozgalomban a propagandának kell elsősorban a mozgalom eszméjét elterjesztenie, tehát fáradhatatlanul azon kell munkálkodnia, hogy az új eszméket másokkal megismertesse, azokat megnyerje az eszméjének, vagy legalábbis eddigi meggyőződésükben megingassa.

Minthogy pedig a tan elterjesztésének, vagyis a propagandának rendszeresnek kell lennie, így magának a tannak meg kell teremtenie a szervezetét. A szervezet tagjait a propaganda útján nyert hívek közül kapja, akik annál gyorsabban fognak szaporodni, minél behatóbb a propaganda. Utóbbi viszont annál eredményesebben fog dolgozni, minél jobb és erősebb a mögötte álló szervezet.

A szervezés legfőbb feladatának a biztosítása, hogy a mozgalom keretén belül szakadás és ezen keresztül a munka gyöngülése ne következhessék be, továbbá, hogy a támadó szellem fenntartásáról és megerősítéséről gondoskodjék. A tagok számának nem kell túlságosan nagynak lennie, sőt ellenkezőleg. Tekintettel arra, hogy az emberiségnek csak egy kis töredéke erőteljes és bátor szellemű, az olyan mozgalom, amely a maga szervezetét a végletekig növeli, egy szép napon szükségképpen meggyengül. Olyan szervezetek, amelyek a maguk taglétszámában egy bizonyos határon túl növekszenek, lassanként elvesztik harci erejüket, és nem lesznek többé alkalmasak arra, hogy az eszme propagandáját egységesen, támadásszerűen alátámasszák és kihasználják. Minél nagyobb és belsejében minél forradalmibb az eszme, annál tevékenyebbek lesznek tagjai. Minthogy a tan felforgató ereje azok terjesztőire nézve veszéllyel jár, alkalmas a kislelkűek és gyáva nyárspolgárok távoltartására. Csöndben ugyan a mozgalom híveinek vallják magukat, de semmi szín alatt sem fogják tagságuk által azt a nyilvánosság előtt kifejezésre juttatni. Ennek az a következménye, hogy a nagy átalakító eszme szervezete a propaganda által nyert hívek közül csak a legtevékenyebbeket fogja tagokként megnyerni. De éppen a mozgalom tagjainak természetes kiválasztódás által biztosított tevékenysége képezi további propagandájának előfeltételét és az eszme megvalósítása érdekében folytatott harc eredményességét.

A mozgalom legnagyobb veszedelme éppen taglétszámának természetellenes megnövekedése az igen gyors eredmények következtében. Amíg a mozgalom kemény harcokat vív, addig a gyáva és önző emberek elkerülik, mihelyt azonban fordul a kocka és a párt nagy sikere valószínű vagy már bekövetkezett, akkor gyorsan igyekszik mindenki a mozgalom tagjai sorába lépni.

Ennek a körülménynek a terhére írandó az a tény, hogy sok győzelmes mozgalom az eredmény elérése, helyesebben az utolsó célkitűzések végső megvalósítása előtt hirtelen, váratlanul, valami megmagyarázhatatlan belső gyöngeségnél fogva megtorpan, a harcot beszünteti, és végül elenyészik. Az első győzelem hatása alatt ugyanis olyan sok rossz, méltatlan és különösen gyáva elem férkőzik be egy-egy ilyen szervezetbe, hogy végül is ezek a gyönge értékű elemek a harcra készek fölé kerekednek és a mozgalmat saját érdekeik szolgálatába kényszerítik, azt a saját gyönge lábon álló hősiességük színvonalára süllyesztik le, és az eredeti eszme győzelmének kivívása érdekében semmit sem tesznek. A fanatikus cél elmosódott, a harci készség elült, és mint a polgári világ ilyenkor nagyon helyesen mondja: "*Jegenyefák nem nőnek az égig.*"

Ezért van nagy szükség arra, hogy a mozgalom tisztán önfenntartási ösztönből, mihelyt siker koronázza munkásságát, a tagok további felvételét megszüntesse és a továbbiakban már csak a legnagyobb elővigyázat és alapos vizsgálat után bővítse szervezetét. Csak így lesz képes a mozgalom magvát hamisítatlanul frissen és egészségesen fenntartani. Gondoskodnia kell arról, hogy kizárólag ez a mag vezesse tovább a mozgalmat, vagyis állapítsa meg az általános ismertetést célzó propaganda módját, a hatalom birtokosaként pedig kezdje meg azokat a tárgyalásokat, amelyek az eszme gyakorlati megvalósítása érdekében szükségesek.

Régi törzskarából kell nemcsak a megteremtett alakulat összes fontosabb vezető állásait betölteni, hanem az egész vezetést is megszervezni. Mindaddig folytatni kell ezt, amíg a jelenlegi párt alapelvei és tanulságai az új állam alapelveivé válnak. Csak azután lehet lassanként az eszmétől átitatott különleges alkotmány kezébe adni a kormánykereket. Persze ez mindig ellentétes erők harca közepette történik, mert ez sokkal kevésbé az emberi belátás, mint inkább a felismert, de állandóan mégsem irányítható erők játékának és hatásának a kérdése.

Minden nagy mozgalom, legyen az vallási vagy politikai természetű, nagy eredményeit csak a fenti alapelveknek a felismerése és alkalmazása által tudta elérni. Különösen tartós eredmények azonban ezeknek a törvényszerűségeknek a szem előtt tartása nélkül el sem képzelhetők.

Mint a párt propagandavezetője nemcsak azon fáradoztam, hogy a párt későbbi nagysága részére előkészítsem a talajt, hanem munkám tekintetében vallott gyökeres felfogásom alapján olyan irányban is dolgoztam, hogy a szervezet csak a legkitűnőbb anyagot kapja. Minél forradalmibb és felforgatóbb volt a propagandánk, annál inkább visszariasztotta a félénk és gyönge természeteket, és megakadályozta azok behatolását szervezetünk magvába. Az ilyenek talán híveink maradtak, de nem elveink nyílt hangoztatása, hanem azok félénk elhallgatása mellett. Hány ezren biztosítottak engem arról, hogy mindenben egyetértenek velem, de tagok mégsem lehetnek. A mozgalom oly radikális, mondották, hogy a tagság egyeseket súlyos kifogásoknak, sőt veszélynek tenne ki. Ezért nem lehet a csöndes és békeszerető polgároktól rossz néven venni, ha egyelőre félreállnak, annak ellenére, hogy szívből lelkesednek az ügyért.

Ez így is volt jó.

Ha azok az emberek, akik belsejükben nem értettek egyet a forradalommal, tagokként mind beözönlöttek volna pártunkba, akkor mi ma jámbor asztaltársaság, de nem harcra kész ifjú mozgalom lennénk.

Az a lüktető és támadó irány, amelyet annak idején propagandánknak adtam, mozgalmunk radikális irányzatát megerősítette és biztosította, mert egykét kivételtől eltekintve, ezentúl már csak tényleg radikális emberek voltak hajlandók tagjaink sorába lépni.

Emellett ez a propaganda mégis annyira hatásos volt, hogy rövid időn belül százezrek voltak, akik nemcsak igazat adtak nekünk, hanem győzelmünket is óhajtották, ha személyileg gyávák is voltak értünk áldozatot hozni, vagy éppen belépni tagjaink sorába.

1921 közepéig ez a puritán tevékenység még elegendő volt és hasznára is vált a mozgalomnak. Ez év nyár derekának különös eseményei azonban tanácsossá tették, hogy a propaganda lassan láthatóvá vált eredményéhez egyenrangú tényezőként a szervezés is hozzájáruljon.

A "*népi*" álmodozók egy csoportjának az akkori elnök által támogatott kísérlete, amely a vezetés átvételét célozta, sikertelen maradt. Ez a kis cselszövés összeomlott, hogy ennek folyományaként a tagok közgyűlése az egész mozgalom vezetését minden fenntartás nélkül nekem adja át. Ezzel együtt járt az új alapszabályok elfogadása, amely a mozgalom vezető elnökére hárítja az egész felelősséget, a választmányi határozathozatal rendszerét megváltoztatja, helyébe a munkamegosztás rendszerét vezeti be, azt a rendszert, amely azóta is győzelmesen igazolta helyességét.

A mozgalom belső átszervezésének munkáját 1921. augusztus 1-jén vettem kézbe. Kiváló segéderők egész sorára leltem.

Kísérletképpen a propaganda eredményeit a szervezésnél is felhasználtam. Ezzel kapcsolatban kénytelen voltam az eddigi szokások egész sorát megszüntetni és olyan elveket bevezetni, amelyeket a fennálló pártok egyikénél sem alkalmaztak, sőt azokat el sem ismerték volna.

1919 és 1920-ban a mozgalmat a választmány vezette, amelyet a törvényben előírt módon a párttagok gyűlése választott. A választmány első és másodpénztárnokból, első és másodjegyzőből, első és másodelnökből állott. Ezekhez járult még egy tagsági ellenőr, a propaganda főnöke és különböző tanácstagok.

Ez a választmány bármennyire is nevetségesen hangzik tulajdonképpen a parlamentarizmust testesítette meg, noha vele szemben a mozgalom a legélesebben állást foglalt, mert ez a rendszer az, amely miatt valamennyien szenvedtünk és még ma is szenvedünk.

Sürgős szükség volt tehát e rendszer megváltoztatására, ha nem akartuk, hogy belső szervezetének rossz alapja miatt az egész mozgalom tönkremenjen, és alkalmatlanná váljék nagyszerű hivatásának teljesítésére.

Adolf Hitler

A választmányi ülések, amelyekről jegyzőkönyvet vezettek, és amelyek szótöbbséggel hozták határozataikat, valóságos kis parlamentet képeztek. Itt is hiányzott minden személyes felelősség és felelősségre vonás. Itt is ugyanaz az ellenzékiség és esztelenség uralkodott, mint a mi nagy állami népképviseleti testületünkben. Kineveztek a választmányba jegyzőkönyvvezetőket, pénztárkezelőket, szervezőbizottsági tagokat, propagandistákat, és még isten tudja, kiket, de azért minden egyes kérdéshez mindnyájan hozzászóltak, és szavazással döntöttek. Ilyen körülmények között a propagandista leszavazott olyan témában, ami a pénzügyre vonatkozott, az utóbbi pedig a szervezést érintő dolgokban, a szervező pedig olyan ügyekben, amelyek kizárólag a jegyzőkre tartoztak és így tovább.

Miért rendeltek azonban akkor külön egyént a propaganda osztály élére, ha a hírverés kérdései fölött pénztárosok, jegyzőkönyvvezetők, tagellenőrök stb. tartoztak dönteni? Helyesen gondolkodó ember részére ez éppen olyan érthetetlen, mint amilyen érthetetlen lenne az, ha egy nagy gyári vállalatban igazgatók, osztályok és egyéb ágazatok vezetői olyan kérdések felett kellene hogy döntsenek, amelyek ügykörükkel egyáltalán nincsenek összefüggésben.

Ehhez a tébolyhoz nem alkalmazkodtam, hanem igen rövid idő múltán elmaradtam az ülésekről. Folytattam propagandamunkámat, megtiltottam, hogy bárki hozzá nem értő megkísérelje ez ügybe való beleszólást, éppen úgy, mint ahogy én sem avatkoztam bele mások dolgába.

Amint az új alapszabályokat elfogadták és az első elnöki tisztségre való meghívatásom által a szükséges tekintéllyel és joggal is rendelkeztem, a képtelen állapot mindjárt meg is szűnt. A választmányi határozatok helyett a korlátlan felelősség elvét vezettem be.

Az első elnök felelős az egész mozgalom vezetéséért. Ő szabja meg a választmány alája rendelt tagjai, valamint a még egyébként szükséges segéderők számára a végzendő munkakört. Ezek mindegyike teljes mértékben felelős a részére kiosztott feladatokért. Mindenki csak az első elnökkel szemben alárendelt, aki viszont gondoskodni tartozik az összesek együttműködéséről, illetve a személyek kiválasztásáról. Általános kijelölési joga alapján biztosítania kell az együttműködést.

Az elvi felelősség törvénye a mozgalmon belül lassanként legalábbis a párt vezetőségét illetően magától értetődő kezdett lenni. A kis helyi csoportokban, de talán a körzeteknél és kerületeknél is évekig el fog tartani, amíg ezeket az alapelveket keresztül lehet vinni, mert az aggodalmaskodók és semmitmondók állandóan védekezni fognak a számukra mindig kellemetlen személyes felelősség ellen. Ők mindig jobban érezték magukat akkor, ha mindenik súlyosabb esetnél az úgynevezett választmányi többség állott a hátuk mögött. Én azonban az ilyen gondolkodásmóddal szemben a legerélyesebben állást foglaltam. Engedményeket a felelősség terén nem tettem, és ezáltal oly felfogást juttattam érvényre, amely csak azokat fogja vezetéshez juttatni, akik arra valóban hivatottak és méltók. Kétségtelen azonban, hogy olyan mozgalomnak, amely a parlamentarizmus rákfenéje ellen küzd, elsősorban is önmagát kell függetlenítenie attól. Csak ily módon lesz ereje a harc megvívásához.

Olyan mozgalom, amely a többségi uralmi rendszer idején minden vonalon a vezéri gondolat és az ezzel együtt járó felelősség alapjára helyezkedik, egy szép napon számtani biztonsággal le fogja győzni az eddigi felfogást, hogy győztesként kerüljön ki a küzdelemből.

A fenti alaptétel következetes keresztülvitele a mozgalom teljes átszervezéséhez és a gazdasági ügyeknek az általános politikai vezetéstől való szigorú elkülönítéséhez vezetett. A felelősség elvét a párt intézményeire is kiterjesztettük. Ez a körülmény segítségünkre volt a párt gyermekbetegségeinek leküzdésénél: a gazdasági irányítás mentesült a politikai befolyás alól, és azt tiszta gazdasági alapra helyezte.

Amikor 1919 őszén az akkori "*hat ember*" pártjához csatlakoztam, annak sem hivatalos helyisége, de még csak levélpapírja vagy bélyegzője és nyomtatványa sem volt. Üléseit először egy herrengassei vendéglőben, később egy, Gasteigon levő kávéházban tartotta. Ez lehetetlen állapot volt. Rövidesen felkerekedtem és a müncheni vendéglők meg kocsmák egész sorát kerestem fel azzal a célzattal, hogy egy külön szobát vagy helyiséget béreljek a párt részére. Az egykori Sterneckerféle sörfőzdében bukkantam egy kis boltozatos helyiségre, amely valamikor a bajor birodalmi tanácsosok összejöveteli helyiségéül szolgált. Sötét, homályos volt, és éppen ezért amennyire megfelelt korábbi rendeltetésének, éppoly kevéssé volt alkalmas a mi céljainkra. Az utca, amelyre egyedüli ablaka nyílott, oly keskeny volt, hogy még a legragyogóbb nyári napokon is komor és sötét maradt. Ez lett a mi első irodahelyiségünk. Tekintettel arra, hogy bére mindössze havi ötven márkára rúgott ránk nézve annak idején óriási összeg nagy igényeket nemigen támaszthattunk. Még azt sem vehettük rossz néven, hogy beköltözésünk előtt rögtön leszaggatták az egykori, még a birodalmi tanácsosok részére készített falburkolatot, úgyhogy helyiségünk tényleg inkább kriptához hasonlított, mint irodához.

Ez mégis már igen nagy haladást jelentett. Lassacskán villanyvilágítást is kaptunk, utóbb pedig távbeszélőt. Néhány kölcsönkért szék, végre egy nyitott állvány, később egy szekrény került helyiségünkbe. Két, a vendéglős tulajdonát képező pohárszék szolgált röpcéduláink és plakátjaink stb. megőrzésére.

Az eddigi ügymenet, vagyis a mozgalomnak hetenként egyszeri üléseken történő irányítása, hosszabb időre tarthatatlan volt. A folyó ügyek intézését csak a mozgalom által fizetett tisztviselő alkalmazásával lehetett végeztetni.

Annak idején ez nagy nehézségekbe ütközött. A mozgalomnak még olyan kicsiny volt a taglétszáma, hogy egyenesen művészet volt tagjai közül olyan embert találni, aki a legszerényebb anyagi követelmények mellett a mozgalom sokirányú igényét ki tudta elégíteni.

Egykori katonabajtársam, Schüssler személyében leltük meg hosszas keresés után a párt első ügyvezetőjét. Eleinte 6 és 8 óra között, később 5 és 8 óra között, végül egész délután tartott hivatalos órát új helyiségünkben. Rövid idő múltán már reggeltől késő estig végezte kötelességét. Éppoly szorgalmas, mint őszinte és talpig becsületes ember volt, aki fáradságot nem kímélt, és különösen hű volt mozgalmunkhoz.

Schüssler egy kis, a saját tulajdonát képező Adler írógépet hozott magával. Ez volt az első ilyen felszerelési tárgy mozgalmunk szolgálatában, amelyet később a párt részletfizetésre meg is vásárolt. Egy kis páncélszekrényre is szükség volt, hogy benne kartotékjainkat és tagsági jegyzékeinket elhelyezzük, nehogy tolvaj kezek ellophassák. Annak beszerzése tehát távolról sem azért történt, mintha bizony súlyos pénzeinket akartuk volna benne elhelyezni. Ellenkezőleg. Minden végtelenül szegényes volt és jómagam nem egyszer fedeztem kiadásainkat csekély, megtakarított pénzecskémből. Másfél évvel később helyiségünk már kicsinynek bizonyult, és így átköltöztünk a Cornelius utcába. Új otthonunk egy vendéglőben volt, de már nem egy, hanem három helyiségből állott, amelyhez egy nagy tanácsterem csatlakozott. Ez annak idején nekünk még nagynak is tűnt. Itt 1923. év novemberéig maradtunk.

1920 decemberében szereztük meg a *Völkischer Beobachter*t, amely nevének megfelelően a népi érdekek védelmét szolgálta, és az N. S. D. A. P. hivatalos lapjává lett. Eleinte hetente kétszer jelent meg, 1923 elején napilappá alakult át. 1923. augusztus havában vette fel ismert, nagy alakját.

Annak idején újonc voltam a hírlapírás terén, és így sok kellemetlen tandíjat kellett fizetnem.

Már maga az a körülmény, hogy a rengeteg zsidó újsággal szemben alig akadt egy valóban jelentős népi és nemzeti lap, gondolkodásra késztetett.

Ennek oka, amint ezt a gyakorlati életben később magam is nem egy alkalommal megállapíthattam, legnagyobbrészt az úgynevezett népi és nemzeti vállalkozások helytelen üzletvitelében rejlett. Legnagyobbrészt abból a felfogásból indultak ki, hogy az érzelmet fölébe helyezték a teljesítménynek, ami teljesen téves álláspont. Az érzelmeknek ugyanis nem szabad külsőséggé alacsonyodniuk, ellenkezőleg, legszebb megnyilvánulásuk az eredményes munka. Aki népe számára valami értékeset alkot, értékes életfelfogásról tesz tanúbizonyságot, ezzel szemben egy másik, aki mindig érzelmet és szándékot színlel anélkül, hogy népe számára hasznos szolgálatokat tenne, minden igazi közösségi érzetnek híján van.

A *Völkischer Beobachter* is amint neve is mutatja úgynevezett népi sajtóorgánum volt, annak minden előnyével, de még több hibájával és gyöngéjével, amelyek a népi és nemzeti intézményeket általában kísérni szokták. Amennyire tiszteletet parancsoló volt tartalma, éppen oly lehetetlen volt kereskedelmi vezetése. E lapnál is az volt az elgondolás, hogy a népi és nemzeti újságokat a népi és nemzeti adományokból kell eltartani, ahelyett, hogy arra törekedtek volna, hogy a többi újságtermékkel vegyék fel a versenyt. Ugyanis tisztességtelen dolog az, ha egy vállalat kereskedelmi vezetésének hanyagságát és hibáit a jóérzésű polgárok adományaiból akarják fedezni.

Mindenesetre rajta voltam, hogy ezen az állapoton, amelynek aggályos voltát hamarosan felismertem, segítsek. A szerencse kedvezett is nekem. Megismerhettem azt az embert, aki azóta vállalatunk ügyvezetőjeként a mozgalom érdekében végtelenül értékes munkát végzett. 1914-ben, tehát a harctéren ismertem meg annak idején elöljárómként a párt mai vezérigazgatóját, Max Amannt. A háború négy éve alatt csaknem állandóan tanúja voltam későbbi munkatársam rendkívüli képességeinek, szorgalmának és határtalan lelkiismeretességének.

1921 nyarának derekán, amikor mozgalmunk nehéz válságban volt és alkalmazottaink egy részével már nem voltam, nem is lehettem megelégedve, sőt ezek közül egyikkel szemben a legkeserűbb tapasztalatokat szereztem, egykori ezredtársamhoz fordultam, akivel egy napon a véletlen hozott össze. Arra kértem, hogy vegye át mozgalmunk ügyvezetését. Hoszszas vonakodás után Amann annak idején nagy kilátásokkal kecsegtető állásban volt végre hozzájárult, mindenesetre azzal a kifejezett feltétellel, hogy sohasem hajlandó egy tudatlan választmány kiszolgálója lenni, hanem kizárólag egyetlen urat fog maga fölött elismerni. Mozgalmunk e kereskedelmileg igen képzett első ügyvezetőjének elvitathatatlan érdeme, hogy pártunk ügyvitelében rendet és biztonságot teremtett, és hogy az azóta is mintaszerű. Színvonalát az

Adolf Hitler

alosztályok egyike sem tudta elérni, még kevésbé túlszárnyalni. Amint azonban ez már az életben mindig lenni szokott, kiváló képesség nem egyszer irigység és neheztelés forrása. Ez esetben is így volt.

Már az 1922. év folyamán szigorú irányelvek szerint történt a mozgalom üzleti és szervezeti kiépítése. Felfektettek egy központi nyilvántartást, amely a mozgalomhoz tartozó összes tagokat magába foglalta. A mozgalom pénzügyeit is rendezték. A folyó kiadásokat a bevételekből kellett fedezni, a rendkívüli bevételek pedig csak rendkívüli kiadások fedezésére szolgáltak. A nehéz idők dacára a mozgalom, apró számláktól eltekintve, csaknem teljesen adósságmentes volt, sőt vagyona egyre gyarapodott. Úgy dolgoztak, mint egy magánvállalatnál. Az alkalmazottak kötelességük teljesítése által tüntették ki magukat, és nem hivatkozhatott senki csupán a híres "*érzelemre*". Minden nemzetiszocialista érzelme elsősorban tevékenységében, szorgalmában és a rábízott munka teljesítésében nyilvánult meg. Aki kötelességét nem teljesíti, az ne dicsekedjen olyan érzelmekkel, amelyekkel szemben a valóságban vétkezik. A párt új ügyvezetője minden befolyás ellenére teljes erejével azt az álláspontot képviselte, hogy a pártirodák nem jelenthetnek szinekúrát a munkát nem nagyon kedvelő párttagok számára. Egy olyan mozgalomnak, amelyik a jelenlegi közigazgatásunk korrupciója ellen oly éles harcot folytat, legelsősorban saját szerveit kell ettől az eltévelyedéstől megóvni. Előfordult, hogy a lap kiadóhivatalába felvettek olyan egyéneket, akik korábban érzelmileg a bajor néppárthoz tartoztak, és mégis kitűnőeknek kellett minősítenünk munkájukat. Sőt ez a kísérlet végül kiváló eredménnyel végződött. Mert a valódi teljesítmény becsületes és nyílt elismerése által a mozgalom ez alkalmazottak szívét gyorsabban és alaposabban meghódította, mint ahogyan egyébként történt volna. Később belőlük becsületes nemzetiszocialisták lettek, nemcsak szájjal, hanem lelkiismeretes, rendes munkájukkal is, amelyet az új mozgalom szolgálatában végeztek. Az azonban magától értetődik, hogy a jól minősített párttag az éppen olyan jól minősített nem párttaggal szemben előnyben részesült. Csak azért azonban, mert valaki párttag, állást még nem kaphatott. Mozgalmunk új ügyvezetőjének ez a határozott alapelve a mozgalomra nézve idővel a legnagyobb haszonnal járt. Csak így volt lehetséges, hogy az infláció nehéz idején, amikor a vállalatok tízezrei mentek tönkre és az újságkiadók ezrei kénytelenek voltak lapjuk megjelenését beszüntetni, a mozgalom üzletvezetősége nemcsak megállotta helyét és teljesítette feladatát, hanem a *Völkischer Beobachter* egyre jobban terjedt. Ez időben lépett a nagy újságok sorába.

Az 1921. évnek azonban még az a nagy jelentősége is volt, hogy nekem, mint pártelnöknek lassanként sikerült az egyes pártszerveket a választmányi tagok folytonos bírálataitól és beleszólásától megóvni. Ez rendkívül fontos volt, mert valóban alkalmas egyént valamely feladat teljesítésére megnyerni nem lehet, ha dolgába az ahhoz nem értők folyton belekotyognak. Azokra célzok, akik mindenhez jobban értenek, hogy azután valójában áldatlan zavart hagyjanak maguk után. Közbelépésemre ezek a mindentudók többnyire szép csendesen visszavonultak, hogy ellenőrző és sugalmazó ténykedésüknek más teret keressenek. Voltak olyanok, akiknek valóságos betegségük volt a mindenben való hibakeresés, és akik állandóan kitűnő tervekkel, eszmékkel és javaslatokkal szolgáltak. Legeszményibb, legfőbb céljuk olyan választmányok alakítása volt, amelyek ellenőrző szervként mások tisztességes munkájának a körülszimatolására lettek volna hivatva. E választmányi tagok némelyikének nem jutott eszébe, hogy mennyire sértő és milyen kevéssé nemzetiszocialista felfogás a dolgokhoz nem értőknek a valódi szakemberek dolgába való beavatkozása. Mindenesetre kötelességemnek tartottam, hogy ezekben az években a rendesen dolgozó és a mozgalommal szemben felelősséggel tartozó munkaerőket ilyen elemekkel szemben védelmembe vegyem, és hogy részükre a szükséges munkateret biztosítsam.

A semmit érő, vagy pedig a gyakorlatban keresztülvihetetlen határozatokat kisütő választmányok ártalmatlanná tételének legegyszerűbb módja az, hogyha részükre valami komoly munkát adnak. Egész nevetséges volt az a gyorsaság, amellyel az ilyen együttesek elpárologtak és eltűntek. Nem egyszer gondoltam a mi legnagyobb ilyen intézményünkre, a birodalmi parlamentre. Nyomban elpárolognának ennek tagjai is, ha részükre a szónoklás helyett valóságos munkát adnának, mégpedig olyan munkát, amelyet e szószátyárok mindegyike személyes felelősség terhe alatt lenne köteles elvégezni. Már annak idején azt követeltem, hogy akárcsak a magánéletben a mozgalmunkban is addig kell kutatni, amíg az egyes szervek részére a megfelelő tisztességes tisztviselőket, intézőt vagy vezetőt meg nem találják. Számára lefelé feltétlen tekintély és teljes cselekvési szabadság biztosítandó, felfelé pedig teljes felelősséggel kell tartoznia. Tekintély azonban csak azt illetheti alárendeltjeivel szemben, aki abban a bizonyos munkakörben jártasabb. Két év leforgása alatt álláspontomat egyre jobban keresztülvittem, és ma, amennyiben a legfőbb vezetésről van szó, ez már magától értetődik. Ennek az elvnek látható eredménye 1923. november 9-én mutatkozott. Amikor én négy évvel ezelőtt a mozgalomhoz kerültem, egy bélyegzőnk sem volt. 1923. november 9-én a pártot feloszlatták, vagyonát lefoglalták. A lefoglalt összes értéktárgyak és lapunk értéke akkor már túlhaladta a 170 000 aranymárkát.

XII. A szakszervezeti kérdés

Mozgalmunk gyors növekedése 1922-ben arra késztetett, hogy állást foglaljak olyan kérdésben, amely még ma sincs teljes mértékben megoldva.

Azoknak a módozatoknak tanulmányozása közben, amelyekkel legkönnyebben lehet a tömeg szívéhez férkőzni, minduntalan abba az ellenvetésbe ütközünk, hogy a munkás mindaddig nem tartozik teljesen hozzánk, amíg hivatásbeli és gazdasági téren érdekképviselete kizárólag más szelleműek kezében van, és azok politikai szervezetén nyugszik.

Ennek az ellenvetésnek természetesen sok alapja volt. Minden munkásnak, aki valamely üzemben dolgozott, az általános meggyőződés szerint valamely szakszervezet tagjának kellett lennie. Egyrészt úgy látszott, hogy hivatásszerű igényeit csak így tudja megvédeni, másrészt az üzemben való helyzete is tartósan csak úgy volt elképzelhető, ha szakszervezeti tag. A munkásság legnagyobb része szakszervezeti kötelékben állott. A szakszervezetek folytatták a bérharcot, és kötötték azokat a bérmegállapodásokat, amelyek a munkásoknak bizonyos jövedelmet biztosítottak. Ezeknek a harcoknak gyümölcsét kétségtelenül az üzem összes munkásai élvezték, és éppen ezért a tisztességes emberek összeütközésbe kellett hogy kerüljenek saját lelkiismeretükkel akkor, amikor a szakszervezetek által kiharcolt bért zsebre vágták, de maguk abban a harcban nem vettek részt.

Az átlag polgári vállalkozókkal ilyen kérdésekről nehezen lehetett beszélni. Nem értették meg (vagy nem akarták megérteni) a kérdésnek sem anyagi, sem erkölcsi részét. Emellett képzelt egyéni gazdasági érdekük védelmében már eleve I; tiltakoztak a nekik alárendelt munkaerők minden szervezetszerű összefogása ellen, úgy hogy már emiatt sem tudtak elfogulatlanul állást foglalni ebben a kérdésben. Éppen ezért szükséges, hogy az ember a kívülállókhoz forduljon, azokhoz, akik nem állanak olyan befolyás alatt, hogy a fáktól ne lássák az erdőt. Ezek között az ember sokkal könnyebben fog azokra találni, akik megértenek olyan kérdést, amely a mi jelenlegi és jövő életünk legfontosabb feladatai közé tartozik.

Már az első kötetben kifejtettem véleményem a szakszervezetek lényege, célja és szükségszerűsége felől. Már ott azt az álláspontot foglaltam el, hogy mindaddig, amíg akár állami intézkedések (amelyek leggyakrabban meddők), akár általános nevelés útján a munkaadóknak a munkavállalókkal szembeni álláspontja meg nem változik, ez utóbbiak számára nem marad más út, mint az, amelyen a gazdasági életben érdekeit egyenrangú tárgyalófélként saját jogára való hivatkozással maga védi meg. Hangsúlyozom, hogy ennek felismerése az egész népközösség érdeke, mert ezáltal következményeiben a közre súlyos kárt jelentő szociális igazságtalanságok küszöbölhetők ki. Leszögeztem azt az álláspontomat is, hogy ennek a szükségszerűsége mindaddig fennáll, amíg a munkaadók között olyan emberek vannak, akikből hiányzik a legkisebb megértés a szociális kötelességekkel, sőt nem egyszer a legkezdetlegesebb emberi joggal szemben. Mindezekből arra a következtetésre jutottam, hogy ha ily önvédelemre szükség van, akkor annak alapja csak a munkavállalóknak szakszervezeti alapon nyugvó egyesülése lehet.

Felfogásom 1920-ban sem változott. Kétségtelen, hogy ezt a felfogást világos és határozott formába kellett önteni. Nem arról volt szó, hogy szükségszerűségének felismerésével ezt a kérdést elintézettnek tekintsük, hanem, hogy abból a gyakorlati következtetéseket is levonjuk. Az alábbi kérdésekre kellett válaszolnunk.

1. Szükségesek-e a szakszervezetek?
2. Folytasson-e maga az N. S. D. A. P. szakszervezeti tevékenységet, vagy pedig küldje be tagjait ilyen szervezetekbe?
3. Milyen legyen egy nemzetiszocialista szakszervezet? Mik a mi feladataink és annak céljai?
4. Hogy teszünk szert ilyen szakszervezetekre?

Úgy érzem, hogy az első kérdésre már előbb válaszoltam. A mai körülmények között meggyőződésem szerint a szakszervezetek nem nélkülözhetők. Ellenkezőleg. Azok a nemzetgazdasági életnek legfontosabb intézményei közé tartoznak.

Jelentőségük azonban nemcsak szociálpolitikai téren, hanem még sokkal inkább általános nemzetpolitikai téren keresendő. Olyan népnek az ellenálló ereje, amelynek széles rétegei helyes szakszervezeti mozgalom útján életszükségleteik kielégítéséhez jutnak, és emellett nevelésben részesülnek, rendkívüli módon megerősödik a létért folytatott küzdelmében.

A szakszervezetek mindenekelőtt a jövő gazdasági parlament (képviseleti kamarák) építőkövei.

Adolf Hitler

A második kérdésre is könnyű válaszolni. Ha fontos a szakszervezeti mozgalom, akkor egyúttal világos az is, hogy a nemzetiszocializmusnak nemcsak elméletileg, hanem gyakorlatilag is állást kell foglalnia ebben a kérdésben. Mindenesetre a "*miként*" kérdése nehezebben válaszolható meg.

A nemzetiszocialista mozgalom, amelynek végcélja a nemzetiszocialista népi állam megteremtése, egy pillanatig sem hagyhat kétséget afelől, hogy minden jövőbeli intézményének magában a mozgalomban kell gyökereznie.

Nagy hiba, ha azt gondoljuk, hogy az ember a hatalom birtokában egyszerűen a semmiből tud bizonyos szervezeteket elővarázsolni anélkül, hogy meglennének hozzá az eszme tekintetében előre kiképzett, szükséges emberek. Itt is érvényes az alapvető tétel, hogy a gépiesen, hamar megteremthető külső alaknál fontosabb a lelkület, amely a külső vázat betölti. Pl. parancsszóval, diktatórikus úton rá lehet kényszeríteni a vezéri elvet egy államszervezetre, ez azonban csak akkor lesz élő szervezetté, ha a legkisebből maga fejlődött ki lassanként a kiválasztás állandó törvénye szerint, és az élet rideg valóságának a szem előtt tartásával évek hosszú során át tett szert arra a vezéri anyagra, amely ennek az elvnek a gyakorlati keresztülviteléhez szükséges.

Ne képzelje senki, hogy lehetséges egyszerűen egy aktatáskából új állami alkotmányt előhúzni, és ezt egyszerű parancsszóval életre hívni. Ilyesmit meg lehet ugyan kísérelni, de az eredmény nem lesz életrevaló, hanem leggyakrabban halva született gyermek. Ez engem a weimari alkotmány megszületésére emlékeztet és egyben arra a kísérletre, amellyel a német népnek az új alkotmánnyal egyidejűleg új zászlót is akartak adni, noha az népünk utolsó ötven évi történelmével semmi néven nevezendő összefüggésben nem állott.

A nemzetiszocialista államnak is óvakodnia kell az ilyen kísérletezésektől. Ez az állam egykor szintén meglévő szervezetekből nő majd ki. Annak a szervezetnek már eleve méhében kell hordoznia a nemzetiszocialista életet, hogy egykor egy élő nemzetiszocialista állam alapjait vethesse meg.

Amint már hangsúlyoztam, a gazdasági kamarák sejtjei a különböző gazdasági érdekképviseletekben, így elsősorban a szakszervezetekben jelentkeznek. Ha azt akarjuk, hogy a későbbi érdekképviselet és a központi gazdasági parlament nemzetiszocialista intézmény legyen, akkor ezeknek a fontos sejteknek is a nemzetiszocialista eszme és felfogás hordozóivá kell lenniük. A mozgalom intézményeit át kell vinni az államba, mert az állam a semmiből nem képes megfelelő intézményeket elővarázsolni, hacsak nem akarja azt, hogy ezek élettelen képződmények maradjanak.

Már a legfelsőbb szempont is azt kívánja, hogy a nemzetiszocialista mozgalom a saját szakszervezeti tevékenység szükségességére helyezkedjék. (Ez már csak azért is fontos, mert mind a munkaadók, mind a munkavállalók valóban közös keretbe illeszkedő nemzetiszocialista nevelése nem lehetséges elméleti tanfolyamok, felhívások vagy figyelmeztetések útján.

) Vele és általa kell a mozgalomnak az egyes nagy gazdasági csoportokat nevelni és nagy szempontok tekintetében egymáshoz közelebb hozni. Ilyen előmunkálatok nélkül egy valóban egyedülálló népközösség képződésébe vetett hit puszta ábránd marad. Csak a mozgalom nagy, világnézeti eszméjéért folytatott harc képes lassanként azt az általános irányzatot megteremteni, amely egykor belsőleg megalapozott és nemcsak külsőségeiben jelentkező irányzatot jelent.

Ezek szem előtt tartásával tehát a mozgalomnak nemcsak helyeselnie kell a szakszervezeti gondolatot mint olyant, hanem tagjai összességének gyakorlati tevékenység útján kell a szükséges nevelést megadnia.

A harmadik kérdésre a felelet a fentiekből folyik.

A nemzetiszocialista szakszervezet nem az osztályharc, hanem az érdekképviselet szerve. A nemzetiszocialista állam nem ismer "*osztályokat*", hanem politikai szempontból csak teljes és azonos jogú, de egyben azonos kötelességű polgárokat, továbbá ezek mellett állami illetőséggel bírókat, akiknek azonban állampolitikai tekintetben semmi joguk sincsen.

A szakszervezet nem osztályharcra hivatott alakulat, hanem csak a marxizmus nevelte belőle saját osztályharcának eszközét. Ez kovácsolta belőle azt a gazdasági fegyvert, amelyet a nemzetközi zsidó a szabad független államok gazdasági alapjának, nemzeti iparának és nemzeti kereskedelmének elpusztítására használ, és amelynek hatása a nemzetközi pénzzsidóság szolgálatában a szabad népek rabszolgasorba jutásához vezet.

Ezzel szemben a nemzetiszocialista szakszervezet a nemzeti gazdasági élet bizonyos csoportjához tartozó résztvevőinek szervezeti egyesítése útján maga emeli a nemzeti gazdaság biztonságát, és öregbíti annak erejét. Közben meggátolja azokat a lehetetlen állapotokat, amelyek végső kifejlődésükben magára a nemzeti néptestre hatnak rombolóan, csökkentik a népközösség, ezzel egyben az állam erejét és nem utolsósorban okozói a közgazdaság betegségének és pusztulásának.

A nemzetiszocialista szakszervezet számára azonban a sztrájk nem a rombolás és a gazdasági termelés megrázkódtatásának az eszköze, hanem a termelés emelésére és folyamatosságára szolgáló eszköz. Segítségével gátolja meg azokat az állapotokat, amelyek társadalomellenes jellegük következtében a közgazdaság termelőképességét és ezen keresztül a köz létérdekét veszélyeztetik.

A nemzetiszocialista munkavállalónak tudnia kell, hogy a nemzeti gazdaság virágzása saját egyéni anyagi jólétét jelenti.

A nemzetiszocialista munkaadónak pedig azt kell tudnia, hogy munkásai boldogsága, ezek elégedettsége saját egyéni jólétének és fejlődésének képezi előfeltételeit. A nemzetiszocialista munkások és a nemzetiszocialista munkaadók a népközösség megbízottai és ügyvivői.

Éppen ezért a nemzetiszocialista szakszervezet számára a sztrájk olyan eszköz, amelyet addig szabad felhasználni, amíg a nemzetiszocialista népi állam meg nem alakul. természetesen ez az állam a munkaadók és a munkavállalók két nagy csoportjának (a termelés csökkentésén keresztül a népközösségre ártalmas) tömegharca helyébe mindenki jogának biztosítását és megvédését kell átvennie. A gazdasági kamaráknak az lesz a kötelességük, hogy működtessék a nemzeti gazdaságot, és meggátolják az azokban kárt okozó hiányokat és hibákat. Amit ma milliók harcával kell kiverekedni, azt majdan az érdekképviseleti kamarák és központi gazdasági parlament lesznek hivatottak elintézni. Ennek következményeként a vállalkozók és munkások nem fogják erejüket bérharcokban elfecsérelni és ezzel mindkettőjük gazdasági létét veszélyeztetni, hanem a problémákat közös erővel, magasabb helyen oldjak meg, ott, ahol a népközösség és az állam érdeke játssza a főszerepet.

Mert itt érvényesülnie kell annak a vaserejű alapelvnek, hogy először a haza, és csak azután a pártérdek.

A nemzetiszocialista szakszervezet feladata, hogy a céltudatos nevelés és előkészítés munkáját elvégezve, megvesse népünk és az állam megtartását és biztonságát szolgáló közös munkásság alapját, amelyből mindenki a veleszületett és a népközösség által kiképeztetett tehetségével, erejével vegye ki részét.

A negyedik kérdés hogyan teszünk szert ilyen szakszervezetre látszott annak idején a legnehezebbnek.

Általános igazság az, hogy könnyebb egy új alapítást szűz területen végrehajtani, mint olyan régi területen, ahol már vannak hasonlók. Olyan helyen, ahol egy bizonyos szakmabeli üzlet még nincs, könnyebb ilyet alapítani. Nehezebb akkor, ha hasonló vállalat már van ott, és legnehezebb, ha olyan körülményekkel állunk szemben, amelyek csak egyetlenegy létezését engedik meg. Ebben az esetben ugyanis az alapítók egyrészt az előtt a feladat előtt állanak, hogy megalapozzák saját új üzletüket, másrészt létük biztosítása érdekében a kérdéses helyen már létezőt is meg kell semmisíteniük. Más szakszervezetek mellett nemzetiszocialista szakszervezetnek semmi értelme sincs. A nemzetiszocialista szakszervezetnek saját kizárólagossága szükségességének tudata mellett át kell itatva lennie a világnézeti elhivatottságába vetett hittől, ebből eredően pedig a hasonló, vagy ellenséges egyesülésekkel szembeni türelmetlenségtől. Nincs helye egyezkedésnek, vagy a rokon törekvésekkel szembeni kompromiszszumnak, egyedül az abszolút és kizárólagos jog fenntartásának.

Két út volt, amelyen ehhez a fejlődéshez eljuthattunk.

1. Alapíthatunk saját szakszervezeteket, hogy azután lépésről lépésre vegyük fel a harcot a marxista szakszervezetekkel szemben. A másik:
2. Be kell nyomulnunk a marxista szakszervezetekbe, és ezeket magukat igyekszünk az új szellemmel átitatni, és egyben az új gondolatvilág eszközévé átformálni.

Az első út ellen a következő meggondolások szóltak: pénzügyi nehézségeink abban az időben még nagyon nagyok voltak, és a rendelkezésre álló eszközeink is teljesen jelentéktelenek. A lassanként fokozódó infláció annyira megnehezítette a helyzetet, hogy a szakszervezetek a tag számára aligalig biztosíthattak volna anyagi előnyt. Ha ebből a szempontból vizsgáljuk a dolgokat, a munkásnak abban az időben semmi érdeke sem fűződött ahhoz, hogy valamelyik szakszervezet tagja legyen. Maguk a már meglévő marxista szakszervezetek is összeomlás előtt állottak, és Cuno úr zseniális Ruhr-akciója mentette meg őket. Ennek révén milliók hullottak a szakszervezet ölébe. Ezt az ún. "*nacionalista*" birodalmi kancellárt a marxista szakszervezetek megmentőjének nevezhetjük.

Ilyen gazdasági lehetőségekkel annak idején mi nem számolhattunk. Azonban senkit sem csábíthatott az olyan szakszervezet, amely a maga pénzügyi tehetetlenségénél fogva a legcsekélyebbet sem nyújthatta volna. Másrészt nagyon kellett őrizkednem attól, nehogy az ilyen új szervezetben csak a kisebb-nagyobb akarnokok menedékét teremtsem meg. Általában véve a személyi kérdés nagy szerepet játszott. Annak idején egyetlenegy olyan egyént sem ismertem, akire ennek a hatalmas feladatnak a megoldását rábízhattam volna. Aki abban az időben a marxista szakszervezeteket tényleg romba döntötte volna, hogy a pusztító osztályharc ez intézményének romjain a nemzetiszocialista szakszervezeti gondolatot juttassa győzelemre, annak népünk legnagyobb férfiai között lenne a helye. Szobrának egykor a regensburgi Walhallában kellene hirdetnie nagyságát az utókor számára.

Tévedés volna e tekintetben arra hivatkozni, hogy a nemzetközi szakszervezetek is csak átlagemberekkel rendelkeznek. Ez valójában semmit sem mond, mert amikor azokat alapították, e téren még egyáltalán semmi sem létezett, ezzel szemben a nemzetiszocialista mozgalomnak ma egy régi, hatalmas, a legapróbb részletekig kiépített szervezettel kell a harcot felvennie. A győzelem feltétele azonban, hogy a támadó zseniálisabb legyen, mint a védekező. A marxista szakszervezeti várat manapság ugyan közönséges zsiványok kormányozzák, a támadáshoz azonban mégis erős akaraterőre, lángeszű képességekre van szüksége annak a nagy szellemnek, aki azt irányítja. Hogyha ilyen nagy szellem nincs, akkor célszerűtlen a sorssal hadakozni, és esztelenség meg nem felelő pótlékkal kísérletezni. Itt igazán szem előtt kell tartani azt az igazságot, hogy az életben gyakran jobb valamely dologhoz egy ideig nem nyúlni, mint azt csak félig-meddig vagy pedig rosszul elkezdeni.

A nemzetiszocialista mozgalom ma nagy harcának kezdetén áll. Nagyrészt ki kell egészítenie és teljessé tennie világnézeti elgondolásait. Egész erejét nagy eszméinek a megvalósítására kell fordítania. Eredményt csak akkor várhatunk, ha mindenét e harc szolgálatába állítja. Minél inkább a politikai harcra tudjuk összpontosítani mozgalmunk egész erejét, annál előbb számíthatunk minden vonalon sikerre; minél inkább elaprózzuk magunkat a szakszervezeti, telepítési és hasonló kérdések feszegetése által, tevékenységünknek annál kisebb lesz a haszna az egész nagy mű számára. Könnyen megtörténhetnék, hogy szakszervezeti meggondolások irányítanák a politikai mozgalmat, ahelyett, hogy a világnézet kényszerítené a szakszervezetet korlátai közé. Igazi előny mozgalmunk, valamint népünk számára a nemzetiszocialista szakszervezeti mozgalomból csak akkor származhat, ha ezt a mozgalmat a nemzetiszocialista eszme világnézetileg már annyira átitatta, hogy teljesen kizártnak tekinthető a marxista nyomokra tévedés veszedelme. Ne felejtsük el, hogy olyan nemzetiszocialista szervezet, amely hivatását csak a marxista szakszervezetekkel való versengésben látná, rosszabb a semminél. A marxista szakszervezetekkel szemben a harcot nemcsak szervezeti, hanem

eszmei alapon is fel kell vennie, azaz az osztályharc és osztálygondolat megsemmisítőjeként és a hivatásszerű érdekek védelmezőjeként kell fellépnie.

Mindezek a szempontok annak idején és még ma is a saját szakszervezetek alapítása ellen szólnak mindaddig, amíg nem tűnik fel az az egyéniség, akit a sors e kérdés megoldására rendelt.

Ezek szerint tehát csak két lehetőség maradt hátra számunkra: vagy azt kellett párttagjainknak ajánlanunk, hogy lépjenek ki eddigi szakszervezetükből, vagy bennmaradva, ott lehetőleg romboló tevékenységet folytassanak.

Nagy általánosságban én ez utóbbi megoldást ajánlottam. Különösen 1922-23-ban lehetett ezt minden további nélkül megtenni, mert akkor az a pénzjárulék, amelyet a szakszervezet, az infláció idején ifjú mozgalmunk még nem túlságosan nagyszámú tagjától beszedett, a semmivel volt egyenlő. Ezzel szemben sokkal nagyobb kárt okoztak a marxista szakszervezetek kebelében tagjaink, mert e szakszervezetek legélesebb bírálói és egyúttal rombolói voltak.

Minden olyan kísérletezést visszautasítottam, amelyek méhükben hordozták sikertelenségüket.

Gonosztettnek tekintettem volna azt, ha mi a munkások oly nehezen, véres verejtékkel megszerzett filléreiből valamit is elvettünk volna olyan intézmény számára, amelynek saját tagjaival szembeni hasznosságáról nem voltam teljes mértékben meggyőződve.

Hogyha valamely új párt egy szép napon ismét eltűnik, akkor ez aligha jelent kárt, hanem inkább hasznot. Senkinek sincs joga emiatt panaszkodni, mert amit az egyén egy politikai mozgalomnak ad, azt már eleve azzal a tudattal teszi, hogy el is vesztheti. Aki azonban szakszervezetnek fizetett, annak joga van az ellenszolgáltatás követelésére. Ha e szolgáltatás nem történik meg, akkor a szervezet alapítói csalók, de legalábbis könnyelmű emberek, akiket felelősségre kell vonni.

Ez alapon cselekedtünk mi is 1922-ben. Mások látszólag jobban értettek a dolgokhoz, és szakszervezeteket alapítottak. Ezek a mi hibás és korlátolt felfogásunk látható jeleként vágták fejünkhöz szakszervezeteink hiányát.

Nem tartott azonban sokáig, és ezek az új alapítások ismét eltűntek, úgyhogy végül is az eredmény ugyanaz lett, mint nálunk, csak azzal a nagy különbséggel, hogy mi sem önmagunkat, sem másokat nem csaptunk be.

XIII. A háború utáni német szövetségi politika

Adolf Hitler

A birodalom célszerű szövetségi politikájának alapelveit megállapítani hivatott külpolitikai vezetés ziláltsága a forradalom után nemcsak tovább tartott, hanem fokozódott is. Mert ha a háború előtti helytelen külpolitikánknak elsősorban általános politikai fogalomzavar volt a legfőbb oka, akkor a háború után még a tisztességes akaraterő is hiányzott belőle. Természetes volt, hogy azok a körök, amelyek a forradalomban romboló céljaik megvalósulását látták, nem lelkesedtek az olyan szövetségi politikáért, amelynek végeredménye a szabad német birodalom újjászületése lett volna. Az ilyen fejlődés nemcsak homlokegyenest ellenkezett volna a novemberi bűntény rejtett szellemével, nemcsak véget vetett volna a német közgazdaság és munkaerő nemzetközivé tételének, hanem a külpolitikai szabadság kivívása az államhatalom jelenlegi birtokosaira belpolitikailag is végzetszerű következményekkel járt volna. El sem képzelhető egy nemzet feltámadása annak előzetes nacionalizálása nélkül, mint ahogy fordítva, minden nagyobb külpolitikai siker szükségszerűen hasonló értelemben gyakorol hatást a belpolitikára. Tapasztalat szerint minden szabadságharc fokozza a nemzeti érzést és öntudatot, és egyúttal növeli az érzékenységet a nemzetellenes elemekkel, törekvésekkel szemben. Olyan állapotok és személyek, akiket nyugalmas időben megtűrnek, sőt néha tisztelnek is, a nemzeti lelkesedés fellángolásának idején nemcsak visszautasításban részesülnek, hanem olyan ellenállásra is találnak, amely gyakran végzetükké válik.

A novemberi események által felszínre vetett állami élősdiek finom ösztöne már sejti népünk szabadságharcának egy bölcs szövetségpolitika által támogatott feltámadásában és annak következményeként jelentkező nemzeti fellángolásában a saját bűnös léte megsemmisülésének lehetőségét.

Így már megérthetjük, hogy 1918. óta a mérvadó kormánykörök külpolitikai tekintetben is mindig csütörtököt mondtak, és hogy az állam vezetősége csaknem tervszerűen mindig a német nemzet valódi érdekei ellen dolgozott. Mert ami az első pillanatban talán tervszerűtlennek tűnhetett fel, arról tüzetesebb vizsgálódás után megállapítható, hogy következetes folytatása annak az útnak, amelyre leplezetlenül az 1918. évi novemberi forradalom lépett először.

Természetesen különbséget kell tennünk a felelős, helyesebben az állam ügyeinek ama vezetői között, akiknek felelősséggel kellene tartozniuk, másrészt parlamentünk politikusainak nagy átlaga, és végül a birkatürelmű népünk nagy, közös nyája között. Az első csoporthoz tartozók tudják, hogy mit akarnak, a második helyen említettek velük együtt csinálják mindazt, vagy azért, mert nincsenek tisztában vele, hogy mit tesznek, vagy pedig azért, mert túlságosan gyávák hozzá, hogy a felismert káros tevékenységgel szemben kíméletlenül fellépjenek. Végül a harmadik helyen említettek esztelenségből és ostobaságból alkalmazkodnak a többiekhez.

Míg a Nemzeti Szocialista Német Munkáspárt csak csekély taglétszámú és kevéssé ismert egyesülés volt, addig a külpolitikai problémák a párttagok szemében csak alárendelt szerepet játszottak. Ennek oka az, hogy ami mozgalmunk alapjában véve mindig azt a felfogást vallotta, kellett is vallania, hogy a külső szabadság nem égi vagy földi hatalmak által adott ajándék, hanem inkább belső erőkifejtés gyümölcse. Csak összeomlásunk okainak megszüntetésével és vámszedőinek megsemmisítésével lehet a külső szabadságharc előfeltételeit megteremteni.

Így érthető, ha ifjú mozgalmunk első idejében a külpolitikai kérdések a belső reformtörekvések fontosságával szemben háttérbe szorultak.

Amint azonban a kicsiny, jelentéktelen egyesülés keretei bővültek és a fiatal alakulat egy nagy szövetség jelentőségére tett szert, egyszerre feltámadt annak a szükségessége is, hogy a külpolitikai kérdések irányítása tekintetében állást foglaljunk. Irányelveket kellett megállapítanunk, amelyek világnézetünk alapvető tételével nemcsak nem ellenkeznek, de annak egyenes folyományát képezik.

Éppen népünk külpolitikai iskolázatlanságának következtében hárul fiatal mozgalmunkra az a feladat, hogy mind az egyes vezetők, mind a széles rétegek részére nagyvonalú irányelvek alapján a külpolitikai gondolkodásmódnak olyan formáját biztosítsa, amely előfeltétele lesz minden, egykor gyakorlatilag megvalósítandó külpolitikai előkészítési munkának népünk szabadsága és a birodalom valódi szuverenitásának visszanyerése érdekében.

E kérdés megítélésénél elsősorban annak kell előttünk lebegnie, hogy a külpolitika is csak eszköz a cél eléréséhez, a cél viszont kizárólag népünk érdekeinek előmozdítása. Egyetlen külpolitikai kérdés sem bírálható más szemszögből, mint abból, hogy most, vagy a jövőben használ-e vagy sem népünknek. Ez az egyetlen helyes felfogás, amelynek e kérdés tárgyalásánál érvényesülnie kell. Pártpolitikai, vallási, emberbaráti és általában minden egyéb szempontot teljesen figyelmen kívül kell hagyni.

Ha a háború előtti német külpolitika feladata népünk és gyermekei földi létfeltételeinek biztosítása volt az e célhoz vezető utak kiépítésével, valamint az ehhez szükséges segítő erők, megfelelő szövetségesek szerzésével, akkor ma ugyanez a feladata a német külpolitikának azzal a különbséggel, hogy a

Adolf Hitler

háború előtt a német nép létfenntartásának ügyét a meglévő független államhatalom erejével lehetett szolgálni, ezzel szemben ma először a nép erejét kell visszaadnunk szabad, erős állam formájában. Ez az előfeltétele egy erősebb, népünk jövőjének biztosítását célzó gyakorlati külpolitika megvalósításának.

Más szóval: a mai német külpolitika célja a szabadság ismételt kivívásának előkészítése kell, hogy legyen. Emellett mindig szem előtt kell tartanunk azt a sarkalatos alapigazságot, hogy a függetlenség visszaszerzésének lehetősége nem a nemzet összefüggő államterületének csorbítatlanságától, hanem sokkal inkább a kérdéses nép és állam, ha még oly kicsiny csonkjának létezésétől is függ, amely a szükséges szabadság birtokában nemcsak gondozója a nép szellemi közösségének, hanem egyben előkészítője katonai szabadságharcának is. Ha egy százmilliós nép, csak azért, hogy állami együvé tartozását megvédje, eltűri a rabszolgaság jármát, rosszabb helyzetbe kerül, mint hogyha az ilyen államot, az ilyen népet szétzúznák, és annak csak töredéke maradna meg szabadsága teljes birtokában. Természetesen ez a megállapítás csak akkor érvényes, ha az utolsó töredék szent missziója tudatában teljesíti kötelességét, amely abból áll, hogy ne csak kulturális és szellemi elválaszthatatlanságát hangoztassa elszakított véreivel, hanem fegyveresen is előkészítse a végleges felszabadulást a szerencsétlen elnyomottak újraegyesítése érdekében.

Megfontolandó még az is, hogy egy nép és állam elszakított területeinek a visszaszerzése elsősorban az anyaország politikai hatalmának és szabadságának visszaszerzésétől függ. Éppen ezért a fő terület szabadságának visszaszerzése érdekében az elszakított területek partikuláris érdekeinek háttérbe kell szorulniuk, mert egy nép elszakított véreinek, illetve egy birodalom elrabolt területeinek a felszabadítása nem az elnyomottak óhajára vagy a visszamaradottak tiltakozására valósul meg, hanem az egykori közös haza többé-kevésbé független töredékének hatalmi eszközei révén. Az elszakított területek visszaszerzésének előfeltétele tehát a megmaradt csonkaország erősítése, valamint a lelkekben parázsló törhetetlen elhatározása annak, hogy adott pillanatban ezt a keletkező új erőt az egész nép felszabadításának és egységesítésének a szolgálatába állítsák, vagyis az elszakított területek érdekeinek pillanatnyi háttérbe szorítása, hogy az anyaország számára biztosíthassák azt a politikai hatalmat és erőt, amely az ellenséges "*győzők*" diktátumát képes megtömi. Leigázott országrészek nem égő tiltakozásuk eredményeként térnek vissza a közös birodalom kebelébe, hanem csak fegyveres erővel.

A belpolitikai vezetésre hárul az a feladat, hogy ezt a fegyvert kovácsolja, a kovácsolás munkájának biztosítása és a fegyvertársak keresése viszont a külpolitika kötelessége.

Művem első kötetében a háború előtti szövetségpolitikánk félszegségét fejtegettem. A népünk jövőjét és létfenntartását biztosítani hivatott négy út közül a legkedvezőtlenebbet, a negyediket választották. Egészséges európai politika helyett gyarmati és kereskedelmi politikát követtek. Ennek hibás voltát legjobban az a hitük jellemezte, hogy ezáltal elkerülhető a fegyveres összetűzés. E kísérletezések eredménye ismeretes, és a világháború csak végső nyugtázása volt a birodalmi külpolitika hibás vezetésének.

A helyes út annak idején a harmadik lett volna: a kontinentális hatalom erősítése új európai területek szerzése által, amelynek azután későbbi kiegészítéséül lehetséges lett volna a gyarmati területek növelése. Ezt a politikát csak Angliával szövetségben lehetett volna keresztülvinni, vagy pedig a katonai erőt kellett volna rendkívüli módon fejleszteni. Ennek viszont a kulturális feladatok negyvenötven évre szóló teljes háttérbe szorítása lett volna a következménye. Ezt a felelősséget vállalni lehetett volna. Egy nemzet kulturális jelentősége csaknem mindig a legszorosabb kapcsolatban áll politikai szabadságával és függetlenségével, azok képezik előfeltételeit, éppen azért semmiféle áldozat sem lehet túlságosan nagy egy nép politikai szabadságának biztosítása érdekében. Mindaz, amit az állam katonai hatalmának rendkívüli fejlesztésére a kultúrától elvon, később bőségesen megtérül.

A perzsa háborúk nélkülözései a periklészi időket virágoztattak fel, a pun háborúk gondjai következtében pedig Róma a magasabb kultúra szolgálatába szegődött.

Természetesen a nép egyéb fontos kérdéseinek háttérbe szorítását, az állam későbbi biztonságát szolgáló hadviselés előkészítését, mint egyetlen feladatot nem lehet ostoba és naplopó parlamenti többség elhatározására bízni. A fegyvertények előkészítésére minden egyéb feladat háttérbe szorításával Nagy Frigyes atyja volt képes, de semmi szín alatt sem a mai zsidó szellemű demokratikus parlamentarizmus képviselői.

Már ez oknál fogva is csak mérsékelt lehetett a háború előtti időben az európai területek fegyveres úton való megszerzésének előkészítése, úgyhogy megfelelő szövetségesek leendő támogatása csak nehezen lett volna nélkülözhető.

A háború tervszerű előkészítéséről egyáltalán nem akartak tudni, éppen ezért az európai területszerzésről lemondottak, helyette a kereskedelmi és

ADOLF HITLER

gyarmatosítási politika felé fordultak. Feláldoztak az Angliával való szövetséget anélkül, hogy helyette logikusan Oroszországra támaszkodtak volna, hogy azután a Habsburg tákolmánytól eltekintve mindenkitől elhagyatva sodródjék népünk a világháborúba.

Mai külpolitikánk jellemzéséül mindenekelőtt meg kell jegyeznünk, hogy annak látható, vagy még inkább érthető iránya egyáltalán nincs. Ha a háború előtt elhibázott módon a negyedik utat is választották, hogy azt is csak ritkán kövessék, akkor a forradalom óta még a legélesebb szem sem ismeri fel külpolitikánk célját. Hiányzik még inkább, mint a háború előtt minden tervszerű megfontolás, és ha lenne ilyen, akkor is csak azt célozná, hogy összezúzza népünk feltámadásának utolsó lehetőségét is.

Európa mai hatalmi viszonyainak rideg vizsgálata a következő eredményhez vezet.

Kontinensünk történelmét 300 év óta Angliának az a törekvése jellemzi, amellyel az egyes európai államok erőviszonyainak kölcsönös kiegyensúlyozása által igyekszik magának hátvédet biztosítani a nagy brit világpolitika céljai érdekében. Az angol diplomácia hagyományos célja Erzsébet királynő uralkodása óta következetesen arra irányul, hogy minden eszközzel, szükség esetén fegyveres beavatkozással is, megakadályozza egy, az általános hatalmi keretekből kilépő európai nagyhatalom kialakulását. Angliának e célt szolgáló hatalmi eszközei az esetek, az adott helyzet és feladat szerint különbözők, a határozottság és akaraterő azonban mindig egyforma. Minél nehezebb lett az idők folyamán Anglia helyzete, annál szükségesebbnek találtak vezető politikusai az európai hatalmak versengésének fenntartásával a különböző erők megbénítását. Az egykori észak-amerikai gyarmatok politikai elszakadása az európai hátvéd feltétlen megtartása érdekében még nagyobb erőfeszítésre késztette Angliát. Így összpontosult Anglia ereje Spanyolország és Németalföld mint tengeri hatalmak letörése után a fel-feltörő Franciaország ellen, mígnem I. Napóleon bukásával Anglia hegemóniájának veszélyeztetése a legveszedelmesebb katonai hatalom részéről is elintézettnek volt tekinthető.

Az angol külpolitika csak lassan vált németellenessé, egyrészt azért, mert a német nép, egységének hiánya miatt, nem jelentett Angliára nézve közelebbi veszélyt, másrészt azért is, mert egy bizonyos irányban nevelt közvéleménye csak lassan tudott ilyen új célkitűzést követni.

Anglia már 1870-71-ben megszabta külpolitikájának új irányát. Azokat az ingadozásokat, amelyeket Amerika világgazdasági jelentősége és Oroszország politikai hatalmának fejlődése idézett elő, Németország, sajnos nem használta ki. Emiatt a brit állampolitika eredeti célkitűzésének mind nagyobb mértékben meg kellett erősödnie.

Anglia Németországban csakhamar kereskedelmi és ezáltal világpolitikai jelentősége, és nem utolsósorban iparának óriási mérvű fejlődése folytán egyenlő mértékkel mérhető ellenlábasát látta. A világnak "*békés gazdasági*" úton való meghódítása az angol politikusoknak arra szolgált okul, hogy ellenállást szervezzenek vele szemben. Az, hogy ez az ellenállás jól szervezett támadás képében jelentkezett, teljesen megfelelt annak a politikának, amely nem a világbéke fenntartását, hanem a brit világuralom megerősítését tartotta szem előtt. Abban a körülményben, hogy az összes, katonailag számbajöhető államokat szövetségbe tömörítette, Anglia hagyományos elővigyázatossága jelentkezett, amely éppen úgy szerepet játszik az ellenfél erejének lebecsülésénél, mint a saját pillanatnyi gyöngeségének a megállapításánál.

A diplomáciának nem is az a feladata, hogy egy nép hősi pusztulását előkészítse, hanem sokkal inkább, hogy ezt életrevaló módon fenntartsa. Minden ide vezető út célirányos, azok be nem tartása kötelességszegő bűn.

Németország forradalmasításával a fenyegető germán világhegemónia veszélyét illető brit aggodalom is megszűnt. Ezóta Angliának sem érdeke már a német birodalom teljes eltörlése Európa térképéről, ellenkezőleg: az angol diplomáciát az 1918. évi novemberi rettenetes összeomlás el sem képzelhető új és nehéz helyzet elé állította.

A brit világhatalom négy és fél éven keresztül harcolt azért, hogy egy kontinentális hatalom vélt túlsúlyát letörje. Hirtelen olyan bukás következett be, amely ezt a hatalmat szinte a föld színéről is elsöpörni látszott. Úgy tetszett, hogy 48 óra leforgása alatt az európai egyensúly fenekestül felfordult: Németország megsemmisítése után Franciaország lett Európa első kontinentális hatalma.

A német hatalom megsemmisítése által az európai kontinensen csak Anglia ellenségei nyerhettek. 1918 novemberétől 1919 nyarának derekáig mégsem volt lehetséges a hosszan tartó háború alatt a nép széles rétegeinek támogatását jobban, mint bármikor azelőtt, igénybe vevő angol diplomácia irányváltoztatása, egyrészt saját népének hangulata, másrészt a katonai erőviszonyok következtében. Franciaország e téren magához ragadta a hatalmat, és így diktálhatott a többinek. Az egyedüli hatalom, amely ezekben a hónapokban az alkudozásoknak és cselekedeteknek más irányt adhatott volna, Németország, belső polgárháborúban vonaglott, úgynevezett államférfiai útján pedig ismételten kifejezte minden parancs teljesítésére vonatkozó készségét.

Ha a népek életében hiányzik valamely nemzetből önfenntartásának ösztöne, megszűnik aktív szövetségesi minőségének még csak a lehetősége is, rendszerint rabszolganéppé süllyed és gyarmat sorsára jut.

Anglia számára nem maradt más hátra, mint hogy maga is részt vegyen a rablóhadjáratban, ha nem akarta, hogy Franciaország ereje túlságosan nagyra nőjön.

Anglia a valóságban hadicéljait nem érte el. Egy európai hatalomnak a kontinentális európai erőviszonyok fölé emelkedését nemcsak hogy nem akadályozta meg, hanem még fokozottabb mértékben megalapozta.

Németország, mint katonai hatalom 1914-ben két állam közé volt beékelve, amelyek közül az egyik hozzá hasonló volt, a másik pedig nagyobb haderővel rendelkezett. Ehhez járult még Anglia tengeri túlsúlya. Franciaország és Oroszország is határt szabott Németország hatalmi fejlődésének. A birodalom rendkívül kedvezőtlen földrajzi fekvése ugyancsak hozzájárult, hogy az ország hatalma túlságosan nagyra ne nőhessen. Tengerpartja katonai szempontból az Angliával viselendő háború esetére kedvezőtlen, kicsi és szűk, ezzel szemben a szárazföldi harcvonal túlságosan hosszú és nyílt volt.

Egészen más Franciaország mai helyzete. Katonailag az első hatalom a kontinensen, komoly vetélytársa nincs. Határai délen Spanyolország és Olaszország felé védetteknek nevezhetők, Németországgal szemben pedig hazánk elesettsége folytán tekinthető biztosítottnak. Partvidéke hosszú vonalon a brit birodalom idegközpontja előtt fekszik, másrészt az angol központok nemcsak repülőgépek és messzehordó ágyúk részére jelentenének jó célpontot, hanem az angol kereskedelem és közlekedés útjai is ki lennének téve tengeralattjáró hajók hatásának.

Így lett a német hatalom elleni harc gyümölcse politikailag a kontinensen a francia hegemónia megerősítése, katonailag Franciaország szárazföldi túlhatalmának biztosítása és az Amerikai Egyesült Államok egyenlő tengeri hatalomként való elismerése, közgazdaság-politikailag pedig a legfontosabb brit érdekeltségű területeknek az egykori szövetségesek részére való kiszolgáltatása.

Anglia megakadályozni igyekszik, hogy bármely kontinentális hatalom túlságosan nagy erőre és külpolitikai jelentőségre tegyen szert, mert a brit világhatalmi törekvések előfeltétele az európai államok hatalmi erőinek kiegyensúlyozása.

Franciaország ezzel szemben az egységes német hatalom megteremtésének megakadályozására, az erőviszonyok tekintetében kiegyensúlyozott, egységes vezetés nélküli kis német államok rendszerének a fenntartására, továbbá a Rajna bal partjának megszerzésére, mint európai hegemóniája megteremtésének és biztosításának előfeltételére törekszik.

A francia államszervezés végcélja örökké ellentétben fog állni az angol államszervezés végső célkitűzéseivel.

Aki a fenti szempontok figyelembevételével vizsgálja Németország szövetségpolitikai lehetőségeit, annak arra a meggyőződésre kell jutnia, hogy az egyetlen gyakorlatilag megvalósítható szövetségi lehetőség az Angliával való összeköttetésben rejlik. Bármilyen rettenetes volt is Németországra nézve a brit háborús politika következménye, és bármennyire szenvedi azt még ma is, nem szabad szem elől téveszteni azt a tényt, hogy Angliának ma már nem létérdeke Németország megsemmisítése. Ellenkezőleg, Anglia politikájának évről évre egyre jobban arra kell irányulnia, hogy a féktelen francia hegemóniát visszaszorítsa.

A tapasztalat azt mutatja, hogy a negatív célok keresztülvitelére kötött szövetségek belső gyengeségben szenvednek. Csak közös hódítások, szerzemények, közös eredmények elérésének kilátása, és így mindkét oldal hatalmi növekedése kovácsol szorosan egymáshoz népeket. A németek rendkívüli csekély politikai érzékére vall az a körülmény, hogy egyikmásik külföldi államférfi német barátságában velünk szemben követendő politikájuk különös biztosítékát látták. Teljesen lehetetlen ostobaság ez. Semmi egyéb, mint a politizáló német nyárspolgár példátlan együgyűségére valló spekuláció. Nincs olyan angol, amerikai vagy olasz politikus, aki valamikor is németekért küzdene. Minden angol, mint államférfi, természetesen elsősorban angol lesz, minden amerikai amerikai, és nem fogunk olyan olasz államférfit találni, aki hajlandó lenne más politikát folytatni, mint olaszt. Aki tehát azt hiszi, hogy idegen nemzetekkel az ott uralmon levő államférfiak németbarát érzelme alapján szövetséget tud kötni, az vagy ostoba, vagy hazug ember. Nemzetek sorsközössége sohasem kölcsönös nagyrabecsülésen, vagy vonzódáson, hanem mindkét félre nézve a célszerűségen alapszik. Amennyire igaz az, hogy az angol államférfi mindig csak angol állampolitikát fog űzni és sohasem németet, éppen annyira igaz az a tétel is, hogy ennek az angol politikának lehetnek olyan határozott érdekei, amelyek a legkülönbözőbb okokból kifolyólag a német érdekekkel közös nevezőre hozhatók. Ez persze csak ideigóráig tart így, és az érdekközösség máról-holnapra ellenkező végletbe csaphat át. A vezető államférfi ügyessége éppen abban nyilvánul meg, hogy saját állama érdekeinek keresztülvitelénél megfelelő időpontokban mindig olyan segítőtársakat talál, akik érdekközösségüknél fogva vele egy úton kell hogy haladjanak.

A most mondottak gyakorlati kihasználása csak a következő kérdések tisztázása útján lehetséges: mindenekelőtt az a körülmény döntendő el, mely államoknak létérdeke ma, hogy a német középeurópai hatalom teljes kikapcsolásával a francia gazdasági és katonai hatalom feltétlen egyeduralomhoz jusson? Mely államok fogják tehát saját létfeltételük és eddigi hagyományos politikájuk alapján a dolgok ily irányú fejlődésében saját jövőjük veszélyeztetését látni?

Anglia nem kíván német világhatalmat, viszont Franciaország egyáltalán nem akar olyan hatalomról tudni, amelynek Németország a neve. A két felfogás között hasonlóságuk ellenére mégis óriási különbség van. Ma, amikor mi nem világhatalmi helyért küzdünk, hanem hazánk fennmaradásáért, nemzetünk egységéért és gyermekeink mindennapi kenyeréért, szövetségi politikánk csak két hatalom felé vezethet: Anglia és Olaszország felé.

Anglia nem óhajt olyan Franciaországot, amelynek katonai hatalmát Európa többi állama kiegyensúlyozni nem tudja. Anglia nem kívánhat olyan Franciaországot, amely NyugatEurópa roppant kiterjedésű vas és szénbányáinak birtokában megszerezheti a nagy veszéllyel járó világgazdasági hatalmi állás előfeltételeit. Angliának semmi érdeke oly Franciaország, amelynek kontinentális politikai helyzete Európa többi államának a romjain annyira biztosított, hogy annak birtokában nagyobb vonalú francia világpolitika újjáéledése nemcsak lehetséges, hanem szinte feltartóztathatatlan. Az egykori Zeppelin bombák éjjelenként megszázszorozódnának. Szóval Franciaország katonai hatalmának túlsúlya erősen megfekszi a nagy angol világbirodalom szívét.

Viszont Olaszország sem nézheti jó szemmel és nem kívánhatja a francia hatalom további erősödését. Olaszország jövőjét azok a fejlemények befolyásolják, amelyek területileg a Földközi tenger körül csoportosulnak. Olaszországot nem Franciaország hatalmi helyzetének a megerősítése, hanem sokkal inkább az a szándék ösztönözte a háborúra, hogy gyűlölt adriai ellenlábasának a kegyelemdöfést megadja. Franciaországnak a kontinensen való további erősödése Olaszországra a jövőben csak korlátozóan hathat és emellett nem szabad szem elől tévesztenünk azt az igazságot, hogy rokoni kötelékek a népek versengésében nem szoktak szerepet játszani.

A legjózanabb és a leghiggadtabb mérlegelés eredményeként tehát megállapítható, hogy ma elsősorban Angliának és Olaszországnak érdekei azonosak Németország legfontosabb létfenntartási kérdései tekintetében a német érdekekkel.

Semmi esetre sem szabad az ilyen szövetségi lehetőség megítélésénél három tényezőt figyelmen kívül hagyni. Ezek egyike bennünk, a másik kettő a figyelembe jöhető államokban rejlik.

Lehet-e egyáltalán a mai Németországgal szövetségre lépni?

Lehet-e olyan állammal szövetkezni, amelynek vezetése évek óta a tehetetlenség legsiralmasabb képét és pacifista gyávaságot mutat, és amelynek népe nagyobb részében demokratikus marxista elvakultságában a saját népének és országának érdekeit is égbekiáltó módon elárulja?

Fogja-e valamely hatalom, amelynek számára a szövetség több, és több is kell hogy legyen, mint a régi hármas szövetség pusztító értelmezéséhez hasonló és lassú rothadási folyamat fenntartására irányuló szavatossági szerződés, magát oly állammal szemben életre-halálra lekötelezni, amelynek jellemző életmegnyilvánulása kifelé görnyedt alázatosságban, befelé pedig a nemzeti erények szégyenteljes elnyomásában nyilvánul?

Az a hatalom, amely maga is ad valamit a tekintélyére, a mai (1924-25) Németországgal nem fog szövetségre lépni, mert azt nem is teheti. Szövetségre alkalmatlan voltunkban van a legfőbb oka ellenséges rablóink szolidaritásának. Minthogy Németország sohasem védekezik, kivéve parlamentünk néhány kiválasztottjának vészkiáltását, a világ többi részének semmi oka sincs arra, hogy értünk harcoljon. A jó Isten a gyáva népeket nem teszi szabaddá! Így még azoknak az államoknak, amelyeknek nem érdekük hazánk teljes megsemmisítése, azoknak sem maradt más hátra, mint hogy részt vegyenek a francia rablóhadjáratban, már csak azért is, hogy legalább ezáltal akadályozzák meg Franciaország kizárólagos megerősödését.

Másodsorban nem szabad figyelmen kívül hagyni azt a nehézséget, amellyel az ellenséges államok tömegpropagandája útján bizonyos irányban befolyásolt nagy néprétegek hangulatának áthangolása jár. Nem lehet egy népet éveken keresztül barbár, rabló, vandál stb.-nek kikiáltani, hogy azután hirtelen az ellenkező tulajdonságokat fedezzük fel benne, és az egykori ellenséget szövetségesként ajánljuk.

Még nagyobb figyelmet kell azonban egy harmadik körülményre fordítanunk, amely Európa jövendő szövetségeire nézve igen nagy fontosságú lesz.

Adolf Hitler

Amennyire kevéssé érdeke Angliának brit állami szempontból Németország további tönkretétele, éppen olyan nagy érdeke fűződik a nemzetközi tőzsdezsidóságnak a dolgok ilyen irányú továbbfejlődéséhez. A hivatalos, vagy jobban mondva hagyományos brit politika és a mérvadó zsidó tőzsdések között sohasem mutatkozott nagyobb ellentét, mint a brit külpolitikai kérdések terén. A zsidó tőkések a brit állam érdekeivel ellentétben nemcsak Németország teljes gazdasági tönkretételét, hanem politikai rabszolgaságba döntését óhajtják. Német gazdasági életünk nemzetközivé tétele, vagyis a német munkaerőnek a zsidó világtőke hatalma alá hajtása csak politikailag bolsevizált államban lehetséges teljes mértékben. Ahhoz azonban, hogy a nemzetközi zsidó tőzsdetőke marxista rohamcsapatai a német nemzeti államot teljes mértékben megtörjék, külső baráti segítségre van szükségük. Franciaország csapatainak tehát addig kell a német államot ostromolniuk, amíg a letört birodalmat a nemzetközi zsidó nagytőke bolsevista rohamcsapatai végleg beveszik.

Ma a zsidó Németország teljes tönkretétele érdekében izgat. Bárhol a világon kövessenek is el támadást Németország ellen, azok szítói mindig zsidók. Mind békében, mind a háború alatt is a tőzsde és a marxista sajtó szította a gyűlöletet Németország ellen, addig, míg végre egyik állam a másik után feladta semlegességét és a népek valódi érdekeinek figyelmen kívül hagyásával belépett a világháború koalíciójának szolgálatába.

Emellett a zsidóság gondolkodásmódja teljesen világos. Németország bolsevizálását, vagyis a nemzetében és népében gyökerező német értelmiségnek a kiírtását, a német munkaerőnek ezáltal lehetővé váló zsarolását és a zsidó világtőke jármába törését csak a zsidó világhatalmi törekvések előjátékának tekintik. Mint a világtörténelemben oly gyakran, e küzdelemben is Németországra helyezik a legfőbb súlyt. Ha népünk és államunk a vér és pénzsóvár zsidó zsarnokok áldozatául esik, akkor az egész föld e polip karjaiba zuhan. Ezzel szemben, ha Németország kiszabadítja magát ebből a halálos ölelésből, akkor az egész világon elmúlik ez a népeket fenyegető nagy veszedelem. A zsidóság romboló munkáját kétségtelenül latba veti, hogy a nemzetek ellenszenvét Németországgal szemben ne csak fenntartsa, hanem ha lehet, azt még fokozza is, tekintet nélkül arra, hogy ez a tevékenysége csak igen kis mértékben fedi az általa megmételyezett népek valódi érdekét. Általában a zsidóság egyes népeknél mindig azokkal a fegyverekkel küzd, amelyek a kérdéses nemzet ismert érzelemvilágánál fogva a leghatásosabbnak látszanak és a legtöbb eredménnyel kecsegtetnek. A mi vérségileg rendkívül széttagolt népünknél "*világpolgári*" pacifista eszmék röviden a nemzetközi jelszavak azok, amelyeket a zsidóság hatalmáért folytatott küzdelmében felhasznál. Franciaországban az általa felismert és helyesen megítélt sovinizmussal dolgozik, Angliában pedig gazdasági és világpolitikai eszközökkel. Csak ha már ilyen úton-módon bizonyos gazdasági és politikai túlsúlyra tett szert, rázza le ezeknek a kölcsönkért fegyvereknek a béklyóit, hogy ugyanolyan mértékben térjen vissza akaratának és küzdelmének valódi céljához. Egyre gyorsabban pusztít, míg végül egyik államot a másik után változtatja romhalmazzá, hogy a romokon azután a független örök zsidó birodalmat kelthesse életre.

Angliában éppen úgy, mint Olaszországban világos, sőt néha feltűnően szembeötlő az az ellentét, amely a jobb és állandóbb állampolitikai felfogás a zsidó tőzsdevilág akaratával ütközik. Csak Franciaországban áll fenn, ma inkább mint bármikor azelőtt, belső összhang a zsidó által vezetett tőke és a soviniszta alapon álló nemzeti kormányzati politika között. Ez a körülmény különösen nagy veszélyt jelent Európa fehér fajaira nézve. A néger vérrel elkövetett fertőzés a Rajna mellett, Európa szívében éppen úgy visszatükrözte népünk e soviniszta halálos ellenségének szadista és elvetemült bosszúvágyát, mint a zsidó jéghideg számítását, amely Európa vérkeveredését a központban óhajtja megkezdeni, hogy a fehér fajnak az alsóbbrendű emberrel való megfertőzésével megalapítsa saját uralmának előfeltételeit.

Amit Franciaország saját bosszúvágyából a zsidók tervszerű vezetése mellett Európában véghezvisz, az bűn a fehér emberrel szemben, és valamikor az eljövendő nemzedék amely a vérfertőzésben az emberiség eredendő bűnét ismeri fel ítélőszéke elé fogja szólítani ezt a népet.

Németországra a francia veszély azt a kötelezettséget rója, hogy minden érzelmi mozzanat félretételével annak nyújtsa a kezét, akit éppen úgy fenyeget Franciaország uralmi vágya, és aki éppen oly kevéssé hajlandó azt tűrni és elviselni, mint saját maga. Európában Németország számára belátható időn belül csak két szövetséges jöhet számításba: Anglia és Olaszország!

Aki Németországnak a forradalom óta követett külpolitikáját vizsgálja, annak a kormányaink érthetetlen folytonos kudarcai miatt vagy egyszerűen kétségbe kell esnie, vagy lángoló felháborodásában az ilyen kormánynak hadat kell üzennie. Amit tesznek, arra már azt se mondhatjuk, hogy butaság. Ami ugyanis minden gondolkodó egyén számára lehetetlennek tűnnék fel, azt a mi novemberi pártjaink "*szellemi óriásai*" elkövették: esengtek Franciaország kegyeiért. Igenis. Ezekben az években a javíthatatlan ábrándozó megható együgyűségével ismételten megkísérelték a közeledést Franciaországhoz, ismételten bókoltak a "*nagy nemzetnek*", és a francia hóhér minden trükkjében az érzelmi változást vélték felfedezni. Politikánk valódi irányítói természetesen sohasem estek e téves hiedelembe. Részükre a Franciaországhoz való közeledés csak természetes eszköz volt arra, hogy ilyen módon minden szövetségi politikát szabotáljanak.

Ők sohasem voltak tévedésben Franciaország és háttérben álló emberei célját illetően. Csak úgy tettek, mintha becsületesen hinnének a német nép sorsának ezúton való jobbrafordulásában, nehogy más utakra térjen maga a nép.

Természetesen nekünk is nehéz mozgalmunk keretében Angliát mint jövendő szövetségest feltüntetni. Zsidó sajtónk nagyon jól értett ahhoz, hogy miként lehet a gyűlöletet ismételten különösen Angliára összpontosítani. Néhány kihasználható német készségesen rászállt erre a zsidó lépvesszőre, és miközben a német tengeri hatalom "*újbóli megerősödéséről*" fecseg, gyarmataink kirablása ellen tiltakozik, azok visszaszerzését javasolja, propagandaanyagot szolgáltat, amelyet azután a zsidó banda angliai fajtestvéreinek továbbít. Annak ma már a legalacsonyabb szintű politika urainak agyában is derengenie kell, hogy mi tengeri hatalom stb. ért nem harcolhatunk. A német nemzeti erőnek e célra való összpontosítása helyzetünknek Európában való előzetes és legalaposabb biztosítása nélkül már a háború előtt is esztelenség volt. Ma pedig az ilyen remény azok közé a badarságok közé tartozik, amelyeket a politika világában bűnnek nevezünk,

Néha valóban kétségbeejtő volt látni, hogy miként foglalkoztatták a zsidó vezetők népünket teljesen mellékes ügyekkel, miként bírták rá nyilatkozatok és tiltakozások tételére, miközben Franciaország egyik darabot a másik után szakította ki népünk testéből, és függetlenségünk alapjait tervszerűen ásta alá. Különösen egy vesszőparipára kell gondolnom, amelyen ezekben az években a zsidóság rendkívüli ügyességgel lovagolt: Dél-Tirolra.

Ha ezen a helyen éppen ezzel a kérdéssel foglalkozom, nem utolsósorban azért teszem, hogy leszámoljak azzal az álnok bandával, amely széles néprétegeink feledékenységére és butaságára épít. Nemzeti felháborodást merészel színlelni, már pedig ez tőle különösen a parlamenti csalóktól valójában távolabb esik, mint a szarka a becsületes tulajdonjog elismerésétől.

Hangsúlyozni kívánom, hogy azok közé az emberek közé tartozom, akik amikor Dél-Tirol sorsáról is döntöttek 1914 augusztusától 1918 novemberéig ott harcoltak, ahol ezt a területet is vérük hullásával védelmezték: a hadseregben. Ezekben az években kivettem részemet a harcból, éspedig nem azért, hogy Dél-Tirol elvesszen, hanem hogy éppen úgy, mint minden német területet, ezt is megtarthassuk a hazának.

Akik akkor nem harcoltak velünk, azok a politizáló párt söpredékének parlamenti zsiványai voltak. Míg mi abban a meggyőződésben harcoltunk, hogy csak a háború győzelmes befejezése tudja Dél-Tirolt is megtartani a német népnek, addig ezek az Efialteszek gonosz nyelvükkel addig izgattak és áskálódtak a győzelem ellen, míg végre a harcoló Siegfriedet orvul ledöfték.

Dél-Tirol megtartását nem a parlamenti szószátyárok bécsi Városház téri vagy a müncheni Feldherrnhalle előtti lázító beszédei biztosítottak, hanem kizárólag a harcoló arcvonal zászlóaljai. Aki ezeket összetörte, az árulta el Dél-Tirolt éppen úgy, mint az összes többi német területet.

Aki azt hiszi, hogy tiltakozások, nyilatkozatok vagy egyesületi felvonulások által a Dél-Tiroli kérdés megoldható, az vagy közönséges bitang, vagy német nyárspolgár. Legyünk tisztában azzal, hogy az elveszett területeket nem az Úristenhez való ünnepélyes fohászkodással, vagy a Népszövetségben való jámbor bizakodással, hanem csak fegyveres erővel fogjuk visszaszerezni.

Most tehát az a kérdés, hogy ki lesz hajlandó az elveszett területeket fegyverrel visszahódítani.

Ami engem illet, határozottan és becsületesen állíthatom, lenne még bennem annyi bátorság, hogy parlamenti fecsegőkből, egyéb pártvezetőkből és különféle főtanácsosokból alakítandó parlamenti rohamzászlóalj élén részt vegyek Dél-Tirol győzelmes visszahódításában. Igazán örülni tudnék annak, ha egyszer az ilyen "*gyújtó szavú*" tiltakozók feje felett néhány srapnel robbanna szét. Azt hiszem, hogyha egy róka bejut a tyúkólba, a riadalom aligha nagyobb, és a szárnyasok menekülése aligha gyorsabb, mint a pompás "*szájhős egylet*" futása lenne.

A legalávalóbb azonban az egész dologban, hogy ezek az urak maguk sem hiszik, hogy valamit is el tudnak érni. Ők maguk tudják legjobban cselekedeteik lehetetlen és jámbor voltát, de éppen azért cselekszenek így, mert kétségtelenül valamivel mégiscsak könnyebb Dél-Tirol visszaszerzéséért fecsegni, mint egykor annak megtartásáért harcolni. Mindenki eleget tesz tehát a reá eső feladatnak; mi vérünket áldoztuk, ez a társaság pedig a csőrét koptatja.

Különösen pompás látványt nyújt a bécsi legitimista körök felfuvalkodása Dél-Tirol visszahódítása körüli munkájuknál. Hét év előtt fenséges és magasztos uralkodóházuk is hozzájárult hitszegő árulásának gaztettével ahhoz, hogy a világkoalíció győzőként Dél-Tirolt is elhódítsa. Abban az időben ezek a körök támogatták áruló dinasztiájuk politikáját, és egy fabatkát sem törődtek sem Dél-Tirollal, sem mással. Természetesen ma egyszerűbb e területekért a harcot felvenni, mert most ez a harc csak "*szellemi*" fegyverekkel folyik. Márpedig mindig könnyebb tiltakozó gyűléseken belső magasztos felháborodással torkukat rekedtre beszélni és hírlapi cikkek megírásával ujjukat sebesre körmölni, mint pl. a megszállott Ruhr-vidéken mondjuk a hidakat levegőbe röpíteni.

Hogy bizonyos körök a Dél-Tiroli kérdést az utóbbi években a német-olasz viszony sarkpontjává tették, annak az oka egészen kézenfekvő. A zsidók és Habsburg legitimisták legnagyobb érdeke fűződik Németország oly szövetségpolitikájának a megakadályozásához, amely egy napon ismét a szabad Németország feltámadásához vezethetne. Nem Dél-Tirol iránti szeretetük vezérli őket mert hiszen e kérdés megoldásának ez legfeljebb csak ártana, hanem az esetleges német-olasz kölcsönös megértéstől való félelmük.

Csak e körök hazug és rágalmazó tendenciájának tudható be a dolgoknak egészen rideg és kihívó módon való, oly értelmű beállítása, mintha mi Dél-Tirolt elárultuk volna. Ezeknek az uraknak egész nyíltan meg kell mondanunk: Dél-Tirolt először is azok a németek árulták el, akik 1914-1918-ig feltéve, hogy épkézláb emberek voltak nem küzdöttek a harctereken, és nem szolgálták hazájukat; másodszor: mindenki, aki ezekben az években nem erősítette népünk ellenálló képességét a háború végigharcolására és nem szilárdította népünk kitartását a harc befejezése érdekében; harmadsorban: mindenki elárulta Dél-Tirolt, aki a novemberi forradalom kitörésében akár ténylegesen részt vett, akár pedig gyáva meghunyászkodásával hozzájárult ahhoz, hogy a Dél-Tirolt egyedül megmenteni képes fegyvereinket megsemmisítsék; végül negyedszer: elárultak mindazok a pártok és azok hívei, akik a versaillesi és saint-germaini szerződést aláírták.

Igenis, így állanak az ügyek, vitéz szájhős uraim! Engem ma már csak az a józan megállapítás vezet, hogy elveszett területeink visszaszerzése nem csiszolt parlamenti szónoklatokkal, hanem egyedül fegyverrel, véres harcok árán érhető el.

Nem habozok annak a kijelentésével sem, hogy miután a kocka már eldőlt, Dél-Tirolnak háború útján való visszaszerzését nemcsak hogy lehetetlennek tartom, hanem a kérdés ilyen megoldását személy szerint is elutasítanám. Tenném ezt abban a meggyőződésben, ha egyszer ilyen véráldozatot latba vetnénk, akkor azt bűn lenne kétszázezer német kedvéért tenni, amikor még mintegy hétmilliónyi német szenved idegen járom alatt és a német nemzet ütőerét képező területeken afrikai néger hordák tobzódnak.

Ha a német nemzet meg akarja szüntetni Európából való kiirtásának veszélyét, akkor nem szabad a háború előtti hibájába esnie, Istent és az egész világot ellenségévé tennie, hanem fel kell ismernie legveszélyesebb ellenfelét, hogy azután ez ellen összpontosíthassa egész erejét. Ha a győzelmet, még ha más irányú áldozatok árán is kivívta, akkor népünk eljövendő nemzedékei nem fognak bennünket elítélni. Annál inkább méltányolni fogják a súlyos szükséget, a nehéz gondot, és az ebből eredő keserű elhatározásokat, minél fényesebb lesz a belőlük fakadó eredmény.

Az az igazság vezéreljen bennünket, hogy egy állam elveszett területeinek visszaszerzése elsősorban az anyaország politikai függetlenségének és hatalmának visszaállításától függ. Ezt ügyes szövetségi politika útján lehetővé tenni és biztosítani legelső feladata legyen külpolitikánk erőteljes vezetőségének. Különösen nekünk, nemzetiszocialistáknak kell óvakodnunk attól, hogy a zsidók által vezetett szájhős hazafiak uszályhordozói legyünk. Jaj nekünk, ha ami mozgalmunk is a nagy leszámolás előkészítése helyett tiltakozásokban éli ki magát.

A Habsburg államhullával való nibelungi szövetség fantasztikus értelmezése mellett ezzel a tákolmánnyal együtt Németország is tönkrement. A mai külpolitikai lehetőségek mérlegelésénél a képzelődő érzékenykedés a legjobb eszköz arra, hogy új életre kelésünket örökre lehetetlenné tegyük.

Szükségét érzem annak, hogy egész röviden foglalkozzam azokkal a kifogásokkal, amelyek az előzők során feltett három kérdésre vonatkoznak.

Először: akar-e egyáltalán valaki a mai Németországgal szövetkezni? Másodszor: alkalmasnak látszanak-e az ellenséges nemzetek ilyen átcsoportosításra?

Harmadszor: vajon a zsidóság meglévő befolyása nem lesz-e erősebb minden belátásnál és jóakaratnál, és nem keresztez-e, és semmisít-e meg minden tervet?

Az első kérdés egyik felét már némileg megvilágítottam. Magától értetődő, hogy a mai Németországgal senki sem fog szövetkezni. Nincsen a világnak olyan hatalma, amely sorsát olyan államhoz merné kötni, amelynek kormányai minden bizalmat lehetetlenné tesznek. Azt a kísérletet azonban, amellyel nemzetünk sok tagja a kormány ténykedését népünk mai nyomorúságos gondolkodásmódjával akarja magyarázni vagy menteni, a legerélyesebben vissza kell utasítanunk.

Igaz ugyan, hogy népünk jellemtelensége hat év óta szomorú arányokat ölt, közömbössége a legfontosabb kérdésekkel szemben is valóban lesújtó, gyávasága pedig néha égbekiáltó. Azonban sohase feledjük el, hogy ezek

Adolf Hitler

ellenére mégis olyan népről van szó, amely pár évvel ezelőtt a legfennköltebb emberi erények csodálatra méltó példáját adta. 1914. augusztusától kezdve a népek hatalmas küzdelmének befejezéséig a világ egyetlen népe sem tanúsított több férfias bátorságot, szívósabb kitartást és türelmet, mint a mi nyomorulttá vált német népünk. Senki sem foghatja ránk, hogy a mai idők gyalázatossága népünk természetének jellegzetes kifejezése. Amit ma körülöttünk és magunkban is meg kell éreznünk, az csak az 1918. év november 9-i irtózatos árulás ész és értelemromboló hatásának a következménye. Itt inkább, mint bárhol másutt érvényesül a költő szava: "*A gonosz csak gonoszt szülhet.*" De még ebben az időben sem vesztek el teljesen népünk jó alapvonásai, csak szunnyadnak a mélyben. Néha a fekete felhőkkel bevont égen villanásként jelentkezik e nép erénye, amelyre a későbbi Németország, mint a kezdődő gyógyulás első jelére fog visszaemlékezni. Nem egyszer találkozott ezer és ezer német ifjú, akik áldozatkész elhatározással, önként és örömmel voltak készek ifjú életüket hőn szeretett hazájuk oltárán feláldozni. Az emberek milliói ismét serényen, odaadással dolgoznak, mintha a forradalom sohasem dúlt volna. A kovács ismét üllője előtt áll, a paraszt az eke után ballag és a tudós szobájában görnyed. Mindnyájan egyenlő igyekezettel és egyforma odaadással teljesítik kötelességüket.

Elnyomatásunk már nem az egykori jóváhagyó mosollyal, hanem elkeseredett arcokkal, ökölbe szorított kezekkel találja magát szemben. Érzelmi tekintetben mindenesetre nagy változás ment végbe.

Ha mindez ma még nem nyilvánul meg a politikai hatalmi eszme újjászületésében és népünk önfenntartási ösztönében, akkor a felelősség ezért azokra hárul, akik 1918. óta nem anynyira az ég küldetése, mint saját feltolakodásuk folytán vezetik vesztébe népünket.

Igenis, ha ma nemzetünket hibáztatják, akkor legyen szabad megkérdeznünk: mit tettek annak érdekében, hogy megjavuljon? Kormányunk valóságban alig létező terveinek a népünk részéről élvezett kismérvű támogatása csak nemzetünk csekély életerejének megnyilatkozását vagy még inkább e nagy értékkel való bánásmód teljes csődjét jelenti. Mit tettek kormányaink a büszke önérzetnek, a férfias dacnak és izzó gyűlöletnek népünkben való újraélesztése céljából?

Amikor 1919-ben az úgynevezett "*békeszerződést*" rákényszerítették a német népre, joggal lehetett remélni, hogy éppen e mértéktelen elnyomás által fog hatalmasan előtörni a német nép szabadság utáni vágya. Békeszerződések, amelyek követelései ostorcsapásként sújtják a népet, nem ritkán szítják az első szikrát a későbbi felkeléshez.

A nemzeti szenvedélyek forrpontig való korbácsolásának micsoda eszközévé válhatott volna a mértéktelen zsarolás és szégyenteljes megaláztatás akaraterős kormány kezében! Hihetetlenül fel lehetett volna korbácsolnia nép közömbösségét először felháborodássá, majd lobogó dühvé ezeknek a szadista szörnyűségeknek a propaganda céljaira történő zseniális felhasználásával! Nagyon sokszor lehetett volna e szégyenteljes pontok minden sorát mindaddig népünk fejére olvasni, míg végre hatvanmillió férfi és nő szívében a közösen érzett szégyen és gyűlölet oly tüzes lángtengerré vált volna, amelynek tüzéből hatalmas akarás nőtt volna ki és ez a kiáltás hangzott volna el: "*Mi ismét fegyvert akarunk*!"

Igen, csak ezt eredményezheti az ilyen békeszerződés. Mérhetetlen elnyomásában és szemérmetlen követeléseiben a leghatásosabb propagandaeszköz rejlik egy nemzet szunnyadó életerejének felrázásához.

De akkor mindenesetre a gyermek ábécéjétől kezdve a legutolsó újságig, minden színháznak, minden mozinak, hirdetőoszlopnak és minden szabad deszkakerítésnek ez egyedüli nagy küldetés szolgálatába kell állnia, míg végre a mi "*egylethazafiaink*" fohásza: "*Uram szabadíts meg bennünket*!" a legkisebb ifjú agyában is lángoló kérelemmé alakul át:

"*Mindenható Isten, áldd meg egyszer a mi fegyvereinket, légy oly igazságos, mint amilyen mindig voltál, ítélj most, vajon méltók vagyunk-e a szabadságra. Urunk, áldd meg a mi harcunkat.*"

Mindent elmulasztottak, és semmit sem tettek.

Ki csodálkozhat tehát azon, ha népünk nem olyan, mint amilyen lehetne és kellene lennie, ha a másik világ bennünk csak poroszlót, szolgálatkész kutyát lát, amely hálásan nyalja az öt előbb még fenyítő kezet.

Szövetségkötési képességünk kétségtelenül sokat szenvedett népünk, de különösen kormányunk által. Ez az oka annak, hogy nyolc év határtalan szenvedése ellenére is csak oly kevéssé vágyódik e nép a szabadság után. Amennyire az aktív szövetségi politika népünk értékének felbecsülésétől függ, éppen annyira függ ez az értékelés olyan kormányhatalomtól, amely nem idegen államok napszámosa, a népi erők kifejlődésének kerékkötője, hanem sokkal inkább a nemzeti öntudat hirdetője akar lenni.

Ha népünknek olyan kormánya lesz, amely ebben fogja hivatását látni, akkor hat év sem fog beletelni, és a birodalom merész külpolitikai vezetői a szabadság után szomjúhozó bátor nép akaratára tudnak támaszkodni.

A második kifogást, ti. az ellenséges népek barátságos szövetségesekké változtatásának nehézségét a következőkben válaszolhatjuk meg.

A külországokban a háborús propaganda által kitermelt németellenes hangulat mindaddig megmarad, amíg az újjáéledés jelei nem mutatkoznak, és amíg a német birodalom nem nyeri el ismét olyan állam jellegzetességét, amely az általános európai sakktáblán szerepet játszik, és amellyel számolni kell. Csak akkor, ha a kormányban és a népben kétségtelenül mutatkozik a szövetségkötési képesség, gondolhat egyik vagy másik hatalom azonos érdeke alapján arra, hogy propaganda útján a közhangulatot megváltoztassa. Természetesen ez is évekig tartó munka eredménye. Éppen a nép hangulatának átváltozásához szükséges hosszú időben leli magyarázatát az a nagy óvatosság, amellyel e tekintetben el kell járni. Ugyanis az ember nem fog ilyen munkába kezdeni, ha nincs feltétlenül meggyőződve e munka értékéről és annak későbbi eredményéről. Nem fogjak megkísérelni a nemzet egész gondolatvilágának megváltoztatását egy szellemes külügyminiszter üres fecsegése alapján, anélkül, hogy az új irányú eltolódás valódi értékére nézve ne volna biztosítékuk. A tévedés ezen a téren könnyen a közvélemény teljes szétforgácsolásához vezethet. Egy állammal való későbbi szövetségkötés legjobb biztosítéka nem az egyes kormánytagok ömlengő beszédében, hanem sokkal inkább egy célszerűnek látszó kormányirányzat látható állandóságában és hasonló szellemű közvéleményben rejlik. Ez a biztosíték annál erősebb lesz, minél erőteljesebb a kormányhatalom látható tevékenysége a propaganda útján való előkészítés terén. Más szóval: minél kevésbé félreérthető módon tükrözi vissza a közhangulat a kormány célkitűzéseit.

A mi helyzetünkben egy népet akkor fogunk szövetségkötésre alkalmasnak találni, ha kormánya és közvéleménye egyaránt tántoríthatatlanul hirdeti és képviseli a szabadságharc eszméjét. Ez az előfeltétele olyan idegen államok közvéleményét átalakítandó munka megkezdésének, amelyek saját belátásuk alapján legelemibb érdekeik képviseletében hajlandók az arra alkalmasnak látszó nép oldalán közös utakon járni, tehát vele szövetséget kötni.

Szem előtt kell tartanunk, hogy egy nép határozott lelkivilágának a megváltoztatása nagy munkát igényel, amit eleinte sokan nem fognak megérteni. Éppen ezért bűn és hiba lenne ellenlábas elemek számára támadási felületet nyújtani.

Be kell látnunk, hogy egy ideig eltart az, amíg a nép a kormány tulajdonképpeni szándékát teljesen megérti, mert bizonyos politikai tevékenység előmunkálatainak végső céljára nézve felvilágosítás nem adható.

Ezért csak a tömeg vak hitével vagy a politikailag magasabb színvonalon álló vezető rétegek ösztönös megérzésével lehet számolni. Minthogy azonban sok emberből hiányzik az a politikai látnoki érzék és tehetség, felvilágosítások pedig politikai okokból nem adhatók, az értelmiségi vezető egyéniségek egy része mindig ellene fog fordulni az új irányzatoknak, minthogy azok átláthatatlanságuk folytán, könnyen kísérletnek tekinthetők. Így ébreszti fel ez a tevékenység az aggódó konzervatív államférfiak ellenállását.

Ez okból a legfőbb kötelesség az, hogy kicsavarjanak az ily kölcsönös megértés előkészítését zavarni akarók kezéből a lehetőség szerint minden fegyvert, különösen akkor, ha úgy, mint a mi esetünkben csak felfuvalkodott politikusok és kávéházi nyárspolgárok teljesen megvalósíthatatlan fecsegéséről van szó. Új hadiflotta után való kiabálás és gyarmataink visszaszerzésének hangoztatása valójában csak együgyű szószátyárkodás, amelynek gyakorlati kivitelével higgadt megfontolás mellett alig lehet számolni. Ezek részben balga, részben bolond, de mindenesetre a halálos ellenség szolgálatában álló bajnokok bárgyú ömlengései. Angliában politikailag kihasználják, és ez semmi szín alatt sem nevezhető Németországra nézve kedvezőnek. Így élik ki magukat az emberek Isten és az egész világgal szembeni kárt okozó tüntetésekben, és megfeledkeznek arról az alapigazságról, amely minden sikernek alapfeltétele, arról, hogy amit teszel, azt alaposan tedd. Ha az ember öt vagy tíz állammal szemben duzzog, elmulasztja egész szellemi és fizikai erejének a legveszedelmesebb ellenfélre való összpontosítását, és feláldozza az ügy szövetség útján való rendezésének lehetőségét.

E téren is nagy hivatás hárul a nemzetiszocialista mozgalomra. Meg kell népünket tanítani arra, hogy tekintsen el a kicsiségektől és mindig a nagy célok felé törjön. Ne aprózza el magát mellékes dolgokban, hanem sohase felejtse el, hogy az a cél, amelyért ma mindnyájunknak küzdenünk kell, népünk puszta létfenntartása, és hogy az egyetlen ellenség, amelyet le kell terítenünk, az a hatalom, amely bennünket létfeltételünktől megfoszt.

Gyakran sok minden okoz nekünk keserű fájdalmat. Ez azonban még korán sem ok arra, hogy elveszítsük helyes ítélőképességünket, és esztelenül az egész világ ellen hadakozzunk, ahelyett, hogy egyesült erővel a halálos ellenségre vetnénk magunkat.

A német népnek nincs erkölcsi joga mindaddig másokat vádolni, amíg a saját hazáját eláruló bűnösöket nem vonta felelősségre. Helytelen eljárás az, ha Angliát, Olaszországot stb. a távolból szidjuk, velük szemben tiltakozunk, azokat a bitangokat pedig, akik ellenséges zsoldban fegyverünket kicsavarták, erkölcsi erőnket megtörték és megbénított országunkat harminc ezüstpénzért eladták, magunk között megtűrjük.

Az ellenség csak azt teszi, amit előre látni lehetett. Magatartásából és tevékenységéből tanulnunk kellene.

Aki nem képes a helyzet magaslatára emelkedni, annak meg kell gondolnia, hogy ezután már csak a lemondás marad hátra, mert a jövőre nézve minden szövetségi politika lehetősége elvész. Ha Angliával nem akarunk szövetkezni azért, mert elrabolta gyarmatainkat, Olaszországgal, mert Dél-Tirolt bekebelezte, Lengyelországgal és Csehszlovákiával általában véve nem, akkor lassanként Európában Franciaországon kívül, amely mellékesen megjegyezve Elzász-Lotaringiát lopta el tőlünk senki sem marad.

Így emberileg érthető, hogy bizonyos, eddig ellenséges népek lelki átalakulása, tekintettel a jövőben fennálló érdekközösségre, kétségtelenül lehetséges akkor, ha államunk belső megerősödése és a létfenntartásunkba vetett elhatározásunk bennünket a szövetségestársi minőségre képesít, továbbá, ha egy azelőtt ellenséges néppel való összeköttetésünk ellenzőinek ügyetlenséggel vagy gonosz áskálódással nem szolgáltatunk anyagot aknamunkájukhoz.

Legnehezebb az állásfoglalás a harmadik kérdés tekintetében. Elképzelhetőe, hogy a szövetségkötésre alkalmas nemzetek valódi érdekeinek képviselői célkitűzéseiket a szabad népek és nemzetek halálos ellenségének, a zsidóságnak akaratával szemben megvalósíthatják? Képesek lesznek-e pl. a hagyományos brit államművészet erői a pusztító zsidó befolyást megtömi vagy sem?

Amint már mondottam, erre a kérdésre nehéz válaszolni. Sokkal több tényezőtől függ, semhogy határozott véleményt lehessen nyilvánítani. Az mindenesetre bizonyos: csupán egy államban tekinthető a jelenlegi államhatalom oly megalapozottnak és annyira az ország érdekeit szolgálónak, hogy politikai szükségességeknek a nemzetközi zsidó erők által való megakadályozásáról már nem lehet beszélni. Ez Olaszország.

A harc, amelyet a fasiszta Olaszország habár alapjában véve talán öntudatlanul is (mit én nem hiszek) a zsidóság három fő tényezője ellen folytat, legjobb jele annak, hogy ha közvetett úton is, de kiverik ennek az államok feletti hatalomnak a méregfogát. A titkos szabadkőműves páholyok betiltása, a nemzetközi sajtó üldözése, évek folyamán azt eredményezi, hogy az olasz kormány tekintet nélkül a zsidó világhidra sziszegésére egyre inkább az olasz nép érdekeit szolgálja.

Nehezebb a helyzet Angliában. A "*legszabadabb demokrácia*" országában a közvélemény leple alatt ma csaknem kizárólag a zsidó diktál és ennek ellenére ott is állandó küzdelem folyik a brit államérdekek képviselői és a zsidó világdiktatúra előharcosai között.

Hogy ezek az ellentétek gyakran mily erős összetűzésekre vezettek, azt a háború után lehetett a legtisztábban felismerni, különösen a japán kérdésnek az angol hivatalos körök, másrészt a sajtó részéről való különböző felfogása tekintetében. Közvetlenül a háború befejezése után ismét jelentkezett a régi feszültség Amerika és Japán között. Természetesen a nagy európai világhatalmak sem maradhattak közömbösek az új háborús veszedelemmel szemben. Angliában minden rokoni kötelék ellenére sem lehetett az irigy aggodalom bizonyos érzését elnyomni az USA hatalmának nemzetközi, gazdasági és politikai növekedésével szemben. Az egykori gyarmatból, a nagy anya gyermekéből úgy látszik, hogy a világ új ura támad fel. Az ember megérti, ha Anglia gondterhes nyugtalanságában régi szövetségeseit felülvizsgálja, és a brit kormány aggódva tekint olyan időpont felé, amikor már nem azt fogjak mondani: "*Anglia a tengerek ura*", hanem az "*USA tengerei*".

A gigantikus amerikai államkolosszushoz szűzföldjének végtelen gazdagsága mellett nehezebb hozzáférni, mint a körülzárt német birodalomhoz. Ha egykor itt is sor kerül a végső leszámolásra, ha Anglia egyedül marad, a végzet felette is beteljesedik. Azért nyúl mohón a sárga kéz után és oly szövetségbe kapaszkodik, amely fajilag talán nem igazolható, politikai szempontból azonban egyedül erősítheti a brit világuralmat a felfelé törekvő amerikai kontinenssel szemben.

Mialatt az angol államvezetőség az európai harctereken Amerikával közösen vívott harcok ellenére nem tudta elhatározni magát arra, hogy az ázsiai szövetségen kissé tágítson, az egész zsidó sajtó hátba támadta ezt a szövetséget.

Hogyan lehetséges az, hogy a zsidó sajtótermékek, amelyek 1918-ig hűséges zászlóvivői voltak a Német Birodalom elleni brit harcnak, most egyszerre hitszegést követnek el, és külön utakon járnak?

Németország megsemmisítése nem angol, hanem elsősorban zsidó érdek volt. Ugyanúgy ma Japán letörése kevésbé szolgál brit államérdeket, mint inkább a remélt zsidó világuralom vezetőinek messzemenő kívánságait. Mialatt Anglia saját világuralmi helyzetének fenntartásán fáradozik, azalatt a zsidó saját támadást szervez annak elhódítására.

A zsidó a mai európai államokat egyrészt a nyugati demokrácia kerülő útján, másrészt az orosz bolsevizmus közvetlen uralmán keresztül már akarat nélküli eszköznek tekinti saját kezében. De nemcsak az Óvilágot hálózták be, hanem az Újvilágot is ugyanez a sors fenyegeti. Zsidók uralkodnak az Amerikai Egyesült Államok tőzsdéin. Évről évre mindinkább egy százhúszmilliós nép munkaerejének vámszedőivé lesznek, és ma már csak nagyon kevés azok száma, akik a zsidóság legnagyobb bosszúságára még teljesen függetlenek.

Kiváló ügyességgel gyúrták át a közvéleményt és formáltak harci eszközt saját jövőjük érdekében.

A zsidóság legnagyobbjai azt hiszik, hogy e néprontó faj közeledik már ószövetségi küldetéséhez.

E nemzeti mivoltától megfosztott gyarmati területen belül egyetlen független állam is képes volna az utolsó órában az egész számítást keresztülhúzni. Mert bolsevista világ csak akkor állhat fenn, ha mindent magába foglal.

Feltéve, hogy csak egy állam is megtartja a maga nemzeti erőit és nagyságát, a zsidó zsarnoki uralom, mint minden kényuralom ezen a földön, elbuknak a nemzeti gondolattal szemben.

A zsidó tisztában van azzal, hogy noha sikerül neki ezeréves simulékonyságával az európai népeket aláaknázni és nemtelen fattyúkká nevelni, de az oly ázsiai nemzeti államot, mint Japánt, aligha volna képes ily sorsra juttatni. A zsidó ma a németet, angolt, amerikait és franciát utánozza, azonban a sárga fajhoz hiányoznak az összekötő kapcsai. Ezért igyekszik a japán nemzeti államot hasonló alakulatok erejével megtömi, hogy megszabaduljon a veszélyes ellenféltől.

A zsidó évezredes birodalmában irtózik a japán nemzeti államtól, és így annak megsemmisítését még saját diktatúrájának megalapítása előtt óhajtja. Ma Japán ellen szítja a népeket, mint egykor Németország ellen. Így könnyen megtörténhetik, hogy mialatt az angol diplomácia a Japánnal való szövetség kiépítésén fáradozik, a brit zsidó sajtó már a szövetség elleni harcot követeli és a demokrácia hangoztatásával, meg "*Le a japán militarizmussal és császársággal!*" csatakiáltással megsemmisítő háborút készít elő.

Így a zsidó ma Angliában megtagadta az engedelmességet. A zsidó világveszedelem elleni harc ezzel ott is megkezdődik.

Ismét hatalmas feladat vár a nemzetiszocialista mozgalomra. Neki kell a nép szemét felnyitni, vele az idegen nemzeteket megismertetni, és újra meg újra felhívni a figyelmét a mi világunk valódi ellenségére. Az árja népek elleni gyűlölet helyett, még ha azok némelyikétől egy világ is választ el, amelyekkel azonban bennünket mégis a vérközösség vagy az összetartó közös kultúra köt össze, az emberiség gonosz ellenségét, minden szenvedés valódi okozóját, kell az általános bosszúnak föláldozni.

Gondoskodni kell arról. , hogy a halálos ellenséget legalább saját országunkban felismerjük, és a vele szemben folytatott harc mint egy megvilágosodottabb kor világító fáklyája a többi nép számára is megmutassa a küzdő árja népek boldogulásához vezető utat. Egyebekben a józan ész legyen a veze-

tőnk, és az akarat az erőnk. Ez irányú szent kötelességünk adjon nekünk kitartást, legfőbb pártfogónk pedig hitünk maradjon.

XIV. Keleti tájékozódás vagy keleti politika

Két körülmény késztet arra, hogy Németországnak Oroszországhoz való viszonyát különös vizsgálatom tárgyává tegyem:

1. Az általános német külpolitika legfontosabb kérdéséről van szó.
2. Ez a kérdés egyben a fiatal nemzetiszocialista mozgalom próbaköve, hogy világos-e gondolkodása és cselekvése helyes-e.

A népi állam külpolitikájának az a feladata, hogy az állam keretébe szervezett faj számára az élet lehetőségét biztosítsa, és ehhez képest a nép számának szaporodása, másrészt területének és termőföldjének nagysága és jósága között egészséges és természetes viszonyt teremtsen.

Ez a viszony csak akkor egészséges, ha a nép ellátását saját területén, saját termőföldje által biztosítja. Minden más állapot, még ha évszázadokig, sőt évezredekig tart is, egészségtelen; előbb-utóbb az illető nép károsodásához, sőt mi több, pusztulásához vezet.

Egy nép létének függetlenségét csak megfelelő nagyságú terület tudja e földön biztosítani.

Emellett a szükséges területi nagyságot nem kizárólag a jelen követelményei tekintetéből kell megítélnünk, sőt még csak nem is a föld hozamának a nép számához viszonyított aránya alapján, mert mint már az első kötetben, a "*A háborús propaganda*" című fejezetben is kifejtettem, egy állam területének mint termőterületnek jelentőségéhez egy másik, a hadászati kérdés is járul. Ha a nép az ellátásához szükséges területi nagyságot, mint olyat biztosította is a maga számára, még mindig gondolni kell a terület megtartására is. Ez utóbbi pedig az államhatalom politikai erejében gyökerezik, amely viszont nem kis mértékben katonaföldrajzi szempontoktól függ.

Tisztán területi szempontból tekintve a dolgot, a Német Birodalom területi nagysága teljesen eltörpül az ún. világhatalmakéval szemben. E tételem megdöntése szempontjából ne hivatkozzék senki Angliára, mert hiszen az angol anyaország kétségtelenül csak fővárosa annak a Brit Világbirodalomnak, amely az egész földkerekség egynegyed részét vallhatja sajátjának. Óriási kiterjedésű államok emellett az Amerikai Egyesült Államok, továbbá Oroszország és Kína. Hatalmas területi komplexumok ezek, amelyek területe részben több mint tízszeresét teszi ki a mai Német Birodalom területének. Magát Franciaországot is ezek közé az államok közé kell számítanunk. Nemcsak arra kell gondolnunk, hogy egyre nagyobb mértékben egészíti ki hadseregét a színes emberanyagból, hanem arra is, hogy ebben az országban az elnégeresedési folyamat olyan rohamléptekkel halad előre, hogy lassanként egy afrikai állam európai földön való kialakulásáról lehet beszélni. A mai Franciaország gyarmati politikáját nem lehet összehasonlítani az egykori Németország gyarmati politikájával. Ha Franciaország fejlődése a mai keretek között még háromszáz évig tartana, akkor a legutolsó frank vérmaradvány is kiveszne ebből az Európa-afrikai anyaországból. Ehelyett hatalmas település keletkeznék, a Rajnától le egészen a Kongóig, amelyet a folytonos vérkeveredés következtében előálló alacsonyabb rendű faj népesítene be.

Ma a földön a hatalmak egész sorát láthatjuk, amelyek nagyrészt nemcsak népességük számával haladják meg német népünk erejét, de amelyek mindenekelőtt területük nagyságában találják meg politikai hatalmi állásuk támaszát. Még sohasem volt a Német Birodalomnak a többi számottevő világhatalomhoz viszonyítva a területi kiterjedés és lélekszám közötti viszonya olyan kedvezőtlen, mint történelmünk első órájában, kétezer esztendővel ezelőtt és ma. Annak idején fiatal népként rohammal törtünk be széteső félben levő államalakulatok e világába, magunk is közreműködtünk ezek leghatalmasabbikának, Rómának lerombolásában. Ma az alakulófélben lévő államhatalmak világában találjuk magunkat, és abban saját birodalmunk egyre többet veszít jelentőségéből.

Szükségünk van arra, hogy ezt a keserű valóságot ma ridegen szemünk előtt tartsuk. Szükséges, hogy a Német Birodalmat lélekszáma és területi kiterjedése tekintetében a többi

államhoz hasonlítsuk, és ez irányú fejlődését évszázadokon keresztül kövessük. Meg vagyok győződve arról, hogy mindenki, aki ezt teszi, megdöbbenve fog ráeszmélni arra a tényre, hogy Németország többé nem világhatalom, tekintet nélkül arra, hogy katonailag erőse vagy gyenge.

Ha a nemzetiszocialista mozgalom valóban nagy küldetésének tudatában, népünket a történelem számára meg akarja tartani, akkor az a kötelessége, hogy áthatva saját helyzetének felismerésétől és fájdalmas voltától, számító céltudatossággal vegye fel a harcot azzal a zsarnoksággal és tehetetlenséggel, amely eddig a német népet külpolitikai útján kísérte. Kíméletlenül, a "*hagyományokra*" és előítéletekre való tekintet nélkül, bátran, egy táborba toborzott népünk erejével el kell indulnia azon az úton, amely létünk szükségességéből új területekre és új földre vezérli ezt a népet, és egyben megmenti attól a veszedelemtől, hogy elpusztuljon, vagy pedig rabszolga módjára másokat szolgáljon.

A nemzetiszocialista mozgalomnak meg kell kísérelnie, hogy lélekszámunk és területünk közötti áldatlan viszonyt ez utóbbit csak úgy tekintve tápláló forrásnak, mint hatalompolitikai támaszpontnak éppúgy kiküszöbölje, mint az ellentmondást történelmi múltunk és a már-már kilátástalanságba hajló jelenlegi elesettségünk között.

Ha az eddigi német külpolitikát céltalannak és tehetetlennek jelzem, akkor e megállapításom legjobb bizonyítéka abban a körülményben rejlik, hogy ez a politika teljes mértékben csütörtököt mondott. Ha népünk szellemileg alacsonyrendű és gyáva lett volna, e földi harcnak az eredménye akkor sem lehetne siralmasabb, mint a mostani.

Ha így vizsgáljuk népünk ezeréves történelmét, ha elképzeljük a háborúk sokaságát, azok eredményét, akkor megállapíthatjuk, hogy ebből a vértengerből csak három olyan jelenség született, amelyet ma világos külpolitika gyümölcsének nevezhetünk, és ami általában politikai haladást jelent.

Először az ősbajorok által keresztülvitt Ostmark település; másodszor az Elbától keletre eső területek megszerzése és betelepítése;

harmadszor a Hohenzollernek által megszervezett brandenburgi porosz állam, mint az új birodalom mintaképe. Nagy tanulság ez a jövő számára!

Mi, nemzetiszocialisták sohasem merülhetünk el mai polgári világunk "*hurrázó hazafiságában*". Különösképpen veszélyes lenne a háború előtti fejlődést irányadónak tekintenünk. A 19. század egész történelmi időszakának vezetői magatartásával ellentétben mi ismét minden külpolitikai gondolkodásnak csak azt a legfelsőbb szempontját képzelhetjük, amely szerint: a területet a lélekszámmal kell összhangba hoznunk. Igen. Mi a múltból csak azt tanulhatjuk, hogy politikai tevékenységünket kettős irányban kell folytatnunk. Külpolitikánk célja terület és termőföld szerzése, belpolitikánké pedig szilárd és egységes világnézeten nyugvó állam megteremtése.

Röviden még arra a kérdésre óhajtok kitérni, hogy a terület és termőföld iránti követelés mennyiben jogos erkölcsi tekintetben.

Erre különösen azért van szükség, mert sajnos az ún. népi körökben is szerepelnek minden hájjal megkent elemek, akik azon fáradoznak, hogy a német népnek külpolitikai tevékenysége és céljaként az 1918. évi igazságtalanság jóvátételét jelöljék meg. Egyben szükségesnek tartják, hogy ezentúl az egész világot keblünkre öleljük népi testvériségben és együttérzésben.

Mindenek előtt a következőket kell megjegyeznünk. Az 1914 előtti határok visszaállításának követelése oly nagymérvű politikai esztelenség, hogy azt már-már merényletnek tekinthetjük. A birodalom 1914. évi határai teljesen ésszerűtlenek voltak, mert azok a valóságban arra sem voltak alkalmasak, hogy egybefoglalják a német nemzetiségű embereket, másrészt a katonai földrajzi célszerűség követelményeinek sem feleltek meg. Azok nem meggondolt politikai tevékenység eredményei voltak, hanem egy semmiféle tekintetben sem kiegyensúlyozott politikai mérkőzés pillanatnyi határai, és részben a véletlen művei.

Ugyanezen a jogcímen, sőt még jogosabban a német történelem egy másik evet is kiválaszthatnánk, hogy az akkori viszonyok helyreállításában lássuk a külpolitikai tevékenység célját. A fentebb jelzett követelmény teljesen megfelel a mi polgári világunk gondolkodásmódjának, amely ezen a téren sem tud a jövő számára politikai gondolatokat maga elé tűzni, hanem sokkal inkább a múltban, éspedig a legközelebbi múltban él, mert hiszen még visszafelé is csak saját koráig tekint.

Nekünk, nemzetiszocialistáknak, tántoríthatatlanul ki kell tartanunk külpolitikai céljaink mellett, amelyek pedig azt követelik, hogy biztosítsuk a földön a német nép számára az őt megillető területet és termőföldet. Ha kell, véráldozattal is biztosítanunk kell azt a földet, amelyen majdan parasztnemzedékek egészséges fiakat nevelnek fel, amely föld megadja majd a felmenést a mai nemzedék áldozatáért, és helyeselni fogja azoknak a felelős államférfiaknak a politikáját, akiket a jelen talán elítél.

A legerélyesebben fel kell lépnem e tekintetben azok ellen a népies íródeákok ellen, akik az ilyen területszerzésben "*szent emberi jogok megsértését*" vélik felfedezni, és ellene firkálnak. Az ember sohasem tudhatja, hogy ki áll ilyen fickók háta mögött.

Az államhatárokat az emberek teremtik és az emberek változtatják meg. Tény az, ha egy népnek sikerült aránytalanul nagy területre szert tennie, az még nem kötelez senkit sem arra, hogy azt megváltoztathatatlannak ismerje el. Ez legfeljebb a hódítók erejét és a tűrök gyöngeségét bizonyítja.

Miként egykor az a terület, amelyen ma állunk, nem az égből pottyant őseink ölébe, hanem életük és vérük kockáztatásával kellett azt kiharcolniuk, éppen úgy a népünk létkérdését jelentő újabb földterületeket sem a népi kegy fogja kiutalni, hanem csak a győzelmes kard ereje.

Mi, nemzetiszocialisták, tovább kell, hogy menjünk. Meg kell gondolnunk, hogy újabb területre és termőföldre való jogunk kötelességgé válhat abban a percben, mihelyt a területi nagyobbodás hiánya egy nagy népet halálra ítél.

A mondottak alapján mi, nemzetiszocialisták, a háború előtti kultúrpolitikai vonalvezetést teljes mértékben elvetjük. Ott folytatjuk, ahol őseink hatszáz évvel ezelőtt abbahagyták. Mi megállást parancsolunk az örökös germán vándorlásnak Európa déli és nyugati részei felé, és kelet felé tekintünk. Lezárjuk végül a háború előtti időszak gyarmati és kereskedelmi politikáját, és rátérünk a jövő földbirtok politikájára.

Ha Európában új területről és új termőföldről beszélünk, akkor csak Oroszország és az azt környező államok felé tekinthetünk.

E téren maga a sors mutat irányt. Mialatt ugyanis Oroszország a bolsevizmus hatalmába került, megfosztotta az orosz népet attól az értelmiségtől, amely eddigi állami létét megteremtette és biztosította. Nem szabad elfelednünk, hogy az orosz államalakulat szervezete nem az oroszországi szlávság állampolitikai képességét dicséri, hanem az sokkal inkább a germán elem államalkotó működésének nagyszerű példája volt. A földnek sok hatalmas birodalma alakult ki hasonló módon. Alacsonyabb rendű népek, élükön germán szervezőkkel és vezetőkkel, nem egyszer lettek hatalmas államokká, és mindaddig fennmaradtak, amíg ez az államalkotó elem vezető szerepét megtartotta.

Oroszország már századok óta emésztette belső rétegeinek ezt a germán magvát, amely ma úgyszólván teljesen kiirtottnak és megsemmisítettnek tekinthető. Helyét a zsidó foglalta el. Amennyire lehetetlen, hogy az orosz nép saját erejéből e zsidó jármot lerázza, éppen annyira lehetetlen viszont, hogy a zsidó ezt a hatalmas birodalmat hosszabb időn keresztül uralma alatt tartsa. A zsidó nem szervező elem, hanem ellenkezőleg, a rombolás megszemélyesítője. Ez a keleti óriási birodalom megérett az összeomlásra. Oroszország zsidó uralmának vége egyben Oroszországnak, mint államnak is a végét jelenti. A sors bennünket arra választott ki, hogy szemtanúi legyünk olyan katasztrófának, amely a népi fajelmélet helyességének leghatalmasabb bizonyítéka.

A nemzetiszocialista mozgalom hivatása az, hogy népünket erre a politikai belátásra késztesse, hogy jövő célkitűzését ne a nagysándori hódítás csalóka délibábjában, hanem a német eke szívós és kitartó munkájában lássa, amelynek számára a kard csak a földet biztosítja.

Az csak természetes, hogy a zsidóság ilyen politikával szemben a legélesebb ellenállást fejti ki. E tevékenységnek a zsidóságra kiható jelentőségét jobban érzi maga a zsidóság, mint bárki más. Épp ez a tény meggyőzhetne minden valóban nemzeti érzelmű férfit egy ilyen új irányzat helyességéről. Sajnos, éppen az ellenkezője a helyzet. Nemcsak a német nemzeti, hanem "*népi*" körökben is heves ellenállást fejtenek ki az ilyen nézettel szemben, és mint mindig, egy-egy nagy tekintélyre hivatkoznak. Bismarck szellemét idézik, hogy fedezzék az olyan politikát, amely épp oly esztelen, mint lehetetlen, és egyben a német népre a legnagyobb mértékben káros. Azt hajtogatják, hogy egykor Bismarck maga is nagy súlyt helyezett az Oroszországgal való szívélyes viszonyra. Ez valóban igaz. Megfeledkeznek azonban arról, hogy ő éppen olyan nagy súlyt helyezett az Itáliával való barátságra is. Sőt éppen ez a Bismarck Itáliával kötött szövetséget, hogy Ausztriát annál könnyebben elintézhesse. Miért nem folytatják azt a politikát most is? Azt mondjak, azért, mert a mai Itália nem azonos az akkorival. Helyes, De akkor mélyen tisztelt uraim, engedjék meg az ellenvetést, hogy a mai Oroszország sem a régi Oroszország. Bismarck sohasem gondolt arra, hogy egy politikai utat örökre kitűzzön. Sokkal inkább mestere volt ő a pillanatnyi helyzeteknek, semhogy magát annyira lekötötte volna. A kérdés tehát nem az, hogy Bismarck mit tett akkor, hanem sokkal inkább az, hogy mit tenne ma? És erre a kérdésre könnyebben válaszolhatunk. Sohasem kötné magát politikai bölcsességével olyan államhoz, amelyet halálra ítéltek.

A jelenlegi, felső germán rétegétől megfosztott Oroszország, még eltekintve új urainak világnézetétől is, nem szövetségese a német nemzet szabadságharcának. Tisztán katonai szempontból Németország és Oroszország Nyugat-Európa elleni, valószínűleg azonban az egész világ elleni háborúja esetén a viszonyok katasztrofálisak lennének. A harc nem orosz, hanem német földön folyna anélkül, hogy Oroszország csak legkisebb támogatásban is részesítené Németországot. Ne tegye senki azt az ellenvetést, hogy az Oroszországgal való szövetségnek nem föltétlen kell háborús célt szolgálnia, és ha igen, azt alaposan elő lehetne készíteni. Nem. Olyan szövetség, amelynek célja nem háborús, esztelen és értéktelen. Szövetségeket az ember harcra köt. Így az Oroszországgal megkötendő szövetséggel a jövő háború körvonalai bontakoznának ki.

Kimenetele Németország pusztulását jelentené. Ehhez járul még a következő. Oroszország mai zsidó urai a legtávolabbról sem gondolnak arra, hogy becsületes értelemben vett szövetséget kössenek, és azt be is tartsák. Nem szabad elfelejtenünk ugyanis azt, hogy a mai Oroszország vezetői véres kezű közönséges gonosztevők, hogy azok az emberiség salakjából kerültek ki, akik a viszonyok teremtette tragikus órában egy nagy államot kerítettek hatalmukba, a vezető értelmiséget vad vérszomjassággal kiirtották, és idestova tíz esztendeje a legszörnyűbb rémuralmat teremtették meg. Ne felejtsük el, hogy a hatalom mai birtokosai olyan népfajhoz tartoznak, amelyben az állati kegyetlenség megfoghatatlan hazugsággal párosul, és amely faj ma sokkal inkább, mint valaha, elhivatottnak érzi magát arra, hogy az egész világot uralma alá hajtsa. Ne feledjük el, hogy ez a nemzetközi zsidó, amely ma Oroszországon teljes mértékben uralkodik, Németországban nem szövetségest, de egy Oroszországhoz hasonló sorsra ítélt államot lát. Az ember azonban nem köt szövetséget olyan társsal, akinek egyetlen érdeke a másik megsemmisítése. Mindenekelőtt pedig nem köt az ember szövetséget olyan emberekkel, akik előtt a szerződés szentsége ismeretlen, akik nem a becsület és tisztesség képviselőjeként élnek a világon, hanem a hazugság, a csalás és a rablás nagymesterei. Ha az ember azt hiszi, hogy élősdiekkel szerződéses viszonyra léphet, akkor hasonló ahhoz a fához, amely saját érdekében a fagyönggyel szövetkezik.

Másodszor az a veszedelem, amely Oroszországot egykor leterítette, Németország kapui előtt áll. Csak a polgári együgyűek hada képes elképzelni azt, hogy Oroszországból száműzték a bolsevizmust. A maga felületes gondolkodásmódjával el sem tudja képzelni, hogy ebben az esetben egy fejlődési folyamatról, a zsidó nép világuralmi törekvéséről van szó, amely éppen annyira természetes, mint az angolszász ösztöne, amely arra készteti őt, hogy a földet uralma alá hajtsa. Miként az angolszász ezt az utat a maga módja szerint járja, és a harcot saját fegyvereivel harcolja meg, éppen úgy a zsidó is a maga útján jár, beférkőzik a népek közé, aláaknázza azokat, és harcol saját fegyvereivel, a hazugsággal és rágalmazással, a méregpohárral és a robbantás szellemével mindaddig, míg ki nem irtotta a gyűlölt ellenséget. Az orosz bolsevizmusban mi a zsidó világuralmi törekvések 20. századbeli megnyilatkozását látjuk, éppen úgy, mint ahogy az más korszakokban más, rokon folyamatok segítségével, de ugyanezen cél felé törekedett. E törekvés egyéniségében gyökerezik. Törekvését pedig önszántából sohasem fogja feladni. Vagy rajta kívül fekvő erők fogják visszaszorítani, vagy csak saját kihalása fogja világuralmi törekvéseit derékba törni. A népek tehetetlensége, kimúlásuk vérük tisztaságának a függvénye. Vére tisztaságára a zsidó jobban vigyáz, mint a világ bármely más népe. Éppen ezért addig járja végzetes útját, amíg egy olyan ellentétes erőre bukkan, amely hatalmas birkózásban az egek ezen ostromlóját ismét a pokolba taszítja.

A zsidó világbolsevizmus elleni harc Szovjet-oroszországgal szemben tiszta állásfoglalást követel. Az ördög ellen nem lehet Belzebubbal szövetkezni. Ha még fajvédő körök is lelkesednek Oroszország szövetségéért, akkor ezek nézzenek csak körül Németországban, és látni fogják, hogy kik támogatják kezdeményezésüket. Vagy talán ezek a körök újabban a német népre nézve áldásosnak tartanak olyan tárgyalásokat, amelyeket a marxista sajtó támogat és üdvözöl? Mióta harcolnak a fajvédők olyan fegyverrel, aminőt maguk a zsidók is pajzsként tartanak maguk elé? Nyíltan bevallom, hogy én már a háború előtti időben helyesnek tartottam volna, ha Németország lemond a gyarmatpolitikáról, elveti a kereskedelem, és hadiflotta terveit, és Anglia szövetségében Oroszország ellen szállt volna hadba, véget vetve ezzel gyönge világpolitikájának, és ehelyett az európai területszerzés politikáját követte volna.

Sohasem felejtem el azt az állandó fenyegetőzést, amelyet az akkori pánszláv Oroszország Németország felé lövellt. Nem felejtem el az állandó próbamozgósításokat, amelyeknek egyetlen célja Németország kihívása volt. Nem tudom elfelejteni Oroszország közvéleményének hangját, amely már a háború előtt is gyűlöletes kifakadásokra ragadtatta magát népünk és birodalmunk ellen. Nem tudom elfelejteni az orosz sajtót, amely mindig inkább Franciaországért lelkesedett.

Mindennek ellenére a háború előtt meg volt egy másik út lehetősége is. Oroszország támogatásával is felléphettünk volna Anglia ellen. Ma más a helyzet. Ha az ország a háború előtt a legkülönbözőbb érzelmi momentumokat kikapcsolva Oroszországgal szövetkezhetett volna, ez ma már nem történhet meg. A világ órájának mutatója azóta haladt, és erőteljes kongással jelzi azt az órát, amelyben népünk sorsának jobbra vagy balra kell fordulnia. Ha a nemzetiszocialista mozgalomnak az értelem lesz egyedüli irányítója, akkor az 1918-i katasztrófa még népünk jövője szempontjából hatalmas áldást jelenthet. Ebből az összeomlásból népünk politikai végrendelete alakulhat ki, amely politikai végrendeletnek a német nép tevékenysége számára értelemszerűen a következőképpen kell hangzania.

Ne tűrjétek Európában két szárazföldi hatalom keletkezését. A német határokon egy második katonai hatalom megteremtésének minden kísérletében, még ha ez csak egy katonai hatalomra alkalmas állam kialakulásában is jelentkezik, Németország elleni támadást lássatok, és ne csak jogotoknak, hanem kötelességeteknek is tartsátok minden eszközzel, sőt fegyveres erővel is megakadályozni ilyen állam keletkezését, illetve előidézni a már kialakult állam bomlását. Gondoljatok arra, hogy népünk erejét nem a gyarmatokban, hanem országa európai földjében találja meg. Soha se tartsátok az államot biztonságosnak, ha az nem biztosíthat népünk minden tagja számára egy darab termőföldet. Ne feledjétek el, hogy a világon a legszentebb jog a saját maga által megművelni szándékolt földhöz való jog, és a legszentebb áldozat az e földért kiontott vér.

Nem akarom befejezni e gondolatsort anélkül, hogy ne mutassak rá arra a szövetségkötési lehetőségre, amely ma egyedül adódik számunkra Európában. Már az előző fejezetben utaltam Angliára és Itáliára, mint azokra az államokra, amelyekkel a szorosabb viszony feltétlenül értékes és eredményes lenne. E helyütt röviden az ilyen szövetség katonai jellegével óhajtok foglalkozni.

Ilyen szövetség megkötésének katonai következménye éppen az ellenkezője lenne az Oroszországgal való szövetségnek. Mindenekelőtt fontos körülmény az a tény, hogy az Anglia és Itália felé való tájékozódás egymagában még nem jelent háborús veszélyt. Franciaország mint az egyetlen hatalom, amely ez ellen a szövetség ellen számba jöhetne, nem lenne abban a helyzetben, hogy fellépjen ellene. Ezzel azonban Németország számára lehetővé válnék, hogy teljes nyugalomban megtegye azokat az előkészületeket, amelyek az ilyen együttműködés következtében a Franciaországgal való leszámolást biztosítanák. Ilyen szövetség jelentősége éppen abban rejlik, hogy Németország nem kerül azonnal ellenséges támadás pergőtűzébe, hanem összetöri az Antantot, annyi szerencsétlenségünk kútforrását, amely most önmagát oszlatná föl és elkülönítené Franciaországot, népünk halálos ellenségét. Ha ennek eredménye elsősorban csak erkölcsi is, alkalmas lenne arra, hogy Németországnak a mozgási szabadság eddig alig elképzelt mértékét biztosítsa. ^ helyzet kulcsa az új európai angol— német—olasz szövetség kezében lenne, és nem Franciaországéban.

Kétségtelenül nagy nehézségei vannak az ilyen szövetségkötésnek. De kérdem én, az Antant megalakítása kevésbé volt nehéz? Ha VII. Edward királynak sikerült, éspedig szinte a birodalma természetes érdekei ellenére, akkor nekünk is kell és fog sikerülni, hogyha az ilyen fejlődés szükségét megértjük és átérezzük, és okos önuralommal aszerint határozzuk meg tevékenységünk útját. Nem nyugati és nem keleti orientációt kell a mi külpolitikánknak vallania, hanem keleti politikát kell csinálnia német népünk földszükségletének kielégítése érdekében. Minthogy azon)an ehhez erőre van szükség és népünk halálos ellensége, Franciaország bennünket könyörtelenül fojtogat, erőnket rabolja, minden áldozatot meg kell hoznunk, amely alkalmas lehet arra, hogy a francia egyeduralmi törekvések pusztulását előmozdítsa. Nekünk minden olyan hatalom természetes szövetségesünk, amely hozzánk hasonló módon Franciaország uralmi vágyát elviselhetetlennek tartja. Nem szabad nehézségeket ismernünk az ilyen hatalmakhoz vezető utak tekintetében, és semmi áldozat sem tűnhet fel lehetetlennek, ha végső eredményben legádázabb ellenségünk leverésének lehetőségét biztosítja. Bízzuk csak nyugodtan az időre mai apróbb sebeinket, ha a nagyobbakat kiégetjük és meggyógyítjuk.

XV. Jogos önvédelem

Az 1918. novemberi fegyverletétellel olyan politika vette kezdetét, amelynek emberi számítás szerint lassanként teljes behódoláshoz kellett vezetnie. A történelem azt tanítja, hogy oly népek, amelyek kényszerítő ok nélkül dobják el fegyvereiket, a jövőben inkább alávetik magukat megaláztatásnak és kizsarolásnak, semhogy újra megkíséreljék sorsuk fegyveres erővel történő jobbra fordítását.

Ez emberileg érthető. Az okos győző a lehetőséghez képest mindig részletekben fogja a követeléseit a legyőzöttekre kényszeríteni. Így azután a jellemtelenné vált népnél márpedig minden önként behódolt nép ilyen számolni kell azzal, hogy a részleges zsarnokoskodásban már nem fog elegendő okot találni még egyszer a fegyverfogásra.

Egy nép önhibájából történt lassú pusztulásának példája Karthágó bukása.

Clausewitz páratlan módon ragadta ki ezt a gondolatot és szögezte le "*Három vallomás*" című munkájában, amikor azt írja:

"*A gyáva behódolás szégyenfoltja sohasem törölhető le; a nép vérében lévő méregcsepp továbbterjed az utódokra, megbénítja és aláássa a késői nemzedék erejét is*".

Ezzel szemben:

"még ha el is vész a szabadság véres és becsületes harcokban, e harc biztosítja a nép újjászületését, és új élet magjává lesz, amelyből valamikor új fa életerős gyökerei fognak sarjadni".

Az csak természetes, hogy a becstelenné és jellemtelenné vált nemzetet nem érdeklik ezek a tanok, mert aki azt megszívleli, ily mélyre nem is süllyedhet, mert csak az roppanhat össze, aki szem elől téveszti, vagy nem akar többé róla tudni. Így tehát a jellem nélküli behódoltaktól nem várható el, hogy hirtelen magukba szálljanak, józan ész és az emberi tapasztalat alapján másként cselekedjenek, mint eddig. Ellenkezőleg. Éppen ezek fognak magukból minden ily tanulságot elutasítani mindaddig, míg vagy a nép szokja meg végleg a rabigát, vagy jobb erők nyomulnak a felszínre, hogy a gonosz elnyomók kezéből kiragadják a hatalmat.

Az 1918. óta történt események sajnos, arra mutatnak, hogy azt a reményt, amely szerint a győzők kegyét önkéntes behódolás útján meg lehet nyerni Németországban végzetes módon sugalmazza a nagy tömeg politikai felfogása és elképzelése. Szándékosan hangsúlyozom a nagy tömeg kifejezést, mert nem óhajtanék egy olyan tévhitet táplálni, mintha a vezetők cselekedetei is ugyanerre a kártékony tévhitre lennének visszavezethetők. A háború befejezése óta ugyanis sorsunkat egész leplezetlenül a zsidók irányítják, és így tényleg nem lehet feltételezni azt, hogy szerencsétlenségünk oka egyedül a helyzet téves felismerése lenne, sőt ellenkezőleg, abból a meggyőződésből kell kiindulnunk, hogy tudatosan teszik tönkre népünket.

Ha mi ebből a szempontból vizsgáljuk felül népünk külpolitikai vezetésének látszólagos őrültségeit, akkor azok a zsidó világhódító gondolat és harc szolgálatában álló, végtelenül rafinált és hideg logika eredményeiként lepleződnek le.

Így válik érthetővé, hogy annyi idő, amennyi 1806. és 1813. között elegendő volt ahhoz, hogy a teljesen megtört Poroszországot új életerővel és harci készséggel telítse, ma nemcsak hogy kihasználatlanul telt el, hanem ellenkezőleg, országunk egyre nagyobb elgyengüléséhez vezetett.

Hét évvel 1918. novembere után írták alá a locarnói szerződést!

Fokozatos süllyedésünk lefolyását már előbb érintettem; a gyalázatos fegyverszünet aláírása után sem erélyt, sem bátorságot nem mutattak az ellenség későbbi ismételt elnyomási kísérletével szemben. Ezek viszont elég okosak voltak ahhoz, hogy egyszerre ne sokat követeljenek. Zsarolásukat mindig arra a mértékre szorították, amely véleményük szerint és vezetőink véleménye szerint is pillanatnyilag még annyira elviselhető volt, hogy a néphangulat kitöréseitől nem kellett tartaniuk. Viszont minél több ilyen parancsot írtak alá és erőszakoltak népünkre, annál kevésbé látszott jogosultnak bármilyen további zsarolás vagy lealacsonyítás miatt hirtelen ahhoz a fegyverhez nyúlni, amit eddig, annyi más esetben elhanyagoltak: az ellenállás fegyveréhez! Éppen ez az a *"méregcsepp"*, amely mindig fokozódik, a legrosszabb örökségként minden jövendő elhatározást befolyásol, és lassanként ólomsúlyként, alig lerázható módon nehezedik a népre, mígnem végleg rabszolgafaj színvonalára süllyeszti azt.

Így váltották fel egymást Németországban is a leszerelési és rabszolgaságot teremtő parancsok, a politikai védtelenné tétel és a gazdasági kifosztás, hogy végre is erkölcsileg előkészítsék azt a szellemet, amely a Dawes tervben szerencsét, a locarnói egyezményben pedig eredményt látott. Magasabb szempontból nézve a dolgokat, nyomorúságunkban csak egy szerencséről beszélhetünk, éspedig arról, hogy az embereket el lehetett ugyan ámítani, az eget azonban nem lehetett megtéveszteni. Az ég áldása elmaradt, a szükség és gond szegődött népünk kísérőjévé, egyedüli hűséges szövetségesünk a nyomor lett. A sors ebben az esetben sem tett kivételt, hanem megadta nekünk azt, amire rászolgáltunk. Nem értékeltük a becsületet, megtanított hát arra, hogy legalább a kenyér szabadságát becsüljük. A kenyeret már megtanulták az emberek kérni. A szabadságért egy szép napon még könyörögni fognak.

Amilyen keserű és előre látható volt népünk összeomlása az 1918 utáni években, épp oly elszántan üldöztek abban az időben mindenkit, aki már annak idején meg merte jósolni azt, ami később bekövetkezett. Nemcsak nyomorult és rossz volt népünk vezetése, hanem önhitt is, különösen akkor, amikor nemkívánatos és kellemetlen intelmek elintézéséről volt szó. Abban az időben megérhettük (sőt még ma is), hogy a parlament legnagyobb tökfilkói, akik máról holnapra államférfiúi polcra emelkedtek, lenézzék, és semmibe vegyék a többi halandót.

Az nem lényeges, hogy az ilyen *"államférfi"* működésének többnyire már a hatodik hónapjában az egész világ csúfjára és szégyenére leplezetlenül bizonyságát adta tehetetlenségének. Ez nem tartozik a dologhoz, sőt ellenkezőleg: minél kevesebb érdemi munkát végeznek az ilyen államférfiak, annál inkább üldözik azokat, akik tőlük eredményeket várnak, eddigi működésük hiábavalóságát merik hangoztatni, és megjósolják a bekövetkező kudarcot. Ha azután egy ilyen derék *"parlamenti életművész"* végleg sarokba szorítunk, és az nem tudja meddőségét letagadni, akkor ezer és ezer okot fog találni mentségül munkája eredménytelenségéért. Ámde egyetlenegy sem akad, aki beismerné, hogy ő maga a legfőbb oka a bajoknak.

Legkésőbb 1922-23-ban már tisztán kellett volna látni, hogy Franciaország még a "*békekötés*" után is vaskövetkezetességgel fáradozik eredetileg kitűzött háborús célja elérésén. Azt hiszem, senki sem hiszi azt, hogy Franciaország egész történelmének legdöntőbb küzdelmében négy és fél évig azért ontotta népének amúgy sem túlságosan bő vérét, hogy az okozott károkat későbbi jóvátétel alakjában visszakapja. Még Elzász-Lotaringia sem volna kellő magyarázat a francia hadvezetőség erőkifejtésére, ha emellett nem játszana szerepet a francia politikának igazi nagy célkitűzése. Ez a cél pedig nem egyéb, mint Németország apró kis államokra való felosztása. Ezért harcolt a soviniszta Franciaország, ami mellett a valóságban rabszolgaként adta el népét a nemzetközi zsidóságnak.

Ez a francia háborús cél már a világháborúval elérhető lett volna, ha amint ezt eleinte Párizsban remélték a háború német területen játszódott volna le. Gondoljunk csak arra, hogyha a világháború véres ütközetei nem a Somme mentén, Flandriában, Artois, Varsó, Nizsnij Novgorod, Kowno, Riga stb. mellett folytak volna le, hanem Németországban a Ruhr, a Majna, az Elba mentén, Hannover, Lipcse vagy Nürnberg előtt, akkor tényleg be kell látnunk, hogy Németország szétdarabolása bekövetkezhetett volna. Nagyon kérdéses ugyanis, hogy a mi fiatal szövetségi államunk képes lett volna e négy és fél esztendő teherpróbáját kiállni úgy, mint ahogy azt az évszázadokon keresztül központilag irányított és mindig a párizsi központra támaszkodó Franciaország kibírta. Egykori hadseregünk dicsősége és a német jövő legnagyobb szerencséje is az a körülmény, hogy a népek e legnagyobb csatája hazánk határain kívül folyt le. Sziklaszilárd, sőt néha majdnem szorongó érzést keltő belső meggyőződésem, hogy ellenkező esetben ma már rég nem volna Német Birodalom, hanem csak "*német államok*" lennének. Ez az egyedüli vigaszunk. Elesett bajtársaink, testvéreink vére mégsem folyt teljesen hiába!

Így minden másképpen történt. Igaz ugyan, hogy Németország 1918 novemberében villámgyorsan összeomlott, de midőn a végzet bekövetkezett, hadseregünk még mélyen ellenséges országok területén állott. Franciaország első gondja akkor nem Németország felosztása, hanem sokkal inkább az volt, hogy miként lehet a német hadsereget Franciaország és Belgium területéről mielőbb eltávolítani. Ilyen körülmények között a párizsi kormány a világháború befejezése után elsősorban a német hadsereg lefegyverzését és Németországba való mielőbbi visszaszállítását tartotta első feladatának. Csak másodsorban gondolhatott a háború tulajdonképpeni céljának elérésére. Franciaország e tekintetben mindenesetre meg volt bénítva. Angliára nézve a háború Németországnak, mint gyarmati és kereskedelmi hatalomnak megsemmisítésével és annak másodrangú állammá való leszorításával valóban győzelmesen fejeződött be. A Német Birodalom teljes megsemmisítése azonban nemcsak hogy nem volt számára kívánatos, sőt ellenkezőleg, minden oka megvolt arra, hogy riválist óhajtson benne Európában Franciaországgal szemben. Ilyen körülmények között a francia politika kénytelen volt a háború által előkészített munkásságát folytatni. Ezzel adott még nagyobb jelentőséget Clemenceau kijelentésének, amely szerint számára a béke csak a háború folytatását jelenti.

Minden lehető alkalmat megragadtak arra, hogy a Német Birodalom egységét megrázkódtatásnak tegyék ki. Egyrészt újabb és újabb leszerelési parancsok, másrészt az ezáltal lehetővé vált gazdasági kizsarolás útján remélték Párizsban, hogy lassanként meg fogják lazítani a birodalom eresztékeit. Minél jobban kihalt a nemzeti öntudat és becsület Németországban, annál inkább érvényesült a gazdasági elnyomás és állandó nélkülözés romboló hatása. Az elnyomásnak és gazdasági kirablásnak az ilyen politikája tíz-húsz esztendő alatt még a legerősebb állami szervezetet is kikezdi és bizonyos körülmények között megbontja. Ezzel a francia háborús cél megvalósul. Ezt már 1922-23. telén régen fel kellett volna ismerni. Így tehát csak két lehetőség előtt állottunk: remélhettük, hogy sikerülni fog a francia akaratot a német szívósságával megtömi, vagy pedig ami úgysem maradhat el különösen kirívó esetnél a birodalom kormánykerekét megragadni, és a faltörő kost az ellenség felé fordítani. Ez utóbbi mindenesetre életrehalálharcot jelentene. Életre csak akkor lesz kilátásunk, ha először sikerül Franciaországot annyira elkülöníteni, hogy ez a második nagy harc ne legyen Németország küzdelme az egész világ ellen, hanem Németország önvédelmi harcaként jelentkezzék a békét állandóan zavaró Franciaországgal szemben.

Hangsúlyozom azt a szilárd meggyőződésemet, hogy ennek a második esetnek előbb-utóbb be kell következnie. Sohasem hiszek abban, hogy Franciaország szándéka velünk szemben valaha is meg tudna változni, mert hiszen az valójában a francia nemzet önfenntartási ösztönében gyökerezik. Ha én magam is francia volnék és így Franciaország nagysága nekem éppen olyan kedves lenne, mint amilyen szent most Németországé, úgy talán én sem tennék másként, mint ahogy egy Clemenceau cselekszik. Nemcsak népességének számában, hanem különösen a fajtája legkitűnőbb elemeiben is lassanként kihaló Franciaország csak úgy tudja fenntartani jelentőségét a világon, ha Németországot szétrombolja. Bármit is tegyen a francia politika, végeredményben legfőbb vágya mégis mindig ennek a kívánságnak beteljesülése lesz. Tévedés volna azt hinni, hogy egy teljesen tétlen, csak önmagát fenntartani óhajtó akarás képes lesz a nem kevésbé erőteljes, tevékeny előretöréssel szemben tartós ellenállást kifejteni. Addig, amíg az örökös villongás Németország és Franciaország között csak francia támadással szembeni német védekezés jegyében nyer elintézést, ez a kérdés végleg nem dől el, hanem Németország egyik hadállását a másik után fogja elveszteni. Ha megfigyeljük a német nyelvhatár változásait a XII. századtól napjainkig, akkor aligha fogunk annak a fejlődésnek a sikerére építeni, amely nekünk már eddig is olyan sok kárt okozott.

Csak akkor fogjuk az örökös és valójában annyira meddő harcot köztünk és Franciaország között végleg lezárni, ha Németországban mindez teljes megértésre talál, úgy, hogy a német nemzet élni akarását ne csak tétlen ellenállásban hagyjak sorvadozni, hanem azt Franciaországgal szembeni végső leszámolásra összpontosítják, és döntő küzdelembe viszik. Emellett Németországnak Franciaország megsemmisítésében csak eszközt kell látnia, amely által népünk terjeszkedési lehetőségét más irányban biztosítja.

Ma Európában nyolcvanmillió német él! A most vázolt külpolitika csak akkor lesz helyes, ha alig száz év múltán kétszázötvenmillió német fog földrészünkön élni, éspedig nem gyári robotosokként, hanem mint parasztok és munkások, akik munkájuk révén biztosítják egymás létét.

1922. decemberében a helyzet Németország és Franciaország között ismét veszedelmesen kiéleződött. Franciaország újabb szörnyű zsarolásra szánta rá magát, és ehhez zálogra volt szüksége. A gazdasági kifosztást politikai nyomásnak kellett megelőznie és a franciák úgy vélték, hogy "*makacs*" népünk még erősebb leigázása csak a német élet idegközpontjába való erőszakos behatolással lehetséges. A Ruhr-vidék megszállásával Franciaországban azt remélték, hogy nemcsak Németország erkölcsi gerincét sikerül végleg megtömi, hanem bennünket gazdaságilag is oly kényszerhelyzetbe hoznak, hogy ezek után még a legsúlyosabb kötelezettségeket is kénytelen-kelletlen el fogjuk viselni.

A Ruhr-vidék megszállásával a sors még egyszer segédkezet nyújtott a német népnek, hogy a feltámadás felé vezesse. Ami az első pillanatban súlyos szerencsétlenségnek kellett, hogy lássék, tüzetesebb vizsgálatnál csábítónak ígérkezett, mert a német szenvedés végének lehetőségét hordozta magában.

A Ruhr-vidék megszállása első ízben idegenítette el külpolitikailag Franciaországot Angliától, éspedig nemcsak a brit diplomácia köreit, amelyek a francia szövetséget amúgy is a hideg számító szemével nézték, hanem az angol nép szélesebb rétegeit is. Különösen az angol gazdasági élet fogadta rosszul leplezett kedvetlenséggel a szárazföldi francia hatalom további hallatlan megerősödését. Ezáltal Franciaország nemcsak tisztán katonai szempontból foglalt el Európában olyan állást, amilyen azelőtt magának Németországnak sem volt, hanem politikai versenyképességét gazdaságilag is majdnem egyeduralomszerűen megerősítette. Európa legnagyobb vas és széntelepei így olyan nemzet kezébe kerültek, amely a maga létérdekeit Németországtól nagyon is eltérően eddig is határozottan és tevékeny módon képviselte és amelynek a nagy világháborúban bebizonyított katonai megbízhatósága még élénken élt az egész világ emlékezetében. A Ruhr-vidéki széntelepeknek Franciaország részéről történt megszállásával Anglia egész háborús sikere veszendőbe ment. A győztes most nem a fürge és élelmes angol diplomácia volt, hanem Foch marsall és az általa képviselt Franciaország.

Olaszországban is franciaellenes lett a hangulat, amely a háború befejezése óta különben sem volt rózsás. Valóságos franciagyűlölet fejlődött ki, és itt volt a nagy történelmi pillanat, amikor az egykori szövetségesek ellenségekké válhattak volna. Hogy ez mégis másként történt, és a szövetségesek mint a második balkáni háborúban nem váltak azonnal egymás ellenségévé, ez csak annak a körülménynek rovására írandó, hogy Németországnak nem volt egy Enver pasája, de volt egy Cuno nevű birodalmi kancellárja.

Nemcsak külpolitikailag, hanem belpolitikailag is nagy lehetőségeket tartogatott Németország számára a franciák Ruhr-vidéki betörése. Népünk tekintélyes része, amely a megtűrt hazug sajtó befolyása következtében Franciaországot még mindig az előrehaladás és liberalizmus harcosaként látta, kigyógyult ebből az őrültségből. Ahogy az 1914-es esztendő is kiverte német munkásságunk fejéből a nemzetközi népszolidaritás álmait, és visszavezette őket az örökös harc világába, éppen úgy jelentett kijózanodást 1923 tavasza is.

Amint Franciaország beváltotta fenyegetését és megkezdte eleinte ugyan óvatosan és félénken bevonulását az alsónémet szénterületekre, Németország részére ütött a nagy és sorsdöntő óra. Ha abban a pillanatban népünk gondolkodásmódja, magatartása új irányt vesz, akkor a német Ruhr-terület Franciaország számára Napóleon Moszkvájává válhatott volna. Csak két lehetőség volt: vagy megadóan tűrni és semmit sem tenni, vagy az izzó kohókra és füstölgő kemencékre vetett tekintettel a német népben fölébreszteni azt a forró vágyat, hogy vessen véget az örökös szégyennek, és inkább számoljonle a pillanat borzalmaival, semhogy továbbra is tűrje a vég nélküli szenvedést.

Cuno, akkori birodalmi kancelláré az "*érdem*", hogy egy harmadik utat fedezett fel. Viszont német polgári pártjainkat illeti a "*dicsőség*", hogy népünk azt a harmadik utat megcsinálta és követte.

E helyütt először a második utat kívánom rövid vizsgálat tárgyává tenni.

A Ruhr-vidék megszállásával Franciaország súlyosan megsértette a "*versaillesi békeszerződést*". Szembehelyezkedett a szerződést biztosító hatalmak egész sorával, különösen pedig Angliával és Olaszországgal. Önző rablóhadjáratának támogatására ezeknek az államoknak a részéről Franciaország többé nem számíthatott. Ezt a kalandot mert tulajdonképpen nem volt egyéb Franciaországnak magának kellett valahogyan szerencsésen megúsznia. Német nemzeti kormány részére csak egy út lett volna lehetséges: az, amelyet a becsület írt elő. Azzal is tisztában kellett lenni, hogy itt kellő hatalmi erő nélkül mindenféle tárgyalás céltalan. Esztelenség volt a tényleges ellenállás minden lehetősége nélkül arra az álláspontra helyezkedni, hogy "*semmiféle tárgyaláson nem veszünk részt*", de még sokkal esztelenebb végre mégis a zöld asztal mellé ülni anélkül, hogy időközben megfelelő hatalomra tettek volna szert.

Arról nem lehetett szó, hogy a Ruhr-vidék megszállását katonai intézkedésekkel megakadályozzák. Csak egy őrült adhatott volna ilyen tanácsot. De igenis, Franciaország e ténykedésének hatása alatt a megszállás keresztülvitelének idejére gondolni kellett volna arra, hogy tekintet nélkül a franciák által amúgy is széjjeltépett versaillesi szerződésre biztosítsák azokat a katonai segédeszközöket, amelyeket később a tárgyalóknak útravalóul adhattak volna. Kezdettől fogva nyilvánvaló volt ugyanis, hogy ez a Franciaország által megszállott terület tárgyalások alapját fogja képezni. Emellett tisztában kellett lenni azzal is, hogy még a legjobb tárgyaló felek is csak kevés eredményt tudnak elérni akkor, ha azt a földet, amelyen állnak, és a széket, amelyen ülnek, nem a nép segítő karjai tartják. A gyönge szabólegény nem szállhat vitába atlétával, és a védtelen tárgyaló félnek mindig meg kell tűrnie Brennus kardját a mérleg ellenséges serpenyőjében akkor, ha kiegyensúlyozására nem dobhatja ő is kardját a sajátjába. Vagy talán nem volt-e kín és szenvedés végignézni azokat a tárgyalási komédiákat, amelyek 1918 óta a mindenkori parancsokat megelőzték, ezt a világnak nyújtott lealázó színjátékot, amelyben bennünket gúnyosan a tárgyalóasztalhoz szólítottak,

ADOLF HITLER

hogy a régen kész határozatokat és programpontokat elébünk tárják. Ezekről lehetett ugyan beszélni, de már eleve megváltoztathatatlanok voltak. Tény, hogy a mi megbízottaink alig álltak egyetlen esetben is a legszegényebb átlag felett és nagyrészt igazolták Lloyd George szemtelen kijelentését, amikor egyszer Simon volt birodalmi kancellár előtt gúnyosan megjegyezte: "*A németek nem értenek ahhoz, hogy megfelelő szellemi színvonalon álló vezért és képviselőket válasszana*k." Tény az, hogy népünk siralmas védtelensége folytán még a lángeszűek is alig tudtak volna valamit is elérni az ellenség határozott hatalmi szavával szemben.

Aki 1923 tavaszán a Ruhr-vidék francia megszállását a katonai hatalom visszaállítására akarta volna felhasználni, annak mindenekelőtt szellemi fegyverekkel kellett volna nemzetünk akaraterejét megcélozni, és a legértékesebb nemzeti erő megsemmisítőit letörni.

Amint 1918-ban véresen megbosszulta magát az a körülmény, hogy 1914. és 15-ben nem határozták el a marxista kígyó fejének szétzúzását, éppen úgy a legszerencsétlenebbül meg kellett bosszulnia magát annak a körülménynek, hogy 1923. tavaszán nem szánták rá magukat a szociáldemokrata hazaárulókkal és népbolondítókkal való végleges leszámolásra.

A Franciaországgal szembeni tényleges ellenállás gondolata határozott esztelenség volt akkor, ha nem üzentek hadat azoknak az erőknek, amelyek öt év előtt a harctereken a német ellenállást a háttérből megtörték. Csak polgári agyban születhetett az a hihetetlen gondolat, hogy a marxizmus talán megváltozott, és hogy 1918. sehonnai főkolomposai, akik annak idején hidegen tudtak átgázolni kétmillió hősi halotton csak azért, hogy könnyebben jussanak a miniszteri székbe, most 1923-ban hirtelen a nemzeti gondolat szolgálatában állnak. Hihetetlen és valóban esztelenség annak reménye, hogy az egykori hazaárulók egyszerre a német szabadság harcosaivá válnak. Ők még csak nem is gondoltak arra!

Amennyire a hiéna ragaszkodik a döghöz, éppen annyira létéleme a marxistának a hazaárulás. Hagyjanak fel végre azzal a buta ellenvetéssel, hogy egykor oly sok munkás is vérét ontotta Németországért. Igen, német munkások, de ezek akkor már nem voltak nemzetközi marxisták. Ha a német munkásság 1914-ben érzésvilága szerint még marxista lett volna, akkor a háború három hét alatt befejeződik, és Németország összeomlik, még mielőtt az első katona átlépte volna a határt. Az a körülmény, hogy a német nép ekkor még küzdött, bizonyítja, hogy a marxista téboly akkor még nem rágta be magát teljesen a lelkek legmélyére. A német katona abban a mértékben veszett el a haza részére, amilyenben a háború alatt ismét a marxista vezetők kezébe került. Tartottak volna csak a háború kezdetén és a háború alatt ezt a tizenkét-tizenötezer héber népbolondítót mérges gázok alá, úgy, amint azt a német dolgozók legjobbjainak százezrei voltak kénytelenek a harctereken tűrni, akkor a harctér milliós áldozatai sem lettek volna hiábavalók. Ellenkezőleg! Tizenkétezer bitangnak idejekorán való kiirtása egymillió tisztességes, értékes német életet mentett volna meg a jövő számára. De ez is a polgári *"államművészet"*-hez tartozott, hogy míg a csatatereken szemrebbenés nélkül áldozták fel legjobbjaink millióit, ugyanakkor tíztizenkétezer árulót, csalót és uzsorást értékes nemzeti szentségként érinthetetlennek hirdessenek. Az ember igazán nem tudja, hogy mi nagyobb ebben a polgári világban: a hülyeség, gyöngeség és gyávaság, vagy pedig a minden ízében lezüllött gondolkodásmód.

1923-ban ugyanaz előtt a helyzet előtt állottunk, mint 1918-ban. Tökéletesen mindegy, hogy az ellenállás melyik módjára határozza el magát az ember, a legfőbb előfeltétel mindig a marxista méreg eltávolítása népünk testéből. Meggyőződésem szerint abban az időben a valóban nemzeti kormánynak az lett volna a legfőbb kötelessége, hogy a marxizmussal szembeni végső leszámolásra kész erőket keresse és megtalálja, és azoknak szabad kezet biztosítson. Nem az volt a kötelessége, hogy a *"nyugalom és rend"* ostobasága előtt hajbókoljon olyan történelmi pillanatban, amikor a külső ellenség a hazára megsemmisítő csapást mért, és idebenn viszont az árulás leselkedett minden utcasarkon. Egy valódi, nemzeti kormánynak akkor a zavart és nyugtalanságot kellett volna kívánnia, hogy e zavargások alatt végre lehetővé váljék a marxizmussal, népünk e halálos ellenségével való leszámolás. Ha ezt elmulasztottuk, minden ellenállás, legyen bármily természetű is, egyszerűen őrületszámba ment.

Az ilyen, valóban történelmi jelentőségű leszámolás mindenesetre nem a titkos tanácsosok vagy más begyepesedett miniszteri lelkek sémája szerint történik, hanem egyedül a földi élet létért való küzdelmének örök törvényei szerint. Be kell látni végtére, hogy gyakran a legvéresebb polgárháborúból acélkeménységű, egészséges néptörzs fejlődik, míg a mesterségesen ápolt békeállapotok közepette nem egyszer a rothadás bűze terjeng. Népek sorsát nem szokták kesztyűs kézzel intézni. Ezért kellett 1923-ban is durva kézzel hozzányúlnunk, hogy megragadhassuk a népünk testét mardosó viperákat. A siker kétségtelenül biztosította volna az eredményt.

Abban az időben gyakran rekedtre beszéltem magam, és igyekeztem legalább az úgynevezett nemzeti érzelmű körökkel megértetni, hogy milyen tét forog ezúttal kockán. Ismételve kértem őket, engedjenek szabad folyást a sorsnak, tegyék lehetővé mozgalmunk számára a marxizmussal való végső leszámolást. Sajnos, szavaim süket fülekre találtak. Ők mindenhez jobban értettek magát a birodalmi védőrség parancsnokát sem kivéve, hogy azután végre minden idők legsiralmasabb behódolását érjék meg.

Ekkor végleg meggyőződtem arról, hogy a német polgárság befejezte végzetszerű hivatását, további feladatok megoldása már nem várt reá. Ekkor láttam, hogy ezek az úgynevezett polgári pártok csak kortesfogásból foglalnak állást a marxizmussal szemben, anélkül azonban, hogy annak megsemmisítésére komoly szándékuk lenne. Belsőleg már mind belenyugodtak hazánk pusztulásának gondolatába és már legfeljebb csak a vágy ösztönözte őket, hogy maguk is részt vehessenek a nagy halotti toron. Csak azért "*harcoltak*" még.

Nyíltan megvallom, hogy ebben az időben fogamzott meg lelkem mélyén mélységes csodálatom az Alpesektől délre fekvő ország nagy fiával szemben. Csodálatom azzal az emberrel szemben, akit népe iránti forró szeretete vezérelt, és nem alkudozott Itália belső ellenségeivel, hanem minden eszközzel azok megsemmisítésére törekedett. Mussolinit az a határozottság fogja a világ legnagyobb emberei közé sorolni, amellyel nem osztozkodott Itálián a marxizmussal, hanem hazája megmentése érdekében megsemmisítette a nemzetköziséget.

Milyen siralmas törpék ezzel szemben a mi "*államférfiaink*", és mily undor fogja el az embert, ha látja, hogy olyan neveletlen módon merészkednek ezek a nullák a felettük toronymagasságban állót bírálni. Milyen fájdalmas elgondolni, hogy mindez olyan országban történik, amely alig egy fél századdal ezelőtt még egy Bismarckot vallhatott sajátjának.

A polgárságnak ez a gondolkodásmódja és a marxizmussal szemben tanúsított kímélet a Ruhr-vidéki tényleges ellenállás sorsát 1923-ban már jó előre eldöntötte. A Franciaország elleni harc ostobaság lett volna akkor, midőn sorainkban halálos ellenségeink voltak. Ami egyáltalán ezen a téren történt, az legfeljebb szemfényvesztés volt abból a célból, hogy Németország nemzeti érzésű egyéneit kielégítse, a "*nép forrongó lelkét*" megnyugtassa, valójában pedig orránál fogva vezesse. Ha komolyan hittek volna abban, amit cselekedtek, be kellett volna látniuk, hogy egy nép ereje nem a fegyverében, hanem elsősorban akaratában gyökerezik. Mielőtt az ember külső ellenségeit legyőzi, először a belső ellenséggel kell hogy leszámoljon, mert különben jaj neki, ha a harc nem győzedelmes már az első napon. Ha egy nép soraiban belső ellenséggel veszi fel a harcot, akkor a vereségnek még a legkisebb lehetősége is összeroppantja ellenálló erejét, és az ellenség végleges győzelmét eredményezi. Ezt már 1923 tavaszán előre lehetett látni. Egyáltalán szó sem lehetett Franciaország elleni katonai sikerről.

Ha a francia Ruhr-betörés legalább a marxizmus belső megsemmisítését eredményezi, akkor ez már számunkra jelentette volna a sikert. Létének és jövőjének e halálos ellenségétől megszabadított Németország oly erőt képviselne, amelyet senki sem lenne többé képes eltiporni. Azon a napon, amelyen Németországban letörik a marxizmust, egyúttal öszszetörik a német béklyókat is. Történelmünk tanítása szerint rajtunk sohasem győzedelmeskedett az ellenség ereje, hanem mindig csak saját hibánk és a sorainkban lévő belső ellenség.

Minthogy a német kormány annak idején ilyen hősi tettre nem tudta rászánni magát, természetesen csak az első utat választhatta volna: semmit sem tenni, a dolgoknak szabad folyást engedni.

Ebben a történelmi órában azonban a sors a német népnek is adott egy "*nagy embert*", Cuno urat, aki hivatása szerint nem volt sem államférfi, sem politikus. Természetesen még kevésbé volt az születésénél fogva, hanem sokkal inkább a politikai ügynök típusát képviselte, aki legfeljebb bizonyos feladatok elintézésére alkalmas. Egyébként, inkább üzleti ügyekben volt jártas. Németország átkát jelentette, mert ez a politizáló kereskedő a politikát is üzleti vállalkozásnak tekintette, és annak szabályai szerint járt el.

"*Franciaország megszállotta a Ruhr-vidéket. Mi is van a Ruhr-vidéken? Szén. Tehát Franciaország a szén kedvéért szállja meg a Ruhr-vidéket.*" Semmi sem volt így természetesebb Cuno úr számára, mint az a gondolat, hogy sztrájkoljunk. Ezáltal a franciák ne jussanak szénhez, mert akkor legalábbis Cuno úr nagyszerű elgondolása szerint a franciák egy szép napon vállalkozásuk jövedelmezőségének hiánya miatt ismét ki fogják üríteni a Ruhr-vidéket. Körülbelül ez volt a gondolkodásmódja ennek a jelentékeny nemzeti államférfinak, akit Stuttgartban és más helyeken beszéltettek a "*néphez*", és akit a nép boldogan megcsodált.

A sztrájkhoz azonban szocialistákra is szükség van, mert elsősorban a munkásoknak kell sztrájkolni, és így szükséges volt, hogy a munkásokat, akik az ily polgári államférfi agyában mindig a marxistákkal voltak azonosak, a többi német polgárral egységes frontba tömörítsék.

Látni kellett akkor ennek a polgári pártpolitikai megpenészesedett együttesnek a ragyogását ezzel a zseniális ötlettel kapcsolatban. Nemzeti és zseniális egy csapásra. Végre rábukkantak arra, amit egész idő alatt kerestek! Megtaláltak a marxizmushoz vezető aranyhidat, és a nemzeti szédelgőknek lehetővé tették, hogy "*ősnémet*" képpel és nemzeti szólamokkal baráti kezet nyújtsanak a nemzetközi hazaárulóknak. Ezek elfogadtak ezt a kezet, mert hiszen, amint Cunónak szüksége volt rajuk az "*egységfronthoz*", a marxista vezetőknek éppen úgy szüksége volt Cuno úr pénzére. Így segítettek mindkét félen. Cuno megkapta a maga "*egységfrontját*" a maga nemzeti szószátyárjaival és hazafiatlan bitangjaival, a nemzetközi szélhámosoknak pedig alkalmuk nyílt arra, hogy magasztos harci küldetésüket, a nemzeti gazdasági élet szétrombolását, állami költségen hajtsák végre. Halhatatlan gondolat! Fizetett általános sztrájkkal megmenteni egy nemzetet mindenesetre olyan jelszó, amelyet még a legközömbösebb senkiházak is a legnagyobb lelkesedéssel tehettek magukévá.

Köztudomású, hogy imádkozással nem lehet felszabadítani egy népet, de hogy semmittevés árán lehet-e szabadságharcot megvívni, azt mindenesetre ki kellett még próbálni. Ha Cuno úr akkor a fizetett általános sztrájkra való felhívás és az egységfront hangoztatása helyett minden némettől kétórai munkatöbbletet követelt volna, akkor ezzel az egységfronttal való szédelgés már a harmadik napon összeomlott volna. A népeket nem semmittevéssel, hanem áldozatos munkával lehet felszabadítani.

Ez a passzív ellenállás mindenesetre nem tartotta sokáig magát. Csak a háborút egyáltalán nem ismerő egyén képzelhette azt, hogy a megszálló csapatokat ilyen nevetséges eszközökkel meg lehessen riasztani. Ez magában legfeljebb olyan tevékenységnek lehetett volna célja, amely milliárdos költségeket okozott, és ezzel nagyban hozzájárult a nemzeti pénzérték teljes tönkretételéhez.

A franciák természetesen bizonyos belső megnyugvással egész háziasan rendezkedtek be a Ruhr-vidéken az ellenállás ilyen eszközeinek láttán. Ők éppen rajtunk keresztül tanultak meg, hogy miként lehet a nyugtalankodó polgári népet észre térítem, ha viselkedése a megszálló hatóságokat komolyan veszélyezteti. Mily villámgyorsan futamítottuk meg a belga szabadcsapatokat kilenc esztendővel ezelőtt és világosítottuk fel a polgári elemet a helyzet komolyságáról, midőn ezek a német hadsereget tevékenységükkel veszélyeztették, és komoly károkkal fenyegették. Amint a Ruhr-vidék passzív ellenállása Franciaországra tényleg veszélyessé vált volna, a megszálló csapatok nem egészen nyolc nap alatt játszi könnyedséggel borzalmas módon vethettek volna véget ennek a gyerekes csínynek. Ne felejtsük el, hogy a kérdés mindig az: mit akarunk tenni abban az esetben, ha a passzív ellenállás végül is az ellenség idegeire megy, és ez ellen véres erőszakkal veszi fel a harcot. El vagyunk-e szánva a további ellenállásra? Ha igen, akkor vállalnunk kell a legsúlyosabb és legvéresebb üldöztetést. Ezzel viszont ott vagyunk, ahol az aktív ellenállással is lennénk, tudniillik, kemény harcok előtt. Így tehát minden úgynevezett passzív ellenállásnak csak akkor van tulajdonképpen értelme, ha szükség esetén az ellenállást nyílt vagy leplezett portyázó harcban is hajlandók vagyunk folytatni. Általában minden ilyen harc a győzelmi hittől függ. Az ellenség ostromának kitett, körülzárt vár, mihelyt a felszabadulás utolsó reményét is kénytelen feladni, tulajdonképpen már megadta magát, különösen akkor, ha megadás esetén a valószínű halál helyett a biztos életben maradás reménye csalogatja. Ha az ember körülzárt vár védő őrségét megfosztja a felszabadulásba vetett hitétől, annak ereje hirtelen összeroppan.

Éppen ezért a Ruhr-vidék passzív ellenállásának, annak végső kifejlődését tekintve, valójában csak akkor lenne értelme, ha mögötte egy tettre kész harcvonal állna. Abban az időben népünkből mindenesetre mérhetetlen áldozatokat lehetett volna kitermelni. Ha mindenik vesztfáliai tudatában lett volna annak, hogy a haza 80 vagy 100 hadosztályból álló hadsereget állít fel, akkora franciak tövisekre hágtak volna, mert hiszen sikerért mindig több bátor férfi hajlandó magát feláldozni, mint a valószínű kudarcért.

Ez a klasszikus eset volt az, amely bennünket, nemzetiszocialistákat arra kényszerített, hogy az ilyen úgynevezett nemzeti szólamok ellen a leghatározottabban állást foglaljunk. Meg is tettük. Ezekben a hónapokban nem egyszer támadtak rám olyan emberek, akiknek egész nemzeti érzelme csak a butaság és külső látszat keveréke volt, és akik valamennyien csak azért kiabáltak, mert kellemes érzéssel töltötte el őket annak a tudata, hogy most az egyszer minden veszély nélkül nemzetiesdit játszhatnak.

Ezt a legsiralmasabb egységfrontot a legnevetségesebb jelenségnek tekintettem. A történelem nekem adott igazat.

Amint a szakszervezetek pénztáraikat a Cuno féle pénzekből jórészt megtöltötték, és a passzív ellenállás az elé a választás elé érkezett, hogy a kényelmes védelmi magatartásból a tényleges támadásba menjen át, egyszerre kiváltak ezek a vörös hiénák a nemzeti birkanyájból, és ismét azokká lettek, akik mindig voltak. Cuno úr csöndben, feltűnés nélkül húzta be vitorláit, Németország viszont egy tapasztalattal gazdagabb és egy nagy reménységgel szegényebb lett. Egész nyárutóig nem hitt számos, valószínűleg nem a legrosszabb tiszt az ügyek ily gyalázatos kifejlődésében. Valamennyien azt remélték, hogyha nyíltan nem is, de legalább csendben megteszik az illetékesek azokat az előkészületeket, amelyek Franciaországnak ezt a galád betörését a német történelem fordulópontjává avathatják. Még a mi sorainkban is sokan bíztak legalább a birodalmi véderőben. Ez a meggyőződés annyira élt bennük, hogy különösen a fiatal emberek tevékenységét és kiképzését döntően befolyásolta.

Amint azonban a csúfos összeomlás bekövetkezett, és milliárdos anyagi károk, valamint sok ezer, a birodalom vezetőinek ígéretét birkai módon komolyan vevő fiatalember feláldozása után ily lesújtó módon kapituláltak, szerencsétlen népünk felháborodása hatalmasan fellángolt e gyalázatos árulással szemben. Tisztán és világosan állott népünk milliói előtt, hogy csak az egész uralkodó rendszer kérlelhetetlen eltávolításával lehet Németországot megmenteni.

Sohasem volt az idő érettebb az ilyen megoldásra, mint abban a pillanatban, mert míg egyrészről a hazaárulás a maga mezítelenségében egész szemérmetlen módon jelentkezett, addig másrészről egy népet gazdaságilag szolgáltatott ki a lassú éhhalálnak. Maga az állam taposta lábbal a hit és hűség minden törvényét, kigúnyolta polgárai jogát, fiai millióinak áldozatkészségükért csalással felelt, a többi milliót utolsó garasától fosztotta meg, és így már nem volt joga hozzátartozóitól mást, mint gyűlöletet várni. E gyűlölet a haza és a nép megrontóival szemben a kirobbanás felé vezetett, és most nem tehetek mást, mint hogy utalok az 1924. évi nagy perben elmondott beszédem utolsó mondatára:

"Az állam bírái elítélhetnek bennünket tevékenységünkért, a történelem azonban, a magasabb igazság és igazabb jog istenasszonya, ezt az ítéletet egykor mosolyogva fogja szétszaggatni, hogy felmentsen bennünket a bűn és bűnhődés alól."

Ő azonban akkor azokat is bírói széke elé fogja rendelni, akik ma a hatalom birtokában a jogot és a törvényt lábbal tiporják, akik népünket a nyomorba és pusztulásba vezették és akik a haza szerencsétlenségének idején többre becsülték a maguk, mint az összesség életét.

E helyütt nem akarom azokat az eseményeket ecsetelni, amelyek 1923. november 8-hoz vezettek, és amelyek azt előidézték. Nem teszem ezt egyrészt azért, mert ettől még a jövőre nézve semmi jót nem várhatok, másrészt azért, mert céltalan lenne alig behegedt sebeket felszaggatni. De ezenfelül céltalan lenne bűnről beszélni azokkal szemben, akik talán szívük legmélyén mindnyájan hasonló szeretettel csüngtek népünkön, és akik talán eltévesztették a közös utat, vagy nem ismerték azt fel.

Hazánk szerencsétlenségének láttán ma nem szeretném azokat az embereket elkeseríteni és elriasztani, akik a jövőben egy szép napon mégis meg fogják teremteni a szívük mélyén lángoló igazi német egységet, amelyre szükség van népünk ellenségeivel szemben. Mert szent meggyőződésem, hogy eljön az idő, amikor még azok is, akik szemben állottak velünk, tisztelettel fognak gondolni mind azokra, akik német népünkért vérüket ontották.

Azt a tizenhat hőst, akiknek művem első kötetét szenteltem, a második kötet végén olyanokként kívánom tanaink híveinek és védelmezőinek szeme elé tárni, mint akik tiszta öntudattal áldozták fel magukat értünk, mindannyiunkért.

Az ő példájuk kell, hogy a gyöngéket és ingadozókat ismét megtanítsa arra a kötelességteljesítésre, amelyet ők maguk is tiszta hittel, utolsó leheletükig teljesítettek. Ezek közé sorozom azt a férfit is, aki mint a legjobbak egyike, költészetében, nagy gondolataiban és végül tetteiben is egész életét népünk felébresztésére szentelte. Ez a férfiú: Eckart Dietrich.

ZÁRSZÓ

1923. november 9-én fennállása negyedik évében a Nemzeti Szocialista Német Munkáspártot az egész Német Birodalomban feloszlatták és betiltották. Ma, 1926 novemberében ismét az egész országban szabad mozgalomként, erősebben és belsőleg szilárdabban áll, mint valaha.

A mozgalomnak semmit sem árthatott az egyes vezérek üldözése, gyalázása, gyanúsítása. Eszméjének helyessége, szándékának tiszta, becsületes volta, híveinek áldozatkészsége folytán eddig minden elnyomásból megerősödve került ki a mozgalom.

Ha a parlamentáris korrupció mai világában mindig küzdelme legmélyebb lényegét tartja szem előtt, és a faj és egyéniség értékének tiszta megtestesítőjét látja magában és aszerint is cselekszik, akkor majdnem számtani pontosságú törvényszerűséggel küzdelmében a győzelem pálmáját fogja elvinni, éppen úgy, mint ahogy Németországnak is szükségképpen el kell nyernie az őt e földön megillető helyet, hogyha hasonló alapelvek szerint vezetik és szervezik.

Az az állam, amely a fajmérgezés mai korszakában magát a legkitűnőbb faji elemek gondozásának szenteli, egy napon a föld ura lesz.

Ezt sohase felejtsék el mozgalmunk hívei, ha valaha is az áldozat nagyságát félve összehasonlítanák az elérhető eredménnyel!

www.ingramcontent.com/pod-product-compliance
Lightning Source LLC
Chambersburg PA
CBHW050327230426
43663CB00010B/1768